U0936371

珍藏本
纪念版

汉译世界学术名著丛书

政治学

〔古希腊〕亚里士多德 著

吴寿彭 译

商务印书馆
SINCE 1897 The Commercial Press

2017年·北京

Αριστοτελους

ΠΟΛΙΤΙΚΑ

本书根据纽曼(W. L. Newman)校订的《亚里士多德〈政治学〉》(The Politics of Aristotle, Introduction, Essays, Text and Notes)希腊文原文译出。纽曼校注本第一、二册和第三、四册分别于1887和1902年初版印行。

本书根据的版本是1950年牛津大学出版社翻印本。

汉译世界学术名著丛书
（120年纪念版·珍藏本）
出 版 说 明

2017年2月11日，商务印书馆迎来120岁的生日。120年前，商务印书馆前贤怀揣文化救国的理想，抱持“昌明教育，开启民智”的使命，立足本土，放眼寰宇，以出版为津梁，沟通中西，为中国、为世界提供最富智慧的思想文化成果。无论世事白云苍狗，潮流左右激荡，甚至战火硝烟弥漫，始终践行学术报国之志，无改初心。

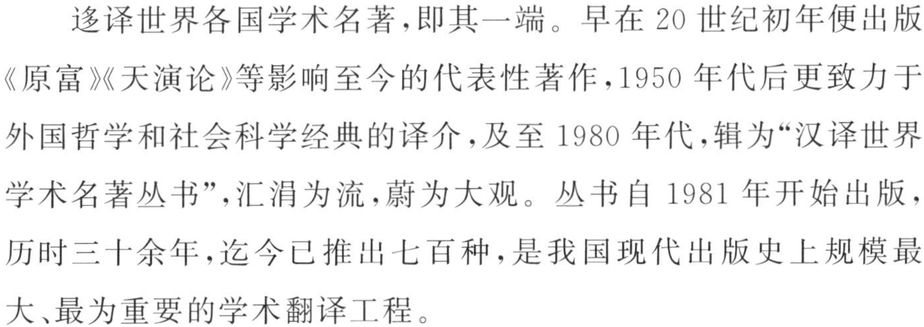

迻译世界各国学术名著，即其一端。早在20世纪初年便出版《原富》《天演论》等影响至今的代表性著作，1950年代后更致力于外国哲学和社会科学经典的译介，及至1980年代，辑为“汉译世界学术名著丛书”，汇涓为流，蔚为大观。丛书自1981年开始出版，历时三十余年，迄今已推出七百种，是我国现代出版史上规模最大、最为重要的学术翻译工程。

丛书所选之书，立场观点不囿于一派，学科领域不限于一门，皆为文明开启以来，各时代、各国家、各民族的思想与文化精粹，代表着人类已经到达过的精神境界。丛书系统译介世界学术经典，引领时代思想，为本土原创学术的发展提供丰富的文化滋养，为推动中国现代学术和现代化进程做出了突出的贡献。

为纪念商务印书馆成立120周年，我们整体推出"汉译世界学术名著丛书"120年纪念版的珍藏本，寄望既利于文化积累，又便于研读查考，同时向长期支持丛书出版的译者、编者和读者致以敬意。

两甲子后的今天，商务印书馆又站在了一个新的历史时间节点上。我们不仅要铭记先辈的身影和足迹，更须让我们的步伐充满新的时代精神。这是商务人代代相传的事业，更是与国家和民族的命运始终紧密相连的事业。我们责无旁贷，必须做好我们这代人的传承与创造，让我们的努力和成果不仅凝聚成民族文化的记忆，还能成为后来人可以接续的事业。唯此，才能不负前贤，无愧来者。

商务印书馆编辑部

2017年10月

论亚里士多德的《政治学》

吴 恩 裕

一

亚里士多德(Aristotle，公元前384—前322)是西方学术史上的重要人物。在许多学科中，如哲学、伦理、逻辑、心理、物理、生物等等，他都写下了开创的或重要的著作。在西方政治思想史上，他也占极其重要的地位。政治学是关于阶级斗争的学问：有剥削阶级的政治学，也有被剥削阶级的政治学。用剥削阶级的观点创立政治学的体系，亚里士多德实为第一人，他的《政治学》也是一部首创的著作。在他以前，曾经有过奴隶主阶级的著名政治家，如梭伦、伯利克里，但他们没有留下政治论著。曾经有过片段的政治见解，如辩士派和苏格拉底的某些主张，但那都不成其为政治论著。也曾经有过像亚里士多德的老师柏拉图的《理想国》那样的著作，但那部书与其说是政治论著，倒不如说是杂糅哲学、伦理、教育以及政治的混合著作，不能说是创立了剥削阶级政治学的独立体系。柏拉图的《政治家》和《法律篇》两书，就其骨架的狭小和内容的单纯来说，也都不能算是建立了这种政治学体系的著作。惟有亚里士多德的《政治学》一书，在下述意义上，的确可以称为剥削阶级政治学的创始之作。

第一，《政治学》是一部专门讨论政治问题和原理的著作。在亚里士多德之前，讨论政治学的问题是和伦理学的探究分不开的。例如柏拉图便在《理想国》中，把个人的正义和国家的正义问题，亦即伦理和政治问题，混在一起的。到了亚里士多德的《政治学》，便把两者截然分开了。他对于伦理问题的探讨，另有一部《伦理学》。伦理问题和政治问题的分家，正是剥削阶级的政治学“独立”成为一个体系的主要条件。当然，伦理和政治的彻底分家，还有待于马基雅弗利（Niccolo Machiavelli，1469—1527）的《君权论》（1513年）一书；但是政治学和伦理学相对的分家，却不能不说始自亚里士多德的《政治学》。

第二，我们说《政治学》是剥削阶级的政治学的创始著作，不仅由于它是一部专门讨论国家和法律的政治论著，而且也由于《政治学》一书的体系和内容与西方资产阶级的政治学有密切关系。我们知道，资产阶级学者对《政治学》一书的考据所得的结论是不一致的。就结构和内容而言，有人认为《政治学》中各卷可以分成两组。第一组是讨论理想中的国家的，第二、三、七、八各卷属之。第二组是讨论实际政制的，第四、五、六等卷属之。余下的一卷是结论。但也有人说，《政治学》是由三种单独的论文组合而成的。第一种论家庭，如第一卷。第二种论前人理想国的见解以及当代最完备的宪法，如第二卷。第三种论国家、公民及宪法的分类，如第七、八两卷。这两种考据结果似乎是不同的。可是，根据《政治学》一书的实际内容而言，它基本上包括两种问题的讨论：（一）关于政治理论的讨论；（二）关于现实政制的讨论。这种在政治学中既包括政治理论问题又包括政治实际问题的体系，大致说，一直为各个历史阶段的剥削阶级政治学者所继承。直到帝国主义时期，在英国流行的著作如拉斯基(H. J. Laski, 1893—1950)的《政治典范》,在美国流行的教科书如迦纳(James Wilford Garner, 1871—1938)的《政治科学与政府》,在体系上,都是先泛论国家的性质,然后再讲政治制度的。在这一点上,也可以说它们都没有摆脱亚里士多德《政治学》的影响。

第三,除了以上两点以外,我们还有一个更重要的理由说亚里士多德的《政治学》一书确实是剥削阶级政治学的一部最早的著作。这个理由就是,尽管《政治学》一书中所贯彻的观点是人类历史上第一个剥削阶级奴隶主的观点,但这一观点却是同封建阶级和资产阶级的观点本质上有相通之处的。这就是说,尽管奴隶主的城市国家不同于封建领主的封建国家、也不同于资产阶级的国家,尽管后二者都各有其独特的性质和经验,但是,它们都是阶级压迫的工具,或者说,它们都是剥削阶级的压迫工具;从而,研究这些压迫工具,在理论上便有相通之处,在实际上也有共同之点。我们主要是在这个意义上说:亚里士多德这部《政治学》是历史上一切剥削阶级的政治学的开山之作。

在本文以下各节,我们第一,要指出《政治学》一书中所包括的奴隶主阶级的观点。第二,要指出这一观点在哪些方面的应用是和封建阶级和资产阶级相通的——亦即后来被封建阶级学者和资产阶级的学者认为是"政治学"中的永久不变真理。第三,要指出亚里士多德对当时实际政治的态度和主张是什么。

二

亚里士多德生值公元前四世纪希腊奴隶制社会的危机时期。

伯罗奔尼撒战后，雅典社会各阶级如商人和手工业者，都受到战争的很大影响，农民更遭到严重的损害。由于土地集中于大奴隶主手里，奴隶制进一步发展，和高利贷者的盘剥，许多农民无地可耕，只好跑进城市里去做自由贫民。战争使雅典的国库枯竭，以致不能执行旧有的对城市贫民的配给和援助政策。雅典的社会矛盾和阶级斗争日趋于尖锐化。

当时的阶级斗争形势在政治上的反映是：雅典奴隶主国家发生严重的动荡不安，不但在雅典，而且在每个希腊城市国家里，除了奴隶主和奴隶之间的基本矛盾之外，都有富有奴隶主阶层同自由贫民之间的激烈斗争。对于这一情况，柏拉图曾经有过希腊的每一城市国家都已分裂成为“富人之国”和“穷人之国”的慨叹。在亚里士多德以前，公元前 399 年，斯巴达发生了基拉东自由贫民的起义。公元前 392 年发生了科林斯自由民下层反对寡头势力的流血斗争。在亚里士多德的幼年，公元前 373 年，又爆发了更大规模的棍棒党起义，他们杀了富有奴隶主，没收并分配了他们的财产。自由贫民与富有奴隶主之间的矛盾和斗争，形成了希腊城市国家末期的主要矛盾。

至于被压在社会最底层的奴隶，他们当然是要反抗奴隶制度的。他们虽然没有留下多少文字材料，但是希腊历史各个时期的奴隶起义，便是最好的说明。就思想史而言，远在公元前五世纪就有人提出反对奴隶主国家和法律的思想，在希腊戏剧家所写的剧本中，也有这种思想的反映。其后，虽然由于奴隶被剥夺了受教育的机会而不可能有什么思想史的资料流传下来，但是，他们反对奴隶制度和奴隶主国家的思想和感情，却是不会改变的。他们的行动和思想同奴隶主阶级的行动和思想构成了奴隶制社会中最基本的矛盾。

目击希腊、特别是当时作为希腊文化重心的雅典这种分崩离析的状态,亚里士多德从中等阶层的利益出发,主张用加强中等阶层的力量的办法来平衡富有者和贫民之间的矛盾和斗争,使奴隶主国家不至崩溃。

亚里士多德生于斯达奇拉城。他少年去雅典柏拉图的书院读书,受柏拉图的影响颇大;但后来终于摆脱了他的影响,而创立了自己的哲学体系。公元前342年,他做了马其顿国王的儿子亚历山大的教师。亚历山大公元前336年即位,亚里士多德便回到雅典郊外的里栖阿姆(Lyceum)设立书院,招收生徒,从事讲学,直到公元前322年死时为止。在哲学上,亚里士多德摇摆于唯心论与唯物论之间。他"对外在世界的真实性,并无怀疑",所以接近唯物论。但他又认为:万物的基础及其内在的本质却是形式,物质只是它们的第二个基础和本质。他主张形式先于物质。这便又是唯心论的主张了。在认识论上,他也动摇于辩证法和形而上学方法之间,可是他却"研究过最重要的辩证思维的形式",而与黑格尔同为思想史上曾经对于辩证法或多或少加以精确研究的两个思想家。亚里士多德在世界观和方法论上的二元和折中的思想和态度,也影响了他的政治思想——他的温和民主制的主张,在某种意义上,也是这种思想和态度的反映。

虽然亚里士多德和柏拉图所代表的阶层不同,虽然他们的政治主张也不相同,他们却都是奴隶主国家的忠实拥护者。然而,就是在柏拉图的时候,也已经有了某些奴隶主阶层分子,鉴于城市国

家中不断的“党争”,根本厌倦了城市国家的生活,怀疑“为了求得良善的生活,必须参加国家生活”的看法,而认为:在道德上,个人追求良善生活是自足的,国家的生活可以与此无关。苏格拉底的学生安蒂叙尼(Antisthenes)的制欲主义便是这种思想的代表。这种思想一直延续到“希腊化”时代。柏拉图和亚里士多德对于这种“隐逸”或从国家中“引退”的思想,大肆攻击。柏拉图在他的《理想国》中,曾经斥责那种把生活的水平缩减到最低限度的必需品上去,是“猪的国家”而不是人的国家。亚里士多德在其《政治学》中也曾说过:一个人若能离开国家而生存,他不是个野兽,便是一个神。这师徒两人的逻辑是:不加入城市国家就不可能过人的生活!柏拉图和亚里士多德作为坚决拥护奴隶制的思想家,他们之有这种想法是不奇怪的,因为维护奴隶制度首先必须维持奴隶主的国家政权。

远在公元前五世纪,欧里庇得(Euripides)的剧本中就有反对奴隶制度的明显主张。

“只有一件东西给奴隶带来耻辱,
那就是‘奴隶’这个名字;
在所有其他方面,
奴隶并不劣于自由人,
所以他也有个公正的灵魂。”

这就是说,从“自然”出发,奴隶制度是没有根据的。因为奴隶和自由民是一样的,奴隶之所以为奴隶,完全是“人为的”,那是社会制度使然。可是,亚里士多德对于奴隶制,却持与此相反的看法。他认为奴隶制是合乎自然的制度,奴隶生来就比常人低劣,而且他们还有着与常人不同的性质：他们没有理性，他们不能统治自己而必须由他们的主人来统治。他们是工具，只不过是会说话的工具罢了。他们在家庭中的地位，也只是活的工具，而不是“人”。如果说上引这类词句只是些反对奴隶制的标语口号，那么，柏拉图对话集中的《高尔吉亚篇》(Gorgias)里所说下面的话，不管原来是为了证明什么结论，至少也可以作为“奴隶是强力造成的结果”的论证：

> “……假如一个人具有充分的自然力量，……把我们成文的法令、欺骗和鬼话，以及违反自然的法律，都一概摒弃，并且置诸脚下，那么，这个人不但不能做我们的奴隶，而且还要超乎我们之上，做我们的主人。”

可是，对于这种分明是由于社会经济的必然演变而产生的、用国家暴力镇压来维持的奴隶制度，亚里士多德却硬要把它说成是“自然的”或“合乎理性的”制度。可见，作为奴隶主阶级的大知识分子，亚里士多德的阶级偏见是极深的。在这种偏见之下，他便把国家视为公民的联合团体，而他所谓“公民”，则是指既有治人的能力也能被治的人们。这样，在公民中不但排除了和他们同是圆颅方趾而只是不被当做“人”看待的奴隶，也排除了劳动阶层：因为，在他看来，劳动人民过于依赖他人的命令，而没有统治的能力，所以不适宜于享有公民的特权。他所谓“人生来便是政治的动物”这句话中的“人”，也不过只是奴隶主富有阶层的代称而已。亚里士多德这种看法，显然是对于当时奴隶主阶级内部分化的一种辩护。因为，事实上，在雅典这个“最民主的”希腊城市国家中，能够参加所谓“直接民主政治”活动的，也不过是奴隶主阶级的中上阶层而已；至于贫苦的自由民，是没有机会参加那种活动的。

正是在对于公民持这样一种看法下，正是把国家视为这样一些公民的联合团体，亚里士多德才提出他对国家性质、目的和起源的学说。

三

国家是什么？国家的目的是什么？这都是《政治学》开卷第一章所要回答的问题。由上节所讲公民的身分和政治生活的成员和内容看来，我们已经可以得出这样的结论：国家是阶级暴力，它是一定的阶级为了压迫其他阶级而创设的暴力机关。就希腊的城市国家说，很明显，它是奴隶主阶级为了镇压奴隶阶级而创设的暴力机关。然而，亚里士多德却说：国家是社会团体之一，它囊括其他一切社团；既然每一个社团都以一种善为目的，则国家便是以最高的善为目的；伦理学研究个人的善，政治学则是探究人群的善的。在这些意义上，政治学被他认为是最高的科学。

这一说法是西方政治思想史上第一个掩盖国家阶级本质的学说。固然，柏拉图在《理想国》中，也歪曲了国家的起源和本质；但他的手法却是先把国家和社会等同起来，然后再用成立社会的需要来顶替建立国家的理由，从而令人觉得国家（实则是社会）乃是人类生活所必需的东西。可是，亚里士多德却把国家同其他社会团体分开，并突出国家的地位和作用，说什么国家是最高的社团，它的目的是实现“最高的善”。把国家和社会分开而找出理由，说明国家是必要的、中立的、为“人民”谋福利的等等，乃是此后绝大部分的剥削阶级思想家袭用亚里士多德否认国家阶级本质的办法。西塞罗(Cicero,公元前 106—前 43)说国家是“人民的事务”,阿奎那(Aquinas, 1227—1274)认为国家的职能是使“公民得到快乐而有道德的生活”,这些固然都是受了亚里士多德的影响;就是近代思想家如博丹(Bodin, 1530—1596)认为主权是国家特有的权力,它是划分国家和其他社会团体的标准的看法,也显然可以从中考出亚里士多德的语汇和基本概念。至于资产阶级革命时期的洛克(Locke,1632—1704)、卢梭(Rousseau, 1712—1778)等等,资本主义上升时期的边沁(Bentham,1748—1832)、孔德(Comte, 1798—1857)等等,以及帝国主义时期的法学家如狄骥(Duguit, 1859—1928)、凯尔森(Kelsen,1881—1973)等等,无论他们用什么具体论据来掩盖国家的阶级本质,他们都是采取先把国家和社会或其他社会团体分开,然后再为国家的权力辩护这一办法的。当然,采取柏拉图那种把国家同社会混为一谈而后再说明国家权力的必要性的办法的,也不乏其人;但这个办法在社会愈益向前发展、阶级斗争愈益趋于激烈之后,便愈发不能欺骗人民了。

剥削阶级在阶级斗争中有他们一套手段和“理论”;但是,阶级斗争的科学却是有了马克思主义才有的。亚里士多德之所以得出这样的国家理论,根本上是由于他的奴隶主阶级立场使然;但也正由于他坚持奴隶主的阶级立场和观点,他也就不可能用正确的方法来探索国家的阶级本质。他一方面认为国家是由家庭到村落由村落到国家这个“历史的”过程发展的结果,另一方面却又用“人的本性”(man’s nature)这一概念来阐释国家之所以为“最高的”团体的理论根据。亚里士多德的父亲是个医生,他自幼就受了生物学方面知识的影响。他对于“自然”(nature)是采取生物的观点的解释。这一生物的自然观、本然观或本性观,首先把事物的本性看成是一个发展的过程,而终于认为发展到最高阶段才算充分地体现了它们的本性、本然或自然。例如一根树苗虽然具有其所以为树的本性,但只有经过长期发展成长为一棵大树的时候,才能成其为十足意义的树。动物也是如此。在这个意义上,他说:"人的本性就是政治的动物。"就个人论,他不是"自足的",家庭和村落的生活,虽然是较高的发展阶段,但最高的,使"快乐而光荣"的生活成为可能的,则是国家的生活。从个人到国家被他看成是个由不完全到完全、由根本意义到十足意义上的人实现其本性的过程。家庭生活、村落生活只是使生活成为可能,而国家则以实现人的美满生活为目的。因此,国家的生活是人的本性的完成。

人性论虽然是到文艺复兴时期才由新兴的"中等阶级"所制造的理论,但它的萌芽却是可以在亚里士多德的学说中找出来的。这并不奇怪:因为一切剥削阶级的压迫被剥削者的基调,总归是一致的。在上述亚里士多德的议论中之所谓"人的本性",显然只是奴隶主统治阶层的阶级本性。只有他们才通过残酷的阶级斗争建立了并且要巩固他们的阶级统治,而奴隶则适得其反地要推翻这种统治。希腊的奴隶主不把奴隶当做"人",然而奴隶毕竟都是人,他们有的是一些陷于深重的债务不能自拔的穷人,有的是一些军事上战败的俘虏,也有的是为了其他原因被插上标志在奴隶市场上出卖的人。而且,自由贫民到了无以维生的境况的时候,也并不那么爱那个城市国家。由此可见,不但不同阶级有着不同的阶级性,即使是同一个阶级的不同阶层,也反映着对同一政权的不同态度。在希腊的奴隶起义中有自由贫民参加,贫民起义中有奴隶参加，这不正好表明他们对奴隶主政权的一致态度么？因此，所谓国家是“人”的本性的完成，只能意味着国家是奴隶主的阶级性的要求的充分实现。“人”同国家的关系显然是和生物由初级到高级的发展不同的。这种用生物成长的过程来和从个人到国家的发展相比拟，显然是不伦的比拟。尽管亚里士多德这种说法后来仍被封建时期以至资本主义时期的某些剥削阶级的学者所津津乐道，但它的掩盖阶级的、反科学性的实质，则是不言自明的了。

亚里士多德是比较看重法律的。有人甚至说，这恰恰足以证明他的政治学说的出发点是柏拉图《法律篇》中的思想。但这一说法却是不恰当的，因为柏拉图是以法治为“第二等好”的统治，而人治才是最理想的或最好的统治。亚里士多德则认为法律的统治是最好的统治，所以不同。因此，我们把他对于法律的看法分析一下，是有必要的。

法律是什么？亚里士多德回答得很干脆：是“没有感情的智慧”，它具有一种为人治所不能做到的“公正性质”。亚里士多德认为：人治中的“人”，尽管聪明睿智，然而他有感情，因之即会产生不公道、不平等，而使政治腐化。用法律来统治则可以免却上述流弊：因为在这里，治者和被治者都是自由民（奴隶是不在话下的），他们之间是平等的，他们都享受法律上的权利；有了法律可以遵循，即统治者也不敢胡作非为，破坏法纪。

亚里士多德关于法律的看法，同他对于国家的看法一样，都是根本否认阶级性的。当我们说：法律是统治阶级意志的表现时，我们认为那“意志”之中当然有这个阶级的“智慧”和“感情”在内。难道在镇压奴隶的希腊城市国家的法律中，没有奴隶主阶级的“感情”和“意志”么？难道在寡头制度的立法中，没有寡头势力力求压制民主势力的“感情”和“意志”么？显然是有的。奇怪的是，亚里士多德曾经研究过一百五十多个希腊国家的政制，在今天残存的《雅典政制》一书中，他也记述过许多富人当政立法，穷人起而反对的事实：难道在那当政的富人所立的法中就没有他们压迫和盘剥穷人的“感情”和“意志”在内了么？回答也只能是肯定的。因此，我们对于亚里士多德“法律是没有感情的智慧”的看法，只能有这样一个解释：剥削阶级总是企图掩盖法律的阶级实质的。

以上由亚里士多德对于国家和法律的概念，可以看出希腊奴隶主阶级对于他们的国家政权的一般看法——那就是说，不管在什么情况下，保持他们的统治永远是个大前提。

四

然而，在奴隶主阶级的思想家中，亚里士多德的政治思想究竟代表哪个阶层的要求呢？这就必须考查一下他对实际政治的态度和主张了。

亚里士多德生当希腊奴隶制危机时期：一方面奴隶与奴隶主之间的矛盾加深，另一方面富有奴隶主和自由贫民之间的斗争也日趋激烈。用亚里士多德的话说，“在任何国家中，总有三种成分：一个阶级（本文作者按：当做‘阶层’理解）十分富有，另一个十分贫穷，第三个居于中间”。第一个阶层，他又名之为寡头势力，第三个阶层，他名之为民主势力。两者都力求攫得政权，以便实行代表自己利益的寡头制或民主制。斗争不已，遂使当时的希腊奴隶主国家动荡不安。亚里士多德担心奴隶主国家的分崩离析，遂苦心孤诣地寻求稳定奴隶主阶级江山的途径。

作为自由民中等阶层的代言人，亚里士多德所开出的挽救城市国家危机的药方，是和他的老师柏拉图所开的药方不同的。柏拉图代表富有奴隶主阶层，借口必要的社会分工，来严格地划分阶级，企图固定各阶级和阶层的地位和职事，从而巩固奴隶主上层的阶级统治。他不但仇视民主势力，也无视中等阶层的地位，他的“哲学王”一方面固然是知识贵族，另一方面也是奴隶主上层的化身。亚里士多德则不但认为富有阶层“狂暴”“暴戾”，并且也认为贫穷阶层“下贱”“狡诈”。“这两者对于国家都是有害的。”惟有中等阶层“最不会逃避治国工作，也最不会对它有过分的野心”。他们不像贫穷阶层“不懂得如何指挥”；也不像富有阶层“只能够专横地统治”。因此，中等阶层“乃是一个国家中最安稳的”阶层：“他们不像穷人那样觊觎邻人的东西，别人也不觊觎他们的东西，像穷人觊觎富人的东西那样；他们既不谋害别人，本身又不遭别人的谋害，所以他们很安全地过活。”亚里士多德既然在伦理学方面崇尚中庸的美德，那么，在政治学方面，他也认为“中庸适度”是“最好的”；而中等阶层在城市国家中恰恰是这个“中庸”的化身。“最好的政治社会是由中等阶级[阶层]的公民组成的”。惟其如此，所以亚里士多德便把巩固希腊城市国家的希望，寄托在中等阶层身上。

究竟怎样来巩固或“稳定”呢？关键在于财产和人数的比例。亚里士多德认为：在一个国家中，中等阶层的人数比较多，而中等阶层就是那些“占有一份适当而充足的财产”的人。惟其财产适当，所以不致为富不仁；惟其财产充足，所以不会觊觎他人；更重要的是，惟其人数较多，所以这个阶层就能衡平富有阶层和贫穷阶层的势力，而使国家“少受党争之祸”——亦即当时希腊奴隶主国家中的富人和穷人不断斗争之祸。同时，亚里士多德认为，也没有必要害怕后两个阶层联合起来，反对中等阶层：他们是永远“彼此互相不信任”的，不会合作的。因此，亚里上多德最后认为：只有中等阶层才是富人和穷人的“仲裁者”，也“只有在中等阶级[阶层]较其他阶级[阶层]之一或较两者都占上风的地方，政府才能够稳定”，所以“最好的立法者都是中等阶级[阶层]的人……例如梭伦就是如此”。亚里士多德在这里提到了梭伦，并不是偶然的。从亚里士多德的《雅典政制》残篇中，我们可以看出他对梭伦这位公元前六世纪的雅典奴隶主国家的立法者，是如何的赞扬与同情。他说：梭伦曾“采取最优良的立法，拯救国家”。梭伦的“优良的立法”是什么呢？是抑制最富有的阶层，扶持最贫困的阶层，强化中等阶层。这种主张恰恰与上述亚里士多德的见解相似。

这就是亚里士多德“温和民主制”的主张，也是他对当时奴隶主国家所持的态度。这是一种什么主张和态度呢？很明显，是一种类似资产阶级改良主义的主张和态度。他看到了城市国家的“党争”的核心问题是财产不均的问题，他提出的解决方案不是任何意义上的根本变更财产制度，而是企图用局部改变中等阶层的人数和地位，来“改变”富有阶层与贫穷阶层之间的矛盾形势，从而“稳定”奴隶主国家的动乱不安局面。然而，在我们看来，他的目的是达不到的。希腊的中等阶层，正如小资产阶级之在近代一样，他们的经济地位是不稳定的。在希腊国家的社会经济发展过程中，中等阶层或者上升为富有阶层，或者下降为贫穷阶层。那就是说，他们本身就是个不稳定的阶层。用一个经济地位不稳定的阶层来

“稳定”由于另外两个阶层的矛盾和斗争而致不稳定的国家政权，在逻辑上是说不通的，在事实上也是不可能的。亚里士多德这位奴隶主阶级的爱智者（即哲学家）的智慧毕竟是受他的阶级立场所局限的，他看不到这点。相反，由于阶级感情的驱使，他还在《政治学》中费了一些篇幅提出预防革命的办法。他所探索的那些革命的原因，都是为他的预防革命的感情或目的服务的。一个具有类似改良主义思想的思想家之反对革命，当然是不奇怪的事情。

历史发展的必然趋势是希腊奴隶主国家危机的进一步加深。亚里士多德的温和民主制企图在保持奴隶主阶级统治的前提下，在根本保存大富极贫的前提下，用加强中等阶层的势力来巩固奴隶主的统治，终于是不可能的。事实上，假使没有亚历山大所造成的军事帝国的“希腊化”局面而使希腊各城市国家自然发展下去，它们的命运也必然是日趋分崩离析而濒于危亡。因为除了奴隶的起义之外，自由贫民同富有奴隶主之间的斗争，也已激烈到了极点。柏拉图早已经说过：“穷人聚在城里，身怀白刃：有的负债累累，有的颠连无告，有的则兼有此两种不幸而充满愤恨，打算对付夺去他们财产的人——他们在打算造反。”由于“希腊化”时期以及罗马统治阶级由军事和政治胜利而造成的社会经济发展的可能，才使奴隶制国家在另外一种形式和规模下又继续了下去。

亚历山大成功的时候，亚里士多德还没有死。然而我们今天却丝毫看不出：他这位“高足”亚历山大的军事行动当时所造成的世界的新局面对他有任何影响。亚历山大糅合希腊文化与东方文化，而亚里士多德却仍然以非希腊人为“野蛮人”；亚历山大把城市国家沦为意义大为降低的市府或省区，而亚里士多德却仍然认为它是“良善而自足的生活”的标的。凡此种种都说明：亚里士多德的政治理论已落在政治现实的后面了；它们是属于一个结束的时代，一个用城市国家的方式来统治的时代的理论的。当然，我们更看重的是，他是一切剥削阶级政治学的创始人。

1964 年 10 月

目　　录

卷(A)一

章一　我们见到每一个城邦(城市)各是某一种类的社会团 1252a
体[①],一切社会团体的建立,其目的总是为了完成某些善业——所有人类的每一种作为,在他们自己看来,其本意总是在求取某一善果。既然一切社会团体都以善业为目的,那么我们也可说社会团体中最高而包含最广的一种,它所求的善业也一定是最高而最广的:这种至高而广涵的社会团体就是所谓“城邦”(πόλις),即政治社团(城市社团)。

有人说城邦政治家和君王或家长或奴隶主相同[②],这种说法

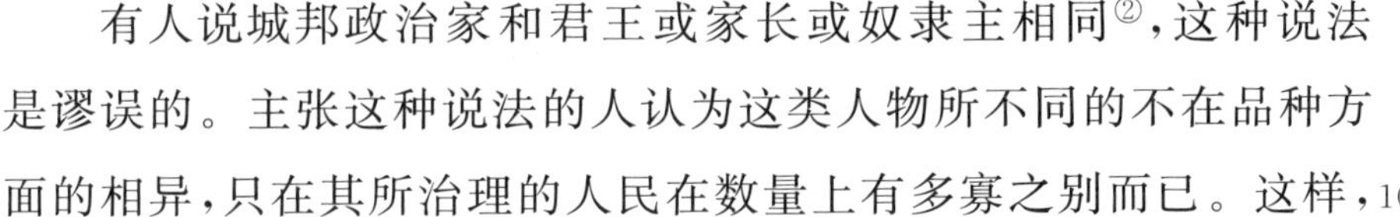

是谬误的。主张这种说法的人认为这类人物所不同的不在品种方面的相异,只在其所治理的人民在数量上有多寡之别而已。这样,

---

① 社会团体,可以作为“二人以上群众所组成的‘团体’”(参看《尼伦》卷五章八 1133^a16[③])。组成这种团体的分子可以是不相等的人们,如主奴(本书卷一章六),也可以是相等的人们(卷七章八)。平等人之间的团体可以物资相通,由卖买而构成经济团体(《尼伦》1131^a18),或由夫妇构成家庭,也可以凭共同目的,作共同活动而构成政治团体,如城邦(本书卷一章二等,《尼伦》卷八章十一等)。家庭无需契约,组成政治团体则应有契约(宪法)(《尼伦》1161^b13)。城邦是行业和职能相异的分子的组合,在这种组合中,一定有统治和被统治两类人(本书卷一 1254^a28 等)。

② 见柏拉图:《政治家篇》(Plato, Politicus),258E—259D;参看色诺芬:《苏格拉底回忆录》(Xenophon, Memorabilia)iii 4.12。

③ 本书注释中所引参考书籍:(一)见本书者,不写出书名,只举章节或页行数。(二)见亚里士多德其他著作者,只举书名(简写和原名见附录“书目”VI)。亚氏书页行数都依《贝克尔校印本》(Bekker Text)。(三)其他各家的书举作者和书名,原作者以一书传于后世者,常常只举作者名,书名从略。

奴隶主所关顾的只限于少许人数，关顾到人数稍多的则为家长；至于城邦政治家或君王，那就得关顾到更多的人数。依这种说法，一个大家庭和一个小城邦之间就没有实际上的差异；政治家和君王的分别也仅仅在这么一点：君王以个人掌握国家的全权，而政治家则凭城邦政制的规章加以治理，依照这种规章，全邦人民轮番为统治者和被统治者［城邦政治家就仅仅在当值的年月执掌政权］。

这些说法实际上是不正确的；我们可以凭借向来应用的［分析］方法①阐明这个问题。恰好像在其他学术方面一样，应该分析一个组合物②为非组合的单纯元素——这就得把它分析到无可再分析的最小分子——，我们在政治学的研究中，也要分析出每一城邦所由组成的各个要素而一一加以考察。由于这种分析，我们就能比较清楚地阐明上述各社会团体及其人物之间的差异，并由此辨明，对于上述题旨，是否可以得出一些有条理的论断。

章二　这样，我们如果对任何事物，对政治或其他各问题，追溯其原始而明白其发生的端绪，我们就可获得最明朗的认识。最初，互相依存的两个生物必须结合，雌雄（男女）不能单独延续其种类，这就得先成为配偶，——人类和一般动物以及植物相同③，都要使自己遗留形性相肖的后嗣，所以配偶出于生理的自然，并不由于意

① 参看章八 $1256^{a}2$ 和注。主奴体系、家务体系、宪政体系三者有别，参看卷三章六 $1278^{b}31$—$79^{a}14$。

② “组合物”的意义参看卷三章一 $1274^{b}40$ 等节。

③ 亚氏对植物雌雄的分别虽有这种意见，但在他的著作中未见到实证；参看《论动物的生殖》卷一章二 $731^{a}1$、卷二章一 $732^{a}11$。

志(思虑)的结合。接着还得有统治者和被统治者的结合,使两者互相维系而得到共同保全。凡是赋有理智而遇事能操持远见的,往往成为统治的主人;凡是具有体力而能担任由他人凭远见所安排的劳务的,也就自然地成为被统治者,而处于奴隶从属的地位:在这里,主奴两者也具有共同的利害。[我们应该注意,]女人和奴
隶天然有别。自然的创造女人绝不像铁匠的铸造德尔斐小刀[①], 1252b
使它能够具有多方面的用途;自然对每一事物各赋予一个目的;只有专用而不混杂使用的事物才能有造诣最精当的形性。可是,在野蛮民族中,[反乎自然,]女人处于和奴隶相同的地位——实际上那里并没有真正够得上主治的人物,男女结合只是一个女奴配上了另一个男奴而已。所以诗人们说:

"野蛮人应该由希腊人为之治理。"[②]

在诗人们看来,野蛮民族天然都是奴隶。

由于男女同主奴这两种关系的结合,首先就组成"家庭"(οἰκία)。希西沃图的名句的确是真切的,他说:

先营家室,以安其妻,

---

① "德尔斐小刀",雅典那俄:《硕学燕语》(Athenaeus, Deipnosophistae),133C,说德尔斐人擅铸小刀以治理牺牲,并用于烹饪。这类小刀可兼作宰牲、剥皮、出骨之用。依欧里庇得的悲剧《埃勒羯拉》(Euripides, Electra)743—769行,通常须用三种刃具:宰杀用"尖刀",剥皮用"刮刀",出骨用"大刮刀"(参看戈脱林:《德尔斐小刀》[Göttling, de Machaera Delphica]10页)。希西溪:《辞书》(Hesychius, Lexicon)解释这种用具为有刀和匙的复合工具。

② 诗句见欧里庇得的悲剧《伊菲琪尼在奥里斯》(Iphig. in Aul.)1266行。古希腊讲授学术或论列事理,常常以诗为证,参看《形上》卷二 995a7。依上文,这里只需指证野蛮民族中有以妻女为奴隶而任劳作的习俗,亚氏却引出了希腊人应统治外邦野蛮民族的诗句,这是亚氏由于自己的种族和政治思想不期而作的流露。

爱畜牡牛，以曳其犁。①

这里次于妻室所说到的牛，在穷苦家庭中就相当于奴隶。家庭就成为人类满足日常生活需要而建立的社会的基本形式；因此嘉隆达斯对组成一个家庭的人们，称之为“食橱伴侣”(ὁμοσιπύους)，克里特的厄庇米尼特则又称之为“刍槽伴侣”(ὁμοκάπους)②，其次一种形式的团体——为了适应更广大的生活需要而由若干家庭联合组成的初级形式——便是“村坊”(κώμη)。村坊最自然的形式是由一个家庭繁殖而衍生的聚落；因此，有些人就称聚居的村人为“同乳子女”(ὁμογάλακτας)，或称这样的聚落为“子孙村”(παίδων παῖδας)。希腊古代各城市原来都由君王加以统率，而各野蛮民族至今还保持着王权，其渊源就在这里。家庭常常由亲属中的老人主持，各家所繁衍的村坊同样地也由年辈最高的长老统率，君王③正是家长和村长的发展。这种原始的家属关系，荷马关于古代散布世界的[圆眼巨人族的]聚落曾经说：

“人各统率着他的儿女和妻子。”④

① 见希西沃图：《作业和时令》(Hesiodus, Op. et Di.)405 行。

② 依 $\pi^{1}P^{4}$ 等抄本和威廉拉丁旧译本应为“炉火伴侣”(ὁμοκάπιοις)。

③ 希腊字 βασίλεις(王)，依缪勒：《语言学讲稿》(M. Müller, Lectures on the Science of Language)卷二 282，说源出梵文“ganaka”，意思即为“家长”。

④ 诗句见荷马：《奥德赛》(Homer, Odessy)ix 112—114；柏拉图的对话《法律篇》(Laws)也引及此句(卷三 680)。远古“独眼”或“圆眼巨人”(κυκλώπος)族散处世界各地，或栖岩谷，或居山冈，不立法制，人各管领其妻子，老死不相往来。另一些史诗又以独眼巨人族为古希腊石匠和铁匠的祖先。随后的诗人和史家或说这些力能搬运巨石、构筑居室的先民实在西西里(Sicily)(修昔底德：《伯罗奔尼撒战争史》[Thucydides, The Peloponnesian War]vi, 2)，或说这是希腊阿尔咯斯地区迈西尼(Mycenae)等古城的建筑者(斯特累波：《地志》[Strabo, Geographia]373 页)。

古先的人既一般地受治于君王而且现在有些民族仍是这样，有些人就推想群神也得由一个君王（大神）来管理。人们原来用人的模样塑造着神的形象，那么凭人类生活来设想群神的社会组织也就极为自然了。

等到由若干村坊组合而为“城市（城邦，πόλις）”，社会就进化到高级而完备的境界，在这种社会团体以内，人类的生活可以获得完全的自给自足[1]；我们也可以这样说：城邦的长成出于人类“生活”的发展，而其实际的存在却是为了“优良的生活”。早期各级社会团体都是自然地生长起来的，一切城邦既然都是这一生长过程的完成，也该是自然的产物。这又是社会团体发展的终点。无论是一个人或一匹马或一个家庭，当它生长完成以后，我们就见到了它的自然本性；每一自然事物生长的目的就在显明其本性[我们在城邦这个终点也见到了社会的本性][2]。又事物的终点，或其极 **1253a**
因，必然达到至善，那么，现在这个完全自足的城邦正该是[自然所趋向的]至善的社会团体了。

由此可以明白城邦出于自然的演化，而人类自然是趋向于城邦生活的动物（人类在本性上，也正是一个政治动物）[3]。凡人由于本性或由于偶然而不归属于任何城邦的，他如果不是一个鄙夫，那就是一位超人，这种

① “自给自足”，解释见《尼伦》卷一章七。

② 原文简赅，未能充分表达辞意的，汉文译本增[]，凡所增括弧内语都是原文已含蓄的意义，依据各家诠释加以添补，而以《纽曼（W. L. Newman）校注本》的注释为主。

③ 原文有时一词兼有数义，汉文译本偶或加()，凡圆括弧内语和上文为同词或同语的异译，取义大同小异，读者可任择一词或一语。

"出族、法外、失去坛火(无家无邦)的人"[①],

荷马曾卑视为自然的弃物。这种在本性上孤独的人物往往成为好战的人;他那离群的情况就恰恰像棋局中的一个闲子[②]。

作为动物[③]而论,人类为什么比蜂类或其他群居动物所结合的团体达到更高的政治组织,原因也是明显的。照我们的理论,自然不造无用的事物;而在各种动物中,独有人类具备言语的机能[④]。声音可以表白悲欢,一般动物都具有发声的机能:它们凭这种机能可将各自的哀乐互相传达。至于一事物的是否有利或有害,以及事物的是否合乎正义或不合正义,这就得凭借言语来为之说明。人类所不同于其他动物的特性就在他对善恶和是否合乎正义以及其他类似观念的辨认[这些都由言语为之互相传达],而家庭和城邦的结合正是这类义理的结合。

我们现在就进而论述城邦,城邦[虽在发生程序上后于个人和

① 见荷马《伊利亚特》(Iliad)ix 63,原文稍异,语意略同。古希腊各个家庭的"炉火"或"坛火"(ἑστία)设于"内室"(家龛)。就广义说,希腊人称炉火为家庭。由氏族信仰扩充而及于部族和城邦,坛火又成为城邦生命的象征。因故流离而去其本土,不得参与家祀的引为重大的悲哀;如果被放逐,不能不离开乡邦、舍其坛火的,则为重大的罪责,仅次于死刑。

② 希腊的石碁,碁盘框内纵横各五线,共分三十六格,碁法好像罗马"卢杜碁"(ludus)和近代"欧洲棋"(backgammon)(参看傅居埃:《古人的博弈》[M. Becq. de Fouquierès, Jeux de Anciens],303、385、391—398)。ἄζυξ,原意为"无轭的牛",现在作"局中闲子"解;亚氏以此针砭那些离群索居的超世之士,参看卷七 $1324^{a}16$ 注。

③ 人类天性乐于群居,孤独不合于自然,参看《尼伦》卷一章七、卷九章九。动物群居和独居之别,参看《动物志》卷一 $488^{a}1$;社会性和非社会性动物之别,参看卷九 $608^{b}25$。

④ 动物界声音和言语机能之别,参看《动物志》卷一 $488^{a}32$、卷四 $535^{a}29$—$536^{b}24$。

家庭],在本性上则先于个人和家庭。就本性来说,全体必然先于部分[1];以身体为例,如全身毁伤,则手足也就不成其为手足,脱离了身体的手足同石制的手足无异,这些手足无从发挥其手足的实用,只在含糊的名义上大家仍旧称之为手足而已。我们确认自然生成的城邦先于个人,就因为[个人只是城邦的组成部分,]每一个隔离的个人都不足以自给其生活,必须共同集合于城邦这个整体[才能让大家满足其需要]。凡隔离而自外于城邦的人——或是为世俗所鄙弃而无法获得人类社会组合的便利或因高傲自满而鄙弃世俗的组合的人——他如果不是一只野兽,那就是一位神祇。人类生来就有合群的性情,所以能不期而共趋于这样高级(政治)的组合,然而最先设想和缔造这类团体的人们正应该受到后世的敬仰,把他们的功德看做人间莫大的恩惠。人类由于志趋善良而有所成就,成为最优良的动物,如果不讲礼法、违背正义,他就堕落为最恶劣的动物。悖德(不义)而又武装起来,势必引致世间莫大的祸害;人类恰正生而具备[他所特有的]武装[例如言语机能][2],这些装备本来应由人类的智虑和善德加以运用,可是,这也未尝不可被运用来逞其狂妄或济其罪恶。于是失德的人就会淫凶纵肆,贪婪无度,下流而为最肮脏最残暴的野兽[3]。城邦以正义为原则。由正义衍生的礼法,可凭以判断[人间的]是非曲直,正义恰正是树

① "全体"和"部分"的孰先孰后,参看《形上》卷五章二十五、二十六;又章十一 $1019^{a}2$—14。

② "武装"(ὅπλα),依《纽曼校注本》卷二 130 页注释,解作"言语机能"。

③ 参看《动物志》卷六章二十二 $575^{b}30$。

立社会秩序的基础①。

1253^b **章三** 从上面那些分析，已明确了城市（城邦）所由组成的各个部分，既然城邦的组成[基本上]包含着许多家庭，我们就应该先行考虑到“家务管理”。一个完全的家庭是由奴隶和自由人组合起来的，家务的各个部分就相应于这些组成分子。研究每一事物应从最单纯的基本要素（部分）着手；就一个完全的家庭而论，这些就是：主和奴，夫和妇，父和子。于是，我们就应该研究这三者各自所内含的关系并考察它们的素质：(1)主奴关系，(2)配偶关系——在我们的语言中，用“配偶”这个用语表示男女的结合是不合适的——，(3)亲嗣关系——“亲嗣”②这个用语在这里也并不完全适当。在这三项要素以外，还有另一项要素（部分），即所谓“致富技术”（χρηματιστικῆs），有些人认为整个“家务”（ὀικονουία）就在于致富，另一些人则认为致富只是家务中的一个主要部分；这种技术上的性质我们也得加以研究。

让我们先行讨论主奴这一项，探究主奴的结合对人类日常生活有什么实际的利益，并[在理论上求取这方面的知识，]希望能够引致较胜于现在流行的观念。有些人认为管理奴隶是一门学术，而且家务和政务，以及主人的治理奴隶同政治家和君王的统治人

① 本书卷一开始两章阐明人类团体的社会发展，也说到了政治组织的伦理基础，可以同《尼伦》卷一章一章二 1094 和卷十章九 1179^{a}33—1181^b，同《修辞》卷一章二 1356^{a}25--30、章四 1360^{a}18—37 相对勘。依照这些章节，可知亚氏的政治学是以伦理研究为先导的。

② “配偶”（γαμική），主要在繁殖，偏重生理意义；“育儿”（τεκι οποιητική），兹译为“亲嗣”；两个用语都不能表达“夫妇”和“父母子女”在社会团体中的伦理和经济关系，所以说不合适。

民完全相同,这在前面我们业已提及①。可是,另一些人却认为主奴关系违反自然。在他们看来,主人和奴隶生来没有差异,两者的分别是由律令或俗例制定的:主奴关系源于强权;这是不合正义的②。

章四 财产既然是家庭的一个部分,获得财产也应该是家务的一个部分;人如果不具备必需的条件,他简直没法生活,更说不上优良的生活。又,每一个专业的工人,必须具有各自的专门工具,才能完成他的工作(功效);这在治家而论也是这样③。至于"工具"有些无生命,有些有生命;对一个航海者④说来,例如舵是他所运用的无生命工具,而船头守望者是他所运用的有生命工具——在每一专业中,凡从属的人们都可算作[业主或匠师完成他的工作

① 见上文 1252^a7—16。色诺芬:《经济论》(Xen., Oeconomica)和柏拉图:《政治家篇》都持有此说。

② 法律出于"强权"或基于"自然"的论辩屡见于柏拉图的对话如《普罗塔戈拉篇》(Protagoras)337D、《蒂迈欧篇》(Timaeus)64D、《理想国》(Rep.)359C 等。智者大都认为法律出于强权,奴隶制度既由法定,便不合自然。《亚里士多德残篇》八四 1490^a10 录有诡辩家(智者)吕哥弗隆(Lycophron)语,否定人类种姓应有贵族和贱族之分。《修辞》卷一章十三名句:"大神令人类全都自由,自然从来不曾强迫谁当奴隶"。依古诠疏,其语出于演说家(修辞家)阿尔基达马(Alcidamas,盛年,公元前 432 年)的《麦西尼亚演说》(Messenian oration)。亚氏这一节可能指阿尔基达马,也可能指犬儒学派(Cynics)如翁尼雪克里图(Onesicritus)等。翁氏随从亚历山大远征到印度时,盛称印度的缪西堪人(Musicanus),境内无奴隶,其国礼法良善(见《斯特累波》:卷十五 710 页)。犬儒学派自安蒂叙尼(Antisthenes)和狄欧根尼(Diogenes)以下都鄙薄礼法的出于强权而反对人类凭借威力来奴役他人。

③ 从 O^1 抄本"τῶν οἰκοι ομικῶν"翻译,同阿雷丁诺(Aretinus)拉丁译文"etiam in re familiare"意义相符。Ⅱ组抄本都作"治家和为政也是这样",同威廉旧译(Vet. Int.)yconomico et politico,意义相符;但这和本节题旨不符。

④ 地中海古代航海,船长指挥两领班:在船艄的舵师和在船艏的守望者;舵师管理舵工等,守望者则管理桨工(桡手)等。

的]工具。这样,“财产”(所用物=所有物)就可说是所有这些工具的总和,而每一笔财产(所有物)就都是谋生“所用的一件工具”;奴隶,于是,也是一宗有生命的财产;一切从属的人们都可算作优先于其他[无生命]工具的[有生命]工具。倘使每一无生命工具都能按照人的意志或命令而自动进行工作,有如达达罗斯的雕像或赫法伊斯托的三脚宝座[①],荷马曾经咏叹的那个宝座,能自动进入[奥林匹斯山]群神的会集[②],这样,倘使每一个梭都能不假手于人力而自动地织布,每一琴拨都能自动地弹弦,[倘使我们具备了这样的条件,也只有在这样的境况之中,]匠师才用不到从属,奴隶主(家主)才可放弃奴隶[③]。[这里,可是,还得认识另一项分别:]我
1254a 们方才涉及的工具[例如梭]是“生产工具”,而另一种家有财产(用品)[例如奴隶或其他器具]则是“行为(消费)工具”。由梭的应用,可以获得另外一些物品;但由另一些工具的应用,如衣服或床的应用,就只是应用(消费)而已。生产和行为是人类两种相异的活动[④],各各需要有适当的工具,因此工具也得有两种相应的差别。

① 达达罗斯(Δαιδάλος),见《伊利亚特》v,60,及其他古诗中,传为克里特岛克诺萨斯城(Knossus)米诺斯(Minos)王时代巧匠。达达罗斯曾经为王女阿里亚妮(Ariadne)制作一队女伎,能够自动起舞。参看挪克(Nauck)编《欧里庇得剧本残篇》373 等。赫法伊斯托(Ἥφαιστος)(拉丁神名,作 Vulcanus),“火神”为冶铸和铜铁匠之祖,曾为其祖父宙斯大神制宝座和神杖。

② 《伊利亚特》xviii 376。

③ 马克思:《资本论》,卷一,第四部分,第五章第三节论及机器对于工人的影响曾引及这里自动织布一节。

④ “制造”或“生产”和“行为”或“活动”之别,参看《尼伦》卷六章四章五。这里的“行为”指同生产活动相对的消费活动;另一组相对的意义为前者指勤劳的体力活动,后者指闲暇的德操和文化活动。

[家常]生活既不属于生产而为行为,那么[家]奴作为生活的工具,就仅仅是人生行为方面的从属①。

又,所谓“一件用品”(“一笔财产”)原来是指家产中的一个部分而言,家产既有所属,那么每一件用品(财产)不仅属于全部家产,又应当属于那应用用品的人(财产的所有者)。这样,以一个家庭来说,谁是主人的奴隶和谁是奴隶的主人,原来都是家庭的一个部分,但奴隶作为用品(财产)而言,则这一笔财产,应该完全属于运用他的人,而主人[就另有家务管理以外的自由生活而言]便不属于奴隶。于是我们可以明了奴隶的性质和他的本分了:(1)任何人在本性上不属于自己的人格而从属于别人,则自然而为奴隶;(2)任何人既然成为一笔财产(一件用品),就应当成为别人的所有物;(3)这笔财产就在生活行为上被当做一件工具,这种工具是和其所有者可以分离的②。

章五　其次,我们应该研究上述那样的奴隶是否天然存在于世上;对于这样的人,奴役恰好是他的本分而且也是合法的制度,或者相反,一切奴役都违反自然?这个问题,无论依照理智或根据事实都不难予以解答③。世上有统治和被统治的区分,这不仅事属必需,实际上也是有利益的;有些人在诞生时就注定将是被统治者,另外

① 由上文织梭和琴拨句以及衣服或床句分析无生命工具为生产和消费两类;有生命的工具也应该分别为从事生产的“农奴”和从事家务(消费)的“家奴”两类。

② 奴隶和奴隶主可以分离,意思是主人可以转让或出卖奴隶。关于奴隶的界说和奴隶与自由人的区别,参看本书卷六 1317^b2—13;又《形上》卷一 982^b25、卷十二 1075^a18—25。

③ 下文所作说明涉及理论和事实而偏重理论。

一些人则注定将是统治者。统治者和被统治者的种类为数很多。被统治者的种类较良好，则统治者也就较优，——例如对于人的管理就优于管理牲畜。因为一方主治，另一方受命而行，两者合力，就可完成一项事业，合作的两方较高，所完成的事业也就较高。一切事物如果由若干部分组合而成一个集体，无论它是延续体[例如人身]或是非延续体[例如主奴组合]，各个部分常常明显的有统治和被统治的分别。这种情况见于自然界有生命的事物，也见于无生命的事物；无生命事物，例如一支乐曲，其中也一定存在某种主导[和辅佐]的原则。但这类事例牵涉得太广泛了；我们这里应该限于生物的范围而举出其中最高级的组合，即灵魂和身体，前者自然地为人们的统治部分而后者自然地为被统治（从属）部分。关于这样的生物，我们应当注意到他保持在健全的自然状态的场合；我们所要考察的就应该是灵魂和身体都在最优良状态中的人，这种人，灵魂统治着他的身体是明确的。我们绝对不可拿那些处于腐坏状态而丧失本性的人作为例子，那些确是腐坏了的或[暂时]腐坏了的人，情况便恰恰相反——他们既丧失自然本性，身体就统治着灵魂。

无生命事物姑且置而不论，就生物界的现象说，我们可以见到——也可以说，在这一方面方始可以确切地见到——专制和共和（宪政）两种体制：灵魂的统治身体就掌握着主人的权威而理性的节制情欲则类似一位政治家或君王的权威[①]。这是明显的，身体的从属于灵魂（人心）和灵魂的情欲部分的受制于理性及其理智

① 参看柏拉图：《斐多篇》(Phaedo)80A。

部分[①],总是合乎自然而有益的;要是两者平行,或者倒转了相互的关系,就常常是有害的。[人生内心的这种现象也表显于其外表生活;]灵魂和身体间的关系也适用于人兽之间的关系。驯养动物比野生动物的性情为善良,而一切动物都因受到人的管理而得以保全,并更为驯良。又,男女间的关系也自然地存在着高低的分别,也就是统治和被统治的关系。这种原则在一切人类之间是普遍适用的。这里我们就可以结论说,人类的分别若符合于身体和灵魂,或人和兽的分别,——例如在专用体力的职务而且只有在体力方面显示优胜的人们,就显然有这种分别——那么,凡是这种只有体力的卑下的这一级就自然地应该成为奴隶,而且按照上述原则,能够被统治于一位主人,对于他实际上较为合宜而且有益。所以,凡自己缺乏理智,仅能感应别人的理智的,就可以成为而且确实成为别人的财产(用品),这种人就天然是奴隶。这里,他还是有别于其他动物,其他动物对于人的理智没有感应,只是依照各自的禀赋(本能)活动。但奴隶的被应用于劳役同驯畜的差别是很小的;两者都只以体力供应主人的日常需要。

[如果不谈心理现象,而专言身体,]自然所赋予自由人和奴隶的体格也是有些差异的,奴隶的体格总是强壮有力,适于劳役,自由人的体格则较为俊美,对劳役便非其所长,而宜于政治生活——政治生活包括战时的军事工作和平时的事业。可是,反乎自然的事例仍然时常遭遇到:有些奴隶的体格也像自由人那么俊美,有些奴隶还具备自由

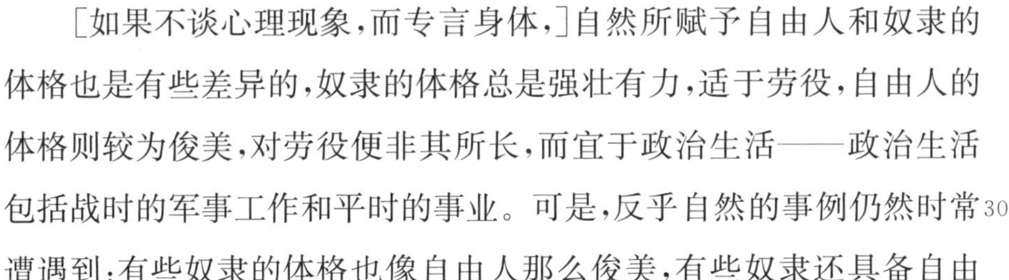

① 灵魂的"理智部分"和"理性"(人心)相应,无理智部分与"情欲"(欲望)和"身体"相应;参看本卷 $1260^{a}5$、卷七 $1333^{a}18$、$1334^{b}20$。

人的灵魂。但这些例外不足为凭，自然所赋予人类的体格既有区别而且区别的程度竟有如神像和人像之间那样的优劣分明，那么，大家应该承认体格比较卑劣的人要从属于较高的人而做他的奴隶了[①]。虽然灵魂的优劣比身体的优劣难于辨识，这个原则如果已适用于身体方面的差异，则根据灵魂方面的差异来确定人们主奴的区别就更加合法
1255^{a} 了。这样，非常明显，世上有些人天赋有自由的本性，另一些人则自然地成为奴隶，对于后者，奴役既属有益，而且也是正当的。

章六　　但是，不难见到，反对上述理论的人也持有他们的正当理由。"奴役"和"奴隶"两词都有两方面的含义。[在上面所说明的自然奴隶之外，]还有一类法定奴隶和强迫奴役。这里所指的法律就是战争的一些常例——凡战败者都归战胜者所有。好多法家谴责这种常例所立奴役的原则而控诉它为非法：他们认为力弱者应该从属于强有力者这种专重强权的观念[不合法理，]是可憎的。对于这种原则的或是或非，就是贤哲们也不免意见分歧。这个争议的根源和足以混淆双方论据的地方是这样的：人们假定了足以制服他人的最大权能必须是具有[物质]装备[②]的[精神]品德，所以，在战斗中，胜利的人，应该是具有优良品德的。既然把权能联系到某些品德，使有力者同时也成了有德者，双方的争点由此转到了正义问题(是否合法?)。一方认为必须存在相互的善意，这才合乎正义(合

① 以体格俊美和粗陋分别人类的等级为重视人体美的古希腊人所特有的观念。柏拉图：《政治家篇》301D-E、本书卷七 $1332^{b}16$ 都以体格和灵魂两者并论人类的高卑。

② "装备"(κορηγίας)(卷七章一 $1324^{a}1$ 译"配属"亦取装备之意)，或译"手段"、"方法"。参看卷七 $1332^{a}20$。

法),[凭惯例而起的强迫奴役是不合法的;]另一方认为优胜劣败的规律一任强者为主、弱者为奴,就是正义[而奴役自属合法]。要是澄清双方持论的混淆点,可见争论双方都有谬误而并不完美,我们还是维持尚善的宗旨,认为主奴关系应该以善良和卑恶为准则①。

有些人一面坚持由战争成例所造成的奴役为合乎正义——因为法律或成例就是正义的一种衍生物——而另一方面却自相矛盾:首先,他们承认发生战争的原因也可能是不义的;其次,他们又知道凡是身心不应当被奴役的人实际上就不应该降为奴隶。如果依照他们所坚持的原则,虽是最优良的氏族,自己或其父母一旦身为战俘而被卖为奴,自身及其子孙,就应该永远沦为奴隶了②。希腊人谁都不乐意称优良的希腊种人为奴隶,他们宁愿将奴隶这个名称局限于野蛮人(外邦人)③,[而他们实际上却又承认战俘可用

① 亚氏不承认强权为含有善德而合乎正义,他否定由战争造成的强迫奴役,认为这是不合自然的。但他认为人类德能天生有差异,像劣种从属于优种的奴役,就合乎自然。

这里亚氏行文应用着他惯常的方式:先列举两种敌对论点,然后寻取可以"疏通或消解双方的论点"的途径,以显示双方所持论点都是片面的。

② 马其顿入侵希腊半岛各邦的前期,雅典反马其顿的民主党人莱喀古士(Lycurgus)曾创制法令,禁止雅典人购买战俘中的自由人为奴隶。亚里士多德那时年五十五岁,在雅典讲学。这一节维护自然奴役、反对强迫奴役的议论是违反马其顿制度而拥护莱喀古士主张的。但亚氏当时又是被敌视为倾向马其顿而反对民主雅典的。

③ 希腊人称非希腊人为"吧尔吧"人(οἱ βάρβαροι),犹如犹太人称非犹太人为"外邦人"(gentiles)。希罗多德:《希腊波斯战争史》(Herodotus, Historiae)卷二 158 说,埃及人称非埃及人为"异舌",即"异语之人",也好像中国古代黄河流域各族称吴楚为南蛮"鴂舌"之人。阿里斯多芳:《群鸟》(Aristophanes, Avibus)119:戴胜以希腊语教"异邦鸟",各鸟既习希腊语,就自称为"希腊鸟"。随后,希腊人卑视外邦人,以"吧尔吧里哥"(βαρβαρικός)作为"野蛮的"形容词(约在公元前第五第四世纪间始流行),而视波斯、意大利、黑海两岸欧亚各民族都是"野蛮民族"。罗马兴起后也相承而称罗马和希腊以外各族为"野蛮人"(barbaries)。

作奴隶。撇除他们思想上的矛盾,]大家真正的命意就落在我们前面所说“自然奴隶”上面了。在他们看来,世上有些人[野蛮族]到处都应该是奴隶,本性上就是奴隶,另一些人[希腊人]到处都应该自由,本性上就是自由人。由奴性所引起的观念,也适用于优种(贵族)的观念。希腊人以优种(贵族)自居,不仅在本国是优种,就是到世界任何地方,都应该是优种,他们认为外邦人只在本国内可以优种(贵族)自居,[到了别国,就显得并不优良]——这样,优种就得分成两类,一类是绝对的优良和自由,另一类就不是绝对的。西奥德克底剧本中海伦娜说[①]:

“双亲皆出于神裔,
谁得辱呼我为婢?”

这些措辞所含蓄的意思就在以品德的善恶为奴隶和自由人以及劣 1255b 种和优种的判别[②]。照他们的想法,人生人,兽生兽,善人的后裔也应该是善人。这虽然确实是自然的本旨,但自然也不能常常如愿地维持这样的规律。

上述议论的分歧显然是有根据的,现在所有的奴隶或自由人实际上并不完全是自然奴隶或自然自由人。同样,很明显,人类确实原来存在着自然奴隶和自然自由人的区别,前者为奴,后者为

---

① 参看挪克编《西奥德克底残篇》(Theodectes, Fragm.)3。

② 《斯特累波》66页:“埃拉托斯叙尼(Ἐρατοσθέυης)说,有人屡屡教导亚历山大要以希腊人为友,以外邦(野蛮民族)人为敌。人类毋宁以品德的善恶为别,不宜以希腊和外邦(国境或言语)为别。”这里好像埃拉托斯叙尼(公元前第三世纪下叶)正在批评亚里士多德的民族思想。但本书这一节,亚氏也确实抱有埃拉托斯叙尼的大同思想。这类大同思想也见于伊索格拉底:《腓力》(Isocrates, Philippus)154节和柏拉图:《政治家篇》262D。

主，各随其天赋的本分而成为统治和从属，这就有益而合乎正义。谁要是滥用或误用主人的权威，那就必然损害主奴双方的利益。部分和全体，有如身体和灵魂，必然利害相同；奴隶和主人虽是两个不同的人身，但从主奴体系上说，奴隶就成为从属于主人的一个部分。在合乎自然的奴隶体系中，两者各尽自己的职分，这就存在着友爱[①]和共同利益。但凭借权力和法律所造成的强迫奴役，情况恰恰相反[那里将充塞着仇恨和利害的冲突]。

章七　从以上的一些分析，已经可以见到主人的权威异于政治家的权威，各种权威(统治制度)，并不像有些思想家所说[②]，全都相同。政治家所治理的人是自由人；主人所管辖的则为奴隶。家务[③]管理由一个君主式的家长掌握，各家家长以君臣形式统率其附从的家属；至于政治家所执掌的则为平等的自由人之间所付托的权威。固然，家主之为家主由于他的本分，并不因为他具有家主学术[④]，奴隶和自由人也各凭本分而为奴隶和自由人，但是，这里仍然可以各自具有一门家主学术和一门奴隶学术。所谓奴隶学术

① “主奴间的友谊”详见《尼伦》卷八章十一，其大意说：“奴隶作为奴隶，和主人异格，不讲友爱；但主奴既同为人类，自然存在着人间之爱。”照这个论点说，奴隶就不应单纯地被当做生产或行为的工具。

② 参看上文 1252^{a}7—16、1253^{b}18—20 注。有些思想家是指柏拉图等。柏拉图认为政务和家务其道相通。这里亚氏分析希腊城邦的平民和共和各政体为自由人间的治理，异乎主奴体系。家主类似君王只合于君主之邦。“野蛮”民族大都实行王制；希腊诸城邦到古典时代，王室已很少了。

③ 这里所说“家务”，除主奴外兼及夫妇、父子，三者都由“家长”一人主治。

④ 参看柏拉图：《政治家篇》259C、293C。

大概就是那位叙拉古人[①]所传授的本领，这位教师教导奴隶如何做好日常应做的工作，借以收取微薄的报酬。奴隶学术还可以从日常劳务扩充到专门技艺，例如烹饪[②]等家事科目。在奴隶的职分中，有些工作[如给使杂役]虽属急需，却不如另一些[如专门技艺]受人重视；所以有句谚语说："奴隶有先后，主人有高低。"[③]当然，所有这些学术仍然是奴隶们的鄙事。

至于主人的学术就着重在怎样运用奴隶，主人并不是由于他占有多少奴隶而成为主人，能够运用奴隶，这才真正成为主人。所谓家主学术既在运用奴隶，那就只需知道如何指挥奴隶，使他们各尽所能，这样的学术实际上并不是怎么高深或博大的学术[④]。因此，有些人需要摆脱家务的烦琐而从事于政治业务或哲学研究的，尽可把奴隶的管理委托给一个管家人(执事)。

说到如何依照合法手续获得奴隶，这就全然不同于为主为奴的学术；这应当归属为战争技术和狩猎技术中的一个部分[⑤]。这

① 加梅拉留:《亚里士多德政治学与经济学译文和疏释》(Camerarius, Politicorum et Oeconomicorum Aristotelis Interpretationes et explicationes)45 页说，这位叙拉古教师当即讽刺剧诗人费勒克拉底(Pherecrates, 盛年，公元前 438)所作一个剧本的主角"奴隶教师"之类。

② 马哈斐:《希腊社会生活》(Mahaffy, Social Life in Greece)287 页说，马其顿富室的厨师和医师都由奴隶担任，此风后来还盛行于希腊各邦。

③ 这句谚语并见菲利蒙(Philemon, 和亚氏同时代作家)的喜剧《全能者》(Pancratiastes)，迈恩纳克(Meineke)编《希腊喜剧残篇汇编》2。

④ 亚氏不重家主学术(家务管理)，他的立论同色诺芬相异。色诺芬:《经济论》第十三、二十一等章说，治家犹治国，役使群奴，致其手足之勤，俾南亩丰稔，庭宇整秩，既是人生要务，亦为应予重视之一门学术。

⑤ 依照这句话，在战争中所得蛮族俘虏以及向蛮族地区猎取男女而用作奴隶，亚氏都视为"自然奴隶"。参看卷七章十四 1333^{b}38。

里，对于主奴的定义及其分别已说得够多了。

章八　　前面已经说明[①]，奴隶是财产的一个部分，照我们惯常应 **1256^{a}**
用的方法[②]，现在当进而研究财产的一般问题并通论致富方法[③]。这里应该首先考察获得财产的技术是否就是家务管理，或只是家务的一个部分，或只是附属于家务的一个枝节[④]；如果是附属性质，则我们还须分别其在性质上为类于制梭技术的附属于织布技术，还是类于铸铜技术的附属于造像技术。这两种各自附属于其主艺的副艺，性质有别，其一为主艺的工具，另一则为主艺的材料。所谓“材料”，我是指事物所由造成的原料：例如羊毛，织工用以制呢，青铜，雕塑家用以铸像。显然，家务管理的技术不同于获得财产的技术。后者的职务是供应[或供工具或给材料]，前者的职务是运用，家务管理技术不正是运用家财所供应的事物么？

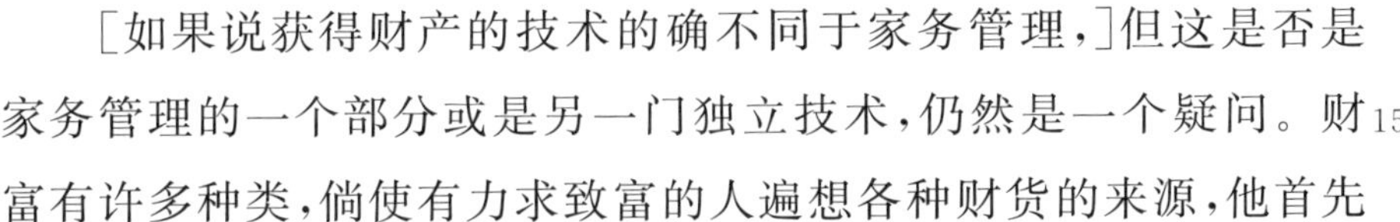

[如果说获得财产的技术的确不同于家务管理，]但这是否是家务管理的一个部分或是另一门独立技术，仍然是一个疑问。财富有许多种类，倘使有力求致富的人遍想各种财货的来源，他首先

① 本卷章四。

② 亚氏所谓“惯常应用的方法”是指由部分而及于全体的“分析”方法($1252^{a}17$)和由胚胎追踪其形成的发生学的研究方法，即“溯源”方法($1252^{a}25$)。

③ “致富方法”(χρηματιστική)，纽曼解释作“供应学术”，以与“消费学术”(“使用学术”)相对，而成为经济学中的两门基本技术。本书中，这个名词的含义不甚明确：(一)有时把财富同于生活所需(财产)，这就同于合乎自然的“获得财产技术”(κτητική)。(二)常被用以指称不合乎自然的“获得金钱的方法”(例如下章 $1256^{b}40$)。(三)有时包含一切合乎或不合乎自然、正当或不正当的致富方法。

④ 这个问题已在章三 $1253^{b}10$—14 提及。

就会考虑[①]到农作是否为致富方法的一部分,或是另一种独立技术。实际上我们将由此遍询一切足以营生和积财的行业。问题又引到另一方面:维持生活的食料为类甚多,动物和人类都需要食料来维持生命,于是不同的食料使他们形成了不同的生活方式。在动物界中,我们见到有些群居,有些独处(散居),我们又见到它们的摄食,有些吃肉,有些吃草,有些则荤蔬全吃,其营生方式的为聚为散,就随他们摄食方式的相异而有区别[②]。自然任令动物各各按照觅食营生的便利而养成各自的生活习性,这种习性即使在同一类的动物中还大有差异,肉食性动物各品种中各选择不同的肉料,蔬食性动物各品种对草木和籽实的嗜好也各有偏爱。人类生活方式也同各种动物相似,相互间具有很大的差异。人类中最懒散的要算是牧人(游牧民族)。他们以驯养的动物为食,生活最容易,这就较为闲逸;他们的畜群因饲草的荣枯丰歉而转移牧场,他们也得跟着流徙,这仿佛是在耕种"一块生长活物的田园",另一些人靠狩猎营生,狩猎[捕捉野生动物]又有多种不同方式。有些人以劫掠为生;有些居住湖畔、河边、沼泽地区或海滨的人就宜于从事渔捞;另一些人则以捕禽逐兽为业。可是,人类中的大多数是在耕种土地,栽培植物,拿收获来作为给养。凡是靠自己的劳力,不凭交换和零售(经商)以取得生活资料的人们,依上所说,可以综括

① "首先"承"遍想",增"考虑"字样。亚氏文偶有这类缺字,缺字隐含于上下文中,异于[]方括弧内所添补的原文未达辞意。汉文依纽曼注释补足这类缺字,以下不另注明。

② 肉食性猛禽猛兽多独居,蔬食性动物多群居,参看《动物志》488^{a}1—15、563^{a}12等章节。

为五种不同方式:游牧、农作、劫掠①、渔捞和狩猎。有些兼营两种谋生的方式,以便长期保持丰稔,当一业不利或欠缺的时期,他们 1256b
就应用另一方式来觅食:例如游牧民族常常干劫掠的勾当,而农夫也时常出外狩猎;跟着各处生活的不同需要和各种人们的不同兴趣,各各进行类似的兼业,以适应各别的生活方式。

这类赖以生养的财货(食料),一切动物从诞生(胚胎)初期,迄于成型,原来是由自然预备好了的。蛆生动物[如昆虫]和卵生动物[如鱼、鸟、两栖、爬虫]在它们所产的蛆和卵中就配置着幼体发育,直至它们[成虫、小鱼、雏鸟等]能自己营生以前,所必需的全部养料;胎生动物,从分娩的时候起就自然地分泌所谓乳汁,在某一时期内,哺喂其婴儿②。自然既为幼体做着这样周密的安排,我们可以推想它对于成形成年的各种动物也一定加以照顾。这样,自然就为动物生长着丰美的植物,为众人繁育许多动物,以分别供应他们的生计。经过驯养的动物,不仅供人口腹,还可供人使用;野生动物虽非全部,也多数可餐,而且[它们的皮毛]可以制作人们的衣履,[骨角]可以制作人们的工具,它们有助于人类的生活和安适实在不少。如果说"自然所作所为既不残缺,亦无虚废",那么天生一切动物应该都可以供给人类的服用。战争技术的某一意义本来可以说是在自然间获得生活资料(财产);[战争就导源于狩猎,]而

① 地中海上,直至亚里士多德时代仍遗留着以海盗作为一种事业的习惯。游牧民族不禁劫掠的风俗遗留得更久,例如阿拉伯半岛在穆罕默德以前,所称"蒙昧时期",尚有这样的记载。但这里以"劫掠"和农、牧、渔、猎四业并列,总觉突兀。

② 蛆生、卵生、胎生各类发生概况,以及凭发生差异为动物分类依据,见《动物志》,489a35—b12 等章节及《生殖》卷二至五。

狩猎随后则成为广义的战争的一部分；掠取野兽以维持人类的饱暖既为人类应该熟悉的技术，那么，对于原来应该服属于他人的卑下部落，倘使竟然不愿服属，人类向它进行战争（掠取自然奴隶的战争），也应该是合乎自然而正当的[①]。

于是，获得财产这一种自然方式［广义的狩猎方式］的确应该是家务技术的一个部分。作为一个家主，他就应该熟悉并运用这些手段以取得家庭所必需的各种物品，而且不仅要足够当时所需的数量，还得有适量的积储，以备日后的应用。这种致富方式和技术不但有益于家庭团体，也有益于城邦团体。真正的财富就是这些物品。虽然梭伦的诗句中曾经说过，

人们的财富并未订定限额[②]，

这类真正的财富就供应一家的人的良好生活而言，实际上该不是无限度的。有如其他各业（技术）所需的手段（工具）各有限度，家务上一切所需（生活资料和用以获得生活资料的工具）也一定有其限度。这些工具在数目及大小方面既各有限定，财富就可解释为一个家庭或一个城邦所用的工具的总和[③]。于是，这里已很明显，

① 参看上文 1255^{b}38、下文 1333^{b}38。

② 参看伯格（Bergk）编：《希腊抒情诗人集》（Lyrici. Gr.），"梭伦诗"13、71。希西沃图：《神谱》（Theognis），227，意思相似，文字稍异。

③ 约翰·穆勒：《政治经济学原理》（J. S. Mill, Principles of Political Economy）"前言"，所论"财富"定义就是根据这一节"财富"的解释。穆勒（1773—1836）所拟财富的两个条件：其一为可以"储藏"，这见于本节 1256^{b}30。另一为要具有"交换价值"，这个条件本节没有言明，另详《尼伦》卷四章一 1119^{b}26。财富的"可储藏性"所以使空气、火、光等和衣、食、住等相分离；清风明月虽同样为人生必需品，但取之无竭，用之不尽，既不可储藏也无须储藏；这就不能成为真正的财富。参看孔德（1798—1857）：《社会静态学》（A. Comte, Social Statics）英译本 131 页。

家主和政治家应该各自熟悉获得财产的这种自然技术,而我们也可由此认识到这种技术[如家庭对于狩猎,邦国对于战争,]存在于现世的理由[①]。

章九　但获得财产的技术另外还有一类,即通常所谓"获得金钱
(货币)的技术",这个流行的名词造得极为合适。世人对财富没有 1257a
止境的观念是从这个第二类的致富方法引出来的。很多人认为前后这两类方式相同。实际上两者虽属相近,却不相同。前述那一类方式是自然的[人们凭借天赋的能力以觅取生活的必需品],后者是不合乎自然的,这毋宁是人们凭借某些经验和技巧以觅取某种[非必需品的]财富而已。

让我们由下述论点来考虑这种致富技术:我们所有的财物,每一件都可以有两种用途。财物是同一财物,但应用的方式有别,其一就是按照每一种财物的本分而作正当的使用,另一则是不正当的使用。以鞋为例:同样是使用这双鞋,有的用来穿在脚上,有的则用来交易。那位把鞋交给正在需要穿鞋的人,以换取他的金钱或食物,固然也是在使用"鞋之所以为鞋",但这总不是鞋的正用,因为制鞋的原意[是为了自己要穿着,]不是为了交换。其他一切财物的情况相同,都可以兼作易货之用。从前的人们各自所有的

① 依照第一、二章所列研究社会团体程序,应该由家庭、村落而进于城邦。自四至七章叙述家庭这个团体,讨论了主奴关系后,挨次应该及于夫妇父子关系。但章四因涉及奴隶为工具和财产,遂泛论致富问题,致富问题不限于家庭,本章末节引了城邦政治和战争的事例:这在行文上是一个很长的迂迴。直至第十二章才回到夫妇父子关系这论题,回到原来的研究程序。

各种物品，或者太少或者太多：因此以有余换不足，“交易”[物物交换以适应相互的需要]原来是自然地发展起来的。我们随后看到的“贩卖”[收购他人的财物，继而把它出售给另外一些人，以牟取利润]已是致富技术中不合乎自然的一个部分了。依照自然原则，人们两方如果已经满足了各自的需要，就应该停止交换[不进行无限制的牟利贩卖]。

在社会团体的初级形式中，即家庭中，全家的人共同使用一切财物，交易技术显然是不需要的。后来团体扩大[到成为村坊]，交易行为就可能发生；一个村坊由各个部分（家庭）组合起来，每一部分（家庭）所有财物的种类和数量各不相同，这样，有时就需要进行交易——这样的物物交换，在野蛮部落（民族）中，迄今仍然流行着：他们用酒换麦或用麦换酒，或用其他类似的生活必需品换取另一些必需品，交易进行到相互满足生活要求为度，两方都直接以物易物[在交易之间，货币是没有的]。这样的交易既然不是获得金钱的致富方法，那就不是违反自然的。这种简单的交易的继续发展，我们就可料想到它会演变而成比较繁复的另一种致富方法（“获得钱币”的方法）。[人们逐渐需要做远距离的交易。]一地的居民有所依赖于别处居民的货物，人们于是从别处输入本地所缺的货物，而抵偿这些输入，他们也得输出自己多余的产品：于是[作为中间媒介的]“钱币”就应运而生了。[钱币制度的来历是这样的：]凡生活必需品往往是笨重而难于运输的，大家因此都希望有某种本身既属有用而又便于携带的货物作为交售余物及购取所缺

货物的中介货物[①]。于是人们发现铁[②]、银以及类似的金属合乎这种要求。起初这些金属就凭大小轻重来计值;最后,为了免除大家分别称量的烦劳,每块既经称量的金属就各各加上烙印,由这种烙印表明其价值[③]。

币制出现以后,跟着交易方法的变迁,就引致[以牟利为目的的] 1257b
"贩卖",而贩卖就成为另一种方式获得财富(钱币)的技术。起初,贩卖还是不复杂的[钱币只用作计量单位,本业仍旧以交换物品为目的];这样进行了好久以后,贩卖商积累经验越多而操筹益精,他发现了在物品供求两方之间如何获取最大利润的方法。财富观念从物品转向钱币,人们因此想到致富的途径就是聚敛钱币,大家由此竟然认为以钱币作中介的贸易会产生钱币,而积储这些钱币正是财富了。有时人们也曾经提出相反的观念。他们认为钱币只是一种虚拟的物品,其流行有赖于习俗的信用。附和这种思想的人竭力主张,币制依于一时的共信,是不合乎自然的;倘使惯用某种钱币的人们一旦改信另一种钱币,那么原来通行的钱币就失去其价值而买不到任何生活必需品了。富有金钱的人的确常常有乏食之虞;寓言中的米达斯,贪婪地祈

① 《尼伦》卷五章五,说明货币的来历:"一切财货须用某一事物为之计量其价值,钱币(νομίσμας)就是这种计值单位,以钱币的数值表现每一货物为大家所需求的程度,各物就可依此相对照而互市了"。"钱币的价值也可有高低,这不是永恒不变的;但比较其他货品的供求状况总是较为稳定,因此,一切货物都以钱币为之计价"。

② 古希腊各邦如斯巴达(参看伪柏拉图对话《欧吕克雪亚》[Eryxias]400B)、拜占庭和居叙可城(Cyzicus)等都曾经使用铁钱。

③ ὁ χαρακτὴρ("烙印"),常用字义为"性格",这里,用以表明币值,是指"烙印"。古希腊各邦钱币大都用图像作印文来识别:雅典小银币一奥布尔(obol)的印文为一头枭,两奥布尔则为一枭首而两身,四奥布尔的为两枭。枭为雅典城的标记。帖撒利亚以马为标记,其币,一奥布尔的为一马,双奥布尔的印文为一人骑马图(赫德:《钱币史》[Head, Hist. Numorum],1ⅵ页)。叙拉古大银币特拉赫马(drachma)也以所烙印的马数计算币值(加特纳:《希腊古币的形式》[P. Gardner, Types of Gr. Coins],50页)。

求获得点金的本领，但在如愿以偿的时候，凡是他所触及的物品全都成了不堪食用的金质。以此为鉴，那么，重视这种“人们拥有许多而终于不免饿死”的金钱为财富，实际是荒唐的观念。

根据这些观念，鄙薄钱币的人们就企图对财富和致富方法觅取相异的解释。他们这种想法是正当的。自然财富和致富方法确实有异于上面的说法。获得财富的自然方法和家务管理相适应［以寻求一切生活资料为主］；而另一种从事在货物交换之间，贩卖致富的方法则以寻求并积储金钱为主。后一种方法完全依靠金钱的权威；金钱是交易的要素，也是交易的目的[①]。还有另一点差别：由这后一方式的方法所获得的财富是没有限度的[②]。医疗技术从求得健康来说是没有限度（止境）的，一般的技术在其所拟想的目的（效益）也都没有限度（止境）——各种行业都希望在其本业上获致最大的成果——但是每一种技术在它的本业上实际各有范围（限度），用以达到目的的手段也不是没有限度的。获得财富的技术，在这里，情形也相似。企图由贩卖致富的人们就在求取上面所涉及的那种虚拟的财富，即钱币，那是没有限度的。另一方面[③]，致富技术要是纳入家务管理范围以内，就应该有限度；家务管理

---

① στοιχεῖου（“要素”）和 πέρας（“界限”）两字各有多个意义。依照周伊特（B. Jowett）的英译本，解释为“单位”（取义于“字母”）和“计量”，这样的译文同 1257^a41 句相符。依照巴克尔（E. Barker）的英译本，解释为“起点”和“终点”。兹译“要素”和“目的”。

② 参看上文 1256^b32。

③ 第 30 行原文内 οὐ（“无”）字实误，应删，汉文依培尔奈：《政治学》卷一至卷三校译本改订为 αὖ “另一方面”而译作致富应该“有”限度。依《纽曼校注本》（卷二，文义注释 190 页），不改原文，另增 χρημάτων κτήσεως，则全句意思应为：“但获得钱币‘殊非’（οὐ）家务管理的本业，家务管理所求的不是钱币而是物资的供应，这是有限度的。”

的功能[主要在必要数量的生活所需]不追求无限度的非必要财富。一切财富倘使从生活方面着想就显见得各有限度。然而世上竟反其道而行,从事发财的人们正在无止境地努力聚敛他们的钱币。

因为致富的两个不同方式颇相接近,这就发生混淆。他们都致力于获得财富,所运用的手段也相同,但所求的目的不同,这就各趋不同的途径,其一便是专以聚敛财富(金钱)为能事,另一却为生活而从事于觅取有限的物资。在两个方式互混时,人们往往误认家务管理的目的就是聚敛;其执迷之尤者便信奉钱币就是真正的财富,而人生的要图在于保持其窖金,或无止境地增多其钱币。人们所以产生这种心理,实际上是由于他们只知重视生活而不知何者才是优良生活的缘故;生活的欲望既无穷尽,他们就想象一切满足生活欲望的事物也无 1258a
穷尽。又有些人虽已有心向往“优良”(道德)生活,却仍旧不能忘情于物质快乐,知道物质快乐需要有财货为之供应,于是熟悉致富技术,而投身于赚钱的事业。这就是致富的第二方式所以成为时尚的缘由。因为人生的快乐有赖于充分的物质供应,人们就尽心竭力于取得这些物质供应的技术;倘使凭借一门致富技术还不能完全如愿地达到目的,他们就把一切才德(职能)[①]反乎自然的正道而应用到致富这一个目的上。譬如勇敢,原来是用以激发人们的信心和坚毅,并不是为了赚钱而培养起来的品德。军事技术和医疗技术亦然,两者的职责都不是为了赚钱;军事技术在取得战阵的胜利,医疗技术在使人健康。但我们现在所提到的那些人却把一切才德完全应用于致

① τῶν δινάμεων 原义“才能”;依照下文,包括“品德”如勇敢,以及“才能”如军事和医疗技术,所以译为“才德”。

富技术，似乎[培养勇德的本意就在教育人勇于赚钱，学习军事或医疗技术就在利用胜利或健康来取得财富]世间一切事业归根到底都无非在乎致富，而致富恰正是人生的终极。

这里，我们已经陈述了那个非必要的致富方式，阐明了它的性质，并解释了为什么人们都向往于这种技术；我们也已经陈述了获得财产的那个必要方式，说明它同另一个方式[获得钱币]的差别，证明这是家务管理中一个合乎自然的部分，其功用就在为家庭觅取适量的生活资料，它不同于另一方式的漫无限度，这一种技术活动是有一定界限的。

章十 从以上的论证已足以解答我们前面的那个论题①：获得财富的技术是否属于家主(家务管理者)和政治家(城邦管理者)的范围，或者这种技术超出了他们的本业，他们的本业就只是应用财产[至于财产的如何获得就不需要由他们来操心]，持有后一主张的人还可以有所申述，政治家虽然在经营人类团体的业务，却并不制造人类，自然创生人类并给他们设置了陆地、海洋及其他种种，以供应其生活资料。家主只需在这个阶段上，就自然所供应的范围内运用一切现成的事物。[以织工为喻，]织工的本分不在制造兽毛，而仅仅在应用兽毛，他应该辨识毛的质量，哪些适于纺织，哪些不适于纺织。[家务管理技术也应该作类似的区分。]倘使不加区别而混淆地坚持一切致富方法必须包括在家务管理之内，那么这里就可提出另一些问题，食料固然为人生所需要，健康也是人生

① 章八首节 $1256^{a}3$ 所拟论题为：获得财产的技术是否就是家务管理的一个部分。该章末节 $1256^{b}27$—32，却从家务管理扩充到邦国。这里所说"前面的论题"则仍旧指 $1256^{a}3$ 的原题。

所需要,医疗为什么没有一并包括在家务之内呢?类似的其他事例也可提出同样的质询。合理的论断应该是这样:广义地泛说一位家主或政治家的业务,他是应该注意到家庭或城邦中每一分子的健康的;但严格地说各人的职责,这就应该是医师的本分,而不是家主或政治家的本分。关于财富问题也相类似,在一个意义上说,获得财富也是家主的业务;但在另一意义上说,这就不是他的本分,而是家务管理技术中的一个枝节。一般说来[①],如前曾陈述,财富是在进行管理家务之先,早已预备好了的。自然对于每一诞生的动物安排了维持其生命的资料;对于动物初生的子息[在尚未能自行觅食的时期]配置着足够的营养资料[②],这就可见自然的意旨了。所以在致富的各种方法中获取籽实(农作)和狩集动物(渔猎、畜牧)的方式总是合乎自然的。

我们已经说明[③],治产(致富)有两种方式,一种是同家务管理有关系的部分(农、牧、渔、猎),另一种是指有关贩卖的技术(经商)。就这两种方式说,前者顺乎自然地由植物和动物取得财富,事属必需,这是可以称道的;后者在交易中损害他人的财货以牟取自己的利益,这不合自然而是应该受到指责的。至于[由贩卖发展 **1258^b**
起来的致富的极端方式]"钱贷"(ὀβολοστατική)则更加可憎,人们

① 《纽曼校注本》(卷二 195 页)解释这句所以要附加"一般说来"或"从大多数说来"(μάλιστα)这一短语,是因为世界各地并非全部可以营生,有些城邦例外地贫乏,自然没有赋予足够的食料,譬如爱琴那(Aegina)岛土质既瘠,近海又少鱼虾(参看《斯特累波》376 页),农、牧、渔、猎都无法经营,这就只能另外采取非自然的致富方法,如经商了。

② 见上文 1256^{b}10—15。

③ 章八章九 1256^{a}15—1258^{a}18。

都厌恶放债是有理由的，这种行业不再从交易过程中牟利，而是从作为交易的中介的钱币身上取得私利。[贩卖脱离了物物交换的原意，钱贷又脱离了贩卖（商业）的原意。]为了交易的方便，人们引用了货币，而钱商竟然强使金钱[做父亲来]进行增殖。这里显示了希腊人惯用的“子息”[1]一字的真意，“儿子必肖其亲”，如今本钱诞生子钱，所谓“利息”正是“钱币所生的钱币”。我们可以由此认识到，在致富的各种方法中，钱贷确实是最不合乎自然的[2]。

章十一[3]　关于致富技术的原理，我们业已充分讨论过了；现在要叙述实际运用的情况。所有这类性质的问题，在理论上固然要有充分的研究，但在实践时，还需要适应环境的种种经验。现在实际上应用的各种致富方法是：（一）第一，畜牧的经验——我们要知道各种家畜，例如马或牛或羊或其他，哪些品种最为优良，在何处饲养才能获得最多的利益。只有经验才能积累有关畜牧的知识而辨别畜种的优劣，并给它们选择合适的牧场，某些品种在某些地方

---

① ὁ τόκος原义为“子嗣”，兼用作“利息”，同汉文“子息”一词，义属双关，恰恰相符。英国莎士比亚剧本：《威尼斯商人》（Shakespeare，The Merchant of Venice）中也曾经称“利息”为“本不生育的金属作子嗣”。

② 雅典在公元前第四世纪已经成为希腊各城邦间商贩和金融的中心，放债取利的风气开始盛行。城中和港埠已有钱庄；航业和国际贸易常常向钱庄借款。参看卷七章六 1327^{a}25—35。

③ 这一章若干论点同以上数章不符，例如“致富技术”的区分就不同于章八至十；有人怀疑此章非亚氏原著。纽曼（校本卷二 196—8 页）认为这一章仍然是亚氏的著作，同上面三章有些分歧是因为着笔先后、非一气呵成的关系。《巴克尔英译本》注说全章中若干不符语句可能是亚氏在成篇以后另行添入的，也可能为后世编纂者增订的文字。从全章所举实例揣测，似乎是《经济学》中的一些章节。

饲育就繁盛而获利,另一些品种则须在另一些地方饲育。还有农业,包括耕地(栽培谷物的田亩)和林园(栽培葡萄和油榄的坡地)①的经验;还有养蜂的经验②;还有养鱼和养禽的事业也能有助于人们的生活。这些是致富技术中的正当方式,也是基本方式的若干[生产]部门。(二)其次说到交易,首先应该提及商业,这是交易技术中最重要的部门,商业包括三项手续,船舶供应、购货及运载和商品的陈列及出售③——这些业务或是比较安全,或是利润较大,各各不同。交易的第二部门就是贷钱取利(放款生息),第三部门则是雇佣制度(人工交易)。末一部门的交易包括制造业务方面的技工和仅仅提供劳力的非技工两项。(三)致富技术的第三方式是以上两种方式的中间体,包含自然方式和交易方式的各种要素。这些是从地层掘取有用的东西,例如矿冶,或从地面采集不是为了果实而经营的植物,例如木材采伐。由地层掘出的东西,经冶炼而得的金属有好多种类,所以矿冶又须区别为若干门类④。

① 希腊"耕地"和"林园"两类农业经营,参看布苏旭茨:《希腊古代的产业和收益》(Büchsenschutz, Besitz und Erwerb in Gr. Alterthume)293—6页。

② 古希腊人已知道制炼蔗糖,但产量甚微,仅供药用。饮食的甜味都用蜂蜜。"养蜂"是一种重要的生产(同上228页)。

③ 商业三事:ναυκληρία,φορτηγία,παράστασις,十八世纪艾利斯(W. Ellis)英译本解释为"海外贸易、陆上贸易和当地贸易";依《苏斯密尔(F. Susmihl)校译本》,把第一、二项解释为"海外(国际)商业"和"内陆商业",也是就商业的种类索解的。但第二项,原义为货运,在希腊是指船载,作陆地贸易解,并不妥帖。兹照布苏旭茨(同上,456页)解释作商业方面的三项业务(参看《纽校》II 202)。

④ 本章"致富技术"的区分原则和所举内容都和前三章不同:钱贷在本章列于交易内的第二部分,第十章则说钱贷由钱生钱,脱离了交易之道。本章所举采林和采矿,属于自然方式和交易方式两者之间的第三方式,在前三章未经涉及。林矿都取之自然。雅典当时木材从色雷基(Thracia)等地输入,金属或输出或输入,两业都已成为大规模的商业。所以亚氏称两业为自然作业和商业的中间体。

现在我们已列举致富的各种方式的大概；条分缕析，俾能精通其每一小节，这在实际应用上是有益的；但在这里讲得太冗长了却是不相宜的。简括地说，在各行业中，凡是不靠时运（机会）而着重于技术的[1]一定是最有本领的行业；凡是对人体最有损害的一定是最鄙贱的行业；凡是使用体力最多的一定是最劳苦的行业；凡是最缺乏善德的一定是最可耻的行业。

关于这些论题已经在一些著述中见到，例如帕洛斯岛人嘉里
1259^a 底特[2]和利姆诺岛人阿波罗杜罗[3]曾经编写了庄稼和果圃栽培的
书籍，别的作家另有其他各门的专著；有志于这些行业的人们可以
查考他们的著述。[4] 关于各行各业种种致富的零星故事如果加以
汇录，也是有助于重视财货的人们的[5]。曾经有一个赚钱的故事

[1] 《尼伦》卷六章四 1140^{a}19，录有亚伽松（Agathon）的名言："技术爱时运，时运也爱技术。"《欧伦》卷七章十四 1247^{a}5 说，游惰的人遭逢时运，竟然飞黄腾达。而"战争和航海"两业的成败利钝则更有赖于时运。

[2] 帕洛斯岛人嘉里底特（χαρητίδης），可能即色乌茀拉斯托：《植物志》（Theophrastus, Hist. Plant.）卷二章七所涉及的农艺家嘉尔都特拉（χαρτόδρας）。迪坦贝格：《希腊碑志集》（Dittenberger, Sylloge Inscript. Graec.）卷一，346 页（240—5），有名为嘉里底特的人，但他是生于麦西尼亚（Messania）的。

[3] 利姆诺岛人阿波罗杜罗（Απολλοδώρος）见拉丁著作柏利尼：《自然志》（Pliny, Hist. Nat.）和梵罗：《农事全书》（Varro, de R. Rustica）。

[4] 根据拉丁古典，例如哥吕梅拉：《农艺宝鉴》（Columella, de Re Rustica）Ⅰ 1、7 和梵罗：《农事全书》Ⅰ 1、8 都说亚氏和色乌茀拉斯托都有农艺著作。法国梅纳治（Menage）所录古代无名氏所编《亚里士多德著作目录》中第 189 号列有《农艺》（Γεωργικά）一书；托勒密（Ptolemaeus）阿拉伯文《亚里士多德著作目录》第 72 号也有这个书名。但亚氏现存各书中都没有提及他曾写过这本书。蔡勒：《希腊哲学》（Zeller, Gr. Philosophy）卷二章二注一说，照此节而论，足见以上两书目中所列《农艺》一书实在不是亚氏作品。

[5] 公元前第三世纪初罗得岛人希罗尼谟（ὁ Ρόδιος Ἱερώνυμος）曾经著有《零星故事回忆录》（Σποράδην ὑπομνήματα），书中也述及泰利斯这个故事（参看狄欧根尼·拉尔修：《学者列传》卷一 26）。

讲到米利都人泰利斯:因为泰利斯以智慧有名于世,这个故事就归属到他的名下;这个特殊的赚钱方法是可以普遍应用的。世人曾经轻侮泰利斯以哲学见称而贫困得几乎难以自给,讥笑哲学并非救贫的学问。某年冬,他凭星象学[1]预测[明年夏]油橄榄树将获丰收,于是把自己所有的一些资金,完全交给启沃岛和米利都城[2]的各油坊作为定金,租得了各油坊的榨油设备;这时谁都不去同他竞争,订定的租金很低。收获季节来临,需要榨油的人一时纷纷到各油坊,谁都愿意照他所要求的高额支付榨油设备的租金。他由此获得大量金钱,向世人证明哲学家不难致富,只是他的志趋却不在金钱。这个故事的本意在显示泰利斯的智慧,恰好也因此说明了造成垄断的方法——这种原理可以普遍应用于致富的各个门径。例如[有些商人以及]有些城邦在财政困难时,就用这种方法垄断粮食或日用品市场以取专利[3]。[但私人垄断和城邦专利有时是互相冲突的。]在西西里,某人刚刚掌握到一笔存款,就用以购进铁厂[4]所有的存铁;随后,当各地的铁商来西西里买铁时,只有他一

① 狄奥多洛:《史丛》(Diodorus, Bibl. Hist.)Ⅰ81、5:古埃及祭司能够观察星象,以预卜庄稼园果的丰歉。

② 根据希罗多德《希腊波斯战争史》Ⅰ18等节,米利都和启沃岛同属伊昂联盟,也许两邦友好,所以米利都人可以租赁启沃油坊。

③ 参看《经济学》卷二 1348^{b}33 所举色令白里城(Selymbria)粮食专卖的实际利益;1346^{b}25、1347^{a}32、1352^{b}14、1353^{a}15 等节又列举拜占庭、朗伯萨可(Lampsacus)、埃及、雅典的执政者都曾经采用专卖政策;并说这种理财术虽然为古时所未有,但颇盛行于近世。

④ σιδηρείων 一字,或译"铁矿"(如培尔奈),或译"铁厂"(如苏斯密尔)。古代神话中铁匠始祖(火神)的冶铸炉就设在西西里的爱脱那山(Mt. Aetna)麓(参看魏尔吉尔:《农歌》[Virg., Georg.]Ⅳ 170 等);至今在那里仍旧有铁矿石。

人能够供应现货。他不用过分抬高铁价，就由那五十泰伦的存款赚进了一百泰伦[①]。这种投机事业被当时的执政（僭主）狄欧尼修所听到，他认为这个人所采用的方法有损于政府的利益，限令他马上离开叙拉古城，只容许他带走自己的钱财。这个商人的居奇策略只是泰利斯的垄断方法的变相，两者的原则就在造成某一事物的专有。不过这类知识对于政治家们也是有用的：邦国类似家庭而比家庭较为重大，也常有困于财货的时候，倘府库亏绌，他们就需要各种赚钱的方法；所以有些政治家的政绩就专以理财而成名[②]。

章十二　　前面[③]，我们已讲到家务管理技术须照顾到三项要素——其中，第一，业已讨论过的有关管理奴隶［作为家主］的技术[④]；第二，运用父权的技术；第三，运用夫权的技术。丈夫对于妻子，父亲对于子女的治理虽然同样为对于自由人的统治，但也有所
1259b 不同，父子关系好像君王的统治，夫妇关系则好像共和政体。就天赋说来，夫唱妇随是合乎自然的，雌强雄弱只是偶尔见到的反常事例；犹如年长者指挥年幼者、成年人治理未成年儿童也较为相宜。

---

① 泰伦（τάλαντον）古币名，一泰伦值六十米那（μναῖ）。古典时代爱琴海商业上通用的银泰伦重量约合现在的八十二磅，雅典泰伦重五十七点七五磅。

② 《施奈得（T. G. Schneider）校注本》（卷二 65 页）认为这是泛指雅典的“财务官员”。《纽曼校注本》（卷二 208 页）认为可能专指雅典的欧毗卢（Eubulus）。参看缪勒编：《希腊历史残篇》（Muller, Fr. Hist. Gr.）卷一 293《色奥庞波（Theopompus）残篇》96。

③ 1253^b3—11。

④ 章三至七 1253^b14—1255^b40。

但在一般共和政体中,公民们轮番执政,也就是轮番做统治者;在一个共和国内大家认为所有公民完全平等,没有任何差别①。虽然如此,那些当上了执政的人们,对于那些受统治的人们又往往在姿态②、言语、礼仪上摆出一些与众不同的样子,这些使人想起阿马雪斯关于他那只脚盆的妙喻③。男女在家庭间地位虽属平等,可是类似民众对那轮流担任的执政的崇敬,丈夫就终身受到妻子的尊重。另一方面,父权对于子女就类似王权对于臣民的性质,父亲和他的子女之间不仅由于慈孝而有尊卑,也因年龄的长幼而分高下,于是他在家庭中不期而成为严君了。所以荷马称呼诸神和万民共戴的君王宙斯为

"诸神和万民的父亲",

是正当而且贴切的。作为一个君王,他应该和他的臣民同样出生于一个族类,而又自然地高出大众之上;这种情况同父子关系中长幼慈孝的体制完全相符。

章十三　凭以上的辨析,已经可以明白,家务重在人事,不重无生命的财物;重在人生的善德,不重家资的丰饶,即我们所谓"财

---

① 参看卷二 $1261^{a}39$;卷三 $1288^{a}12$。

② σχήμασι,兰比诺(Lambinus)拉丁译文为 vestitu("服饰");维多利(Victorius)译为 vestibus("衣服");塞普尔维达(Sepulveda)和季芳尼(Gipnanius)译为 ornatu("装饰")。兹依纽曼解释,译作"姿态"。参看鲍尼兹:《索引》(Bonitz, Index) $739^{b}59$—$740^{a}5$。

③ 埃及人阿马雪斯(Amasis)庶民出身,后立为王。他有一只金质的洗脚盆,熔铸为一尊神像,这金像受到埃及人虔诚的膜拜。阿马雪斯有感于此,曾经喟然对他的臣民说,"朕本贱器,一旦登王位而成偶像,遂受万民崇仰"(《希罗多德》II172)。

富”；重在自由人们（家族）的品行，不重在群奴的品行。关于奴隶，这里可先研讨一下这样一个问题。奴隶在作为劳役的工具之外，是否还具有其他较高的品质，例如节制（克己）、勇毅、正义以及其他类似的德性[①]？或者他在供使劳役之外就没有别的什么好处呢？答复这个问题，在两方面都有疑难：如果说奴隶也有善德，那么他同自由人又有什么不同呢？反之，奴隶也是具有理性的人类，要是认为他完全没有善德，这又是荒谬的。类似奴隶的这样一个问题，也可以考察一下妻儿；他们是否也具备各种善德？为人妻而称贤于世者是否由于她也能克己、勇毅而富于正义[犹如男人]呢？在批评一个小孩时，是否应用“放肆”或“谨慎”这类道德名词呢？我们应当作正面还是反面的答复？

让我们把问题展开为一个普遍性的问题；根据自然的统治者和被统治者的品德究竟相同还是相异？如果说两者都应该具备“既善且美的品德”[②]，那么何以一方应该常常为统治者而另一方又常常为被统治者呢？这也不能说两者应该具有同样的品德而程度则各有高下，主从的分别应该不是同种类间程度的差别而是两个不同的种类。反之，我们如果从另一方面作答，说被统治者不必具备统治者的各种品德，这样的论断却又是怪诞的。统治者要是

① 克己、勇毅、正义、智慧或明哲为希腊人所崇尚的四德，这里亚氏明举其三，没有说到“智慧”，意思似乎说奴隶虽然也有些理性，可能具备克己、勇毅、正义三德，终究不能有智慧。参看章五 1254^{b}20—26。

② “美善”（καλοκἀγαθὶα），希腊人常用这词来称颂具备众德的完人。色诺芬：《回忆录》卷三章五，用这词称骑士和甲兵的品德。参看《尼伦》卷四章七 1124^{a}1；《道德广论》（Magn. Mor.）卷二章九 1207^{b}20 等。亚氏在这里不再列举上已说及的三种品德，而另举这种非妇孺所可具有的品德，是在行文上加重本题的悖理性质。

不能克己复礼，正义自持(守法奉公)固然无法治理，而被统治者要是缺乏这些品德，他又怎能循规蹈矩而服从统治？凡放纵而怯懦 1260a
的人总不能好好克尽他的职分。揭开这些疑难，就显见根据自然而为统治者和被统治者的人们应该同样具备相通的道德品质，但如果被统治者可以由于使役不同而其善德有种类的差别，统治者和被统治者的善德的确也可以因为两者所处地位的相异而有种类的差别①。

这里的论点一直引申到灵魂(人心)的性质②。灵魂在本质上含有两种要素，其一为主导，另一为附从，各各相应于不同的品德，理智要素符合统治者的品德，非理智要素则符合从属者的品德。像灵魂这样的组合性质也显见于其他事例[如家庭和邦国]；这里，主从两要素的存在于各种人事组合中就可说是一个普遍条例[这种普遍条例，在各种不同场合发生作用时，各各表现为不同的形态]。自由人对于奴隶的治理是主从组合的一种形态；丈夫对于妻子又是一种；成年人对于儿童又是一种。所有这些人的确都具备灵魂的各个部分，但各人所有各个部分的程度并不相同。奴隶完全不具备思虑(审议)机能；妇女确实具有这一部分但并不充分；如果说儿童也会审议，这就只是些不成熟的思虑。这些人所具有的道德品质情况也相类似。他们都具有各种品德而程度不同。各人

---

① 这里由人事组合引到灵魂组合，回头又述及人事组合，所说主从通例的论证，逻辑上并不充分。灵魂语句只可算是一个文学譬喻。参看章五 1254a17—b15。

② 灵魂各部分，参看卷七章十四。本卷章五 1254b20—26 说，奴隶的灵魂缺乏理智部分，但异于禽兽，他能感应主人的理智而服从他，进行劳役。这一节说奴隶也具备灵魂的各个部分，包括理智部分，但在理智部分则缺乏判断机能；1260b5 又说主人应该凭理智教导奴隶，前后不尽符合。

的品德应该达到符合于各人所司职务的程度。当然统治者的道德品质应该力求充分完善，他的职位既然寄托着最高的权威，他的机能就应该是一位大匠师，这样的大匠师就是“理智”，至于其他被统治的人各各奉行其自然的职务，他所需的品德，在程度上就只要适应各人的职务而已。由此可知，道德品质虽为上述各人所同备，每一德行，例如节制（克己），男女所持有的程度却并不相同，就勇毅和正义而说也是这样[①]，苏格拉底认为男女在这些品德方面并无区别[②]，是不切实际的。就勇毅说，男人以敢于领导为勇毅就不同于女子的以乐于顺从为勇毅；再就其他的品德说也是这样。

我们如果详细地研究其细节，在[人事关系的]各个部分进行各别的考察，这个问题就可以更为清楚。用普遍（通用）的词如“灵魂的善性”或“正直的行为”等语[③]来解释道德品质，只是自圆其说而已。照高尔吉亚的方式[④]简明地列举道德的各个项目，这比那些普遍界说较为妥切。这里我们当注意到诗人[⑤]所说妇女的品德：

“娴静就是妇女的服饰”，

“娴静”这样的品德就不能用来赞美一位男人。[这可见男女有不同的品德，而儿童也应该具有专属于儿童的品德。]一个儿童既然尚未成熟，就不必在他儿时的独立人格上考究他的品德，我们所留

---

① 参看卷三章四 1277^{b}20 以下。又《尼伦》卷八章十四 1162^{a}26 的说法也相同。

② 见柏拉图对话《曼诺篇》(Meno)71—73。

③ 释“道德”为“灵魂的善性”见柏拉图：《理想国》444D。释“道德”为“正直的行为”，参看柏拉图：《查密第斯篇》(Charmides)172A、《曼诺篇》97。

④ 《曼诺篇》71E、72A。

⑤ 诗人当指索福克里(Sophocles)；引语见他的剧本《阿耶克斯》(Ajax)293。

意的应该是他有关[日后的]成就以及[当前]在父亲师长的教育中所表现的品德。同样地,奴隶的品德也就应该注意于他和主人间的关系方面。

在论及奴隶时,我们曾经说明奴隶是为人们日常生活供应劳役。就劳役而论,并不需要多少善德,但求他们不太粗率以致坏事、不太怯懦以致怠忽而已。如果这里所说奴隶的情况是确实的,则人们有鉴于工艺常常因粗率而坏事,一定会进一步询问,工匠是否也不需要多少善德?但奴隶和工匠不是有很大的区别么?奴隶是终生跟从主人的。就工匠对于雇主的关系来说,他所从事的职务和服劳的时间都是有限度的;那么工匠所需的那种不致坏事的 1260b
勤谨服从的品德也就是有限度的了。又,奴隶是本于自然而成为奴隶的,至于一个鞋匠或其他工匠则本身并非奴隶。[他还得另有自由人格的品德。]于是,这里已经可以明白,作为家庭的一位主人,他的责任就不仅在于役使群奴从事各种劳务①,他还得教导群奴,培养他们应有的品德。所以,有些人认为管理奴隶就应当专心用力于工作的支配,不必同他们空谈理智;我们的意见恰恰相异,奴隶比之儿童,更是需要加以教导。

对于这个论题已经说得这么多了。关于夫妇关系和父子关系,夫妇父子之间各人应有的品德,怎样使一家相处日趋敦厚,怎样又会一天天流于乖戾,以及怎样才能使一家吉祥如意,除恶去殃,这些尚未叙述的题旨,将在涉及"政体各类型"(《政治学》)时再

① 参看章七 1255^b23—35。

行申述[①]。每一家庭是城邦的一个部分，而夫妇和父子的组合则为家庭的各个部分。各个部分的善德必须同整体的善德相符。所以我们应该先研究整个城邦的治理，然后考虑儿童和妇女的教练[②]——我们如果懂得必须有优良的妇孺，才会造成优良的城邦，就会认识到这样的研究程序是必要的。妇孺的善良与否的确有关城邦的优劣：妇女占居全邦人口的半数；而儿童则不久就要成长为公民[③]。

关于这些问题，已说得这么多了，未尽的意思让我们在他日另行讨论；这里，我们的研究就此结束，转而开始另一研究。让我们考察若干思想家所怀抱的最完善的城邦的理想[④]。

① 照本章起初的计划，这些问题应该在本章内申述。本卷各章议论的范围显然为一“家政(经济)”专篇(参看本卷章六 $1278^{b}17$)，夫妇父子的伦常关系应该包括在本卷以内。这里说要留待《政治学》(περὶ τὰς πολιτείας)中叙述是很可疑的；而且，现行这本《政治学》，只在卷七章十六、十七中因教育问题而说到夫妇父子两伦，此外再没有专卷专章讨论这些问题。又，章二讲到的“村坊”，以后也不再详叙。似乎本卷当初不是完稿，或现行这书的卷一和卷二之间有所逸失。

② 参看卷五 $1310^{a}12$—16、卷八 $1337^{a}11$—18。

③ 参看柏拉图：《法律篇》卷六 781A。

④ 照本卷开端所拟研究程序，应该由家庭转入村坊，然后细说城邦。这一节似乎是后世编纂者订定了卷一卷二的次序后加入的，用以弥补两卷间的缺漏，使这一部未完稿的“家政”专篇可以同下篇“关于理想国的评论”相联系。

卷(B)二

章一　这里，我们打算阐明，政治团体在具备了相当的物质条件以后，什么形式才是最好而又可能实现人们所设想的优良生活的体制[①]。因此我们必须考察其他各家的政体的[理想]形式[不以我们的理想为限][②]；我们应该全面研究大家所公认为治理良好的各城邦中业已实施有效的各种体制[③]，以及那些声誉素著的思想家们的任何理想形式。我们这种研究希望使[实际的和理想的]各种政体的合乎道义而有益的各方面能够明示世人；也愿意世人知道我们的素志，不在于显露才华，自炫智慧，这里只是由于我们对列国的史迹和现况以及各家的高论既洞见其中的纰缪，不能不为之辨明而已。

我们应当从这个论题的自然起点开始。[人们在进行政治

---

① 政治组织的理想体制可分为两类：(一)在人类现实社会中可能实现的最高理想；(二)只有在理想的社会中才可能实现的最高理想。第一类，相对的模范城邦见卷四至六；卷四下半部所涉及的更多。第二类见于卷七卷八。本卷上半部所叙述的则为各家的政治理想。

② “其他各家的政体”数字另见于卷七 $1325^{b}34$。卷七为亚氏自己的政治理想，这里是亚氏以前各家的政治理想，所以加“[理想]”字样。

③ 伊索格拉底：《致塞伯鲁萨拉密城嗣王尼古克里书》(Isocrates，Nicocles)24，说世人都认为拉栖第蒙和迦太基具有良好的政体。朴吕波：《史记》(Polybus，Historiae)卷六 43，说克里特(Crete)和曼底涅亚(Mantineia)也治理得很好；并说有些人认为雅典和忒拜(Thebes)政体优良。柏拉图：《法律篇》638B，说开奥(Ceos)和意大利的洛克里(Locri)都是政治修明的。

组合时，各人该把哪些事物归社团公有？]政治社团的组合方式，在下列三者中必居其一：(1)所有的公民必须把所有一切东西完全归公，或(2)完全不归公，或(3)一部分归公，另一部分仍归私有。既然是一个政治组合，竟然完全没有一些公有的东西，这当然是不可能的：每一城邦的建立，其政治体制必须把某些东西加以组合，至少是每一分子的住所应该在大家共同
1261a 的境界以内。称为一个“同邦公民”(同城市民)，就隶属于同一城邦，隶属于同一城邦也就是共同住居于一个地区。但我们还得在第一和第三两个方式之间有所选择。一个优良的城邦是否应该尽可能地把一切东西划归公有？或者公有的东西要有所局限，某些东西就不该公有？倘使按照第一方式，则公民们就可把子女归公育，妻子归公有，财产归公管。柏拉图在《理想国》中①所述苏格拉底的主张就认为这些都必须归公②。那么，我们应该保持现状[保持家庭和私有财产]，还是应该遵从《理想国》中所倡议的新规约呢？

章二　建立公妻的社会自然要发生许多纠纷，其中，有两个主要的症结。苏格拉底认为必须建立这种社会的目的[是要消除私心，保证城邦的大公(统一)，但他]所根据的理由实际上都是不充分

---

① 柏拉图对话的篇名“πολιτεία”这个词，原意(一)泛指“城邦政体”或(二)专指“共和政体”。柏拉图该篇所拟理想城邦，以哲王主治，以士族为本，实在不是正宗的共和政体。西方译本作 Republic(《共和国》)，沿袭已久。汉文译本这里采用中国旧有译本的《理想国》这个译名。

② 柏拉图：《理想国》卷四 423E、卷五 457C、462B。

的。又,他为了要达到他的目的而采取的手段,虽然在他所设想的城邦中好像是必需的,实际上却是不可施行的[①];关于立论的根据以及这些理想如何才得实现,他并未作出应有的详细说明。苏格拉底在政治上所立的前提,可以概括成这样的原则:"整个城邦的一切应该尽可能地求其划一,愈一致愈好。"可是一个尽量趋向整体化(划一)的城邦最后一定不成其为一个城邦。城邦的本质就是许多分子的集合,倘使以"单一"为归趋,即它将先成为一个家庭,继而成为一个个人;就单一论,则显然家庭胜于城邦,个人又胜于家庭。这样的划一化既然就是城邦本质的消亡,那么,即使这是可能的,我们也不应该求其实现。

又,城邦不仅是许多人的[数量的]组合;组织在它里面的许多人又该是不同的品类,完全类似的人们是组织不成一个城邦的。城邦不同于军事联盟。为了互相支援,城邦因形势所趋而订结的联盟就是以数量取胜的;加盟各邦在本质上相类似,但一邦加上另一邦,就像在天平上的这一边加了另一重物,势必压倒那另一边了。[组成一个城邦的分子却必须是品类相异的人们,各以所能和所得,通工易事,互相补益,这才能使全邦的人过渡到较高级的生活。]就这方面说,城邦也不同于民族(部落);一个民族要是不使它的族人散居各村而像阿卡地亚那样[结为联盟],这就好像一个战

① 这里亚氏所举柏拉图妻子应归公有这种制度的两个症结:第一,柏拉图的目的在使城邦成为一个完全公有的整体,这种目的未经证明为确当。第二,柏拉图想用公妻这种手段达到那种目的,实际上是不可能的。本章下文为对于第一点的论辩,第三章则为对于第二点的论辩。

斗团体①，由于人数增多而加强。正因为它是由不同品类的要素组织起来的，所以城邦确实成为“一”(ἕν)整体②[不同于民族或军事联盟的成为同类事物的“一”积聚]。

[不同品类的人们各尽自己的功能来有所贡献于社会，也从别人对社会的贡献中取得应有的报偿，]我曾经在《伦理学》中说明的这种通工等偿③的原则，正是城邦增进福利的基础。这种原则即使在[品类相同，如]自由人和自由人间同等公民的组合内也可以见到。他们不能同时做统治者，必须按年或按其他规定时期，或按其他轮流的程序，交替执政。这样，如果以行业为喻，则公民就好像鞋匠和木匠对调了职务，同一个人就不能老做鞋匠或木匠。就技术作业而论，当然以坚守本行为贵，而恒心恒业的愿望要是也适用于政治，那么，就可以让某些人好像鞋匠的终身不离线革，木工的终身不离斧斤那样，终
1261^{b} 身作为统治者从事治理工作。可是，由于全体公民都天赋有平等的地位，政治上这种恒业就不可能施行，而且依据公正的原则——无论从政是一件好事或是一件坏事④——，正也应该让

① “民族”(部落)(ἔθνος)，解释见卷七章四 $1326^{b}3$ 注。亚氏此处说民族只是许多自然村的一个总称，而民族国家或部落则为一种共同战斗团体，不同于城邦这种已成为许多村坊组织起来的政治经济高级团体。

阿卡地亚在希腊本来是经济较落后的农牧地区；后来建置墨伽洛浦里，方才立为城邦。亚里士多德时，阿卡地亚地区各族以墨伽洛浦里为中心，结为联盟。

② “一”的各种命意，参看《形上》卷五章六；该章 $1016^{b}15$ 喻：各个不同的小块皮革和其他零物缝合起来，成为一新的“整体”，这才可称为“一”鞋。

③ “通工等偿”是说农民以谷物易皮匠之履，一定以等值交换。城邦组织不同品类的人们从事不同的作业，所以能够互利。参看《尼伦》卷五 $1132^{b}32$。

④ 参看柏拉图：《理想国》卷一 345—6。

全体公民大家参与政治；安排好执政者轮流退休[①]，并使他在退休以后和其他同等的自由人处于同等的地位，这就不失为一个通情达理的办法了。在同一期间，一部分人主治，另一部分人受治，经过轮替，则同一人就好像是更换了一个品类。而且那些在同一期间执政的人们所任政务也各不相同。[从这种情况也可以证明一个城邦体系必须由不同的品类组成。]

上述各个事例可以显明，那些思想家所拟的以划一求完整，实际上不合于城邦的本性，他们那种城邦所希望达到的最高成就实际上是城邦的消亡。但每一事物所希望的应该是生存而不是消亡。我们还可用另一观点[②]来说明，城邦的过度划一决不是一个良好政策。家庭作为一个团体，比一个个人可以达到较高度的自给，城邦同家庭相比也是这样。这也只有组织得足够大[而繁复]，达到高度自给的城邦才可称为真正的城邦[③]。如果以自给程度愈高作为社会愈进步的标志，那么我们就宁愿城邦[一天一天趋于繁复而]一天一天脱离简朴(划一)了。

章三　苏格拉底给一个完整的城邦的划一性所拟订的标志是全

① 参看卷一 $1259^{b}4$、卷三 $1288^{a}12$。

② 亚氏在本章反对城邦“以划一为目的”，他所持的说法有三：(一)$1261^{a}15$—21 说城邦兼收并蓄，所以包容众人，划一则失去众人，就不成其为城邦。(二)$1261^{a}22$—$^{b}7$ 说城邦集合品类不齐的分子组成不同职能，政治职能不应划一，公民也无须划一。(三)$1261^{b}10$—15 说团体愈复杂，则大家通工易事，社会可以高度自给而日益丰富。社会进化正日趋繁复，简单划一，正是背道而行。

③ 参看卷一章二 $1252^{b}27$—33。

体的人们，在同时，[对同一事物]说这是“我的”或“不是我的”[①]；纵然政治团体以统一为至善，苏格拉底这样的公式也不适于用作城邦整体的统一标志。这里的“全”可以有两重意义。[这可以是一个一个人的总数合而为全，也可以是集体地不分彼此之为全。]苏格拉底在企求城邦的划一性时毋宁要每一个人各别地都这样说。让各人各别地对同一人说这是“我的妻”或“我的儿”；各人各别地对同一事物说这是我的财产。也就是，让全体的人们一一这样地说。实际上的“全”应该具有另一种意义，以“全体”作为一个“我”，然后那一个妻或儿才能集体地被称为“我的”；就个别而言，这已没有[“我”，也没有]“我的”了。就财物而说也是这样，大家都说这笔财物是“我的”，但这已是集体的[公]我，不再是各别的[私]我了。在这里用“全”字，显然有所谬误。这个字同与之相似的“两”“奇”“偶”三字[②]一样，由于意义双关，都可以引起逻辑上的疑惑。这里，我们可以结论说，“全体的人们对同一事物说‘这是我的’”，[如果作为各别的陈述，]诚然是好事，但这并不符合实际情况，另一方面[如果作为集体的陈述，]这也未必真能导致整个城邦的洽和。

这种倡议不仅不能导致众人的洽和，实际上还会引起损害。凡是属于最多数人的公共事物常常是最少受人照顾的事物，人们关怀着自己的所有，而忽视公共的事物；对于公共的一切，他至多

---

① 这公式见柏拉图：《理想国》卷五 462C。柏拉图说“我的”“非我的”这类言语是人类私心的标志，而财产和家庭则为私心私物所寄托，所以主张财产公有和妻儿公育。亚氏在本章及下章批评他毁弃家庭，至第五章再辩论财产问题。

② “两”，可以是集体的一个两，也可以是各别的两个一。“奇”，可以是一集体的奇数或一奇一偶拼凑的奇数。“偶”，可以是一集体的偶数或两奇拼凑的偶数。

只留心到其中对他个人多少有些相关的事物。人们要是认为某一事物已有别人在执管,他就不再去注意了,在他自己想来,这不是他对那一事物特别疏忽;在家庭中,情况正是这样,成群的婢仆往往不如少数侍从为得力。[依柏拉图所述苏格拉底的制度,]每个公民将有一千个儿子:可是这些儿子不是各别公民的儿子,每个公民应该是任何儿子的父亲,每个儿子也应该是所有各个父亲的儿子,结果是任何父亲都不管任何儿子。 1262a

又,每一公民,当他向一个健美的小孩或一个丑陋的婴儿说你是“我的”儿子时,实际只是在某一分数上的措辞,这分数由全体公民的总数来推算;他的本意并不是说这孩儿全部是“我的”。当他在说“我的”时,“某”一其他公民也可以对那孩儿说你是“我的”,这个“我”或“某”,为数可能是整千或其他数目,全城邦公民的这一总数,在当时,他是心中有数的。实际上,[就这分数而言,]他还是不能无疑的,[在柏拉图的制度中]他不能确知谁曾经为他诞育过一个婴儿,出世的婴儿是否成活也是不知道的①。两千人或一万人各在二千分之一或万分之一的意义上说这个孩儿是“我的”或者依照现在各城邦的习惯各人按原意各称自己的孩儿为“我的”;两种制度,究以何者为佳呢?依照常规,同样一个人,某人称他为儿子,另一人则称他为亲兄弟或堂兄弟,又一人则称他为表兄弟或戚属,这样或亲或姻,或姻亲的姻亲,[越远一些就越疏一些而]至最后的

① 柏拉图:《理想国》459—60,所拟废除家庭而实行妇孺公育制度的社会中,婚配和育儿都有专职的人管理,秘密进行,不使男女互相认识,新生婴儿也不使本身父母认识。育婴所的执事检验婴儿,合格者予以抚养并教练,使他成为后代的公民;如果不合格,则暴弃荒谷,让他死亡。

某些人就称他为同宗或同族。人们宁愿是某一人的嫡堂兄弟，不乐于成为[柏拉图式]那样的儿子。实际上，就是在柏拉图的制度中，有些公民也可能有机会知道谁是他的兄弟或儿子或父亲，谁是他的母亲。凭亲子相肖的[遗传]通例①，人们一定会找出亲属关系的表征。某些地理学家的记载曾经说起世上的确有这样的事实：上利比亚某处的居民妇女属于公有，可是那里所育子女都以容貌相似为根据各各归属其生父②。有些女人以及有些雌性动物——例如牝马和牝牛——于此特别显著，生子必定像她的丈夫或生驹和犊必定像它所配的牡马和牡牛；称为“贞妻”的法尔萨罗牝马③就是一个良好的实例。

章四　倡议这种社会制度的人们还会遭遇到其他不易答复的诘难。举例来说，譬如有意或无意的伤害、杀人、吵架和诽谤，所有这些罪行如果发生在非亲属之间，人们看得较轻，如果加到父母或近亲身上，就成为伤天害理的罪恶。人们既不知道相互的亲属关系，这种罪恶就容易发生，而在犯这种罪行之后，由于这个社会原本没有伦常④，

① “亲子相肖”这条遗传通例，可参看《动物志》$586^{a}5$ 等节；《生殖》，$767^{a}36$—$769^{b}10$。又《雅典那俄》卷五 190E，说妇女对亲子间相肖之处，特别敏感。

② 此节似乎根据希罗多德：《历史》iv 180，所记北非洲奥塞族人(Auseans)情况。希罗多德称奥塞族为“海滨居民”。

③ 法尔萨罗种牝马生驹，毛色形态完全像同它所配合的公马，不流传其本身的毛色形态，对于公马的遗传十分忠实，所以称“公正牝马”(ἵππος ἡ δικαία)，这里译为“贞妻”。

④ “伦常”(ὅσιον)：希腊人认为氏族都出于群神，所以“人伦”和“神伦”相同。希腊习俗以违反伦常者为渎神，如果杀害亲属，虽幸逃刑网，也必遭天谴。本书中此字另见于卷七 $1335^{b}25$。参看施密特：《古希腊人的伦理》(Schmidt，Ethik der Alten Griechen)卷一 400 页。

礼法也就不能以逆伦(渎神)来加重科罚。柏拉图(苏格拉底)既然使全邦所有青年都成为前辈公民共有的儿子并禁止前辈和后辈间发生肉欲行为,但他却并不禁止前辈同后辈相好,成为腻友[1],这也是谬误的。过度亲昵的行为,即使没有肉欲也都是不正当的,要是在父子兄弟间见到这些行为,这就十分可憎厌了[而在没有伦常的社会中,这些当然是容易发生的]。柏拉图(苏格拉底)知道男子间同性肉欲违背人情,应该严厉禁止,但他没有注意到在他所设想的社会中,就是在父子兄弟间也未尝不会发生这样的事情;这也是可诧异的[2]。

就柏拉图(苏格拉底)所企求的目的说,这种妇孺归公的社会毋宁实行于[被统治的]农民之间,不应该实施于[统治阶级的]卫 1262b
国公民。在妇孺公有的社会中,"友爱"的精神一定削弱,而被统治阶级减少相互间的友谊恰恰有利于服从而免得他们试作反叛的图谋[3]。概括地说,[于柏拉图的《理想国》中]苏格拉底倡议的这种制度所产生的效果一定不同于习俗制度所得的效果,而这些效果也一定相反于他原先所企求的目的。因为消除内讧最有赖于友爱,所以大家总是以友爱作为城邦主要的善德[4]。苏格拉底更特别重视城邦的全体一致(洽和),他和世人都曾经想到并说明惟有友爱可以造成这样的团结。但他所想望的全体团结,类似《爱情

---

① 参看柏拉图:《理想国》403A-C。

② 希腊当时男子同性恋爱颇为流行。亚氏这里所作论辩大都针对当代习以为常的道德观念。

③ 参看卷七 1330^{a}28。

④ 参看《尼伦》卷八 1155^{a}22。

篇》(τοῖς ἐρωτικοῖς λόγοις)中[①]男女情侣的热爱，有如阿里斯多芳所描绘的，他们由于情意炽烈，双方都乐于合为一体。这样的结合将是我体消失而合于彼体，或者两体都消失而合成为一个新体。至于在政治组织方面，过度企求一致的结果，境况就大不相同了：这里，友谊犹如水那样的淡泊；[关系既只是千分之一或其他的分数]父亲就懒得呼唤"我的"那个儿子，儿子也同样懒得依恋"我的"那个父亲。恰恰像一勺甜酒混入了一缸清水，亲属感情是这样淡而无味，在这种社会体制中，父亲不得爱护儿子，儿子也不得孝顺父亲，兄弟之间不必相敬相爱，亲属的名分和称号实际上已失去原来的意义。事物的引人爱顾具有两种性质：这是你的所有物，而且你又珍惜这个所有物——在柏拉图的宪法下，你就一无所有，而那些说是都属于你的，你又毫不珍惜。

又，关于所谓新生婴儿的[阶级]转换[②]，实施时也是有困难的，依照那个理想的制度，低级农民和工匠的婴儿[如果经过检查而认为健美者]就应当转入较高的卫国公民阶级，反之，高级父母要是生了劣弱的婴儿就应当转为低级的农工。转移的手续总是不易安排的，而经办的人们实际上该知道各阶级中各人的出生来历及其原来所属的阶级。还有，我们前面曾经说及的伤害、乱伦、凶

① 柏拉图对话《爱情篇》(或《友谊篇》)，也题为《筵话篇》(Symposium)。参看该篇191A、192C。

② "关于新生婴儿的[阶级]转换"，参看柏拉图：《理想国》卷三415B。亚氏在这一节的辩难不很明晰；依韦尔屯(Welldon)英译本注释，所说"困难"应该是各人虽经转换了阶级，其本生阶级的旧意识和旧关系必然存在，因此，新公民中将发生双关阶级或两重意识。

杀这些罪行，在这部分转换了阶级的人们之间将特别严重，易于发生。由高级降落到低级的儿童们长成后，对于卫国公民们就不能称他们为兄弟或父母或儿子[实际上，他们恰恰是兄弟或亲嗣]；低级而升入高级的情况也是这样。这里，既然[连那分数的]亲属关系完全消失，他们对那些伤及伦常的罪行也将是肆无忌惮的了。

从这些辨析说来，世人对于妇孺归公的社会理想也就可以有所抉择了。

章五　让我们进而论述财产这个问题：在理想政体（模范政体）中应该有怎样的财产制度？财产应该全部归公有抑或应该分属每一公民。这个问题不必牵连到妇孺公育的倡议，这里可以作为一个独立的问题来研究。按照当今的习俗，妇孺分别归属在各个家
庭，就现行一般政体而论，我们也可以提出财产制度这个问题：财 **1263a**
产的管属和应用都应归公？[或它的一部分归私另一部分归公？]这里可以有三种制度。（一）土地区划为丘亩，各归私有，收获物则送储公仓而共同食用；有些野蛮部落的农作制度就是这样的。（二）反之，土地完全归公有并共同耕耘，而收获物则分配给各人，由各家自己食用；另外一些野蛮民族就通行这第二种方式。（三）土地和收获都归公有[①]。

---

① 产业的管理和应用还可以有第四种方式，即丘亩和收获各归私有；亚氏此节没有提及。他陈述了三种产业方式后也没有挨次一一讨论。1263a8—20 指摘柏拉图的公产制度，可算已讨论了第三方式。1263a21—b14 说明公产私用——共同生产，各别消费——有利各点，可算已讨论了第二方式。以下各节重复评论柏拉图的公产思想已近于吹毛求疵。第一方式始终没有涉及；但这既同第二方式相反，从 1263a21—b14 的反面看来，可知亚氏是反对这一方式的。

在土地[公有][1]问题上，所有者和耕作者如果不是同一个人[例如田主用奴隶来耕作]，这是比较容易处理的；与此相异，对于自耕的农民，财产所有权常常会引起重大纠纷。他们如果在劳动和报酬之间不得其平，则多劳而少得的人就将埋怨少劳而多得的人。人类在各种场合，作为伙伴而共同作业和生活，一般是不容易的，在涉及财产时尤其会发生许多苦恼。搭帮旅行的客人就可举以为例，他们常常在途中为一些细故而吵闹，每天都不免惹起一些无谓的噜苏。还有，我们的婢仆也可作为例子，同主人日常接触最多的婢仆总是要遭逢诟骂的。

这里所举的纠纷只是财产公有制度中无数纠纷的一二例而已。接受现行的[私产]制度而在良好的礼俗上和在正当的法规上加以改善，就能远为优胜，这就可以兼备公产和私有两者的利益。财产可以在某一方面[在应用时]归公，一般而论则应属私有。划清了各人所有利益的范围，人们相互间争吵的根源就会消除；各人注意自己范围以内的事业，各家的境况也就可以改进了。在这种制度中，以道德风尚督促各人，对财物作有利大众的使用，这种博济的精神就表示在这一句谚语中："朋友的财物就是共同的财物。"[2]这样的财产制度并不是

① 这里，亚氏在指摘柏拉图的公产主义时假定了柏拉图主张土地公有并共同耕作。实际上，《理想国》中所拟公产制度都限于卫国公民这一阶级；农民仍旧各自私有并各自管理其田地和收获物；只须缴纳一部分农产以供养卫国的人。卫国阶级则既无家庭，亦无私蓄。在《理想国》中农民的耕地面积要受限制，除此以外柏拉图并未提出重大变革。

② 这句谚语见柏拉图：《理想国》卷四 424A。狄欧根尼·拉尔修：《学者列传》卷八 10，记这句谚语出于毕达哥拉斯(Pythagoras)；毕氏的意思重在友谊而不在财产制度，他认为"朋友有通财之义"。

妄想,在现今某些政治良好的城邦中,我们就不难隐约见到它们施政的纲领已经存在这些含义,而另一些城邦的体制中也不难增订这类规章。在这些城邦中,每一公民各管自己的产业;但他们的财物总有一部分用来供给朋友的需要,另一部分则供给同国公民公共福利的用途。譬如,在拉栖第蒙(斯巴达),对于朋友所有的奴隶或狗马都可以像自己的一样使唤①;人们在旅途中,如果粮食缺乏,他们可以在乡间任何一家的庄园中得到食宿②。由上所述,已可见到"产业私有而财物公用"③是比较妥善的财产制度,立法创制者的主要功能就应该力图使人民性情适应于这样的慷慨观念。

又,在财产问题上我们也得考虑到人生的快乐[和品德]这方面。某一事物被认为是你自己的事物,这在感情上就发生巨大的 1263b
作用。人人都爱自己,而自爱出于天赋,并不是偶发的冲动[人们对于自己的所有物感觉爱好和快意;实际上是自爱的延伸]。自私固然应该受到谴责,但所谴责的不是自爱的本性而是那超过限度的私意④,——譬如我们鄙薄爱钱的人就只因为他过度地贪财——实际上每个人总是多少喜爱这些事物[自己以及财货或金钱]的。人们在施舍的时候,对朋友、宾客或伙伴有所资助后,会感

---

① 参看色诺芬:《拉根尼共和国》(de Rep. Lac.)章六。

② 参看普鲁塔克:《拉根尼制度》(Inst. Lac.)章二十三。

③ 参看上文26行句。"产业私有而财物公用"(简化为"私财公用"),这可说是亚氏经济思想的要领。柏拉图在《法律篇》中说妻子和财产一切相共的头等理想国,在人间是不可企及的,他另拟的次级理想国便为财产私有而公用的制度(《法律篇》卷五740A)。"私财公用"这种经济思想也见于伊索格拉底:《元老院辩》(Areopag.)35节及色诺芬:《苏格拉底回忆录》卷二章六23。

④ "自爱"(φὶλοαυτον),参看《尼伦》卷九章八。过度的自爱便成"自私"。"自爱"相反于"自暴自弃",实为道德哲学的基础之一。

到无上的欣悦；而这只有在财产私有的体系中才能发扬这种乐善的仁心。在体制过度统一了的城邦中，不但这种自爱爱人的愉快不可复得，还有另两种品德也将显然跟着消失。由于情欲上的自制，人们才不至于淫乱他人的妻子[①]；而宽宏（慷慨）的品德则都是在财物方面表现出来的[②]。因为宽宏必须有财产可以运用，在一切归公了的城邦中，人们就没法做出一件慷慨的行为，谁都不再表现施济的善心。

这类立法，以仁心仁意为立论的出发点，似乎可以引人入胜。人们听到财产公有[③]以后，深信人人都是各人的至亲好友，并为那无边的情谊而欢呼，大家听到现世种种罪恶，比如违反契约而行使欺诈和伪证的财物诉讼，以及谄媚富豪[④]等都被指斥为导源于私产制度，更加感到高兴。实际上，所有这些罪恶都是导源于人类的罪恶本性。即使实行公产制度也无法为之补救。那些财产尚未区分而且参加共同管理的人们间比执管私产的人们间的纠纷实际上只会更多——但当今绝大多数的人都生活在私产制度中，在公产

---

① 情欲自制的品德同财产制度之为公为私无关。这句大约是关涉到上章妻子之为公为私一论题的。宽宏博济才是在财产上所显见的品德。

② 参看《尼伦》卷四 1119^{b}22。

③ 亚氏以前各作家说到各部落或希腊各城邦曾实行公产制度的实例不多：《斯特累波》302 页，说埃福罗（Ephorus）盛称西徐亚（Scythia）某些部落妇孺和财产均属公有。狄欧根尼·拉尔修：《学者列传》卷六 72，卷七 33、131，说犬儒学派或半犬儒学派如西诺伯（Sinope）的狄欧根尼、雪底翁（Citium）的齐诺（Zeno）也主张财产公有。柏拉图在《理想国》450，所持议论显示他不热心赞助一般人民或农民施行公产制度。

④ 雅典等工商城市在公元前第四世纪时已有贫富悬殊现象，媚事富豪为米南徒（Menandros）世态讽刺剧的一个主题："哲学家们说神是太阳和光明。但我只见金银两神才真有权威。如你家中引进这两位神祇，便一切如愿以偿，庄园、器用、朋友、健仆、见证人、告密者，应有尽有了。"

中生活的人却为数很少[于是我们因少见那一部分的罪恶，就将罪恶完全归于私产制度了]。

又，我们在深谋熟虑，企图为人间制订大经大法的时候，不仅应该注意到怎样可以减免罪恶，还须想到，财产如果归公有，多少原有的利益必将从此被剥夺。看来，在那样的社会中，生活几乎是不可能的。苏格拉底所持论辩的前提[城邦的划一性]是不正确的[①]，因此他就陷于错误。当然，某种程度的划一，无论在家庭或在城邦，都是必要的；但完全的划一却是不必要的[②]。一个城邦，执意趋向划一而达到某种程度时，将不再成为一个城邦；或者虽然没有达到归于消亡的程度，还奄奄一息地弥留为一个城邦，实际上已经变为一个劣等而失去本来意义的城邦：这就像在音乐上和声夷落而成单调，节奏压平到只剩单拍了。依照我们前面所说明的事实[③]，城邦应该是许多分子的集合，惟有教育才能使它成为团体而达成统一。所以，这真是可诧异的，作者的本意原来是企图给城邦建立一种教育制度，他却遗忘了积习、文教[④]和法度的可以化民成俗，竟然信赖财产公有的方法，想凭以使城邦达成善德，而一心采取变法更张的手段。拉栖第蒙和克里特的立法家凭借会餐的规约使财产利用到公众的福利上，这就可以作为教化的实例。 1264^a

让我们进一步追溯历史的经验：人类既然经历了这么长久的

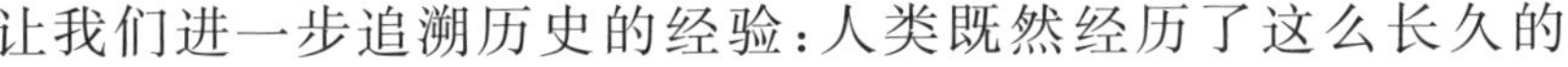

① 参看本卷章二。

② 参看章二 1261^a15—21。

③ 1261^a18。

④ 此节论旨已见于 1263^a21—26。“积习”(ἔθεσι)即“风俗”。“哲学”(φιλοσοφία)在这里，依韦尔屯解释为“理智教育”(intellectual culture)，兹译“文教”。

年代，如果这些创见的确优异，就未必不早为前贤所觉察。现世的种种，历史上几乎都有先例；只是有些虽曾发明而未经集录[故不传于后世]；有些虽已为大家所知，而从未实施[所以得失还不能洞悉][①]。要是能够在历史上找到某种政体的构造实际符合于那些理想形式，我们就可以晓然于它的利弊了。任何城邦的组合必须把所有的分子做出区别而加以配属——有些配属于公餐团体内，有些则分隶宗社和部族中[②]。[这样，在历史上公共财产的组织，各地是多多少少存在的，]柏拉图所倡议的制度只有一个特点，他规定卫国之士这个阶级，不事耕作；但就这个特点说来，拉栖第蒙人也可说已经试行过了[③]。

苏格拉底所拟整个体制是不妥当的，其中各级组成分子的地位都欠明确，实际上他也是无法加以说明的。除了卫国的人以外，对于占整个公民团体中大多数的农民，他没有详细叙述：农民是否也应该[像卫国之士一样]把财产归公，或者仍旧私有？农民阶级

---

① 亚氏认为世界和人类都已经历无尽数的年代，古人智慧的积累极厚；参看蔡勒：《希腊哲学》卷二 432、508 页。

② 《希罗多德》I 65，说斯巴达莱喀古士(Lycurgus)所制订的城邦军事组织，其"公民-武士"配属于"会餐(公餐)团体"(συσσίτια)。《雅典那俄》143b，引杜西亚达(Dosiadas)所记克里特岛的吕克托城(Lyctus)公民也配属于所称"安得赖亚"(ἀνδρεῖα)的公餐组织。柏拉图：《理想国》416E，的卫国之士也取会餐编组；《法律篇》中所拟次级理想国的公民(842B)，其军事生活作会餐编组(785A)，从出生到老死的全部社会生活则作"宗社"(φρατρία)编组(745E)，全国公民五千零四十人，分十二部族，每部族四百二十人，分隶于若干宗社。

③ 大约指斯巴达专门从事军政的士族，他们虽各为田主而不事农业，田作都由赫卢太(农奴，'Ειλωταί)担任。但柏拉图所拟理想国中的卫国的人并非田主，农民也不是奴隶，同斯巴达制度相异。

的妇孺应该归公育或仍旧家养?这些他都没有说明[1]。[这里我们可假定为三个可能的方式。][2](一)农民的一切事物[包括妇孺和财产]完全归公有。这就同卫国之士的规定没有区别。那么农民又为什么要受卫国阶级的统治?又怎样才能使农民接受那被统治的从属地位?——符合这种境况的就只有克里特曾一时采用过应变政策,那里的统治阶级允许奴隶同享主人所有的一切特权,仅仅不准从事体育锻炼和持有兵器。(二)农民以及其他较低阶级的财产制度和婚姻制度照今日大多数城邦的现行制度一样,不作变更,一任他们各有其家庭和产业。那么,整个社会又将是怎样的一个体系?在一个社会中必将包含两个[在法制上]相反的国家——而其中的卫国之士就类似一个占领别国城市的卫戍军,农民工匠以及其他的行业则像一个被占领国的普通公民。在这样的社会中,苏格拉底所谴责的现行城邦所有种种罪恶,如财物纠葛和法律诉讼等[3],还会照样发生。他的确曾经说过,公民之受有良好教育的可以用不到许多法规来排除纠葛,例如市政法规、商场条例以及类似的章则;但他所称述的教育却又限于卫国之士这个阶级。又,他所订农民保持产业的条件是必须按时缴纳收获物的赋课,以供养卫国之士。由此农民将自觉其劳力的贡献和功绩而引以自傲,具有这种心理的农民比一般[斯巴达的]赫卢太、[帖撒利亚的]卑

① 柏拉图:《理想国》卷三 417A、卷四 419,实在已说明农民各有其田亩妻室子女。依上文 $1262^{a}40$ 及下文 $1264^{b}33$ 句看来,亚氏似乎也知道柏拉图曾已言明(参看《苏斯密尔校本》修订二版 170 注)。

② 依《纽校》(II259)所作章句分析,加[]内语,并在下文加(一)、(二)、(三)数码。

③ 参看上文 $1263^{b}19$;又参看柏拉图:《理想国》卷五 464、465。

奈斯太或其他地区的农奴①为较难治理。关于低级公民们的妻子和财产是否应该同高级公民一样归公有，以及他们的政治地位以及应受的教育和应守的礼法，在苏格拉底所拟的体制中都没有订定。这些问题既然并不是可以忽略的细节，我们因此就不易确知应该怎样来组织那些低级公民于城邦内，才能保证高级公民、即卫
1264b 国之士的公共生活。(三)另一方式就是农民的妻子归公而产业仍属私有。如果这样，则农民在尽力耕作的时刻将有谁来照顾家室？……倘使依第一种方式，财产也同妻子一样完全归公，那么又有谁来照顾家室②？……这也是荒谬的，凭动物生活为例，竟说女人应该从事和男人相同的作业③。动物实际上异于女人，它不需要料理家常。

又，在苏格拉底所设想的政体中，主治的人们[永不更替，]一直由他们执政；这就隐伏着危险的根源④。这样的制度即使在较为贫贱的阶级，也会引起不满而滋生纷扰，这在傲慢的战士们当然要感到不可容忍了。他规定一部分人永远执政的理由显然是认为这些人具有特殊的禀赋。神在为人类铸造灵魂时所渗入的真金不

① 下文 1269a36 又举有克里特岛的农奴(περιοικοί,“贝里俄季”)。“农奴”在本书中虽也混称“奴隶”(δοῦλοι)，实际上有区别。依普吕克斯：《词类汇编》(Pollux，Onomasticon)iii83，农奴，如贝里俄季介于自由人和奴隶之间。《斯特累波》542 页，说农奴，如赫卢太等，不能作为奴隶，出卖到国外。一般希腊人都以农奴比奴隶为易于管理，而可加委托，许多城邦以农作交付农奴。

② 1264b3 行 Κἄν. εἰ……γυναῖκες……句，和上句事理不相衔接，似赘。各校本都指为疑文，或看做错简，或认为有缺漏。兹以缺漏例加……。

③ 见柏拉图：《理想国》卷五 451D。

④ 在上文分论妻子公育和财产公有的利弊以后，这一节统论柏拉图的理想国的另一些要义，可作为二至四章的总收束。

能一时给与这一些人，另一时又给与另外一些人；必须让某一些人常守着真金的传统。他说，“当世人诞生时，神对某些人渗入了金，对某些人渗入了银，对日后做工农的人们则渗入铜铁”。[①] 还有，他认为立法家以全邦的幸福为重，于是不惜剥夺卫国之士的幸福[②]。可是，这必须在各个部分的全部或大多数，或至少有若干部分获得幸福（快乐）以后，才能谈到全体的幸福（快乐）。幸福（快乐）不同于数中的奇偶，某些数在总数排列中所得的偶性，等到总数区划为若干部分后，就可能丧失其偶性；幸福的性质不然［在部分中要是没有什么快乐，在全体中也一定不欢］。又在这样的城邦中，倘使卫国之士索然寡欢，其他的人又将谁能快乐？幸福不会属于工匠或其他庶民。

关于苏格拉底所提倡的“共和国”（理想国）我们已陈述了这么一些疑难，此外还有不少问题，虽然未必都可忽视，我们不再一一列举了。

章六 柏拉图在他比较晚出的著作《法律篇》[③]中所包含的疑难和上述相同或大略相同；对于这一篇内所拟的政体，我们仍需给予

---

① 见柏拉图：《理想国》卷三 415A。各阶级人民禀赋相异，为柏拉图反对民主政体的基本观念。亚里士多德认为自由公民各阶级（部分）禀赋相同，民主政体未必不如君主制或贤哲寡头政治。

② “幸福”（εὐδαιμονια）的真谛应该是其人身体强健，富有财物，足以资生，而且笃于品德，足以缮性。柏拉图限定其理想国中的公民-武士应该舍弃家庭而不治私产。此处所云卫国之士被剥夺了幸福，大概专指有关家庭和财产的物质幸福或世俗的快乐。

③ 《理想国》为柏拉图中年的作品。他在六十岁后两度（公元前 367 年和 361 年）投身于叙拉古现实政治，历经患难，而稍稍放弃玄想。《法律篇》十二卷，在晚年成书，降低了自己的理想标准，草拟了第二个模范城邦。该书在柏拉图卒年即流传于世。

简括的评论。又[①]，[《法律篇》的辨析较为详细，而]在《理想国》中，他只举出少数几个论题，例如妇孺的公有、财产的公有以及政制中治权的安排。在政治组织中，人民只分成两个部分——其一为农民，另一为战士[②]；在后一个部分中又选拔出第三部分作为城邦的议事和统治团体[③]。但苏格拉底[在那篇对话中，]对农民和工匠是否参与政事，是否也须执盾矛而服兵役，并未说明。他的确说到了属于卫国阶级的妇女应该参加战争并接受像男人一样的[文化和军事]教育[④]。全篇其余的章节特别详述卫国公民的训练，并常常涉及题外的许多闲话[⑤]。

1265a 至于《法律篇》则以法律为主题，关于政体就说得不多。这里，他原来说要另外设计一种比较切实而易于为现存各邦所采用的政体，可是，思绪的发展曼延而无涯际，因此后篇中的政体又往往追踪着前篇的玄想。除了公妇和公产两者而外，他所拟前后两种城邦的政治结构大体相同，教育也相同；两邦的公民都不操贱业，不亲杂务，赋有人生充分的自由；两邦都有会餐制度。仅有的分别是在一邦中妇女也得参加到会餐的餐桌上来[⑥]，而战士的人数则已

---

① “又”(καί γὰρ)，这一个章句联系词，西方旧译本大多省略。《纽曼校注本》注意到了这两字有助于上下文的承接，并非衍文。巴克尔英译本增加[]内一子句，显见“又”的用意。

② 柏拉图：《理想国》卷二 373E。

③ 同上书卷三 412B。

④ 柏拉图：《理想国》卷五 451E—452A。

⑤ 狄奥·克利索斯托姆：《讲演》，赖斯克编校本(Dio Chrisostom，“Orationes”，Reiske)vii 267，也论及柏拉图《理想国》旁涉太多。

⑥ 柏拉图：《法律篇》卷六 780E。

增加到五千人①,但在前一理想国中战士原定一以千人为度②。

所有《苏格拉底各对话》(柏拉图各篇文章)都是新鲜的,优雅而富于创见,具有高明沉着的研究精神。但万物总不能达到尽善和全美。[这里也是有缺憾的,]例如所拟五千闲人,这个数目就应该仔细审量一番。这样巨大的人数都得受他人的给养,才能维持其从政从军的闲暇,加上与之相适应的妇女和婢仆以及其他附属人众,这又得有几倍的五千,供应这样巨大的人数,城邦的土地面积就须像巴比伦或与之相仿的地区了。作为理想,固然人人可以各抒所见;但完全不可能实现的理想,这就近乎妄诞了③。

《法律篇》曾说,制定法律时,立法家应注意到国境的大小和境内的居民④这两个要素。但一个城邦的政治生活既不能同四邻隔离,立法家也不可遗忘邻邦关系这个问题。譬如说,一个城邦所备的武装应该不仅可以保证境内的安全,还须有时用到境外⑤。这一类[偏重实务和军事的]生活,虽对个人或邦国的一般事业说来,都不足重视,可是一个城邦总该保持足够的力量,才可在进攻或退

① 柏拉图:《法律篇》卷五 737E 等节为他的第二理想国所拟公民总数计五千零四十人。这个数目用 2、3、4、5、6、7 等数可以连续除得整数,所以适合于任何分队分组的编配。

② 柏拉图:《理想国》卷四 423A。

③ 亚氏国家观念同柏拉图相似,限于希腊城邦。希腊半岛为大海环围而境内多山岭,各城邦面积一般约七百方里。雅典特大,也不过一万方里(相当于中国纵横百里的县份)。科林多次大,约四千方里。各邦在溪谷间经营农田,所能给食的人口实在有限。亚氏就希腊本土和地中海各处殖民城邦看来,无一能维持五千常备军队的(参看章九 1270^{a}32 注、卷七 1325^{b}38)。

④ 参看柏拉图:《法律篇》卷四 704—709、卷五 747D。

⑤ 以武力为外交或国际关系基础,城邦应该兼有陆军和舰队(参看卷七 1327^{a}41—^{b}18)。

守的时刻，都能使敌国有所畏惧。

又，财产的数量［以及军备的实际需要］也应加以考虑。苏格拉底说到每人财产的数量应以“足够维持其素朴（节制）的生活为度”[①]。我们可研究一下，对于这个数量，是否可以另作较明确的叙述？这样的叙述是含糊的，有如人们随意说“生活优良”，这只是一些不着边际的笼统语言。而且所谓“素朴的生活”实际上竟然可能是穷困的生活。比较清楚的叙述（界说）应该是“以足够维持其素朴（节制）而宽裕（自由）的生活”为度[②]。让这两个词联合起来，划出我们应用财富的边际——两者如果分开，宽裕（自由）将不期而流于奢侈，素朴（节制）又将不期而陷于寒酸。人们在处理财富上表现过弱（吝啬）或过强（纵滥）的精神都是不适宜的，这里惟有既素朴而又宽裕，才是合适的品性。

还有一个疑难是他既规定了全城邦区划地产为总数有定量的若干丘亩，进行平均的分配，对于公民的总数却未作相应的限额[③]。对于婴儿的出生数也未作节制的规定，他估计某些多子的家庭出嗣另些无后的家庭，就可以平衡人口，使不离于原有的定
1265b 额；在他看来，现时若干城邦人口的自然情况曾历经几代而未见重大的变迁。但在这个拟想的城邦中，人口应维持得更为稳定；在现时的各城邦中，财产可以自由分割和转移，增殖的人口不致乏食，

---

① 柏拉图：《法律篇》卷五 737D。

② 财物的使用，对己重俭，待人从厚；在平时尚素朴，对军事当宽裕。参看卷七章五 1326b30。

③ 柏拉图：《法律篇》卷五 740B—741A，所拟理想城邦的公民数限于五千零四十人，并言明各家子女或多或无的应互相调节，超额人口应另谋出路，例如开辟海外殖民城市。

但在那个拟想的城邦，各份产业既已划定，就不可再行分割[①]，超额的子女，不论多少，都无处可以另得财产。从事限制产业的份数就毋宁设法限制人口，防止出生数超过必需的平衡数；计算婴儿死亡和婚后不育的或然率[②]，就可以作出繁殖率的限数。繁殖如无限制，势必导致贫穷，——现时恰恰有许多城邦疏忽了限制繁殖这个问题；——跟着贫穷，又导致内乱和盗贼。古代立法家科林斯人斐登主张在开国时，产业的份数相等于公民的人数，这些数额应该作为定制，勿使增减；至于各份产业当初或大或小则可以不必计较。但在《法律篇》中的政策恰恰与之相反[③]。关于这一方面，怎样才能改进的意见，我们留待以后另行讨论[④]。

《法律篇》中还有一个疏漏。他对于统治者和被统治者间的区别说得颇不明白；他只做了一个譬喻：两者间的关系应该像经线和纬线，用不同的毛来纺绩[⑤]。还有一个疏漏是他容许人们的财物

① 柏拉图：《法律篇》(740B)规定已划分的各份土地，归属各户后，不能凭遗嘱再行分划；(741B)也不准出售；(742C)也不得由其他方式割裂；(855A 等节)并规定那个理想城邦的政府也不得随后用政治权力来分割各份地产。

② 依原文直译为"注视并计算机会(事件发生和不发生的次数)"，即"计算或然率"。

③ 科林斯人斐登(别于卷五 1310^{b}26 的阿尔咯斯僭主斐登)，给科林斯城创制立法，对公民数和产业份数都确定定限，以后国家一切政治军事业务的计算悉以此数为计算标准。各户份地(产业)当初或大或小，则不为之平均，以后各家出售或转移其部分产业也不加限制。这种城邦虽贫富不均，但因户数和人数先经限定，各不至于全无产业而乏食。柏拉图：《法律篇》着意于均贫富，所以规定份地每户大小相等，以后不得分割或转移。照柏拉图的规定超数子女一定无产而乏食。但斐登的限制人口实际上也难以施行。科林斯人在地中海各处建有许多殖民地，足见他的人口增殖超过初限。

④ 这一预约，此后未再专章讨论，只在卷七自述政治理想时屡有涉及(1326^{b}26—32、1330^{a}9—18、1335^{b}19—26)。

⑤ 柏拉图：《法律篇》卷五 734E、735A。

可增加到原有数额的五倍[①]，但他没有说明何以在地产方面却又不容许作相应的增加。又，他所拟农舍的安排也是可疑的；他规定每一公民[在各自的份地上]有两幢分离的房屋[②]。生活于两幢房屋中对于家务和田亩的管理并没有什么好处。

他所拟的整个政体既不是民主(平民)政体也不是寡头政体，而趋向于那种称为共和政体[③]的中间型式，这种政体中的公民以具有重装备的甲兵为限。这种政体倘使作为大多数城邦可以采行的制度而言，那是没有谬误的，但他把它作为仅次于他所初拟的理想城邦，这就不相宜了：如果仍从理想的高尚处立法，那么人们也许宁愿采取拉根尼(斯巴达)的宪法或其他较近于贵族政体的型式。的确有些思想家认为理想的政体应该是混合了各种政体的政体；因此，他们就推崇斯巴达式的制度。这些思想家都把斯巴达政体看做君主政体(一长制)、寡头(少数制)和民主(多数制)政体三者的混合组织[④][但他们对于三者的解释却又各不相同]。有些人认为斯巴达的二王代表君主政体，其长老会议则代表寡头政体，至于埃伏尔(监察)[⑤]既由民间选任，则监

① 柏拉图：《法律篇》卷五 744E，说"四倍"。

② 同上卷五 745C。亚氏在本书卷七 $1330^{a}9$—18，也规定每人各授予两处份地。

③ 波里德亚(πολιτεία，共和政体)，释义参看卷三章七 $1279^{a}39$—$^{b}4$，以及卷二章一 $1261^{a}6$ 注。卷四章八至九，十一至十三详论共和政体，亚氏推崇它为一般城邦可以施行的优良政体。这里另有不同观点，举以诽议柏拉图政治思想。巴克尔译本注统称 $1265^{b}18$—$1266^{a}22$ 行止各节为亚氏对于《法律篇》的"咕噜"。

④ 卷四 $1293^{b}16$、$1294^{b}18$—34，亚氏认为斯巴达政制兼顾品德和人数是"贵族"和"民主"(平民)的混合政体。

⑤ "埃伏尔"(Ἔφορος)斯巴达监察官，共五人，始于莱咯古士时。监察官凭借其对城邦各执政人员(包括王室在内)的监督和审判权力，逐渐凌驾各行政机构之上，至公元前第五第四世纪间，五个监察官实际上执掌了国政。

察会议便代表民主政体。可是,另些人又认为监察会议实际表现为僭主政治;只在斯巴达式的日常生活习惯以及会餐制度中,才显见他们的政体具有民主精神[①]。在《法律篇》中,论辩的主旨却认 1266^{a}
为民主政体和僭主政体的两合组织[②]是最优良的政体——这种制度,人们或者宁愿把它列入最恶劣的政体中,或者竟不算它是一种政体。凡能包含较多要素的总是较完善的政体;所以那些混合多种政体的思想应该是比较切合于事理[③]。又,《法律篇》中所陈述的政体实际缺乏君主政体的要素,他专重寡头和民主两要素而且是偏向于寡头政体那一方面的。这在他所拟行政人员的选任方法上[④]可以明显地看到。行政人员先由票选方式选举出好几倍的名单,然后进行抽签作最后的决定,这的确是民主制度而兼有寡头政体的方式。但另外两种办法则又是寡头(财阀)性质的:其一,法律强迫较富有的公民必须出席公民大会[⑤],选举行政人员,并参加其他政治权利和义务,对于其他公民则听任自便;其二,[由选举规章

① 柏拉图:《法律篇》卷三 691C—693E、712D。

② 柏拉图:《法律篇》所说混合政体,卷三 701E、卷四 710,作为极端平民政体和僭主政治的中和,卷三 693D、卷六 756E,又认为是多数制民主政体和一长制君主政体的中和。所说君主政体的实例为波斯,民主政体的实例为雅典;柏拉图所取于君主制的不是专制,所取于民主政体的不是暴民统治,其本旨乃在舍彼所短,用彼之长。此节遽称之为两合而指责它取短舍长,认为是最恶劣的政体,理由是不充分的。自 $1265^{b}29$ 至 $1266^{a}6$ 止,苏斯密尔怀疑这些并非亚氏原著。

③ 依 $1294^{a}10$,政体的要素为"财富"、"自由"(实际为自由公民的"人数")和"才德"。亚氏注重人数(自由)和才德两要素的混合,通于三者的混合。《苏校》二版认为此句实非亚氏所作。

④ 柏拉图:《法律篇》卷六 756、763E、765。

⑤ 同上 764A。又参看本书卷四 $1294^{a}37$、$1298^{b}16$。

的细节看来，]他的用意[①]就在使较富有阶级获得较多的行政位置而最高级的职官都须由资财最富饶的人们充任。选举议事人员的方法也是寡头性质的。的确全体公民都必须参加选举。但在预选过程中，普遍的强制规定只局部施行：在选举头等资财级的预选人若干名时，强制全体公民一律参加，选举二等资财级的同数预选人时也是这样；但至第三等级的预选时，第四等级的公民就不强迫他们出席选举，至第四等级的预选时，第三第四等级的公民都不加强迫[②]。于是，他（柏拉图）规定全体公民从全部预选人名单中选出每一资财级同等数目的议员。这样，许多平民由于自便，将不去参加选举，而最富于资财和较高等级的选举人就造成了议事会中的多数。

这些辨析以及此后我在考察各邦最优良政体时[③]行将继续论到的各种事例可以证明理想的善政不应该是君主政体（一长制）和民主政体（多数制）的混合。选任行政人员的预选和复选两重手续[④]也

---

① 柏拉图：《法律篇》卷六 763DE。

② 柏拉图：《法律篇》卷六 756B—E：议事会议员定额为三百六十人，由全城邦四个资财等级中各选定九十人组成。选举程序分三个步骤：（一）预选进行分四日，第一资财级预选人在第一日由全体公民选出若干人（原文未言明确数），余级挨次逐日举行。（二）至第五日公布合格预选人名单，由全体公民就其中选定每一资财级之议事员各一百八十人。（三）最后抽签决定每级各九十人，共三百六十人，组成当年的议事会。柏拉图在预选中的安排，恰好像亚氏此节所述，侧重于富饶的第一、二级。在复选时，全体公民都强迫出席参加选举。

③ 见卷四章七至九，又章十二 1296^{b}34—38、1297^{a}7—13。

④ 柏拉图：《法律篇》卷六 753，所拟行政人员（执政）选举程序：预选人三百名由全体公民曾经在适龄后服过骑兵或步兵军役的男子用记名票选举。预选得中的名单经公告一个月后，再由全体公民复选一百人，这一百人再经公告，再行复选，举出三十七人为执政。

含有缺点;某些人,即使为数不多,如果联合起来,他们就可以操纵选举。我们对于《法律篇》在政体方面所见到的[缺点][①],就是这些。

章七　另有些专家以及哲学家或政治家各曾倡议各自的政制(政治体系),这些倡议都较接近于各邦的现行政体,比柏拉图(苏格拉底)所倡议的两种政制都较为切合实际。其他思想家都没有提出妇孺公有或妇女会餐这类新奇措施;反之,他们的想法都从人生的实际开始。有些人认为人间的争端以至酿成内乱常起因于贫富的不均,所以适当的节制财产是当务之急。嘉尔基顿的法勒亚最先[②]提出用节制财产方法来消弭内乱的主张;于是他建议一国内的公民应该各有同等的产业(一样大小的地亩)。在他想来,当人们开始拓荒,建立一个新殖民地时,这是不难办到的。对于存在 **1266b**
多年的旧城邦,就困难较多,但在这种城邦,倘使富户以地产为女儿的妆奁而娶媳时不受陪嫁,穷人则相反地只受陪嫁而不出妆奁,就可能在短时期内平衡全邦各家的产业。柏拉图在著作《法律篇》时[③],认为任何公民增益他财产的初期是不必加以抑止的,等到他

① 柏拉图:《法律篇》内所拟各种法规很多,亚氏未加评议。本章专举其中有关政制的弊病;纽曼谓亚氏的本意当在说明前贤所作理想城邦尚多未妥,后人正可用心致力于这类研究(《纽校》II 281)。

② 嘉尔基顿人法勒亚(Φαλέας ὁ χαλκηδόνιος)年龄稍长于柏拉图,此节所说"最先"提出节制财产方法,当指柏拉图同时代人而言。上章 1265b12 的斐登(Φείδον ὁ κορίνθιος),其身世就早于两家。

③ 柏拉图:《法律篇》744E。

的增益已达最低业户产额的五倍左右时，有如我们上面曾经说及的[①]，才须予以限制[②]。

立法家在订立财产限额的同时还得规定各家子女的人数，这一点他们却时常遗忘，而实际上乃是不应该疏忽的。倘使子女生育过多，家产不足以赡养，根据均产原则而制作的法律就不得不被毁弃。原来是小康的家庭，现在已沦落到无法自给的境遇；处身于这种不幸的人们，作奸犯科还是小事，这里已很难说他们不至于从事叛乱（革命）了。平均财产在政治团体中所起的作用，虽在古代也是某些立法家们所深知的。譬如梭伦[在雅典]所订的法制以及其他城邦所传的律例，都曾经禁止个人不得任意收购过多的土地。同样地，另有些法制禁止人们出售财产：譬如洛克里城就悬有这样的禁令[③]，本邦人户在未能确实证明他曾经遭遇意外的重大损失前，不准出卖他的产业。又，有些律例，用意就在维持各家的世业，使不致丧失政治地位；以琉卡岛说，就因为漠视这种律例，它的政体已趋于过度的平民（贫民）化；结果是资产不足法定数额的人们

① 上文 1265^{b}21。

② 法勒亚所主平均分配的财产，专指土地；柏拉图所容许增益的财产则包括对各家的一切财物和收益。

③ 洛克里人（Locrians）有三支族：其一为奥布斯人（Opuntian），居欧卑亚岸（《修昔底德》卷一 108 等均有记载）。其二，爱璧克涅米人（Epicnemidian），居马里海湾的克涅米（Cnemis on Maliac Gulf）山上（《斯特累波》416、426 页）。其三为奥查里人（Ozolian），居科林多海湾（《修昔底德》卷一 5、103）。本书 1274^{a}22 所举在南意大利随费里（Zephyrium）山上建洛克里城者，称“爱璧随费里人”，他们所建立的是奥查里族的殖民城市。此节（卷二 1266^{b}19）和卷五 1307^{a}38 简称“洛克里”者亦指这一个在南意大利的殖民城市。卷三 1287^{a}8 所举奥布斯应为欧卑亚对岸的洛克里城。

布苏旭茨：《希腊古代的产业和收益》32 页注，除说明此处所举“洛克里人”就是爱璧随费里支族外，并说所举禁令当出于札琉科斯（Ζαλευκός）。

也都被选为行政人员了。但在实施这种均产制度的地方，每户的定额可能过大或太小，因此人们或流于奢侈，或困于生计。所以，立法家不应该仅仅以树立均产原则为能事，还须订定一个适当的定额。又，人们虽然已被纳入均产体系中，世事仍旧未必从此就尽善尽美。人类的欲望比他的财产更须使它平均①；这就必须用法律来订立有效的教育，人欲没有止境，除了教育，别无节制的方法。可是，法勒亚在这方面，恰正可以站起来说，这正是我的意思；他本来认为各城邦中财产和教育两者应该均等。但我们还要询问他所说的教育究属怎样的性质。如果说教育均等就是每人各授以同样的课程，这还是没有实益的；同样的训诲[人们或者因而努力于智德，或者因而励进于俗务]导致同样追求俗务的性情，而或专尚货利，或角逐名位，或兼好两者，各人所受和所发挥的却相差甚远。还有，人间的争端或城邦的内讧并不能完全归因于财富的失调，名位或荣誉的不平也常常会引起争端。但名利两途的熙攘，各循其不同的途径：民众的吵闹都着意于财货的不平，至于有才能的人所憎恨的却是名位的过分“平等”②，他们[一旦受辱或不得其位，就]因荣誉的不平而从事革命活动；这种愤慨的性情恰好表现于诗人 1267a
的诗句③：

“良莠不分兮贤愚同列。”

[除了内乱这样的重大问题外，我们也得考虑到平常的刑事犯

① 参看章五 1263a24、b23、36、本章 1267b1—8 等节。

② 参看卷三章九。亚氏认为名位分配应该各如其功能：才高勋重者居上位，才卑功小者居下位。倘使名位平均分配于贤愚之间，才能之士一定心怀愤懑。

③ 荷马：《伊利亚特》ix 319。

罪。](一)有些犯罪是由于缺乏衣食;这里,法勒亚想到了平均财产这个补救方法,使人人都可以获得生活的必需品,这样就能防止迫于饥寒而起的盗窃行为。(二)但衣食并不是犯罪的惟一原因。人们在温饱之余,或为情欲所困扰,就寻欢作乐以自解烦恼,他毕竟又触犯了刑法。(三)人们还不仅为了解除其情欲的烦恼,而入于刑网;尽有情欲可得慰藉、名利可以满足的人,还是抱有漫无边际的愿望,[追求无穷的权威,]于是他终究由于肆意纵乐而犯罪了。

那么,对于这三类罪行,可有什么救治的方法?对于第一类,可给与相当的资财和职业;对于第二类,可培养其克己复礼的品性。至于第三类,我们设想到世间种种欢娱无不有赖于他人,[所以寻欢的人们终不期而多所侵犯,]人如果自足于己,而与世无争,就让他遂志于哲学的清思吧。世间重大的罪恶往往不是起因于饥寒而是产生于放肆。人们的成为暴君(僭主),决不是因为苦于缺乏衣着。所以[僭主的罪恶特别大,]人们不重视谁能捕获一个窃衣的小偷,而以殊荣加给那位能够诛杀一僭主的勇士①。这里,我们可以知道,法勒亚[所倡议的]政制的一般措施只能借以防止较轻的犯罪。

法勒亚政制还有一点可议之处,这个政制的种种安排,其目的都在图谋国内的安宁和正常生活;但立法家也应该考虑到邻邦和

① 公元前514年,雅典哈谟第俄和阿里斯托盖顿刺杀僭主希巴尔沽,二人都死于难。雅典人尊为一代英雄。其事见卷五章十 $1311^{a}35$—39(参看该节注释)。此节亚氏因均产问题而偶一涉及"诛杀僭主"事例,其持义跟中国孟轲略同,二人都在二千余年前论定诛杀独夫为英雄事业,非犯上作乱。欧洲中古时代直至十六世纪间,对"弑君"和"诛杀独夫"的问题犹颇多争论。

外国的关系而安排好防御措施[①]。在缔造一个政府时,必须注意武备,而他在这一方面却完全没有讲到。在财产问题上实际也应该考虑到战时的需要。各家的经济储备,不仅应该足供每一公民平时在国内的政治活动,还应当有些余裕以应付外敌入侵时的军需。制订各家财产的平均额就应该照顾到这一方面。财产定额不可太小,太小则虽跟一个同等的或类似的城邦作战,也将困于给养[更不必说强敌];但也不能太大,富于资财而武力不足以自卫的城邦特别容易引起邻邦或强敌的觊觎。这里,法勒亚没有作出任何指示;但我们可以设想财产毋宁求其充分,只要不逾越某种程度总是有利的,而定额的标准应该这样计算:这个城邦的财富总额在另一个较强的城邦看来是不值得为了掳掠的目的而和它作战的,可是,如果有和它作战的必要,则他们的财富虽然更少一些也将和它作战。曾经有这么一个历史故事:当[波斯的]奥托茀拉达底引兵围攻亚泰尔奈城的时候,[城中的执政]欧畈卢请[那位波斯将军]计算一下从围城到攻破,需要多久,在这期间他的军队要耗费多少给养。他说"我愿意接受比这笔围攻费用更少的金额,把亚泰尔奈全城完整地奉让于将军"[②]。奥托茀拉达底听到这些,稍加思考,

① 亚氏重视国防和外交问题,参看本卷 1265^{a}17—30;卷七章六、章十一。又,《修辞》卷一章四也说到政论家应该熟虑国力,谙于武备,详悉外务,然后对和战问题能够洞察其利害。

② 这个故事说明了上文每一国家在富强贫弱的估计上必须使其武备和资产相适应。亚泰尔奈在小亚细亚西北隅,和贝伽蒙城同为希腊殖民城市中的重镇。欧畈卢(Εὔβουλος)曾统治亚泰尔奈和亚索,至公元前约 352 年,海尔米亚(Ἑρμείας)继为僭主。这个故事大概发生在公元前 352 年以前。奥托茀拉达底时为吕第亚的波斯总督,以智勇闻于小亚细亚(参看鲍尼兹:《索引》662^{b}61)。亚里士多德在公元前 347 年卜居亚索岛上,为海尔米亚宾友,故能熟知亚泰尔奈的掌故。

就放弃了围城的计划。

所有公民之间财产的平均分配固然有助于国内的安宁，但就在这一方面而论，利益也未必很大。有才能的人对于这种制度将有所抱憾，他们感觉自己应该比一般公民多得一些，却竟然被限制了；实际上，这些人就常常因为胸中不平，以致激起一国的内乱。
1267b 人类的恶德就在他那漫无止境的贪心，一时他很满意于获有两个奥布尔的津贴[①]，到了习以为常时，又希望有更多的津贴了，他就是这样的永不知足。人类的欲望原是无止境的，而许多人正是终生营营，力求填充自己的欲壑。财产的平均分配终于不足以救治这种劣性及其罪恶。惟有训导大家以贪婪为诫，使高尚的人士都能知足，而卑下的众庶虽不免于非分之求，但既无能为力，也就不得不放弃妄想；至于他们分内应得的事物当然应该给予公正的分配，勿使发生怨望。

又，法勒亚对均产所创立的制度本来是不完善的；他所均的仅以地产为限，但人间的资财还有奴隶、牛羊和金钱，以及其他种种所谓动产，人们尽可在这些方面致于富饶。所有这些财物必须一

---

① 这里是在应用雅典“观剧津贴”的故事。依普鲁塔克：《伯利克里传》(Pericles, 495？—429)，观剧津贴始于伯利克里时代。伯罗奔尼撒战争之后取消，旋又恢复。依亚氏：《雅典政制》章二十八，说伯利克里死后，雅典民主政治渐趋混乱，粗悍之辈争欲取媚群众，以自植势力。克里奥丰(Cleophon)为平民派领袖，始立观剧津贴，凡公民入场观剧，各可得两个奥布尔，数年后，加里克拉底(Callicrates)又增加为三奥布尔。后来二人都因浪费公帑被判处死刑。《雅典政制》第四十一章对于出席公民大会津贴也有类似的记载(参看布克：《雅典城邦经济》[Boeckh, Public Econ. of Athens]英译本216页以下)。

奥布尔(ὀβολός)希腊小银币，值八“铜元”(χαλκοῖ)。本书中亚氏在言及雅典史迹时往往不举地名，此处即为一例。

律加以平均分配,或一律给它们规定最高的限额,或全都一任各家自由聚散。显然,法勒亚当初只为小城市立法,他的制度只适用于为数较少的公民团体:在他的那个社会中,工匠都是公共奴隶,在他的公民团体以内完全没有工匠①。但是,如果一个城邦规定工艺一任奴隶去做,这只能限于公共工程这一类事业,在爱庇丹诺曾经有过这种法令,在雅典,狄奥芳托也曾引用这类措施②。

经过这些考究,人们就可判断法勒亚制度的利弊所在而显见它的优缺点了。

章八 没有从政的实际经验而创制出最优良的城邦制度当以米利都人、欧吕丰的儿子希朴达摩为第一人。他博涉各家学说,富于自然智识,而且开创了城市的区划设计方法并为拜里厄斯港完成

① 在工艺未发达的小城邦,工匠人数少,金钱等动产不占重要地位,所以法勒亚只注意到农业和田产的平均分配。

② 希腊各城邦常常以公共奴隶和战俘从事公共建筑及矿冶等,例如:色诺芬:《雅典的收入》(De Vectigalibus)章四 23,建议劳里翁(Laurium)银矿的奴隶应该由雅典城邦供应并管理,以裕国库收益。狄奥多洛斯《史丛》卷十一章二十五,记西西里各城都用葛洛(Gelon)所俘的里比亚人(Libyans)和迦太基人为奴隶,从事各种公共建筑。关于此节所举管理公共奴隶的两个实例,今未能详悉其内容。所云狄奥芳托(Διοφαντός),查斐尔说是和德谟叙尼同时代(亦即和亚氏同时代)的雅典政治家(《德谟叙尼及其时代》,Schäfer, Demosthenes und Seine Zeit,卷一 11、1 等节)。旭曼以为非是(《希腊掌故》,Schömann,Gr. Alterth.,卷一 365)。

这一节,亚氏承接上文否定法勒亚把一切工匠列为奴隶的法制,他认为公共工程由奴隶去做,普通工艺可由自由民执业。大城邦中有份地而兼营工商的公民,其动产以金钱计,也常常相悬殊,如果要平均全邦贫富,则应对田产和动产同样加以限制。

了整齐的道路设计[①]。这个人的生平又以怪异著闻于当世，见者望之翘然，或以为矫揉：居常披发垂肩而加盛饰，以粗葛制长袍，厚实温暖，不分冬夏地穿着。他所设计构造的城邦以一万公民为度，分为三个部分(阶级)：——第一部分为工匠，第二部分为农民，第三部分为武装而卫国的战士。全邦土地也分作三个部分：——一部分划归祠庙，另一部分由城邦公有，第三部分则为私人产业。境内诸神节日的庆祝和祭祀都由第一部分产业供应费用；武备开支出于第二部分；第三部分则分配给农家各户。他认为法律也只有三类，各别适用于三类刑事诉讼——殴辱、伤害、杀人[②]。他还建议设置独一的最高法院，凡其他机构不能审理或判决不当的一切案件都归它处理，照他的设计，要选任若干专职长老来组织这个法
1268a 院。对于法庭的判决方式他也提出了一个意见，认为审判员们在表决时向陶罐中各投卵石的手续是不妥当的；每一审判员应该各

① “米利都人、欧吕丰的儿子希朴达摩”见于史籍的为：《希西溪辞书》称其父名为“欧吕庞”，福修斯《书录》(Photius, Bibliotheca)称其父名“欧吕康”。狄奥多洛斯：《史丛》xii 10—7，记希朴达摩为琐里伊(Thurii)城殖民者，曾经是该城建立新城的设计者。参看赫尔曼：《米利都人希朴达摩》(C. F. Hermann, de Hippodamo Milesio)。

米利都城在公元前480年已经有按照几何图案建筑的街坊道路。此节所云拜里厄斯港的道路建设当指伯利克里时代的市政工程，应后于米利都城的市政工程半个世纪。希朴达摩是首先以米利都城的先进经验著书而介绍于雅典的人(《剑桥古史》Cambridge Ancient Hist. v 463)。

② 毕达哥拉斯学派尚“三”，见《说天》卷一章一 268^a10。启沃岛诗人伊昂(Ἴων)曾受学于数论派，著有《尚三论》(τριαγμιός)，言万物分于三而合于三(见《哈朴克拉底雄字汇》[Harpocration, Lexicon])。希朴达摩和伊昂友好，也就崇习“三”数。下文 1268^a8，重视誓言，惮于伪誓，也显见其承袭毕达哥拉斯学派的风尚(参看《狄奥多洛》卷十章九 2)。

投一块木制法板;他如确认被告有罪,就应把罪状写明在板上,倘使认为完全无罪,就让法板空白,如果他认为被告所犯一部分有罪,一部分无罪,则分别写明哪些应该量刑和哪些应该昭雪的论断。他反对现行的那种手续,指出[在上述那一类边际案件中,]审判官所投的票(卵石)或决定全罪或完全免罪,对于被告都属失当,这样,审判官自己[已违背了受任审判时所作的公平正直的誓言,]实际上犯了伪誓罪。希朴达摩另外又对有利于邦国的各种创见或发明拟订了给与荣誉奖励的条例。他又建议,凡阵亡将士的子女完全由城邦公款支给其生活教养的费用①,他自己认为这是一个新鲜的倡议,实际上雅典②和其他城邦早已颁行了这种条例。关于行政人员,他认为都应该由上述三部分(阶级)民众选举,当选的人们分别管理三类公务——一般公众事务、外邦侨民和孤儿事务。

希朴达摩所拟政治体系中最受人注意的要领就是这些。这里,第一应受批评的是那个公民的三分法,工匠、农民、战士,既然同样列入公民名籍,他们就应一律参加城邦政治体制;但农民无武装,而工匠则既无武装又无田地,那么他们的参加编配到这种政治体制中,毋宁是成了战士阶级的奴隶。这两个阶级不可能参加政府的一切机构;将军、内务官吏③以及一切重要职位必然完全由持

① 若干诠疏家曾指明,希朴达摩所拟政体中的战士阶级原来全部由公家给养,这就无需另外制定以公款给养阵亡者的孤儿这类单独规章。

② 参看《修昔底德》卷二 46。

③ “内务(或保卫)官吏”(πολιτοφύλακας)与“[作战的]将军”们并举,当指平时警备部队官员(或译“警官”)。参看卷五 1305^{b}29。

有武器的阶级担任，但这些以公民名籍参加城邦体系的人们，却不能列入职官名籍，又怎能使他们效忠于这个政体？有人或者说战士照理应该做工农的主人而统治两者；但这必需持有武器者为数甚多，工农才不得不服从其统治。可是，战士阶级倘人数很多，也就用不到另外两阶级来参加这个体系而且分享选举执政人员的权利。又，农民在城邦中，究竟具有什么作用？我们可以承认工匠为每一城邦所需要，他们随处可凭技艺生活，在希朴达摩所拟的城邦中也需要工匠。但他所说的农民就不同；倘使农民以粮食供应战士，那么把他们纳入公民团体以内就理属当然，可是希朴达摩却规定他们各各私有土地而自食其耕耘的收获。还有那用以供养战士阶级的三分之一公共土地也是可疑的：倘使这些土地由负盾的人自己来耕种，则战士将无异于农夫；而那位立法家却把他们分成了两个阶级。反之，如果在农民和战士两者之外另有耕作这些公共土地的人，那么这个城邦又得有第四部分（阶级），这一部分人不列入公民名籍①，对城邦的政治机构完全无份。另一可能方式是要同一农民既耕耘私有土地又耕耘公共土地。这样一个人就得为两
1268b 家操作，以一份劳动谋两份食用，这是困苦不堪的；而我们的疑问也就回想到原先又何必把土地划分为公私两区？为什么不让农民就所分配的同一块［双份的］土地上从事耕耘而兼供私家和战

① 这里亚氏推论应有“不列入公民名籍的另一部分人”，当即奴隶；希朴达摩的原意也许正是这样。希腊各邦公有田园常常由奴隶耕作。关于祠庙土地由谁耕种，亚氏没有提出疑问。

士(公家)的粮食呢？在所有这些问题上，希朴达摩的思虑是混乱的。

他在司法改良方面所拟的判决手续也未必妥善。他认为对于每一件控诉案，虽然原告人只提出一个简单的罪状，审判员(陪审员)也应该作出分别量罪、等级处罚的断决。这样，他竟然使审判员转变而为仲裁人了。分别量罪和不同处罚只在仲裁法庭中可能进行，那里仲裁员虽然也有若干人，但他们可以合议，经过共同斟酌而后确定某种适当的罪罚；至于在一个公审法庭中，这样的论罪方式是不可能的，大多数城邦的法规都特别注意到在公审法庭上，所有审判人员都不得互通声气①。把那种论罪方式引入公审法庭所引起的纷扰是可以想象的。譬如某一讼案，原告请求处罚被告二十米那②，于是审判员们认为被告的确应该赔偿原告所受的损害，但对于偿金数额却各有不同的意见：或断定为十米那——或原告所要求者为数更大而法官所断定者为数更小——另一审判员断定为五米那，又一审判员则断定为四米那。这样，各人对原案各各做了分析和衡量，[法庭的审判员为数既然甚多，]就可能有从全数照偿以至全不赔偿的许多判案。这又将用什么方法来总决这些不

① 古希腊公审法庭的陪审员(“司直员”)(δικασταί)为数常常有数百人之多，实际上可称为“投票员”，他们以投票(卵石或铜骰)数的多少决狱或判定诉讼胜负。当日受审案件都不使陪审员事前知道，进入各人的审判席位后，就不得互相交谈。其程序详见于《雅典政制》第63—69章的，可为各城邦法庭的一例。

② “米那”(μνᾶ)作重量论，约近中国一市斤。作货币，一百特拉赫马合一米那，六十米那合一泰伦。一银米那约值今四英镑。

同的判断？另外关于伪誓罪的议论也是不确当的，对原告一个简单而无差别的申请，或可决或否决是不会构成伪誓罪的。审判员不准原告人二十米那的赔偿要求，并不就是判定被告完全没有亏负，他所断定的只是被告所负者实际上并不是二十米那而已。审判员要是知道被告实在从未有亏负二十米那的事情，却仍然责令他作二十米那的赔偿，这样他才犯了伪誓罪。

至于尊敬有所创见以利邦国的人们，听起来，好像是正当的，实际上施行这种政策却未必有好处。这种政策鼓励改革也会惹起反动，于是就可能造成城邦政治的纷扰。这里，可作进一步的讨论，有些思想家考虑变革的利弊，认为虽有较好的新法是否就应该废弃旧法（祖制）也是可疑的①。在守旧的人看来变革总是有损害的，而且有些建议看上去是为邦国谋福利，实际上却目的在于破坏旧章和原来的体制；照这种情况说来，我们就不能赞成希朴达摩的意见了。涉及这类问题，我们当做较详的申说。各家的想法，对这点很不一致，有时确实可说变革是有益的，在其他各种学术方面已屡经证明因变革而获得进步；例如医疗、体育以及其他种种技术和工艺，现在都已远远脱离往日的陈规了。政治，倘使也作为人类学术中的一门，那么也应该由于变革而有所得益。有些史实也可以作为［以变革为有利］这方面的佐证；古代的习俗常是很简陋而且

① 这些在政治上趋于保守的思想家不知指谁。阿里斯托克色诺(Aristoxenus)：《残篇》19(缪勒编：《希腊历史残篇》卷二 278)，说毕达哥拉斯学派主张保持旧传礼法，不赞成轻率的变革。柏拉图：《法律篇》769D、772A—D、《政治家篇》298E—299E，说法制可与时变革，但须经严格审查，使不致引起纷扰。

野蛮:希腊人在古时都刀剑不离其身[1],他们娶妇都须用财物互相购买新娘[2]。直到现今,有些地方还可以见到古代习俗颇为荒谬 **1269**^{a} 的野蛮遗迹:譬如,在库梅[3],有一条杀人罪的刑法,只要控告者提出几个本族或近亲作证人,就可判定被告的重罪。人类一般都择善而从,不完全蹈习父亲的故常而专守祖辈的旧制。我们所知道的原始人类,不论其为“土生居民”或为“某次灾劫的遗黎”[4],一般都可想象为同当今偶见的愚蠢民族的情况相似,在原始“土人”间所流传的故事的确是蒙昧的。如果一定以守旧安常为贵,这就未免荒唐了。[原始的许多习俗(不成文规律)必须废改,]而且随后

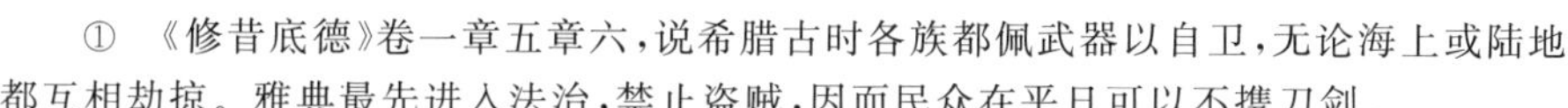

① 《修昔底德》卷一章五章六,说希腊古时各族都佩武器以自卫,无论海上或陆地都互相劫掠。雅典最先进入法治,禁止盗贼,因而民众在平日可以不携刀剑。

② 《希罗多德》v 6,记色雷基人(Thracians)卖买妇女以成婚配。

③ 库梅(κύμη)地名,另见卷五 1305^a1;此处可能是指意大利的库迈(κύμαη,从周伊特译本)。以人证定杀人罪而不避亲属,见于古希腊城邦的,今所得哥尔汀碑志,记有类似条例(参看比歇勒和齐特耳曼《哥尔汀法律》[Bücheler und Zitelmann, Das Recht von Gortyn]76—77 页)。

日耳曼古俗也有类似习惯。此节已由法制而说及比较原始的礼俗。亚里士多德在政治研究方面,除曾经收集希腊各邦“政制”(Πολιτεία)外,又曾编录野蛮民族的“风俗”(Vομίμα)。

④ 古希腊对于人类起源有两说,(一)为“土生原人”(γηγενεῖς),见宾达尔诗《尼米亚节颂》(Pindar, Nemeonicae)vi 1;希西沃图:《作业和时令》108。古哲阿那克西曼德也持此说。欧里庇得剧本《伊昂》(Ion)482,说伊昂犹坚执“大地为人类之母”的锢说。(二)柏拉图:《法律篇》676、781、《蒂迈欧篇》22 等推想人类已经存在了千万年,今后也将经历千万年而犹存;或竟无始无终,而时兴时衰。亚氏也说世界和人类都是原始而俱在,也将保存于永恒。这同另一种以现世人类“出于某次(前次)灾劫的遗黎”(ἐκ Φθορᾶς τινὸς ἐσώθησαν)的说法相通。亚氏认为灾劫可能是洪水或大旱(《气象学》卷一章十四)。亚氏这里两存其说;《生殖》卷三章十一 762^b28,并说“土生”这一说法值得予以研究。但他自己的思想是偏重于“灾劫说”的。

所立的成文规律也不应该一成不变。在政治方面，恰恰同其他学艺相似，不可能每一条通例都能精确而且无遗漏地编写出来：用普遍词汇所叙录的每一成规总不能完全概括人们千差万殊的行为。[初期的法令律例都是不很周详而又欠明确，必须凭人类无数的个别经验进行日新又日新的变革。]

但明白了法律必须在某些境况、在某些时候加以变革的道理，我们仍旧要注意到另一论点：变革实在是一件应当慎重考虑的大事。人们倘使习惯于轻率的变革，这不是社会的幸福，要是变革所得的利益不大，则法律和政府方面所包含的一些缺点还是姑且让它沿袭的好；一经更张，法律和政府的威信总要一度降落，这样，变革所得的一些利益也许不足以抵偿更张所受的损失。上述政治和其他技艺间的比拟[①]并不完全相符；变革一项法律大不同于变革一门技艺。法律所以能见成效，全靠民众的服从，而遵守法律的习性须经长期的培养，如果轻易地对这种或那种法制常常作这样或那样的废改，民众守法的习性必然消减，而法律的威信也就跟着削弱了。关于[变法]这个问题还有另一些疑难：即使我们已经承认法律应该实行变革，仍须研究这种变革是否在全部法律和政制上要全面进行或应该局部进行，又变革可以由任何有志革新的人来执行还是只能由某些人来办理。这些论点的抉择都是很重要的，我们暂不详述，留待日后另作适当的评议[②]。

① 上文 1268^{b}34。

② 这些论题，本书中以后未见再说。

章九① 在论及拉栖第蒙(斯巴达)②和克里特政制——或该说论及任何城邦的政制——时，应该照顾到两个论点：第一，同最好的(模范)政制相比较，它们所有的各种法律究竟是良法还是恶法；第二，各种实际设施同建国时的宗旨是否相符，而不至于违反原先立法的纲领。一般思想家都承认，在一个政治修明的城邦中，必须大家都有“闲暇”，不要因为日常生活所需而终身忙碌不已，但要怎样安排才能使大众获得这样的闲暇，却是一个难题。帖撒利亚的卑奈斯太制度就是安排闲暇的一个方式，但那些农奴时常起来反抗其[闲暇的]主人；同样地，(赫卢太)农奴也老是等待着拉根尼(斯巴达)人的衅隙，他们好像是丛莽中的一支伏兵，遇到机会，立即出击(起义)。可是在克里特，迄今没有发生过这些事情。克里特不发生(贝里俄季)农奴叛乱的原因也许由于这个岛的邻邦虽然同它互相为敌，各邦却各有自己的农奴，从未在战争中同克里特的 1269^b
农奴们联络，共同攻击克里特人③。但拉根尼则所有的邻邦——如阿尔咯斯人、麦西尼亚人、阿卡地亚人——都与它为仇，这就成

① 本卷前八章陈述前贤所拟的模范政制，后四章转而评论历史上规模较为完备、治理较为良好的各邦政体。全卷行文都夹叙夹议，目的在究明过去的利弊得失，作为自己拟订理想城邦的张本。

② “拉栖第蒙”为“拉根尼”境内的主城，城市地区亦称“斯巴达”。斯巴达人以勇敢直率著于古代，后世往往以斯巴达人总称拉根尼人。本书在同一章内常常先用“拉栖第蒙”字样，随后则用较简短的拉根尼字样；此例也见于《雅典政制》章十九等。

③ 克里特岛农奴称“贝里俄季”(περίοικοι)(“边区居民”)，依《斯特累波》706 页，则称“阿福米鸟太”(ἀφόμιοται)。克里特农奴不反叛的原因，参看 1264^a21、1272^b18。

为赫卢太时常叛乱(起义)的根源①。[帖撒利亚的例子也相类似,]帖撒利亚农奴当初的叛乱(起义)都发生在帖撒利亚遇到边警,即阿卡地亚人、贝尔雷比人、马格尼西亚人入侵的时候。又,即使邦国并无患难,管理农奴原来也是一件麻烦的事情。制驭农奴们的手段颇难措置:倘使宽厚存心而不加鞭笞,他们就日益恣肆,渐渐会企图同主人相平等;要是处理得过于严酷,又势必激动怨毒而群起谋害主人。这里已表明了依赖赫卢太(农奴)制度[谋取主治公民们的安逸]的城邦一定不易构成最好的[安稳的]政治组织。

拉栖第蒙政制的另一点应该受到诽议的地方是它对于妇女的纵容;斯巴达妇女的放肆实际违背了他们立法的初衷,并有害于全邦公众的幸福。例如家庭由夫妇两人组合而成,城邦也可以看做是人数几乎相等的男人们和女人们两部分所合成。所以,在各个政体中,如果妇女的地位未经好好规定,那么半个公民团体就欠缺法度了。斯巴达的实况就是这样。当初制订斯巴达法律的立法家目的在于使全邦公民都能坚毅奋发,他的心愿可说是一半达到了,

---

① 阿卡地亚为伯罗奔尼撒半岛山岳地区($1261^{a}29$ 注)。麦西尼亚久受斯巴达人侵掠,斯巴达农奴以麦西尼亚人为多,两邦成为世仇。阿尔咯斯城为同斯巴达相近的大邦。荷马:《伊利亚特》(ix 141)称为"阿卡地亚的阿尔咯斯",以别于帖撒利亚的阿尔咯斯,后一阿尔咯斯,《伊利亚特》(ii 681)称为贝拉斯季的阿尔咯斯。作为地区名,阿尔咯斯泛指伯罗奔尼撒各邦和帖撒利亚各邦。

照此节亚氏语意,似乎说阿尔咯斯等三邦异于克里特的邻邦,都没有农奴,所以可煽动并联络斯巴达农奴,共同攻击斯巴达。但卷五章三 $1303^{a}8$,涉及阿尔咯斯时,说该邦也有农奴。阿尔咯斯的"巨姆奈底"(γυμνέτης)类似"边区居民"(参看《苏校》二版1518 注)。《希罗多德》vi 83,也记有阿尔咯斯奴隶起义事迹。

斯巴达男子的确都具备这样的品性;但他完全疏忽了妇女这一部分,于是她们一直放荡不羁,过着奢侈的生活[①]。在这种政体中,崇尚财富是必然的结果,尤以那些听信妇女而受其操纵的公民特别显著,凡富于军人气息而好战的种族常常见到这些情况,只有克尔得族[②]可算是例外,还有些公开承认同性恋爱的民族[③],也很少见到妇女失德的现象。古时的神话家运用才智,把阿雷(战神)和阿芙洛第忒(爱神)牵联而为配偶[④],其用心极为深长:历史事实已证明一切好战的民族往往好色,无论其为女色或男色。拉根尼人由于爱好女色,就在他们国势鼎盛的时代,邦内许多权力都落入了妇女手中。执政者被妇女所统治或妇女实际上是在掌握政权,这中间又有什么分别? 结果是一样的。[妇女的影响发生多方面的效果,]即以勇敢而论,这原是善战民族所应有的气质,在妇女日常生活中则并不需要:在这方面,斯巴达的妇女气曾经消靡了他们固有的丈夫气,从而造成最恶劣的结果。当忒拜人入侵的时候,斯巴

① 欧里庇得剧本《安得洛米达》(Andromeda)575,也指责斯巴达妇女放荡。柏拉图:《理想国》548B,说斯巴达妇女奢侈;但《法律篇》806A,则说斯巴达妇女治家育儿都是能干的。

② 古希腊人把克尔得族泛指伊斯得罗河(Istros,今多瑙河)上游的"北方"民族,混言日耳曼等地区的各部落(参看《尼伦》,卷三 1115^{b}26、《气象》卷一 350^{a}36)。日耳曼民族好战,而妇女没有失德的,见《雅典那俄》603^{a}、《斯特累波》iv 199 等书。

③ 不戒于男色的民族,或指野蛮民族,或指克里特人(1272^{a}24)和卡尔基人(《亚氏残篇》九三 1492^{b}22),或本节所说及的忒拜(提佛)人。

④ 战神和爱神为偶可参看卢克莱修:《物性论》(Lucretius, de Rerum Natura)卷一 31—40。希腊古诗中,如希西沃图:《神谱》933、宾达尔:《璧西亚节颂》(Pythionikae) iv 155、埃斯契卢剧本《反忒拜七英雄》(Aeschylus, Sept. c Theb),都两神并举。

达妇女就大大不如它邦的妇女，她们表现得十分慌张，斯巴达男子们受到自己妇女的纷扰比所受敌军的袭击还要严重①。妇女在拉根尼流于放纵，由来已久，这些渊源是可以追溯的。他们同阿尔咯**1270a** 斯人、同麦西尼亚人、同阿卡地亚人先后作战，男子们多年出征。他们本来是健儿，经过一生战斗，在行伍中养成了若干良好（服从）的德性。等到战罢回乡，怀抱着息影休闲的愿望，就乐于遵守立法家②的安排。[但那些家居的妇女们却并没有在国外战争期间培养好同样守法的精神。]据说莱喀古士也的确曾经想把妇女纳于他的法律的约束之下，但由于她们群起反对，莱喀古士就放弃了这个企图③。从这些经过中可以见到斯巴达妇女的失德是自取其咎，我们现在所以重提这些经过，只是为了说明一桩事情的是非，并不是想根究这种错误是谁的[历史]责任。

上面已经说明，对于妇女的纵容，不仅直接养成她们的放逸习性而使全邦的政治结构陷于失调，而且又间接培育了贪婪这一恶德。因此我们在这里就须提出拉栖第蒙贫富不均的问题来加以评论。那里，有些人家产甚巨，而另些人则颇为寒酸，从而土地渐渐

---

① 事见色诺芬：《希腊史》(Hellenica)卷六章五 28；普鲁塔克：《阿偈雪劳传》(Agesilaus)31。斯巴达强盛时，战争都在敌国境内进行，妇女没有习见战斗，及忒拜军侵入，遂慌张叫闹，扰乱军心。

② 本章所说斯巴达“立法家”（创制者），有人说是莱喀古士，有人说是色奥庞波（1270b19）。此处当为莱喀古士。依此，莱喀古士创制斯巴达律（“口传约章”Ῥήτραι）当在第一次麦西尼亚战争之后，即公元前 723 年之后。但 1271b25 亚氏说莱喀古士为斯巴达王子嘉里劳（χαρίλαυς）的师保，则按照一般编年应该在公元前 880 年之际（参看普鲁塔克：《莱喀古士传》14）。

③ 参看柏拉图：《法律篇》780B、781A。

为少数人所兼并。在这方面斯巴达的法制是有缺点的。立法者规定每一公民所有的土地都不得作任何卖买，这当然不错；但他同时又许可各人凭自己意愿将财产给予或遗传于任何个人——这在长期以后就形成全邦的财产不均，恰好和自由兼并的结果相同。事实上全邦五分之二的土地归属于[少数家族和一些]妇女；斯巴达嗣女继承遗产的特别多，而且当地又盛行奁赠的习俗，于是她们成了邦内的大财主。奁赠实际不是良法，最好是不给陪嫁，如果必须要有的话，也应限于少数或某些适当的财物。照斯巴达的法制，一位公民可把继承他产业的女儿嫁给任何或贫或富的男子；倘使在他死前女儿尚未出嫁而遗嘱又未经言明，这个女儿的合法保护人也可以把她嫁给他所选中的任何男子[①]。由这种法制所造成的后果是：拉根尼全境原来可以维持一千五百骑兵和三万重装步兵[②]，直到近世[③]，它所有担任战事的公民数已不足一千人了。历史证

① 斯巴达制度，父亲可以凭个人意志分配遗产给子女；嫁女也可以凭个人意志为之选婿。因此富家女常被嫁入富家，富室因得奁赠而更富，贫家则不易同富家婚配，或反因陪嫁而更贫。雅典法规定嗣女的取得遗产者必须在近亲间择配，依长幼亲疏而选婿，不得任意出嫁于无关系的男子。克里特制度，奁赠不得超过遗给诸子各份财产的半数。斯巴达俗尚盛奁，遂使本家本族常有丧失财产之虞，不利于男子的财产继承。国人遂不重生男而重生女。又，斯巴达律不能支付公共会餐费用者即取消公民资格，男子的穷困者大多因此失籍。亚氏认为这些都是斯巴达户籍中军籍衰减的主要原因(参看《纽校》I 326—330 注释)。斯巴达在莱喀古士立法初期全邦共九千户，分地九千份，历两世纪，至公元前六世纪间，份地数还是维持旧谱，以后两世纪兼并渐烈，至公元前第四世纪，亚里士多德时，管有田产的公民-战士，只剩约一千五百户了。

② 同上文 1265^a15 所说希腊各城邦的面积都不足以给养五千个“闲人”语不相符合。

③ 指上文 1269^b38 忒拜人入侵时期(公元前 369—前 362 年间)。

明了斯巴达财产制度的失当[1]，这个城邦竟然一度战败，不克重振；其衰废的原因就在缺少男子。传说斯巴达往古的列王常常以公民名籍授给外来的人，因此虽然经历长期战争，并不感觉人口的短绌；某一时候的公民数据说确实不少于一万人。这一记载是否真实，可以不必议论，但这并非良策，如果它要维持这一户口数额，不如设法平衡公民间的财产。可是，斯巴达的立法者，希望族类繁衍，鼓励生育，曾经订有制度，凡已有三子的父亲可免服兵役，要是生有四子，就完全免除城邦的一切
1270b 负担。鼓励增殖的律令实际上不利于财产的平衡：多子的人家，田地区分得更小，许多公民必然因此日益陷于贫困。

贫富不均问题也牵连到所谓监察会议（监察院）制度的缺点。拉栖第蒙监察官对于城邦重要事务具有决定权力；但他们既然由全体平民中选任，常常有很穷乏的人当选了这个职务，这种人由于急需金钱，就容易开放贿赂之门。这种情形在历史

① 希腊各史家对于斯巴达的衰落原因持有两说：色诺芬等论斯巴达人违背莱喀古士的旧制，遂趋于贫弱散漫。另一说认为旧制原本有疏失。亚里士多德虽然很尊重莱喀古士，对于他所订财产制度、苛待赫卢太（农奴）和不重视妇女教育数端也认为失当。普鲁塔克：《阿季斯传》（Agis）5，说斯巴达妇女可以凭父意取得奁赠这事，出于公元前第四世纪的监察爱庇太第（Epitadeus），并非莱喀古士旧制。《莱喀古士传》28，又说虐待农奴的“挞伐队”也不是莱喀古士所创立的，第14章更明言亚氏所论斯巴达妇女失教由于莱喀古士初制疏漏为不实。普鲁塔克的伪书《拉根尼制度》42，论斯巴达衰落由于背弃成法。似乎普鲁塔克已见到当初两类史实和史论，在上述各篇中有意为莱喀古士辩护而解脱亚氏在《政治学》这书中对他所作的非难。

上屡见不鲜；在近世，就安德罗斯岛事件[①]说，监察院某些监察官由于受贿，竟然参加祸害本邦的阴谋。这个重要机构还有另一种缺点是它的权力过大，可以专断职务，就是国王也不能不仰承其辞色；因为监察院僭取的权力日见重大，城邦原来的政体，并王室在内，渐趋废坏，拉栖第蒙也遂由贵族(勋阀)政治而转成民主(贫民)政治了。但这里还得承认监察制度的确也尽了团结公民团体、维持宪政的作用。平民有了参加城邦重大事件的均等机会，就使大众能够心满意足；这种效果或出于立法的影响或由于事势的变迁，姑且不论，它总是有益于斯巴达政治的。一种政体如果要达到长治久安的目的，必须使全邦各部分(各阶级)的人民都能参加而怀抱着让它存在和延续的意愿[②][这种意愿，在斯巴达的各个部分是具备的]：两王满足于这种政体所给予的光荣，勋阀贵族乐意于长老院可以表达各人的意见，各人则可凭其才德而受任为长老；对平民大众而论，则人人都有被选为监察的机会，他们既乐意于监察制

① 安德罗斯岛事件(ἐν τοῖς Ἀνδρίοις)，周伊特解作“有关安德罗斯人的事件”，纽曼解作“安德罗斯岛事件”。公元前 333 年，传闻亚历山大远征军在基利季亚(Cilicia)失利，波斯舰队驶至安德罗斯岛和拉根尼附近的雪弗诺(Siphnos)，希腊各城邦企图联合起来共同袭击马其顿军队，反对亚历山大的统治，其时据说有斯巴达某些监察官通情波斯而受其贿赂。但在现存希腊史籍中，对于这种推测，没有发现任何确证(参看格洛忒：《希腊史》[Grotë, Hist. of Greece]卷十二 157 页并注)。

耶格尔：《亚里士多德》(Jaeger, Aristotle) 300 页以下，论《政治学》卷二同卷七卷八相似，均未撇清柏拉图的玄想的影响，认为系亚氏中年初离雅典后在亚索岛上所作。依此节及下章 $1272^{b}22$ 所涉史实而言，则应为晚年在雅典所作。

② 以人民的“意愿”为政治组织的基础，是亚里士多德政治学的一个重要原则：任何政体的建立必须得到全体或大多数人的同意，而其稳定则必须取得大多数人的拥护。参看卷四章九 $1294^{b}38$、章十二 $1296^{b}15$、卷五章九 $1309^{b}14$—17。

度，也就乐意于这一政体了[①]。一切公民都有被选举担任公职的权利，当然是对的，但现行的选举方式是很幼稚的。又，监察官既属平民，却具有决断军政大事的权力，这就不该[像他们现在所作的那样]凭私意随便决定可否，而应凭法律上成文的条规慎重处理一切案件。又，监察官的生活也不符合斯巴达政体的基本精神，对于他们，一切都很放任。对于其他公民，斯巴达律的生活约束是非常严格的，这又趋于另一极端，致使许多人受不了那些严酷的节制，就秘密地私自寻取肉欲的欢乐。

长老院（长老会议）的组织也有它的缺点，长老们倘使都是端正的人而且锻炼了男子的才德，这种组织当然有益于城邦；但即使竟有这么多的善人一时都来执政，我们也难以确定长老应该[像现行制度那样]成为终身职：才德犹如身体，总是随着年龄而渐渐衰

1271ª 弱的。何况，在实际上，当选为长老的才德未必符合立法者的初意，因此长老院算不上是一个万全的机构了。大家从历史上知道受任为长老的人们在处理公务的时候往往有徇私舞弊的事情。所以应该给他们另行设置监督的机构，在斯巴达，这种监察制度现时

---

① 斯巴达在经济上较雅典等城市为落后，工商素不发展，始终以农业为主；全邦由五个农业行政区合成，氏族和王室的势力维持得较大较久。莱喀古士所订的斯巴达政制约略如下：亚季族（Agidae）和欧里滂族（Euripontidae）各有一王，“两王”并世传为祀典的主祭，裁决氏族内部案件，在战时则以其一为军队统帅，出征四方。长老院（γερουσία）由两王和二十八个长老组成，主持全邦政务；长老由“公民大会”（ἀππέλαι）就各族具有才能之士中选任。“监察院”（ἐφορεία）监察五人，监督两王和所有军政人员的一切行为，由公民大会在全体公民中选任。公民大会每月集会一次；和战大计等军国重要事务，取决于公民大会。但依卷七 1313ª26，创制监察制度者不是莱喀古士，本章19行的立法家应指“色奥庞波”。

还是存在的。监察官有权检查一切行政人员的行为。可是,以这样特殊的权力授给那样的监察官们,看来又是太过分了,而且所订的检查方式,用之于长老们也不尽适当。选举长老的方式也有缺点。复选的手续是幼稚的[①];而且每一个愿为长老的人,必须向选举人作一番奔走。在我们想来,公职只应选拔贤能,不管谁愿意或不愿意担任这种职位。立法者所以当初订立竞选制度的目的应当是鼓励人们发展各自的抱负,使大家都以服公任官为光荣,倘使无所鼓励,有才德的人说不定谁都不愿意投身于众人的事业。可是,这同时也鼓励了野心(好名)和贪得(嗜利)的性情,这些又不期而把人们引向种种罪恶了。

关于君主政体的一般问题以及王室对于各城邦究竟有利或有害,将在以后另行论述[②]。但是,各城邦如果立有君主政体,王位总不宜采取斯巴达现行的世袭方式,每一新王都应该凭他生平的

① 以"幼稚的"字样称述选举方式已见于 1270^b28。本书内未说明"幼稚"的实况。依柏拉图:《法律篇》690C、692A,斯巴达监察官的复选用"拈阄",柏拉图喻其事类于占卜,凡初选合格,运气好而为神所佑者,便受任这一要职,凡运气不好而不得其阄者,就仍旧做被统治的民众(参看《苏校》二版第 324 注;又赫尔曼:《希腊掌故》[Hermann,Gr. Antiq]卷一 247 页)。依普鲁塔克:《吕桑德传》(Lysander)26,说斯巴达公民大会初选的长老为数多于定额。初选合格者一一引入大会,群众为之欢呼,监选人凭采声大小,抉择(复选)长老。以"拈阄"和"采声"行"复选",大概就是亚氏所说斯巴达"选举制度"中的"幼稚"手续。但伊索格拉底:《泛雅典娜节讲词》(Panathenaicus)154;朴吕波:《史记》vi 10 所说斯巴达选举手续与此相异(参看《苏校》二版第 333 注)。

② 见卷三,十四—十七章。

品行，经人民的推戴而后才得继承王位[1]。从现行制度上看来，当初立法者也明明知道不能保证各代君王个个都能光明正直[所以订立监察制度时，检查也及于王室]；而且斯巴达人对于君王出使（访问）列邦时，竟然会把与之相忤的人们也列入使团中[2]；一般人对于两王并立的制度也认为是立法者存心利用两大的对峙，借以保持斯巴达政体的平衡。

他们所称为“菲第希亚”（φιδίτια）的会餐制度，当初的安排也是可以诽议的。这种集会的费用，有如克里特的规定[3]，应由公款来支付；但在拉根尼，不管那里有些公民极为贫困，无力负担会餐费用，却仍旧规定各人应缴的金额。这样就产生了有违会餐本意的结果。会餐原来是平民化的措施，但照那里的规定实行时，这就适得其反；穷人没法参加食堂，可是，依照斯巴达的传统，凡不参加食堂的人们就不能享受一切宪法上的权利了。

关于海军统帅的问题也曾受到人们的指摘，那些批评是有理由的。因此常常引起内讧。斯巴达原有的两王本来是终身的陆军

---

① 拉栖第蒙两王出自赫拉克里亚族两大宗支，各以长子世袭王位。依普鲁塔克：《吕桑德传》30，以及《拉根尼嘉言汇录》（Apophthegmata Lac.）229E，公元前第五第四世纪间海军统帅吕桑德曾建议改变王位世袭制为凭才德选任制。亚氏此节和此议相符。

② 斯巴达两王或两王之一，在和战之际常受命于公民大会或长老会议，访问外邦，争取与国，或缔结盟约；常例，监察官与之同行。依赫尔曼：《希腊掌故》卷一 250 解释，两王以将军职统兵出征时，规定两监察同行。所说“与之相忤的人们”当指监察官。

③ 参看 1272^{a}13—21。

统帅，这里更以海军统帅与之对峙①，这就可以说在两王室之外又另有一王室了。

斯巴达立法创制的初衷本是可疑的，这在柏拉图的《法律篇》1271b
中②已经批评到了。整个体系用意都在培养一种品德——战斗的(军人的)品德——以保证在战争中[取得胜利而]树立霸权。所以，只要战争还在继续进行，斯巴达的权威常占优势，但已经取得了胜利，开疆拓土，正要经营新版图时，他们又突然衰弛了③。他们昧于和平时期的生活和性情，不懂得如何应用其闲暇以为长治久安之计，使大家共享升平的欢乐；他们所受的锻炼完全属于军事性质，此外就不具备其他才德了。他们还有另一同等严重的错误。他们确知人生所企求的众善(事物)④，应该用善德来求得，不能用恶行来掠取。他们以"善德"求取"众善"(事物)的认识原来是正当的，但他们又相信这些善物(事物)比善德为更加重大，这却是错了。

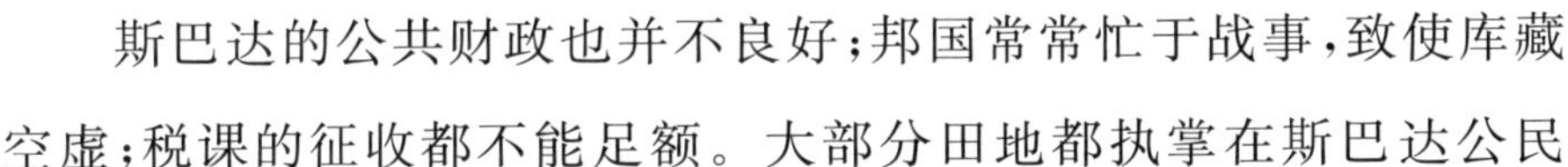

斯巴达的公共财政也并不良好；邦国常常忙于战事，致使库藏空虚；税课的征收都不能足额。大部分田地都执掌在斯巴达公民

① 伯罗奔尼撒战争期间，吕桑德为斯巴达海军统帅时，有和王室相对峙的形势(参看卷五 1301b19、1306b33)。

② 柏拉图：《法律篇》卷一 625E、630。

③ 参看卷七 1334a6。此节所举斯巴达人缺乏和平经营的教化和政治才能，成为它衰落的原因，较上文(1270a33)所举人口减少的原因为深切。埃福罗：《世界史》67(缪勒编《希腊历史残篇》卷一 254)论忒拜的暴兴速亡，其原因也正相同。

④ "人生所企求的众善(事物)"为健美的身体、善良的灵魂以及身外诸善如足以资生和享乐的财富与荣誉。参看卷七 1323a21—38、《尼伦》卷九 1168b16 以下。

的手中[①]，但他们谁都不踊跃于国赋的输纳。斯巴达律所见的后果往往出于立法者的始料：城邦遂日渐陷于贫困而私家则越来越趋于贪婪。

这些就是拉栖第蒙政体的概况，其中重要的缺点都已说到了。

章十　克里特政制和拉栖第蒙相近似；但大体上不如拉栖第蒙政制那么精详，只有其中一二点是可以相比拟的。拉根尼（斯巴达）律大概出于克里特律，史传确曾有这种记载；任何制度，凡先前的总是比较粗疏，而后起的就可以更加周到。据说，莱喀古士在辞去嘉里劳王的师保职务后，就出国周游，而在克里特岛居留多年——岛上城市中有一个吕克托城原来是斯巴达人的殖民地，由于这种关系[斯巴达人对于克里特岛往来甚密，而]莱喀古士也来到了这里[②]。到达吕克托的

① 普鲁塔克：《莱喀古士传》8，莱喀古士所作斯巴达土地区划，九千份属斯巴达公民，三万份属“贝里俄季”（“边区居民”）。其后因富室兼并，大部分土地落入斯巴达公民之手。公民所有土地纳赋既少于农奴，国库（仓廪）日益空虚。亚季斯（Agis）执政时重又划分土地，以四千五百份给斯巴达公民，一万五千份给曾经服兵役的贝里俄季（《亚季斯传》8）。

② 克里特岛各城市以希腊杜里族为主，岛上各邦政体大略相同，所以统称“克里特政制”（1271^b20）。

《希罗多德》i 65，说斯巴达莱喀古士法制得之于克里特岛。柏拉图：《理想国》544C、574A，统称斯巴达和克里特政体为“勋阀政体”（timocracy）。朴吕波：《史记》vi 45，引色诺芬、埃福罗、加里斯叙尼（Callisthenes）各家旧传，也认为两地法制多相似之处。《斯特累波》x 4. 17（481 页），引埃福罗：《世界史》，说米诺斯王故都克诺索斯（Κνossos）毁于战争后，吕克托和哥尔汀两城代兴。杜里族到克里特岛拓殖吕克托城约在公元前第十一至十世纪间，其领袖阿尔萨米尼（Althaemenes）采取岛上各旧邦遗制，建立法度，颇为古朴。莱喀古士对吕克托殖民有族谊，于公元前第九世纪间南游克里特，因而深习吕克托和哥尔汀等典章；归国后，所创斯巴达律，实以克里特政制为蓝本。

初期移民采用了当地居民的政治制度。直到现在,那里的斯巴达人仍旧沿用全部旧法管理岛上的贝里俄季(农奴),这种法制据说还是从远古的米诺斯王时代流传下来的。

[提起了米诺斯,也得顺便说明一下,]这个岛的位置特别好,自然的地形具有优异的构造①,好似出于天授,它理应在希腊世界中建为霸国。克里特雄踞大海②,全岛的沿海地带密布着希腊人移殖的城市;向西,离伯罗奔尼撒半岛不远,向东,它就接近亚细亚洲[西南]角上[克尼杜附近]的特里奥滨海岬和罗得岛。这些就是米诺斯王所以能够建立其海上王国的地理基础。他征服了好些邻近的岛屿并向另一些岛屿派遣了拓殖的人众;最后他远征至西西里岛,死于西西里的加米可附近。

克里特的一般体制是可以同拉根尼体制相比拟的。替拉根尼
人耕田的赫卢太相当于克里特岛上的“边地住户”(贝里俄季);两 **1272a**

① 克里特岛长二百五十公里,广十二至六十公里,海岸崎岖而多港湾。位置在欧亚非三洲之间,同东地中海各岛和亚洲滨海城市航运特便。岛上耕地、牧场、矿冶错落溪山间,生计富裕。居民的开化和称霸早于希腊半岛。亚氏此节所述克里特岛地理盖出于埃福罗:《世界史》(公元前第四世纪中叶之作)(参看《斯特累波》x 4.7[476 页]和缪勒编《希腊历史残篇》卷一 249)。

米诺斯王见于希腊神话。《修昔底德》卷一 4,称米诺斯王为建立希腊海军的第一人,他肃清了海盗,为居克拉得群岛的霸国。依近代考古学家如亚塞尔·伊凡斯(Arthur Evans)等的考订,克里特文明和米诺斯王朝的盛世当在纪元前第十五世纪,为奴隶制农奴王国,除豆、麦、油、酒、牛、羊等农牧产品外,已有麻毛衣服、彩陶、金银制器皿、四轮牛车、海上货船。用金银铜条为货币。流行线形文字,刻画在黏土片上,烧成陶简。崇拜牡牛。米诺斯王室兼判官、将军和祭司。

② “全海”(πάση··· τῆ θαλάσση),兹译“大海”,实指东地中海,即爱琴海;希腊人称爱琴海为“希腊海”。

邦都有会餐规定，斯巴达古称会餐为“安得赖亚”（ἀνδρεῖα），异于现行的名目“菲第希亚”（φίδιτια），而克里特人则迄今仍旧称会餐为“安得赖亚”——可见拉根尼的会餐制仿自克里特。又，两邦的政治组织也有相似之处：斯巴达的埃伏尔（οἱ ἔφοροι）①类似克里特的所谓“哥斯谟”（κόσμοις），惟一的差别只是埃伏尔共五人，哥斯谟则共十人。类乎斯巴达长老那样的执政人员，克里特也是有的；后者称为“布利”（οἱ βουλήν，议事人员），前者则为“葛罗希”（οἱ γέροντες，长老）。克里特，古时也像拉根尼那样有一王室；但后来已被废黜，军队归哥斯谟统率。克里特公民也是全体都要出席公民大会的，但他们的权利限于通过执政人员和哥斯谟业已议定的案件。

克里特的会餐制度胜于拉根尼的制度。在拉根尼，每一公民应缴纳一份会餐费用，倘使缴不出这一份费用，则如前所说②，他就被取消公民资格。在克里特，这方面安排得比较有利于平民。凡公地上一切收获和畜产以及贝里俄季（农奴）所缴纳的实物地租，完全储存于公仓，一部分用来支给祀神和各种社会事业，另一部分就拨供会餐，这样，所有男女和儿童全都吃

① 卷五 $1313^{a}25$ 说埃伏尔（监察）制度系色奥庞波所建立。照此节文义，当为莱喀古士所采取的克里特旧制。但下文说“哥斯谟”统率军队，则其职权实与斯巴达的埃伏尔相异（参看特里培尔：《斯巴达政制史研究》[Trieber，Forschungen zur spartanischen verfassungsgeschichte]90 页注）。

② 见 $1271^{a}35$。

到了公粮[①]。克里特的会餐制度还创立了许多聪明的俭食办法，为公众节约粮食；那里还有鼓励男女分房居住的规则，使每家不致生育过多的子女，并且放任男子间的同性恋爱——这件事究竟是好是坏，只能留待以后有机会时再来论述。

由上所说，足证克里特人关于会餐的安排比较优越。但在另一事例上却是相反，克里特的哥斯谟比斯巴达的埃伏尔为劣。与埃伏尔相似，哥斯谟的人选[不作正当的资格限制]也是寄托于命运的[②]；然而埃伏尔制度对于整个政治结构的有利作用，哥斯谟制度却是不具备的。在拉根尼，由于每一公民都有作为埃伏尔的被选举权，全邦的人都有获得最高职位的机会，于是大众的意志就会拥护整个政体[③]。在克里特，则哥斯谟的被选举人限于某几个宗族，并不是大家可以当选的；而长老院(布利)的长老(参议)人选则又限于曾经受任为哥斯谟的人们。克里特长老院组织的可诽议处略同于拉栖第蒙的长老院[④]：生活不受拘束，任期没有限制，一经当选就成为终身职务，这些都是不应有的特权；还有他们往往不依成规而只凭私意决定可否——这就可能引起政治上的争执而造成邦国的祸患。至于哥斯谟这个组织，民众虽被摈在外，却也未尝对

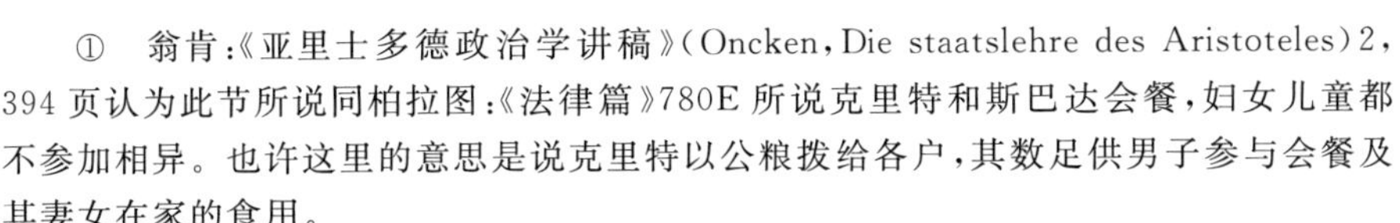

① 翁肯：《亚里士多德政治学讲稿》(Oncken，Die staatslehre des Aristoteles)2，394 页认为此节所说同柏拉图：《法律篇》780E 所说克里特和斯巴达会餐，妇女儿童都不参加相异。也许这里的意思是说克里特以公粮拨给各户，其数足供男子参与会餐及其妻女在家的食用。

② 参看上文 1271^a11 注。

③ 参看 1270^b25。

④ 参看 1270^b35—1271^a18。

它有所怨望：这并不是说这个组织真是完善之至，而为大家所满意。哥斯谟的所以异于埃伏尔，是由于在这个机构中没有可借以 1272b 营私受贿的事情；大家住在一个岛上，外界的引诱是相当隔绝了的。

克里特人用来补救哥斯谟的缺憾的办法是古怪的，这些办法与其说是宪政的法度，毋宁说是门阀的操纵。在克里特，时常发生一些政治宗派集团——有时是某几个哥斯谟暗中结合，有时是另一些非当权的人物私相联络——起来推翻另一些哥斯谟或整个哥斯谟组织；哥斯谟在任期未满以前也是许可自行辞职的。制裁哥斯谟应有法律规定，不遵循法律的途径而让某些人逞其私意，这总是邦国的祸患。更恶劣的是有些跋扈贵族在受到哥斯谟的裁判而不服时，反而宣布停止哥斯谟的职权。这些事例显见克里特的体制虽然也包含一些宪政因素，实际上还只是一种“门阀政治”(δυναστεία)[①]。克里特的贵族好私斗，经常分为若干派别，结合朋侪，各聚民众为羽翼而奉戴一人为首领，于是一邦之内就好像有几个王朝，经常互相争吵，不时打起仗来。实际上这样的邦国终究是要残破的，它的政治机构常在解体之中。当政治解体的城邦到了

① 王制（一长政体）经僭越而变坏者称“僭政”(τυραννίς)（卷四 $1293^{b}29$）；亚氏认为僭主凭个人意志行事，破坏法纪，这种政体是最恶劣的政体。寡头或勋阀政体（少数制）劣变而至于僭越，则造成“门阀政治”（寡头僭政）($1292^{b}9$)。在克里特，少数“权贵”(δυνάτοι)结成“宗派集团”，常常世代把持国政。极端平民政体（多数制）也可蜕化变质；如果多数人相结合而作违反法度的政治控制，亚氏也认为是僭越($1298^{a}31$)。

柏拉图：《法律篇》680A 所说系族长(δυναστεία，酋长)世代相袭的王权，或译“王朝”(patriarchal kingship)，与本书所取的含义相异。

危难的境地,邻国要是强大有力,就可以入侵。但克里特,如上所说,是一个同强邻相隔离的海岛;在别国[为防止引起外患]就得有禁止外侨入境的律令,这在克里特只要凭它的地理位置和[与邻国间的]距离就足够拒人于千里之外了。克里特的贝里俄季(农奴)常常是安稳的,不同于赫卢太(斯巴达农奴)的时起叛乱,也由于岛国孤悬之故;而且克里特也没有臣属的国外领地①。但外邦军队近年已侵入了这个海岛②,克里特政制的弱点也就暴露于世了。

关于克里特的政制已说得这么多了,现在让我们讲述另一邦的政治体制。

章十一　迦太基的政治体制③大家都认为是一种良好的政制,

① 这一分句的意义不明。巴克尔英译本 83 页注释,揣测作者的用意:1269a40 克里特和邻国作战时,邻邦从未煽动克里特农奴作乱,这因为邻邦也有农奴,所以不采取这样的手段。如果臣邦叛离其宗主国,则不惜采用任何勾结内应的手段;而克里特恰恰又没有臣邦。

② 公元前 345 年法勒可(Phalaecus)曾组织雇佣军队侵入克里特,攻占吕克托城,后在塞屯尼城(Cydonia)被杀。公元前 333 年,斯巴达王亚季斯第三之弟阿偈雪劳(Agesilaus)又曾攻入克里特,征服全岛。此节所说似指公元前 345 年事。

③ “嘉尔契顿”(χαρχηδων),依拉丁名作“迦太基”(Carthago),是腓尼基人(Phoenicians)在公元前 822 年建立的北非洲殖民城市,本称“迦太哈夏”(Karthadshat),意思是“新城”。位于乌蒂克海湾(Sinus Uticensis),即今突尼斯海湾,北有乌蒂克沼地,南有突尼斯湖。迦太基至公元前第六世纪渐盛,成为西地中海大港,同西西里争衡海上。公元前第四世纪间,斯巴达和克里特已衰,迦太基方兴,常常同希腊人争夺西西里岛。亚氏把这个非希腊城市列于斯巴达和克里特之后,举为政体修明的三邦之一,颇觉可异。公元前第三第二世纪间,迦太基和罗马人长时期争战,至公元前 146 年为罗马人所毁。《斯特累波》833 页记迦太基极盛将衰之年,城郊人口多至七十万。参看格洛忒:《希腊史》x 542;蒙森:《罗马史》(Mommsen, Hist. of Rome)II 24 注。罗马人重建的迦太基城至公元 698 年为阿拉伯人所毁,现在仅存废墟。

这个政制在许多方面独异于它邦，但它的要旨，有些恰恰同拉根尼相似。这里我们所叙述的三邦——克里特、拉根尼和迦太基——的政制的确是互有关涉而相通的，比之其他城邦，三者都颇为特别。在迦太基，有许多设施确实是优良的。邦内平民（贫民）人口相当多的迦太基，在政治上却一直是稳定的，这足证他们的制度是修明的：在它的历史上没有值得提起的内讧，也没有发生僭窃的变故。迦太基政制同斯巴达有若干相似之处：在迦太基，“海太利”会餐制度[①]同斯巴达的“菲第希亚”相似。一百零四人院[②]的职权则相似于埃伏尔（监察院），但不同于埃伏尔之为命运的产物，迦太基这些职官的选任是依据才德（贤能）为标准的——这就较为合适。又，迦太基也有同斯巴达可以相

① “海太利”（τῶν ἑταιριῶν）与斯巴达的菲第希亚（φιδίτια）并举，当为迦太基的会餐团体。《雅典那俄》143，引杜西亚达语，说克里特岛吕克托城的“安得赖亚”（ἀνδρεῖα）分配全城公民，以海太利编组，参加公共食桌。斯巴达和克里特会餐制度的本旨是在军事的编组和训练。“安得赖亚”的意义为“男子（战士）公共食堂”。迦太基的“海太利”用意当亦相似而为军事编组。“海太利”在政治上应用的字义为“党派”或“政治集团”。

② 希腊文献中少见迦太基事迹，本章和卷四章七，对于后世研究迦太基史者很重要。在拉丁古籍中，李维（T. Livius，59 B. C.—17A. D.）：《罗马史》所说迦太基情况比亚氏此章为明晰，但其所见所闻已后于亚氏三个世纪。其他史书更后于李维。本书所涉迦太基事或有疑窦，但今难得早于亚氏或与之同代的史料相对勘（参看《苏斯密尔校本》二版 376—398 注；《纽曼校注本》II 401—408 页“附录”B）。

“一百零四人院”（τῶν ἑκατὸν καὶ τεττάρων）似即李维《罗马史》卷三十三 46，所说的“法官团”（Ordo judicum），对于诸王和长老们以及一切职官的所作所为，可加检查并询问，职权类似斯巴达的埃伏尔。查士丁：《马其顿兴亡史》（M. J. Justinus，Historiarum Pbilipicurum）xix2. 5—6 称为“百法官”（centum judices）。这个机构创立于公元前第五世纪，其权力逐渐扩张，在迦太基政体中是很重要的。

比拟的诸王[①]和长老[②],这里,也以迦太基的规定为优,他们诸王的继承不像斯巴达那样,限于某一宗族而不问才德。迦太基诸王,不是由前王的长子或族内的宗嗣继任,而是从当时各个著名的宗族间,凭才德选任的。诸王执掌重要的职权,如果是些不足道的人 **1273^a**
物,为害于邦国一定很大——实际上,拉栖第蒙人就曾深受其患了。

在迦太基政制中可诽议为违背宗旨、发生偏差(变态)的各个事例,在我们这里所述及的各邦中也大都可以见得到或会发生。但一种偏差是迦太基所特有的,它的立国精神原本于贵族政体,或共和(混合)政体[③],可是它有时偏向平民政体,有时又偏向寡头政体。就偏向平民政体而言,两王和长老们在一致同意的条件下可

① 亚氏所谓迦太基的"诸王"(τοὺς βασιλεῖς)为数实在只有二人,依李维:《罗马史》卷三十 7.5 应称"苏费脱"(Suffetes,"士师"或"执政"),李维类比之为罗马的两"执政"。伊索格拉底:《尼古克里》24,"迦太基的内政由寡头统治,战场则由诸王统率",这同斯巴达两王制极为相似。但依亚氏此节,他们都不世袭,在平时亦管内政,这同斯巴达有异。

② 李维:《罗马史》卷三十 16.3,说迦太基长老院有"三十长老为领导",那么,长老的总数当数倍于斯巴达长老。

③ πολιτεία 在本书中或泛指一般政体或专指某种"混合"政体,即共和政体(1279^a39)。混合政体原来应包含"一长"、"少数"和"多数"原则的政体。这里以少数原则的"贵族政体"(ἀριστοκρατία)类同于"混合"政体,是"贵族"这一名词的别用。贵族可能出于王室、富户或平民,倘使那些组成少数制的执政人员出于各个阶级而又都是凭才德选任的,这样的政体便既属"尚贤"而又"混合(共和)"的了。但迦太基诸王("士师")和将军的职位可以贿卖,则其政体的实质实在有"尚富"偏向(1273^a31—$^b1$),而趋于"寡头"统治(1273^b18)。这样,伊索格拉底就径称它为"寡头政体"(ὀλιγαρχία)(参看 1272^b38 注)。贵族与共和政体皆可称为"混合"政体,其实际分别可参看卷四章八 1294^a19—25、卷五章七 1307^a13—16。

以决定任何案件是否提交人民[公民大会]公议，但人民[公民大会]对于他们所未经一致同意提出的案件，却也一样可以进行讨论。又，对于诸王和长老们一致同意而提出的案件，人民在大会中并不专限于听受原案而后予以通过或批准，他们可以作出自己的最后决断，出席大会的人民谁都可以起来反对执政人员提交的议案。公民大会的这些权利在斯巴达和克里特的政体中是没有的。另一方面，也有寡头主义的偏向。五元老团[①]执掌许多重要的机务，却是(一)用补缺方法选任的；(二)而那些具有最高权力的百[〇四][②]人恰恰是由这种补缺手续受任的五元老团甄别而后应选的；(三)他们的任期较其他行政人员为长，他们[有谁出缺时就由团内其余的人遴选补缺的人，这样]的权力在其他行政机构历届人员受任以前或任期届满以后都延续存在。但另一些措施又与此相反而符合于[当初立法者的]尚贤精神：他们的执政人员不支薪给，也不用抽签(拈阄)方法进行复选，还有其他一些类似的章则；他们各个执政机构都可受理各种诉讼案件，不像拉栖第蒙的法制那样由不同的机构分别受理不同类型的讼案[③]。

我们还须注意到迦太基政体中含有一种重要的趋势，这种趋势是促进寡头倾向的。在迦太基以及一般城市流行着这样的观念，——行政人员的选任不宜单凭才能为标准，还应该兼顾到他们

① “五元老团”(πενταρχία)，今失考，无法详悉其职任。

② 此处所说具有最高权力的“百人机构”当即 $1272^{b}35$ 的“百〇四人院”。

③ 这里所举以两邦讼案处理方式的不同，作为辨别政体为尚贤或寡头倾向的依据，意义不很明了。参看卷三 $1275^{b}8$—12。

的家产，穷人既不擅长政事，而且也无闲暇来参加公务。如果以财产为凭的选举作为寡头（尚富）主义的标志，而以才德为凭的选举作为尚贤主义的标志，那么迦太基的现行制度，就[同两者都不符合，]几乎好像是两者之外的另一种政体了，它在选任执政人员时兼取两种标准——对于最高职位的两王和将军，尤为显著。这样的安排实际上违背当初重视尚贤精神的本意，可说是立法者的一个错误。立法者应该注意到保证国内才德优胜的人们获有闲暇——无论他们在职或不在职时——不使他们从事于不称其才德的贱业。即便获致闲暇，须赖财产，然而那尚富的暗流竟发展到最高的执政职位，如两王和将军都可贿求，这就颇为失当了。这样，实际就使富人占了才德之士的上风，而资财既然可使人获取尊荣，全国也必然竞相贪婪（爱钱）。上行下效，凡居高位者的习尚很快就导启众庶的风气；才德要是不能在这个城邦得到最高的崇敬[①]，这里的贵族政体也就不能长久保持。又，因财赂获官的人们总要 1273^{b}
乘机取偿，营私渎职将是自然的后果。诚实的人们在遭遇困乏时，犹不得不投身于取利的行业，如果本质鄙俗而又遭逢囊空家窘的情况，又有谁能保证他不致渎职？所以，谋国的人必须设法使行政工作让那些[才德高尚，]具有政治能力的人们来担任，在一邦之内，对于那部分比较优良的公民，即使不能予以终身的供养，至少

① 卷四章七，$1293^{b}14$ 说迦太基的贤能政体兼顾“财富”、“才德”和“平民”（即“多数”）三要素；既称为“贤能”，当以“才德”为主。此节和 $1273^{b}18$ 反复批评它的尚富倾向，因为“才德”在迦太基没有受到应有的崇敬。

应该让他们在从政期间，得到充分的闲暇而无需再为了自己的衣食操劳[①]。

迦太基流行兼职的习惯，这看来也是一个缺点。每一职务最好是由一个专人负责[②]；立法家应该把这个原则订入法规而使大家共同遵守，一个人不该要他既做笛师又做鞋匠。因此，城市如果相当广大，政治职务就尽可分配给许多人来充任，这是比较合于行政原理和民主（平民）精神的：我们前面曾经论述同一政治团体有关的人们应该尽可能使大家有参政的机会，而职有专司的事业总会做得更好而且更快。在陆军和海军方面，我们可以明显地见到职务广泛分配的利益：在这两种机构中，上下全体都各守其位，各尽所司，每个人既要受命也要授令，既要统治也要服从。

迦太基的政体［虽以尚贤为本，］实际上已趋于寡头性质；但他们常常陆续遣送一部分人民到他们所属的［殖民］城市[③]，使各有发财致富的机会，这个政策弥补了寡头趋向的缺点，避免了国内的患难，使整个城邦因此得保安定。然而，这种政策只能凭机会施行，真想解除一国的内忧，应该依靠良好的立法，不能依靠偶尔的机会。迦太基的现行法制，并未能消除一切乱源，倘使时运艰困，遭逢边警，平民是会反叛的。

---

① 参看上文 $1269^{a}34$。

② 章二 $1261^{b}1$。

③ 依《苏校》二版第 398 注，这里所说“［殖民］城市”应是里比亚地区的农业市镇。派遣去致富的人们是去做殖民地官员。依格洛忒《希腊史》x 545，则是去做拓殖者。

为世人所盛称的三邦——拉栖第蒙、克里特和迦太基——政制的概要就是这些。

章十二[①] 关于政体问题留下了记录或著作的人们，有些从未参加过现实政治，以处士或学者终其身；这些先贤的意见，凡属有价值的大部分已经叙述。另一些人则是立法家，或为本邦或为外邦城市创制立法，他们都曾实际执掌过所在城邦的政务。这些实际立法家[又可分为两类，]有些只为某一城邦拟订法典，另一些则既订法典(律例)，又兼定政制；例如莱喀古士和梭伦就都完成了两项大业。关于拉栖第蒙的政制，已在前面讲过了。一个学派认为梭伦是一个优良的立法家[②]：他消除了过分专横的寡头政治，解放贫民，使其免于奴役，并建立了雅典“平民政体的祖制”，在他所创立的政体中，各个因素都被融合起来而各得其所——“亚留巴古布

① 首章所举本卷讨论范围，(一)各家理想政制，已见于1—8章，(二)政治修明的各邦现实政体已见于9—11章。本章所述雅典梭伦法，在亚氏当代，已为陈迹，把它归入第二论题范围，未必合适，而且语焉不详，行文条理也同以上数章有异。这些似乎为亚氏所拟另一论题的纲要。关于其他各法家的旧制，都只见鳞爪，亦类似札记。纽曼猜度这一章为亚氏门人辑录的先师一些残笔，附于卷末，非亚氏成稿。

② 梭伦以诗才和军功被推为雅典执政并总裁，解除贫民旧怨，重分土地，平衡当时社会势力，改革政制，建立新法，事在公元前594年，详见《雅典政制》章八至十二，以及普鲁塔克：《梭伦传》。柏拉图：《理想国》卷十599E，雅典的梭伦和意大利的嘉隆达斯同被称为“优良的立法家”。伊索格拉底：《元老院辩》(Areopagiticus)16、17、26、27、37等节反复称誉梭伦及其法制，所举优点和此节略同。这里所说“某一学派”可能是指伊索格拉底学派。“平民政体的祖制”参看$1305^{a}28$注。

利”(元老院)[①]保全了寡头作用(尚富政治),“执政人员的选举规
程”着重才德标准(尚贤政治),而“公审法庭”则代表大众的意志
1274a (民主政治)。实际上元老院和执政人员选举法为雅典旧制,梭伦
只是在他立法时予以因袭;但他规定全体公民都有被选为公众法
庭陪审员的机会,这确实是引入了民主精神。有些批评家所以要
责备梭伦也就在这一点上,他们论证梭伦把审判一切案件的权力
交给这些由拈阄法[②]复选出来的公民法官所组成的法庭,实际上
就消灭了另外的两个因素。在梭伦以后,这些法庭的权威既日渐
增强,历任的执政好像谄媚僭主那样谄媚平民,于是雅典的政体终
于转成现世那种“极端民主”的形式[③]。厄斐阿尔忒和伯利克里削
减了元老院的职权;伯利克里又颁行了给与陪审员(公民法官)以

① 雅典约在公元前第八世纪间始有“执政官”(ἄρχων),代替先前部落诸王(酋长)的权力,于平时发号施令,诸王在出征时仍旧为领军。执政由民选,其初为终身职,后改为十年任期。公元前第七世纪中叶,执政官自一人增至九人:(一)首席执政,(二)司祭执政(即原有的君王),(三)军事执政(亦原为君王),(四)另六人为司法官,审理民刑讼案。九执政无俸给,由各族勋阀(亦为富室)中选任。任职期满即转入“元老院”。元老院有监督并裁判现任执政的权力,设于战神山上,故名亚留巴古布利('Αρείωπαγω βουλὴ),即“在战神山上的议事会”。战神山在雅典卫城之西。

恩格斯:《家庭、私有制和国家的起源》,指出国家是由氏族制度发展起来的。他所举最重要的实例,就是雅典城邦(人民出版社版《马克思恩格斯文选》两卷集 II 261—262 页)。

② 拈阄复选的制度使“平民”不论任何资格,只凭机会,就可当陪审员来投票裁决案件;这些案件却包括贵族富室(“勋阀”和“财阀”)的利益,也有军政人员(“才德”)的被控事项。这样就使资产和才德两要素都向“人数”(即“平民”)低头。参看《雅典政制》章九。

③ 参看卷四章六 1292a18—24、卷五章五 1305a20—23。

出席津贴的制度[①];这样每一群众领袖("平民英雄")都相继努力抬高了平民势力,直到今天,大家所目见的政体就是沿着这一路径演进的结果[②]。这些情况确是事实,但史迹的变迁到这样,这不是梭伦当初所能料想到的。在波斯战争的年代,[以平民(贫民或佣工)为水手的]海军树立了雅典的海上霸权[③],平民由是感觉到自

① 《雅典政制》章二十七第3—4节:伯利克里初兴时和季蒙(Cimon)相竞,各自争取平民的拥护。季蒙富饶,捐输公益,从事社会福利和娱乐都不惜巨资。同坊社(deme)的任何公民日造其门,各得所需。庄园广袤,不施藩篱,人至游园者,可任意摘果取食至于餍饫。伯利克里家资不足,无法匹敌,遂从渥亚(Oia)人达蒙尼得(Damonides)计,以公财施给群众,于是订立了陪审员领取津贴的制度。

② 普鲁塔克:《梭伦传》19,说及史家多称颂梭伦注意到兼顾贫富,保全祖业,适应变革,深得平衡之义,但也有些作者严责梭伦创立"公审法庭",使平民得以掯制执政,凌辱富室,实已压抑财富寡头和才德少数,而放纵平民群众,终以导致后世的极端民主政体。此处显示亚氏正在为梭伦辩护。《雅典政制》章四十一第二节:雅典自伊昂(Ion)以四部族建王国后,至色修斯(Thessus)在位时始立宪法,稍减君权。其次有德拉科(Draco)律(公元前第七世纪下叶),转为少数制统治。其三,国经内讧,梭伦起而变法(公元前第六世纪上半叶),始见民主政体的萌芽。其四为庇雪斯特拉托(Peisistratus)的僭政。其五,克勒斯叙尼(Cleisthenes)等(公元前第五世纪)驱除僭主,恢复民主政体,而且加强了平民权力。其六,波斯战争后元老院主政。其七,阿里斯蒂德斯(Aristides)再倡变革,至厄斐阿尔忒(Ephialtes)罢废元老院,于是"平民领袖"得逞其志。其八,"四百人"为政。其九,继之而民主旧制再度光复。其十,随之而有"三十"寡头暴政,和"十人"寡头暴政。其十一,又恢复民主政体(公元前第五世纪末);直至近代(亚氏著书时),约七十年间,平民权力重于往昔,实已趋于极端形式。这样,极端民主政体出现于梭伦殁世后二百年,是经八次政变的结果,实在不宜再向梭伦法制追求其错失了。

③ 雅典陆军由第一、二、三级公民组成,以士族和富室的重装兵为主力;贫民和佣工充杂役或辅助兵种,如掷石手、弓箭手等。海军中桡手尽属第四级贫民或佣工,占全海军中的大多数。波斯战争自公元前第五世纪初开始,至公元前449年缔结和约,五十年间海军多获胜,故平民地位渐渐见重于邦内。公元前478年结提洛同盟(Delian League),合爱琴海各岛和沿岸各邦的海军同波斯舰队进行决战;雅典舰队多至三百艘,超过它邦各舰队合计的总数。三重桨战舰每艘桡手一百五十人。雅典海军当其盛时人数共四万人,超过陆军甚多。公元前第五世纪雅典人口约十七万,成年公民约四万人。

己在城邦中确实据有重要的地位，鄙俗的平民英雄便利用平民的气概压倒了财富和勋阀贵族的势力。照梭伦当初立法的本旨，赋予平民的实权是有限度的，他所规定的民权仅仅是选举行政人员并检察那些行政人员有无失职之处；这些都是平民应有的权利，他们倘使没有这些权利，就同非公民的奴隶无异，这就可能转而为城邦政府的仇敌了。他规定一切职官都须在著名人物（才德）和小康以上的家庭（资产）中选任；必须是“五百斛级”或所谓“双牛级”（即第三级）或骑士级才有当执政人员的被选举权。第四级，即佣工，是不容许担任任何官职的[①]。

［莱喀古士和梭伦而外，］其他立法家[②]有札琉科斯曾为爱璧随费里的洛克里人制定法律，嘉隆达斯曾为他的本邦加太那，又曾

① 麦第姆诺（μέδιμνος）为希腊谷物或油酒等类量器，其容积约当现今十七公升，近于中国的斛。《雅典政制》章七，记梭伦区分全邦人户为四级：第一级，其资产如田亩收获谷物，或油树林可制油，或葡萄园可酿酒，每年共得五百斛以上者称“五百斛级”。第二级为家财足以装备一骑兵并畜养战马者称“骑士级”，估计第二级的年收益，当在三百斛以上。第三级为农民之畜有二牛或二马，足供一轭以进行耕作者，相当于二百斛以上的收益，称“双牛级”。第四级家无恒产，以佣工为生，年收益低于二百斛者，为“佣工级”。

19—21 行以财产等级为职官选任的区别，似乎为后人所作注释，说明上文行政职司限于资产阶级的实况，非亚氏原文。参看第尔士《关于〈雅典政制〉的柏林残本》（Diels，Über die Berliner Fragmente der ’Αθ. πολ. des A.）33 页。

② 此处所说“其他立法家”，依照本章第一节 $1273^{b}33$ 所说，应为两类立法家中只订法律不创政制的一类。但下文卷四 $1296^{a}21$、$1297^{a}7$、21 等节涉及的嘉隆达斯法制，也和城邦政治组织有关。又，普鲁塔克：《奴马传》（Numa）4，曾经说到札琉科斯是创立政制的法家。

为意大利和西西里的若干卡尔基殖民城市制定法律[1]。有些人[2]追溯得更远,并指出奥诺马克里托为最古的立法专家。照他们的记述,奥诺马克里托为洛克里人,本业巫师(先知),以其术游于克里特岛,就学习法学于克里特,泰利斯[3]当时和他同门。后来泰利斯授其学于莱喀古士和札琉科斯,札琉科斯再传则为嘉隆达斯,但所有这些记述,都同各人实际生活着的年代不相符合。

还有科林斯人菲洛劳斯曾为忒拜人创制法律。菲洛劳斯出生于科林斯城的巴沽族,同奥林匹克赛会优胜者狄奥克里相友好,狄奥克里因远避他母亲哈耳琼妮[不正常]的情爱而去国,菲洛劳斯遂同他一起到忒拜,两人竟终老异乡,同居歿世。那里的居民至今还向旅客指点他俩的坟墓虽然近在一处,但其一在坟上可望见科林斯境,另一个却见不到故乡的土地。据说他俩是在死亡前就这样安排好了的:狄奥克里为了生平不幸的处境,不愿意自己的魂魄仍然由于科林斯的景象而引起伤感,反之,菲洛劳斯却表示了自己对于故乡的怀念。这就是他们移居忒拜的经过,而菲洛劳斯就因 1274b

[1] 古希腊各城邦实行嘉隆达斯律的有《狄奥多洛》卷十二 11 所记琐里伊(Thurii),《斯特累波》539 页所记加巴杜阡的马石伽(Mazaca),《希隆达斯》(Herondas)卷二 48 所记的科斯岛(Cos)等。

[2] 25 行 συνάγειν 原义为"连贯起来"。依康格里夫(Congreve)校本和韦尔屯英译本、培尔奈德文译本,均解为"编成一个法家师传的谱系"。苏斯密尔校本修正二版第 418 注,更指明这一法家师承谱系的编者——所谓"某人"或"有些人"——即详悉克里特历史的埃福罗。《纽曼校注本》(III 378 页)注释说现世所存埃福罗残篇涉及上述诸法家的,同此节不尽相符。又此节似为零星札记的汇编,不像有系统的文章。

[3] 这里所举克里特的泰利斯,不同于卷一 1259a6 米利都的泰利斯。

此成了忒拜的立法者。在菲洛劳斯的一些著作中，有关于宗嗣的所谓“继承律”是菲氏法典的一个特色，照他的立法意旨，各家所有份地数和子嗣数总要保持平衡，使世代相续，各人资以营生的产业不至于骤增或剧减[1]。

嘉隆达斯的法典很少特别值得注意的地方，其中只有对于担任伪证人们[2]的处分可算是一个特点——他是制订伪证刑法的第一人；但嘉隆达斯法典以精审见称，近世粗疏的法家对他不免有愧色。

[3]〈法勒亚所拟法制的特点为均产，柏拉图所拟法制的特点很多——财产和妇孺的公有；妇女会餐制度；宴饮律，规定在节庆狂欢的日子让清醒的人主持场面，而约束失态的醉人[4]；还有军事训练的规则要求士兵“双手并用”（左右肢练成同样的本领）[5]〉。

德拉科曾订立若干法律，但这些法律都是在原来的政制下颁行的。除了以课罪从重，处刑严峻著名外，德拉科律没有值得提示的特点。毕达库斯，也像德拉科那样，专订法律，在政制方面并无

---

① 参看本卷章七 1266^{b}10。以下所举都是各家立法的特点。

② Γ. Π. 抄本为“伪证人”（ψευδομαρτύρων），阿雷丁诺（I. Aretinus，1369—1444）拉丁译文“falsorum testium”相符。斯加里葛（Scaliger）、本脱里（Bentley）、贝克尔、苏斯密尔等都校作“伪证”（ψευδομαρτυριῶν）。

③ 依《纽校》加〈〉，二人非实际立法家，不属本章这一段“若干法律专家的特点”这一论题。

④ 见柏拉图：《法律篇》卷一 640D、卷二 671D—672A。

⑤ 柏拉图：《法律篇》卷七 794D。

作为。毕达库斯法典的一个特点是人在醉中犯罪，课刑加重。他见到醉汉闯祸比常人较多，认为要保护公众的安全，对于这种罪行不能宽恕[①]。还有一位立法家芮季俄人安德洛达马曾经给色雷基的卡尔基殖民城市[②]制定法律。他所著的法律，有些是关于杀人罪的条例，有些是关于女子财产继承的规则；安德洛达马的著作也没有值得提示的特点。

关于实际上见到施行的政制和政治理想家所设想的政制——对于这两项论题的研究，我们就在这里结束[③]。

---

① 德拉科，在梭伦前(公元前 621 年)为雅典执政，所订法律以严酷闻于后世，虽偷窃蔬果，也可判处死刑，迄今西方俗谚，于严刑峻法都喻之为“德拉科律”。德拉科以前多行“习惯法”，德拉科颁行法典后，世人方始重视“成文法”。

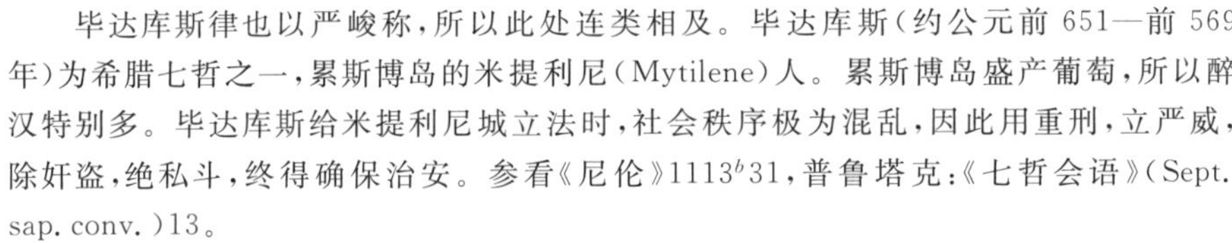

毕达库斯律也以严峻称，所以此处连类相及。毕达库斯(约公元前 651—前 569 年)为希腊七哲之一，累斯博岛的米提利尼(Mytilene)人。累斯博岛盛产葡萄，所以醉汉特别多。毕达库斯给米提利尼城立法时，社会秩序极为混乱，因此用重刑，立严威，除奸盗，绝私斗，终得确保治安。参看《尼伦》$1113^{b}31$，普鲁塔克:《七哲会语》(Sept. sap. conv.)13。

② 芮季俄人安德洛达马(’Ανδροδάμας ‘Ρηγῖνος)，今不可考。依字义说，安德洛达马为“驯人者”。

公元前八至六世纪间希腊半岛各地各族人民移殖四方，称“大移民时代”。移民路线略分为三:(一)向东北者过赫勒斯滂(Hellespont)，分散于爱琴海北岸、东岸和黑海沿岸。(二)向西者至意大利和西西里。(三)向南者至地中海沿岸和埃及息勒尼加(Cyrenaica)等海滨。色雷基地区(爱琴海北岸)移民多来自欧卑亚(Euboea)岛上卡尔基城伊昂(爱奥尼亚)各部族。公元前八至七世纪间他们在这个地区共拓殖了三十二城，后世统称之为“卡尔基[殖民]城市”。$1274^{a}24$ 行，在意大利和西西里的卡尔基殖民城市，来历相同。芮季俄(Rhegium)在意大利南端，靠近西西里岛(今仍旧名为 Reggio)，亦为当时卡尔基人所开辟各城市之一。但随后到南意大利的希腊移民，以杜里族斯巴达人为多，至西西里者则以科林斯人为多。

③ 政制的见于实施者，在章 9—11，政制的仅为各家所设想者在章 1—8，这一结句实际应放在章十一末。参看本章开始时所作的注释。

卷（Γ）三[①]

章一　人们要研究“城邦政制”（πολιτείας，波里德亚）这个问题，考察各种政制的实际意义及其属性，就应该首先确定“城邦”的本质；这样，我们先要问明“什么是‘城邦’（ἡ πόλις，波里）？”现在常常听到人们在争辩城邦的性质：有些人说这是城邦的一种措施；另一些人说这不是城邦的措施，只是那些寡头集团或僭主[城邦统治者]的措施。又，政治家和立法家的一切活动或行为显然全都同城邦有关，而一个政治制度原来是全城邦居民由以分配政治权利的体系。[所以我们必须先行确定城邦的本质，然后才能理解一切政治活动和政治体系。]

城邦的成为一个组合物就好像许多“部分”的结成为一个“全体”[②]，我们如果要阐明城邦是什么，还得先行研究“公民”的本质，

---

① 亚氏在第一卷中，在经济发展途径上已论证城邦为家庭和自然村落的逐级组合，包括长幼、男女、主仆以及各业从业人员在内，说明了城邦的社会结构。本卷1—5章，从政治方面严格解释“城邦为许多公民的组合”（$1274^{b}41$）；于是论述公民的性质、资格、品德和类别；这五章为亚氏政论的基础。由性质不同的公民组成性质不同的城邦，6—8章列叙政体的种类，后世称之为“政治形态学”。依据公民的性质、资格和品德（公民的条件，即“义务”），树立公民政治“权利”分配的原则，9—13章论辩了这些原则，连同上三章实为亚氏在首五章的基础上所建筑的本体。14—18章在政体的正宗三类型中单独申论了王制这一类型及其种别。参看卷四开卷注释。

② 依《形上》卷七$1041^{b}11$，“全体”的意义，不同于许多无机事物的一个堆垛，应为若干“部分”的一个有机组合；以此论“城邦”，就应该是：“许多公民各以其不同职能参加而合成的一个有机的独立体系”。

因为城邦正是若干(许多)公民的组合。于是,我们又该弄明白“什么是‘公民’(ὁ πολίτης,波里德[①])?”以及谁确实可以被称为一个公 1275a
民。公民的本质,犹如城邦问题,也常常引起争辩;至今还没有大家公认的定义:可以在民主政体中作为公民的人,在寡头政体中常常被摈于公民名籍之外。这里,对于因偶然的机会而获得公民称号的人们,例如特许入籍(归化)的公民[②],我们姑置不论。一个正

① “波里”(πόλις)这字在荷马史诗中都指堡垒或卫城,同“乡郊”(δῆμος)相对。雅典的山巅卫城“阿克罗波里”(ἀκρόπολις),雅典人常常简称为“波里”。堡垒周遭的“市区”称“阿斯托”(ἄστυ)。后世把卫城、市区、乡郊统称为一个“波里”,综合土地、人民及其政治生活而赋有了“邦”或“国”的意义。拉丁语 status、英语 state、德语 staat、法语 état,字根出于 sto-(“站立”),这个动词变成名词时的意义是“立场”或“形态”。拉丁语 civitas 字根出自 cio-(“召集”),这个动词变成名词时,civis 是“受征召者”,即“公民—战士”,许多战士集合起来所组成的只能是军队或战斗团体。这些名词,作为政治术语,称为近代邦国,都同 πόλις 渊源相异。汉文在《五经》和《说文》中以“国”为“郊内的都邑”,“邦”为“封境”,这同“波里”的字源和文义却相近似;但“波里”的内容又同中国古代和秦汉以后的“邦”、“国”,都不相同。近世以 city-state(“城邦”)译“波里”较旧译 state 为“邦”“国”比较合适。

本书中由波里衍生几个重要名词:(一)πολίτης(“波里德”),为属于城邦的人,即“公民”。(二)πολιτεία(“波里德亚”):(甲)公民和城邦间的关系,(乙)由这种关系形成全邦的“政治生活”,(丙)把这种关系和生活厘定为全邦的政治制度,即“宪法”,(丁)有时就径指该邦的“政府”。(三)πολίτευμα(“波里德俄马”):(甲)“公民团体”,(乙)较狭隘的“公务团体”,(丙)有时就和“波里德亚”相同,或为政体或为政府。

从“波里”孳生的词类还有形容字 πολιτικός,作为名词 ὁ πολιτικός,指“治理城邦[HJ ∗8]的人”,现在泛称各[HJ ∗2]种国家的治理者,即“政治家”。ἡ πολιτική,亚氏原来专指城邦政治的理论和技术,现在也通用为各种国体的“政治学”。

从以上所举一些示例,略可见到西方近代文和汉文同希腊文脉络有异,不能有同一系列、音义相从的政治名词来一一对译原文。

② 特许入籍(归化)的公民(ποιητοί πολίται),直译为“制造成的公民”。雅典旧章,外侨入籍为公民者,不得任执政和祭司;这样,依下文所拟公民定义,归化公民还不是“全称公民”。参看德谟叙尼:《论归化公民》(Demosthenes,in Neaeram)92。

式的公民应该不是由于他的住处所在，因而成为当地的公民；侨民和奴隶跟他住处相同[但他们都不得称为公民]。仅仅有诉讼和请求法律保护这项权利的人也不算是公民；在订有条约的城邦间，外侨也享有这项法权[①]——虽然许多地方的外侨还须有一位法律保护人代为申请，才能应用这项法权，那么单就这项法权而言，他们还没有充分具备。这些人只有诉讼法权或不完全的诉讼法权，好像未及登籍年龄的儿童[②]和已过免役年龄的老人那样，作为一个公民，可说是不够充分资格的。以偏称名义把老少当做公民固然未尝不可，但他们总不是全称的公民，或者说儿童是未长成的公民，或者说老人是超龄的公民，随便怎么说都无关重要，总须给他们加上些保留字样。我们所要说明的公民应该符合严格而全称的名义，没有任何需要补缀的缺憾——例如年龄的不足或超逾，又如曾经被削籍或驱逐出邦的人们；这些人的问题正相类似，虽都可能成为公民或者曾经是公民，然而他们的现状总不合公民条件。最好是根据这个标准给它下一个定义，全称的公民是“凡得参加司法事务和治权机构的人们”，应用这种标准，上述那些缺憾就被消除了。统治机构的职务可以凭任期分为二类。一类是有定期的，同一人不能连续担任这种职务，或只能在过了某一时期后，再行担任

① 例如雅典同它的同盟各邦都缔结“侨民互惠公民权利协定”和商务协定，条约国两方侨民可以各各在侨居国兑换货币，订立契约，取得信贷，进行诉讼。

② 雅典儿童十四岁时由坊社登记于“社长保管的册籍”，至十八岁时为公民（《雅典政制》42）（吉耳伯特：《希腊[斯巴达和雅典]政制典实》，Gilbert，Gr. staatsalt，卷一170说，公民年龄自十七岁起）。

这种职务。另一类却没有时限,例如公众法庭的审判员(陪审员[①])和公民大会的会员。当然,人们可以争辩说,审判员和会员并未参加统治的职务,不能看做治权机构的官吏。但公众法庭和公民大会实际上是城邦最高权力[②]所寄托的地方,如果说参加这些机构的人并没有治权,这就不免可笑了;我们认为这种争辩,只在文字上寻找毛疵,是不足重视的:这里所欠少的只是审判员和会员两者还缺乏一个共通的名称。为了要求事理的明晰起见,我们姑且称两者为“无定期(无定职)的职司”。这样我们就可以把公民界说为“参加这些职司的人们”。

这个定义,对于一切称为公民的人们,最广涵而切当地说明了他们的政治地位。[但,这里仍旧还有所疑难。]公民身分是一个什么类别的事物,这类事物具有品种不同的底层[③]——其中之一为头等品种,又一为二等,依次而为其他各等;对这类事物(公民)考察其底层方面的关系,并不能找到共通底层,或者只能有微薄的共通底层。[公民身分的不同底层就是不同的政体,]显然,各类政体不同于品种,其中有些为先于(较优),另一些为后于(较逊)[④];凡 **1275b**
错误或变态的政体必然后于(逊于)无错误的政体——我们后面将

① “审判员”(δικαστής),取义于“正直”(δίκη),或译“法官”;在公众法庭中,这些投票断案的审判员实相当于现在的“陪审员”。公众法庭担任审判者为“庭长”或“审判主席”。柏拉图:《法律篇》767A 说,依严格解释,陪审员不是一位官吏,但在他当值那一天,参加投票断案时间内,他的确可算是一位统治人员。

② 公民大会为城邦政府的最高权力,另见卷四 1299^{a}1、卷六 1316^{b}31。

③ “底层”(τὰ ὑποκείμενα):依鲍尼兹:《索引》798^{b}59、799^{a}15,公民所寄托的底层实际上是指城邦的各种“政体”。“底层”解释参看《形上》1028^{b}36 等节,“品种有别”,见1018^{a}38。

④ “先于”和“后于”的解释见《形上》卷五章十一。

说明所谓变态政体的实际意义[①]。相应于不同的政体（底层），公民也就必然有别。这样，我们［上述的］公民定义，对于民主政体，最为合适；生活在其他政体中的公民虽然也可能同它相符，但不一定完全切合。举例来说，有些城邦不承认平民的政治地位，也没有正规的公民大会，这些城邦仅仅有特别召集的无定期的群众集会[②]；至于诉讼案件则由行政各部门人员分别处理。譬如在拉栖第蒙，监察院审理有关契约纠纷的案件——他们把这些案件分配给各监察员各别处理[③]，长老院的长老们审理杀人案件，其他的职官又审理其他案件。迦太基的司法情况也相类似，那里若干专职官员有权审理一切案件[④]。但我们可以稍加修改，对这些政体仍然维持上述的公民定义。在非平民性质的政体中，担任议事（立法）和审判（司法）的人们，不是那些没有限期而非专任的职司，其职司都有定期而又专任，就是这些有定期的专职人员，全体或某些人员，赋有定期的议事和审判权力，他们所议所审的，则或为某些案件或为一切案件。

从上述这些分析，公民的普遍性质业已阐明，这里可以作成这样的结论：（一）凡有权参加议事和审判职能[⑤]的人，我们就可说他

---

① “变态政体”详见下文 1279^{a}19。

② 《斯特累波》640 页，记以弗所城（Ephesus）吕雪马沽所订制度，有“不定期召集的公民大会”（ἐπὶκλητοι）。这类实例在希腊古籍中很少见到。四百人执政期间，雅典的五千人公民大会也是不定期召集的，但非定制。

③ 斯巴达监察官有司法职权，普鲁塔克：《拉根尼嘉言汇录》中欧吕克拉底达（Eurycratidas）也曾说及。

④ 参看卷二章十一 1273^{a}19。

⑤ 统治机构有议事、司法和行政三类职司，参看卷四章十四 1297^{b}4—1298^{a}3；此节和下章 1276^{a}4 只列议事和审判职司，不及行政职司，可参看本卷章十一 1281^{b}30—34。

是那一城邦的公民;(二)城邦的一般含义就是为了要维持自给生活[①]而具有足够人数的一个公民集团。

章二　但,依照常例,公民就是父母双方都是公民所生的儿子,单是父亲或母亲为公民,则其子不得称为公民;有时,这种条件还得追溯更远,推及二代、三代或更多世代的祖先[②]。这诚然是一个通俗而简易的定义,可是有些人将提出这样的疑问:那上三代或上四代的祖辈怎样成为一个公民的呢?里昂底尼的高尔吉亚——部分出于讽刺,部分也为了给自己解嘲[③]——说,"石灰泥浆是由灰泥匠制造的,拉里萨公民是由公民匠(第缪俄古)[④]制造的,第缪俄古这行职业(这些职官)就在制造拉里萨公民[⑤]。"但问题在实际上

① 参看卷一章二 1052^b28。

② 下文章五 1278^a30,父母双方都是公民,其子为"正宗公民"。雅典公民条件对于公民身分或宽或严,随政治情况和人口增减而变更,见该章。又,雅典执政和祭司的资格曾规定必须三代两系都是雅典公民(迪坦贝格:《希腊碑志集》第371号,又《亚里士多德残篇》三七四 1540^a39;参看赫尔曼:《希腊掌故》卷一118、149等节)。拜占庭城原例,公民资格必须父母都是公民,但在城邦财政困难时,曾允许仅出一系的男子,可缴付三十米那而入籍为公民(亚氏伪书:《经济学》卷二 1349^b26—29)。

③ 高尔吉亚(Γοργίας),见柏拉图各对话《斐德罗篇》、《曼诺篇》等,也见于亚里士多德:《修辞学》卷三章七 1408^b19,他是著名修辞学家,以擅长讥讽见称。希腊古代尊祖宗、重传统,许多城市都对早期居民特加崇敬而轻视外侨或后至的氏族。当时高尔吉亚在拉里萨以非公民的外侨而被轻视,故有此语。

希腊城市以拉里萨(λάρῑσα)为名的有好几处,在帖撒利亚地区的拉里萨城较大,该城为寡头政体。

④ "第缪俄古"(δημι-ουργός)有三义,(一)平民而做"工匠"的,(二)为人民服务的官吏,例如说"工作人员",(三)有所著述的"作家"。此处高尔吉亚用(一)(二)两个双关命意讽嘲拉里萨民政官吏利用职权,操纵公民册籍为"公民制造匠"。

⑤ 各抄本原文"制造拉里萨城邦"(λαρισο-ποιούς);依阿雷丁诺拉丁译文,应为"制造拉里萨公民"(λαρισαιο-ποιούς)。加梅拉留、周伊特等校订皆从阿雷丁诺译文。

是单纯的①，照我们上述的定义，那些[被制成为公民的]人们如果一旦参加城邦政体，享有了政治权利，他们就的确是公民了。[我们的定义比以血统来论断公民身分较为妥当；]因为“父母双方都是公民，则其子也是公民”这样的话，没法应用到一个城邦的初期居民或创始的人们。

还有，对于由政体的变革而获得政治权利的人们可能提出更大的疑难。譬如，在雅典，克勒斯叙尼在驱逐了僭主们以后，把许多外侨以及外邦居留民中的奴隶编入雅典各部族间。在这些新增的公民方面所引起的疑难，实际上不是某人是否为公民的事实问题，而是这些[事实上已是公民的]人们是否应该使他们成为公民的法制问题。从这个问题又可引起进一步的问题，即凡在道义（成
1276a 规）上不该为公民的是否可以成为一个真正的公民②，而凡是不合

① 依高尔吉亚的说法，公民应有凭血统的“自然公民”和凭登籍手续的“法定公民”之别。亚氏对公民身分特别重视政治定义，他认为应该“单纯地”求之于城邦的法制规定，无须另外考究血统或门第。

② 克勒斯叙尼出身于亚尔克米尼族（Alcmeonidae），公元前第六世纪末，他成为雅典平民领袖，驱除庇雪斯特拉托僭族（Peisistratidae），受任为执政，事见《雅典政制》章二十及四十一。克勒斯叙尼既执政，在公元前509年变法，把雅典公民由氏族编制改为地区编制，这样，他分散了寡头派所依仗的氏族势力。雅典全境分城区、郊区和海港区三部分，共划为十个“部族”，每部族各有十个“德谟”（坊社）。编属于坊社的居民就称为“德谟忒”（δημότης）。德谟忒为城邦的基本组成分子；这种坊社则为政治军事单位，公民（包括兵役）的登记就在坊社办理。坊社长由民选。凭这种基础建立的政体，后世就称之为“德谟克拉西”（δημοκρατία，平民政体）。克勒斯叙尼一时许可若干外邦人和居留雅典的外邦奴隶入籍于坊社，增厚了平民人数，贵族势力由此相形见绌。恩格斯说，克勒斯叙尼的革命彻底颠覆了“氏族制度的最后残余”（《家庭、私有制和国家的起源》，人民出版社1954年版112—114页）。

这里，亚氏所提出的问题较1275b28所提出的自然公民和法定公民之间的疑难为大。公民匠（民政官）制造公民还须依据原有的公民入籍或归化条例办理。这里就完全推翻旧法，而另订公民的籍法。照雅典和希腊各邦的传统观念，外邦人不应同本族等量齐观，奴隶不齿于齐民，克勒斯叙尼的变革因而被指责为破毁了成规。

道义的事物是否就作为虚假的事物[①]?如今,恰好有些人,依道义说来,不应该受任为官吏,竟然做了官吏,我们也并不因为他们治理不良就说这些人不是官吏。[就公民说,情况也相似。]他们既被认为参与城邦统治机构的人们——我们上述的定义就是以具有参加议事和审判的职能的作为公民——那么,在变革后凡是已获得这些法权的人们,实际上就必须称为公民了。

章三 至于他们该不该成为公民,那是另一回事,这同我们以前所述及的范围较大的问题[②]有密切的关系。说到城邦时,曾经提到一个相似的疑难,某一作为(措施)是否可说这是城邦的作为(措施)。以一寡头或僭主政体的转变为平民政体为例,有些人在这时就拒不履行公共契约或相类的其他义务,说这些契约不是城邦所订,只是那个僭主的措施[③]。他们认为某些政制是凭暴力建立起来的,并不以公众利益作为建国的目的[④]。但这样的争执照样也

① 这里,亚氏借这一问句,解脱上文所举的疑难而作出了本章的结论:不管是否合乎陈规或道义,凡现实必须承认它是现实;凡已取得法定公民的身分者就得承认他是公民。

参看《尼伦》卷三章六 1113^{a}17,恶法还得承认它是法律。西塞罗:《论法律》(Cicero,de Legibus)与之相反,认为恶法就不成其为法律;他不承认恶法所赋予的权利,把它们看做虚假的事物。

② 见本卷首章第一节 1274^{b}34—38。

③ 雅典三十僭主执政时曾经从拉栖第蒙得到一笔借款。以后,民主党人推翻了僭主政体,就在公民大会中提出这笔借款问题,有些人认为这只是那三十僭主们的借款,雅典城邦不负偿还责任。但最后,新政府仍旧如数归还了这笔借款(公元前 404 年)(《雅典政制》40)。瑟尔渥尔:《希腊史》(Thirlwall,Hist. of Greece)章四 235 页,说亚氏此节所举疑难,隐隐涉及这一事件。

④ 德谟叙尼公元前 352 年讲演词:《反铁谟克拉底》(C. Timoc.)76:"平民政体是为了公民的共同利益而建立起来的,它不同于寡头政体,它是凭法律进行治理的。"

可施之于平民政体，平民政体也有以暴力创始的，如果说一个寡头政府或僭主政府的作为，可以否认它为城邦的措施，那么这个平民政府的作为也是可以否认的。于是这个问题又引起了另一问题：——我们将依据什么来确定这一城邦为“同一”城邦，或反之而为“别一”城邦？

专从[自然条件，]例如土地（国境）和人民，考察城邦的异同，这是很肤浅的方式。城邦的土地和人民是可以划分的，或划分为两，或作更多的划分，让某些人民住在一个区划之中，而另一些人民则住在另一区划中①。[这样的区划是否就使一城邦失去它的同一性？]这种疑难是不足重视的；这里我们应该注意到“波里（城邦）”这一名称是具有多种命意的②。即使就全部人民居住在整块地区的情况来论述一城邦，问题还是存在的：这个城邦在什么时候或什么条件之下才能确实认为同一城邦。确定为一个城邦不应该以垣墙作标准。把伯罗奔尼撒全区建筑一座围城是可能的，[但这

① 汉文翻译依据维多利的校注，意思是说，邦内住区分划尽可变更而城邦还是那同一城邦。要是依韦尔屯英译本，说“这一区的居民或迁移至另一区”，则为邦内部分居民的所在的变动。以曼底涅亚为例：拉栖第蒙人曾强迫分散曼底涅亚人，只许少数居民留住城中，多数都被迁移到乡村（鲍桑尼阿斯：《希腊风土记》[Pausanias，Helladus Periégesis]卷八 8—9）。亚氏此节所设的疑难为：经此“迁移”的曼底涅亚人是否已失其原城邦？倘若城邦的定义仅仅为“若干公民或人民的集团”，则曼底涅亚人仍为同一城邦。倘若城邦的定义为“住居某地区的若干居民的集团”，则曼底涅亚人在迁移之后的城邦就已经不同于原来的城邦。

② 波里（πόλις）诸义为“城市”，或“地区”，或“邦国”。作为城市或地区而论，例如雅典城内和郊区的人民相流迁，或雅典城内换上了若干外邦人民，则城市的面貌就大不相同了。但以雅典邦国来说，还是同一邦国。邦国为一政治团体，其同一性不重在土地、人民这类自然条件，而重在它的政治本质。参看下文 1276^b10—15。

样是否就可说伯罗奔尼撒已成为单一的城邦呢①?]巴比伦可说正是这个样子,其他“民族国家”的版图也是这样,一个城邦是难以比拟的。据说,巴比伦曾被敌国侵入,占领了三天之后,还只有一部分人知道境内发生了这样的大事②。但这里所涉及的疆域问题应该以另作论述为宜③。确定城邦疆域的大小以及邦内应该以一个民族为主或可兼容几个民族④,这些问题的考虑是政治家的实务。

让我们再从全部人民居住在整块地区的情况来考察一下有关种族的问题,居民一代代的死亡,一代代的生长,一城邦历经世代,倘若它的种族仍照旧不变,我们是否就说这还是同一城邦?有如流水滔滔,逝者如斯,我们仍旧说这是某泉某河?或从另一方面观察,虽然人民[种族]犹是,有如流泉之犹是,然而城邦却已经变换而不再是那个旧邦了⑤? **1276**b

[这里揭示了问题的实质:]城邦本来是一种社会组织,若干公

① 伯罗奔尼撒半岛上有许多城邦,政体相异,虽以一垣围绕,仍旧不能算作“一个”国家。

② 依《希罗多德》i 178,巴比伦城垣周围四百八十斯丹第(约二百华里);依《狄奥多洛》ii 7,所引克蒂茜亚(Ctesias)的记载,则为三百六十斯丹第。《希罗多德》i 191.说敌人已占外城,巴比伦市中心居民还在宴饮,欢庆节日。参看本书卷二 1265^{a}14。

③ 见卷七 1326^{a}8—1327^{a}3。亚氏以国境大小为政治上的“实务”,这里研究城邦的同一性,纯属政治“理论”,故两不混述。

④ 这一问题,以下仅在卷五 1303^{a}25—^{b}3,有所涉及,未再专论。

⑤ “同”和“别”的释义见《形上》卷五章九。人事方面各种事物的同一性问题常常会引起不同的理解。崇尚变动的人们如爱璧嘉尔谟(Epicharmus)就说人生日日在变化,或肥或瘦,或壮或老,或健或病,前日借债的人在债务到期的日子已非原来的借债人,他并无还债的义务(狄欧根尼·拉尔修:《学者列传》卷三 10—11)。反之,崇尚永恒不变的人们如伊索格拉底:《论和平》(de Pace)120,则认为国家是不朽的。亚氏在这方面的论断一般是折中的。

民集合在一个政治团体以内，就成为一个城邦，那么，倘使这里的政治制度发生了变化，已经转变为另一品种的制度，这个城邦也就不再是同一城邦。以戏剧为喻，一班优伶（合唱队）一会儿扮演着悲剧的角色，合唱了一出慷慨凄凉的哀歌，隔一会儿却又改为喜剧人物而登场，合唱一出轻松愉快的乐曲。优伶虽还是原班的优伶，这两出戏剧总不是同一的戏剧了[①]。合唱队这一譬喻，对于其他一切团体，以及一切组合事物都是适用的；凡组合的方式（体制）相异的，就成为不同的组合物。同样一些音符，或编配为杜里调，或编配为茀吕季调，就成了两种不同的乐调。由此说来，决定城邦的同异的，主要地应当是政制的同异。[种族的同异不足为准；]无论这个城市还用原名或已另题新名，无论其人民仍然是旧族或已完全换了种姓[②]，这些都没有关系，凡政制相承而没有变动的，我们就可以说这是同一城邦，凡政制业已更易，我们就说这是另一城邦[③]。至于一个城邦既然已经变更了政体，应该或不必承担前政

① 希腊悲剧“合唱队”（χορός），二纵列每列五人，和五横排每排三人；喜剧合唱队，四纵列，每列六人，和六横排，每排四人。这里以演员“组合方式”的不同比喻城邦公民在政治职司组合方面的相异。参看赫尔曼：《希腊掌故》iii2—205，缪勒：《希腊舞台掌故》（die griech. Buhnenalterth.）。

② 《修昔底德》vi 4、5，记芮季俄的阿那克西劳（Anaxilaus）把赞克里（Zancle）的塞莫斯人驱逐后，另行殖民，把地名改为墨塞那（Messana）。反之，《狄奥多洛》xiv 15，记西西里的狄欧尼修第一，以康帕尼亚人（Campanians）移换了加太那（Catana）的原居民，却并不改变“加太那”原名。又，色诺芬：《希腊史》卷四章四 6，说科林多党派相倾轧，一党得势后常常变革旧党的各种措施，甚至把“科林多”城改称“阿尔咯斯”城（事在公元前 393 年）。

③ 霍布斯：《利维坦》（T. Hobbes，Leviathan）第 21 章也认为邦国的同一或延续在于宪法（政体）的是否照旧；倘若政体变更，就不是同一邦国。

府所遗留的义务，这是另一回事，另一问题[①]。

章四　同上述论旨[城邦的同一性应该求之于政制]密切相关的下一问题为：善人的品德和良好公民的品德应属相同，还是相异[②]？但我们在研究这个问题之前，必须先行说明公民品德的一些概念。作为一个团体中的一员，公民[之于城邦]恰恰好像水手[之于船舶]。水手们各有职司，一为划桨(桡手)，另一为舵工，另一为瞭望，又一为船上其他职事的名称；[船上既按照各人的才能分配各人的职司，]每一船水手所应有的品德就应当符合他所司的职分而各不相同。但除了最精确地符合于那些专职品德的各别定义外，显然，还须有适合于全船水手共同品德的普遍定义[③]：各司其事的全船水手实际上齐心合力于一个共同目的，即航行的安全。与此相似，公民们的职司固然各有分别，而保证社会全体的安全恰好是大家一致的目的。现在这个社会已经组成为一个政治体系，

① 这个问题已在本章首节提出。这里的章末结语称之为“另一问题”，似乎仍为一个未答复的问题。可是照本章所论，政体变更，城邦就不再是同一城邦，新成立的平民政府可以不负旧政府的一切契约义务。但照1276a13“公众利益”一短语看来，旧政府的契约如符合公共利益，则新政府就应该继续承担其义务。这样，实际上本章已解答了这个问题。

② 《修昔底德》卷二章四十二 2—4，记伯利克里：《国殇葬词》说：“执盾矛以卫坛火，凡矢忠城邦、效命疆场的都是‘善人’。”这样，公民的善德即人类的善德。善德为一为多？本来是柏拉图所作苏格拉底各对话的论题之一，《普罗塔戈拉篇》、《曼诺篇》等都说人类的善德似乎分歧而实际是一致的。《纽校》III 154—155 页，说此章亚氏订正苏格拉底的说法，主张善德不必一致，善人和良好公民的品德有异，不同政体中的公民品德又各异。参看《尼伦》卷五 1130b28。

③ 这里的“λόγος”，依鲍尼兹：《索引》434b6，作“定义”(ὁρισμός)解。“各别定义”和“普遍定义”，可参看《索引》339a5。

那么，公民既各为他所属政治体系中的一员，他的品德就应该符合这个政治体系。倘使政体有几个不同的种类，则公民的品德也得有几个不同的种类，所以好公民不必统归于一种至善[①]的品德。但善人却是统归于一种至善的品德的。于是，很明显，作为一个好公民，不必人人具备一个善人所应有的品德。

我们如果不从一般政体而从最良好的理想政体去探讨这个问题，也可得到相同的结论。倘使一个城邦不可能完全由善人组成，而每一公民又各自希望他能好好的克尽职分，要是不同的职分须有不同的善德，那么所有公民的职分和品德既不是完全相同，好公民的品德就不能全都符合善人的品德。所有的公民都应该有好公
1277a 民的品德，只有这样，城邦才能成为最优良的城邦；但我们如果不另加规定，要求这个理想城邦中的好公民也必须个个都是善人，则所有的好公民总是不可能而且也无须全都具备善人的品德[②]。又，城邦是由不同的分子构成的。有如生物由灵魂和身体组成，或如灵魂由理性和情欲组成，或如家庭由夫妇组成，〈庄园〉[③]由主奴组成，城邦也是由不相类似的分子组成的，——其中不仅包容有上述的夫妇主奴等人，还有其他各不相同的分子[例如官吏、士兵等]。在一个合唱队中，领队（乐师）和随从演员（歌者）[④]的品德总

---

① “至善（完备）的品德”相符于卷四章七 1293b5 所说合乎“绝对标准”的最好品德。

② 卷七章十三 1332a32 说最优良（模范）的城邦中所有公民都是善人。

③ 依培尔奈德文译本，“产业”或“庄园”作为衍文加〈 〉。《纽校》则认为不一定是衍文。

④ 悲剧合唱队登场时，左纵列面向观众，右纵列转向舞台。左纵列中第三人为“领队”（κορυφαῖος），第二第四人称“比邻”（παραστάται），兹译“随从演员”（参看赫尔曼：《希腊掌故》卷三章二 206 页、缪勒：《希腊舞台掌故》）。

是各不相同,城邦亦然,全体公民既为各种职分相别的组成分子,他们的品德就不能是单纯的同一品德。

这里已说明了好公民的品德和善人的品德并不全然相同。但两者是否可能局部相同。[全体公民不必都是善人,其中的统治者和政治家是否应为善人?]我们当说到一个优良的执政就称他为善人,称他为明哲端谨的人,又说作为一个政治家,他应该明哲端谨[①]。还有些人竟认为统治者的教育从小就应该同其他公民采取不同的方式;大家也的确见到王室的诸子都曾经受到骑术和战术的特殊训练。例如,欧里庇得[剧本中,一位君王为他的儿子们的教育吩咐]说:

“我毋需那些琐碎的机巧,

但愿能受到治国的要道。”[②]

这样他明示了统治者的训练应该不同于一般公民的教育。由以上这些论证,可知统治者的品德有别于一般被统治公民的品德。那么,以统治者来说,其品德就相同于善人[③]的品德;好公民和善人的品德虽不是所有的公民全然相同,在[作为统治者]这一部分特

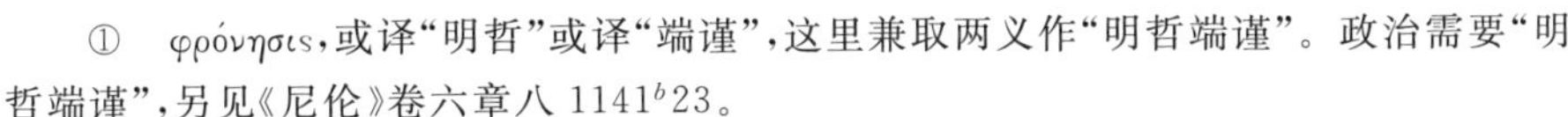

① φρόνησις,或译“明哲”或译“端谨”,这里兼取两义作“明哲端谨”。政治需要“明哲端谨”,另见《尼伦》卷六章八 1141^{b}23。

② 这两行诗句见挪克编《欧里庇得剧本残篇》16,剧本名《爱俄卢》(Aeolus),即此处所举国王的名字。斯笃培俄:《采花集》(Stobaeus,Florilegium)xlv 23,引及这残句比此处为详,可借以知道爱俄卢所说治国要道为战术,所嫌弃的那些“机巧”是指当时希腊一般教育课程中的音乐、修辞、辩证等。

③ “善人”(σπουδαῖος ἀνήρ),希腊所称这种善人,类似“完人”,具有多方面的优良品德——崇高的理想和审美观念,并表现具有德操的日常生活,战时则其义勇足以临阵,和平则其理智适于安闲。本书“善人”和“最好的人”(贤良,ἄριστος)常常相混用。参看卷七章十四、十五。

殊的公民，就的确相同。熟知统治者（出令而指挥的人）和被统治的臣民（受命而服从的人）两者品德的差别，所以［费雷城的］杰森说："除了当上僭主而外，他就只能是一个饥民"，作为一个庶人，他就缺乏一般公民生活的才能（品德）。

同上述的意见相反，人们又往往盛称兼擅两者的公民，即既能指挥而行令又能受命而服从的人常常为举世所敬重。这里专于统治而类同善人的品德和既擅统治又擅被统治的好公民的品德终究不能等量齐观。认为统治者和被统治者为类不同，就应熟习各不相同的才识，而公民兼为统治者和被治者，就应熟习两方面的才识，这两种互相抵触的意见，我们的论辩应［分析出其间乖违的实质而］指出明确的观念[1]。就统治而说，一个方式是主奴之间的统治；在这一方式中所涉及的大都为劳役，统治者只要懂得怎样利用被统治者的能力，无须亲自习知操作那些劳役的方法[2]；有关这些劳役的事务和知识一般都是鄙俗的（带有奴性的）。带有奴性的劳役有若干类别，服劳的人也有若干类别。［有一部分专由奴隶担任，］还有一部分由佣工们（"用手的人"，χερνῆτες）担任；这些人，照他们的名称所显示，就是靠双手做工而谋生；技工或匠师也属于
1277b 这一部分。在古代，在某些城邦中，这些劳动的人是不能参加政治的，直至出现了极端民主政体，他们才获得城邦公民权利。这些被

① 《纽校》III 164：亚氏把统治分成两个方式：（一）主人统治非自由人、即奴隶，（二）自由人统治自由人，即公民统治公民。在第一方式的专制统治中，统治者不必知道被统治者的才能。在第二方式中，公民互为统治和被统治，就应该兼习指挥和服从的品德。

② 参看卷一 1255b20—37。

统治者作为奴隶或佣工所从事的鄙俗行业,善人或政治家或好公民,作为统治者(奴隶主或雇主),是无需加以研习的[①]——偶尔他们为了自己的事情而操作一些贱役,应当视为例外,这时候的劳务不是在主奴或主雇关系上操作的[②]。

但在主奴关系的统治以外,另有一类自由人对自由人之间的统治,被统治者和统治者的出身相同。这类治理的方式就是我们所谓城邦政治家的治理体系(宪政);在这类体系中,统治者就须先行研习受命和服从的品德——恰恰好像人们如果要担任骑兵统领就须先在某一统领之下服役,如果要担任步兵将军就须先在某一将军之下服役,或者说得更明白些,他须先去当百人队长(中队长)以至联队长[③]各级的部属。这的确是句名言:“不经偏裨,不成良将”(“惟有起于民间,才能擅长治理”)。统治者和被统治者的品德虽属相异,但好公民必须修习这两方面的才识,他应该懂得作为统治者,怎样治理自由的人们,而作为自由人之一又须知道怎样接受他人的统治——这就是一个好公民的品德。

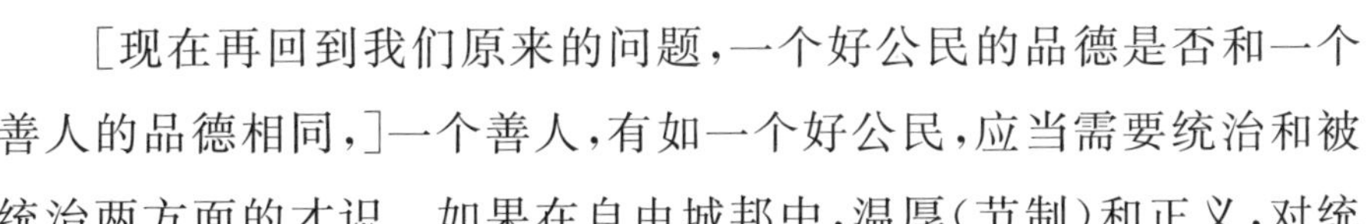

[现在再回到我们原来的问题,一个好公民的品德是否和一个善人的品德相同,]一个善人,有如一个好公民,应当需要统治和被统治两方面的才识。如果在自由城邦中,温厚(节制)和正义,对统

① 参看卷八 1337^b5—14。

② 5 行 εἰ μή ποτε…句的译法是根据塞普尔维达和培尔奈译文(《纽校》III 168)的。如依维多利、韦尔屯、周伊特等译文,则为:“主人只可偶尔为自己的事情操作贱役,苟常常从事贱役,便将失去主仆身分的区别。”亚氏认为贱役有奴性!久习鄙事,养成奴性,非自由人所宜(参看卷八章二 1337^b19)。

③ “百人队”,相当于现今的中队。“联队”由邦内各部族征召组成,人数或多或少,相当于现今的联队(团)或旅;每一部族集若干中队编成一个联队。

治者和被统治者说来，各自需要有不同的性质，那么，一个善人的品德——例如正义——就不止一种而兼有两种性质：其一，他用于作为统治者[而表现其为主人的正义]，另一用于作为从属而又自由的被统治者的时候[表现为从属的正义][①]。我们可以细察男子和妇女间[同样的品德，如]温厚（节制）和勇毅[②]，就显然有不同的性质[这些差异类似作为统治者和作为被统治者之间品德的差异]。一个男子的勇毅倘使仅仅及到一个妇女的勇毅，人们就会说这个男子为懦夫；反之，如果一个利口的[③]女子虽然比一个善男人的说话未必更多，就可能被讥为有伤谦德。在家务管理中，夫妇的功能也是相异的，一方的责任在获得财物，另一方则在保持这些财物[这些差异也类似一国中主从之间功能的差异]。明哲（端谨）是善德中唯一为专属于统治者的德行，其他德行[节制、正义和勇毅]主从两方就应该同样具备[虽然两方所具备的程度，可以有所不同]。“明哲”是统治者所应专备的品德，被统治者所应专备的品德则为“信从”（“识真”）。被统治者可比作制笛者；统治者则为笛师，他用制笛者所制的笛演奏。

① 1276^b33 谓善人，无论为统治者，为君王，或为被统治者，为人民，必统归于一种至善的品德。这里将品德分离为两种性质或两种程度。

② 古希腊公民四德：（一）“节制”或温厚，相符于中国《论语》，“克己复礼”。（二）“正义”，（公平正直）。（三）“勇毅”谓其人有“丈夫气”。（四）“端谨”或“明哲”。参看柏拉图：《理想国》卷四 428、433；《法律篇》卷一 631。男女的勇毅有不同，已见于卷一 1260^a20。

③ “谦德（κοσμία）”和“节制”相符，同节制相反的德行是“放纵”，校勘家每疑“利口（λάλος）”一词有误。阿雷丁诺译文作“失态”或“虚妄”，《苏校》据以改订原文为“放纵（ἀκόλαστος）”。

经过这些论证，关于善人和好公民的品德为同为异的问题——或[更精确些说]在哪一种命意上为同，哪一种命意上为异的问题——大概已可够明白了[①]。

章五　关于公民身分还有一个问题应该加以考虑。是否必须参加统治职能的人方才确实可以称为真正的公民，或者工匠也可以归入公民之列？如果不担任官职[②]的工匠也能归入公民之列，那么在这个城邦中将有某些公民不具备好公民[既能被统治也能统治]的品德。反之，工匠如果不能称为公民，他们将怎样置身于城邦？他们既不是外邦人(旅客)，也不是侨居者(居留民)，他们将属于哪一部分(阶级)？这的确是个疑难；但工匠的无所归属未必是 1278a
荒谬的，奴隶和解脱奴籍的“自由人”也无所归属[既不列入公民册籍，也不是外邦人和外侨]。实际上，我们不能把维持城邦生存的所有人们，全都列入公民名籍。同样地，儿童[虽近似公民]总是同

① 本章的论证取“设疑求解”方法，行文脉络颇难追踪。历代各国译本，往往互有出入。全章可分两部分：(一)1276b16—37，对照一切型式的城邦，论“善人和好公民的品德是否相同”，其结论为两者不同。城邦有好有坏，为类不同，恶劣城邦所需要的公民并非善人。(二)1276b38—1277b30，同一论题，却专举理想城邦而言。这部分又分为两段落：(甲)1276b38—1277a15，作为通例，在理想城邦中好公民的品德不必完全相同于善人的品德。(乙)1277a16—b30 在理想的自由人组成为最优良的理想城邦时，两者完全相同；好公民作为政治家(官吏)和善人相同而具有明哲端谨的品德，在作为被统治的自由公民，又和善人相同而具有其他的一般品德。在这一例上，每一公民都具备善人诸德，当其政治地位轮番转换时，他所表现的品德也随之作相应的转换(参看章五1278a40—b5；《纽校》III 154—173 页；巴克尔英译本 107 页章末长注)。

② 原先亚氏所拟公民身分应参加议事和审判机能，即“无定职司”(章一1275a30)。这里接续公民品德的辩难，又将公民身分提高为应当参与有定职司，即行政机能。

成人之为公民，含义有所不同。成年人是全称公民，儿童既未发育，要是也称为公民，就只是在含义上有所保留的虚拟公民①。古代，有些城邦中工匠阶级完全是奴隶和外邦人，沿袭到现在，那里的工匠们仍旧多数是奴隶和客民②。最优良的城邦型式应当是不把工匠作为公民的。在容许工匠入籍的城邦中，就不可能每一公民都具备既能被统治也能统治的良好品德，仅仅一部分不担任鄙俗的贱业的人们才具备这些好公民的品德。担任这些为维持城邦生存所必需的贱业者有二类——奴隶为私人服劳役，工匠和佣工（手艺人和苦力）则为社会服劳③。我们根据这些叙述再作进一步的研究，工匠和佣工的地位就可明白；实际上，如果领会了我们前面的一些议论④，这一问题也尽可不必详细说明了。

政体有好多种类，公民也就有好多种类；不担任官职的被统治公民，其种类更多。在某种政体中，工匠和佣工都是公民；在另一些政体中，他们却不得为公民。譬如那种号称“贵族政体”的城邦，其中职位都凭功勋和品德来分配，以手艺和苦力为生的人们既无缘完成他们的品德，就不可能成为这种城邦的公民。在寡头（财

---

① 参看章一 1275^{a}13—14。

② 希腊古代，尚武各邦如斯巴达，工匠全属奴隶（色诺芬：《经济学》卷四章三）。重商的航业国如科林多，工匠地位较佳，不严格拒绝于公民团体之外。雅典在梭伦改制时，许多奴隶因“免逋令”（seisaiktheia）而得赎身为自由人，以工艺和佣力来餬口（普鲁塔克：《梭伦传》24）；以后雅典航业和海军的强大就得力于这些技工和佣工（《狄奥多洛》xi 43.3）。雅典技工多客籍，见柏拉图：《法律篇》848A，德谟叙尼：《欧毗卢》（Eubulid）31。

③ 本节将全城邦人民分成两部分，一为享有政治权利的公民，另一为有益于城邦经济生活，虽为城邦所必需而不必享有政治权利的人们，参看卷七章八。

④ 章一 1275^{a}38—^{b}4。

阀)政体中,情况又相异。这里各种官职订有很高的家产条件;于是佣工就永远不能成为公民,而艺匠常能致富,就有时可以获得公民资格。可是,在忒拜订有这样一个条例:凡是曾经从商的人,必须经过十年不到市场做买卖行为,才能担任公职①。同这些精神相反,另有许多政体就放宽公民身分以至客民也不难入籍。例如有些平民政府竟容许只有生母为公民的男子(半客民)入籍;还有些城邦,对于私生子也援用这种条例。但公民资格开放得这样宽,大抵由于邦内缺少正宗的公民,不得不行一时权宜的政策。这种在人数短少时的暂行法规,到了人口增殖以后,自然就渐次废除:起先限制生父或生母的一方为奴隶者不适用这种条例;继而生母虽为本籍,如生父为客籍者也不得列为公民②;最后,公民身分又限于父母两方都必须是本国公民所生的儿女了。

这里,我们已说明了公民有几个种类而凡是能够参与城邦官职和光荣(名位)③的公民是最尊贵的种类。所以荷马有句诗说:

“视我非类兮褫我光荣”④;

凡是不得给予邦内的名位的人就好像是一些外邦的居留民。把某

① 参看卷六 $1321^{a}28$。古希腊手工艺人大都由自己拿了制品出售于市场,此处所说到市场的人就是指技工或手工作坊的主人,也就是匠师。

② “外侨子女”常称“半客民”的是指本邦人和外邦人的混血子嗣。混血子嗣的等级分别为:(一)本国公民和客籍自由民或富贵家族所生的子嗣,(甲)生父为本国公民,生母为客籍,(乙)生父为客籍,生母为本邦公民的女儿。(二)本国公民和居留民或外来奴隶的子嗣,(甲)生父为本国公民,生母为奴隶,(乙)生父为奴隶,生母为自由人。

③ τιμή 通常译作“荣誉”或“勋业”;光荣和功勋大都因军政官职取得,故其实际意义包括光荣和官职两事,这和汉文“名位”相符。

④ 见《伊利亚特》卷九 648、卷十四 59。

些人摈除于城邦官职之外，[未必全无理由，但]有些统治者却运用隐蔽的方式，以欺蒙国内的居民①。

1278^{b} 关于善人和好公民的品德是否相同也可由以上的论证得到结论：(一)在有些城邦中善人和好公民的品德两者相同，在另一些，则两者有别。(二)在前一类的城邦中并不是所有的好公民全都是善人，只有其中单独或共同领导——正在领导或才德足以领导——并执行公务的人们、即政治家们，方才必须既为好公民而又是善人②。

章六 确定了公民的性质以后，我们接着就应当研究政体这个主题③。政体只有一种类型，还是有好几种？如果有好几种，是否应当明白确定它们的数目而列举其类型，并分述各类型的差别何在？政体(宪法)为城邦一切政治组织的依据，其中尤其着重于政治所由以决定的"最高治权"的组织④。城邦不论是哪种类型，它的最高治权一定寄托于"公民团体"，公民团体实际上就是城邦制度⑤。

---

① 一般寡头政体的任官资格都明显地规定贫贱的人不得任官(卷五 $1308^{b}33$)。有些寡头和贵族政体实际上目的在于维持少数统治，而所订官格却含糊其辞，借以欺蒙国人，使没有自外于政府的思想(详见卷四章十二、十三 $1297^{a}7$—41)。

② 此节应为章四结论，在这里是错简，或系后人撰入。

③ 本卷第一章提出了"什么是城邦(波里)"的问题和什么是公民(波里德)的问题；照该章 $1274^{b}41$ 所说"城邦为若干公民的集团(组合)"，则第 1—5 章论定了公民的性质，跟着也就解答了城邦的问题。6—8 章继而叙述由"公民团体"所构成的"政体"，即"公民集团的政治制度"。参看 $1275^{a}1$ 注。

④ 参看本卷章一 $1274^{b}38$；卷四 $1289^{a}15$。

⑤ 参看下章 $1279^{a}25$—27。

例如平民政体的治权寄托于平民(德谟)[①],而寡头政体的治权则寄托于少数;治权所在的团体,两者既有这样的差别,我们就举以为两种政体的差别——其他各种类型的政体我们也凭同样的理由加以区分。

让我们先行研究城邦所由存在的目的,而后及于人类和人类各种社会所接受的各种统治。关于第一个论旨我们在前篇内"有关家务管理和主奴体系"的卷章中[②]已经涉及,"人类自然地应该是趋向于城市生活的动物"("人在本性上应该是一个政治动物")。人类虽在生活上用不着互相依赖的时候,也有乐于社会共同生活的自然性情;为了共同利益,当然能够合群,[各以其本分参加一个政治团体,]各如其本分而享有优良的生活。就我们各个个人说来以及就社会全体说来,主要的目的就在于谋取优良的生活。但人

① "德谟"(ὁ δῆμος):(一)原义为同"城市"相对的"乡郊"。克勒叙尼斯重编阿提卡公民时(公元前 509 年)分城郊地区为一百个"德谟",嗣后遂为城乡通用名称("坊社")。(二)该词用于人民,原指散居郊区的庶民,相对于城居的王族或贵族;自后坊社既为城乡共同的区划,"德谟忒"(δημότης)也成为一般公民(坊社居民)的通称。由"德谟"衍生的"德谟克拉西"(平民政体)本为一雅典词,雅典词随后多为希腊人所通习,久而流传为世界各国公用的名词。

② "《关于家务管理和主奴体系》(专制统治)前编各卷"符合于现存《政治学》抄本的卷(Α)一。下行所引文句即见于卷一章二 1253^a2。卷一末章末节 1260^b12 所举"《关于各种政体》(自由公民统治制度)各卷"当指现存抄本卷二至八(Β—Θ)。这样,"前编"为家政,"另编"为国政。或称前编为"伦理性政治学",另编为"技术性政治学"。但亚氏所说"各卷",就专论家务部分而言,今仅见一卷,我们实难从卷二卷八间再检取有关主奴体系的卷章。或试于卷二至八,以理论和实际为纲,区分为前后编,但仔细考察这七卷行文往往错杂理论和现实政治,殊难得适当分界。或试以政体类型区分君主政体和宪政各型为前后编,这也不可能。所以近代译本常把"前编各卷"含混地解作《政治学》这书的"初卷"。

类仅仅为了求得生存，就已有合群而组成并维持政治团体的必要了[①]；世间的苦难如果不太重，生存的实际也许早已包含了一些良好的因素。这是一个明显的现象，许多人忍受着无量忧患，总不肯舍弃自己的生存，以此为证，可知人世虽单纯地为生存而生存，其中也未必完全没有幸福的日子和天然的乐趣。

关于通常所说的各种统治，大家不难辨别；我们在公开课程所授的各篇[②]中，曾对统治的各个种类屡屡加以说明。主人对于奴仆的统治就是其中的一个种类；这里自由主人和天然奴隶两者的结合的确可以互利，但主人执掌统治权力时，总是尽多地注意着自己的利益，即使有时也考虑到奴隶的利益，那是因为奴隶如果死灭，主人的利益也就跟着消失了。就我们所谓家务管理说，家长对于妻子和子女以及一般家属的统治是第二个种类；这种统治主要是为了被统治者的利益，同时也为了统治和被统治两方面的利益。这里的情况，有如医药、体育锻炼及其他各种非政治的技术，他们
1279a 都不是为了自己的利益而操持其技术，如果说技术家们也曾经因此而自己获得利益，那只能说是附带的。体育教师未尝不可偶尔随同自己所教的生徒一起操练，有如航船的舵师原来也可以当一名水手。体育教师或舵师主要地总是致力于他所统领的全班生徒或全船水手的利益；但当教师偶或作为生徒之一而本身仍旧还是

① 20—26行说明政治团体，即城邦组织的目的有三：（一）单纯地为人类的生存——军事和经济生活。（二）进一步为满足人类乐于群居的自然性情——经济和社会生活。（三）再进一步，以政治机构协调各人的功能，导致人类的优良生活——道德生活。

② 在吕克昂学院中所讲授的有（院内）深密课程和（院外）公开课程之别，参看《欧伦》卷一 1217b22；格洛忒：《亚里士多德》卷一 63。

一位教师,或舵师作为众水手之一时,他附带着也获得全班或全船的利益。

这个譬喻也可适用于第三种类的统治——即城邦宪政统治。当一个城邦依据平等原则,由相同身分的人组成政治体系时,公民(城邦组成分子)们自然认为他们大家应该轮流执掌治理的职司[治理的职司主要是致力于被统治者的利益,所以这些义务应该由大众轮流分担,而统治者作为公民团体中的一员,也附带地获得共同的利益]。这原来是一个合乎自然的制度,当初,人们各自设想,在我担当这种义务的时期,既然照顾到他人的利益,那么轮着他人执政时期,也一定会照顾到我的利益[①]。如今,情况已不是这样。动心于当官所得的便宜以及从管理公共财物中所获的残余或侵蚀,人们就希冀久据要津。这类公职人员好像被病魔所缠,必须求救于官司[一旦失官,便憔悴不堪];总之,看到这些人争权夺利的狂热,不能不想起这些情况实际是病态。由此所可导致的结论是明显的:依绝对公正的原则来评断,凡照顾到公共利益的各种政体就都是正当或正宗的政体;而那些只照顾统治者们的利益的政体就都是错误的政体或正宗政体的变态(偏离)。这类变态政体都是专制的[他们以主人管理其奴仆那种方式施行统治],而城邦却正是自由人所组成的团体。

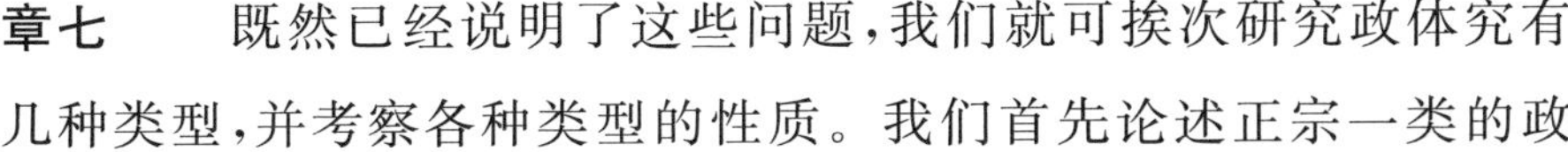

章七 既然已经说明了这些问题,我们就可挨次研究政体究有几种类型,并考察各种类型的性质。我们首先论述正宗一类的政

① 参看卷二 1261^a37—$^b6$。

体；正宗政体说明之后，相应的各种变态政体也就显而易见了。“政体”（πολιτεία，波里德亚）这个名词的意义相同于“公务团体”（πολίτευμα，波里德俄马），而公务团体就是每一城邦“最高治权的执行者”，最高治权的执行者[①]则可以是一人，也可以是少数人，又可以是多数人。这样，我们就可以说，这一人或少数人或多数人的统治要是旨在照顾全邦共同的利益，则由他或他们所执掌的公务团体就是正宗政体。反之，如果他或他们所执掌的公务团体只照顾自己一人或少数人或平民群众的私利，那就必然是变态政体[②]。在这些偏离了正宗的政体中，一般公民的公共利益既然不受照顾，那么他们也就不必称为“公民”了；如果说他们必须称为“公民”，那么他们所在的公务团体或政体就应该照顾到全城邦人民的利益。政体（政府）的以一人为统治者，凡能照顾全邦人民利益的，通常就称为“王制（君主政体）”。凡政体的以少数人，虽不止一人而又不是多数人，为统治者，则称“贵族（贤能）政体”——这种政体加上这样的名称或是由于这些统治者都是“贤良”，或由于这种政体对于城邦及其人民怀抱着“最好的宗旨”。末了一种，以群众为统治者而能照顾到全邦人民公益的，人们称它为“共和政体”——这个名称实际上是一般政体的通称，这里却把一个科属名称用作了品种

① “主人”（ὁ κύριος），为具有主权的人物，奴隶以此称其家主，臣民以此称其君主。“主权”（τὸ κύριον），在政治方面，指一邦的“最高治权”，或邦政最后裁决的机构；许多译本引用“sovereignty”这一译名。sovereign 这词源出拉丁 superanus（“主上”，犹中国古时所谓“皇上”），流行于中古时期。希腊城邦自君主制以至平民政体，王室或公民大会裁决政事的过程都不同于中国、罗马帝国或欧洲中古诸王的统治方式。τὸ κύριον 和 sovereignty 指事虽同，情调相异。

② 参看《尼伦》卷八章十。

名称[①]。引用这一名称是有理由的。一人或少数人而为统治者，这些人可能具有特殊才德；等到人数逐渐增加时，当然难于找到这么多各方面的品德都是完善的人，惟有军事性质的品德可以期望 **1279**^{b}
于多数的人们，武德特别显著于群众。所以在共和政体中，最高治权操于卫国的战士手中，这里必须是家有武备而又力能持盾的人才能称为公民而享有政治权利[②]。

相应于上述各类型的变态政体，僭主政体为王制的变态；寡头政体为贵族政体的变态；平民政体为共和政体的变态。僭主政体以一人为治，凡所设施也以他个人的利益为依归；寡头(少数)政体[③]以富户的利益为依归；平民政体则以穷人的利益为依归。三者都不照顾城邦全体公民的利益。

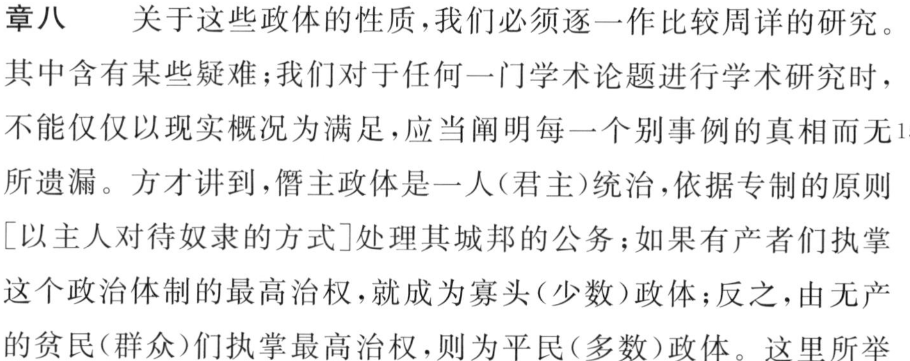

章八　关于这些政体的性质，我们必须逐一作比较周详的研究。其中含有某些疑难；我们对于任何一门学术论题进行学术研究时，不能仅仅以现实概况为满足，应当阐明每一个别事例的真相而无所遗漏。方才讲到，僭主政体是一人(君主)统治，依据专制的原则[以主人对待奴隶的方式]处理其城邦的公务；如果有产者们执掌这个政治体制的最高治权，就成为寡头(少数)政体；反之，由无产的贫民(群众)们执掌最高治权，则为平民(多数)政体。这里所举

① 参看卷二 $1273^{a}5$ 注。

② 参看卷二章六 $1265^{b}28$；本卷章十七 $1288^{a}12$；卷四章十三 $1297^{b}1$。

③ 本章，正宗和变态，政体六个类型的分类根据(一)统治者人数的为多或少，(二)施政的目的，为全体公众或为执政部分的人们。这里所作变态政体的第二第三类型的说明，又引出另一分类根据即，(三)贫富或阶级分别。要是依阶级分别题名，这里的寡头政体，应该称为“财阀政体(πλοντοκρατία)”。

[平民和寡头政体]的定义中就存在着第一个疑难。平民(穷人)政体原先已解释为多数人的统治[①];但有时一个城邦中代表最高治权的多数人竟然都是有产者(小康之家)。相似地,寡头(财阀)政体原先已解释为少数人的统治[②];但有时一个城邦中穷人少于富户,然而他们却富有才能,竟然掌握了治权。这样,两者都同方才叙述的定义相违背。让我们合并以上两类定义,以便解除这个疑难——财富联系于少数,而多数则同贫穷结合;于是修订寡头政体的定义为人数较少的富人控制了城邦的治权,相似地修订平民政体的定义为人数甚多的贫民控制着治权;这里又遗留了另一疑难。我们的新定义要是说已经可以包括一切寡头和平民政体,那么上述偶尔可能发生的情况——那些城邦富户数多而穷人数少——,要是其中竟然在某一城邦,富户多数控制了政权,在又一城邦则穷人少数控制了政权,对于这些政体,我们将怎样取名?这一论辩显示了人数这个因素应该为次要的属性,一般的城邦既然常常是富户少而穷人多,那么上述的特殊例子只是偶然的事件而已:寡头和平民政体的主要分别不在人数的为少为多。两者在原则上的分别应该为贫富的区别。任何政体,其统治者无论人数多少,如以财富

1280a 为凭,则一定是寡头(财阀)政体;同样地,如以穷人为主体,则一定是平民政体。

恰好像我们方才所说,世上常常是富户少而穷人多。一个城邦组织内,全部都是自由的公民,而富于资财的人则限于其中的较

① 见章七 1279^b6—章八 1279^b19。

② 见章七 1279^b6—章八 1279^b19。

小部分;其一以自由为标志,另一则以财富为依据,这些就是寡头和平民两派所各各据以争取统治权力的实际基础[①]。

章九 其次我们须先确定主张寡头政体和平民政体者各人所持有的原则,并辨明他们各各所包含的正义(法律)观念[②]。寡头和平民派对于正义各有其认识,但他们的认识既不充分,所持的正义就都是不完全的,各人都只看到正义的某些方面。譬如在平民政体中,“正义”就被认定为[分配政治职司的]“平等”。这确实是平等,但只限于同等人们之间的平等,不是普及全体的平等。在寡头政体中,却以[政治职司的]“不平等”分配为合乎正义。这确实也是正义,但只限于不平等人们之间而言,也不是普及全体的正义。寡头派和平民派都没有考虑这一因素——是谁(哪些人)可以适用他们所持的原则——所以两派都作出自己的错误判断。各人各照自己的利益进行论断,而大多数的人如果要他们判决有关自身的案件时,实际上就都是不良的判官。正义(法意)对人身有关系;正义的(合法的)分配是以应该付出恰当价值的事物授予相应收受的人——这个要旨我已经在《伦理学》中讲过了[③]。[按照这个要旨,

---

① 自章六至八,有关政体分析,可参看《尼伦》卷八章十 1160^b31 以下和《修辞》卷一章八 1365^b22 以下。

② 正义(δίκη),“正义的观念”(τὸ δίκαιον),它们的字根“δίκ-”为对于“正直”的道路的“指示”,可能和拉丁字“手指”(digitas)或“正直”(directe),出于同一较古的言语。中国俗以“公道”为“正义”,用意相似。后世法兰西语 droit 和意大利语 dritto 之为“法律”,都是源出于拉丁“正直”(directum)这个词,同希腊语 δίκαιον 相似,兼有“义”和“法”两方面的用意。

③ 见《尼伦》卷五章三 1131^a15。

合乎正义的职司分配（“政治权利”）应该考虑到每一受任的人的才德或功绩（“公民义务”）。］寡头派和平民派两者虽都主张事物的平等，但对于人身的平等这个问题，他们就意见相歧了。发生这种分歧的主要原因就在于方才所说他们都作为自身有关案件的判官，而且做出了错误的论断；另一原因则在双方各别认识的正义观念，实际上都是局限的偏见，却各自认为是绝对而完全的道理。寡头（财阀）派的偏见在“资财”，他们认为优于（不等）资财者就一切都应优先（不等）；平民派的偏见在“自由身分”，他们认为一事相等则万事也都相等。

可是，两方都疏忽了真正的要点［即城邦所由存在的目的］。如果财产确为人类所由合群并组成团体的目的，则人们分配城邦的职司和荣誉时就应该以他们所贡献的财产为比例；按照这个论据，寡头（财阀）派的理由是充足的——要是投资一米那的人，和那个投资其他九十九米那的人，平等享用一百米那的本利，这才真正是不合正义（不平等）了。但是城邦不仅为生活而存在，实在应该为优良的生活而存在①；假如②它的目的只是为了生活（生存），那么，奴隶也可能组成奴隶的城邦，野兽或者也可以有野兽的城邦，然而在我们现在所知道的世界中，实际上并没有这类城邦，奴隶和野兽既不具备自由意志，也就不会组织那种旨在真正幸福的团体。相似地，城邦的目的也不仅为寻取互助以防御一切侵害，也不仅为

① 参看卷一章二 1252^{b}29；本卷章六 1278^{b}24。

② 31 行起，直至 36 行止，原句尽属“假如……”绪句，中间夹入若干括弧子句。结句实际见于 1281^{a}5，……所以句。兹参照各家译文，改变了语句联系词，区分了这一长句。

便利物品交换以促进经济的往来。假如城邦的目的仅仅是这些,那么替里尼人和迦太基人就可并为一邦,其他缔结商务条约的各邦也可作相应的合并。这是确实的,这些邦国订有输入输出的合同,并缔结商务条约,规定[在商业上]互不损害两国人民的利益,保证各自正当的行为:这些邦国之间还有成文的军事互助同盟条约①。但,另一方面,两邦并没有共同设立的商务官员,总理两邦的贸易;反之,两邦仍旧各设自己的职司,管理本邦的业务。两方 1280b
的条约只限于防止并处分自己的人员[在进行贸易时]发生有害于对方人员的行为,两方对于对方人员的道德品质都不用操心,条约中也无须保证所有参加贸易业务的人们全都不发生有违正义(非法)或其他恶劣行为。可是,凡订有良法而有志于实行善政的城邦就得操心全邦人民生活中的一切善德和恶行。所以,要不是徒有虚名,而真正无愧为一"城邦"者,必须以促进善德为目的。不然的话,一个政治团体就无异于一个军事同盟,其间惟一的差别就只在空间上,一个"城邦"内的居民住在同一空间,而另一个"同盟"内的人民则住在互相隔离的两个地区。又,如果不是这样,法律也无异于一些临时的合同——或引用智者(诡辩派)吕哥弗隆的话语,法

① 希腊古典时代地中海各城市从事矿业和手工业者以铜铁器和陶器交换非洲、意大利、小亚细亚、黑海地区的农产品。粮食的输出入,很多城邦由政府经营,相互间便订立"贸易合同"。关于两邦间商务人员的一切行为,如发生纠葛,则凭商务条约各款处理。参看希克斯:《希腊碑志手册》(Hicks, Manual of Gr. Hist. Inscriptions)第74号碑文。

替里尼人指意大利半岛上拉丁地区北部埃特罗里亚(Etruria)的居民。迦太基和意大利沿海城市贸易定有规约,其详不得而知。布佐耳特:《希腊史》(Busolt, Gr. Gesch.),卷二753—755页说,公元前535年,曾有迦太基人和埃特罗里亚人的联合舰队驱逐替里尼海中科西嘉(Corsica)岛上的腓尼基殖民,足证两邦曾经订有"军事同盟"。

律只是“人们互不侵害对方权利的［临时］保证”而已——，而法律的实际意义却应该是促成全邦人民都能进于正义和善德的［永久］制度[①]。

一个城邦的目的是在促进善德，这样的宗旨不难给它作证。这是很明显的；要是梅加拉和科林斯两邦（市）竟然围以一道垣墙，这两邦却还不是一邦。假令两邦（市）的居民更相互通婚，虽然通婚为同邦以内社会生活的征象之一，但仍然不能说它们已合为一邦。即使它们已作成下列安排，仍然不能说它们已经成为一邦：——人们相离虽远而犹能相及，于是订立了在物品交换方面彼此保护、互不损害的规约，作为共同信守的典章。我们可以设想参加这种交换行为的人们，一个是木匠，另一是农民，又一是鞋匠，以及其他一些物品的生产者，人数很多；我们也尽可设想这里的人数竟然多到一万人。可是，假如这些人的结合仅以物品交换以至防卫同盟为止，那么他们的结合仍未能达到一个城邦［政治］组织的阶段[②]。为什么呢？这不是说，作为同一团体，其中所包含的分子尚缺少延续性[③]。在上述的结合中，人们尽可集合到密切相接的

---

① 1280^{a}25—^{b}12 参看卷一章二 1252^{b}27—1253^{a}2 和本卷章六 1278^{b}16—30 。此节阐明人类合群而组织团体的目的挨次为军事、经济、政治三级（1278^{b}26 注）；平民（民主）派所持“自由身分”和寡头派所持“财富”仅仅各自符合于第一第二级目的，不符合人类的高级宗旨。

② 1280^{a}12 至此，亚氏应用“尽其可能”的作证法，给城邦组织的道德目的作证：说明（一）延续性——人民同在一个地区，可以互相接触；（二）因通婚而血统混合；（三）因经济往来而日常生活安排在同一防御体系以内；既挨次叙述了非道德目的的这三种可能的结合形式而指证它们都不得成为城邦政治组织，这就反证了原先的道德主题。

③ 包含在各分子间的“延续性”为事物“合一”的条件，参看《形上》卷五 1016^{a}1—16 。

一个会场;但他们要是各各保有自己的家庭,好像独治一个城邦那样管理家务,他们所由集合的作用只限于共同防卫某种临时发生的侵害而已。简单说来,即在集合完了以后又像未集合以前一样人人各自进行原来的生活;那么,任何精审的思想家就不会说这种结合是一个城邦(政治体系)。所以,很明显,一个城邦不只是在同一地区的居留团体,也不只是便利交换并防止互相损害的群众[经济和军事]团体。这些确实是城邦所由存在的必要条件;然而所有这些条件还不足以构成一个城邦。城邦是若干生活良好的家庭或部族为了追求自足而且至善的生活,才行结合而构成的。可是,要不是人民共居一处并相互通婚,这样完善的结合就不可能达到。所以各城邦中共同的"社会生活"——婚姻关系、氏族祠坛、宗教仪式、社会文化活动等——是常常可以见到的现象。这些事业都可以促进人间的友谊,而友谊仅仅是社会生活情调的表征。至于一个城邦的作用及其终极目的却是"优良生活",而社会生活中的这些活动却只是达到这种目的的一些手段而已。城邦为若干家庭和[若干家庭所集成的]村坊的结合,由此结合,全城邦可以得到自足 **1281**^{a}
而至善的生活,这些就是我们所谓人类真正的美满幸福①。

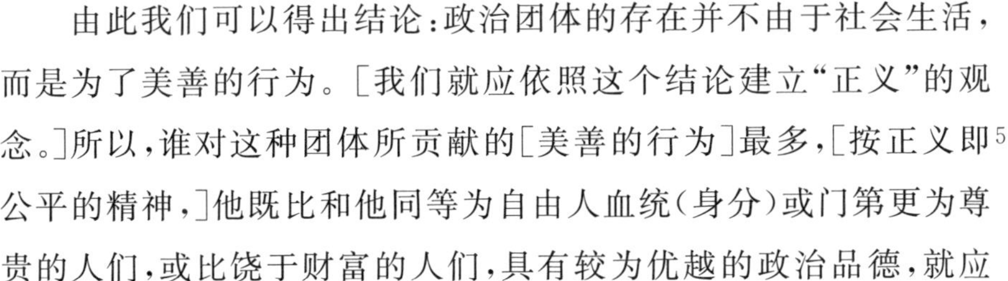

由此我们可以得出结论:政治团体的存在并不由于社会生活,而是为了美善的行为。[我们就应依照这个结论建立"正义"的观念。]所以,谁对这种团体所贡献的[美善的行为]最多,[按正义即公平的精神,]他既比和他同等为自由人血统(身分)或门第更为尊贵的人们,或比饶于财富的人们,具有较为优越的政治品德,就应

① 参看卷一 1252^{b}27—1253^{a}2;《尼伦》卷一 1097^b 6。

该在这个城邦中享受到较大的一份。由此可知，对于政体问题有分歧意见的两方［平民派和寡头派］所持的“正义”观念都是偏见[①]。

章十 关于城邦的最高治权应该寄托于什么(怎样的人们)，这也是一个疑难：寄托于“群众”[②]或“富户”或“高尚人士”或“全邦最好的一人”或“僭主”。［在这五者之中，］选取任何一项，都会发生不相宜的后果：那些后果怎么会不随之而来呢？倘使穷人占据最高治权，就会凭其多数来瓜分富户的财物——这是否有违正义(非法)？平民派就会出来回答说：“不，神明鉴临[③]，这是最高统治机构依据正义(依法)而行的措施。”但，我们跟着可以反问，假如这还不算是极端的不义(非法)，什么才是不义？全邦中任何多数，无论为小康之家，或为穷苦的人，倘使把少数人的财物共同瓜分，取为己有，这种多数显然是在破坏城邦。可是，善德总不做破坏任何善物的行为，而正义也一定不是为害于城邦的。于是，很显然，这种

---

① 本章关于“正义”和“法律”两词的解释，参看 $1280^{a}8$、$1287^{b}6$ 注。

② 希腊各城邦除为数甚众的奴隶外，自由公民社会一般可分为少数和多数两层。(一)“上层少数”($1278^{b}13$)主要为“富户”(资产阶级)，另有“贤良人士”和“著名人士”(贵要阶级)或“高尚人士”。(二)“下层多数”($1281^{a}11$)，“群众”，即“平民”($1278^{b}12$)；平民群众内，有些是“穷人”(贫困阶级)，还有些是失产失业的“群氓”。所谓“高尚之士”为持平公正的人，能弥补法律的遗漏，排解社会的纠纷，也可列在这两层公民的中间。参看《尼伦》卷五章十 $1137^{a}31$；《修辞》卷一章十三 1374^{b}、章十五 $1375^{a}25$。

③ 不，神明鉴临(Nὴ Δία)，直译为“唉，大神”，这个随口的誓语，用以加重原句的辞意，保证所言的确实。依鲍尼兹：《索引》，这个口语，全集中仅见于本书此节及下章 $1281^{b}18$。

没收(分赃)的法令是不可能合乎正义的。[如果说这种法令合乎正义,]僭主的行为也就必然是合乎正义的了;恰恰好像平民多数以强力(较高法权)胁迫富户,僭主们也遵循同样行径胁迫他人。那么,要是由少数富人来执政是否就能合乎正义?如果他们也像别人那样掠夺并没收平民的财物,他们的行为是否可算是合乎正义(合法)?倘使认为合法,则平民所施于富户的行为也应当同样认为合乎正义了。这是无疑的,所有这些恃强逞暴的行为都是卑鄙而不义的。

[于是,试问]这就应该由[少数]高尚人士(贤良)执政而掌握最高治权么?但[高尚人士虽不会没收他人的财物,可是]依照这种制度,其他的人们[虽可常常保有产业,却]都不得任职。城邦的职司本来是名位(荣誉),少数的一部分人常常占据这些名位,全邦其他的人们便永远被摈于名位之外了。倘若以最好的一人来治理,是否可以胜过其他各种办法呢?这种制度的性质[比富户和贤良为政,]实际上就更是寡头;邦内不得名位的人自然也就更多了。有些人看到,把治权寄托于任何"个人"[或任何一组的人],而个人既难免情感的影响,这就怎么也不能成为良好的政制,于是他建议:这不如寄托于"法律"[①]。然而法律本身可以或倾向寡头,或倾向平民;以倾向寡头或倾向平民的法律为政,又有什么不同于寡头

① "人治不如法治"之说,毕达库斯早已主张过(狄奥多洛:《史丛》卷九 27.4,狄欧根尼·拉尔修:《学者列传》卷一 77)。柏拉图:《法律篇》713E 说,大神不再像在克罗诺(Cronus)时代派遣精灵来保佑现世间的和平和繁荣,人类欲得和平与繁荣当求之于法制。亚氏此节说法律仍旧不易解决原来的疑难,并进而辨析柏拉图的法治主张,认为法律有好坏之别,如为恶法,便不能树立城邦的正义,也不能导致和平与繁荣。下文如卷四章四章五,亚氏也崇尚法治。

派或平民（民主）派执掌着最高治权？实际上是一样的，上述的后果①还得发生，而我们所拟最高治权寄托于什么的问题，倘若期之于法律，仍然还是一个疑问。

章十一　关于其他的论旨留待往后研究②；这里先行考虑以“群众”为政这一项——似乎把治权寄托于少数好人（贤良），毋宁交给多数平民，这里虽存在着一些疑难③，其中也包含某些真理，看来
1281^b 这是比较可取的制度。就多数而论，其中每一个别的人常常是无善足述；但当他们合而为一个集体时，却往往可能超过少数贤良的智能。多人出资举办的宴会可以胜过一人独办的宴会。相似地，如果许多人[共同议事，]人人贡献一分意见和一分思虑；集合于一个会场的群众就好像一个具有许多手足、许多耳目的异人一样，他还具有许多性格、许多聪明。群众（多数）对于音乐和诗人的作品的批评，常常较[少数专家]更为正确，情况就是这样：有些人欣赏着这一节，另些人则被另一节所感动，全体会合起来，就完全领略了整篇的得失④。品德高尚的好人所以异于众人中的任何个人，就在于他一身集合了许多人的素质；美人的所以异于平常的容貌，

① 原题见 11—13 行，后果见 14—27 行。

② 见本卷章十二—十七和卷四、卷六。

③ 《纽校》III 214 说，这个疑难是指章二 1275^{b}35 的疑难。

④ 亚氏对政治和文艺都重视群众集体原则，这是符合雅典风尚的。雅典传统不仅城邦军政事项由公民大会审议，公共建筑计划的选择、音乐演奏或戏剧比赛的评定也由公民投票来裁决。柏拉图在议论政治时，常常引艺术为喻，但其旨相反；他厌闻平民集体，宁从专家意见，曾称公民议事的民主政体为“剧院（观众）政体”（θεατροκρατία）（《法律篇》700E—701A）。阿里斯多芬也轻视群众，《骑士》（Equites）752 讥嘲公民大会中被平民领袖所牵率的平民们都像是傻瓜。

艺术作品的所以异于俗制的事物,原因也是这样,——在人的相貌上或作品上,一样一样原来是分散的众美,集合成了一个整体。[我们目前所称美的恰恰正是这个整体,]你如果把那整个画像拆散开来审视,也许可说他的眼睛还不如某一个常人的眼睛,其他部分又不如另一某人的相应部分。这种集众人的短处可以胜过少数人的优点的原则,可否应用到一切平民政体以及一切人类团体,这里殊难确切断言。"神明鉴临",也许在某些人的团体中①,不可滥用这种原则;要是说这种理论可以作为通例,也可施之于兽类,这就未免荒谬,而某些人的团体又有什么不同于畜群?然而尽管人们提出这些反对意见,我们这个原则应用到某些公众团体总是正确的。

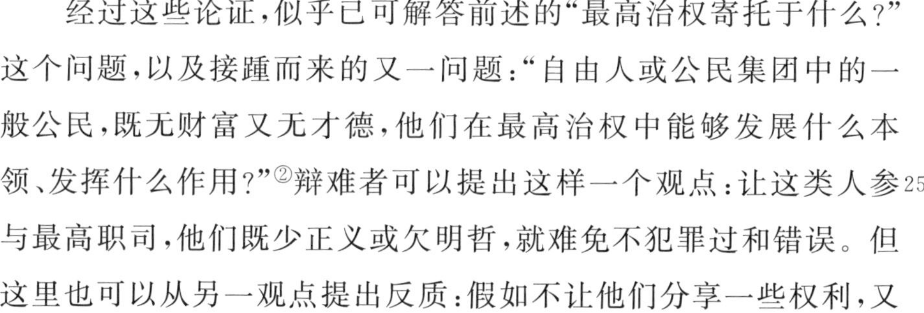

经过这些论证,似乎已可解答前述的"最高治权寄托于什么?"这个问题,以及接踵而来的又一问题:"自由人或公民集团中的一般公民,既无财富又无才德,他们在最高治权中能够发展什么本领、发挥什么作用?"②辩难者可以提出这样一个观点:让这类人参与最高职司,他们既少正义或欠明哲,就难免不犯罪过和错误。但这里也可以从另一观点提出反质:假如不让他们分享一些权利,又

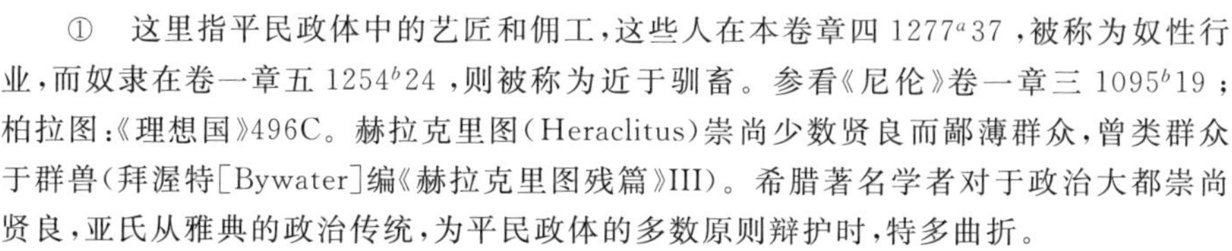

① 这里指平民政体中的艺匠和佣工,这些人在本卷章四 1277^a37,被称为奴性行业,而奴隶在卷一章五 1254^b24,则被称为近于驯畜。参看《尼伦》卷一章三 1095^b19;柏拉图:《理想国》496C。赫拉克里图(Heraclitus)崇尚少数贤良而鄙薄群众,曾类群众于群兽(拜渥特[Bywater]编《赫拉克里图残篇》III)。希腊著名学者对于政治大都崇尚贤良,亚氏从雅典的政治传统,为平民政体的多数原则辩护时,特多曲折。

② 上章 1281^a11,"最高治权寄托于什么"的问题,辩论至此可说业已解答了:在原拟五项人物中应选定"群众"担任最高统治者,即采取"平民政体"。以下各节继续论究第二问题。

会发生严重的危害;如果一个城邦中大群的穷人被摈于公职之外,这就等于在邦内保留着许多敌人。在两难的处境中寻求出路,就让他们参与议事和审判的职能[①]。因此,梭伦和其他某些立法家把平民群众作为一个集体,要给予这两种权力:(一)选举执政人员,(二)在执政人员任期届满时,由他们审查行政的成绩或功过;但按照他们每一个人各自的能力,却是不得受任官职的。当平民群众会集在一起时,他们的感觉和审察是够良好的,这种感觉和审察作用同较高尚一级[行政人员]的职能相配合是有益于城邦的——恰恰好像不纯净的杂粮同细粮混合调煮起来,供给食用,就比少许细粮的营养为充足;至于他们每一个人,倘使分别地有所审察,这总是不够良好的。

但这样安排平民群众参加议事和审判职能的政体内存在着某些困难。第一,人们可以提出这样的意见,对于医疗事件的得失要

1282a 有所判断,必须询问具有医术能够疗治这类疾病的人,即医师;对于其他一切行业和技术,也是这样。有如医师的功过应该由医师们集合起来加以审查,其他各业从业者的功过也应该由同业加以审查。所谓医师,为类有三:(一)施行医疗工作的一般医务人员,(二)业有专精,能够担当领导工作的高级医师,(三)还有知道一般医疗技术的[业外]人士——这样的业外人士几乎在每一行业中都是可以找到的;这些人的判断能力并不弱于我们所列举的从业人

① 这样的公民职能见章一 1275b16—17 。下句所举梭伦法要旨,(一)选举符合议事职能,(二)审查行政功过符合审判(司法)职能。

员和专家[①]。[由审查功过]转到次一问题即选举问题时,人们又可提出同样的原则。辩难者可以说,必须是同业的专家才能举出真正的人才。只有精于几何学的人们才能确切地选定一位测量员,只有老于航海的人们才能选定一位舵师;虽然在某些行业、某些技术中有些业外人士也非常擅长识别从业人员技术的精疏,但总不如业内的专家为熟谙。按照这个原则,辩难者认为,无论是选举执政或审查行政功过都不适宜于平民,对于群众就不该使他们执掌最高治权。可是,这些辩难的理由是不充分的。我们前面曾经说起过的[集体异人]论点[②],实际上可以拿来答复这种质询。假如群众不是很卑贱的(带有奴性的)人们,则就个别而言,他的判断能力不及专家,但当他们集合起来,就可能胜过或至少不比专家们有所逊色。又,在某些技术中,创作者不一定是最好的评判家,当然更不是惟一的评判家。这些技术作品,在没有学习过这门技术的人看来,也是可以识别而加以评判的。例如,一幢房屋就是非建筑者也能懂得的事物:实际上房屋的所有者,即住户,有时竟比建筑师更擅于评判房屋的好坏。相似地,对于一枝舵,舵师比一位造船木匠就更擅于鉴别,对于一席菜肴,最适当的评判者不是那位厨师,而是食客。

经过这番论辩,关于平民群众议事和审判权力的责难可说已有了充分的答复。但同这个责难相联系,还可引起另一责难。如

① 这里亚氏举出并不行医而具有医学知识和医务判断能力的人士,譬喻不执行政事的公民也可具备审查行政工作的能力。但下文转入另一辩难;直至14—22行始引申这个譬喻。

② 1281^{a}40—^{b}21。

今，所赋予素质较低的人们（平民）的审议权力实际上高出于高尚的人们（贤良）所承受的行政职务，这总是荒谬的。选举执政人员，以及在执政人员任满后审查他们的功过，这些都是城邦的大事；可是，我们就见到有些城邦政体把这些大事交给群众团体，在这些城邦中对于这些大事，公民大会就执掌了最高权力。而且，城邦的财政官或将军，或任何高级官吏，家产和年资的条件总是较高，驾驭在这些职司之上，担任议事和审判的公民大会会员却都是家产微薄的人，又没有年龄的规定。可是，对于这一责难也可以像答复前一个责难那样予以回答，而重申平民政体在这方面的安排为可取。按照现行制度，权力实际上寄托于公审法庭或议事会[①]或群众的整体，并没有交付任何个别的一位“群众陪审员”或“议员”或“公民大会的会员”，每一成员只是法庭或议会或大会整体中的一个［不能独立的］部分而已。所以，把公民大会、议事会和法庭所由组成的平民群众的权力置于那些贤良所任的职司之上是适当的，也是

1282b 合乎正义的（合法的）。所有参加这些审议机构的人们的集体性能原来就大于那些少数贤良所组成的最高［行政］机构，自然也大于他们各人的个别性能。如果完全明白我们这些论旨，上述的责难也就可以平息了。

① 雅典及其他平民政体以“公民大会”（ἐκκλησία）为选举和议事机构，以“公审法庭”（δικαστήριον）为最高审判机构。这里并举了“议事会”（布利）。各邦议事会的建制和职权不尽相同。雅典议事会为提出于公民大会各案件作预审工作，其议事员五百人，由公民中年满三十岁以上者抽签轮流担任。另如卷六章二1317b31所称“布利”，便属于行政机构。

当我们在讨论第一个疑难时[①],曾引申到这一要旨,最后的裁决权力应该寄托于正式订定的法律。只是所有的规约总不能概括世事的万变[②],个人的权力或若干人联合组成的权力,只应在法律有所不及的时候,方才应用它来发号施令,作为补助[③]。但怎样的法律才能作为正宗的法律,这个问题仍旧没有辩明;我们前面曾经涉及的法律可能有偏向的疑难还是存在[④]。相应于城邦政体的好坏,法律也有好坏,或者是合乎正义或者是不合乎正义。这里,只有一点是可以确定的,法律必然是根据政体(宪法)制订的;既然如此,那么符合于正宗政体所制订的法律就一定合乎正义,而符合于变态或乖戾的政体所制订的法律就不合乎正义。

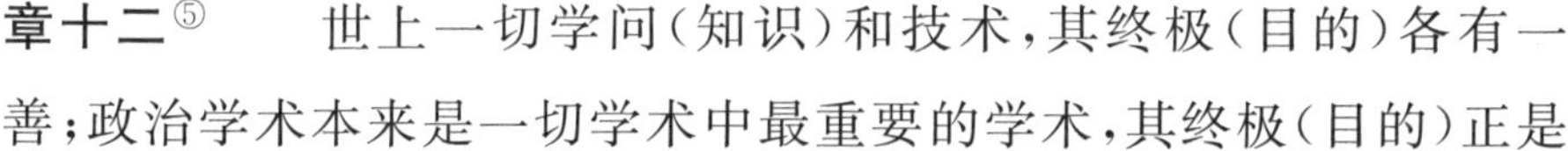

章十二[⑤]　世上一切学问(知识)和技术,其终极(目的)各有一善;政治学术本来是一切学术中最重要的学术,其终极(目的)正是

① 本卷第十章。

② 参看《尼伦》卷五 1137^b19。

③ 雅典政治素重旧典和成规。公民大会以审议政事为主;如有变更成法的议案须另由司法委员加以审订,才能颁行,实际上公民大会制定新法律的事例是很少的。有些人利用公民大会通过有违旧典的"政令",常被责为僭越。执政人员如有违背成法的措施,任何一个公民都可以"违制罪"(γραφή παρανόυον)诉之于公审法庭。亚氏这里崇尚法治的意旨符合于雅典传统(参看维诺格拉多夫:《历代法理》[Vinogradoff, Historical Jurisprudence]卷二章六 2,"法治")。

④ 参看 1281^a36。

⑤ 章九至十一以不同论点考察城邦中公民义务和权利分配的问题,也就是公民和他所应承受的事物(名位)之间,如何能达到公平的问题。正义的要旨和法律的实质就在于使人人和物物的关系各得其平。第十一章的辩论显然已承认平民"群众"应有最高政治权利;第十二章改变了论辩的途径,平民的自由身分不再是政治上特别重要的条件而"财富"和"品德"也各有它的地位了。

为大家所最重视的善德，也就是人间的至善[①]。政治学上的善就是“正义”，正义以公共利益为依归。按照一般的认识，正义是某些事物的“平等”（均等）观念[②]。在这方面，这种世俗之见恰好和我们在伦理学上作哲学研究时所得的结论相同[③]。简而言之，正义包含两个因素——事物和应该接受事物的人；大家认为相等的人就该配给到相等的事物。可是，这里引起这样的问题，所谓“相等”和“不相等”，它们所等和所不等者究为何物？这个问题中所包含的疑难应在政治学上从事明智（哲学）的考察。有些人可能主张，城邦的职司［和荣誉］应该按照尚优原则，分别高低（不平等地）分配于任何方面有所优胜的公民——即使在其他方面，他们同别人无异，如果他们有一点长处，这一优点就该受到尊重，而权利的分配就应该符合他们各别优点的大小。可是人们倘遵循这种原则，谁的相貌较好或谁的身体较高，他就都可以要求一份较大的政治权利了。这种理由不是显然有错误么？我们可用其他各门学术上的比拟来说明这个错误。现在有一队笛师，要是吹笛的本领大家相等，你不会凭他们出身（门望）的高低作为分配笛管的标准。谁都不会由于出身较高便能吹奏得更好；应该对笛艺较高的人才分配给较好或较多的笛管。倘使认为这个譬喻还是隐晦，我们可以说得更明白一些。倘使这里有一个人，笛艺较他人为优而出身甚卑，而且相貌丑陋。就人生的众善说来，出身和相貌也许较笛艺重

---

① 参看卷一章一；《尼伦》卷一 $1094^{a}1$ 。

② 参看本卷章九 $1280^{a}7$—22 ；《尼伦》卷五章三。

③ 亚氏认为“世俗之见”为大家共同的观念，其中存在着真理，但应加以分析、修正并提高（参看《尼伦》卷十章二）。

要,现在对具有这些善德的人度长量短,在出身和相貌方面的所胜比较笛艺方面的所优为多;然而较好或较多的笛管仍旧应当分配给优于笛艺的那个人。对于有些技艺,我们也许应当考察出身(门望)或与之有关的财富,是否有益于该项技艺;这里,就笛艺这一事业说,两者实际上无助于吹奏。 **1283**[a]

又,依照这种[尚优]原则,[任何优点都须获得优给,]各优点相互间就应当有共通的计量。假如人体的某量(例如高度)为优于[①][财富或出身的某量],则人体的任何量度都应该可以同财富或出身的各量相较量。于是,说甲这个人的身体高度超过了乙那个人的品性德行,或就一般而论,人性的德量也许常常超过人体的高度,这种说法就使一切事物都可以互相计量,说若干数量的这类事物优于若干数量的那类事物,跟着也就可以说某一数量的这类事物一定等于某一数量的那类事物。然而,这是不可能的[不同素质的事物不能互相较量][②]。那么,在政治事务上,同在其他学艺上一样,凭任何优点或凭各种优点为要求和分配职司(权力)的依据,实际上是不合理的。有些人捷足,另些人滞缓;这不能据为增减政治权利的理由[③]。捷足这一优点应当在运动比赛中领取他的

① 依李奇微(Ridgeway)校订,删去“优于”(μᾶλλον),原句可译为“假如人体的某一高度可同财富或出身相较量,则人体的任何高度都可同这类事物相较量”。另一些校勘家改 μᾶλλον 为 ἐνάμιλλον,“假如人体的某量为‘可以互相比较的事物’……”。纽曼不作删改而另增 ἀγαθόν 一字,“假如人体的某量,作为一善物而优于财富或出身……”。

② 参看《尼伦》卷五章八 1133[a]19、[b]18 。

③ 参看柏拉图:《法律篇》696B、744B。大马士革人尼古拉(Nicolaus Damascus):《残篇》138(缪勒编《希腊历史残篇》卷三),记有野蛮民族公举其地奔跑最速者为王的事例。《希罗多德》iii 20,记埃塞俄比亚人公推最高大而体力最强的人为国王。《雅典那俄》566C则说埃塞俄比亚以最美俊者为国王,貌美为王的事例亦见于《尼古拉残篇》142。

奖赏。政治权利的分配必须以人们对于构成城邦各要素的贡献的大小为依据[①]。所以，只有人们的具有门望（优良血统）、自由身分或财富，才可作为要求官职和荣誉（名位）的理由。受任官职的人必须是自由人和纳税人（捐输者）；完全由奴隶来组织一个城邦当然决不成事，完全由穷汉来组织也好不了多少。但我们还必须指出，除了财富和自由之外，正义的品德和军人的习性（勇毅）也是不可缺少的要素[②]；人们倘使要共处于一个城邦之中，就应该各各具有这些要素。前两个要素为城邦所由存在的条件，后两个要素则为城邦所由企求并获致优良生活的条件。

章十三　如果城邦需要大家贡献的只以有助于城邦的存在为限，则上述各要素，或至少其中的某些要素，就确实可认为是分配职司和荣誉的正当依据；但照我们前面所述及的[③]，城邦还应该计及优良的生活而要求大家都具有文化和善德，那么这两者才应该是最正当的依据。在另一方面，依我们的立论，人们凡是有一项、而且只有一项与人相等者就不该[像平民派那样]要求享有各项事物的同等权利，凡是只有一项为较优者也不应该[像寡头派那样]要求对各项事物都享有较优的权利——我们确认遵循这类原则而创制立法的一切政体都是变态政体。我们曾经指明[④]，各人根据各自的某种贡献，而在政治上各自有所要求，虽在某一方面的意义上可说是合乎正义，却谁都不是绝对全面地合乎正义。（甲）富人

---

① 参考卷四章十二 $1296^{b}19$。

② 卷四 $1291^{a}19$—33。

③ 本卷章九 $1281^{a}1$—10。

④ $1280^{a}6$—12。

的依据是他们有较大的土地,而土地是有关城邦的共同利益的;又,他们由于富有恒产,也比较能够信守契约[①]。(乙)自由氏族和贵族的依据[都为门望]是相接近的。出身(门望)较高的,作为一个公民,比出身卑微的,地位也较高;尊贵的氏族(血统)在一邦内总是比较受尊敬的。又,优种递传优种;世泽之家的后裔常常见到有良好的品德。(丙)相似地,品德当然也应该是要求政治权利的正当依据;我们认为正义正好是社会性的品德[②][最有益于城邦团体],凡能坚持正义的人,常是兼备众德的[③]。(丁)但[在财富、出身或品德这些个别的依据外]多数(群众)也有他们要求政治权利的依据:就集体说,他们就比少数(寡头)较强、较富而又较好。

假如这些具有品德、财富、门望而可以提出政治要求的人们组 1283^b
成某一公务集团而聚居于一城之中,这个城邦将由谁来统治?这是一个争执不已的问题,可否有所协议?在我们前面已经叙述的各类政制中[④],并未见到争执不已的情况。那些城邦因执掌主治机构的人们各不相同而性质各别:其一是以最高治权寄托于富户[寡头政体];另一寄托于才德[贵族政体];余者类此,各有偏依。但这里所提出的问题与此有异,这里发生了性质各别的人们同时要求治权的争执。例如,有德之士,如果为数甚少,却提出了他们的要求。我们该怎样答复他们的要求?鉴于他们人数太少,可否

---

① 《修昔底德》vi 39,记叙拉古雅典那哥拉斯(Athenagoras)的话说,财物保管应该信托富人。

② 卷一 1253^a17,37 。又,《尼伦》卷五章三 1129^b25—1130^a5 。

③ 柏拉图:《法律篇》631C,明哲(智)、节制(礼)、坚毅(勇)三德结合而成正义(义)。正义兼有其他三德之意,亦见于《亚里士多德残篇》七五 1488^b5 。

④ 本卷章七。

向他们质询：你们这么一些人能够处理全邦的要务么？你们的人数足以构成一个城邦么？还有一种疑难不仅可向有德之士质询，也应该问及其他一切提出政治要求的人们。以财富较多或门望（出身）较高为理由而要求治权归属少数人，这可说同样是不合正义的。如果承认这样的理由，则任何一人要是他的财富超过其余的人，他就当然可以统治他们了；相似地，门望特别高的人也当然要统治门望较低的人们，例如自由人氏族，而这些自由人却正在以自己的出身为依据而要求治权。在[少数制]贵族政体①中，所依据的才能或善德，论理也相同。倘使若干贤良（好人）所合成的公民集团中有一人的才德出类拔萃，超乎他人，这些人就应当遵循自己所主张的原则让他一人来统治了。若说多数（群众）因为强于少数就应当取得治权，依照这理论，如果有一人或某一小组的人强于这一多数（群众），这人或这小组就必然可以代替那个多数来执政了。

所有这些分析，该可以证明上述各种依据，各方面所凭以要求取得对其他一切人们的统治权利的，没有一个可以作为正当的原则（标准）。试以人们举品德作依据而要求统治公民团体者为例，或试以人们举财富作依据者为例。群众（多数）就可以和这两者相抗衡，不作个别的比较，而以多数集体同少数人相比较，则无论在品德上或者在财富上，就未必不能占优。这里引到了偶尔曾经涉及的一个疑难。这个疑难是：假如就这个多数集体而言，的确较少数好人[或富人]为更优，则主张尚优原则的立法者，要是他的目的

---

① ἀριστοκρατία 取义于“好人们”（ἄριστοι），译“贤良”或“贵族政体”。贤良多出于世族，故中国一般都译为“贵族政体”。依此节，贤能所重在“才德”（ἀρετή）不在“门望”（εὐγενεῖα）。

正是想制订最公正的法律，那将怎样取舍呢？他应当为了好人们[或富人们]的利益创制政体，还是为了多数(群众)的利益？我们的答复是：所谓“公正”，它的真实意义，主要在于“平等”。如果要说“平等的公正”，这就得以城邦整个利益以及全体公民的共同善业为依据[①]。〈公民的一般意义原来是指一切参加城邦政治生活轮番为统治和被统治的人们。至于就他的特别意义说，则公民在各别的政体中就各有不同；在一个理想政体中，他们就应该是以道德优良的生活为宗宗旨而既能治理又乐于受治的人们[②]。〉 **1284a**

[既然已经讨论过“多数”集体地优于“少数”这种情况之后，我们应当再设想另一个相反的境遇。]假如现在有一个人——或若干人，而其数只是城邦的一部分，不足以组成城邦的全部体系[③]——德行巍然，全邦其他的人于个人品德以及所表现的政治才能而论，谁也比不上他或他们，这样的人或若干人就不能被囿于城邦一隅之内；他或他们的德行才能既超越于其他所有的人，如果使他或他们同其余的人享有同等的权利，这对他或他们就不公平了。这样卓异的人物就好像人群中的神祇。法制只应该范围出身和能力相等的众人。对于这样的人物，就不是律例所能约束的了。他们本身自成其为律例。谁要是企图以法制来笼络这样的人物，可说是愚蠢的，他们尽可以用安蒂叙尼寓言中那一雄狮的语言来作答：当

① 参看章七 1279a31。“最为正宗”(ὀρθότατος)也就是“最为公正”的政体，应该不偏于少数(好人和富户)，不偏于多数(平民)，而以全邦公民利益为依归。《梭伦残篇》5：梭伦自述为雅典创制的本意，务使少数多数各得其平。

② 本节末两句，似为后增衍文，或原有赘语。

③ 卷七卷八所拟理想城邦，全邦均为模范公民；这里所说现实城邦当然不会全邦都是好人，破折号内分句为赘语或后增衍文，应删。

群兽集会，野兔们登台演说，要求兽界群众一律享有平等权利，[雄狮就说，“你可也有爪牙么？”][1]这些情况实际说明了平民政体各城邦所以要创制“陶片放逐律”的理由[2]。这些城邦以“平等”为超过一切的无上要义；凭此宗旨，他们对于邦人的特别富有资财，或朋从过多，或其他势力，凡是政治影响足以掀动社会的，就应用这个处分而把他驱逐出境，限令若干年内不得归返本邦。在神话中，阿尔咯舟远航的舟子们遗弃赫拉克利斯的原因也就是这样[3]。阿尔咯舟因赫拉克利斯神勇胜过全船的舟子，就[吩咐舟子们]不让他留在船上。人们对伯利安德给司拉绪布卢的示意，往常总是嗤为僭术，这样说来，这种指责就未必公正了。从前相传的故事说，僭主司拉绪布卢曾遣人问计于另一邦的僭主伯利安德。伯利安德正站在黍田之间，对使者默不作答，而以手杖击落高而且大的黍穗，直至黍棵四顾齐平而止。使者不懂他的用意，就这样去回报主

① 依加梅拉留：《亚里士多德政治学和经济学译文和疏释》补[ ]内语。参看韩姆编：《伊索寓言》(Halm，Fabulae Aesopicae)241；又，巴布留：《寓言》(Babrius，Fabulae)67。

② 雅典的“陶片放逐律”创于公元前 500 年。立法的初衷在于保护平民政体，俾不致因国内产生杰出的政治人物而转变为寡头或僭主统治。应被放逐的人，公民大会中公民各书其姓名于陶片而投入陶罐中，必须有六千陶片才能通过一件放逐案。放逐期十年，后减为五年(参看《雅典政制》xxii)。《修昔底德》viii 73，《狄奥多洛》xi 55 所记放逐律的作用和目的同亚氏此节相符。但后世执政党派常假借此律以排斥异己。

叙拉古设有相似的“榄叶放逐律”(πεταλισμός)，应被放逐者的姓名写在榄叶上；放逐期五年(《狄奥多洛》xi87)。其他城邦，阿尔咯斯(本书卷五 $1302^{b}18$)、米利都和梅加拉(阿里斯多芬；《骑士》855 诠疏)也设有放逐律。

③ 阿波罗尼(Apollonius)：《诠疏》I 1290，说，此故事实见于费勒居特(Pherecydes，公元前第五世纪史家)著作(参看缪勒编《希腊历史残篇》I 88)。阿尔咯神舟能凭船头的浪劈发声作言语，这浪劈为一“神木”(参看公元前第二世纪雅典作家阿波罗杜罗：《书丛》[Apollodorus，Bibliothéka]卷一 9.19)。

人，司拉绪布卢听到了，心里知道伯利安德是在劝他芟刈邦内特出的人[①]。这种政策不仅僭主们常常视为有利于国政而加以实施，寡头和平民政体两者也同样应用这些手段。陶片放逐律就是类似的措施，使才德著称的人远离本土，他们在邦内的势力便日渐消失。强邦对于小城或弱族也会施行同样的虐政，雅典人对于塞莫斯岛人、启沃岛人和累斯博岛人的征伐就可举以为例：雅典的霸权一经巩固，它就不顾盟约，而以强暴加于它的盟邦[②]。相似地，当米第亚人、巴比伦人以及其他服属的民族有感于本族前代的光荣，**1284b**
想要奋发的时候，波斯王就一再以武力进行征讨[③]。

我们这里所讨论的问题，普遍存在于正宗以及变态政体之中：变态诸式的政府为了它们一部分人的利益而必须实行清除，正宗诸式的政府为了公共利益也得应用类似的清除。这种务求整齐匀称的规律[④]也可以拿一般学艺来作证。画家在他画布上描绘人像，总不能画上一只特别大的脚，不管这只脚画得怎样美丽，假定失去了匀称，那总是不许可的。船匠不会把一艘船的艄部或其他部分造得特别高大。乐师也不能让他的整个合唱队中有一人引吭特别嘹亮或特别纡徐。看到采取这种清除政策的广泛，可知在君

① 《希罗多德》v 92，记米利都僭主司拉绪布卢曾劝告科林斯僭主伯利安德清除邦内雄杰，此节，两人互易了宾主地位。参看卷五 1311a20 。

② 塞莫斯岛在公元前 440 年、累斯博岛的米提利尼城在 428 年、启沃岛在 412 年，先后叛离雅典，雅典海军征讨三岛（参看《雅典政制》章 24）。但这次战争的起因非由雅典背约。这三岛为雅典重要盟邦，雅典对这三邦尚属有礼。《纽校》III 248—9，引《修昔底德》i76、vi76、《狄奥多洛》xi50、70 等章节，说此处所言雅典背约加暴于三邦，当指公元前 440 年以前，雅典尚未同各邦缔结提洛同盟时的事情。

③ 《希罗多德》卷一 183、卷三 159，记波斯王国在讨平米第亚巴比伦的叛军后，重惩其族。参看阿里安：《亚历山大远征记》（Arrianus，Anabasis Alex.）卷三 16.4。

④ 参看卷五 1302b34；卷七 1326a35 。又，柏拉图：《理想国》卷四 420。

主政体中，一个王室，要是平日施政一般有利于全邦，则虽然有所清除，也未必就因而同邦内人民失和。就对付某些可以引致内讧的显著势力说来，陶片放逐律也有政治理论上的根据，而未可全非。当然，立法者最好是在创制法律的起初就给本邦构成良好的体系，使日后无需再依仗这种补救办法；但为了保持一个政体，使它不致轻易被邦内的某些人所倾覆，那么这仍然是一种不得已而求其次的可取的手段。实际上，各城邦却时常滥用了这种手段，这并不符合立法的本意，也不符合各自政体的原旨；为了党争，他们就不惜一再诉之于“陶片放逐律”，借以达到排斥异己的偏私目的。

至于在变态政体中，各自维护一偏的立场，排斥异己就事属当然，甚至可说是合法的了——虽然这也明显地不是绝对合乎正义。但在最好的政体中，要是也采用这种政策，那就成为一个严重的疑难了。这里所成为疑难的还不在于那些政治势力特别大，或富于资财，或朋从众多的显要之辈。疑难的要点在于：倘使邦内出现一个善德特著的人，应该怎么办？大家既不能说应该把这样的人驱除而流放他到邦外，可是又不能强使他屈服为臣民。如果强使这样的人屈服为臣民，这就类于把宙斯神一并纳入人类的政治体系[而强使他同样地轮番为统治者和被统治者了]。惟一的解决方式，而且也是顺乎自然的方式，只有让全邦的人服属于这样的统治者：于是，他便成为城邦的终身君王①。

① 章九至十三的主题为政治权利的正当分配，所举两类分配根据：(一)依公民的品质而言为：出身、财富、品德三者；(二)依公民的数量而言为多数、少数和一人三者。第十二、十三两章，在数量这方面，对崇尚“多数”的意思已说得极为周详；照章七1279^{a}23—25所拟程序，这里应该挨次分论正宗政体三个类型。本章末节突然提出了“一长政体”的要领。本卷以下五章承接本章，也承接第七章，专叙君主政体(王制)，即正宗三型的第一型。下章首两句同章七首句相呼应。

章十四　经过这一番探讨后，这里已可转而论述君主政体[王制]了。一王为治的制度，我们曾经说是正宗政体各类型之一。我们应加考虑的问题是：任何城邦或国家要取得修明的治理，是否以君主政体为适宜，抑或王制实在不如其他型式的政体——或是王制在某些场合虽未必适宜，而在另些场合却又较为适宜。我们预先确定君主政体只有一属或数属(多种)。这不难认明，王制实际上包括若干不同种属，它们为政的方法各不相同。 **1285a**

(一)拉根尼(斯巴达)政体中存在着一种王室。这种王室素称君主政体的真实典型；但斯巴达王没有绝对的治权；他们只在出征时，离开本邦以后，才具有指挥军事的全权。此外则宗教事务的权力也属于王室。所以斯巴达王实际上是一个“统帅职位”，受任终身，对于军事可以独立自主，发号施令。这种王不操生杀之权——惟〈某些王室[①]，例如〉史诗时代的王，在出征期间，他们可凭权威杀人[②]。荷马的诗可引以为证：阿伽米农在公民大会中受到攻讦总是隐忍的，但一到战场，他便施行生杀的权力。他就是这么说的：

谁想要临阵脱逃，他总逃不了；
操持着生杀权，我要把他喂鹰犬[③]。

---

① “某些王室”(ἐν τινι βασιλειᾳ)，或“王制的某些品种”，这一短语未见于阿雷丁诺和季芳尼拉丁译本，贝克尔校本等加衍文括弧。这可能是上两行中“王室”字样的重复误缮于本行。

② “凭权威杀人”和“依法律杀人”相对；依艾利斯译本为“依军法杀人”，但古王在战场可格杀临阵退缩的战士，不经军法审讯手续。

③ 见《伊利亚特》ii 391—393。现行《伊利亚特》抄本缺“操持着生杀权”一分句。亚氏各书所引荷马诗篇同现存抄本往往有异；鲍尼兹：《索引》507^{a}29 以下各页，列有这类异文的详单。

这里所述君主政体的各个品种之一就是军事指挥的终身职；这一属王室有两个品种，其一为世袭，另一为公举。

（二）君主政体的另一属，其权力类似僭主（专制），常常见于野蛮民族（非希腊民族）各国中。但这一属君主政体也出于成法，列王都是世袭的。因为野蛮民族比希腊民族为富于奴性；亚洲蛮族又比欧洲蛮族为富于奴性，所以他们常常忍受专制统治而不起来叛乱[①]。这样，蛮族王制便成为僭政性质的王制；但那里既然遵循成法而世代嗣续，这种君主政体是稳定的。我们也可以在侍卫方面看到君主政体的分别，这些蛮王的侍卫仍然属于本国的臣民，不同于僭主们常常依仗外邦（雇佣）武士来保护自己。君主，依照国法统治着自愿从属的臣民，所以臣民乐于给他当侍卫。至于僭主既出自篡夺，实在是同人民的意志相违背的，他防备着本邦的人民，就得把自己寄托于外邦的（雇佣）卫士了。

这里已叙述了君主政体的两个种属；还有（三）另一属称为民选总裁（“艾修尼德”）的型式，屡见于古代希腊各邦。民选总裁约略相当于公举的僭主。这种权位异于蛮族君主者，在于位不世袭，其同于蛮族君主者，则在于依法受任。这种统治职位有时及于终身，有时则为期若干年，或以完成某些事业为期。例如，米提利尼人当流亡者们以安蒂米尼得和诗人阿尔喀俄为领袖而率众来攻时，就拥戴毕达库斯为“僭主”（领袖），以统筹守御。阿尔喀俄曾在所作《醉歌》的一章中，发抒了他的遗恨说：

① 参看卷七 $1327^{b}27$；又，《亚里士多德残篇》八一 $1489^{b}27$。

嗟此懦城,奉此鄙夫[1],

诅彼愚众,嚣尔趋附。

这些诗句[2]确证毕达库斯的临时统治职位是由人民公推的。这种 1285ᵇ 制度常常显出两方面的性质:既具有专制(独断)的权力,这就类乎僭政[3];又是根据了民意,经过大众的推戴而受任,这又不能不说是君主政体了。

(四)君主政体的第四属是史诗(英雄)时代的王制:它根据成法,其统治符合于臣民的公意,王位则由父祖遗传于子孙。王室的始祖都由军事技术(战功)起家,或团结一族的人民而创立了城市,或开疆拓土,为公众树立了不朽的勋业;于是大家共戴为君王而且议定了传统的世袭制度。这种王室具有[三项]统治的权位:战时为统帅;祭时为主祭,除另有祭司职掌的宗教事务外,他们主管着氏族的祀典;遇有法律上的争端也由他们作最后的判决。他们断案前,有时先行宣誓,有时不必宣誓[4];举行宣誓时,他们就举起他

---

① "鄙夫"(κακοπάτριδα),直译是"贱种";依《修昔底德》iv 107,毕达库斯这族姓出于色雷基,也许毕达库斯的父母为奴隶出身,所以阿尔喀俄讥他为贱种。狄欧根尼·拉尔修:《学者例传》卷一 75,说到毕达库斯任米提利尼总裁有十年之久。

② 参看伯格编:《希腊抒情诗人集》《阿尔喀俄残篇》37。阿尔喀俄,米提利尼诗人,盛年约公元前 606 年;安蒂米尼得为阿尔喀俄兄弟,参看狄欧根尼·拉尔修:《学者列传》卷二 46。

③ "艾修尼德"这名称见于荷马:《奥德赛》viii 258 者为运动会中裁判员;见于《亚里士多德残篇》四八一 1556ᵇ44 者为库梅(Cyme)执政官的通称。这里所述具有特大权力的"民选总裁"制度,米利都古代(《大马士革人尼古拉残篇》54,缪勒编:《希腊历史残篇》iii 389)和欧卑亚古代(普鲁塔克:《梭伦传》14)都曾有过。哈里加那苏的狄欧尼修:《罗马掌故》(Dion. Hal., Ant. Rom.)v 73 说,希腊城邦的民选总裁制和罗马的"狄克推多制"(独裁制)相同,世人往往视为僭主。

④ 斯巴达两王每月在监察院的监察们前宣誓一次(色诺芬:《拉根尼共和国》xv 7)。不要求诸王先行宣誓而后断案为王权较高的征象。

们的王杖。在古昔,他们执掌着总概一切的永久权力,包括城市、乡郊以及同外邦来往等各种重大事件;后来逐渐改变。他们放弃了某些特权,人民又从而争取了另些法权;王权经历代削弱,迄于今日,大多数王室[已成虚位,]只能主持一邦的传统祭仪而已①。若干邦内虽说还有真王,也仅仅在出征国外时还保留着军事指挥的权力。

这里已叙述了四个种属的君主政体——第一,史诗时代的古制,王位由人民所公推,而权能限于领军、主祭和裁断法案。第二,蛮族君王出于世袭,虽说凭成法进行统治,但具有专制的权力。第三,所谓民选总裁,只能算是一种公推的僭主。以及第四,斯巴达式的诸王,他们是世袭的统帅,终身握有军事指挥的权力②。如上所述,君主政体这四式是各不相同的。

(五)君主政体还有第五属[这和上述四属全不相同],是具有绝对权力的君主③,由他一人代表整个民族或整个城市,全权统治全体人民的公务;这种形式犹如家长对于家庭的管理。家务管理原来可以说是家庭中的王政,反过来说,这种君主政体也就是一城邦或一民族或若干民族的家务管理④。

---

① 王权逐渐削弱的实例,见于本书者,有卷七 1313ᵃ23 行的谟洛修王室和 26 行的斯巴达王室。

② 1285ᵃ16 说这一属有世袭和公推两种。本节总结上文,次序同前面不符。

③ 具有绝对权力的君主即下章所称“全权君主”(παμβασίλευs)。纽曼注本卷 1284ᵃ14、1287ᵃ1 所涉及的全权君主当指波斯王室。

④ 本章君主政体分类的依据为(一)是否依法成立,(二)具有统治全权或没有全权,(三)出自选举或由世袭,(四)终身或临时职位。这四项依据,亚氏未作主次之分,在所列君主政体五个种属中,这些依据参差互见。“城邦”和“民族”的区别,参看卷五 1310ᵇ37 注。

章十五 在君主政体的这五个种属之中,我们只须从详研究两个种属——末一式和拉根尼(斯巴达)式。其他三个种属的各王室大都处于这两种属之间,他们所持有的权力,总是比绝对王制(“全权君主”)为小而比斯巴达诸王为广。[阐明了两端的种属,各个中间的种属便大体可知,]因此,我们这里的论题就可简略地提出这么两个要旨:第一论题[关于斯巴达式君主政体]是终身统帅的职权,无论是世袭或另外规定有轮换的方法①,对于城邦究属有利或 **1286a**
无利(适宜或不适宜)。第二论题[关于全权君主]是全邦政务都由一人治理究属有利或无利(适宜或不适宜)。

第一论题实际上属于法制研究,不属于政制研究,因为任何政体中都可能设置常任的将军(统帅)职能。[不只君主政体才专有这样的职能;]所以我们现在暂置不论②。另一种君主政体[全权君主]却真是一种政制,我们应该对此做一番理论研究,概括地考察一下同它有关的各个疑难。

我们的研究便以这样的设疑开始:由最好的一人或由最好的法律统治哪一方面较为有利③?主张君主政体较为有利的人说,

① 1285^{a}15 说斯巴达王室或由“世袭”或由“选举”(αἱ αἱρεταί)。这里,《贝克尔校本》、《纽曼校注本》从 $\Pi^1 P^2 P^3$,作“轮换”(κατὰ μέρος),同“世袭”对举;《苏斯密尔校本》从 $P^4 P^6 L^5$,作“选举”。“轮换”包括选举或其他人事更替的方式,意义较选举或公推为广。

② 以后也没有再论及此题。

③ 这里所提出的疑问“由最好的一人或由最好的法律统治?”相同于拉丁成语“Aut rex aut lex”(王治还是法治)论题。中国旧有“人治还是法治?”亦相似。这个论题先曾屡见于柏拉图的《理想国》和《政治家篇》,《法律篇》亦曾涉及。柏拉图轻视呆板的法律而主张由哲王治理。但他的“哲王”(οἱ φλόσοφοι βασιλεύ σωσιν)在《理想国》473C、D中是多数,他立论的重点在明哲(智慧)而不在王权;他的本旨是:尚法不如尚智,尚律不如尚学。亚里士多德本章的结论,不抹杀个人才智的有利作用而稍稍偏重法律(参看 1287^{a}3 注)。

法律只能订立一些通则；当国事演变的时候，法律不会发布适应各种事故的号令。任何技术，要是完全照成文的通则办事，当是愚昧的。在埃及，医师依成法处方，如果到第四日而不见疗效，他就可以改变药剂，只是他倘使在第四日以前急于改变成法，这要由他自己负责。从同样的理由来论证，很明显，完全按照成文法律统治的政体不会是最优良的政体。但，我们也得注意到一个统治者的心中仍然是存在着通则的。而且[个人的意旨虽说可以有益于城邦]，凡是不凭感情因素治事的统治者总比感情用事的人们较为优良。法律恰正是全没有感情的；人类的本性（灵魂）便谁都难免有感情。这里，主张君主政体的人可以接着强调个人的作用；个人虽然不免有感情用事的毛病，然而一旦遭遇通则所不能解决的特殊事例时，还得让个人较好的理智进行较好的审裁。那么，这就的确应该让最好的（才德最高的）人为立法施令的统治者了，但在这样的一人为治的城邦中，一切政务还得以整部法律为依归，只在法律所不能包括而失其权威的问题上才可让个人运用其理智。法律所未及的问题或法律虽有所涉及而并不周详的问题确实是有的。这时候，既需要运用理智，那么应该求之于最好的一人抑或求之于全体人民？

依我们现行的制度，[凡遇有这样的情况，]人民就集合于公民大会，而尽其议事和审断的职能；人民在这里所审议而裁决的事情都是[法律所未及或未作详密规定的]特殊事例。集会中任何个人可能都不及那才德最高的一人①。但城邦原为许多人所合组的团

① 以下转而涉及人民权利的旧题，重复了章十一 1281^b1—6 的议论。

体;许多人出资举办的宴会可以胜过一人独办的酒席;相似地,在许多事例上,群众比任何一人又可能作较好的裁断。又,物多者比较不易腐败。大泽水多则不朽,小池水少则易朽;多数群众也比少数人为不易腐败。单独一人就容易因愤懑或其他任何相似的感情而失去平衡,终致损伤了他的判断力;但全体人民总不会同时发怒,同时错断。我们对于上述的集会,当然假定它的出席者都是自由公民,而所议事件都以法律没有周密规定者为限,所作裁决也从未有违背法律的。辩难的人也许要说,这样人数众多的集会,未必真能强使严守这样的范围吧[①]。那么我们也可以另行假设一个既是好人又是好公民的群众集团,试问,这个好人集体和那一个好人
相比,究竟谁易于腐败?若干好人的集体一定较不易于腐败,这不 1286b
是已经很明显了么?可是辩难者还可以提出另一个反对的理由,人多了意见分歧,就易于发生党派之争;一人为治就可以避免内讧[②]。对于这个理由,我们实在无须另作解答,既然我们所假设的集团都是好人,同那一个好人一样,许多好人在一起,也不致发生内讧。于是,[我们可以总结这一番论证了。]倘使若干好人所共同组织的政府称为贵族政体,而以一人为治的政府称为君主政体,那么,世间这样多同等贤良的好人要是可以找到,我们宁可采取贵族政体而不采取君主政体了——无论这个一王之治或有侍卫武力或

① 公民大会可能逾越法律范围,参看卷四 1292^a15、23 等节;包括很多贫民群众的第四种平民政体,其公民大会更易于逾越法度(1293^a1—10)。参看柏拉图:《理想国》701 A。

② 《希罗多德》iii 82,君主以一人独断,可免党派纠纷,为大流士(Darius)在政体辩论中所持“君主制优于民主和寡头”等理由之一。

没有侍卫武力为之支持[1][2]。

古代各邦一般都通行王制，王制（君主政体）所以适于古代，由于那时贤哲稀少，而且各邦都地小人稀。另一理由是古代诸王都曾经对人民积有功德，同时少数具有才德的人也未必对世人全无恩泽，但功德特大的一人首先受到了拥戴。随后，有同样才德的人增多了，他们不甘心受制于一人，要求共同参加治理，这样就产生了立宪政体。更后，这些贤良渐趋腐败；他们侵占公共财物，据以自肥——这里就滋生了尚富的渊源，而邦国的名位渐渐以财产为根据，由是兴起了寡头（财阀）政体。随后，寡头政体先变为僭政，跟着，僭政又变为平民（民主）政体[3]。追溯这一系列变迁的原因就全在为政者凭借名位，竞尚贪婪，于是减少了参与统治的团体和人数，增强了平民群众的势力，于是发生变乱，而最后建立了平民政体。现在，各邦的版图既日益扩展，其他类型的政体已经不易存在或重行树立[4][君主政体也应该是不适宜的了]。

[回到君主政体和贵族政体的比较研究，这里还得提出两个问题，其一：]即使承认君主政体为城邦最优良的政体，王室的子嗣应

---

① 有没有侍卫武力问题见下文 27—40 行。

② 本章原题为王制是否有利于邦国，论辩至此，两变其归趋：（一）$1286^{a}26$—35 亚氏重申了平民多数的立场；（二）$1286^{a}36$—$^{b}7$ 又表明了少数贤良的立场：这些都反衬出君主政体不适宜于现世。

③ 参看卷五章十二：寡头变为僭主政体，$1316^{a}34$；僭政变为平民政体，$1316^{a}32$；该章所述政体的变迁并无此节所述的一定程序。

④ 结论说广土众民的各城邦只宜于平民政体，参看卷四 $1293^{a}1$、$1297^{b}22$—25。遗憾的是，世事的演变异乎亚氏这一论断：希腊的城邦平民政体在他没世后不久就次第消灭，地中海周围欧亚非三洲间被统治于马其顿亚历山大部属诸将的三分割据王国。

处于怎样的地位？王位是否应该属于家族，一登王位，他的后嗣便应相继为王？如果这些子嗣都是庸才，也使登上王位，就会有害于邦国①。对于这种情况，主张君主政体的人将起而辩护说：老王虽有传位于子嗣的法权，他可以不让庸儿继承。但很难保证王室真会这样行事；传贤而不私其子的善德是不易做到的，我就不敢对人类的本性提出过奢的要求。另一个疑难问题是君王的侍卫武力。是否登上王位的人身边就该有保护他的军队，凡遇到有谁抗命，他可用以压服这些不安稳的分子？倘使没有这种武力，他怎能发号施令，进行统治？即使这个处在至尊地位的君王，绝不怀抱私意，毫无法外行动，他的一切措施全都遵循法律，也得有一支侍卫武力，以保障他执行这些法律。就这类依法为政的君王而论，这个问题也许不难解决。他应该备有一定人数的卫队——其人数要少于全邦民军而多于任何个人所蓄有的武力或若干人所共同操纵的武力。在古代，人民拥立一位所谓“民选总裁”或僭主②时，给他组织的卫队就是这样的。当狄欧尼修向叙拉古人民要求设置卫队时，有一位议员就建议给与这样定数的武力。

章十六　[方才说过为政遵循法律、不以私意兴作的君王。]但对 1287a

① 参看章十七 1288a15，如果王室子孙均属贤能，就应该世代继承王位。

② 原文 αἰσυμνήτην ἢ τύραννον(“民选总裁或僭主”)都在宾格，似乎两词同义，有些译本译成“作为僭主的民选总裁”。卷四章十述僭政品种曾说民选总裁作君主政体之一，亦可作僭政之一。民选总裁同僭主所异者：僭主都由政变或强权自立，不经民选，不遵成法，不定任期(章十四 1285a 31)。

那些欢喜凭个人智虑多所作为的君王还得进行一番考察①。所谓“依法为政的君王”②，如上面曾经说及③，本身实际上不能算是政体的一式。这种王室一般只是一个常任将军，在任何政体——例如一个平民政体或一个贵族政体——之中，都可以设置这样的军事领袖；在内务方面若干政体类型不同的城邦也曾设有权力特高[不逾法律范围]的个人职位：譬如在爱庇丹诺就有这一级的执政官④，又如在奥布斯，也有这样的职位，不过权力较小一些⑤。但所谓“全权君主”却是政体的一式，在这种政体中，君主用个人的智虑执行全邦一切公务。有些人认为在平等人民所组成的城邦中，以一人高高凌驾于全邦人民之上是不合乎自然的[也是不相宜的]，按照这些见解，凡自然而平等的人，既然人人具有同等价值，应当分配给同等权利；所以，对平等的人给予不平等的——或者相反地，对不平等的人给予平等的——名位，有如对体质不等的人们分

① 上章“人治(王治)还是法治”这个问题的讨论，辨析自 $1286^{a}5$ 至 25 止。25 行以下，假定了在应该尊重法治的情况下，如法律有所未周而需依仗人治时，提出了另一论旨：应由一人的智虑还是由若干人的智虑来裁决这些案件。亚氏的结论偏向于集团智虑，即君主政体不如贵族政体亦不如平民政体。本章亚氏又回转到“人治和王治还是法治”的问题，其总结仍趋重于法治。至下章亚氏表明绝对君主制(全权君主)，在某种社会中，仍有作用而可以存在。“人治(王治)或法治”问题的讨论一直延续到第十七章 $1288^{a}32$ 而终止；这一章同时也答复了 $1286^{a}1$ 所提绝对君主制是否有利于城邦的问题，并回顾到第十三章末节所由导向君主政体讨论的伏笔。

② “依法为政的君王”(κατὰ νόμον βασιλεὺς)，或译“有限君王”，或译“立宪君主”。

③ 上章 $1286^{a}2$ 。

④ 卷五章一 $1301^{b}21$—25 。

⑤ 爱庇丹诺和奥布斯都是寡头城邦(参看吉耳伯特：《希腊政制典实》，卷二 39.236)。奥布斯内务职权最高的官位为“执政”(同书卷二 41.1)。

爱庇丹诺，参看卷五 $1301^{b}21$ 注；奥布斯见卷二 $1266^{b}19$ 注。

配给同量的——或对同等的给予不同量的——衣食一样,这在大家想来总是有害(恶劣)的。依此见解所得的结论,名位便应该轮番,同等的人交互做统治者也做被统治者,这才合乎正义。可是,这样的结论就是主张以法律为治了;建立[轮番]制度就是法律。那么,法治应当优于一人之治。遵循这种法治的主张,这里还须辨明,即便有时国政仍须依仗某些人的智虑(人治),这总得限止这些人们只能在应用法律上运用其智虑,让这种高级权力成为法律监护官[①]的权力。应该承认邦国必须设置若干职官,必须有人执政,但当大家都具有平等而同样的人格时,要是把全邦的权力寄托于任何一个个人,这总是不合乎正义的。

[②]或者说,对若干事例,法律可能规定得并不周详,无法作断,但遇到这些事例,个人的智虑是否一定能够作出判断,也是未能肯定的。法律训练(教导)执法者根据法意解释并应用一切条例,对于法律所没有周详的地方,让他们遵从法律的原来精神,公正地加以处理和裁决[③]。法律也允许人们根据积累的经验,修订或补充

① “法律监护官”(νουοφὺ λαξ)原为雅典政制中职官名称(参看卷四 1298^b29 等);这里亚氏应用原来字义说明执政人员只应遵守法律,不应君临于法律之上(参看本卷章十一 1282^b3)。雅典法律监护官共七人,公民大会或议事会开会时坐主席之旁,如有提案或决议违反成法和政制的,监护官即席加以否定。

② 本章 1287^a25 行以上作为论辩的一方行文,主张法治而诽议全权君主;25 行以下,作为亚氏本人的申说行文,所持的宗旨仍旧在法治方面。章末结句总称这些是反对王制的人们的论旨。

③ 《普吕克斯》viii 122,记有雅典陪审员在投票决狱前的誓言说:“有法可据者当依法投票;法律所未详者,当本法意,尽我诚心,作合乎正义的投票。”雅典法意崇尚“高尚公平”。参看赫尔曼:《希腊掌故》卷一 134;希克斯:《希腊历史碑志》125 号(211 页),累斯博的埃勒苏城(Eressus)碑文。亚氏此句及下文 1287^b25 句造语和立论都根据这类政法誓言(参看《纽校》卷一“诠疏”273 页,卷三,“文义注释”294 页)。

现行各种规章，以求日臻美备[1]。谁说应该由法律遂行其统治，这就有如说，惟独神祇和理智[2]可以行使统治；至于谁说应该让一个人来统治，这就在政治中混入了兽性的因素。常人既不能完全消除兽欲，虽最好的人们（贤良）也未免有热忱[3]，这就往往在执政的时候引起偏向。法律恰恰正是免除一切情欲影响的神祇和理智的体现。

在这里技术的譬喻，前曾说及的[4][例如医药]并不确切。当然，按照药书擅自处理方剂是轻妄的，病人总以求助于具备医疗技术的医师为宜。[但医师究竟不同于政治家。]医师不会对病人有所偏私而丧失理智；他们诊治各个病人，各收一份诊费。在职位上的政治家就不同，他们的许多措施就不能免于爱憎，或竟借以挫折他们的敌派而加惠于他们的友好。病人要是怀疑医师受贿于他的仇敌而将有所不利于他时，他也尽可查考药书的疗法和方剂。又，
1287b 当医师们自身患有疾病，他们常请别的医师为之诊治；体育教师们自己在进行锻炼，也常常求教于别的体育教师。他们惟恐自己受

① 这里所说法制进步也是以雅典情况为根据的。伯利克里时代曾有法典增修的规定：每年由执政院中后辈六执政为“法典审议委员”（thesmothetai），所拟修订意见或补充规章，提交公民大会。公民大会有所决议后，该法案交由法院中推定若干立法委员，草制正式的新条例。

② 以“理智”归属“神祇”为希腊人的习尚；赖契和希那得文合编：《希腊古谚》（Leutsch und Schneidewin，Pareom. Gr.）卷一 281：“遵循理智的人，通于神明。”

③ 参看柏拉图：《理想国》588C—E。柏拉图设喻：一只庞大的由多种禽兽合成一体的怪物、一个稍稍小些的狮像，又一个更小些的人像，三者综合而成人性。故人性善恶混杂，其中具有（一）低级生物的“低劣性情”，（二）狮性或高级动物的“高贵性情”，（三）“包含理智的人性”。这里的“热忱”（θυμός）就指第二项的“狮性”。

④ 见上章 1286a12—14；又第十一章 1281b40—82a7。

到情绪[不正常]的影响，对自己的疾病作出错误的判断[所以请助于中立而无所偏私的名家]。要使事物合于正义(公平)，须有毫无偏私的权衡[①]；法律恰恰正是这样一个中道的权衡。[以上我们只说到了成文法律。]但积习所成的“不成文法”[②]比“成文法”实际上还更有权威，所涉及的事情也更为重要；由此，对于一人之治可以这样推想，这个人的智虑虽然可能比成文法为周详，却未必比所有不成文法还更广博。

[除了不能无所偏私以外，]一人之治还有一个困难，他实际上不能独理万机。他还得任命若干官员，帮助处理各项政务。然而，到后来由这个人继续挑选并任命这些共治的职官，为什么不在当初就把这些官员和这个君王一起安排好呢？我们还可以重提一些旧论[③]来支持这里的论辩：倘使说一人因为他比众人优良而执掌政权，是合乎正义的，那么两个好人合起来执掌政权就更合乎正义

① 参看《尼伦》卷五 1132a22。

② νόμος(“诺谟”)，字根 νεμ- 的意义为“区分”，由 νεμ- 衍生的字干蕃殖有两个系列的词汇。其一作为地域区分的名词，如牧场，以及鸟兽生活的区域，都可称为诺谟。人类生活的区域，如巴比伦和埃及古代的州郡也有“诺谟”这样的名称。另一用于是非功罪的区分，则成礼法上一系列的名词；本书中，“诺谟”主要是解作“法律”，而各种“制度”也叫“诺谟”。凡为城邦创立制度的名贤或拟订法律的专家就统称“诺谟赛忒”(νομοθέτης，“法制作者”)。古时有些或行或禁的日常事例，经若干世代许多人们仿效流传而成“习俗”，便是“习惯法”，也称为“不成文诺谟”(ἄγραφοι νόμοι)，即未经立法程序而业已通行于世的法律。又，初民祭神的某些仪式有时传布为社会共同遵循的礼节；各族先贤因大众的常情而为之节度，“礼仪”也可说是古代的生活规范。这些在希腊语，全都说是“诺谟”。在近代已经高度分化的文字中实际上再没有那么广泛的名词可概括“法律”、“制度”、“礼仪”和“习俗”四项内容；但在中国经典时代“礼法”这类字样恰也常常是这四者的浑称。

③ 见上章 1286b2—13。

了。古诗有云，

“二人同行。”[1]

还有阿伽米农的祈祷词，

“愿得十士，惠我忠谋。”[2]

在我们今日，谁都承认法律是最优良的统治者，法律能尽其本旨作出最适当的判决，可是，这里也得设置若干职官——例如法官——，他们在法律所没有周详的事例上，可以作出他们的判决。就因为法律必难完备无遗，于是，从这些缺漏的地方着想，引起了这个严重争执的问题："应该力求一个[完备的]最好的法律，还是让那最好的一个人来统治？"法律确实不能完备无遗，不能写定一切细节，这些原可留待人们去审议。主张法治的人并不想抹杀人们的智虑，他们就认为这种审议与其寄托一人，毋宁交给众人。参与公务的全体人们既然都受过法律的训练，都能具有优良的判断，要是说仅仅有两眼、两耳、两手、两足的一人，其视听、其行动一定胜过众人的多眼、多耳、多手足者[3]，这未免荒谬。实际上，君王都用心罗致自己的朋友和拥护王政的人们担任职官，把他们作为自己的耳目和手足，同他共治邦国。参与君主统治的职官们都是君主的朋友；如果不是朋友，他们的作为就一定不能符合君主的心意，如果是朋友，则应该[跟君主]是同样而平等的人[4]；君主们既

① 荷马《伊利亚特》x 224，“二人同行，必有一人较另一人率先见到有利的途径”，意思是：二人必较一人的见识为周详而敏捷。

② 《伊利亚特》ii 372，阿伽米农力图攻破普里亚姆(Priamus)王的特洛埃城，说：“愿得十士，惠我忠谋，共奋智勇，克彼坚垒。”

③ 先见于章二 1281^b6 。

④ 参看《尼伦》卷八章六。又，柏拉图：《法律篇》837A。

认为朋友们应该同他们共治邦国，则一邦之内所有同样而平等的人们也就应该一样地参与公务。

这些就是不赞成君主政体（王制）的人们所持的主张。

章十七 可是，这些主张也许并不完全正确——只能适用于某些社会，而对于另外一些社会就未必适合。有些社会自然地宜于专制式的统治，[即家主对于奴隶的统治，]另一些宜于君王为治，又另一些则宜于城邦团体的宪政的统治，这些，对于每一类的社会，各从其宜，也各合乎正义。但僭主政体和其他类型的变态统治却对任何一类社会都不适宜，因为这些类型都反乎自然。上述种 1288a
种已足够证明，凡由同样而平等的分子组成的团体，以一人统治万众的制度就一定不适宜，也一定不合乎正义——无论这种统治原先有法律为依据或竟没有法律而以一人的号令为法律，无论这一人为好人而统治好人的城邦或为恶人而统治恶人的城邦，这种制度都属不宜并且不合乎正义；这一人的品德倘使不具有特殊优胜的性质，他就不应该凭一般的长处独擅政权。这个特殊性质，我们虽前面曾有所涉及①，这里将再为之说明。

〈我们应当先论定什么性质的社会各别地适宜于君主政体、贵族政体、共和政体的各别类型。适于君主政体的社会应该是那里的民族或种姓自然地有独一无双的英豪，其才德足以当政治领袖而莫可与竞。适于贵族政体的社会应该是那里自然地既有若干政治才德优异的好人而又有乐于以自由人身分受贵族之辈统治的民

① 见章十三 1284a3—11、b22—34 。

众。适于城邦宪政(共和制度)的社会应该是那里自然地存在有胜任战争的民众(武士),那里在小康阶级之间按照各人的价值分配政治职司,他们在这样的制度中既能统治,也能被统治。〉①

如果一个家族,或竟是单独一人,才德远出于众人之上,这样,以绝对权力付给这个家族,使成王室,或付给单独一人,使他为王,这就是合乎正义的了。但这不仅仅是正义问题。在建立任何一类政体时——无论其为贵族政体或寡头政体,又或为平民政体——都是各自合乎正义的;根据尚优原则,各种政体虽各异其要求政权的立场,却各有其片面的优胜,以为正义的依据。我们在前面曾提到过另一种观点②[是否切实的问题]。清除一个才德卓绝的人物,或用陶片放逐律,使经受有限期的流亡,或驱逐邦外,使终身不得还乡,都是不切实的;归纳在各部分交互轮番的体系中,使他也做被统治的人民,同样不一定恰当。整体总是超过部分,这样卓绝的人物,他本身恰恰是一个整体,而其他的人们便类于他的部分。惟一可行的办法就是大家服从他的统治,不同他人轮番,让他无限期地执掌治权。

关于君主政体有哪些不同品种?是否有利于城邦?如果说有利于城邦,应该是哪种城邦,并在什么情况下,才真正有利(合宜)?我们上述的这些论证可以回答这一系列的三个问题。

章十八 [我们现在可以进而研究怎样才能创建一个良好的政

---

① 1288^{a}6行和15行文理相承,夹在中间这一节旁涉,《苏校》作为后人串插,加〈 〉。《纽校》疑其为错简。

② 见章十三1284^{b}28—34。

体。]前已说明政体的正宗类型有三，而其中最优良的政体就该是由最优良的人们为之治理的政体。这一类型的政体的统治者或为一人，或为一宗族，或为若干人，他或他们都具有出众的才德，擅于为政，而且邦内受治的公众都有志于，也都适宜于，人类最崇高的生活。在我们这番研究（这篇专著）的起初[①]，曾经讲到，在最好的城邦中，善人的品德必然相类于好公民的品德。这就显然，造成一个善人的方法和手段可作为城邦创建一个贵族政体或君主政体典型的方法和手段；凡是可使人们成德达善的教育和习惯的训练也同样可用来教育并训练成一个优良的政治家或一个优良的君 1288b
王[②]。

论述了这些要旨，我们接着可以研究最优良的政体，考察这种政体怎样才能产生，又怎样才能成立？〈对于这个问题要进行适当的研究，应该[先论定人类最崇高的生活的性质……][③]〉

① 当指本卷章四章五 1277a29 以下各节。ἐν τοῖς πρώτοις λόγοις 解作“这篇专著的起初”；倘照 1278b18 解作“前编”应指“卷一”，其内容和本节所说不符。

② 本卷第十四章以下五章的主题当为君主政体理论；章十七、十八也涉及了贵族政体理论。照这样的程序，以下还该有多数制、如平民和共和政体的理论。但全书对多数制理论虽屡次涉及，却未见这样的专章。

③ 〈 〉内句重见于卷七开章，这里，原抄本缺[ ]内一分句。编校《政治学》这书诸家有些主张改卷七卷八为卷四卷五（例如《纽曼校注本》），他们的主要根据，就在于这个卷三的末句和卷七的开卷语相合，认为古时的抄本原是这样连绵地抄下的。相反的意见则认为卷三的末章连这末一破句，全是后人撰入的。这一章以贵族政体和君主政体为最好的政体，同第七第八两卷意义全不相承，那两卷所述的理想政体以公民武士全体为基础，不涉及君主政体，对贵族政体也极少关顾；本章所重的教育论题，在卷七中直至第十三章以下始加叙述，而所叙的教育宗旨为使一般公民都能为良好的被统治者又为良好的统治者，异于本章所说教育一个只为执政、不为臣民的优良君王。

卷(Δ)四[①]

章一　　一切技艺和学术[实用之学]要是不仅以片断的陈述为满足，而有志于研究整个问题，则每一种专门的技艺和学术就应该把擅长的那一门内所有各方面的事情全部加以考虑。例如体育这一门就得考虑，(2)[②]适合于不同体质的各种不同教练方法；(1)何者才是最合乎理想的教练方法——所谓理想方法就是适宜于具有最

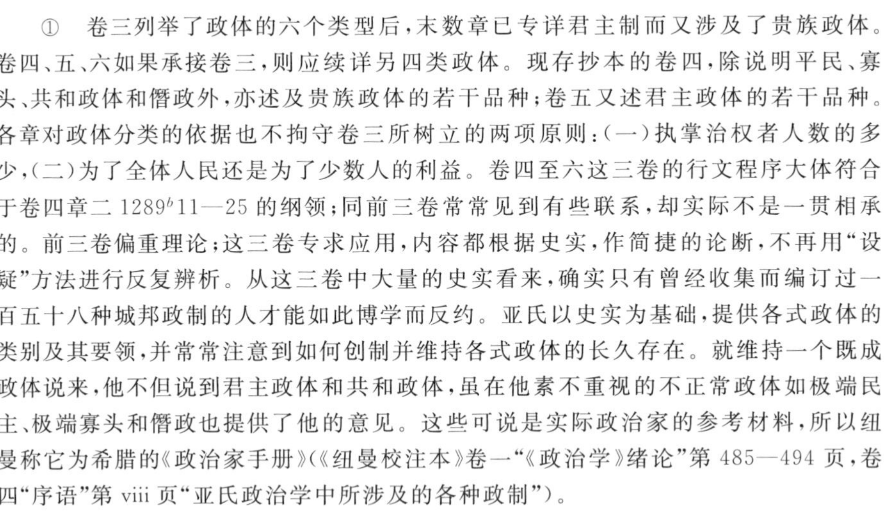

① 卷三列举了政体的六个类型后，末数章已专详君主制而又涉及了贵族政体。卷四、五、六如果承接卷三，则应续详另四类政体。现存抄本的卷四，除说明平民、寡头、共和政体和僭政外，亦述及贵族政体的若干品种；卷五又述君主政体的若干品种。各章对政体分类的依据也不拘守卷三所树立的两项原则：(一)执掌治权者人数的多少，(二)为了全体人民还是为了少数人的利益。卷四至六这三卷的行文程序大体符合于卷四章二 1289^{b}11—25 的纲领；同前三卷常常见到有些联系，却实际不是一贯相承的。前三卷偏重理论；这三卷专求应用，内容都根据史实，作简捷的论断，不再用“设疑”方法进行反复辨析。从这三卷中大量的史实看来，确实只有曾经收集而编订过一百五十八种城邦政制的人才能如此博学而反约。亚氏以史实为基础，提供各式政体的类别及其要领，并常常注意到如何创制并维持各式政体的长久存在。就维持一个既成政体说来，他不但说到君主政体和共和政体，虽在他素不重视的不正常政体如极端民主、极端寡头和僭政也提供了他的意见。这些可说是实际政治家的参考材料，所以纽曼称它为希腊的《政治家手册》(《纽曼校注本》卷一“《政治学》绪论”第 485—494 页，卷四“序语”第 viii 页“亚氏政治学中所涉及的各种政制”)。

圣提莱尔(St. Hilaire. B.)、康格里夫、纽曼等人的校本都将卷七卷八移置卷四、五、六之前。纽曼认为亚氏先写成卷一、二、三；过了一个时期，又作卷七、八；卷四、五、六是已编订过一百五十八种城邦政制后的晚成稿。这个汉译本仍旧保持原抄本的传统编次(参看罗斯：《亚里士多德》W. D. Ross,“Aristotle”，五版，1956 年印本，235—6 页；周伊特英译本(1885 年)卷一序文，v 页；巴克尔英译本，“绪论”，xxxvii－xli 页)。

② 此节对体育研究纲领所拟的程序同下节政治研究方面相应的纲领有些颠倒，译者加数码标记。

良好的体质而又具备最优越的生活条件的人们的最好教练方法；以及(4)何者才是普遍相宜于大多数人体质的教练方法——在这方面，体育教练也得一并给予考虑。此外，(3)还得计及有些人们愿意接受教练，却不想造诣到可以参加体育竞赛的那么高度的技艺，[成人]体育教练和少年竞技教练①又得为这些人们设置某些对他们相宜的较低课程。这里以体育教练为例所说的原则，对医疗或造船或缝衣，以及其他一切技艺，全都相同。

政治(政体)研究[既为各种实用学术的一门，]这一门显然也该力求完备：第一应该考虑，何者为最优良的政体，如果没有外因的妨碍，则最切合于理想的政体要具备并发展哪些素质。第二，政治学术应考虑适合于不同公民团体的各种不同政体。最良好的政体不是一般现存城邦所可实现的，优良的立法家和真实的政治家不应一心想望绝对至善的政体，他还须注意到本邦现实条件而寻求同它相适应的最良好政体。第三，政治学术还该考虑，在某些假设的情况中，应以哪种政体为相宜；并研究这种政体怎样才能创制，在构成以后又怎样可使它垂于久远。这里，我们所假想的情况就是那种只能实行较低政体的城邦，这种城邦现在的确没有理想上最良好的政体——那里即使是良好政体的起码条件也是缺乏的——也不可能实行其他现存城邦所能实行的最良好的政体，这

① 体育或运动教练，少年(儿童)竞技或角力教练；亚氏在这里对举这两种教练，前者当专指“成人”的教练。依柏拉图：《高尔吉亚篇》(Gorgias)451E、452B、456E 等节，“少年体育教师”教导少年作体育活动，以发展儿童的体态和体力，也教导儿童作各种竞技和角力练习。亚氏对儿童体育重视人体的健美并使适应将来自由公民的各种政治和社会活动，并不着重运动竞技。参看本书卷八 1338^{b}7 。

就不得不给它设计较低的制度了。此外，第四，政治学术还应懂得最相宜于一般城邦政体的通用形式。政治学方面大多数的作家虽然在理论上各具某些卓见，但等到涉及有关应用（实践）的事项，却往往错误很多。我们不仅应该研究理想的最优良（模范）政体，也须研究可能实现的政体，而且由此更设想到最适合于一般城邦而又易于实行的政体。世上的政论家可以分为两类：有些人追求最崇高的［理想］制度，那是必须有广大的自然条件作为基础的。另一些人虽然崇尚实际政治，却老是不满自己所处身于其中的本邦
1289a 的体系，而往往盛称拉根尼[①]（斯巴达）或其他城邦的良法。有关政体的建议必须以当代的固有体系为张本而加上一些大家所乐于接受并易于实施的改变[②]。改善一个旧政体就有创制一个新政体那么困难，这恰相似于要人们忘掉一页老课程就有要人们诵习一页新课程那么困难。所以实际政治家就不可自囿于上述的范围，他应该像我们预先所说明的[③]，帮助任何现存政体［给予补救或改进］。因此他必须熟悉政体究竟有多少不同类型，他如果不了解这一点，就无法对现实政治给予什么帮助。我们见到有些人认为平民政体或寡头政体都只有一个品种。这是错误的。我们不可蹈袭这种错误，应该牢记政体每一类属的各个品种，知道了有多少品种还得明白每一品种的政体是怎样构成的[④]。

---

① 参看卷二 1265^b35 。

② 柏拉图：《理想国》501A，劝告立法家在立法创制之前，先将版上旧法制抹除干净而后落笔；又，从《政治家篇》296A、《法律篇》684 等节看来，他不尊重现实政治。

③ 参看上文 1288^b29—33 。

④ 例如平民政体有多少品种，可参看卷六章一 1317^a29—34 。

具有这些智虑的政治学者也应该懂得并分别最优良的理想法律和适合于每一类政体的法律;法律实际是、也应该是根据政体(宪法)来制订的,当然不能叫政体来适应法律。政体可以说是一个城邦的职能组织,由以确定最高统治机构和政权的安排,也由以订立城邦及其全体各分子所企求的目的[①]。法律不同于政体,它是规章,执政者凭它来掌握他们的权力,并借以监察和处理一切违法失律的人们。由此可知,凡有志于制订适合各种政体的法律[或为不同政体的城邦修改其现行的法律],就必需先行认识政体的各个类型及其总数。我们倘使已认识到平民政体或寡头政体各有多种而不止一种,也就会懂得同样的法律就不能全都适应一切平民政体或一切寡头政体。

章二　　我们在"关于政体研究的初编中"[②],已分清了政体的三个正宗类型:君主政体、贵族政体和共和政体,以及相应的三个变态 类型:僭主政体为君主政体的变态,寡头政体为贵族的变态,平

---

① 参看卷三章六 1278^{b}10 政体的说明。

② "关于政体研究的初编"(τῃ πρώτῃ μεθόδῳ περὶ τῶν τολιτειῶν),当指卷二和卷三;下文所述符合于卷三章七的政体分类。这样,似乎卷四至六是"政体研究的第二编"。但卷二所叙述的既为前人所拟的理想政体,接着的后编应该是亚氏自己的理想政体,这也是有些编校者把卷七卷八移接卷三之后的一个理由;可是这种改编又引起其他方面的疑难(参看卷三末和卷四开卷注释)。

依上章 1288^{b}21—37,本章应开始次第讨论四项政治研究纲领。但本章却又因政体分类而另外定了一个研究程序。《纽校》I493 注 2,说"本卷 1—4 章颇为混乱"。造成这种混乱情况是否由于后人有所窜改或增添,迄无定论。

民政体为共和的变态。贵族政体和君主政体业已讲过[①]。研究所谓最优良的政体实际上就是研究所谓“贵族”和“君主”这两种政体[②]；这两种政体和理想政体一样，都须有必要的条件并以建立社会的善德为宗旨。我们在先前也已说明过贵族政体和君主政体的区别，并说明了君主政体应该建立在何时何地[③]。所以，余下的论题只是(一)[在正宗政体方面，]原为多种宪政通称而又用作一种政体的专属名词的所谓“共和政体”以及(二)[在变态政体方面，]寡头政体、平民政体和僭主政体。

[我们倘若注意到正宗政体善德的次序，]就可显见变态政体何者比较恶劣，以及何者最为恶劣。最优良而近乎神圣的正宗类
1289b 型的变态一定是最恶劣的政体。君主政体或者是仅有虚名而毫无实质，或者是君王具有超越寻常的优良才德。所以，僭政是最为恶劣的，它同正宗偏反，处在相隔最远的一端；寡头与贵族政体相违背，是次劣的政体；平民政体是三者中最可容忍的变态政体。先进学者之一曾经做过政体的区分[④]；但他所应用的原则与此不同。按照他的原则，一切政体都可以有良好的也可以有恶劣的种别：譬如寡头政体就有优种和劣种之分；由此说来，对于平民政体的良种

① 卷三章十四—十八。

② 这里以“贵族”和“君主”两政体为最优良的政体同卷三章十八 1288ª34 节论旨相符。卷七章十四 1332ᵇ16—27 说君主政体在目前已不切实际宜作罢论。卷四如移到卷七、八之后，则 1289ª30 这句同 1332ᵇ16—27 句相抵触。《政治学》这本书中各章节前后不符处较亚氏其他著作为多。

③ 两种政体的区别见卷三章七 1279ª33—39、章十五 1286ᵇ2—7、章十七 1288ª8—15；王制可在何时何邦建立，见 1288ª15—31。

④ 柏拉图：《政治家篇》302E、303A。

就该把它列入优良政体之内,作为其中最低的一种品种,而把它的劣种列入恶劣政体之内,作为其中最高的一个品种,由我们看来,这两政体的任何品种都应列入恶劣政体之内。这里不能说寡头政体有好有坏,只能说某一种更劣于另一种而已[1]。

但是我们对于政体优劣的评价不必多所赘述。[这里,应即申述我们正待研究的程序。]既然说平民政体和寡头政体各有不同的品种,第一,[2]须分清并列举每一类型政体的诸品种。第二,[3]我们应该考察哪种政体——姑且不论理想的政体——最受欢迎并最易实施,我们又应该考察在这种一般采用的类型之外,是否还有另一些比较近于贤良性质而又组织得比较好的政体,也一样可为大多数城邦所采用。其次(第三),[4]在政体的其他诸类型中,我们应该考察哪一类适宜于哪一种公民团体。譬如,某一种公民团体宁愿采取平民政体而舍弃寡头,而另一种公民团体则又以寡头比平民政体为相宜。又次(第四),[5]我们应该考虑,人们倘若要建立各种政体,例如平民和寡头政体的各种类型,他应该怎样着手进行。最后(第五),[6]等我们把这些论旨一一简单说明以后,还应该尽力之

① 这里所指摘柏拉图政体分类问题,依现存各对话查考,柏氏曾把多数制政体统称为"共和"和"平民(贫民)政体"而分别优劣(《政治家篇》303A),把少数制分别称为"贵族"和"寡头"而分别优劣,(《政治家篇》301A),亚氏分类名称实际与之相同。我们现在查不出柏拉图指明贵族政体为"较好的寡头政体"的篇章。

② 见本卷第三至十章。

③ 本卷章十一。

④ 本卷章十二。依该章 1296^b38 以次所论,此处所说其他形式的政体,应当是共和政体。

⑤ 本章十四至十六,又卷六章一至七。

⑥ 卷五。

所及，再研究末一个问题：一般政体是怎样毁灭的，各个政体是怎样毁灭的，怎样才能保全这些政体？它们所由毁灭和保全的原因何在[①]？

章三　政体之所以会分成若干不同类型的原因，在于每一城邦都是由若干不同部分组成的[②]。最初，我们就见到每一城邦由若干家庭所组成。其次，这许多家庭分化为若干部分（阶级）——富有阶级、贫穷阶级和中产阶级，——富人具有重步兵的装备，穷人则没有这种装备。又次，平民从事不同的行业——一部分为农，一部分为商，又一部分为工艺。又次，在邦内著名人物之间，依据财富和家产的大小，还是有区别的；譬如战马只有富饶的人家才能育养，而各家的马匹数就有多有少。在古代，擅长以骑兵制胜的城邦常常为寡头政体，就因为战马畜于富饶的著名家族。这些寡头城邦惯常用骑兵队和邻邦作战，我们可举爱勒特里亚、[欧卑亚岛上

---

① 这里重行安排的政治研究项目已略异于第一章所列四项：（甲）章一各项目之（1），理想政体，本章说业已讲过，此后毋需再谈。（乙）其他项目的次序也有所变更：（子）章一所列之（2），本章为第三；（丑）章一所列之（3），本章分列第四、第五；（寅）章一之（4），符合于本章所列第二项；（卯）章一 1289^a7—9，在四项之外涉及的论题，本章列为第一。本章所举五项，在四、五、六三卷中都有所涉及，但次序和详略又不完全和这里的研究纲领相切合。

② 依章二所列政治研究纲领第一项，本章应该说明各类政体的品种为数有几？但本章所讨论者却为政体何以不一而分化为多样品种？又，政体分化的基础在于城邦组成分子的差异，而关于组成分子的叙述，章三与章四的 1290^b22—1291^b15 不同。纽曼认为二、三两章原来都出亚氏手笔，初未曾确定何删何存，遂被后人一并录存（《纽校》卷一"附录 A"565—569 页、卷三文义注释 151 页）。巴克尔说，章三 1289^b26 起至章四 1291^b15 止，为后人所增，或亚氏剩稿，可删（英译本 162 页章末长注）。

的]卡尔基[①]、梅安徒河上的马格尼西亚[②]，以及小亚细亚[③]的其他许多城邦为例。在著名人物(贵要阶级)之间，除了财富以外，还有其他(要素)的区别：如门望之别；如才德之别；又如我们在讨论贵 1290a
族政体时曾分析而列举了一切城邦生活所必需的各要素[④]，这些要素在著名人物之间也有区别。

这些就是城邦所由组成的各个部分。有时，所有各部分都参加政治体系，有时则或多或少由若干部分参加。很明显，这样就一定会产生种类不同的若干政体。参加治理的各个部分既有区别，跟着也就有政体的区别。一个政体就是城邦公职的分配制度，公民团体凭这个制度分配公职时，或以受职人员的权能为依据，例如富人或穷人各有其权能，或以所有受职人员之间的某种平等原则为依据，例如富人们和穷人们两者间存在着某种平等原则。所以，依据城邦各个组成部分间的区别和各个优异要素间的区别[⑤]而定的公职分配方式有多少种，政体也就有多少种。

---

① 欧卑亚岛上卡尔基城有牧马家族立寡头政体事，见《斯特累波》447 页，亦见于《亚里士多德残篇》五六〇 1570^{a}40 。

爱勒特里亚('Ερετρία)为小亚细亚吕第亚(Lydia)地区滨海城邦。

② "马格尼西亚"城有二，其一在吕第亚，另一在卡里亚(Caria)梅安徒河北。卡里亚的马格尼西亚及其东邻的滨海殖民城邦科洛封，都以擅长育马和骑术著名，见黑海的赫拉克里图：《共和各城邦志》(Heraclid. Pont. ,De Rebuspub.)xxii。

《雅典那俄》624 引赫拉克里图语，说帖撒利亚盛行育马。

③ 原文"亚细亚"('Aσία)，古希腊人所说的亚细亚实指"小亚细亚"。"其他城邦"是指科洛封等。

④ 见卷三章十二 1283^{a}14—20 ，即正义的品德和军人的习性。

⑤ 各个组成部分之别为农、工、商等行业的区分；各个优异要素之别为财富、门望、才德三者的区分。

有一种流行的观念认为政体只有两种。恰如习俗对于风向只说北风和南风[①]，把其他的风向看做这两个风向的转变，人们对于政体就专举平民政体或寡头政体[②]。以此为准，贵族政体就列入寡头政体之内[③]，作为它的一个变种，而所谓共和政体则相似地类列于平民政体之内[④]，好像西风就算作北风的一个转向，东风则算作南风的一个转向。有些思想家认为乐调也的确可分为两种，即所谓杜里调和弗里季调，其他各种乐调则分别编类于这两种正调。关于政体方面这种观念虽颇为时髦，我们仍然认为我们前面曾经述及的分类[⑤]较为良好而又切实，照我们的分类，政体当以一种或两种为正体，所有其他政体则为这种最优良的政体的变态，恰如在音乐方面我们可由正调聆取变调；政体的转变而趋向于严厉与威重者[类似杜里变调]，属寡头性质，其转变而趋向于缓和且弛散者[类似弗里季变调]，则属平民性质[⑥]。

① 希腊常年南北风较多，见《气象》卷二章四 361^{a}6 。希腊人称从黑海以北寒带来的冷风为“北风”(βορέας)，严格说来，应为东北风；从地中海上来的湿热风，称为“南风”(νότος)，实为西南风。

② 古希腊各城邦多数施行平民和寡头政体，见本卷章十一 1296^{a}22 、卷五章一 1301^{b}39 。

③ 参看卷五章七 1306^{b}24 。

④ 参看本卷章十三 1297^{b}24 。

⑤ 指本卷章二 1289^{a}31—^{b}11 。这里所述政体正变分类同卷三章七的三正三变不相符。

⑥ 寡头政体主严急，平民政体主宽弛，参看卷五章四 1304^{a}20—29 的实例。乐调缓急，参看卷八 1340^{a}40—^{b}5、1342^{a}28—^{b}32 。严厉而威重的杜里变调为吕第混合调；缓和而弛散的弗里季变调为伊昂慢调。依 13—20 行，这两种政体为正宗而比喻于音乐的正调。

章四 平民政体不应像现在有些思想家们[①]那样单纯地认为是多数人主治的政体形式。实际上一切政体[以参与治权的人数而言,]主政者都属多数,虽在寡头政体也是这样。相似地,寡头政体也不能单纯地被认为是少数人主治的政体。假定一个城邦共有一千三百人,其中一千为富人:倘使这一千人占据了治权,对于那三百个出身贫穷而同他们相等的自由人完全不分配公职,人们总不能说这是平民政体。又,或者穷人的人数虽少,但势力却较强于为数众多的富户[而占取了治权],倘使强制富人谁都不得参与名位,这也不会有人指称为寡头(财阀)政体。所以,比较合适的论断应 1290b
该是,凡以自由人执掌治权者为平民政体而以富人执掌治权者为寡头(财阀)政体[②]。世上自由人原来很多而富人常常是为数极少;可是多数自由人的为平民政体,其特征实在出身自由而不在为数之多,少数富人的为寡头政体,其特征实在财富而不在为数之少。不然的话[以数为政体的要素(特征)],凡以人体高度——据说埃塞俄比亚就有这种制度——或以容貌美丽为任官的标准,都将成为寡头政体;因为体格特高或容貌极美的人在一国之内为数一定不多。但专以贫富为准或专以人数为准来区别平民和寡头政体又是不充分的。我们应该记得平民城邦和寡头城邦中都包含若干部分(要素),我们须加上另一些标准来确切地区别这两种政体。

① 参看柏拉图:《政治家篇》291D。

② 辩论平民和寡头政体的基本区别不在人数多寡而在财富高下,已见卷三章八1279b20—1280a2。此节持论虽多跟前面相同,但结语主张兼顾出身、财富和人数三者,同前面专主财富者稍异。又,下文1291b37、卷五1310a28、卷六1317b4等节涉及平民政体仍旧看做以"多数"为主的统治。

譬如，在爱奥尼亚海湾上的阿波罗尼亚和赛拉①，[专以门望为主治者的惟一标准，]以少数自由人统治多数非自由人的城邦，我们总不宜称他们的政体为平民政体。在这两邦中，初期移民的后裔门望最高，他们在全城之中虽只寥寥几家，却占尽了一切名位。对于富人们由于人数比穷人为多而组成的政体，我们也不应称它为寡头政体②。这种政体的例子曾经存在于古代的科洛封，科洛封在吕第亚战争③之前大多数居民都富有财产。"平民政体"一词的确解应该是自由而贫穷——同时又为多数——的人们所控制的政体；相似地，"寡头政体"一词的确解应该是富有而出身(门望)较高——同时又为少数——的人们所控制的政体。

政体有多种类型的情况及其所以分化的原因已经说明。这里还得继续解释上述[平民和寡头]两政体之外，为什么还有其他几类政体，并要加以列举而说明它们所以存在的原因。前面曾经说过④，每一城邦都不止一个部分而是由许多部分所组成这个原则，

① 伊昂尼亚('Ιονία)，或译"爱奥尼亚"海湾，在小亚细亚、吕第亚和卡里亚之间。阿波罗尼亚城有多处同名，故举其地区所在。赛拉(θήρα)在爱奥尼亚海湾西，为斯波拉第群岛中的一岛。这里所称"自由人"和"非自由人"实际上为早期移民后裔和后来移民之别，不是自由人和奴隶之别。这两个城邦的任官资格重世系，必须先行查明其世系为初期移民的子孙才能授予公职。

② 依 Π，Γ 抄本、梵蒂冈旧皮纸残本(Vat. Pal.)、《贝克尔校本》，应作"平民[政体]"。依布依逊(Bojessen)、苏斯密尔、纽曼等校本，则修订为"寡头政体"。

③ 吕第亚战争指公元前第七世纪上半叶吕第亚僭主巨吉斯(Gyges)侵犯米利都、攻陷科洛封事，见《希罗多德》i 14。科洛封在亚里士多德时骑兵和海军都很强(《斯特累波》643 页)。

④ 章三 $1289^{b}27$。

现在也可引作我们解释的基础[①]。以动物研究为喻,我们如果要进行分类,就应该先列举动物所不可或缺的各个部分(器官)。举例来说,这就得有某些感觉器官;又得有某些进食和消化食物的器官,如口和胃;还得有各种动物所凭以运动的器官。这里,姑且假定器官就是这么几类,但每类器官却各有若干品种——各种动物各有相异的口、胃、感觉和运动器官。那么,同一种类的动物既然只能各有一种的口或耳,不能具备多种的口或耳,我们倘若把各种器官进行配合,其间可能配合的方式将在到达某一数目时为止;各种器官的不同配合造成各动物间的不同品种,而动物种类的数目当相等于必要的部分(器官)的各种可能配合方式的数目[②]。

就曾经说及的各政体而言,情况恰正相似。[各城邦各个必要的部分有多少种配合的方式,就该有多少种类的政体。]我们曾屡次说明各城邦都不止一个部分而是由许多部分所组成。其中之一,即所谓农民,他们是生产粮食的阶级。第二部分即所谓工匠阶级,他们从事各种技艺和制造,他们的制品或为日常生活所必需或为优裕和奢华的生活所必需,城市中倘使缺乏这些必需品,就不堪居住了。第三部分可称为市廛阶级,包括所有以卖买为业的商人和小贩在内。第四部分是在田间劳作的农奴(佣工)阶级。第五部分为防御的武士(部族),任何城邦如果不愿被侵入者俘作奴隶,则

① $1290^{b}21$ 和下文 $1291^{b}14$ 句相同,都是一段议论的开端,而两段前后不相贯串。$1290^{b}21$—$1291^{b}13$ 似为亚氏在全章写成后另行增补的,或为亚氏尚未成章的片断,由他的门人把它缀辑到这里的,或亚氏讲授与行文时有所旁涉,此段亦为“旁涉”的一例。

② 亚氏的动物分类以解剖为主要根据,动物器官各部分均属相同者列于同种同类,各部分有一不同即列于异种;某部分不同而某部分相同,当为异于品种而同于科属。参看《动物志》卷一章六 $491^{a}14$ 等节,《论动物的构造》卷一章四 $644^{b}7$ 以下。

这一部分的重要性应当不比其他四个部分为差。一个奴性的社会怎能称为城邦而无愧？城邦的要义就在独立自主和自给自足，反之，奴隶的本性就不能独立和自足。

关于这一问题，我们可参看[柏拉图的著作]《理想国》[①]，那里虽然说得极为巧妙，可是并不完备。苏格拉底先说明了一国所最需要的四个部分为织工、农民、鞋匠和建筑工人；然后，在发觉这些人还不能使一个城邦自给自足的时候，又陆续增加其他部分：冶工，饲养那些必要的牲畜的牧人，商人和小贩。这些人配合起来就完成了他所描写的第一城邦——这样的城邦似乎不是以善德为其社会生活的目的而是仅在寻求经济的供应，至于经济供应方面，则又似乎把鞋匠看得同农民一样重要。只是在这个城邦日后版图扩大，同邻邦壤地相接并发生了战争的时候，他才引进那用作防御力量的战士部分。对于组成政治团体的那四个原始部分——或为数若干个部分——总须有人来专管审议和判决他们之间的曲直。如果说灵魂之为动物的一部分比身体更加重要，那么，凡有关城邦精神的部分应该比供应城邦以物质需要的部分尤为重要；所谓类乎动物灵魂的部分，就是城邦的军事（战斗）职能、主持公道的司法职能以及具备政治理智的议事职能。这三种职能由同一组人或不由同一组的人来担任，对于我们当前的论证并不重要。常常看到同样一个人既在田间耕作也在战场持盾而斗。[也常常有兼任这三种职能的人。]如果说担任这些职能的人们应该同供应城邦以物质需要的人们一律看做是城邦必不可缺的各个部分之一，那么，这里

① 柏拉图：《理想国》卷二 369B—371E。

就应该把他们列入,至少应该把军事人员[①]列入[为第五部分]。

第七部分[②]是以他们的财产资助社会的富人。第八部分是以才能服务社会(担任公职)的行政人员。没有一个政府(治理者)就不成其为城邦;这必须要由具备才能的人,终身或轮番,来担任各种官职,为城邦服务。于是,余下的就只是上面曾经顺便提及的两个部分了——议事部分和审断争讼者之间曲直的[司法]部分。这两部分应该是一切城邦所必需的;议事和审判人员都须具备良好的政治品德,各邦都要建立良好而适当的任用制度。[这里我们可 **1291b** 以说明一个疑难。]常常见到同一组的人具备其他部分几种不同的能力。譬如,同是这么一些人,他们可以既是士兵,又做农民,又做工匠;还有同是这么一些人,他们可以参加议事会,也可以参加陪审法庭。大家原来都有些政治才能;谁都以为自己可以担任大多数的职司。然而有一件事情却是办不到的:同一组的人不能既是富人又是穷人。所以富人和穷人这两个阶级,作为城邦的组成部分就别有意义。又,两者之中其一人数少,另一人数多,而且是正相反对的两个部分。于是,他们各凭自己的优势,组织有利于自己这部分的政体。这就是人们所以认为政体只有平民和寡头两式的缘由。

① “重武装(披甲持盾)部队”(τὸ ὁπλιτικόν),同行政人员相对而言,可译“军事人员”,同农工阶级相对而言,可译“武士阶级”。希腊重武装步兵皆为公民,辅助兵种不一定要在公民籍中征召。海军中桡手多募自佣工或奴隶,舰上战斗兵则平日列入步兵队伍。

② 上文缺少第六部分,抄本当有“缺漏”。或者认为22行先已提及,39行重复说明的司法审判部分即第六部分。财富阶级为城邦不可或缺的部分,参看狄奥·克利索斯笃姆:《讲词》第38篇130,赖斯克编校本。

政体应有多种的情况及其所以分化的原因已经说明。我们现在可以进而说明各政体中的两个类型——平民政体和寡头政体，从已经说过的情况看来也显然分化有若干变异的品种①。这些政体因平民（贫民）和著名人物（贵要阶级）的组成成分的变异而发生变异。就平民而言，其中一部分从事农作；第二部分以工艺和制造为业；第三部分为经营卖买的商人；另一（第四）部分是在海上作业的人们，其中有些是海军，有些经商海外，有些从事航海，有些则以渔捞为生。我们可以注意到这里所区分的行业，在许多地方往往某一行业特别兴盛而人数独多；如塔兰顿和拜占庭的渔民，雅典船舰上的桡手，爱琴那和启沃岛上的外海估客以及得内杜斯岛上的航渡水手②，都可举作这样的例。又一（第五）部分是无技艺的劳工（佣工）③，以及家无积蓄、日以劳作谋生、终岁不得休闲日子的

① 14—30行这节起句和本章1290^{b}21相同，已见上注；全节内容，以平民和贵要阶级为基本区别而分述两者的各个组合部分，和章三1289^{b}27—1290^{a}2的分析要领略同；有些校本把章三1289^{b}27—1291^{b}13加删除括弧〈 〉。这两章中对城邦组成部分的分析有参差分歧之处，可参看《纽校》I“附录A”565—569页。本章1291^{b}30至章六1293^{a}34论述平民政体和寡头政体时，并不认真应用章三章四那些城邦组成部分的诸行业作分析。

② 拜占庭自古以捕捞金枪鱼业闻名于地中海，参看《斯特累波》320页。爱琴那岛和启沃岛均多石山，不堪耕植，且海中亦少渔产，居民多以商贩为业（《斯特累波》376页）。色诺芬：《希腊史》卷五章一23曾涉及“航渡业者”（τὸ πορθμευτικὸν）和“渔捞业者”（τὸ ἁλευτικόν）之别。对于爱琴海上古代航渡情况现在未能详考。得内杜斯岛（τενέδος）处于希腊斯滂（今韃靼尼尔海峡）口外，特别利于航运，可为亚欧两洲间或爱琴海各岛和大陆间商旅的枢纽。

雅典久以海军及航业称雄，参看卷二1274^{a}13注。

③ 靠双手佣力为生的“劳工”（τὸ κερνητικόν），见卷三1277^{a}38。此处专指贱役而言，跟1291^{a}5的佣工（τὸ θετικόν）“雇工”或“雇农”相同。

人们；又一(第六)部分是并非双亲都是公民的后裔；还可以有相似性质的其他部分。著名人物(贵要阶级)以财富、出身(门望)、才德、文化以及类似的各种标准区分为各个部分(流品)。

平民政体的第一个品种是最严格地遵守平等原则的品种。在这种城邦中，法律规定所谓平等，就是穷人不占富人的便宜：两者处于同样的地位，谁都不做对方的主宰[①]。有些思想家认为自由和平等在平民政体中特别受到重视，我们如果认为他们所设想的是恰当的，那么就应该让所有的人尽可能地一律参加并分配政治权利。因为平民总是占居多数，由多数的意旨裁决一切政事而树立城邦的治权，就必然建成为平民政体。平民政体的另一种是以财产为基础，订定担任公职的资格，但所要求的财产数额是低微的；凡能达到这个数额就具有任官的资格，不及格的不得参与公 1292^a 职。又一(第三)种是，凡出身(族裔)无可指摘的公民都能受任公职，而其治理则完全以法律为依归。又一(第四)种是[不问出身(是否双亲都属自由公民)，]凡属公民就人人可以受任公职，但其治理仍然完全以法律为依归。又一(第五)种平民政体同上述这一种类似，凡属公民都可受职，但其政事的最后裁断不是决定于法律而是决定于群众，在这种政体中，[依公众决议所宣布的]“命令”就可以代替“法律”[②]。城邦政治上发生这种情况都是德谟咯葛(“平

① 参看卷六章二 1318^a5—10 。

② 以“命令”为可以代替或逾越“法律”的第五种平民政体和以法律为依归的第一至第四种恰成相对。雅典民主传统重视法律和成规，参看卷三 1282^b6 注。以法律为“普遍通则”，“命令”为“个别事例”，参看下文 1292^a33、37 。

民领袖”)[1]造成的。以法律为依归的平民政体,主持公议的人物都是较高尚的公民,这就不会有“德谟咯葛”。德谟咯葛只产生在不以法律为最高权威的城邦中。这里,民众成为一位集体的君主;原来只是一个个的普通公民,现在合并为一个团体而掌握了政权,称尊于全邦。荷马的诗说[2],“岂善政而出于多门(众主)”,他所谓“多”是指多数的民众集体地发号施令或指若干执政各自为主,我们这里不能确定。可是,这样的平民,他们为政既不以“法律”为依归,就包含着专制君主的性质。这就会渐趋于专制,佞臣一定取得君主的宠幸而成为一时的权要[3]。[多数制中的]这种平民政体类似一长制(君主政体)中的僭主政体。两者的情调是一样的,他们都对国内较高尚的公民横施专暴,平民群众的“命令”有如僭主的“诏敕”,平民领袖(德谟咯葛)就等于、至少类似僭主的佞臣;在这种平民政体中,好像在僭主政体中一样,政权实际上落在宠幸的手里。“平民领袖”们把一切事情招揽到公民大会,于是用群众的决

---

① “德谟咯葛”(δημαγωγός),本义是“平民领袖”,其人常常为公民大会中的“演说家”,汉文旧译为“奸雄”或“民众煽动家”。本书卷二 $1274^{a}14$,称平民领袖为“鄙俗的”,卷五 $1304^{b}26$,又称之为“恶劣的”,亚氏称德谟咯葛为“民众佞臣”。《修昔底德》iv 21,称克利翁为“群众领袖”,亦怀恶意。另外如伊索格拉底:《“召抵”》(De Antidosis)234,把“德谟咯葛”称伯利克里,则出于尊敬。阿斯脱:《柏拉图著作字汇》(Ast:Lexicon Platonieum)中无此词。柏拉图称平民领袖为“先进”(《理想国》viii 565B)。先进之为群众领袖都出于坊社世族,或身为将军,或受任执政,负城邦重责,故立言定策,经过慎重考虑。后雅典等城市工商渐盛,城市中智能之士,以其辩才左右公民大会中平民(贫民)的意向而成为一时名人,始有“德谟咯葛”之称;他们多不负军政责任,往往投民众之好而逞其辞锋,以致发生不良影响。至亚里士多德时,这个名称已为世人所轻视,演说家们也讳用此词。

② 荷马:《伊利亚特》ii 204:“岂善政而出于多门,宁一王以为治。”

③ 以群众为僭主,而用佞臣喻“平民领袖”,参看阿里斯多芳:《骑士》1111,1330。

议发布命令以代替法律的权威。一旦群众代表了治权，他们就代表了群众的意志；群众既被他们所摆布，他们就站上了左右国政的地位。还有那些批评和指控执政的人们也是同造成这种政体有关系的。他们要求由“人民来作判断”；于是人民立即接受那些要求，执政人员的威信从此扫地而尽。这样的平民政体实在不能不受到指摘，实际上它不能算是一个政体。凡不能维持法律威信的城邦都不能说它已经建立了任何政体。法律应在任何方面受到尊重而保持无上的权威，执政人员和公民团体只应在法律(通则)所不及的“个别”事例上有所抉择，两者都不该侵犯法律。平民政体原来是各种政体中的一个类型，但这种万事以命令为依据的“特殊”制度显然就不像一个政体，按照平民政体这个名词的任何实义说，这种政体都是同它不相称的。命令永不能成为通则(“普遍”)[1][而任何真实的政体必须以通则即法律为基础]。

这些就是平民政体的各个品种以及它们的界说。

章五　寡头政体也有若干不同品种：其一，受任公职所必需的财产资格定得相当高，因而贫民虽属多数却全被摈斥在外，但其财产达到了这个数额的人们就全都可以分享政治权利[2]。第二种是财 **1292b**
产资格既高，而且公职的补缺选任只限于具有法定资格的人们——凡公职补缺由全部合格的人们中选任的，表明其政体趋向

① 参看《尼伦》卷五 1137b27。

② 这里所述寡头政体第一品种与卷六章六 1320b22—28 和章七 1321a26—28 相符。1321a28 以下述及受任执政者在财产资格而外，尚有其他条件，故此处有“但……”分句，申明在财产资格而外别无限制。

于贵族；倘若限于具有某种特定资格的范围以内，这就显示它趋向于寡头。第三种是父子相传的世袭制度。第四种类似前一种，也由世袭，而执政者们的权力则更大，个人的意旨竟然凌驾于法律之上。寡头政体[少数制]中的这一品种犹如君主政体[一长制]中的僭政，或平民政体[多数制]中最后述及的那一个品种。这样的寡头政体就成了所谓“权门政治”①。

这里已叙明了寡头和平民政体的各个品种。可是应该注意，在许多城邦的实际政治生活中，往往凭法制而论，原来不是民主政体，但由于人民的教育和习性，那里却保持着民主的作风和趋向。反之，有些订立了民主法制的城邦却由于人民的教育和习性，实际上竟趋向于寡头主义的统治。这样的情况，在经历一番革命之后尤为显著。人民的情绪并不是在一夕之间完全改变的；革命胜利的初期，主政者们已占取了敌对者的上风就心满意足，许多事情让它们顺从旧章。于是当革命派掌握了实权的时候，前代的法律还能继续存在。

章六　凭我们前面所说的[平民和贵要阶级各由若干不同部分所组成]②着想，已可充分证明平民和寡头政体必然要分化而导致

---

① “权门政治”(δυναστεία)，依维多利拉丁译文，音译作“第那斯得”(dynastas)。索福克里剧本：《安第戈妮》(Antig.)609，称宙斯大神为“第那斯忒”(δινάστηs，“[全]能或[全]权之神”)。作为政体名词，第那斯得重在“权能”，实行权门统治的城邦，其寡头执政限于少数几个家族，故周伊特英译本作“世袭寡头政体”。现代政治和历史书籍用“dynasty”来称君主政体中一家世袭的“朝代”同本书字义之为多数语尾者不符。

② 见章四 $1290^{b}37$—$1291^{a}10$；又，$1291^{b}17$—34。

所有这些变异(品种)①。两条道路必出其一:或是所有上述的各部分人民全体参加统治,或是其中某些部分可以参加而某些部分不能参加。当农民和家道小康的人们执掌政权时,他们的政府总是倾向法治的。他们在家业上虽然能够营生,却没有多少闲暇可以从政,于是他们乐于让法律树立最高的权威而且将公民大会集会的次数尽量减少,至于其他部分的人民只要达到法定的财产资格也全部容许分享政治权利。政治识别的一个通例是:凡不是容许任何公民一律分享政治权利的应该属于寡头性质,而容许任何公民一律参加的就都属于平民性质②。这里所树立的政体是容许一切具备必要资格的公民全都参加的;只是有些人缺乏资产,不能不忙于生计,因此就没有实际从政的余暇。这是平民政体的各品种之一;形成这种政体的原因就由于上述的[社会经济]情况。平民政体的另一(第二)种以次一项标准、即出身为基础,凡在族裔上(门望)无可指摘的,依法都能享有政治权利,但实际上必需是有余暇的人们才真正出而从政。因为城邦没有公款③[供应公民们,使他们有从政的余暇],这种平民政体也尊重法律为最高权威。第三

① 章四章五分析平民和寡头政体的各个品种,以政治结构为主要根据。本章以社会经济成分为主要根据,再作另一个程序的分析。

② $\Pi^1\Pi^2$ 两系抄本,这一句都不易明白。《纽校》,从拉梭:《〈政治学〉若干疑难的疏释》(Rassow, Bemerkungen über Einige Stellen der Politik)和《苏校》。增"都[HJ*6]属于平民性质"(πᾶσι δημοκρατικόν)。

③ "公款"(πρόσοδοι,税收或其他财政收入),这里当指用以支付公民大会出席津贴的任何款项,参看卷六章五 1320^a29。在下文所说的第四种平民政体,以雅典为例,这类公款取之于市场税收、专卖利益或同盟各邦的贡赋(公摊的军政费)。

种凡属自由人出身(血统)[①]一律可享政治权利;但由于上面已经说明的原因,这里也不是个个都实际从政;这一种也必然以法律为
1293a 至上。平民政体的第四种是城邦发展史上最近代的产物,有如现在城邦的人口按照固有的版图说来,业已繁庶得多,财政收入也大有增加;由于[出席公民大会和陪审法庭]可以取得津贴,穷人也能有暇从政,公民全都享有政治权利,群众在数量上就占了优势。获得津贴的平民群众实际上比其他部分的人更多闲暇。他们没有必须照顾的家务或私业;而小康或富人却都有私累,因此常常不能出席公民大会和陪审法庭。由于这些情况,法律渐渐失去了固有的尊严而"贫民群众"遂掌握了这种政体的最高治权。

平民政体就分化有这样多的品种,它们各别的情况和所由发生的原因就是这样。至于寡头政体,其第一个品种是这样的:大多数的公民都有财产,但为数不很巨大,一般的可说是小康之家;凡属小康(有产)之家便一律容许享有政治权利。既然参政的人有这么多,统治的权威就不能由个人操纵,而只有寄托于法律了。这种中产性质的寡头政体完全不同于以个人权力为基础的君主政体;他们所有的财产虽足以应付生计,并不依赖国家的津贴,却也并不能终岁闲适,天天可以处理公务,所以他们都宁愿安于法治,而不要各自逞其个人的私意。当一邦之内有产者人数减少而各家的资

① 1292a1 所说第三种,1292b36 所说第二种平民政体中的"其族裔(世系)无可指摘的"当指双亲均属本邦自由公民和自由族裔,身体中没有奴隶血缘的人们(《雅典政制》13,"在宗姓(族裔)上纯洁的"意义亦相同)。这里的"自由人",不同于较高一级平民政体中的"族裔无可指摘的",正如章四 1291b26 所说,"其双亲或有一方非自由人血统"。

产数额却增大了的时候,就发生第二种寡头政体。这样,他们的势力加强,就要求较大较多的政治权利;他们掌握着容许其他部分(阶级)进入公民团体和受任公职的实权。但他们的势力还不足以废弃法律而凭他们这部分人的意志专断行事,所以他们制订了一些有利于他们操纵政权的条例。再进一步就发生第三种寡头政体,这时有产者人数更少而各家的资产则更大,他们的势力也更强了。于是这些寡头统治者就力求操纵一切公职;他们虽然还是依据法律施政,可是,甚至于像公职由父子世袭这样的条例也制订而且颁行了。社会的演变到了末一阶段,就发生最后的一种即第四种寡头政体。相应于统治者们绝大的财产和众多的附从(党羽),城邦于是形成权门政治。权门政治和君主政体极为相似,两者都以个人权力为基础;这里不再是法律至上,而是个人(执政)至上了。第四种寡头政体可以同末一种的[极端]平民政体相比拟。

章七　平民和寡头政体之外,还有两个类型尚待陈述[①]。其中之一,即通常所称君主政体(王制),曾被列举为四型主要(基本)政体——君主政体、寡头政体、平民政体和贵族政体——之一。可是在这四型以外,还应该增添一个第五型。这一型通称立宪政体,或以波里德亚("共和政体")作为自己的本名。因为这一型所见较

① 照本卷章二所拟政体研究五项程序,这里前数章已叙明平民和寡头政体的各个品种,完成了第一项研究。但以下四章又叙述了贵族、共和和僭主政体三类型的各个品种。第二项研究延至第十一章方才开始。本章开始,说政体类型只四型,与卷三章七所说三正三变六型相歧。但下文随即补充了共和政体,跟着又提到僭主政体,这样仍旧为六型。

1293b 少，一般分析政体类型的著作家往往疏略了；他们都像柏拉图在《理想国》各卷中[①]所叙述的那样，常常只列举四型。我们这一论文的前编[②]已讲过贵族政体，在那里引用“贵族政体”这个名词是恰当的。严格地说，只有一种政体可称为贵族（最好）政体，参加这种政体的人们不仅是照这些或那些相对的标准看来可算是些“好人”，就是以绝对的标准来衡量，他们也的确具备“最好”的道德品质。只有在这些人们组成的政体中，善人才能绝对地等同于好公民；在所有其他的政体中，善德只是按照那种政体中各自的标准，各称其所善而已。但我们还得承认有些品种[虽不够真正贤良（至善）的标准，]的确异于寡头政体和所谓共和政体的，仍应称之为贵族政体。有一种政体，职司的选任不仅以财富为依据，还须以品德为依据。这样的政体，既同上述两类各有所不同，人们也就称作贵族政体。于此使用这个名词，实际上也未尝不可，在这里，善德总是存在的；有些城邦并未明白规定善德为社会生活的目的，然而就在这些城邦中，我们仍然可找到品德高尚而著有令名的人物。所以，像迦太基那样的政府[③]，同时注意到财富、才德和平民多数三项因素，是尽可称为贵族政体的；又如拉栖第蒙（斯巴达）那样的政体，同时只兼顾才德和平民多数两项因素而类似贤良主义和平民主义两原则混合了的政体，也未尝不可称之为贵族政体。我们这

① 柏拉图：《理想国》卷八、卷九。

② 这里“前编[各卷]”（τοὶς πρώτοις λόγοις），当和章四 $1289^{a}26$ 所说“关于政体研究的初编”相同，实指本书现行编次的卷二卷三，异于卷三 $1278^{b}18$ 的“前编”，实指卷一。卷三章七（$1279^{a}34$— ）、章十五（$1286^{b}3$— ）等节曾涉及贵族政体。

③ 和卷二 $1273^{a}21$—30 所述不尽符合。

里就把这两种贵族政体依次列于第一种即最好的贵族政体之后。〈此外,我们还得附加另一个品种(第三种),那是所谓“共和政体”的各变体之一,具有显著的寡头主义倾向的一种政体[①]。〉

章八　这里,我还得陈述所谓“波里德亚”(“共和政体”)和僭主政体两个类型。共和成为变态政体,虽然它的偏离正宗政体未必超过我们方才所讲到的那几种贵族政体,可是,我们在这里就把它径列于变态政体之内了。它们实际上比正宗政体的最好类型都有所不足,所以被称为变态;照我们这一论文的前章[②]所说,[共和与贵族政体都列于正宗而]变态是由它们衍生的。在研究政体问题时,我们把僭主政体留到最后讲述,应该说是恰当而合乎自然的,在各类政体中,僭主政体[完全没有法度]就不像一个政体[③]。

解释了讨论所采取的次序以后,我们就继续研究共和政体。我们业已阐明寡头和平民政体的性能,共和政体的性能也约略地可以认识了。“波里德亚”的通义就是混合这两种政体的制度;但

---

① 末句行文含糊,称为“第三”,亦与上句不符;《苏校》作为衍文。《纽校》说这句和卷五章七 $1307^{a}10$—16 语句相符,不是衍文。如果这样则本章所举贵族政体实分三属四种,(一)以善德为主;(二)(甲)兼以财富、善德、多数(平民)三者为依据(迦太基式),(乙)兼以善德和多数两者为依据(斯巴达式);(三)混合政体,如共和的某一品种,对多数这一要素不如财富那样重视,因而显见寡头主义倾向,但善德犹为主要依据,总不失其为贵族政体。二(甲)和三都同共和政体相混淆;汉译本从《苏校》,加〈　〉。

② 当指卷三章七。依该章,各种寡头政体为各种贵族政体相应的衍变;共和政体劣变则为平民政体。依这里几章,则正宗贵族政体演化而为次级贵族政体,由是递降,最后产生寡头政体。共和既属各种因素混合的政体,衍变时可倾向寡头,也可倾向贵族政体。

③ 参看本卷章二 $1289^{b}3$;又卷五章十 $1310^{b}4$。

在习用时，大家对混合政体的倾向平民主义者称为“共和政体”，对混合政体的偏重寡头主义者则不称“共和政体”而称贵族政体——理由是[寡头主义虽偏重资产阶级，而]资产阶级的教养和文化却又是贵族政体的才德的本源。又，富人都衣食无忧，不生盗心，都不致因迫于饥寒而犯刑罚；所以他们都被称为“善人”或“贤达”(贵要阶级)。贵族政体原来是对那些最好的人给与最崇高的地位，人们由此相应而把寡头政体也看做是[贵族政体这一名词的延伸，]以那些贵族为主的政体。

1294a [贵族政体这个名词，其意义还有另一方面的延伸，大家认为任何守法的政体都可称作贵族政体。]人们认为政府要是不由最好的公民负责而由较贫穷的阶级作主，那就不会导致法治；相反地，如果既是贤良为政，那就不会乱法。我们应该注意到邦国虽有良法，要是人民不能全都遵循，仍然不能实现法治。法治应包含两重意义：已成立的法律获得普遍的服从，而大家所服从的法律又应该本身是制订得良好的法律。人民可以服从良法也可以服从恶法。就服从良法而言，还得分别为两类：或乐于服从最好而又可能订立的法律，或宁愿服从绝对良好的法律。[贵族政体这个名词如果引用到法治的意义上，应该主要是指已经具备较好的法律的城邦。]

贵族政体的主要特征是以才德为受任公职(名位)的依据：才德为贵族政体的特征正如财富为寡头政体的特征、自由人身分为平民政体的特征。至于由多数决议以行政令则是所有这些政体一律相同的。凡享有政治权利的公民的多数决议无论在寡头、贵族或平民政体，总是最后的裁断，具有最高的权威。在许多城邦中，所谓共和政体这种类型都假借了一个比较好听的名称①。共和政体的本旨只是混合贫富，兼顾资产阶级和自由出身的人们而已；人们见到其中有富人的地位，就联想到贵族为政[由此用上了贵族政体那种比较好听的名称]。实际上，在混合政体中应有三项同等重要的因素——自由出身、财富和才德。有时，或以门望（贵胄）列为第四要素，这是因为贵胄都出自前代有财有德的后裔，那么它仅仅是那两项要素衍生的产物。所以，我们显然应该用共和政体一词来称呼贫富两要素混合的政体，而用贵族政体一词来称呼三要素混合的政体，这种混合政体虽然没有[专以才德为特征的]第一种真正的贵族政体那么好，总是比其他冒称为贵族的任何品种为良好而又符合贵族的命意。这里我们已说明了君主、平民、寡头政体以外其他类型及其性质；我们也说明了贵族政体同其他政体间的差别，从而也分析了共和政体同贵族政体间的差别——两者的确是相近而容易混淆的。

章九　跟着，我们就可讨论所谓共和政体为什么可以与平民和寡头政体一起存在，这类型的政体应该怎样组织。在讨论怎样组织共和政体的同时，平民和寡头政体的各别性质也须有明确的分

① $1293^{b}38$—$1294^{a}14$ 好像旁涉贵族政体，实际上却在论证贵族和共和的分别。贵族政体具有守法精神和崇尚才德两优点；因为这两优点往往见于富有资产的人家，凡邦内存在有产者们的政体像混合贫富的共和政体，就常常因此而被混称为“贵族政体”。依 $1294^{a}9$—14，贵族政体即使不以“才德”为惟一根据，也一定以此为主要根据；要是邦内仅仅多少有些法治精神和才德表现，这还不能以贵族相称。

析，明确了两类的差异，于是把它们作为信符（一个钱币的两爿[①]）而合拼起来[这就组成为一个共和政体]。拼凑或混合这样的政体可遵循三种不同的原则。第一种原则是同时采取平民和寡头政体的两类法规。以法庭中的陪审席位为例：在寡头政体中，富人倘若不出席作陪审员就要受罚，穷人如果出席则并无津贴。反之，在平民政体中，则穷人出席可以取得津贴而富人缺席并不受罚。归并这两种法规可以获得一个中间型式[②]，这样和合两体而成为中性 **1294b** 的方法就是共和政体的本质。这是进行混合可能的原则之一。第二种原则是把两类法规折中而加以平均。譬如，一种政体对于出席公民大会完全没有财产资格的限制，或者仅仅订立极低的财产数额作为出席的资格，另一种政体则订立了高额财产资格。到了这里，两类法规就都不适用，我们须加以平均而订立一个折中数额。第三种原则[既不全部兼取两类法规，也不是加以折中]是在寡头和平民政体中都选择一些因素而加以混合。譬如，就任用行政人员而论，拈阄（抽签）法素来被认为属于平民性质，选举法则属于寡头性质。又，订有财产资格的为属于寡头性质而平民性质的行政官员就完全无财产资格的限制。这里，共和政体或混合式的贵族政体就在两类法制中各取它的一部分——在寡头政体中选择了以选举法作为任官的方式，在平民政体中则不采行财产资格的

---

① σύμβολον[钱币]合爿：古希腊订立商业或其他契约时把一个钱币分成两爿，各执其一，用作信符。

② 富人缺席须付罚款，穷人出席可得津贴，则贫富都将出席。这是共和政体使贫富一律到法庭投票而不至于断案偏袒一方的措施。参看章十三 1279a38 。读者须注意古希腊“法庭”异于我们今天所见的由常任法官断案的法庭。他们以出席投票于诉讼两方的陪审员人数的多寡来决定案件的曲直胜负。

限制。

这里,我们已经说明了混合的一般方法。凡是一个业经混合平民和寡头主义的政体,人们倘使称它为平民城邦,或者称它为寡头城邦,几乎不可辨明,这必然是混合得很周到了。这样的混合已拼成一个中间体系;两端都可由中间体追寻其痕迹[所以大家有时就两用那原有的名称]。拉栖第蒙政体可举以为例。因为这个政体具有若干民主精神的特征,许多人认为它是民主的。第一,关于儿童的教养,在斯巴达是贫富相同的,他们以同样的文化标准教育富家和贫户的子弟。对于青年和成年的教育方针也是一律的。在衣食方面也贫富不相区别:在公共食桌上每人面前摆着一样的食品[①],富人所穿的都是穷人也能照样制备的极为朴素的服装。斯巴达民主精神的第二个特征是人民对于邦内两个最高机构分别享有对长老院中长老的选举权和参加监察院作为监察官的被选举权[②]。反之,另有些人认为斯巴达是寡头政体,指出它有许多寡头性质的因素。例如,执政人员的任用完全不经拈阄,一律凭选举决定;又,死刑或放逐罪仅仅少数几个人有权裁定[③];还有其他许多相似的特征。一个混合得良好的共和政体看来应该是两备平民和寡头因素的,又好像是两都不具备。共和政体不应凭借外力支持,而要依赖内在均势来求其稳定;至于就内在力量而言,有大多数人维护这种制度还是不够的,一个不良的政体也是可能得到多数人

① 参看卷二 1271^a28。

② 参看卷二 1270^b17—29。

③ 在平民政体中,死刑和放逐由公民大会或公审法庭公决;在寡头政体或称贵族政体的斯巴达,这两种重罪由长老院裁断(参看色诺芬:《拉根尼共和国》x 2)。

拥护的，只有全邦没有任何一个部分存在着改变现制的意愿，这才算是稳定。

这里，我们已说明了怎样组织一个共和政体以及其他被［混］称为贵族政体［而实际上是混合政体］的方法。

1295a **章十** 我还得陈述剩下的另一个类型，即僭主政体。关于僭主政体，可以讨论的内容不多，但它既是政体的一个类型，我们也须一并加以研究。［僭主政体为君主政体的变体，而］关于君主政体，我们已在这一论文的前面数章中讲过①。那里所说的君主政体是按照通常习用的词义和制度立论的，我们考虑了王制是否有利于城邦，怎样的人才可以为君王，从什么地方可以得到君王以及怎样才能建立君主政体。在研究君主政体（王制）时，我们也谈到了两种僭主政体②，因为这两种僭政都保持着法治的精神，它们的性质就类似君主政体，也可以混称为君主政体。这两种是（一）某些野蛮民族（非希腊民族）中所尊崇的具有绝对权力的专制君主，以及（二）在古希腊城邦中曾经一度存在的类似君主的所谓民选总裁。这两种僭主（君主）相互间是有所分别的，但两者都可说是半王半僭的制度——其建制既出于民意，其为政也遵循法治，这合于君主政体；这里，统治者的意志具有最高权威，显示出主奴的情调。但，这里，还有第三种僭主政体，那就是大家习见的真正僭政的典型，也正是绝对君主政体（“全权君主”）的反面型式③。当单独一人统

① 卷三章十四至十七。

② 卷三章十四 1285a16—b3 。

③ 卷三章十四末节、章十六 1287a9—15 。

驭着全邦所有与之同等或比他良好的人民，施政专以私利为尚，对于人民的公益则毫不顾惜，而且也没有任何人或机构可以限制他个人的权力，这就成为第三种僭主政体。这是暴力的统治；所有世间的自由人当然全都不愿忍受这样的制度[①]。

僭政为数有三，这里我们已说明了这些品种，也说明了它们之间所以有别的理由。

章十一 现在我们应当考虑对于大多数的人类和城邦，究竟哪种政体和哪种生活方式最为优良这个问题[②]，这里，我们所说的优良，不是普通人所不能实现的或必须具有特殊天赋并经过特殊教育才能达到的标准，也不是那些认为只有理想的政体才能达到的标准，我们是就大多数人所能实践的生活以及大多数城邦所能接受的政体，进行我们的研究。我们方才讲过的所谓“贵族政体”，其向善的一端都非大多数城邦所能望及，而其趋向于另一端的，便同所谓共和政体密切相近，这在实际上只能作为共和政体而不应称为贵族政体。[所以贵族政体对于我们现在的论题便不相适合。]

① 希腊各邦的僭政初兴于公元前第七世纪。僭主大都出身贵胄，利用平民群众以摧毁氏族长老的领导，篡夺王权，独揽统治。其时奴隶生产渐盛，氏族经济衰退，僭主们以奴隶发展农工业，也促进了平民势力。公元前第六第五世纪间许多僭主政权相继为寡头和平民势力所推翻。至公元前第四世纪，各邦都因战争频繁，中产之家荒落，自由公民日益困苦，都无力自备武装，以全邦“公民一战士”为本的共和或平民政体也渐趋衰微，富豪遂以私资养战士而有“雇佣军队”。这些豪强或佣军将领在城邦有内讧或外患时，往往乘机窃取国政，于是僭政复盛。

② 本章所论为章二末节所列研究程序的第二项（1289^{b}15—17）。照卷四章三1290^{a}6—11，政体为城邦安排公职的方式；照卷三章九1280^{a}38—1281^{a}10，则政体关涉到全邦人民的生活方式；本章所论的政体兼及两者。

有一些含义可以引来论定我们现在所研究的整个问题。倘使我们认为《伦理学》中[①]所说的确属真实——(一)真正的幸福生活是免于烦累[②]的善德善行,而(二)善德就在行于中庸——则[适宜于大多数人的]最好的生活方式就应该是行于中庸,行于每个人都能达到的中庸[③]。又,跟城邦[公民团体中每一公民的]生活方式相同的善恶标准也适用于政体;政体原来就是公民[团体和个人]生活
1295^b 的规范。在一切城邦中,所有公民可以分为三个部分(阶级)[④]——极富、极贫和两者之间的中产阶级。现在,大家既然已公认节制和中庸常常是最好的品德,那么人生所赋有的善德就完全应当以[毋过毋不及的]中间境界为最佳。处在这种境界的人们最能顺从理性。趋向这一端或那一端——过美、过强、过贵、过富或太丑、太弱、太贱、太穷——的人们都是不愿顺从理性的引导的。第一类人们常常逞强放肆,致犯重罪,第二类则往往懒散无赖,易犯小罪:大多数的祸患就起源于放肆和无赖。中产阶级的人们还有一个长处,他们很少野心,在军事和文治机构中[⑤],要是有了野心的人,对于城邦常会酿成大害。又,人们倘使赋有过多的善业或物资——如体力、财富、朋从以及其他相类的种种——就不愿也不能受人统

① 参看《尼伦》卷一 1098^{a}16、卷七 1153^{b}10、卷十 1177^{a}12。

② 所谓"免于烦累"(ἀνεμπόλιστον),是说一个人具有足够的生活资料,既无物质困乏之虞,亦无财富之累;又身体强健而无疾病之累。

③ 亚氏的所谓"中庸"(μεσότητος)是一般品德和各别品德都没有过无不及;例如人在遭逢危险时,或表示狂妄,或显露懦怯,都不是中庸,惟有勇毅才合于中庸。

④ 章七至九从政治结构方面论共和政体,本章由社会成分论共和政体。这与章四章五从政治结构论寡头和平民政体,章六则由社会成分立论,行文程序相似。

⑤ 季芳尼:《亚里士多德〈政治学〉诠疏》(Comm. in Pol. op. A.)和《苏校》,认为此短语是后人的边注,加〈 〉。

治。这种缺点在他们幼年时的家庭生活中已经可以见到;在奢纵的环境中长养起来①,不知道纪律为何物,他们在讲堂内和操场上也从没有养成循规蹈矩的品性。另一方面,那些缺乏善业和物资的人们则又太卑贱而自甘暴弃。于是,我们在这一端所有的人都仅知服从而不堪为政,就全像是一群奴隶;而在另一端,所有的人却又只愿发号施令,不肯接受任何权威的统治,就全像是一伙主人。这样的一个城邦就不是自由人的城邦而是主人和奴隶所合成的城邦了;这里一方暴露着藐视的姿态,另一方则怀抱着妒恨的心理。一个政治团体应有的友谊和交情这里就见不到了。然而世上倘若没有友谊,就不成其为社会;如今仇恨代替了友谊,人们就是行走也不愿取同一条道路[更不必再说要结成社会团体了]。一个城邦作为一个社会(团体)而存在,总应该尽可能由相等而同样的人们所组成[由是既属同邦,更加互相友好];这里,中产阶级就比任何其他阶级(部分)较适合于这种组成了②。据我们看来,就一个城邦各种成分的自然配合③说,惟有以中产阶级为基础才能组成最好的政体。中产阶级(小康之家)比任何其他阶级都较为稳定。他们既不像穷人那样希图他人的财物,他们的资产也不像富人那么多得足以引起穷人的觊觎。既不对别人抱有任何阴谋,也不会自相残害,他们过着无所忧惧的平安生活。我们相信福季里

① 参看卷五 1310^a22。

② 普鲁塔克:《七哲会语》xi 说,在最好的平民城邦中,公民无大富,亦无赤贫。

③ 参看 2—3 行。

特的祈祷文[1]实在出于至诚：

“无过不及，庸言致祥，
生息斯邦，乐此中行。”

于是，很明显，最好的政治团体必须由中产阶级执掌政权；凡邦内中产阶级强大，足以抗衡其他两个部分而有余，或至少要比任何其他单独一个部分为强大——那么中产阶级在邦内占有举足轻重的地位，其他两个相对立的部分（阶级）就谁都不能主治政权——这就可能组成优良的政体。所以公民们都有充分的资产，能够过小康的生活，实在是一个城邦的无上幸福。如其不然，有些
1296a 人家财巨万，另些人则贫无立锥，结果就会各趋极端，不是成为绝对的平民政体，就是成为单纯的寡头政体；更进一步，由最鲁莽的平民政治或最强项的寡头政治，竟至一变而成为僭政。僭政常常出于两种极端政体，至于中产阶级所执掌而行于中道或近乎中道的政权就很少发生这样的演变。随后，我们在讨论到政体的演变（革命）时当说明中庸之道有助于政治安定的原因[2]。

这是很明显的，[对大多数的城邦而言，]最好是把政体保持在中间形式。惟有中间形式的政体可以免除党派之争；凡邦内中产阶级强大的，公民之间就少党派而无内讧。大邦一般是党派较少，就因为大邦内中产公民较多。反之，小邦的人户常常分成两个部分（阶级），全体或几乎是全体非穷即富，中间阶级就不存在或少得微不足道。凡是平民政体中存在着较多的中产阶级，分享较大的

① 福季里特（Phocylides）的祈祷文见伯格编：《希腊抒情诗人集》，“福季里特残篇”，12。福季里特，公元前第六世纪诗人，雅颂作家。

② 似指卷五 1308^a18—24 等章节。

政权，显示着中间的性格，就比寡头政体较为安定而持久[①]。凡是平民政体中没有中产阶级，穷人为数特多，占了绝对的优势，内乱就很快会发生，邦国也就不久归于毁灭。这也可作为中产阶级实属优胜的一个例证：最好的立法家都出身于中产家庭（中等公民）。梭伦是其中之一，他自己的诗篇明白说他的家道小康[②]；还有莱喀古士，他就不是一个王族，有人说他裔出王族[③]，实属不确；还有嘉隆达斯以及其他大多数的立法家也都同样是属于中产阶级（中等公民）。

由以上所作的这些说明，我们也可推想到世间为什么[共和政体很少出现，而]大多数政体或是平民或是寡头的原因。第一，在大多数的城邦中，中产阶级一般是人数不多的；有产者们和平民群众[④]两个对立部分，其中任何一方倘若占了优势，他们就压迫中产阶级，把政治制度拖向他们自己所主张的方向，或者树立平民政体，或者建成寡头政体。第二，平民群众和财富阶级之间时时发生

① 参看卷五 1302^{a}8、1307^{a}16 。

② 梭伦出身于中产家庭，参看《雅典政制》v，普鲁塔克：《梭伦传》1、14。伯格辑"梭伦残篇"15，自己说"家非巨富"。

③ 普鲁塔克：《莱喀古士传》3、《梭伦传》16，说莱喀古士是斯巴达王族；《克里奥米尼传》(Cleomenes)10，则说"莱喀古士身非君王"。

④ "德谟"(ὁ δῆμος)，本义为"乡村"或"坊社"；其第二义为"平民[群众]"，即坊社居民。本书所用这个词的第二义时有小异：此处(1296^{a}25)与"有产者们"相对，当为"无产者"。1197^{a}11 等与"饶于资产的富人"，1304^{b}1 等与"富室"相对，当为"薄于资产"的"贫民"。1274^{a}12 等与"高尚人士"相对，卷六卷七常常与"贵族(显贵之士)"相对，当为"平民"。1305^{b}33，"平民"亦别于"重装兵"，当为第四级民众，但通常，重装兵亦为坊社居民。1291^{b}18，"平民"这词包括艺工和商人，而 1278^{a}24 说"艺工"往往致富，则"德谟"也并不完全是"贫民"。"德谟"有时亦作"群众"解。1290^{b}17，德谟为"自由而贫穷，同时又为邦内多数的人们"。

党争；不管取得胜利的是谁，那占了上风的一方总不肯以公共利益和平等原则为依归来组织中间形式的政体，他们把政治特权看做党争胜利的果实，抢占到自己的手中后，就各自宁愿偏向平民主义或寡头主义而独行其是。第三，应归咎于希腊两个称霸的大邦[雅典和斯巴达][①]。两邦都坚持自己的政体：一个往往指使它所领导的各邦组织平民政体，另一则就其势力所及而树立寡头政体；两邦都只顾本邦的便利而忽视各个属邦的公益。由于这三个原因，中间性质的混合形式政体就永远不能成立，或至多只能在少数城邦中偶尔成立。自古以来，处于[希腊]领袖地位的人士中，只有一人[②]曾经听从忠告而乐于让各邦组织这样的政体。至于现在，各邦积习已深，大家谁也不再注意到平等公正的体制，只是凭借势力所
1296^{b} 及，发挥着统治的权威，一旦失败，就俯首听命于战胜它的敌国了。

经过这些论述，[对于大多数城邦]应以什么作为最好的政体以及它所以成为最好政体的原因，大家都可明白了。最好的政体既已肯定，对于其他各政体——包括我们前面曾经叙述的[③]平民

① 参看卷五章七 1307^{b}22。

② 各家校注或译注大多揣测这“一人”当指雅典在纪元前 411 年间党争中的温和派领袖色拉米尼(Theramenes)，他倡议以政权归于五千重装兵(公民一战士)而建成平民和寡头之间的混合温和政体。重武装必须小康之家才能制备，也必须小康之家较多闲暇可进行重装兵训练。参加公民大会者限于重装兵，则政权基础就在中产阶级。《修昔底德》viii 97，曾称这种政体为寡头和平民主义的合流。但色拉米尼只能称“雅典领袖”，这里所云 ἡγεμονία 通常指称“希腊领袖”，这同色拉米尼地位不符，巴克尔译本 184 页，章末长注另拟这“一人”为安第帕得(Antipater)，亚氏在雅典吕克昂学院授徒著书时安第帕得为马其顿摄政，总督希腊各邦军政，可能听受亚氏劝告而主张共和(混合)政体。但安第帕得促使雅典削减公民人数、限其名籍为九千人、建立中间式政体一事见于公元前 321 年，时亚氏已卒。故以此指安第帕得，也不尽符合史实。

③ 见本卷 1289^{a}8—^{b}13、1291^{b}15—1292^{b}10、1292^{b}22—1293^{a}10。

和寡头政体的各个不同品种,——就不难按照它们各自的品质或高或低,价值或大或小,而一一安排其为先为后的次序。依通例说,不问各邦的特殊情况怎样,凡是和最好政体愈接近的品种自然比较良好[①],凡离中庸之道[亦即最好形式]愈远的品种也一定是恶劣的政体。这里我们需要大家注意到"特殊情况"这一点,因为有些政体的真正价值虽确实较高,但某些城邦因顾及它们内部的情况,却不宜采用,而以施行另一种政体较为合适。这样的事例也常常可以见到[②]。

章十二　　现在依照前述的研究程序[③],我们当考虑哪一类和哪一种政体适宜于哪一邦和哪些人民的问题。为了解答这个论题,我们必须确立一条适用于一切政体的公理:一邦之内,愿意维持其政体的部分必须强于反对这一政体的部分[④]。这里,我们还该注意到组成每一城邦的因素,有质也有量。所谓"质"是指自由身分、财富、文化(教育)和门望(贵胄);所谓"量"是指人数的多少。组成城邦的一个部分优于质而另一部分则优于量。譬如门望较低于贵胄的部分,于数而论,却胜过了贵胄,穷人的数目也可以胜过富户;但一部分胜于量的可能还抵偿不了另一部分质的所胜。质和量之间应当加以平衡。[于此,我们可提出三条成例:](一)倘穷人为数

① 例如卷六章六、1320^{b}21,说寡头政体的第一种与共和政体相近。

② 例如下章1296^{b}32—34,依照假定的各别情况,各邦应采取和自己相适应的寡头品种,并不必须采取第一种寡头政体。

③ 见章二1289^{b}18。

④ 色诺芬:《希腊史》卷二3、19、20、42、44,说此理出于色拉米尼。参看本书卷五1309^{b}16、卷六1320^{b}25。

众多，在量这方面的优势实际超越了另部分人在质方面的优势，这里自然就得建立一个平民政体；至于在民主政体中应该选取哪一个品种，这就得按照各该邦平民势力所以优胜的各别情况而定。举例说，要是该邦平民群众以农民为主，那么它就该建立第一种[农人][1]平民政体；要是群众以工匠和佣工为主，那么它将为末一种[2][极端]平民政体；第一和末一种之间的各品种也同样凭群众的成分来抉择。（二）倘使富户和贵族阶级在质方面的优势足以抵偿自己在量方面的劣势而有余，这就会产生寡头政体；至于在寡头政体中应采取哪一个品种，这也相似地应按照各该邦寡头部分所以为优胜的各别程度而定。——[3]顺便讲起，立法者应经常注意到，在它所创制的任何政体中，该使中产阶级能够参加在内。如果他所订的是寡头体系，他应将中产阶级的利益纳入他的法制中；如果是平民体系，他也应该在他的民主法制中顾及中产家庭。（三）倘使中产阶级的人数超过其他两个部分，或仅仅超过两者之一，就可能建立一个持久的共和政体。这里，富人联合贫民来反对中产
1297a 阶级的事情是不会发生的；贫富既积不相容，谁也不肯做对方的臣属；他们要是想在“共和政体”以外，另外创立一类更能顾全贫富两方利益的政体，这必然是徒劳的。两方也不会愿意作出轮番为政的安排；他们总是互不信任对方的。要取得两方最大的信任，必须

---

[1] 见本卷章六 1292b24—30 。

[2] 章六 1292b41—1293a6 。

[3] 《苏校》从比歇勒尔（Buecheler），认为本节 34—38 行和下文 1297a6—b1 应移置于章九内 1294b14 之前，又，1297b1—28 应移置于 1294b40 以下，归并到“共和政体”论题中。《纽校》从韦尔屯，认为这些不是错简，不必搬移。

有一个中性的仲裁,而在中间地位的人恰好正是这样一个仲裁者。共和政体中的各个因素倘使混合得愈好愈平衡,这个政体就会存在得愈久。可是,那些有志于建立贵族政体的人们,在这方面竟然也往往失错。他们[忽视了平衡的重要性,]不仅给与有产阶级以过多的实权,而且还[用虚假的利益]欺蒙平民。一时的伪善徒然招致日后的灾祸;富人[以这类诡计]遂行侵凌的企图,其为患于国政远远超过平民的争吵。

章十三　　在政体上,[寡头主义者]用虚假的利益以欺蒙平民的共有五种方法。这五种方法分别应用于(1)公民大会;(2)行政职司;(3)法庭;(4)武装;(5)体育训练。(1)关于公民大会,全体公民都许参加;但缺席罚款只行使于富户,或对富户缺席所罚特重。(2)关于行政职司,凡具备了财产资格的人就不许他们凭誓言①谢绝任命,但穷人则可以辞不就任。(3)关于法庭的陪审职务,富户缺席,照例必须受罚;但穷人缺席的不罚;或采取另一种方法,富户的处罚从重,穷人从轻——嘉隆达斯律就有这样的规定。有些城邦,对于出席公民大会和法庭,另外订有规定。凡是要出席的须先注册,已经登记入册而又缺席,则处罚很重。这种规定的本意是在用重罚来使人们多所顾虑,不敢轻易注册,结果他们就不能出席公民大会和法庭了。(4)关于武器装备和(5)体育训练,也有类似的措施。许可穷人不置备任何武器,但富户要是家无装备,便须受

① 这里假定“共和政体”或混合式贵族政体中的行政人员不支薪给,誓言应当是说:“本人家资不足或身体衰弱,难以担任公职。”

罚。穷人如果不参加体育锻炼，不罚，富户不参加则受罚；于是富人因害怕受罚，全都受过体育（军事）教练，穷人则因无所强制而失去这种教练。

这些都是寡头主义立法家所应用的方法；平民政体方面也有与此相应而恰好相反的措施。穷人出席公民大会和法庭可领公款津贴；富户倘若缺席则不受处罚[①]。我们要是想对两方进行公平的混合，就该兼取两种措施：对于穷人的出席者给予津贴，对于富户的缺席者则课以罚款。这样，两方就都会参加政治集会；反之，则一个政体就只能专属于某一方了。“共和政体”（或混合城邦）的
1297^b 公民团体的确应限于具备重武装的人们[亦即须有财产资格]。但关于这项资格，要想制订一个适用于一切城邦的财产数额是不可能的。我们必须考查各邦的实际情况，然后分别订定一个最高数额，这个数额应该不多不少而符合于这样的原则：一邦大多数的人户都尽够合乎这一资格而可以取得政治权利，被这项资格所限制而摒弃于公民团体以外者则仅属少数。对待穷人如果不横施暴虐，或剥夺其生计（财物）[②]，则穷人虽不得享有政治权利，他们也可安分守己[不致起而和统治者为难]。但统治者未必全属温和，遇事都能自制，执掌了权力的人对于下层人民不会常行仁政。于是，穷人有时就可以成为城邦的麻烦，例如在一国遭逢战争的期间，穷人要是无法生活而城邦又不予供给，他们就不愿为国效劳。

① 有津贴而无罚款的例，曾实行于雅典某些期间的平民政体。

② “穷人”（οἱ πένητες）或“贫民阶级”是可以有少数财产的，照卷一 1252^b12 所说乡村穷人可有一条耕牛作为他的财产。市区穷人有些什么资财不明。1320^b32、1279^b9、1271^a30 所说“极穷的人”（赤贫）则指完全没有资产的人。

但如果予以供给,他们也当是乐于出战的。

有些政体的公民团体不仅仅是那些现役战士,另外还包含从前曾经服役过的退伍战士[1]。例如在帖撒利亚南部马里人城邦的政制中,公民名籍内就有这两类公民;但其中,只有现役的战士一公民才得被选任为行政人员。在古希腊,继君主政体之后发生的政体的早期形式中,公民团体实际上完全由战士组成。其始,都是骑士[2]。军事实力和战阵的重心全部寄托在骑队身上;未经编组而缺乏经验的步兵在战场上不能用以决胜;在尚无步兵战术[3]的古代,战斗都依仗骑队来进行。可是,当城邦渐渐扩大,步兵(甲士)的力量也跟着增强,于是许多步兵也能加入公民团体。这样的政体,在当初就因[扩大名籍,增多了公民]而被称为平民政体,在我们现在就应该称为"共和政体"了。这是很自然的,古代政体是寡头政体,在远古时期则为君主政体。人数尚少的时代,国内不会有很多中产人户;如人数更少,生活散漫而又缺乏组织,强者就不难使他们服属,作为主上,而进行他的统治。

[这里,我们对五项预拟的论题已述其三。](一)我们已说明了为什么政体分化为好多品种,为什么在通常列举的各型式外尚有其他品种——平民政体就不止一种,其他政体也各有好多种别。我们也说明了各品种间的差异以及各个品种所由发生的原因。

---

① 以下凭军事组织的发展论政体的演变,对本章原论题而言可说是旁涉;对政治史而言则这一节颇为重要。

② 参看 1289^b36、卷六 1321^a8。

③ "编组"(τάξεις)或"列阵",斯达尔(Stahr)1860 年德译本作"战术规律"。战术犹中国古称"阵法"。

(二)我们又说明了,对于大多数的城邦而言,什么是最优良的政体。(三)对于其他政体而言,我们又说明了哪种政体适合于哪种公民团体[①]。

章十四　我们现在挨次研究下一个问题[即建立政体的正当方法],于此,我们当叙述其通例,并分别论列各个政体。一切政体都有三个要素,作为构成的基础,一个优良的立法家在创制时必须考虑到每一要素,怎样才能适合于其所构成的政体。倘使三个要素(部分)都有良好的组织,整个政体也将是一个健全的机构。各要素的组织如不相同,则由以合成的政体也不相同。三者之一为有

1298^a 关城邦一般公务的议事机能(部分);其二为行政机能部分——行政机能有哪些职司,所主管的是哪些事,以及他们怎样选任,这些问题都须一一论及;其三为审判(司法)机能[②]。

议事机能具有最高权力;对于(1)和平与战争以及结盟与解盟事项,(2)制定法律,(3)司法方面有关死刑、放逐和没收的案件,

---

① 原题参看章二 1289^b12—25 并各注。自章三至此,大体上是照预定程序行文的,其间只稍有旁涉(例如本章 1297^b13—28)和穿插(例如第二论题原在章十一中叙述,而在章八和九研究第一论题、章十二研究第三论题,都重复涉及第二论题)。

② 从表面上看来,这里的"三个要素(部分)"似乎相同于近代的立法、行政、司法三机能。实际上,亚氏所述都根据希腊各城邦的政法制度:其"议事机能"有异于现代的"立法权"。公民大会和议事会,虽也有立法权,所议却常常是有关行政和司法审判的案件。卷六 1317^b32 就称议事会("布利")为行政机构。他们的"执政机能"虽各有其行政职司,却不像现今由执掌"行政权"的人员组成为政府而发号施令;公民大会和议事会实际处于行政职司之上。1275^a26 等注曾经说明希腊城邦由公民陪审员公决曲直的群众法庭异于现代由常任法官治狱断案的法庭,其"审判机能"也异于近世国家中的"司法权"。读者必须凭古希腊的典章制度和政法情况来理解本书中的政体研究。

(4)行政人员的选任以及任期终了时对于他们的政绩的审查[①],这些都由议事机能作最后裁决。这个机能可以有三种不同的安排:第一,把一切事项(案件)交给全体公民审议,加以裁决;第二,把一切事项交给某些公民——这可以把一切案件的审议权力归属于一个政务机构或若干政务机构的联合组织或把各别案件的审议权力分别归属于不同的政务机构——第三,把某些事项交给全体公民审议,而另一些事项则交给某些公民审议。

第一种安排,一切事项悉由全体公民审议是平民主义的特征:平民就乐于有这样的均等机会。这里有若干途径可以作出这样的安排。第一,全体公民可以轮番而不同时集合来进行议事。米利都的特勒克里[②]宪法(政体)就订有这样的议事制度。另外有些城邦施行这种制度的变体,例如,那里由各个不同职司的政务机构联合[③]而共同议事,公民则依部族为别,并依最小的区分单位,挨次推定人员轮番参加政务机构,直至全体轮遍一周为止[④]。这种全体公民分批轮番议事制度,在集会时所议的事项只限于制定法律,

① 参看卷三章十一 1282^{a}23—33。

② 立法家特勒克里(Τηλεκλής)仅见于此书,不见于其他希腊古籍,其生平不可考。

③ “行政职司的联合(或合议)机构”(αἱ συναρχίαι)这名称屡见于碑志者(迪坦贝格:《希腊碑志集》132、134),考其时代都在亚历山大死后;另见于朴吕波:《史记》(iv 4.2、xxxviii 11.4)者,亦在晚季。亚里士多德生前那些城邦已有这种近于议会政治中的内阁组织者现在不易考明。迈恩纳克编:《希腊喜剧残篇汇编》iv 625,证明米利都在特勒克里以后确曾有此组织。

④ 一时所会集的议事公民只限于当番的行政人员,但因各机构行政人员是由各部族、各个区分单位的公民轮流充任,所以经过一定周期,全体公民都可一度成为议事兼行政人员。

讨论有关政制事项，听取行政人员的报告。第二个途径是让全体公民同时会集于一堂，全体公民大会所议的事项则为选任和审查执政人员，通过法律，讨论有关和战的大事。其他事项[如有关死刑、放逐和没收各案件]则任令各有关的行政机构人员分别审议；但这些行政人员或由选举或由抽签任命，却是全体公民都有机会担任的。第三个途径是公民的集会专门审议两项大事，即执政的选任和审查战争、结盟等对外政策；至于其他事项则留待各个行政人员加以处理，这些行政人员应该对他所执掌的业务具有经验和知识，但其任用应尽可能是公开的，使大众都有受任的机会①。第四个途径是一切事项悉由全体公民集会审议，各个行政机构的人员只能对一切政事预先有所研究而提供他们的意见，完全没有任何裁决的权力。这就是现代“极端平民政体”所采取的途径，这种政体，正如我们前面曾经说明，实际可以比拟为寡头式中的“权门政治”和君主式中的“僭主政治”②。

安排议事机能的上述这些途径都是根据平民主义进行的。实现第二种安排，即一切事项交给某些公民审议的寡头主义安排也有若干途径。第一个途径是规定所有参加议事机构的议员必须具备相当而不高的财产资格，这样，可以参与议事的公民人数就够多

---

① 行政人员由“抽签”或“拈阄”抉择，则全体公民，凡参加抽签的人，人人机会相等。由“选举”来抉择则较有才能或较为著名的人可以得到较大的受任机会。平民主义的特征是抽签（参看卷六 1317^{b}21）。以雅典为例，除了将军和其他要职外，一般行政人员都以抽签轮番担任为常法。但各人受职以前须经“考验”，在任职期间须行“信任投票”，任职期终须经“政绩审查”。所以雅典行政人员也一定由具有才能和资产者才能实际受任。参看维诺格拉多夫：《历代法理》卷二 140—142 页。

② 参看 1292^{a}17—21、^{b}7—10、1293^{a}32—34 。

了;这里还规定议事团体应遵循成法,凡法律禁止更张的事项,他们都不得要求变革。凡具备某一财产数额的人才能享有议事权利本来是寡头主义的特征,但这里,如果数额定得较低,就有共和政体的趋向。实现这种安排的第二个途径是参加议事机构的议员只限于若干选定的人,凡具有某一财产资格的人还不能一律参加;但这里也像上面一种方式那样,仍旧规定所有当选为参加议事的议 1298b
员都应恪守成法。这一途径就偏向于寡头性质了。另一途径是参加议事机能的人们要由他们互选补缺,或由父子相传世袭承继,而且他们的权力还可超越法律。议事机能出于这样的安排,就必然成为寡头[权门]性质的政体①。

又,[第三种安排既]由某些人审议某些事项而不议其他事项,[则其他事项理应留待全体公民来审议]。例如有关战争与和平以及审查执政人员必须由全体公民大会进行审议;但此外各项政事就归执政人员处理,而这些执政人员则由选举②产生。具有这种安排的政体是一种贵族政体。另一途径是某些事项交给由选举产生的人员审议,另一些则交给由拈阄产生的人员审议——拈阄可分为两法,全体参加拈阄,或只许曾经审查合格的候选人参加拈阄。又一途径是一切事项都须交给由一部分经选举产生和另一部分由拈阄产生的人员混合组成的议事机构审议。这些途径的安排,一部分倾向于贵族性质的共和政体,一部分是共和政体的本式。

① ΓΠ 抄本为"寡头性质的政体",顾莱(Corae)校订本(1821 年)、苏斯密尔校订本等作"寡头权门性质的政体";韦尔屯英译本校作"最狭隘的寡头政体"。

② 从白朗迪斯(Brandis)校订,以下删去"或拈阄":执政者由"选举"产生符合于下文贵族政体,要是由"拈阄"则下文应另有"平民政体"字样。

这些就是议事机构的各种不同方式，各方式都各自相应于不同的政体。每一种政体就在我们这里所说的诸方式中各取其一来组成它的议事团体。

就目前世上流行的极端平民政体、即执掌最高权力的平民甚至可以凌驾于法律之上的这种政体而言，为这种政体的利益着想，可以采取这样的方针：应用寡头政体所实施于法庭（审判）集会的方法来改进议事机构的品质。寡头主义者用罚款方法强迫他们所希望参加法庭为陪审的人们（富人）一齐出席；平民主义者与之相反，采用给予津贴的方法促使他们所希望的人们（穷人）一齐出席。平民政体对议事的公民集会尽可采用那种强迫出席的方法。让平民混合于著名人物（贵要阶级），亦即著名人物混合于平民阶级；大家共同议事则所得结果一定比较恰当而周到。这也是对平民政体有益的：一个城邦的各部分应该各以相等的人数参加议事机构，各部分的代表[①]的产生则可凭借选举方法，也可采取抽签方法。这也有益于平民政体：如果平民人数远远超过具有政治经验的著名人物，则公民大会的出席津贴便不应支付给全体公民，只应给予和著名人物人数相等的平民，使两部分的人数得到平衡，这里可以用抽签方法来淘汰那些超过了与著名人物数目相等以外的公民[②]。

① “各部分[选出]的代表”，所代表的部分（一）可以是各个部族，（二）也可以是贵要阶级和平民阶级两个部分。依上文，这里是指后一类的区分。希腊城邦的公民大会都由全体公民参加议事，这里以及卷六章三 1318^a11—18，提及的代表制度为古代政治史上重要材料（参看《剑桥古代史》[Cambridge Ancient History]，卷六 73 页）。

② 平民倘使占极大优势而贵要阶级又不愿屈从平民，便会引起扰乱，所以亚氏以谋得两方势力平衡为要图。参看章十一 1296^a16、卷六章四 1319^b11、卷七章四 1326^a31。

为寡头政体着想,可以采取这样的方策:用互选法从平民群众中举出若干人参加议事团体;或者仿照有些城邦现存的成例,建立一种名为“议事预审会”或“法律监护会”[①]的组织,凡交付公民团体的议案都先经这个组织的审议。依后一方策,广大平民群众可享有议事权利,但他们已不能对现行政体的一切成规有所扰害了。有益于寡头政体的又一方策是规定公民投票只限于通过执政机构提交的案件,或至少要规定其决议和执政者的措施不相抵触;或使全体公民在集会中的发言以咨询性质的为限,而行政人员的团体却在实际上担任着议事机能。倘使所采取的为末一方策,则在实施这种方策时,要应用相反于共和政体所习用的方法:让平民群众的最高权力限于否决各个案件;至于他们所可决的事项或任何倡议则仍须经由执政机构加以审核。共和政体所习用的方法恰正与此相反。少数[执政人员]掌握着否决权,而没有可决权,他们有什
么倡议,不能径自施行,必须交由多数[平民群众]裁决。 1299a

关于城邦政体的最高要素,即议事机能[②],我们的结论就是这些。

章十五　　接着,我们就该研究[行政机能这一要素所寄托的]执政人员和机构。在各种政体中,这个部分也像议事部分那样,可以

① 议事预审会另见下文1299b30和卷六章八1322b16。又,1323a6以议事预审会为寡头政体的组织,“法律监护会”为贵族政体的组织,不同于此节以两者同属寡头体制。

② 以议事机能为政体最高权力所寄托的论点已见卷二章六1264b33—35、卷三章十一、1282a23—29。

有若干种不同安排。凡行政机构的(1)数目、(2)职司以及(3)任期[①]都有各种差异。任期,在有些城邦中为六个月;有些城邦则较短;另一些为一年;又另一些则更长。我们不仅应该对任期的久暂一一比较其得失,还应当考察执政任期的通例究竟以终身职或若干年的长期服务为相宜,还是以较短的任期为相宜;如果说以较短任期为相宜,则又须考察同一个人可否继续连任,还是各人只许受任一次。另一点有所差异而应该研究的是(4)任用行政人员的方法;这里有三个要考察的问题——谁可以有被选举权(谁可以受任);由谁来选举;选举怎样施行。我们须先行说明每一问题有哪几种办法,然后凭以论定每一种政体所采用的行政机构应该怎样组成。

可是,所谓“行政机构”实际上包括哪些人员,我们很难订定。一个政治团体需要许多不同的官吏。我们当然不能把一切经由选举或拈阄产生而供职的人员全都称为“行政人员”。第一,例如祭司,他们的职责就异于行政人员。其他,例如剧团经理[②]和传达员也不能算是行政人员。被选举为出国的外交使节亦然。一般公职可分为三类。(一)行政人员各各在某种职司范围以内,负责指挥并管理全体公民——例如一位将军在战场就指挥全体公民所组成

---

① 关于行政机构的研究,上章 1298^{a}1—3 举三题,本章此节举四题,增“任期”一题。但此题在本章只 1294^{a}34—^{b}10 间稍示端倪;卷五章八 1308^{a}13—17 略一涉及;卷六章八重论行政机构时亦未详“任期”这一论题(参看《苏校》二版 1343 注;《纽校》I514—7、III253)。

② 剧团经理即“合唱队领导”(χοεργοί),由各部族逐年轮番选举族内各富室中著名人物担任,节日戏剧表演费用甚巨,就由这些领导人捐输或筹集(参看《雅典政制》章五十六)。

的军队,或一部分公民——例如妇女或儿童监护官各自指导他所管的妇孺。(二)经济人员,可以粮食管理员(谷物会计官)[①]为例,也是由选举产生的,许多城邦设置这种官吏负责分配公民的食粮。(三)属吏或皂隶接受差遣,从事公务,在较富庶的城邦,这些杂役就由公共奴隶担任。所有这些官吏中,只是那些在一定范围以内具有审议、裁决和指导责任(指挥权力)的职司,才可称为行政人员,在这里,指挥权力尤为重要,这必然是属于执政。但这些只是在文字上的辨析,在实际工作中并没有什么疑难。这些名称及其含义都从未有人因为发生纠纷而提请法庭审断,这只是在进行研究工作时顺便加以考察而已。

对于一切政体,尤其是诸小邦的政体说来,分别行政机构的种类和数目,指出何者为维持城邦存在所必不可少,何者虽然并非必不可少,却在组成优良城邦上具有某些价值,这些问题都颇为重要。在大邦中,对于每项业务可能都要设置一个适当的职司。大邦的公民众多,需要若干人从事公职,这是不难轮到的;有些职司每人一生不过轮到一次,另一些职司虽一生不止一次,也得经过很长期间才会重又轮到;人选既然没有困难,则各项业务各设专职,就比较一职兼理几项业务为合宜,事有专属,当然料理得较为妥帖。反之,在小邦中,多种业务不能不由少数职司、少数人员来兼 **1299b**
理。邦内公民不多,就没法使许多人同时出任公职;即使一时都来

① "谷物会计官"(σιτομέτρας),依《普吕克斯》vii 18,列于粮官或仓官之内,似为各邦常设官吏。雅典在公元前330—326年间连年荒歉,曾设这种官吏以分配进口谷物;当时他们的职权极为重要。本书著作年代可能正在这时期,则这一名称当指雅典的这一种临时要职。

服务，又谁来相继？小邦有时也需要设置和大邦相同的各种机构，规定相同的职司和任期。但大邦的每一职司终年忙于他们所管的业务，小邦则须隔好久才遇到一件事情。所以小邦尽可让它们的官吏兼任若干职司。他们不会由于职司划分不清而引起纠葛；凡人户稀少的国家总不免要把各种职司当做“炙钎一灯柱”[①]。

但我们须先阐明若干问题，然后才能有所论定。要知道一个官员能兼管多少职司，第一须确切明白这一国内究竟要哪几种职司，以及哪几种职司虽非绝对必要，却也应该予以设置。第二，我们还得注意到，哪些事情应在各处就地设置职官，哪些事情则应由一个集中的职司管辖全境[②]。譬如维持秩序（治安）就是一例：这里可以发生这样的问题：应否在这一市集设置一个市场管理员[③]，在另一市集则另任一人，或全境各处市集完全由一人来维持秩序。第三，我们又须考虑这样的问题：职司的配置应以所司业务为依据，或以所管理的人们的类别为依据；例如以维持秩序来说，凡有关秩序的事项完全由一个职司（一人）来维持，还是对于儿童或妇

① “炙钎一灯柱”（ὀβελισκο-λύχνια）这一复合词亦见于《雅典那俄》700C，这是既可用以炙肉，又可竖立起来、上置灯盏的两用工具。参看卷一章二“德尔斐小刀”注。希腊当时这类两用或数用的工具相当普遍。亚氏《论动物的构造》卷四章六 683^a22 述及动物如蜂类以口器摄食，以尾刺防御，器官各作“专用”，喻为不同于人类的“兼用”工具。

② 希腊各邦都境地狭小，一般史籍都不提及中央政府和地区管辖的层级制度。从这一节看来，中央集权和地方自治间相关的观念，那时已经见到端倪。

③ “市场管理员”或“市集委员”（ἀγορανόμη），参看卷六章八 1321^b14 等节。《雅典政制》章五十一：市场管理员由拈阄委任，雅典城和拜里厄斯（Piraeus）港各五人，专司商品检查等事。这里所谓“维持秩序”或涉及另一种职司，或市场管理员亦兼负治安责任。

女各个类别的人们配置各别的管理人员。第四，我们还须考虑到政体的区别。这里的问题是：在一切政体之中，行政制度悉属相同，还是各别的政体就得设置各别的行政机构。无论它是平民、寡头、贵族或君主政体，其行政机构悉属相同，所异者只在其人员的来历不同，例如贵族政体的行政人员出于文化人士，寡头政体的出于财富阶级，平民政体的出于自由人（平民），各由不同或不相类似的阶级中所选拔的公民来担任，还是跟着政体的差异，行政机构同行政人员一样，也得各各有所不同，还是在某些方面可以适用同样的机构而在另些方面必须有所变更。例如，对于某些政体，某一行政机构应该有强大的权力；而对于另些政体，则应该削弱其权力。

有些行政机构确实只是某一类的政体所独有，譬如议事预审会就可举为一例。这种机构不适合于平民政体，平民政体应该采取议事会那种平民性的组织。如果使公民议员时常集会，他们将荒废本业，所以由某一机构预先审查议案，确属有利于群众。但这种预审团体要是只限于少数人参加，它就成为寡头操纵的组织；议事预审会总是人数较少的，所以它总是寡头性质的。在具有议事会和议事预审会两种组织的城邦中，议事会是民主性质的，而议事预审会则用以节制平民势力，可是，在采取极端型式的平民政体中，公民大会包揽了邦内一切政事，甚至连议事会也等于虚设①。 1300^a

① 议事会在雅典共有议员五百人，由全体公民抽签轮番担任，为公民大会预先准备议案，仍然是平民性质的机构。议事预审会的人数既少，其议员只限于具有某种资格的人，由选举产生，实际上成为节制公民大会的组织，所以亚氏看做寡头压制平民势力的药剂。雅典在公元前413年出征西西里之役以后一年间，曾设置预审会，旋即废弃。出席公民大会有了津贴以后，议事会就失去了作用，另见卷六 1317^b30—35 。

出席公民大会可以领取高额津贴的城邦就常常见到这样的情况；人们因此不必照顾家务（本业），尽可随时集会，裁决一切政事。监护妇女和儿童的职官以及其他类似的监护官员[①]，对于贵族政体，比对于平民政体较为适宜，平民的妻子的行为是不可能予以管理的；对于寡头政体，这些职司也不会发挥作用，那里的统治阶级的妻子习于奢纵的生活，又是不受教导的。

关于这些问题已说得够多了。我们现在要对于行政人员的任用进行详尽的研究。这里，造成任用方式上种种差别的，可列举三项因素：（一）负责选任的人员，（二）受任的人员，（三）任用的手续。这三项因素各可有三种变异。（一）负责选任的人们可以是（A）全体公民或（B）只是部分公民。（二）能够被选任的人可以是（1）全体公民或（2）只是部分公民——至于该是哪一个部分则由财产资格、或出身（门望）、或才能、或其他某种资格来决定。譬如在梅加拉，就只有从放逐中归国、曾经同平民派斗争的流亡人士可以被选任为执政[②]。（三）任用的手续可以（α）出于选举，或（β）出于拈阄。此外，上述各项的两个途径都可两合而成为第三个途径，这样，在（一）项，可以是（C），一邦中某些机构的行政人员由全体公民进行选任而另一些机构则由部分公民来选任；在（二）项，可以是（3），一邦中对某些行政人员，全体公民都能被选，而另一些官员则只有某一部分的公民可以被选；在（三）项，可以是（γ），一邦中某些官员由选举法产生，另一些则由拈阄法产生。

① 依卷六章八 1322^{b}37，“其他类似官员”当指“体育训导”（γυμνασίαρχος）。

② 参看卷五 1302^{b}30；又，1304^{b}34—39 及注。

这些项目所作的变异都可衍生四种方案①。在基本上按全体负责选任的制度进行安排时,可以组成这些方案:(子)从全体公民中应用选举法选取行政人员(A1α),(丑)或由全体公民中应用拈阄法产生(A1β)——以上两者从全体中选拔时可以或把人民分别为部族、选区(坊社)和宗社来进行选拔,直至各个分区全都轮到为止,或不作分区选拔,每次都完全从全体公民中进行选拔——;(寅)从部分公民中应用选举法(A2α),或(卯)从部分公民中应用拈阄法进行选拔(A2β);但这也可能(辰、巳)在同一邦中,某部分官员由这一方法产生,而另部分则由另一方法产生(A1γ、A2γ)。相似地,在基本上经由部分公民负责选任的制度进行安排时,可以组成这些方案,(午)从全体公民中应用选举法选取行政人员(B1α),或(未)应用拈阄法(B1β);(申)从部分公民中应用选举法(B2α),或(酉)应用拈阄法(B2β);但这也可能在同一城邦中,某部分官员由这一方法选拔而另部分则由另一方法产生,即(戌)某些职司从全体公民中应用选举法而另些则应用拈阄法选拔(B1γ),

① 照 1300^{a}8—22,所举三项各有三种变异,可能制订 27 种授职方案。但每项的第三种变异,即“两合”而成的变异,亚氏认为无关重要,拟不复采用,所以说每项可衍生四种方案(22 行);依此,一共可以制订 2×2×2=8 种方案。可是 23—30 行的叙述中,他实际上在“两合”变异内应用了一种(γ)变异,于是总共制订了 2×2×3=12 种方案。这样,31 行所言数目就同 22 行所说不相符合了;其中 A1γ、A2γ、B1γ、B2γ 四方案是临时添进去的。

到下文,1300^{a}31—^{b}5,在“两合”变异中又采用了(3),共列举有十五种方案;这里在二十七种中所未提到的共十二种方案:

(I) A2β、A2γ;

(II) B1β;

(III) C 项和 1、2、3 及 α、β、γ 所可组合的九种方案。

或(亥)某些职司从部分公民中凭选举而另些则凭拈阄选拔(B2γ)。这样,我们[择取了两合项目中之一(γ)而]删除了另外两个两合项目(C,3),就总共组成为十二个方案。

[这些各别的授职方案各相宜于哪种政体?][第一,]各方案中有两类是属于平民性质的:(甲)经由全体公民负责选任,从全体公民中应用选举法(A1α)或拈阄法(A1β)选拔官员,或(乙)分别官员为两种,兼用选举和拈阄两法(A1γ)。[第二,]若干方案是适合于共和政体的:其中一类为(甲、乙)经由全体公民负责选任,从全体公民中或凭选举,或凭拈阄,或用两者(A1α、β、γ),但实施时,不从全体公民中作为一个整体而连续进行,须把全体公民划分为若干选区而后相继进行选拔。另一类为(丙)经由全体公民负责选任,而分别职司为两种,某些从全体公民中,另些从部分公民中选拔任用,至于选拔的手续则可由选举或拈阄或兼用两者(A3α、β、γ)。(丁)还有一类,只经由一部分公民负责选任,而全体公民则为被选人,但官员则分为两种,各别应用选举和拈阄两法(B1γ),这类也可用于共和政体,但以倾向于寡头性质的共和政体为合适。(戊)如果经由一部分公民负责选任,让他们从全体公民中选拔某些官员,同时又从部分公民中选拔另一些官员,至于选拔的手续则可全
1300b 凭选举或全凭拈阄,或兼用两者(B3α、β、γ),末一个方案也可用于共和政体,但以倾向于贵族政体性质的共和政体为合适。[第三,](己)经由部分公民负责,从部分公民中,或凭选举或凭拈阄或兼用两者,选拔官员(B2α、β、γ),这一类方案适宜于寡头政体。[第四]适合于贵族政体的方案是(庚)经由部分公民,从全体公民中,凭选举法(B1α),或经由全体公民,从部分公民中,凭选举法(A2α)选拔

官员①。

组织行政机构的各种方案就是这些,这些方案各各适合于各式各样的政体。我们如果想完全了解哪种政体应该采择哪一个方案,并了解那一机构应怎样任用它的人员,还得研究各种行政机构的职权的性质②。所谓“行政机构的职权”是指管理财赋或统率军务这样一类的职权;职权的种类不同,例如一位将军的职权就异于管理市场、检查贸易契约的一位商务官员的职权。

章十六 议事、行政和审判三机能中,现在尚待考虑的就是末一件事了。有关法庭③的诸问题,我们也当应用研究行政机构时所用的办法一一予以论述。这里发生变异的三项为(一)法庭的成员、(二)所受理的案件和(三)司法人员的任用手续。第一项问题为组织法庭的法官(陪审员)从全体公民还是从部分公民中遴选。第二项问题是以所处理案件为别,法庭有多少种类。第三项问题是任用司法人员应凭选举还是应凭拈阄(抽签)。

让我们先确定法庭的种类。它们共有八种④。其一为审查执

---

① 1300^{a}23—^{b}5 间原文缺漏甚多并有错误;缺漏大抵起于“行末或行头上下行字样相同”之故;错误大抵由于本节“重复短语”或“重复字样”太多之故。修洛(C. Thurot)、斯宾格尔(Spengel)、苏斯密尔等都曾为之校补。纽曼校补文见校本卷四 30 页。

② 各种行政机构的不同职权(执掌的业务和所负的责任),下文未见叙述。但本章上半,1299^{a}15—1300^{a}7 论述行政机构的种别时却屡有所涉及。

③ 我们所称法庭,希腊人称为 δικαστήριον,这个名词,不从 νόμος(“法律”)而从 δίκη(“正义”)取义(参看 1280^{a}8 注),直译应为“正义庭院”或“司直会议”。

④ 关于法庭分类,参看卷二章八,希朴达摩对司法案件所分的三类都属刑事案件。柏拉图:《法律篇》767、957A,法庭分类,别为私人间争讼和危害公共利益两类。此节亚氏所作分类比较重视危害公共利益和危害城邦宪法等政治案件。吉耳伯特:《希腊政制典实》英译本 393 页,述雅典公众法庭,凡所审断的案件愈重大则陪审员人数愈多,有二百、四百、五百、一千、一千五百、二千和二千五百陪审员之别。

政人员的措施和账目的法庭[①]；其二，听断违犯城邦公共利益的普通案件；其三，专司违犯宪法（政体）案件；其四，处理关于民事和刑事的争执，包括由行政人员或由私人控诉的讼案[②]；其五，关于私人间契约的纠纷，这类纠纷很多，是时常发生的；其六，杀人案件；其七，外侨案件。杀人案件有几种区别[③]，各种案件可能在同一法庭审判，也可以组织不同的法庭，分别审判不同性质的杀人案。区别之为（1）预谋杀人；（2）非出于故意的过失杀人；（3）杀人业经招认，而论罪则有不同意见，可以援引不同律例的案件；（4）起先因过失杀人而放逐国外的人，回来后又犯故意杀人罪的案件。审判末一种案件的法庭可以雅典的“茀里托法庭”（τὸ ἐν Φρεαττοῖ δικαστήριον）为例[④]；这样性质的案件虽在大邦也是难得遇见的。相似地，受理外侨案件的法庭也有两种：（1）处理客民和客民间的讼案，（2）处理客民和本邦公民间的讼案。最后，第八种法庭裁判私人间细小的契约纠纷，争讼的币额仅为一至五特拉赫马，或者稍大一些的钱债纠纷，这些讼案不需有许多陪审员为之听断。

对于受理小额契约纠纷，以及杀人和外侨案件的末三种法庭，

---

① 关于政绩“审查法庭”（εὐθυντικόν），参看《雅典政制》章四十八和五十五。

② 参看卷五章四 1304a13—17 所举一些事例。

③ 关于杀人案件，分别案情组织不同法庭进行审判，出于雅典习俗。福修斯：《书录》279，引赫拉第俄（Helladius）说法，把杀人案分为四类。《雅典政制》章五十七和德谟叙尼：《反阿里斯多克拉底》65—77（C. Aristocr.）都举五类，比此节增多一类：被投掷木、石、铁器所杀而未能指证投掷者的案件。

④ 过失杀人罪处刑为放逐一年；归国而尚未办好定居手续以前，又犯故意杀人罪，则在茀里托法庭中审讯，受审者立于船中，法官（陪审员）则坐在岸边进行审判。参看《雅典政制》章五十七；德谟叙尼：《反阿里斯多克拉底》77。

我们无须再作申述;前五种受理有关政治性质案件的法庭则应特加重视,这些案件如果裁断失当,往往引起社会内讧和政治骚乱。这里(一)[倘使全体公民都能被选拔为出席法庭的陪审员,]我们可以构成下列这些方案。全体公民可以受任为陪审员,(1)审断所有上述各种案件,其选拔手续则(α)或为选举,(β)或为拈阄,或(γ)出席陪审某些案件的陪审员凭选举,另些则凭拈阄产生。或全体公民虽都可以受任为陪审员,但(2)不能审断所有一切案件,而只限于某些案件,各种法庭的组织都由一部分经选举、另一部分经拈阄的陪审员合成。这样就有四种方案(一 1α、β、γ 和一 2)。(二) **1301**[a]
倘只许部分公民而不是全体公民被选拔为陪审员,也可构成同样数目的方案(二 1α、β、γ 和二 2)。这里从部分公民中选拔的陪审员(1)可以审断所有上述各种案件,其选拔手续则(α)或为选举,(β)或为拈阄,(γ)或兼取两者;或(2)限于审断某些案件,他们就只能出席于某些法庭,其选拔的手续则一律兼取选举和拈阄,由这两种方法分别选拔的陪审员合组这些法庭。如上所说,后四种方案各可以同前四种相对照[①]。此外(三)我们还可把上述两体系的方案混合起来,使某些法庭的成员从全体公民中选拔,而另些法庭的成员则从部分公民中选拔,又另些则既从全体也从部分公民中选拔——这样的法庭就由全体公民中和部分公民中选拔出来的两种陪审员合组而成——;至于陪审员的选拔手续,可以应用(α)选举,或(β)拈阄,或(γ)兼用两者。

这里列叙了法庭由以构成的各种可能方案。第一类,从全体

① 依《纽曼校注本》增 ἀντίστροφοι“对照”字样。

公民中选拔陪审员审断所有一切案件的，属于平民性质。第二类，从部分公民中选拔法庭成员审断一切案件的，属于寡头性质。第三类，某些法庭的成员从全体，另些法庭则从部分公民选拔其成员的，属于贵族和共和性质。

卷(E)五[①]

章一 对于我们预拟的研究程序业已说明了四项，现在应当考虑余下的末一个论题，即各政体发生变革的一般原因，并说明变革的

① 在柏拉图和亚里士多德以前的著作中，内讧和变革原因只随笔涉及，例如《希罗多德》iii 80—82，《修昔底德》iii 82、viii 89，《斯特累波》480 页所录埃福罗史书的片段。柏拉图在《理想国》、《法律篇》和亚氏在《政治学》这三书中，始作为专题，进行详细研究。《政治学》五六两卷的行文方式是列举史实来证明通理，极像医学家著作的以各别病案为病理示例的方式(例如希朴克拉底：《常见疾病》，Hippocrates，De Morb. vulgar.)。所以后世往往称卷五为“政治病理学”，卷六为“政治医疗学”。

卷五所举发生内讧和变革的事例涉及了希腊世界中大多数城邦，而尤详于小亚细亚沿岸及各岛的殖民城邦。希腊半岛本部所举事例则多出于大邦如雅典、梅加拉、科林斯、阿尔咯斯、拉栖第蒙、赫赖亚、埃利斯、忒拜、拉利萨、法尔萨罗等的史实。阿卡亚地区各城、恢复以后的麦西尼亚、梅加洛浦里(Megalopolis)、亚加尔那(Acarnania)地区、埃陀里(Aetolia)地区、哥季拉(Corcyra)以及克里特岛各城都未提及。《修昔底德》对哥季拉的变乱叙述很详，本卷完全没有应用这一史料，殊为可异。西西里岛上各城只提及叙拉古；爱琴海各岛只有靠近欧亚大陆者曾加涉及。黑海沿岸城市的史迹完全没有说到。现世所见希罗多德、修昔底德、色诺芬各史家的书中有些符合于亚氏所作政治变革通则的事例，未见于本卷，而亚氏所举事例则往往不见于各史家的书中。二千余年来，典籍亡失，现在对于亚氏史实的何所取材已不能一一考证。有一部分可能是亚氏亲闻于当代各邦政治家或史家的(参看 1304^a4、1311^a36 注)，也可能有些是从各邦到他那里就学的门徒带来的。

卷四章二 1289^b12—26 所预拟五项论题，卷四已说明了四项。本卷所叙符合于第五项论题“诸政体的倾覆原因及其保全方法”，而以“内讧”和“变革”问题为主，只在章八章九涉及保全的方法。参看卷六开卷注释。

卷五和卷六的编次问题可参看卷六章五 1319^b38 注。

原因为数有几以及各种变革的性质。我们也须考虑各个政体所以衰亡的特殊原因，从而研究一个政体要是趋于崩溃而必须有另一个政体代之而起时，将以何者变入到何者最为适当。此外，对怎样保持一般政体或某一政体的稳定的各种政策我们也须有所建议，并给各个城邦分别指出维护其所行政体的最好方法。

作为论辩的基础，我们须先假定在各种政体的创始时，人们都企求符合正义（公道）和[①]比例（相称）平等的原则——虽有如曾经说明的[②]，世界上迄今还都未能实践这种原则。譬如平民政体的建国观念就认为，凡人们有一方面的平等就应该在各方面全都绝对平等；大家既同样而且平等地生为自由人，就要求一切都归于绝对的平等。相似地，寡头政体的建国观念则认为人们要是在某一方面不平等，就应该在任何方面都不平等；那些在财富方面优裕的人们便认为自己在一切方面都是绝对地优胜。从这些观念出发，平民们便以他们所有的平等地位（出身）为依据，进而要求平等地分享一切权利；寡头们便以他们所处的不平等地位，进而要求在其他事物方面也必须逾越他人。两者各自坚持其正义，但所坚持的实际上都不是绝对的正义。于是，这两个派别，在同一城邦中，倘若对于所赋予的政治权利不能符合他们的想望时，就各各起而煽动变革[③]。

---

① “和”（καὶ）字，依斯宾格尔、贝克尔、苏斯密尔校订，应为“即”（εἶναι）字。

② 见卷三章九 1280^a7—25、章十二 1282^b18—30：世人对于比例平等或正义各作偏颇的解释和要求，所以各邦都不能达到真正的平等原则。

③ 城邦由内讧而造成政体的“变革”（μεταβολή）或译“革命”。“煽动”（στάσις）的意义为煽起骚乱，即“内讧”，包括引用合法手续和非法手续的政治活动；希腊城邦公民原来可以在公民大会中结党要求改革法制或政体，实际上党派斗争常常超越议会辩论而诉之武力，由是所导致的“变革”就等于“革命”。

那些才德卓著而在当代的公民中确属优异的人[1]起来倡议革新,那是比较合适的,但这些人往往不是最初发难而是最后出场的[2]。门望(贵胄)既一般被认为是祖辈才德和财富的嗣 1301b
承,于是,他们凭特殊的门望为依据起来要求超越平等的权利,似乎也能言之成理。一般说来,这些就是邦国内讧的源泉。

这些情况也可用以说明政体的变革(革命)为什么总是由两个不同的途径演进。(1)有时骚动就指向现行政体,图谋变更政权的性质——或把平民政体转为寡头政体,或把寡头政体转为平民政体;又或把平民和寡头政体转为共和与贵族政体,或相反地把后者转为前者。(2)可是,有时,内讧的目的就不在推翻现行政体。发难的党派可以[采取比较温和的路线,](一)维持原来的政体,不问其为何种政体——例如,或为寡头,或为君主政体——让它继续存在,却将行政权力争取到自己这一党派的手中。(二)他们也可以促使原来的政体采取新的措施,或变得严厉,或转为弛缓;例如原来是寡头政体的,可使它加重或减轻寡头主义的性质,原来是平民政体的,可使它加重或减轻平民主义的性质,对于其他形式的政体也相似地可作不同程度的改变。(三)发难的党派也可以不反对整个政体而不满意于其中某些部分,因而要求建立某一行政机构或推翻某一机构,例如在拉栖第蒙(斯巴达),据说吕桑德曾力图废弃君主

① 参看卷三 1284^b28—34。

② 参看章四 1304^b4。

制，而鲍桑尼阿斯王[①]则力图取消监察院制度。又在爱庇丹诺[②]，政体曾经局部改变；由一个[民主性质的]议事会代替了部族长老的会议。但爱庇丹诺迄今[仍然不是民主政体]在公民大会举行会议推选某一行政机构的人员时，规定公民团体中惟有官员们[③]必须出席会议[其他公民则随便出席]；又，那里迄今执政官只设一人[异乎他邦由若干执政组成执政院，合议而后施政的制度]也是寡头性质的特征。

所有这些内讧，都常常以“不平等”为发难的原因——虽然在本来不相等的人们之间，倘若依据比例而作相应的不等待遇，实际上并不能说这是“不平等”——世袭的君主制所以被视为不平等者只因为[那些嗣王并无卓异的才德，于是才]在与之相等的众人之间显见他据有王位为不平等。内讧总是由要求“平等”的愿望这一根苗生长起来的。所谓平等有两类[④]，一类为其数相等，另一类为

① “鲍桑尼阿斯王”见本卷 1307^a2 和卷七 1333^b32 及注。吕桑德，斯巴达将军，主张王位不限于赫拉克里族子嗣，应凭才德在各族中公选，参看普鲁塔克：《吕桑德传》30、《拉根尼嘉言汇录》229*E*。这里所说“废弃君主制”，实际上是废弃王位的世袭制度。

② 依《修昔底德》卷一 24，爱庇丹诺以国内多内乱著称。维护现政体的党派还比较强盛时，反对党派就只能要求局部改革。爱庇丹诺本来是由哥季拉城移民所拓殖，哥季拉以杜里三支族为大族，爱庇丹诺可能也以这三大族为盛，其部族长执掌重要权力（参看吉耳伯特：《希腊政制典实》卷二 236）。

爱庇丹诺，在伊利里亚（Illyria），为爱奥尼亚海湾上港埠，离海滨二十里，离爱俄斯河三里（参看《斯特累波》316 页）；后来称第拉吉恩（Dyrrhachium），即今阿尔巴尼亚的都拉索（Durazzo）。

③ 选举后任行政人员时强使前任全体出席，公民则听便出席，前任人员可以操纵选举（参看卷四章十三 1297^a17，寡头主义操纵政权方式）。依斯达尔译文则爱庇丹诺公民大会的议事人员原来就限于公务官员。

④ 参看柏拉图：《法律篇》787B；又伊索格拉底：《元老院辩》第 21 节。

比值相等。“数量相等”的意义是你所得的相同事物在数目和容量上与他人所得者相等;“比值相等”的意义是根据各人的真价值,按比例分配与之相衡称的事物。举例来说,3多于2者与2多于1者其数相等;但4多于2者与2多于1者,比例相等,两者都是2∶1之比,即所超过者都为一倍①。现在的人们大家都承认[政治权利的分配]应该按照各人的价值为之分配这个原则是合乎绝对的正义(公道)的;可是,[在实践的时候,]恰如我们在前面所说,各人的主张又相分歧了:有些人就因自己有某一方面与人平等而要求一切平等;另些人就凭自己在某一方面有所优胜就要求一切优先。

由于人们各取两种不同的途径,平民和寡头这两个类型的政体就特别流行于世间。门望(贵胄)和才德在各邦都属少数,但群众和财富却遍地都有。没有一个城市可能找到一百个贵胄或富于 1302a
才德的人,如果说要找一百个富于财物的人则许多城市中尽可足数。然而一个按照寡头主义或平民主义(以财富或人数为凭),在任何方面要求一律地按绝对平等观念构成的政治体制,实际上不是良好的政体。史实已经证明:这些政体都不能持久。因果相循,凡初因有错误的后果必恶;[两者起先都不该专执自己的观念,]正当的途径应该是分别在某些方面以数量平等,而另些方面则以比值平等为原则②。可是,这里还得承认,两者相衡,平民政体较少发生内讧,比寡头政体较为安全。就内讧而言,寡头政体中,两个

① 这里的说明只及于数学比例而止,所说“比值”可按数比来引申:如以“才德”为例,倘甲的才德大于乙两倍,甲就应该比乙获得两倍大的政治权利。

② 政治权利的分配应以比值平等为依据,其旨出于柏拉图:《法律篇》757E。

部分都可以发难:寡头党派和平民党派间可以因故相斗,寡头党派内部也可以自相倾轧。平民政体就只有平民派和寡头派之间的斗争,平民派内部不致吵闹,至少是没有值得记载的吵闹。同寡头政体相比,平民政体还有一个优点,就是它比较接近共和政体,而共和政体,以中产阶级为基础,是我们这里所涉及的各政体中最为稳定的类型。

章二　为了要研究引起内讧以致发动政变的种种情形,我们应当先考察它们一般的原因。这可以分为三项;我们对于每一项当分别作简略的叙述并一一加以讨论:(1)怎样的情绪引起骚动;(2)发难的人们抱着什么目的;(3)事变和政争常常由于什么机会而爆发。

引起人们要求变革的情绪的主要原因和一般原因,已在前面说过。有些人看到和他们相等的他人占着便宜,心中就充满了不平情绪,企图同样达到平等的境界。另一些人的确有所优越,看到那些不能和自己相比拟的人们却所得相等,甚至反而更多,也就心中激起了不平情绪,企图达到优越(不平等)的境界。——这些情绪也许都有道理,也许都不应该——于是,较低的人们为了求得平等而成为革命家,同等的人们为了取得优越(不平等)也成为革命家。

引致骚动的情绪就是这样。至于发难的人们,其目的无非在私利和荣誉,也可以相对地由于害怕受到损害和耻辱;有些人闹事的本意只在避免某种惩罚或耻辱,或者由于自己或朋友遭受了这些不幸,他们竟然鼓煽大众发动了一次政变。

滋生不满情绪的源泉和促使离异分子起而角逐上述的目

的,因此引起内讧的机会,[就常理而言,]可列举七端,倘从另一方面看来[并就偶然的事例而言],其数还会更多[1]。各种变乱的两种动机和上述的两个目的[即私利和荣誉]相同,但作为动机和作为目的,意义有别。作为目的,有如已经说过的,人们因为争取名利,遂攘臂举事;作为动机则是名利的分配或多或少——虽其为多为少或合于正义或不合于正义,人们却就因此认为不 **1302^{b}**
得其平,遂起而争执。除名利两者之外,其他的动机为纵肆、恐怖、某些形式的特权或僭越、对于当权者的鄙薄,或一邦之中某些部分(阶级)不平衡的扩张。由偶然事故而引起内讧或变革的另一类动机为:选举舞弊、政事疏懈、怠忽小节、邦内各部分[政治组合]的失调。

章三 在这些动机中,[占有职位的人的]恣肆和营私将对国内发生怎样的作用,以及怎样给予煽动者以发动骚扰的口实,都是容易

---

[1] 《纽曼校注本》卷四文义注释275—280、295—296页,分析以下所举内讧或革命动机十一端,分属三类。(一)心理作用:如(1)对私利,(2)对名位(荣誉)有不平之心,(3)受到纵肆的当道的凌辱而怀愤恨,(4)恐怖,(6)执政人员轻薄无能,由是而人心厌弃;(二)政事措施失当:(5)僭越,(8)舞弊,(9)疏懈,(10)怠忽;(三)社会变迁:如(7)邦内某部分(阶级)的人数增多或减少,(11)政治组合上某些派别之间的强弱失调。这三类动机,(一)(二)易于补救,第(三)类实际上已形成不得不变更政体的社会基础,内讧和革命已是不可避免。

本卷第五至七章在论列个别政体的内讧原因时所举若干动机,此节未先总述。卷八章一说,要维持一政体于长久,其人民必须具有与这个政体相符合的德性和教育。这样,人民德性和教育的变迁也当引起变革。这类原因,本章亦未叙明。本章$1302^{a}37$—$^{b}4$所列内讧或变革动机七端和另四端的分类实不妥帖,也不完备。下章重述这十一端,次序便不相同。

说明的[1]。凡当权的人既行为傲慢而又贪婪自肥，公民们一定议论纷纭，众口喧腾，不仅会指摘这些不称职的人，而且进一步也必批评授权给这些人们的政体。我们在这里也可以顺便注意到所谓贪婪，有些是依仗权势，侵凌他人，另些则是吞蚀公物。荣誉的作用及其可以成为鼓煽内讧的动机也是明白的。人们一旦丧失名位（荣誉），一定就心怀异志，看到他人高据名位，备受尊荣，也会引起嫉妒而终至携贰。至于荣誉的或得或失，有时可能两属失当，某些人不该被滥授名位，另些人又该被褫夺尊荣；有时却又各如其分，两都合乎正义（法律）[但这些事例，无论其或合或不合，足以导致内讧却是一样的]。当一人或若干人所组成的一个团体，势力增长得过大，以至于凌驾整个公民团体，这种人或团体因此占取了某些形式的特权，这也给人以起哄的机会。这样的特殊地位常常造成君主专制政治或门阀寡头政治。为此，若干城邦，例如阿尔咯斯和雅典，制订了陶片放逐的政策[2]。但，容许这种特殊人物产生以后方才加以补救总不能算是一个良好的政策，毋宁防微杜渐，设法不让邦内产生这种特殊人物。

恐怖的成为起事的动机出于两类人物：或其人曾犯不法行为，怕受惩罚，或其人惟恐敌方加以非理的罪责，于是抢先发难。后一类政变，可举罗得岛的史事为例，那里的贵要怵于平民派即将对他们起诉，加重课赋，因而互相结合，进行阴谋，倾覆了平民

① “恣肆”（傲慢）（ὕβρις）和“营私”（πλεονεξία）（贪婪）两者常常连带叙述，参看章七 $1307^{a}20$；亦见于埃斯契尼：《反克蒂西亚斯》（Aeschines, C. Ctesias）94，朴吕波：《史记》i 81 等书。

② 参看卷三 $1284^{a}17$。

派的政权[1]。鄙薄为激发内讧和暴乱的又一动机。在寡头政体中,当没有政治权利的人们日益增多时,他们感觉到自己强盛,就对统治阶级萌生轻蔑的意想;我们也可见到,平民政体有时陷于混乱和无政府状态,因此惹起资产阶级的厌恶。平民政体的为人所鄙薄、所推翻,有好些史实可以作为例示:忒拜在奥诺费太之战以后,其平民政体因治理混乱,终于倾覆[2];梅加拉的平民政府因内多纷扰,终于引致外寇,一败之后,也就衰亡[3];叙拉古的葛洛所以能够建立僭业,实际上就利用了大众厌弃平民旧政的机会[4];还有,上述罗得岛贵要阶级的所以兴起,也正是在平民派为国人所轻蔑的时刻。

某一部分不平衡的扩张也可引起政体的变革。这可以身体为喻:身体由各个部分组成,各部分间必须按照一定的比例同时生长,才能维持全身的匀称。否则,身体终必衰亡,譬如说有人脚长四肘而躯干却只及两掣,这样既失去自然形态,一定难以存活;或者不平衡的发展不仅限于量变,而且跟着又有了质变,这将会转变

① 见下文章五 1304^{b}28—31。

② “奥诺费太之战”,雅典大败卑奥细亚盟军事,在公元前 456 年。原句未说明忒拜平民政体此后如何倾覆,究在何年倾覆。《修昔底德》i 113,记公元前 447 年科罗涅亚(Coroneia)之战,雅典兵败,忒拜平民政体被流亡归国的寡头党人乘机颠覆,此节所说可能就是指这次事变。

③ 参看章五 1304^{b}34—39 及注。

④ 葛洛(Γέλων)和其弟希洛(Ἱέρων)相继为叙拉古公元前五世纪间僭主,另见 1315^{b}34。叙拉古平民派借助于公田的农奴,打败田主寡头派而夺得了政权,但其众无纪律,为政混乱,葛洛遂乘机入主(参看弗里曼:《西西里》[Freeman,Sicily]卷二 126 页)。

1303a 成另一种动物[①]。城邦亦然；它也是由各个部分组成的，其中的某一部分常常可能畸形地发育。譬如，在平民城邦和共和城邦中，贫民的人数可能迅速增加，以至社会的组成失去平衡。有时，这也可能出于偶然。譬如，塔兰顿恰好在波斯战争年代后为耶比季亚族所侵掠，贵要阶级大批战死[②]，于是共和政体转变成为平民政体。在阿尔咯斯，为了补充那一批遭遇斯巴达王克利奥米尼屠杀、“死于[初]七的人们”[③]，不得不容许某些农奴入籍为公民[后来阿尔咯斯政体就趋向于民主了]。在雅典，伯罗奔尼撒战争期间，陆军屡败，由于对全部登籍公民实施强迫兵役，贵要阶级悉数出征，大批阵亡[平民相形而成为绝对的多数，民主势力便顿时扩张了]。相似地，在平民政体方面，虽然没有那么显著，也可以有这样的变化。倘使富户人数增加或财产增多，平民政体就会转变为寡头政体或门阀统治。

选举(任用行政职官)阴谋有时可使一个政体不经暴乱而起变革。譬如，在赫赖亚，由于某些诡计原来是由推选任官的制度

---

① 亚氏动物学的比较解剖，以皮肤和鳞甲相当，指爪和蹄趾相当；凡动物的皮肤或指爪的硬度变化至某种程度便成为鳞甲和蹄趾，这些相异的部分组成相异的动物。

② 这里的“波斯战争”当指公元前 480 年温泉关(Thermopylae)之战、萨拉米斯(Salamis)之役和公元前 479 年普拉替亚(Plataea)之役。耶比季亚族大败塔兰顿军，见《希罗多德》vii 170 和《狄奥多洛》xi 52，事在公元前 473 年(参看布佐耳特：《希腊史》二版卷二 805 页)。

③ “死于[初]七的人们”，依普鲁塔克：《女德论》(De Mulierum Virtutibus)章四克利奥米尼获胜在月之初七，夜见新月。初七为日神阿波罗诞日。这一战争约在公元前 500 年。阿尔咯斯史传说这次战争正逢阿波罗神斋日。希腊人习俗以每月一日和七日为日神斋日，所以史家有的说在一日(初一)有的说在七日(初七)。韦尔屯译本解作“第七队”，“七”下增 φυλῆ，指由第七部族所编组的战斗联队。纽曼认为“七”字下宜增 ἡμέρα，确定它为“七日”。

改用了拈阄[这样寡头政体就转向于民主主义]。又,偶尔的疏忽也可能导致一个重大的更张;以[欧卑亚的]乌利俄[①]为例,不忠于政体(宪法)的人们竟能一一跻上显要的地位,等到赫拉克留杜罗一旦做了执政,他就倾覆寡头政制,把乌利俄改为共和政体或实际上竟是平民政体。又,小节的怠忽往往逐渐积成后患,终至酿成大变。譬如,在安布拉基亚所订担任官职的财产资格起初就很低,最后竟完全取消了财产条件,在安布拉基亚人想来,微小的财产条件和没有财产条件关系不大,可以不必计较。[就邦内各部分(政治组合)间的失调而言,如]异族(不同部族[②])在未经同化以前常常发生纠纷和仇隙。这当然不能随便在任何时期把任何人众集合而组成一个城邦。许多城邦在初建时或在日后引进了另一部族(种姓),由是就内讧频繁[③]。这类事例是很多的[④]。阿卡亚族人和从特罗埃岑来的移民共同拓殖而建置了息巴里斯城,但随后阿卡亚族繁盛起来,竭力驱除特罗埃岑人,

① 在欧卑亚的赫斯希亚(’Εστιαία)(见 1303^{b}33)城于公元前 446 年叛离雅典,雅典军驱逐其叛民,移入二千雅典殖民,嗣后常用雅典各坊社名称之一“乌利俄”(’Ωρεώς)为该城名称。

乌利俄曾施行寡头政体,依附于斯巴达同盟;赫拉克留杜罗把它改为共和政体后,重又加入雅典同盟,其事见色诺芬:《希腊史》卷五 4.56。吉耳伯特:《希腊政制典实》ii 64,说乌利俄改制在公元前 377 年。

② 以下所述各个不同的部族,实际上都是希腊人而且同为希腊的伊昂族。所谓“不同部族”实为种族分支或宗姓之别。

③ 柏拉图:《法律篇》708,说公民集团由数族合成是有益的,这里的意见与之相反。

④ 以下所举异族杂处,多相轧轹八例中,前两例为城市初建时即由数族共同拓殖者,后六例则为拓殖以后才引入异族共处者。

因此这个城市被世人所诟责。在琐里伊①，则息巴里斯人又和其他共同拓殖的部族（种姓）相争，认为自己最先占有这里的土地，就应当是这里的主人，理该享受分外的利益，可是他们毕竟被逐出了这一城邦。在拜占庭，后至的殖民者曾经阴谋驱除原先的殖民，这个阴谋被揭露，后至的殖民者反被驱除了；相似地，在安底萨原先的殖民者曾容许启沃岛的流放人居留其地，随后又尽力驱逐了他们。在赞克里②，情形恰恰相反，初期殖民被后至的塞漠岛人所驱逐。在攸克辛海（黑海）的阿波罗尼亚城③，闯进了新的殖民宗族就发生骚乱；叙拉古④在僭政末期，把公民权利授
1303b 给客民和雇佣军队，从此争吵不息，终至引起内战；在安菲浦里城，初期拓殖诸部族的后裔公民，容许了卡尔基城来的后期拓殖者，那些原主（旧宗）几乎为喧宾所夺。

〈在寡头政体中，有如前面所说，平民起哄的根据是他们确实属于平等的公民而受到了不公道的待遇，没有得到平等的政治权利。在平民政体中，贵要阶级发难的根据是他们虽较优胜而仅仅得到和一般人相等的权利，这在他们看来就违反了正

① 南意大利的琐里伊，先为息巴里人和其他数族希腊移民所拓殖，事见《斯特累波》263 页。至伯利克里时，雅典又和其他城邦移民再度拓殖该地。布佐耳特：《希腊史》卷三 1.523，说，此处所言内讧指第一次移民间的争吵。

② 《希罗多德》vi 22，所记情节稍异。在那里是说赞克里为库迈人和卡尔基人在西西里海边所建殖民城市。

③ "黑海上的"阿波罗尼亚为米利都人的殖民城市，以别于亚得里亚海（爱奥尼亚海）湾的同名城市，那个阿波罗尼亚则为科林斯人和哥季拉人的殖民城市（参看 1306a7）。

④ 其事见公元前第一世纪西西里史家狄奥多洛：《史丛》xi 72。参看格洛忒（Grotë）：《希腊史》卷五 318 页并注。

义。〉[①]

又,国境的错杂也可成为邦内不和与互斗的根源,有些城邦的土地就天然畸零而不合于政治上的统一。譬如在克拉左美奈,[大陆上]丘特罗[②]城区的居民,常常和岛上的居民争吵;科洛封和它的海港诺底翁岬的居民间也有类似的不睦[③]。又,在雅典也有类似的分歧:拜里厄斯港口居民总比雅典城区居民具有较强的民主倾向。试以战场为比拟,那里倘若有一条沟渠,即使是很狭浅的,一个联队的士兵渡过时,也会因而失去整齐的原有队形。人间的种种差别,形成各式各样的阻隔(沟渠)。最深阔的沟渠是善恶之间的道德差别,其次为财富和贫穷之别;其他的相异又造成其他或阔或狭或深或浅的阻隔。至于这里所说地形上的阻隔实际上却是人间种种阻隔中一个最浅小的阻隔而已。

章四 内讧虽起于琐细的动机,事情却总是乘势扩大的。细节

① 1303^b3—7 这两句,依《苏斯密尔校本》,应为错简,移入章一承接于 1301^a39 下。巴克尔英译本揣为某一章节的边注,误失了页行,被错录在这里的正文以内。加〈 〉。

② “丘特罗”(χύτρῳ),依薛尔堡(Sylburg)校订(1587 年),应为“丘托”(χυτῷ),这同布克:《阿提卡碑志集》(A. Boeckh, Corpus Inscr. Att., 1825—1877 年)卷二 397、423 页,希克斯:《希腊历史碑志》76 号碑文地名相符;《埃福罗》136(缪勒编《希腊历史残篇》i 271),亦作“丘托”。但《斯特累波》645 页有“丘特里”(χύτριον)地名,同此处相符。

③ 希腊人的滨海城市常常一部分筑在陆地,一部分在邻接的岛上。岛上居民多从事航海经商和渔捞,陆上居民则多经营田园和工艺;生活和思想往往相异,政治倾向亦随之相歧。《修昔底德》iii 34,说科洛封人(陆上居民)倾向波斯的较多,其港口居民,诺底翁(南岬)人,则多倾向执有海上霸权的雅典。

的牵涉到执政人员者，更容易因轻微的风波而酿成严重的结果。叙拉古古代曾经有这样一件事情[①]，两个服务于行政机构的青年因爱情而互相仇视，终至引致了一场政变。两个青年中的一个，在他的同事出门远行时，诱骗了他的腻友：那个受了欺侮的青年，不胜愤怒，就诱惑他的妻室作为报复。两人因此各各集结对他同情的职官和公民互相攻击，终至整个公民团体分成了两不相容的党派。这个故事，为政者都该引为鉴诫，凡身处一邦领导地位，其言行影响及于各个方面的人们，应该在这些争哄和寻仇萌芽的时候特别谨慎，预为弥缝。错误在于原始[②]，所以谚语说"善始者已经完成了事情的一半"，开头小小一点过错就抵得上末后种种的大错。一般说来，著名人物间的失和，其后果常牵连到全邦。赫斯希亚在波斯战争后的政情可以作为例证。兄弟二人由于分配遗产，发生争执，其一贫困，控诉另一人隐瞒父亲的窖藏以及家产的确数，得到平民群众的同情；另一人既然富饶，也获得了有产者们的援助。[于是，一家的阋墙竟至变成全国的斗争。[③]]又，在德尔斐，那里相持甚

① 这一故事和 1303^b37—1304^a4 德尔斐故事，并见于普鲁塔克：《修善正道》(Reip. Gerend. Praec.)，32。布佐耳特：《希腊史》卷二 2.785，考订这事件恰好在公元前 485 年葛洛建立僭主政权之前。其时地主寡头两派发生内讧，平民派联络农奴，乘机倾覆了寡头政治；葛洛继而剪除了平民派(参看 1302^b33 注)。

② 这里"原始(ἀρχῇ)"，亦可解作"主政者"(参看《形上》卷五章一"原"之六义)。全句，倘用这个词的双关意义翻译，应为："错误在于'执政'，所以谚语说：'执政者为事业之半'，执政者小小一点过失就等于余众的种种错误。"

③ 纽曼注释认为这件事可能发生在公元前 479 年普拉替亚之役和公元前 446 年雅典攻破赫斯希亚这个期间。

久的内讧，追溯它的起因，实在出于一件婚姻纠葛①。新郎在迎娶之夕，在女家中偶见一个不吉的征兆，便匆忙地脱身而回，丢下 1304a
了新妇；女家的亲戚们以此为奇辱，就合谋报复，他们伺候新郎于神庙，到他来献祭时，就将一些祭器混入他的献礼内，扬言他盗窃圣物，当场杀死了他。相似地，在米提利尼，为了争娶一个富室的嗣女，引起了邦内不绝的骚乱，直至雅典入侵，巴契斯攻占了这个城市方才罢休②。那里豪富诸家中，有名帖谟芳尼的，遗有二女。另一富室名德克珊德的，他的儿子依律可配帖谟芳尼家嗣女，提出了婚姻的请求。在请求不能如愿时，德克珊德煽起了暴乱，并且由于他曾经做过雅典侨民的领事，还鼓动雅典人干涉本邦的内争[终至造成了战祸]。又，在福基斯，另有一件嗣女婚姻的争执案，以墨那逊的父亲墨那西亚斯和奥诺马沽的父亲欧修克拉底为两方的讼

① 这个故事，除见于普鲁塔克：《修善正道》32 外，又见于埃里安：《杂史》(Aelianus, Var. Hist.), xi 5，新郎名一作奥季劳('Ορyίλαυς)，一作奥西劳('Ορσίλαις)。

德尔斐为福基斯地区小邦，在帕纳塞斯山(Parnassus)麓建有阿波罗神坛，自古以神识灵验有名，后来成为希腊各邦神道和教仪的中心。德尔斐人因庙产和四方求谶进香的信男信女的献礼收益极大，邦内各宗社素多争攘(参看布海姆：《德尔斐政制史研究》[Buchheim, Beiträge zur Geschichte des delphischen staatswesen]I 21 以下)。

② 《修昔底德》iii 9：伯罗奔尼撒战争的第四年，累斯博岛上米提利尼等城市都叛离雅典，惟梅修姆那(Μεθύμνα)仍旧效忠于雅典。梅修姆那人以及米提利尼城中有些激于党争的人，他们曾是雅典侨民的保护人，于是向雅典密报了叛谋(公元前 428 年)。雅典巴契斯以海军围米提利尼，翌年(公元前 427 年)破其城垣。亚氏此节所记德克珊德符合于所谓"激于党争的人们"。但米提利尼倾向雅典和倾向斯巴达两派，其分野当有社会经济依据，未必完全出于私家恩怨。希腊各城邦的国际商业发达者多优遇外侨，设有"保护侨民制度"(προξενια)，保护人(侨民领事)照顾外侨的食宿，并为之向导。关于嗣女的婚配，参看卷二 1270a30 注。

主，这个案件就是牵动了福基斯全邦人民的“神圣战争”的开端[①]。爱庇丹诺有一次政治革命的起因也出于婚姻案件。有人以女儿许配于另一人，郎家的父亲新任为执政，因事课罚了媳妇的父亲，后者被姻家所罚，认为奇耻大辱，于是联络了城内不在公民名籍的人众（贱民）[起而颠覆当时的政权][②]。

各种政体也可因为邦内诸职司之一或其他部分的荣誉或权力的增长而倾向于寡头、或平民、或共和制度。举例来说，雅典在波斯战争中，元老院卓著勋绩，他们把持国政[这就渐趋于寡头政治]。继而时易势迁，大多数征自平民（贫民）的海军获胜于萨拉米斯之役，奠定了雅典的海上霸权，这些有功的平民（贫民）转而加强了民主的力量[③]。阿尔咯斯的贵要阶级[④]在曼底涅亚之役对拉栖第蒙军作战时特别英勇，他们就凭这次胜利，归国后压抑了平民政体。反之，在叙拉古抗御雅典入侵的战争中，其胜利有赖于平民的

① 福基斯地区在卑奥细亚和埃陀里之间；这件史实不见于他书。墨那逊为亚里士多德友人之一（见《雅典那俄》264^a），此事可能是亚氏亲闻于墨那逊的（参看查斐尔：《德谟叙尼及其时代》，i 445）。

② 章二所举内讧或革命起因十一端，章三业经分别叙述了史实。本章以上各节，又举示因小故而闯大祸的若干事例，似皆为执政人员的“恣肆”（十一端的第三端）所造成（恣肆的表现于自己者为“傲慢”，施于他人者为“凌辱”）。本章以下各节又另外举示“一邦之内某部分不平衡扩张”所酿成的政变的实例。

③ 雅典海军的桡手多为城中和港口的佣工，服兵役后可以入籍为公民，所以雅典从萨拉米斯之役（公元前480年）海军获胜以后，平民主义大为兴盛。海权和平民政体相关，参看卷二 1274^a12、卷七 1327^a40—^{b}17、卷八 1341^a29；《雅典政制》章二十七。

④ 这里所说阿尔咯斯的“贵要阶级”为该邦各富室所装备而编组的一千甲士；在曼底涅亚之役（公元前418年）得胜后，他们于凯旋归来时，推翻了平民政体，另组成寡头政府，统治了八个月（其事见《狄奥多洛》xii 79、80；参看《修昔底德》v 67、72）。寡头领袖布莱耶斯（Bryas），为政残暴，平民后来又起而推翻了这个寡头统治（见鲍桑尼阿斯《希腊风土记》ii 20）。

武力，平民派由是便进而转变当时的共和政体为平民政体[1]。在卡尔基，平民群众和贵要阶级相联合，驱除了僭主福克淑斯[2]，凭这次斗争中的功劳，平民派在新政体中大为得势。在安布拉基亚的一次政变，情形相类似，平民们参加了一个阴谋集团反对僭主伯利安德[3]的暴动，于是把旧政体改变为民主形式。历史的陈迹证明了一个通理，我们应该记住这样的教训：任何人或团体——或为个人，或为执政机构，或为一部族，或为邦内任何一个部分——凡能与人争攘而树立其政治权力者，也会引起后人的争攘；由内讧而身居高位者可由两方面招致内讧，或是他人嫉妒他的荣利，或是自己贪得无厌，还想揽取更高的权力，于是就又隐伏着祸乱的动机。

一般公认为敌对势力的富户和平民两部分，倘使在一个城邦
中势力均衡而完全没有或仅有为数很少的中产阶级处于其间，为 **1304^b**
之缓冲，革命也是可以爆发的；如果两方都明知各自的力量不足抗

① 雅典军跨海出征西西里，围攻叙拉古，事在公元前415—413年，详见《修昔底德》vii 6、41、55、81、84等章。依《修昔底德》，叙拉古当时原为平民政体。但依《狄奥多洛》xiii 34.6，叙拉古在大败雅典军之后始改用拈阄法选任行政人员，则亚氏此节说叙拉古原为共和政体，在战胜后转成平民政体，也是有所根据的。在这三年战役中叙拉古重装兵（有产阶级军队）原非雅典军敌手，惟恃骑兵（富室武力）和轻装兵（弓箭手和狙击兵等）相配合，才能屡败强寇。叙拉古海军在大港之战中，歼灭雅典海军为制胜关键。海军和轻装兵都是平民武力。

② 卡尔基的福克淑斯（Φόξοs）和下文章十二的安蒂利昂（'Αντιλέοντοs）两僭主都不见于它书。"福克淑斯"字义为"尖头顶"，依《相术》章六 812^{a}8，"尖头顶的人多厚颜而狂妄"。

③ 科林斯僭主居伯塞卢（Cypselus）遣其非婚生子高尔古斯（Gorgus）至安布拉基亚建立殖民城邦，高尔古斯的少子伯利安德（Periander）继任为安布拉基亚僭主；后被杀。其事见普鲁塔克：《多情多欲的人》（Amat.）23。参看本卷章十 1311^{a}39。

衡，较弱的一方就必然敛手而不敢贸然与较强的一方争胜。所以才德优异的人们通常都是不肯妄动；他们总是为数稀少，和平民的众多相较量肯定是要输的。

一般说来，内讧和一切政变的起源和因缘就是这些。革命的成功不出两途，或由武力或以诈欺[1]。武力有时用于革命的开始，也有在已经发动了斗争以后，方才诉之于武力的。诈欺也是可在革命进行的两个不同时期运用的。有时，事变才开端，就进行诈欺。于是，大家同意革新制度，而权力落入了改革派的手中，他们一经掌握了实权，就不顾一切反对派的揭发和抗议，尽力抓紧机构而控制着局势。雅典的“四百人”专政就是这样的[2]：他们先迷惑群众，保证[波斯]王会供给军费，使同拉栖第蒙作战，群众既已受骗，他们就力图永久维持所树立的体系。可是，有时在用诈欺骗得了民众的信任之后，也可继续行使另一个诈欺，一次又一次的迷惑国人，从而保全了所改革的政体。总结起来一切政变的原因就是这些[3]。

① 《雅典政制》十四、十五，说庇雪斯特拉托第一第二次建立僭政出于诈欺，第三次建立僭政则凭武力。《修昔底德》iv 86，说以欺诈行僭窃，比凭暴力更为可恶。

② 《雅典政制》二十九—三十三，记“四百人专政”甚详。雅典自出征西西里惨败后（公元前 413 年），寡头派梅洛比俄（Melobius）等劝说国人改变平民政体为寡头制度，俾可得波斯援助，才能继续同斯巴达同盟作战。公元前 411 年（伯罗奔尼撒战争的第二十年），公民大会决议，公民名籍限于五千人，五百人议事会减为四百人。于是代表寡头势力的“四百人议事会”实际掌握了政权，代表民主温和派的五千人公民大会等于虚设。但“四百人”当权仅四个月。至公元前 410 年，“五千人”大会又收回了政事裁决权力，恢复民主体制。参看《修昔底德》viii 67、97 等节。

③ 这一节起句和末句意义略同，应为收束全章 1304^b5 以上各节的结句。7 行以下和上文不相承接，似为另一章的片段。末句重出，可删。

章五　现在我们应该分别研究各种不同的政体，以上述这些原理为依据，逐一考察每一类政体所经历的实况。

就平民政体而言，政变都起因于群众领袖(德谟咯葛)的放肆。他们有时是各别的指摘或诬控富户，迫得富人们联合起来——人们遭遇共同的危难，虽然原是仇敌，也会联合起来的——；有时则鼓动群众攻击整个财富阶级[①]。这里可以举出好多事例[②]来说明他们这两种引起内讧的方式。在科斯岛，平民中产生了一些不好的群众领袖，逼得贵要阶级终于联合起来，倾覆了平民政体。在罗得岛[③]，也曾有过同样的事情，在那里，群众领袖们已经倡议而且通过了[公民大会和公众法庭的]出席津贴制度，继而[为筹措这笔公费]就克扣了应该付给船舶长老的造船款项；船舶长老们被造船厂主的诉讼所激动，大家联合起来推翻了平民政权。[在滂都海(黑海)边的][④]赫拉克里亚这个殖民城市建立得不久，它的平民政体就毁损

---

① 参看章十 1311^{a}15、卷六章五 1320^{a}4—16。

② 《纽校》IV 336 页注释，指明以下所举各城邦都是在小亚细亚滨海地区的杜里族殖民城邦；梅加拉则为希腊本部的杜里族母邦。黑海南岸赫拉克里亚即梅加拉人在公元前第六世纪所拓殖。

③ 章三 1302^{b}23 和 32 所指内讧同此节所述者可能为同一事变。《苏校》二版第 1511 注，认为这里是指公元前 390 年《狄奥多洛》xiv 97 所记的政变，岛上斯巴达派乘雅典派平民势力为人所轻蔑时，驱除了雅典派。查斐尔(《德谟叙尼及其时代》i 427)和吉耳伯特(《希腊政制典实》ii 175)则认为亚氏此节应指公元前 357 年罗得岛改变平民为寡头政体而叛离雅典这一事件(见色诺芬：《希腊史》iv 8、20—24；德谟叙尼：《罗得岛人的自由》[De Rhod. Libert.]章十四、十九)。

雅典海军的每一艘三重桨舰各规定由一富室加以装备和管理，其人称“船舶长老”；罗得岛船舶制度和雅典相同。

④ 依鲍尼兹：《索引》319^{b}39. 和《苏校》二版 1555 注，加[　]内语，以别于特拉契尼的赫拉克里亚(Trachinian Heracleia)。

于群众领袖的不公道行为。他们用非法手段驱逐著名人物；但流亡在外的著名人物集结起来，回到本邦，他们就打倒了平民政权。[在希腊本邦的]梅加拉[即拓殖赫拉克里亚的母邦]的平民政体也是由相似的情况堕毁的。群众领袖们急不暇择地找些借口，把若干著名人物逐出本邦，以便没收他们的财产，结果，流亡分子日益 1305^a 增多，终至结队还乡，力战而击败平民军队，另组了寡头政体[①]。库梅[②]的平民政体也遭逢同样的命运，它是被司拉绪马沽所推翻的。其他希腊城邦的政变也大都是这样的性质；平民领袖们为了讨好群众，就不惜加害著名人物，以重课和捐献督责他们，使他们倾家荡产，沦为贫户，或诬告富有之家于法庭，俾可没收他们的资财；这样，最后终至逼迫贵要阶级结合成为反抗力量[③]。

在古代，如果群众领袖又兼任将军，平民政体就会被篡窃而转

① 卷四 1300^a17、本卷 1302^b30 和 1304^b34，三次指出梅加拉流亡的著名人物（贵要阶级）推翻平民政体改立寡头政体事，所言大同小异。《苏校》二版，第 1365、1513、1556 号注，说三处同样指梅加拉诗人色奥葛尼（Theognis）时代（公元前第六世纪下半叶）的政变。普鲁塔克：《希腊研究》（Quaest. Graecae）十八、五十九，曾经说及色奥葛尼时，梅加拉平民政治漫无秩序，富室多被侵夺。但该书未言明寡头变革情况。这一政变仅能从色奥葛尼遗诗中略见端倪。

布佐耳特：《希腊史》ii 2.395 认为 1300^a17 和 1304^b34 所说的是指公元前第六世纪下半叶的政变，1302^b30 所说的另指《修昔底德》iv 66—74 叙述的梅加拉政局：公元前 424 年，该城邦推翻平民政体改建为极端寡头制度。另一些史家和亚氏著作研究家，如希罗色尔：《亚里士多德政治学》（Schlösser, A. 's"Politik"）ii 169 页注和梅伊尔：《古代史》（即希腊罗马史）（E. Meyer, Gesch. de Alterth.）ii 633 页，则认为亚氏三处所举示的都是公元前 424 年的变革。

② 埃奥里斯（Aeolis）有库梅城（Κύμη），南意大利康帕尼亚有库梅人所建殖民城市库迈（Κύμαη）；此处未知何指，亦未能考订其所举的史实（参看卷二 1269^a1 注）。

③ 参看 1309^a14—19。

为僭主政体。大多数古代的僭主起先都曾经是群众领袖(平民英雄)[①]。但是,现今的情况已经不同,平民英雄无法做僭主了;原因是这样:先前讲演(修辞)术尚在萌芽,平民领袖往往出于军伍。近世这门学术已经发展,必须擅长言语(辩论)的人才能成为群众领袖;但善于辩论的人都没有将才,因此他们也不再妄想做僭主——虽然偶尔也未尝不可发生一两个例外。在古代,僭政较为流行的另一原因是重要职司常常落到私人手中[现在就不再是这样了][②]。譬如,在米利都,[司拉绪布卢]僭政的树立就由于他从前曾经做过参政院的主政官(普吕坦尼)[③],这个官职兼揽若干重要的权力。另一原因是古代各城邦都是土地狭小,人民散居郊野,从事农耕;他们的首领则都是善战的健者,这就尽有建立僭政的机会了。他们一般都表示自己敌视富室,以博取平民群众的信任。在雅典,庇雪斯特拉托就是由于领导了一次[山地和滨海贫民]对平原派[富户][④]的暴动而成

① 参看 1310^{b}14 等节。又,参看柏拉图:《理想国》卷八 565D。

② 参看下文章八 1308^{a}20、章十 1310^{b}20,卷六 1317^{b}24 以下一节亚氏所述当代平民政体中,行政职权分散到多种机构,而且不使久任,所以执政者不能长期专揽权力,造成个人势力。

③ 依吉耳伯特:《希腊政制典实》ii 139.2 说此节所说僭主为司拉绪布卢,见《希罗多德》i 20。"普吕坦尼"(πρύτανις)在雅典为参议会主席,参看卷六 1322^{b}26。这里是最高行政官职:科林斯有任期一年的普吕坦尼,曾代行王权;罗得岛有六位普吕坦尼所组成的"参政院";米利都参政院的普吕坦尼可以凭借这个职位建立僭主政体,他具有重大权力,并由一人久任,所以译为"主政官"。

④ 《雅典政制》二十三,公元前第六世纪,梭伦法制颁行以后不久,雅典人分为三派,滨海派主张温和的平民政体,平原派主张寡头统治,山岳派(或译高地派),就是由庇雪斯特拉托领导的一派,主张极端的平民政体。庇雪斯特拉托以平民领袖的地位,在三十三年(公元前 560—前 527)间三次当僭主,其事详见《希罗多德》i 59 等章和《雅典政制》十三至十七章。

为僭主的。色阿季尼在溪边碰见大地主放牧在自己的田园之外的大群牛羊，便把它们全部屠宰，后来就做了梅加拉的僭主[①]。在叙拉古，狄欧尼修的终久建立僭政，开始于对达夫那俄[②]及其他富室的指责；由于这样的敌视有产之家，平民群众就信奉他为一位道地的民主主义者了。

政治的变改也可沿着传统的“平民政体的祖制”[③]进行，而革新为最近代的形式。现在，公职既全部经由民选，并完全没有财产资格的限制，而且所有平民都一律享有选举权，于是竞求公职的人们就得摆出平民英雄（演讲家）的姿态以谄谀群众，事势所趋，平民的权威就往往被高捧到法律的权威之上。如果要防杜这种后果，或至少要遏止这种趋向的过度发展，应该把选举权分配给各个部

① 色阿季尼为梅加拉公元前第七世纪下半叶僭主；此节所述事迹不见于它书。

② 西西里在公元前五世纪下半叶屡被迦太基攻掠。达夫那俄为阿格里根顿(Agrigentum)守城将军，战败，城市为迦太基人所陷。狄欧尼修为雇佣军队统领；雇佣军多募自佣工、贫农和逃亡奴隶。狄欧尼修乘诸将战败，在公民大会中指责他们的过失，罢免达夫那俄，并代他为将军。在僭立后，达夫那俄为反对僭政的富室寡头派领袖之一，被狄欧尼修所杀。其事详见于《狄奥多洛》xiii 86—96。

③ “平民政体的祖制”(ἡ πατρία δημοκρατία)指梭伦所建雅典政体，先见于卷二章十二 1273^b38。“[平民政体的]最近代形式”，即卷四章六 1292^b41 所称“第四种形式”。公元前 404 年，斯巴达军屡败雅典海陆军，鲍桑尼亚斯引兵围雅典，雅典求和。和约载明废除极端民主制度，恢复“祖制”。雅典各党派后来对“祖制”各作不同解释，或以公元前第六世纪初所行梭伦法为祖制，或以公元前第五世纪初(490—480)内讧后色弥斯托克里(Themistocles)所行政体为祖制。平民派称述色弥斯托克里的“祖制”，力求维持平民最高权威。贵要阶级两派中，色拉米尼(Theramenes)领导的温和中间派称述梭伦的“祖制”，希图恢复中产阶级为主的政体。极端寡头派凭斯巴达武力的帮助，树立了“三十人”寡头统治(公元前 404 年)，并杀死色拉米尼，压制了中间派。但流亡和领兵在外的平民派不久(公元前 403 年)就回来驱除寡头极端派恢复了平民政体。此后相继七十余年，直至亚里士多德著此书时，雅典人就生活在所谓“最近代的”民主形式中。

族，不让全体平民合起来进行选举。

平民政体各次政变的主要原因就是这些。

章六 就寡头政体而言，造成政变(革命)有两个特别显著的途径。(1)第一个途径是执政者虐待平民群众。于是群众便乐于信从任何对抗执政的首领，这种首领要是出于当权阶级之中，尤其容易受到群众的拥戴。纳克索斯岛的吕格达密就是这样[以寡头派而为平民首领，推翻了寡头政体]，后来造成全岛的专制统治而由自己当了僭主①。内讧的起因于执政团体以外的反对 1305b
(叛变)者可以有几种不同的方式。有时一个寡头政体就被毁损于摈弃在公职之外的诸富室。倘使公务操纵在极少数人的手中，这样的政变就会发生；在马撒里亚、在伊斯特罗、在赫拉克里亚②以及其他城邦都曾有过这样的事情。在所有这些寡头政体内，凡得不到官职的人就总是吵吵闹闹，直到他们也分享了权位才罢休，起先是各家的长子们，以后是少子们也一起从政——这里须有所说明：有些国家里的制度，父子不得同时担任官职，有些则兄弟不得同时任官。末后，马撒里亚的寡头政体转变成类

① 纳克索斯岛的吕格达密事迹，见《希罗多德》i 61、64 和亚氏《经济》卷二 1346b7、《残篇》五一七(这一残篇，即《纳克索斯政制》，今已失去全文)。吕格达密起初凭借平民势力倾覆原有政体，改建民主政体，后又凭借雅典庇雪斯特拉托的帮助，再变而成专制统治。

② 马撒里亚，即今法国的马赛，为公元前第七世纪希腊移民所拓殖。今多瑙河下游古称伊斯得罗河，伊斯得罗城在河南岸。这里当指伊斯得罗城，为米利都人所开拓。赫拉克里亚在黑海南岸。三城均属当时所谓“希腊世界”的外围殖民城市。

似共和的一种制度[①];在伊斯特罗,则终于更改为平民政体;在赫拉克里亚原由少数人把持的寡头统治,开放了政权,把议事团体扩大到六百人之多。又,在克尼杜,那里的寡头政体也曾经有过变革,但这一内讧起先发生于贵要阶级的内部。那里订有严格的规定——我们方才已经有所说明——要是父亲已任官,儿子们就不得再行授职,如果一家有几个兄弟,只许长兄选入公共职司;因此邦内贵要,只少数能受任公职。当他们在官和无职的人之间自相争攘时,平民乘机起事,并从贵要阶级中找到了一个首领,这个首领就领导平民推翻了陷于分裂的寡头政体——分裂就必然归于衰亡。类似的事变也曾发生于埃吕司勒。这个城邦在古代,由巴西琉族[②]按照寡头政制治理,巴西琉族为政谨慎,治理良好;但平民不满意权力被少数人所操纵,终于颠覆旧制,改行民治[③]。

(2)第二个途径是执政团体间的自相倾轧。他们但求压制异己,便不惜装扮成平民英雄的姿态,实际上终于捣毁了自己的政体。

---

① 参看卷六章七 1321^{a}29—32。迪坦贝格:《希腊碑志集》第 200 号记马撒里亚以六百世族公民(timuchi)的议事会为治权机构,其人须三代为公民,并本身已有子嗣。迪坦贝格考定该碑文所记为公元前 196 年事,后于亚氏著书时百数十年。其他两例今亦不能详悉。

② “巴西琉”族(τῶν βασιλιδῶν)当为古代诸王(“巴西琉”)的后裔,犹如中国以“王”为姓氏。巴西琉族亦见于以弗所(《斯特累波》633 页)和启沃岛。参看笃伯斐尔:《雅典氏族谱》(Toepffer, Attische Genealogie)240 页。

③ 寡头政体发生革命或政变的两条途径:其一,反政府势力发生在统治者以外,这条途径又分为二,(甲)统治阶级中不当权的人物发动变革,1305^{b}1—12;(乙)不当权的显贵掀起内讧,平民乘机推翻寡头统治,或平民直接推翻寡头统治,1305^{b}12—22。末一例,统治者并未虐待民众,也同样发生革命(1305^{b}19—22),这对于 1305^{a}37 所举革命通理实为例外。1305^{b}22 以下为第二条途径,政变由于统治者内部的自相倾轧。

这种寡头派讲演家的内讧有两式。一是在统治者团体以内施展他"平民英雄"的伎俩。这种团体,人数虽属有限,在其中当做英雄(讲演家)也未尝不可:在雅典"三十人年代"中,嘉里克利及其从者就老是讨好那"三十人",以博取他们的拥护,发展自己的权力;在"四百人年代"中,苇吕尼科及其从者的行径也正相仿佛[①]。另一式是寡头人物在平民群众面前表演这样的角色。这可举拉利撒为例,那里的内务职司(警备官员[②])出于民选,他们都得学习吹嘘,讨好群众。实际上,在一切寡头城邦内,倘若不是选举职官的权利限于具有被选为这种职官的资格的公民,而是被选举人虽然限于具有高额财产的公民或政治会社的会员[③],选举人却漫无限制,包括了所有重武装民军或竟开放于全体入籍的公民——阿琵多斯的选举制度就是这样——这种情况就会普遍地发生。又,寡头政体的法庭,倘若它的

① "三十人"僭政(公元前 404—前 403 年)见 $1305^{a}29$ 注,"四百人"寡头统治(公元前 411—前 410 年)见 $1304^{b}13$ 注。"三十"寡头的领袖一般史书均举克里替亚(Κριτίας),此处独举嘉里克利(Χαρικλῆς)。《雅典政制》章三十四一四十,讲到"三十人年代"事迹甚详,未及嘉里克利。但吕西亚斯:《反埃拉托斯叙尼》(Lysias, C. Eratosth.)55,则两人并举。又,伊索格拉底《驷马》(de Bigis)42,言及嘉里克利为流亡归来的寡头党人,谄事"三十"寡头,以奴役人民,自固其权位而求宠于斯巴达。此节所述同伊索格拉底语相符。

② "警备官员"这种职司先见于卷二 $1268^{a}21$,当即卷六 $1322^{a}33$ 所举负责城防的官员。守护城墙,管理城门启闭,这在平时是具有权势的。依此节所说,拉利撒警备官的被选资格限于具有高额财产的寡头人物,而选举人则为全体公民。

③ "政治会社"(ἑταιρεία)这名词,另见于《修昔底德》viii 62 以及吕西亚斯和伊索格拉底讲演词中,为雅典寡头党人的活动团体,以朋友交际方式相结合而从事政治斗争。寡头政体职官限于党派(会社)成员,未见于卷四的 5—6 两章,仅第 15 章 $1300^{a}15$ 有此特例。

阿琵多斯于公元前 411 年叛离雅典同盟后,实行寡头政体达二十年,效忠于斯巴达,为斯巴达进行亚洲战事的一个前进据点(参看《修昔底德》viii 62)。阿琵多斯的任官制度和党派情况,今不可考。

组织没有统治团体（具有任官资格的）人员在内[1]，也会发生类似的政治骚乱。在这样的城邦中，人们为了取得有利于自己的裁断，也就不惜向陪审群众扮起平民英雄的相貌和腔调；于是，有如在滂都海边的赫拉克里亚，就引起了内讧和政变。又，寡头派中如果有些人还想把政权限制于更小的范围以内，也将引起骚乱；另一些执政者抱有平等思想，他们见到自己行将被摈斥于统治团体以外，就不得不投向平民群众而与之合力发难了。

寡头政体中要是有某些寡头派在浪掷其资财于宴饮或豪奢的生活，这也是将从它内部发生变故的朕兆。他们的这种行动
1306^a 必然有所图谋，或自己想做僭主，或将拥护他人为僭主：叙拉古在希巴里诺戴立狄欧尼修之前，大家就见到了这样的表现。又，在安菲浦里，有名为克利奥底谟的，耗尽了自己的家产以引进卡尔基的移民[2]，到他们定居以后他就鼓动他们起来攻击财富阶级。又，在爱琴那岛也有一桩相似的［散财结交］事件，其人通款于嘉瑞斯[3]，阴谋发动一次政变。这样的人物，有时企图直接夺

① 这样的法庭类似平民政体的公众法庭，不符合于寡头政体。该句原文或有脱漏；本意也许是说除了统治团体人员以外，还有平民加入为陪审员，这样，可以符合卷六 1317^a4—9 的混合寡头政体（行政和议事机构为寡头制，司法为贵族制）。

② 安菲浦里在色雷基斯脱吕蒙海湾，为雅典殖民城市；其西邻为卡尔基殖民各城市，多数同它不和协。引进卡尔基移民，目的就在谋与雅典的殖民相抗衡。参看 1303^b2。安菲浦里是否原为寡头政体？克利奥底谟鼓动内讧的目的及其政变的成败如何？原文不明，今亦无可详考。

③ 这里所举事例不见于它书，原文简略，无法详考。嘉瑞斯好像指公元前 367 年驻于科林斯的一位雅典将军（参看格洛忒：《希腊史》卷十 372、379）。当时雅典和斯巴达连衡以抗忒拜；爱琴那素来和雅典不睦，可能合纵于忒拜。其内部异己分子拟借助于嘉瑞斯的雇佣军队举行政变，而嘉瑞斯亦乐意在爱琴那树立一个倾向于雅典的政权。

取政权;有时却只想侵占或盗窃公款;但后一情节也会牵动政局,或是由那些志在不轨的人开始[①],或由另些反对他们不轨行为的人开始——例如在滂都海边的阿波罗尼亚,一次政变就是这样发动的——总是一旦作斗,内讧马上扩大。凡团结一致的寡头政权,就不易从内讧使它颠覆。法尔萨罗城邦的政体可举为例:这个统治集团的分子,人数虽然那么少,却和衷共济[②],所以能够治理繁庶的平民。

又,在寡头政体中,如果寡头统治集团内另外又形成了为数更小的集团,也会引起内讧而被颠覆。原来的统治团体名籍(具有公职资格者)人数本来就已有限,而就是这少数人还不能个个都获得受任高级职司的机会:埃利斯有一个时期的情况就是这样;政权操于人数有限的长老院(参议会),只有极少数人能受任为长老。全部九十名长老都是终身职;有如拉栖第蒙的长老,这一高级公职仅仅某些家族才能应选。

无论在战时或平时,寡头政体都可发生[专由内部起哄,不经外来打击的]政变。在战时,寡头政体中如果有不信任民众的寡头,他们就组织雇佣军队。这种雇佣军队要是单独由一人统率,他就常可假借它来窃国而成为僭主,科林斯的帖谟芳尼就是这样建

① 卜斯盖脱:《亚里士多德政治学札记》(Postgate, Notes on the Politics of A.)22页,认为盗窃公库而发动内战,符合于革命起因的第四端,由于有所恐惧,希望逃避惩罚,所以敢于作乱,参看 1302^b21。

② 色诺芬:《希腊史》vi 1、18、34 等,法尔萨罗在公元前 375 年以前,波吕达麦(Polydamas)守卫卫城,管理财务,得到大众信任,全邦太平;后波吕达麦被杀,国内遂多内讧。

立僭主政体的[①]；倘使由若干人带领，这些将领们也可以结成一个军阀统治组合。有时寡头政府对于这种后果有所戒惧，他们就不得不重视平民武力，而让群众也分享某些政治权利。在平时，一个寡头政体中的成员们[若分成两派，]由于互不信任，就把邦内维持治安的职责交给雇佣军队和一位中立人士，倘使这仲裁人恰好是一个野心家，他就可压倒两方，毁弃原来的政体。在拉利萨，这就碰上了亚琉亚族的西谟，他[凭仲裁地位]执掌了这个城邦的政权；当阿琵多斯各会社（党派）纷争的时候，也碰上了这样一位人物，这就是伊菲亚第[②]。

寡头政体内部也可能由于婚姻纠葛或诉讼案件而发生一方攻击另一方的骚乱，因此引起政治的内讧。从婚姻问题激发的政变，已经讲过几个实例[③]；这里，我们还可以提示另一事迹，在爱勒特里亚，第亚哥拉因婚姻问题受到委屈，愤懑地起来推翻了当时的骑

① 依《狄奥多洛》xv 40.3，曾经有一批流亡平民，（在公元前375年）从阿尔咯斯回到科林斯。依色诺芬：《希腊史》vii 4.4，雅典曾经计图科林斯，平民党派可能为雅典内应，所以科林斯寡头政府不信任平民武装，（在公元前366年）委由帖谟芳尼召募雇佣军。依《狄奥多洛》xvi 65.3，帖谟芳尼专制行事，类同僭主，但没有真正做僭主；依普鲁塔克：《帖谟芳尼传》（Timol.）4，帖谟芳尼建立僭主政权，同此节亚氏所言相符。参看卷四章十一 1295^{a}23 注。

② 这里和 1305^{b}29—33 相同，拉利萨和阿琵多斯两城连带举作示例。《修昔底德》ii 22，说拉利萨在亚琉亚族的西谟（Simus）主政时，邦内有两个党派相对立（公元前431年）。依此节语意，伊菲亚第是两党派间的一个中立领袖而被推为仲裁者。战术家埃尼亚斯：《攻城法》（Aeneas，Poliorceticá）二十八 6，记有一精于战术的伊菲亚第；德谟叙尼：《反阿里斯托克拉底》176—177，也说到一名为伊菲亚第的人物；《朴吕波》xvi 30.7，记阿琵多斯另有一伊菲亚第；谁是这里所说的伊菲亚第，今无可考。

③ 见 1303^{b}37—1304^{a}17。

士寡头统治[①]。在[滂都海边的]赫拉克里亚和忒拜都曾经有过以不服讼案判决为起因的政变。这两处的争讼都是属于奸淫案件，法律裁断中混淆了党派倾轧的作用，败诉这一方——在赫拉克里
亚为欧吕第雄，在忒拜为阿基亚斯——的政敌利用法律判决，勒令 1306b
该受惩罚的人枷示于市场，使受到重大耻辱，以泄私恨[②]。寡头政体因为暴虐过甚而为统治团体内部反对暴政的成员所推翻，这也是常有的；克尼杜和启沃岛的寡头政体可举以为例。

又，政变有时也可出于非预料的机运。所谓共和政体以及担任议事会议员、法庭陪审和其他职司都须具有资产定额的寡头类型诸政体往往可能遭逢这种机运。根据政体初建时的实况，当日所订定额，在寡头政体中只有少数人可以合格，在共和政体中也只有所谓中等阶级能够合格。随后，或由于长期和平，或由于其他原因，却来了一个兴旺的时代[③]；于是民众每一份[原本微小的]家业都各自增殖了许多倍。这样，许多人现在都具备了担任官职的资格[政体也就不得不跟着有所变更]。这种变革有时逐渐发展，不为时人所察觉，但有时也可能突然改观，变革来得很快。

① 《雅典政制》十五，曾说及雅典庇雪斯特拉托恢复僭政得到爱勒特里亚寡头政府的帮助。第亚哥拉推翻寡头政体事，今不详；吉耳伯特：《希腊政制典实》ii 66，认为其事发生在希波战争之前。

② 此处两事叙述甚简，似乎为亚氏当时人人所知道的史实。今未能考明其所引起的政变实况。在希腊各邦，“奸淫”案如当场为其本夫或女方之父兄所捕执，可加以重惩。但带枷示众，例为施行于窃贼的刑罚，不能行之于贵族。参看迈耶和旭曼：《雅典司法程序》，利普修辑订本(Meier und Schömann，Der attische Process，et，Lipsius)402 页以下。枷(κύφων)，木制，加于颈项，使其头前俯，见《苏伊达辞书》(Suidas)。

③ 和平导致经济繁荣，可参看《狄奥多洛》xi 72；米南徒：《喜剧残篇》(Fragm.)(迈恩纳克编：《希腊喜剧残篇汇编》iv 259)。

寡头政体发生内讧和政变的原因就是这样。通例，平民政体和寡头政体的变革有时并不变为与之相反的类型，而成为自己类型的某种变体[①]。譬如，守法的平民政体[②]和守法的寡头政体[③]可以变为平民专权和寡头专权的制度；趋向相反的演变也同样是可能发生的。

章七　在贵族政体中引起骚乱和变革的各种原因之一是为了名位只限于狭小的范围。我们前面曾经说过[④]，这正是在寡头政体中引起风波的一个原因；贵族政体，在某一意义上既具有寡头性质，自然也会发生相同的影响。两个政体的统治阶级虽出身不同，但为数之少，实属相同；所以在这一共通的性质上看来，人们也可以说贵族政体为寡头型诸品种之一。如果平民群众[⑤]中具有了同统治阶级相等的高贵的才德（品质），这足以发扬人们的平等思想，上述原因的骚乱就必然特易发生，拉栖第蒙的所谓“巴尔赛尼”就是一例。巴尔赛尼们为斯巴达真正公民（望族）的［私生］儿子，他们因得不到平等的公民权利而结党谋叛，但叛谋

① 参看章十二 1316^{a}18：一切政体变为相反类型的比变成本类型的变体者较为常见。

② 守法的平民政体变为专权制度的，见卷二章十二 1273^{b}35—1274^{a}15、本卷章五 1305^{a}21—28 等章节。

③ 守法的寡头政体变为专权制度的，见本卷 1302^{b}15、1306^{a}24、1308^{a}18、1309^{a}23 等。

④ 见上章 1305^{b}1—5。

⑤ “群众”（τὸ πλῆθος）作“平民”（ὁ δῆμος）解。《康格里夫校本》揣为“某些群众”（τι πλῆθος）。

泄漏了,他们遂被强迫遣送出去拓殖塔兰顿①。发动类似的骚乱也可以发生于具有卓越才能而为在上者所压抑或凌辱的人们——例如屈辱于斯巴达诸王的吕桑德②。又,勇健的人们得不到名位,也会聚众叛变,当阿偈雪劳王在位时,阴谋诛戮斯巴达权贵[而自立]的季那屯就是这一类人物③。又,倘使一邦的人民在有些人陷于赤贫时,另些人却愈益饶富,这也常会导致祸患。战争的年代尤其容易见到这样的情况;斯巴达在麦西尼亚战争时期的社会分化可举为例子,而窦尔泰俄④所作题为《郅治》**1307^b**

① 亚氏称塔兰顿希腊殖民始祖的父系为"十足公民"(οἱ ὅμοιοι)(父母两系历代均为公民,兹译"望族"),但他们的母系非经婚配,不是正妻。这些母亲是什么政治身分,则此节没有说明。其他史籍都说"巴尔赛尼"(παρθενίαι)为斯巴达公民的私生子。(一)《斯特累波》78页引叙拉古史家安第俄古(Antiochus)说是麦西尼亚战争中未参战的斯巴达人被褫夺公民身分,贬为农奴者,其子嗣称为"巴尔赛尼"。(二)《斯特累波》279页引《世界史》作者埃福罗语,则说麦西尼亚战争初起时,出征将士先有誓言"不战胜者,决不还乡"。至第十年而人口锐减,于是遣归其未作誓言的战士还乡繁殖;其时婚配失常规,母系都非正妻。(三)黑海的赫拉克利图:《共和诸城邦志》26,所说与它书相异:巴尔赛尼为斯巴达女所生诸子,其父身分不明,或为农奴(赫卢太)。

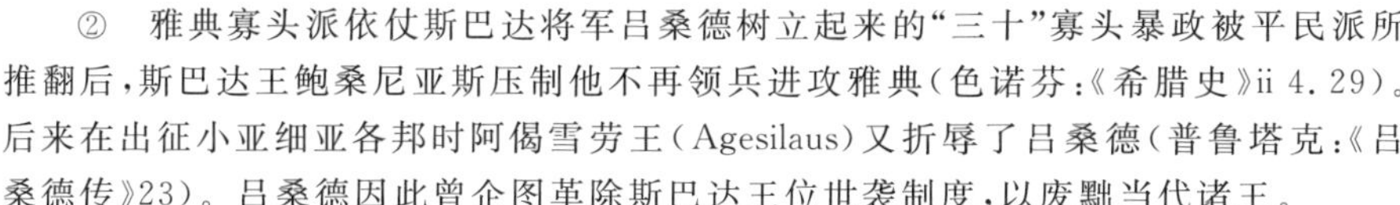

② 雅典寡头派依仗斯巴达将军吕桑德树立起来的"三十"寡头暴政被平民派所推翻后,斯巴达王鲍桑尼亚斯压制他不再领兵进攻雅典(色诺芬:《希腊史》ii 4.29)。后来在出征小亚细亚各邦时阿偈雪劳王(Agesilaus)又折辱了吕桑德(普鲁塔克:《吕桑德传》23)。吕桑德因此曾企图革除斯巴达王位世袭制度,以废黜当代诸王。

③ "勇健的人"(ἀνδρώδης),依《修辞学》卷二章十七 1391^{a}22,都是"爱重名位的人"(好名之徒)。季那屯聚众起事,自立为首领,其众多战死,旋即败亡,其事在公元前399年(色诺芬:《希腊史》iii 4—11)。

④ 窦尔泰俄,雅典古诗人,在公元前第七世纪初至拉栖第蒙,入籍为斯巴达公民,以擅长作战歌闻名于世。

斯巴达征伐麦西尼亚,第一次战争在公元前第八世纪下半叶,第二次在公元前第七世纪初(参看卷二 1269^{b}3、1270^{a}3)。鲍桑尼亚斯:《希腊风土记》iv 18.1—3,曾说到在这次战争时期,边区农田尽归荒废,而未遭兵燹之处则愈益富裕。

(Εὐνομίας)的诗篇可以作为佐证：诗中说到人民困于兵燹，要求重新分配田地。又，虽居高位而犹心怀不满的人也可图谋变革，以求造成独断的统治。波斯战争时期的统帅鲍桑尼阿斯[①]便是一例，迦太基的汉诺[②]则是另一个例子。

贵族政体以及共和政体倾覆的主要原因应该是由于它们偏离了建国的正义。如果不能对于组成城邦的各个部分（要素）作适当的调和，两者都不能免于危亡。应该进行调和的要素，在共和政体为平民群众和寡头贵要；在贵族政体另外加上才德要素；但实际需要调和的，无论是共和政体或贵族政体，都是前面两个要素，就贵族政体而言，真正难于调和的还是那两个要素。贵族政体和所谓共和政体间的惟一分别只在调和这两个要素的方法有所差异而已[③]，前者比之后者所以较为不稳定的原因就在这里。政体的调和要素侧重于寡头贵要的称为贵族政体，至于侧重于平民群众的则称为共和政体。所以后者常常比前者为稳固。平民要是能够分享到同样的政治权利，他们就乐于顺从这种政府，而群众（多数）便成为政府的支持，人数愈多，则这种支持也愈强大。至于富贵的名人们就不同了。当一个政体赋予他们以优越的地位时，他们可能流于骄纵而怀抱其他奢望。可是，就通例说，每一政体如果不是适

① 参看本卷上文 $1301^{b}20$ 和下文卷七 $1333^{b}32$ 及注。

② 《纽曼校注本》（IV 370 页）注说，这里的汉诺（Ἄννων）似乎就是查士丁尼：《马其顿兴亡史》xx 5，所说迦太基征伐西西里和狄欧尼修第一作战的迦太基将领之一。梅尔察：《迦太基史》（Metlzer, Gesch. d. Karthager）卷一 504 页说，这里以及章十二 $1316^{a}34$，亚氏所举的汉诺应该是另一个较早的人物。

③ 参看卷四章七。

当地平衡各个要素而偏重于这个或那个方向时，政变就可能发生在那个偏重的方向。受有特惠的那一部分(要素)将进而增强自己所占的优势：于是一个共和政体便将变成平民政体，而一个贵族政体便将变成寡头政体①。

可是，变革也可遵循相反的方向进行。譬如，贵族政体中的较为贫穷的部分如果认为自己所受的待遇不合正义(公道)，就自然地要求合乎平民志趣的变革；相似地，在共和政体中，要是各如其值的平等观念日益发展，就可使它变为寡头制度——那里原来认为惟有以各人的价值为根据而谋求各事各物与之相均衡的平等，才可保持政治的长期安定②。琐里伊贵族政体所发生的变革就是这种趋于相反方向的变革③。起初，因为大家反对任官的财产资格定额太高，政府便改低了这个定额并增加了若干官职。随后，由于政府具有寡头倾向，放任贵要阶级贪欲无度，贵要阶级竟超越限

① 《尼伦》卷八章十二 1160^{b}16 的政变通例说，正宗类型最易变为和它相应的变态类型，即君主政体变为僭主政体，贵族政体变为寡头政体，功勋政体(即共和政体)变为平民政体。这里凭内含的“对反”要素所立通例与之相符。但这同章十二 1316^{a}18 所举的通例不符。

② “各如其值的平等”为贵族和寡头政体的原则，有别于平民政体之以数学“平等”为原则，参看卷三章九和本卷章一。

③ 贵族政体应重才德，南意大利琐里伊的任官制度订有高额财产条件为寡头偏向的征兆。琐里伊拓殖初期，息巴里斯人占地过多，为共同拓殖的其他宗族、即雅典人所驱逐(1303^{a}31)，见《狄奥多洛》xii 11。希罗色尔：《亚里士多德政治学》I 197，说这里所举政变就指这一事件。《苏校》二版，1602 号注，说雅典在征伐叙拉古大败后，琐里伊亲雅典的平民派被逐，改建为“贵族—财阀”的混合寡头政体，其事见伪普鲁塔克：《十演说家列传》之二《吕西亚斯》(Pseudo—Plut.，Decem. Ora. Vitae，Lysias) 835 D. 亚氏此节所述，应该就是这一种混合寡头政体；随后在公元前第四世纪初，这一政体为平民群众所推翻。

制，违法圈购田地，内战遂即爆发。经过斗争锻炼的平民群众战胜了寡头派的警备武力[①]；于是贵族阶级不得不放弃所购逾限的田地[而贵族政体也就变成了平民政体]。我们也可以说一切贵族政体中的寡头势力都有放纵贵要的偏向；譬如，在拉栖第蒙，庄园田亩常常是集中于少数富室[②]。贵族阶级一般都畅所欲为，娶占任何他们所喜悦的妇女。[南意大利]洛克里城的错误就由于城内公民和[叙拉古]狄欧尼修的联姻[后来叙拉古人竟在洛克里城建立了僭主政体]。在一个平民政体或一个适当地平衡了的贵族政体，这种情形是不会发生的[③]。

我们曾经讲到[④]政变通例之一，各种政体不注意小节都可以
1307a 成为革命的导火线，这个通例对于贵族政体特别相符。贵族政体往往因微小的事情而积渐地澌丧，不期而尽变了旧政。构成原有政体的各要素中，偶尔有些首先被废弃了，另一些较重要的部分就不难跟着也被毁伤；最后，一邦的整个制度终于全部改观。琐里伊一番变革的实际经过就是这样。邦内的将军一职原来规定须隔五年之后才能再行受任。某些具有军事才能而在警

① “戍守在碉堡中的军队”(τῶν φρουρῶν)、兹译“警备武力”。琐里伊当时为防备卢加尼亚(Lucanians)入侵，境内各处多设“碉堡”，碉堡戍军大概是富室或有产公民家庭的青年(参看本章 1307^{b}9，又卷六 1322^{a}27)。

② 参看卷二 1270^{a}18。

③ 从这末一句看来，爱璧随费里的洛克里城原为“不平衡的贵族政体”。洛克里人当时公决，选择公民家庭一女子嫁给叙拉古狄欧尼修前主，其事见《狄奥多洛》xiv 44.6。照这里亚氏的议论，这种联姻出于寡头偏向。四十年后，由这次婚姻所生的嗣子狄欧尼修后主被逐出叙拉古(公元前 356 年)，逃至洛克里城，竟在那里当僭主六年，因多行暴虐，卒为洛克里人所废，其事见《雅典那俄》541 页等书。

④ 见章三 1303^{a}20—25；又，1302^{b}4、1303^{b}17。

备部队士兵间素有好感的年轻人希望他们的将军可以连任，他们估计群众既然未必不愿意连续选举前任的将军，如果要废除这一成规，便不难达到目的，于是不顾主政者的意旨，就这样动议了。负责考虑这类动议的机构是所谓“合议院”的“合议官”，他们起先尽力保护这种成规，但后来希望修改的动议只以此一事为限，他们就容许了这一修改，认为这样可以保全原有政体的其他一切成规。可是，修改的门户一经开放，其他的变革便接踵而来；这时他们虽竭力阻遏，已经挡不住狂澜。这个城邦的政治体系从此变成门阀(寡头—贵族)统治，权力就落到了缔造这种体系的那些改革派的手中[①]。

一切政体可以被内部的变故所毁弃，一般地也可以被外力所破坏。各城邦如果其近邻所施行的是一种敌对政体，或施行相反政体的城邦虽然相隔很远而恰好是个强敌，它的力量足以达到远方，它们就都难以保持固有的政体。在雅典和拉栖第蒙争霸的年代，情况就是这样：雅典人到处破坏寡头城邦；斯巴达人则到处压制平民城邦[②]。

① 设置“合议官”以保持成规，应是贵族政体的措施；但将军须隔五年才能再任将军，这是平民政体中防止国内产生寡头或僭主势力的措施。南意大利的希腊殖民城邦，如塔兰顿也曾有这样的限制(见狄欧根尼·拉尔修：《学者列传》卷八 79)。依此节所说，瑣里伊当时原为“贵族—平民”混合政体。一般考订，认为这一变革在公元前第四世纪：其时卢堪人和勃罗丁人(Bruttians)时常攻掠瑣里伊，为作战便利，应该重将才而使他久于其位；但长期任职的将军就发展了寡头势力，于是瑣里伊政体竟变为“贵族—寡头(财阀)”统治(参看《纽校》IV 373、377 页)。

② 参看卷四 1296^a32。

章八[①] 各种政体发生内讧和革命的各种原因大体上业已阐明。这里我们就得研究保护各种政体的一般方法和维持各别政体的各别方法。首先，应该明白：考察清楚了政体所由破坏的原因，我们就可凭以找到加以保存的途径。相反的原因应当得到相反的效果；破坏和保存便是由相反作用所引起的相反结果。据此说来，(一)第一，对于各个要素(部分)业经调和好了的政体，最切要的事情莫过于禁绝一切违法(破坏成规)的举动，尤其应该注意到一切容易被忽视的小节。越轨违法的行为常常因为事情微不足道而被人疏忽，这有如小额费用的不断浪掷，毕竟耗尽了全部家产。由于款项不是在同一时间大笔支出，人们总觉得钱少不必计较；我们的理解有时为诡辩谬语(谲词)所误，在这些事例上大家往往不期而都有所错误了。例如说，“诸小相聚，其积亦小”。这在某一意义上是确实的，但在另一意义上却就不合适了。“所积聚者虽属诸小，但诸小既积，所积就不小了”。所以大家应该防止在小节上的越轨违法举动的开端[②]。

1308^a (二)其次，我们应该记住，一切欺蒙人民的方法都不足置信。

① 照本卷开始，1301^a20—25 所举纲领，政变原因和保护政体方法两个论题应分别依次论述。这里，章八章九，在上数章论述了平民和寡头政体变革各原因后接着就叙述所以为之补救的方法，犹如医师在病理诊断之后，即行处方。《纽校》(IV“附录”A 569—570 页)曾将这两章所举各种疗法同前数章所举各种政治病例(脉案)列表相对照。以下章十，亚氏重又承接章七的病理分析，继续叙述君主政体，包括僭主政体以及引起变革各原因；章十一所叙补救之方则与章十各病例相符。章十二论列了僭主政体难以久存的理由后，便批评柏拉图对于政变和革命的议论，这可以说回到了卷五的本题。

② 1307^b30—40 作为政治医疗方法，其所治的病症就是 1307^a4—$^b19$ 所述琐里伊的变革和 1303^a20—25 安布拉基亚的变革。

世人的经验已证明这些诡计并无实效——在先，我们已经说明了政治制度方面若干诡计的性质[①]。

(三)又，在寡头以及贵族政体各邦中，我们看到那些政府所以能长治久安，未必由于他们所构成的政体特别稳固，这大抵是因为他们的官员，能在统治阶级和不在仕籍的群众之间一律得到好感的关系。凡是政治安定的城邦，其官员一定以正义(公道)待遇籍外的群众，使他们的领袖人物分任治理的职务，给予勇健者以应得的荣誉(名位)，绝不侵凌一般群众的财物；至于职官和统治阶级其他分子相互之间，也一定和衷共济，具有民主性质的平等观念。平民主义者总想把平等原则竭力扩展，直至所有的群众全都包括在政体之内而后已。对实际上属于平等的人们之间施行平等的待遇，的确是合乎正义的——而且既然合于正义，也就有利于邦国。所以，限制职官的任期为六个月，使同等的人们能够有更番担任职官的机会，可说是一个公道而有益的措施。一邦之内同等的人(具有充分政治权利的公民或统治阶级)如果为数已经很多，则本身就能形成一种民主性质的团体，因此，我们前面曾经说[②]，这种团体内常常会产生“平民英雄”。这种团体所建立的寡头和贵族政体，如果在本阶级内采取这样民主性质的措施，便不至于轻易变革为门阀统治。短期的执政为害总没有长期执政那么大；寡头和平民政体的变为僭主政体大抵是由于权力长期寄托于某些人们的缘故。凡是终于成

① 1307^{b}40—1308^{a}3 这节，参看卷四 1297^{a}14—^{b}1。

② 见 1305^{b}23—33。

为僭主的，起初往往是著名人物，如平民城邦中的群众领袖或寡头城邦中的世家巨子，或为历任要职、久掌国政的文武官员①。

（四）一个政体固然可以因为远离敌人的危害而得以保全，有时，恰恰相反，由于迫近危难，大家从而振作了起来。人们鉴于患难当前，谁都竭力卫护自己的政体了。所以执政的人爱重邦国，应当熟虑敌害，把远祸看做近忧，及时制造警报（危惧），使全邦人民常常处于戒备状态，人人都像守夜的巡逻，通宵注视着四周的任何动静②。

（五）执政者应凭城邦的法度和自己的行动，防止贵族阶级间的争吵和内讧；对尚未牵涉到党派气息的人们及时为之隔离，勿使卷入私斗的漩涡。一般人往往不注意变乱的先兆；只有真正的政治家才具有远见③。

（六）在寡头和共和政体中，变革可以因财产资格（定额）的作用而发生。譬如，任官条件的财产定额，以货币计算虽然并未改定，但一邦之内的货币流通数量如已大大增加，全邦公职人员就会开始变化。应付这样的变化，可以把全邦各家产业以往年公估的币值为准，定期重新估价。凡公民财产登记每年办理一次的城邦，估价也应该每年施行；大邦每隔三年或五年才重行注册，则估价也

① 1308a3—24 对照 1302b6—14、1305a7—28、1305b2—22、36—39、1306a12—19、31—b5、1306b31—36。

② 1308a24—30 这节，纽曼认为对照 1303a16—25 所举“疏懈”的弊政。巴克尔译本注，以此节对照上章末节 1307b19—23 所举的“敌国外患”。

③ 1308a31—35 对照于 1303b19—1304a17、1305b22—39。

可以在相应的间隔时期内施行①。倘使财产的币值总额发现已经 **1308^b** 比上年估定的数目增加了若干倍或减少了若干倍，就该订明这么一条法规，政府当初所作财产资格的定额应该根据当年的重新估价另作相应的调整。寡头和共和政体如果不采取这种政策，变革将不可避免。如果流通的货币减少而定额不加修改，则政变将由共和趋向寡头，由寡头趋向门阀统治；反之，如果通货增加，政变将由另一方向进行，从共和趋向平民政体，一个寡头政体则或变为一个共和政体，或变为一个平民政体②。

(七)在民主和寡头政体中③可以树立这样的成规：不让任何人在政治方面获得脱离寻常比例的超越地位——实际上这一成规可以适用于一切政体。执政者施恩不宜太大太骤，毋宁以微小的荣誉(名位)，隔了相当的岁月陆续地授给人们。世人并非个个都能安于尊荣；一般的品格往往因骄矜而堕毁。如果已经违背了这个成规，对某人已经骤然地授给了过度的殊荣，切勿再骤然地加以剥夺，这只能缓慢地逐次实行贬削④。应该特别注意，一个城邦要

① 希腊各城邦大多有“财产登记”(τίμυημα)。寡头和共和城邦以这个登记册作为公民名籍和任官资格的根据。平民政体虽不以财产为公民和公职的必要条件，也办理这种登记，作为平时“公益捐输”和战时“征发”(财产税)的底册。

② 1308^a35—$^b10$ 对照于 1306^b6—16。

③ π^1 抄本，以下有“以及在君主政体中”数字，P^1 本红笔涂抹了这些字，II^2 抄本和《贝克尔校印本》删。《苏校》和《纽校》均加〈 〉，但纽曼注释申明，依 1301^b13，此处亦可由“寡头政体”而联及“君主政体”。全章自此以上和本章末节所述专指寡头和贵族政体；自此以下两节所述治疗政治病变的方法普遍适用于各种政体。

④ 雅典的色弥斯托克里(Themistocles)和亚尔基拜德(Alcibiades)以及斯巴达的吕桑德都由于当日在高位重任中，一时罢黜，对邦国极为不利。这些事迹是亚氏所熟知的，所以有这一节的警戒(参看《纽校》，IV 391—392 页注释)。

有适当的法制，使任何人都不至于凭借他的财富或朋从，取得特殊的权力，成为邦国的隐忧。如果不能事先防范，有人已经置身于这样的地位，就得强迫他出国，以免酿成后患①。

（八）（子）人们的成为革命家同他的私人生活也是有关的。这可以设置一种监督私人生活的职司，查察那些在私生活上同现行政体不相协调的人们：谁在平民政体中放浪于非民主的生活，谁在寡头政体中不守寡头生活的常态，谁在其他类型的政体中违背了那里一般的习俗②。（丑）相似于对私人生活特殊的人们应该进行监督，对于任何时刻在一邦之中特别兴盛起来的部分（阶级）也该予以注意。对于这一部分人所可引起的后患的预防和治疗，是（甲）把官职和事权时常授给那与之相反的部分——这里所说的两个部分就是品质和数量，亦即富室和贫民的区别，——俾使两个部分各得其平，或对贫富有所协调，或（乙）设法加强中产（中间）阶级。这样的政策可以遏止由那个特别兴盛的不平衡部分发动变革的危机③。

（九）为政最重要的一个规律是：一切政体都应订立法制并安排它的经济体系，使执政和属官不能假借公职，营求私利。在寡头政体方面，对于贪污问题更加应该注意。群众对自己不得担任公职，不一定感觉懊恼，他们甚至乐于不问公务，专管家业；但一听到公务人员正在侵蚀公款，他们就深恶痛绝；他们因此才感觉自己在名利两方面都有所损失了。如能完成这样的安排，

① 1308^b10—19 对照于 1302^b15—21、1307^a2—5。

② 1308^b20—24 对照于 1305^b39—1306^a9。

③ 1308^b24—30 对照于 1302^b33—1303^a13、1304^a17—38、1306^b36—1307^a2。

受任公职都不能获得私利，平民和贵族政体就可以合并，而且这
两种政体只能由这一途径使它们合并。经过这样的安排，贵族
阶级和平民群众可以各得其所，各安其宜。合乎平民政体的原
则的是，这里全体公民都可以担任公职；合乎贵族政体的原则的 1309a
是，这里实际上出任公职的全都是著名(贵要)人物。官职既不
能赚钱，就同时可兼备那两个政体的原则。穷人因为公职无利
可图，便宁愿执管自己的行业而无意从公；富户既不需公款来维
持生活，就可以接受名位而为城邦克尽义务。于是穷人将可凭
其专心和勤奋而家业渐兴，得以成为富户；贵族阶级从此不至于
为任何或高或卑的人们所统治，也足以自慰了。为防杜公款不
被侵吞，凡征收人员都应在公职团体中当众交款①，而账目则应
复制，以便分别交存宗社、分区和部族②。为保证任何官员不用其
他方法[如贿赂或索诈等]营谋私利，应该订颁章程来奖励以廉洁
著名的官员③。

① 希腊各邦当时已有财务公开制度，如雅典(参看《雅典政制》四十七)、提洛(迪坦贝格：《希腊碑志集》第367号)、以弗所(吉耳伯特：《希腊政制典实》卷二143.1)，有关寺庙宗教事务的财务官员都须在议事会中交代账目。

② “宗社”和“部族”为氏族组织，见卷二1264a7注。“分区”(λόχοs)，为军事政治的地域组织。斯巴达全邦分六“区”(μόρα)(色诺芬：《拉根尼共和国》xi 47)，每区又划为四或五个“分区”(《希罗多德》ix 53等)。出征时每分区所集合的战士人数约当今之中队，每区相当于“部族”，合四或五个中队为联队，参看卷二1277b12。每区所有“公民一战士”数各书记载不同，或说四百，或说七百，或说九百。

③ 1308b31—1309a14对照于1302b5—10。职官们借公济私的贪污行为，在哥季拉曾经引起全邦严重内乱(《修昔底德》iii 82)。柏拉图：《理想国》521A，说希腊各邦当时贫困的人往往竞求公职，以肥私囊，因此结党纷争，终致身名败裂，危害政事。希腊古代公职无薪给，贪污事颇多，所以亚氏以禁绝贪污为第一要图。

(十)[最后,对于平民政体和寡头政体都可为之提供一条相应而又不同的规律。]在平民政体中,应该保护富室。不仅他们的产业不应瓜分,还应保障他们从产业所获得的收益;有些政体中暗中削减富室产业的方法也不该容许。阻止富室[的被强迫,]甚至出于自愿的无益于公众而十分豪奢的捐献,有如设备不必要的剧团(合唱队)①、火炬竞走以及类似的义务,也可说是一项良好的政策。另一方面,就寡头政体而言,应认真注意穷人的利益。凡可以由此取得小小功赏的职司应尽量任使穷人担任;如有富户侵凌穷人,处罚就应该比富户侵凌富户所受的惩戒还要加重。遗产必须依照亲属承继的规定付给应该嗣受的后人,不得应用赠与的办法任意递传;而且每一个人都不要让他嗣受第二份遗产。这样,产业的分配可能较为均匀,较多的穷子孙可以转为小康。除了这些有关财产方面的建议以外,[其他如荣誉和礼仪等]在贫富之间都要力求平等,甚至应该让政治权利较小的阶级——在平民政体中让富室,在寡头政体中让平民——稍占优先。但城邦政府的最高权力②当然不在此例;这些重要职司只能由具备十足政治权利的公民担任,至少应该大部分由他们担任③。

① 希腊城邦富户捐献的著名者为船舶捐献和剧团捐献。这里不提船舶捐献,由于亚氏认为事属必要。剧团捐献为数甚巨,吕西亚斯:《讲演集》第二十一篇章一,说到担任一个悲剧合唱队领队(经理)的富室,出资达三千特拉赫马之多(参看赫尔曼:《希腊掌故》iii 2.332,缪勒作《希腊舞台掌故》)。

② "政治的最高权力",依卷三 1279^b17 等、卷四 1290^a33 等所说,应该属于议事机构,如公民大会、议事会等;这里,实际上是指城邦中的最高行政机构。

③ 1309^a14—20 对照于 1304^b20—1305^a7。1309^a20—32 对照于 1305^a38—$^b1$。

章九[1]　凡是想担任一邦中最高职务、执掌最高权力的人们必须具备三个条件。第一是效忠于现行政体。第二是足以胜任他所司职责的高度才能。第三是适合于各该政体的善德和正义[2]。——各个政体的正义在原则上如果各自有所不同，各邦公民的正义这一品德也一定有相应的变异[3]。——要是一人而不能兼备这三个条件，那就发生怎样为之选择的疑问。譬如，某甲符合于第二条件而具有将才，但他也许品德不佳，且未必效忠于现行的政体，缺乏那另外两个条件。某乙则为人忠义[但并非 **1309b**
良将]。我们将何所取舍？这里，我们当作两方面的考虑；哪些是常见的通德，而哪些是难得的专才。于是，以军事职司而言，我们必须把重点放在作战经验上，而宁愿以品德作为次要的条件；将才为世所稀有而善德则比较易于找到。如果说到一个公

① 依巴克尔译本注，上章所析十段，称为“维护城邦政体的十项‘专用’规律(方法)”。本章，由上章末句所涉及的“政府的最高权力”一事，引申而继续陈述医疗政治病变的处方，较前广泛，说的是“‘通用’规律(方法)”；所据病例也不限于本卷先前各章节，并及于先前各卷章。

② 执政者，才能和品德并重，见卷三 1284ª6。《修昔底德》ii 60，伯利克里于公元前 430 年所作国难演说，才识和忠诚对举，忠诚和廉洁对举。伊索格拉底：《泛雅典娜节》(Panathenaicus) 139，说平民城邦的执政应该具备才德而又忠于宪法。但雅典人习惯，在选举执政时往往偏重忠诚(参看伪色诺芬书，《雅典共和国》i 7、ii 19)。

善德和正义并举，见卷三章九 1280ᵇ12。参看吕西亚斯：《讲演集》xii《反埃拉托斯叙尼》5。

③ 正义(公道)的标准随政体的种别而有差异，详见卷三章四、章九。正义为希腊四善德之一，就政治而论，义德尤重于其他三德。柏拉图：《理想国》这篇对话的副标题，便是“论正义”(ἢ περὶ δικαιοσυνῆs)。这里所谓“政体的正义”就是创制的“精神”，至于“公民的正义”则是人间的“公道”，恰如拉丁文“justitia”兼有“义”“法”两者的意义。亚氏政治体系本来是一个道德体系，凡所论证，于是否“合法”之外，必先推求其是否“合乎正义”。

产管理人员或是一个司库，就该遵循相反的原则来进行选择了：这一类职务所要求的品德应该超越常格，至于计算财物的智能却是一般人们所共通具备的。关于这三个条件，我们还得提出又一个疑问。倘使一个人业已具备充分的才能和忠诚[①]两条件，不是已经足够胜任与之相应的公职么，又何必需要善德这另一条件？可是，世上不是尽有具备那两条件而缺乏自制其情操的人么？这种人即使对自己的私业完全了解，也很自爱，却总不好好料理他的家务；那么，这种人[虽然对公务完全理解，也愿为之效忠]还不是同样的将会处处疏失么[②]？

我们也可以说，一般政体所建立的各种法制，其本旨就在谋求一个城邦的长治久安；大家拥护这些法制，一个政体可得维持于不堕。这里，我们以前曾屡次讲到[③]保全的重要办法在于保证一邦之内愿意维持这一政体的人数超过不愿意的人数[④]。

还有一条绝对不应该忽略的至理，而今日正是已被许多变态政体所遗忘了的，就是“中庸（执中）之道”。许多被认为平民主义的措施实际上是在败坏平民政体，许多被认为寡头性质的

---

① “爱重其政体”（τὴς πολιτείας φλία）的实义，即“效忠于城邦”。以下用“设问”解答原题：虽有才能，如无品德，其人对于公务将因怠忽、恣肆、贪污等而贻误政事；虽无叛国的本心，也可因不克自制其私情而祸乱其城邦。

② 纽曼注释以 1309^a33—$^b14$ 与章三 1302^b5—10 和 1303^a16—20 相对照。但本节所说实际上较广于章三那两节。

③ 见卷二 1270^b21、卷四 1294^b37、1296^b5；又，参看卷六 1320^a14。

④ 纽曼注释以 1309^b14—18 对照于 1302^b25—33、1305^b2—22、36—39、1306^a12—19 和 1306^b22—1307^a5。这一节承上节诸职司所需三条件中第一条件，即效忠于现行政体，扩充至全国人而言，政府应该得到多数人的拥护（效忠）；其要旨已经详见于卷四章十二。

措施实际上是在损伤寡头政体。坚持这两种政治主张的党人，各自以为他们的政体的类型是唯一合理的，于是变本加厉地各自趋向于极端。他们忽略了一个政体的需要保持平衡，恰像——试举一物为例——一个鼻子的应该保持其匀称。人的鼻子要是在某种程度以内偏离了正直的标准，而近似钩鼻或塌鼻的畸形，看来仍旧不失为一个像样的鼻子。但过度的畸形变化便同脸上其他部分渐次失去匀称；如果畸形尽量发展，终于变得极度的钩或塌，最后看来就竟然完全不成其为一个鼻子了。就鼻子而言是这样，就人身其他部分而言也是这样；再就各种政体而言也是这样。寡头和平民政体两者虽然都偏离了理想的优良政体，总之还不失其为可以施行的政体。但两者如果各把自己的偏颇主张尽量过度推进，这就会使一个政体逐渐发生畸形的变化而终于完全不成其为一个政体[①]。

所以立法家和政治家应该认明民主主义的诸措施中，哪些是保全民主主义的，哪些却恰好足以破坏一个平民政体；相似地，也须知道寡头主义的各种措施中，哪些是可以保全的，哪些却恰好足以破坏一个寡头政体。如果不兼容富户和穷人，这两种政体都不能存在或不能继续存在。因此，要是实施平均财产的制度，这两个体系都会消失而另成为一个不同的新政体；过激的法律往往企图消灭富户或排除平民群众，然而以贫富共存为 1310a

① 本节所举“中庸之道”先见于卷四章十二 1296b35—1297a13。就“取得多数拥护”而言，政府如采取温和政策则中间派加入到执政派方面，政府常常可以保持其多数。反之，中间派结合到反对派方面，政府将失去多数的拥护。

基础的旧政体从此也必然与之一起消失了①。平民政体和寡头政体中的政治家们[对这些失于计虑,]往往铸成错误。譬如,在群众意志超越法律权威的平民政体中,平民英雄们便习于分裂城邦为两方,率领着平民这一方,攻击富户那一方。他们所应取法的政策实际上恰应相反:随时出而为富户辩护。在寡头政体中,也应采用相似的政策:寡头们应随时为穷人的利益辩护;他们所宣布的誓言恰正应该反过来。有些城邦的誓言就是这样的:"我深恶平民,当尽我力之所及,惩罚他们,以消除其祸害。"②他们的思想实际上颠倒了;应该把誓言改正为"我决不加害于贫民(平民)"③。

可是,在我们所曾讲到的保全政体诸方法中,最重大的一端还是按照政体(宪法)的精神实施公民教育④——这一端也正是被当代各邦所普遍忽视的。即使是完善的法制,而且为全体公民所赞同,要是公民们的情操尚未经习俗和教化陶冶而符合于政体的基本精神(宗旨)——要是城邦订立了平民法制,而公民

① 亚氏当时所说"平民政体"是和"寡头政体"相对的名称;基本上先承认社会有贫富两阶级的存在,其一由平民(贫民)主政,另一则由富人主政。这里的意思是社会如无贫富之分,则由此相对关系而兴起的两种政体各失去其相对的基础,这就无法各别地成为一种政体。

② 这里的誓言类似敌国公民相仇的誓言。卷四章十一 1296^{a}27—32 所说寡头派经过同平民群众血战而树立的政权,或章十五 1300^{a}17 所说由流亡归来重新夺得政权的寡头派可能有类此的宣誓。

③ 1309^{b}18—1310^{a}2 对照于 1305^{a}24—34。1310^{a}2—12 对照于 1304^{b}20—1305^{a}7、1305^{a}38—^{b}21。

④ 这个论题已经见于卷四章十一 1295^{b}13—19。下文再见于卷八章一 1337^{a}11—33 等若干章节。

却缺乏平民情绪,或城邦订立了寡头法制而公民却缺乏寡头情绪——这终究是不行的。就城邦而言,它也有如个人,可能缺乏纪律而失于放逸。[所以它也好像个人那样需要教育。]这里所谓按照政体的精神教育公民,并不是说要公民们学习寡头党人或平民党人的本领。应该培养公民的言行,使他们在其中生活的政体,不论是平民政体或者是寡头政体,都能因为这类言行的普及于全邦而收到长治久安的效果。依这个宗旨说来,现今各邦的实际情况都不相符合。在寡头城邦中,执政人员的子弟都竞尚奢华[①],正当他们陷于浮夸的时刻,平民的子弟却因劳作和锻炼而志气日强,体力日壮,一到有机可乘,就会奋起而实行变革了[②]。在极端平民政体中,处处高举着平民的旗帜,而那里所行使的政策实际上恰正违反了平民的真正利益。这种偏差的由来在于误解了自由的真正意义。大家认为平民政体具有两个特别的观念:其一为"主权属于多数",另一为"个人自由"[③]。平民主义者先假定了正义(公道)在于"平等";进而又认为平等就是至高无上的民意;最后则说"自由和平等"就是"人人各行其意愿"。在这种极端形式的平民政体中,各自放纵于随心所欲的生活,结果正如欧里庇特[④]所谓"人人都各如其妄想"[而实际上成为一个混乱的城邦]。这种自由观念是卑劣的。公民们都应遵守一邦所定的生活规则,让各人的行为有所约束,法律不应该被

① 参看卷四 $1295^{b}17$。

② 参看柏拉图:《理想国》卷八 556D。

③ 纽曼注:这两个观念是有所抵触的,"多数的权威"常限制"个人的自由"。

④ 参看挪克编:《欧里庇特剧本残篇》883。

看做[和自由相对的]奴役，法律毋宁是拯救[①][②]。

这里，我已概括地说明了政体的变革及其毁灭的诸原因以及保全和持久的诸方法。

章十 但关于君主政体(一长制度)[③]的毁灭原因及其保全方法还
1310b 须继续讨论。一般说来，以前业经讲过的，通涉于诸政体[④]的原因和通用的方法，也同样适合于君主政体和僭主政体[⑤]。君主政体具有贵族政体的性质，而僭政则为寡头和平民两政体的极端形式的复合；所以这比任何其他统治制度都更加有害于它的人民。僭主政体由两种恶劣的体系合成，也就兼备了那两者的偏差和过失。

① 以法律为邦国的“拯救(σωτηρία)”，参看《修辞》卷一章四 1360a19；这种说法最先见于柏拉图：《法律篇》715D，以及埃斯契尼在公元前 330 年反对授勋于德谟叙尼的讲演：《反克蒂雪封》(Aeschines，C. Ctes.)6 等篇中。亚氏限“自由”于法律所许可的范围以内，近代政论家如孟德斯鸠(Montesquieu)、霍布斯(Hobbes)等都承袭了他的这个思想。

② 1310a12—36 对照于 1302b25—33、1307a27—32。

③ “君主政体”(μοναρχία)的原来意义为“一人之治”，为包括“王制”和“僭主政体”的比较广义的名词。亚氏有时用这个词来指称“王制”。

④ 本章称上述平民、寡头、贵族和共和四个类型为“诸政体”；君主政体和僭主政体两类型则不在“诸政体”之内。君主统治以个人意志为依据，大不同于其他四类型的以宪法为本，严格说来，立宪四类型的确可称为“政体”，君主式两类型实在不能称为政体。“政体”这个名词的这种用法与卷三的政体分类有异：该卷章十，君主政体和僭主政体和其他四类型都列为“公务团体”而认为公务团体即政体(1279a26)；章十四更确言君主政体为诸政体中正宗类型之一(1284b36)。

⑤ 卷四章十曾经说僭主政体内容不多，而且这在该章已有所讨论；这里篇幅特长的两章却又专论君主政体，尤着重于僭政。《纽校》IV 413 页注释，说亚氏一心想纠正希腊各僭邦的偏向，切望马其顿王室勿蹈各国列代的覆辙，所以特别写了这一章。亚氏当初讲演或行文时，似乎未必具此深心，只是作为学术研究，尽其所知以作分析而阐明其利弊；次序所以不尽相符，是由于文章非一时着笔、一气呵成的缘故。

一长制的两类型根本就各不相同而且简直是相反的。君主政体的发生起源于君王或其家族的优异的才德和卓绝的功勋,因而树立了他们特殊的地位;建制的用意在于帮助国内较高尚的阶级能够同平民群众相抗衡;诸王都出身于较高尚的阶级。反之,僭主出身于平民群众,僭主初兴时,都装扮成为他们的保护人,领导他们对付贵要阶级任何不公道的损害。历史显示了这一事实;我们可以这样说:大多数的僭主都以“群众领袖”(德谟咯葛)的身分起家发迹,凭借他们攻击著名人物的本领以博得平民的信任。但,在各城邦人口繁庶以后,许多僭主的来历虽然确实是这样,另些古代僭主却还有不同的途径。其中,有些本来是王室而野心特大,不以传统的职权为满足,因此建立了较为专制的统治。另些是起先曾经被推选为最高机构的执政人员,而在古代,第缪俄古(“民政官”们)和色乌里亚(“监督”们[①])这类官职习于久任(连任),就不难有机会窃据而为僭主。又另些则在寡头政体中,利用了那里主政机构并非多数人合议而由一人专管的地位。所有这些情况都授予野心家以可乘之机,作为君王或执掌着某些其他要职,他就具备了尽够进行僭窃的权力。阿尔咯斯的斐登以及其他若干人就起初为王而终于做了僭主。另些如爱奥尼亚诸僭主和[阿格利根坦的]法拉利斯

① 这里两个官职名称,在其他典籍中所着录者都属伯罗奔尼撒各邦的政治机构。第缪俄古(δημιουργοι)为民政官,见卷三章二 1275^{b}29 及注。色乌里亚(θεωριοί)为“监督”,类于斯巴达的埃伏尔(ἔφοροι),这个名称见于曼底涅亚(《修昔底德》v 47.9)、特杰亚(Tegea)(色诺芬:《希腊史》vi 5.7)、挪帕克托斯(Naupactus)(迪坦贝格:《希腊碑志集》183)等邦。下文所举实例中,爱奥尼亚和阿格利根坦(在西西里)均非伯罗奔尼撒城邦。

就利用其他一些要职为踏脚石①。巴那伊修在里昂底尼，居伯塞卢在科林斯，庇雪斯特拉托在雅典，狄欧尼修在叙拉古，以及其他若干人在他们的各该邦内，则以群众领袖为其僭业的开端②。

王制，我们方才说过，可以归类于贵族政体。王制以功业为基本，同贵族政体的性质相似。这可以是个人或家族具有优异的品质，或者他们的功业曾经造福邦国，或两者兼备而且还具有卓越的才能。凡受到爱戴而登上王位的人们必然是他们的恩德业已遍及于城邦或民族，或他们的令名已使大家确信他们能加惠于城邦或民族③。列王，如雅典的科特罗斯曾把全邦从败亡中拯救出来，使人民免受敌国的奴役④，如波斯的居鲁士曾经是波

① 参看章五 1305^{a}15—18、章八 1308^{a}22—24。小亚细亚西海岸爱奥尼亚各城邦，如米利都，被阿吕耶底人(Alyattes)围困时，司拉绪布卢曾被推举为统帅，称"米利都领袖"(dux Milesiorum)(罗马军事学家弗朗底诺，约 40—103 年，《统帅技术(兵法)》[Frontinus, Strategematicon]iii 15.6)；其后遂为僭主。以弗所城和塞莫斯岛亦曾有类似的僭主(吉耳伯特：《希腊政制典实》卷二 141、149 页)。《修辞》卷二章二十 1393^{b}10，说法拉利斯曾任希梅拉城(Himera)的"全权将军"(στρατηγὸς αὐτοκράτωρ)，公元后第二世纪波吕耶诺：《兵法》(Polyenus, strategemata)v 1，说法拉利斯曾任阿格利根坦城大庙建筑工程"总监"。

② 巴那伊修为"群众领袖"，曾任"军事长官"(将军)，见波吕耶诺：《兵法》v 47。居柏塞卢情况相似，见《大马士革人尼古拉历史残篇》58(缪勒编：《希腊历史残篇》iii 392)。庇雪斯特拉托和狄欧尼修事迹，见章五 1305^{a}21—28。

③ "城邦或民族"(τὰς πόλεις ἢ τὰ ἔθνη)，希腊地区如雅典和拉栖第蒙为城市国家，称"城邦"；波斯、马其顿、伊庇罗斯等为民族国家，称"民族"。

④ 《斯特累波》393 页，梅朗淑(Μέλανθος)因战胜卑奥细亚王桑淑(Ζάνθος)而王于雅典。其子科特罗斯(Κόδρος)在杜里族入侵时力战阵亡(公元前 1066 年)，他实际上拯救了雅典人使免于杜里族的奴役。这一节亚氏说科特罗斯因功业而登王位，同上述史传稍异，当另有所本。鲍桑尼亚斯：《希腊风土记》ix 5.16 说梅朗淑之父安德洛庞波('Ανδροπόμπος)战胜桑淑而立为雅典王室，想来又是另有所本。参看笃伯斐尔：《雅典氏族谱》230 页。

斯人的解放者[①];其他如拉栖第蒙和马其顿的君王,或是[在伊庇罗斯的]莫洛修人的王族[②],都曾有过开疆拓土的勋绩。设置一个王位的用意是在给社会安排一个保护人,使各家的产业全都 1311a
获有荫庇而受到保卫,可以免除一切欺侮或压迫[③]。至于僭主政体,我们已屡次说过[④],则恰好相反。除了僭主自己的利益之外,僭主政体不关心任何公众的利益。僭主所重视的只是寻欢作乐,贤王所倚重的则是善德。两者异趣,所以他们所企图的也各有不同;僭主日谋积累他的财富,而贤王但求声名的永垂。王室的卫队都是本国公民;僭主的卫队则为外籍雇佣军人[⑤]。

僭主政体[既是两者的复合,]显然兼具寡头和平民政体的弊病。它从寡头政体承袭了积累财富的目的;一个僭主能够维持其卫队和豪奢的生活完全依仗财富。僭主,有如寡头们,都不信任平民群众,所以都不让他们获得武器[⑥]。僭主政体也采用跟寡头统

① 居鲁士(Cyrus)被称为波斯人的"解放者"(’ελευθερώσαντες,"赋予自由者"),见《希罗多德》,iii,82。大流士(Darius)和将领论政体优劣,说君主(一人统治)胜于寡头(少数人统治)和民主(多数人统治),其结论说:"是谁赋予我们以自由?是君主(居鲁士),不是寡头,也不是群众。我们既赖先王的勋业而获致自由,就应该保重祖宗的旧制。"

② 阿契里之子纽柏托勒密(Neoptolemus)引众至伊庇罗斯(Epirus),征服全境;遂立为其地莫洛修人之王(普鲁塔克:《毗卢斯传》,Pyrrhus,公元前318—前272年)。

③ 以君主或王室为社会各阶级利益的仲裁者这种观点,十九世纪哲学家如法国孔德(1798—1857)、德国黑格尔(1770—1831)都是这样主张。本书十九世纪《康格里夫校本》的附录"君主政体论"也采取了亚氏的这个观点。

④ 见卷三 1279b6、卷四 1295a19。

⑤ 参看卷三章十四 1285a24—29。

⑥ 米提利尼寡头政府不让平民为重武装兵,见《修昔底德》iii 27。雅典也曾有过同样情况,见色诺芬:《希腊史》ii 3.20。僭主不让平民为重武装兵更属常见,庇雪斯特拉托曾解除平民武装(《雅典政制》十五)。

治相同的方针以压迫平民，把他们逐出城市，疏散到乡郊[①]。它又从平民政体接受了仇视贵要阶级的气息以及或明或暗地损害著名人物的政策；僭主们时常流放贵要，认为他们正是自己的匹敌[②]，留在国内就妨碍着自己的权势。贵要们也的确可以不利于僭主，贵要们或是自己想起而执政，或是因不愿成为虐政下的奴隶，常常会联合起来进行反抗僭主的活动。所以伯利安德对另一僭主司拉绪布卢所作摘除田畴间高大黍穗的劝告[③]，他的用意就直指着这些贵要，暗示司拉绪布卢应该随时芟刈邦内杰出的人物。

曾经讲过[④]，君主制度各邦中发生革命（政变）的原因应该相同于[其他]立宪诸政体的各邦。不义、恐怖和鄙薄常常为人民背叛其君主的原因。不义（不公道）的严重者为肆无忌惮的凌辱和没收他人的财产，这两者最容易激起反抗。僭主政体和君主政体中所发生的革命，其目的及其原因（动机）相似，也相同于[其他]诸政体中那些革命者的目的。独断的统治者们总是名位煊赫而又富于资财；而名利两者恰正是人人的大欲。革命的锋芒有时直接指向君主的人身，有时则目的在于倾覆其权位。由凌辱所激发的叛乱

① 雅典"三十"寡头为政时曾将城内平民驱逐到拜里厄港埠和其他郊区（色诺芬：《希腊史》ii 4.1 等书）。斯巴达人占领曼底涅亚时曾进行"疏散"（διοικισμός），其实际作用就在削弱平民势力，巩固寡头政权。僭主迁移城区贫民至郊区的见于史籍者有叙拉古的葛洛（《希罗多德》vii 156）、雅典的庇雪斯特拉托（《雅典政制》十六）、西基雄（Sicyon）的诸僭主（普吕克斯：《词类汇编》vii 68）等。

② "匹敌"，犹如说"同业中的对手"；参看下文 1312^{b}5"同行必妒"注。

③ 见卷三 1284^{a}26—33。

④ 参看本章开始 1310^{b}1—3 语。君主政体发生变革的原因跟其他诸政体相同，则本卷章二所列举十一端动机也适用于本章，例如下文 1311^{a}25—28 所言"恐怖"、"鄙薄"、"纵肆"，都先见于章二的 1302^{b}1—4。

往往报施在人身。

凌辱的种类很多,但所有各式各样的凌辱所造成的结果则同样是受辱者的愤怒[①]。凡是在愤怒狂热的时候直接冒犯君主的人们一般都不是有什么野心,而只是怀有私恨,志在复仇而已。在雅典,哈谟第俄和阿里斯托盖顿的袭击庇雪斯特拉托族僭主兄弟起因于哈谟第俄的妹妹受到了侮辱而自己也被欺凌。哈谟第俄既然为了妹妹投袂而起,阿里斯托盖顿也为了友谊,奋不顾身[②]。〈[③]此外,在安布拉基亚也曾有谋杀僭主伯利安德的事件,当他同所宠幸的少年亲昵的时候,嬉言问他是否因而得孕。这种侮弄令人感到了羞辱。[马其顿的]鲍桑尼阿斯因为腓力王容许[他的宠臣]阿太 1311^{b}

① 以下所举变革的实例是照 $1311^{a}25$—27 所举起因的次序叙述的:不义之为“凌辱”形式的最易激起事故,其实例见于 $1311^{a}33$—$^{b}35$。由于“恐怖”者,在 $1311^{b}36$—40。由于鄙薄者,在 $1312^{a}1$—22。以下由君主之为人所鄙薄这一原因转到革命者的个人“野心”等,这就超越了 $1311^{a}25$—27 所开列的三端。

② 庇雪斯特拉托死后,其子希庇亚(Hippias)和希巴沽斯(Hipparchus)继承为雅典僭主。哈谟第俄(Harmodius)以美貌著称,希巴沽斯求其情爱而不得,因此侮辱了他的弱妹,使不得为泛雅典娜节游行行列中的提篮女,并诟辱哈谟第俄。阿里斯托盖顿(Aristogeiton)和哈谟第俄相友爱,遂结党在这个节日袭击僭主兄弟。既杀死希巴沽斯,哈谟第俄当场伤亡,希庇亚执阿里斯托盖顿,经严刑拷讯而死。其事在公元前514年,详见《修昔底德》vi 54—59 和亚氏《雅典政制》十八。《雅典政制》中所记凌辱哈谟第俄的是庇雪斯特拉托侧室、阿尔咯斯女子提谟娜莎(Timonassa)所生少子帖萨卢(Thessalus),即希庇亚等的异母弟。本章下文 $1312^{b}30$,说庇氏僭政因此覆灭,依《雅典政制》十九和《修昔底德》vi 59,希庇亚为斯巴达军和雅典反僭主政体的平民所困,终于被逐走,雅典重建平民政体,事在四年以后(公元前510年)。

③ $1311^{a}39$—$^{b}23$ 所述六事都由婚姻或同性恋爱纠葛而激起事变;有些得之于马其顿史乘,另一出于塞浦路斯,又一出于色雷基,又一出于安布拉基亚:都不是希腊城邦。这些故事好像都出自稗官,可资谈助而不合作政治学研究的材料,一般校本多加〈 〉。《巴克尔译本》删出正文,另行译存于章末长注。

卢及其附从对他施行无礼，曾经企图刺杀腓力[①]；小阿敏太狂言德尔达少年时曾经受过他的媚爱，德尔达愤而谋弑了小阿敏太[②]。塞浦路斯的欧梵哥拉，其子奸占了一个侍宦的妻室，这个侍宦也由于羞愤而杀死了欧梵哥拉作为报复[③]。许多弑逆事件都是由于君主们对其臣民切身的凌辱而激发的。克拉泰俄和[马其顿王]阿契劳斯素有嫌隙，虽细故也可引起积愤。阿契劳斯曾允许克拉泰俄在他的二女中选娶其一，但后来竟然食言了，这是克拉泰俄起事的真实原因。阿契劳斯在同瑟拉斯和阿拉培俄[④]剧战到形势紧迫时，就不顾成约，径将长女嫁给爱吕米亚王，而将幼女配给爱吕米亚王[前妻所生]的儿子，他自以为这样一来，那长子往后同[王的后妻]克娄帕羯的儿子可以互相亲爱。这虽可说是发难的借口，实际上克拉泰俄对于阿契劳斯的以嬖臣相待，久抱怨恨，早存异心了。拉利撒的希拉诺克拉底同克拉泰俄叛谋的原因亦相类似。希拉诺克拉底以嬖幸进身于阿契劳斯的宫廷，阿契劳斯曾答应相助，使他回到乡邦，但阿契劳斯老是没有实行诺言，因此希拉诺克拉底

---

① 腓力遇弑事详见《狄奥多洛》xvi 93（参看格洛忒：《希腊史》ii 90）。腓力卒年在公元前 336 年，《康格里夫校本》序、《腊克亨译本》序都根据这点认为卷五是亚氏在公元前 336 年以后晚年所作。

② “小阿敏太”（'Αμύντος τὸ μικρός）当为一个王的名字，但此节所说情况同马其顿王阿敏太第二及第三（腓力之父）生平都不符。或为爱吕米亚的王族。今未能确定。

③ 《色奥庞浦残篇》III（缪勒编《希腊历史残篇》i 295）述此事较详并稍异：宦者司拉绪达俄（Thrasydaeus）杀欧梵哥拉（Evagóras）并杀其子柏尼太哥拉（Pnytagóras）（参看格洛忒：《希腊史》ii 76）。

④ “阿拉培俄”（'Αρράβαιος）当即《修昔底德》iv 79（公元前 424 年纪事）所涉及的林克斯泰族的“阿利培俄”（'Αρρὶβαιος ὀλυγκήστης）。依《斯特累波》326 页，阿拉培俄有子名瑟拉斯，孙名阿拉培俄，阿契劳斯所与作战的可能为他的子及孙。

痛感阿契劳斯以虚情而逞其骄肆,自己深受了侮弄[①]。另一个例是[色雷基王]哥提斯的被杀[②];巴隆[③]和埃诺城的赫拉克利图所以要杀害哥提斯是为了报复他责辱他们的父亲的仇恨;而阿达麦所以叛离其王,则由于幼年时的被阉割实出自哥提斯的暴命,想到终身的伤残,他就欲得而甘心了。〉

许多人以受到体罚为凌辱;身被鞭笞的人们以不胜羞耻的心理,激发起一时的恼怒,便勇往直前地进行狙击,或竟然杀死了课罚他们的王室官吏,甚至把剑锋加于王族。例如,在米提利尼,墨伽克里途遇彭茜卢族[④]在路上以棍棒殴打国人,他就呼集朋从,袭杀了他们;后来又有斯摩第斯因被[这个族中的另一个名为]彭茜卢的人把他从妻室面前拖出给予杖刑,他也袭杀了这个彭茜卢族人。德堪尼沽所以成为谋杀阿契劳斯王的首领,原因也相类似,—

① 克拉泰俄、希拉诺克拉底和德堪尼沽三人($1130^{b}30$)合谋袭杀阿契劳斯('Αρχέλαος)事,在公元前399年,见埃里安:《杂史》viii 9和《狄奥多洛》xiv 37.5。瑟拉斯和阿拉培俄为林克斯泰族(Lyncestae)酋长,爱吕米亚(Elymeia)为林克斯泰的南邻,可以牵制瑟拉斯和阿拉培俄的兵力,所以阿契劳斯急于以婚媾之好,结为与国。

② 哥提斯(Κότυς)被刺杀事在公元前359年(参看格洛忒:《希腊史》ii80)。

③ Π^2 各抄本及《贝克尔校印本》等均作巴隆(Πάρρων),$\Gamma M^5 P^1$ 作"庇隆"(Πὺρρων)。德谟叙尼:《反阿里斯托克拉底》119、127、163都说及杀哥提斯的凶手为"庇淑"(Πύθων)。《维多利校诠本》从卑内伏伦修法比(Fabius, Benevolentius),校作"庇淑";《苏校》从维多利。蔡勒:《柏拉图》(Zeller: Plato)英译本30页注,说应该是"巴隆"。

④ 希腊大移民时期,爱奥里人至累斯博岛拓殖者,其领袖为彭茜卢(Πενθίλος);彭茜卢是渥勒斯底('Ορεστής)的非婚生子,见《鲍桑尼亚斯》iii 2.1、《斯特累波》582页。彭茜卢氏后来成为米提利尼寡头城邦中的统治世族,此节称之为王族,犹如埃吕司勒有巴西琉族($1305^{b}18$ 注)、米利都有纳勒伊族(Neleidae),各地始迁祖的后裔常常称为王族后裔。

朝身被捶楚，他就开始纠结[失意的克拉泰俄和希拉诺克拉底]，准备叛变。德堪尼沽曾批评欧里庇得的杰作气息浑浊，触犯了这位诗人。阿契劳斯王把德堪尼沽交给欧里庇得，使加笞罚，德堪尼沽从此便怀恨在心了[①]。由这些类似原因激发的谋杀和叛变的史迹还可以举出很多例子。

我们前面曾经讲到，以恐怖为动机可以在立宪诸城邦(其他诸政体)中，也可以相似地在君主城邦中引致叛乱。阿尔泰巴尼所以谋杀[他的主上]磋克西就由于他有所恐怖。他擅自缢死了大流士——一方面自以为这事进行于磋克西宴饮酒醉之间，可能他自认糊涂而不予追究，同时却又常常心怀疑惧，惟恐磋克西因此问罪[②]。

1312a 君主有时因受人鄙薄(丧失尊严)而被袭杀。[叙里亚王]萨尔达那巴卢混杂于妇女之间梳理羊毛，有人[③]看到了这件事，[知道他轻忽，]就动意刺死了他——这当然只是道听途说，但这样一类

---

① 欧里庇得卒于公元前 406 年，阿契劳斯遇弑于公元前 399 年，德堪尼沽等由蓄意叛变至实行犯上，蓄谋经历六年之久(格洛忒：《希腊史》ii 76)。

② 阿尔泰巴尼('Αρταπάνης)事，见《狄奥多洛》xi 69，查士丁尼：《马其顿兴亡史》iii 1，以及福修斯《书录》70 所存克蒂茜亚：《波斯志》(Ctesias，"Persica")：阿尔泰巴尼为波斯王磋克西(公元前 486—前 465 年在位)的侍卫长，谋窃王位，先加害于磋克西，再诱惑磋克西的少子阿尔泰磋克西[第一]('Αρταξέρξης)，杀其长兄大流士(Δαρείος)而夺取了王位(公元前 464—前 424 年在位)。随后又谋杀阿尔泰磋克西未成，为阿尔泰磋克西所杀。依上述史迹，《施奈德校》"磋克西"为"阿尔泰磋克西"(1131^{b}38 行)；《苏校》从施奈德。依《狄奥多洛》等所记阿尔泰巴尼缢死大流士非擅杀，这里所谓"疑惧"和"恐怖"不相符合。纽曼认为亚氏语或另有所本，不作校改。

③ τις，"有人"或"某人"，据《雅典那俄》528E，这"某人"应为萨尔达那巴卢王的部将，波斯北米第亚人阿尔巴基('Αρβάκης)。其事迹有两说，(一)这个叛将就在梳羊毛处刺杀其王，(二)阿尔巴基引军逐其王，萨尔达那巴卢战败自杀。亚氏此节从前说(出于杜里斯 Duris)；《狄奥多洛》xi 69 和查士丁尼：《马其顿兴亡史》i 3 从后说(出于克蒂茜亚)。

事情即使不是遭遇于萨尔达那巴卢其人，也很可能另外有人曾经这样受害。[叙拉古僭主]狄欧尼修(后主)也相似地因为被人鄙薄而遭到狄昂的袭击；狄昂看到他沉湎醉乡，失却国内人众的崇敬，就藐视他了[①]。……一个独断的统治者有时甚至于身边的亲友也觉得不屑与之相处；他虽对他们寄以心腹，在他们看来这只是糊涂，便更加轻视而大胆地进行他们的图谋了。叛徒们轻视主上，一到自信足以制胜的时机，他们就举事了，这时他们不再顾及任何当前的危险。将领们倒戈以向其君王的情形一般就是这样。譬如，居鲁士既熟知阿斯第耶季生活奢靡，精力日衰，便悍然发难[②]。色雷基人修色斯是亚麦杜哥王的部将，也由于相似的原因而犯上作乱[③]，事变有时起于一因，但有时则是多种祸根的迸发。例如密司利达提的攻杀[他的父亲、波斯总督]阿里欧巴查尼斯[④]，就出于鄙

① 参看下文21—39。狄昂(Δίων)起兵驱逐狄欧尼修后主的动机应兼有对僭主的"鄙薄"及其个人的"雄心"。普鲁塔克:《狄昂传》18、21，说狄昂固然识破后主孱弱，而其起事近因则为狄欧尼修籍没他的财产和妻室之故。

② 依《希罗多德》i107和其他史籍，居鲁士应该是亚斯第耶季('Ἀστυάγης)之孙；但福修斯:《书录》所引克蒂茜亚记载未言及两人祖孙关系。从亚氏这一节看来，居鲁士好像是亚斯第耶季的部将。

③ 修色斯，见色诺芬:《长征记》(Anabasis)vii 2.32:色诺芬从波斯回归希腊雇佣军，途中曾帮助修色斯恢复其父亲的领地(公元前400年)。《希腊史》iv 8.26，又言及修色斯为色雷基"海滨地区执政"，同奥特利赛人('Ὀδρύσαι)不和(约在公元前390年)，司拉绪布卢为两邦调停。《狄奥多洛》xiii 105.3、xiv 94.2称修色斯为"王"。这里称他为"色雷基人"，同上述两书相异。

④ 《苏校》二版1692注，认为这里所举阿里欧巴查尼斯('Ἀριοβαρζάνης)是滂都(黑海)南岸的波斯总督(公元前363—前336年间在任)，死后，其子密司利达提第二继任为总督(见色诺芬:《居鲁士的幼年教育》，Cyropaedia，viii 8.4)。诺尔特克:《波斯史论》(Nöldeke，Aufsätze zur persische Gesch，)72页，认为这个阿里欧巴查尼斯应该是继任法那巴槎(Φαρναβάζος)的希腊斯滂总督，公元前367年叛离波斯，被执，后二年死。

薄的思想而兼有个人的贪图〈君王的部属中要是有人赋性强悍而又委以军事重任，就往往有多种原因促成他的叛离。原来勇敢而希望有所作为的人，一旦操纵了权势，就深信自己一经举动，不难成其大事了。〉①

由于雄心（争名）而起的变乱，其性质大异于上述的那些情况。因为重视举世不朽的声誉而发动大事的，就同那些贪图大利和高位而冒险击刺，以取僭主们的生命者，迥不相同。在他们看来，杀一僭主，扫除苛政，正是震撼世间的伟大事业，人们要是能使这样的声名永垂于今后，的确远胜于专城或得国。实际上，凭这种动机而表现得特别勇敢的人是从来所稀有的。必须具有舍生取义的精神，才能不计成败利钝地遂行其素志。怀抱雄心的人们应该像狄昂那样果决：当狄昂率领着他的一小队附从者，开航出战狄欧尼修[后主]时，说："我们一行前进，将会到达什么样的地步，可以不必预计；今天我们已经举起了我们的旗帜；即使一经着陆，我就阵亡在[叙拉古的]滩头，这也很好地完成了我的心愿。"②然而，这样果决的性情，毕竟是不多见的。

① 《纽校》17—20 行这句加〈 〉，并移接 6—7 行间。下章 1315a10—13 句和这里 17 行以上一节相应。

② 叙拉古僭主，狄欧尼修前主（公元前 406—367 年在位）两败迦太基而以西西里称雄亚得里亚海各邦间。死后，其子继任，遂多内讧，公元前 366 年后主逐出其妹夫狄昂。迦太基乘机攻西西里，侵略其西部城市。科林斯帖谟利昂（Timoleon）引军赴援。迦太基兵退，叙拉古改建为平民政体，后主旋又恢复僭主政权。公元前 357 年狄昂以流亡之众回攻，战胜后主守军，入主叙拉古，旋为加里浦（Callipus）所暗杀，狄欧尼修于公元前 356 年被逼逃亡到意大利的洛克里城。

我们曾经讲过①，其他各种政体②被毁灭的原因之一为外力，僭主政体也同样可被外力所毁灭。另一政体相反的城邦可能比一 1312b 个僭主的城邦为强大。原则(主义)上同它相反的城邦就会发生毁灭它邦僭主政体的企图，如果这种意志，济以实力，就将见于行动。几种不同类型的政体都包含着反对僭主政体的原则。极端平民政体的采取群众僭专型式者，往往同[个人]僭政相斗争，这有如希西沃图所说"陶者就老是和陶者互相吵吵闹闹"③。君主政体和贵族政体的与僭主政体为敌，其理不同，这里是因为两方建政的宗旨相异。所以，以王室为主的拉栖第蒙摧残了大多数的僭主城邦，叙拉古在享有良好政体的时代④也奉行相同的政策。

僭主政体被毁灭的另一途径为由于内部失和。参加僭主政体体系中的人们往往互存嫌隙。叙拉古的葛洛家族从前就多阋墙，现世的狄欧尼修第二家族也常常发生内讧①。葛洛所创的僭

---

① 见章七 1307^b19—24。

② "其他各种政体"(τῶν ἄλλων ἑκάστη πολιτειῶν)，"其他"表明"僭主政体"也是"诸政体"之一，这和本章行文都以君主和僭主政体两型同"[立宪]诸政体"对举者相异。参看 1310^b1 注。卷三列君主类型在诸政体之内，但该卷中章十五 1286^a8—13 却将君主制列于一般政体之外。

③ 希西沃图：《作业和时令》25—28，说"陶工同陶工相争，樵夫同樵夫相吵，歌者和歌者相嫉"。这同中国俗谚"同行必妒"之义相同。色诺芬：《雅典共和国》(Rep. Ath.)iii 10"同气相求，同声相应，相似者相亲"，意思与此相反。

④ 叙拉古自葛洛僭统告终，改建为贵族政体或贵族性质的共和政体，历五十多年，约在公元前 465—前 412 年间。

⑤ 狄欧尼修后主同妹夫狄昂内讧，参看 1312^a39 注，事在公元前 357—前 356 年。这里(1312^b10 行)称"现世"(νῦν)，好像《政治学》这书，亚氏在阿卡台米学院中便已开始属稿(参看罗司：《亚里士多德》，第一章"亚里士多德著作总述")。但凭其他若干证据，卷四、五、六业经大家论定为亚氏晚年之作。这里"现世"一词是泛指数十年间事。

业终被毁于司拉绪布卢。司拉绪布卢为葛洛和[葛洛的继统僭主]希厄洛的弟辈。希厄洛死后，他谀事葛洛的嗣子[①]，引诱这位幼主堕落到荒淫的生活中，而让他实际执掌着国政。嗣主的亲属于是结合党羽企图剪除司拉绪布卢，以挽回嗣主的权力；但跟着事势的发展，这一集团中有些人就变本加厉地乘机驱逐了整个僭统家族。至于狄欧尼修僭主政权的倾覆则由于戚属狄昂，狄昂起兵攻后主，获得平民势力的帮助，战胜并驱逐了他，但自己不久就死亡。

激发人们攻击僭主政体的两个主要动机常常是憎恨和鄙薄。僭主必然受人憎恨；但这要等到它同时被藐视的时候，僭主政体才真被推翻。所以，凭自己力争经营而创建其统治的僭主一般都能维持其政权，迨传至后代，往往容易丧失其先业[②]。生长在豪华之中，忘记了一切艰难，他便既为大众所鄙薄，也随时给了攻击僭主政体的人们以可乘的机会。憎恨也包含愤怒的情绪，愤怒会激发斗志。愤怒实际上是一个有效的刺激，凡是被激怒了的人们常常不再计较利害而勇于战斗。凌辱最容易搅乱人们的情绪；庇雪斯特拉托僭主政权的覆灭以及其他各家僭主政权败亡的原因就是这些。对于敌人有所憎恨，不一定就会感到苦恼，这时人们尚能顾及利害。愤怒和苦恼相结缠，既怒且恼的

① “葛洛的嗣子”，现在所有古籍均未能查见这个嗣主的名字。依《狄奥多洛》xi 66.4，司拉绪布卢继其兄希厄洛为僭主；依本书本卷章十二 1315^b38，也说葛洛三兄弟相继为僭主。该节或疑非亚氏原著。

② 参看柏拉图：《法律篇》卷三 695。

人就易于丧失理智[①][②]。

简而言之,凡前面所说[③],倾覆未经调和的极端寡头和极端平民政体的原因,都同样可以倾覆僭主政体:这些政体实际上就无异于集体僭制[④]。王制最不易为外因所破坏,所以就较为持久;王国的灭亡,一般都由于内因。君主政体发生内讧的途径有二。其一为王族内部的自相倾轧;另一是君王的逾越法度,企求更大更多的特权,不自足于王室的本分而希求僭主的擅专。王制,在今日业已 **1313a** 过时;现世有些称王称孤的政体毋宁都是君主或僭主的个人专制。君主政体为基于公意的统治,君王执掌着邦国的要政。目前各国既然盛倡平等,这样杰出而足能担当王室尊荣的人物几乎已经不可复得了。因此,人们一般都不会同意谁来做他们的王上;要是有人凭借机诈或武力把个人统治强加于众人,就会立即被指斥为僭政。对于一家世袭的君主政体,还该提到另一个倾覆的原因。这一型式的诸王常常为人民所鄙薄;或者忘却了自己只享有王室的尊严,却并无僭主的权威,他们竟损害或凌辱他人。于是他们的灭亡就指日可期了。僭主可以不管人民的是否同意他为僭主而继续施行他的僭政,就王位说来,如果所统治者并不乐意做他的臣民,那就不成其为君王了。

① 参看《修辞》卷二 1382a12。

② 此节举“憎恨”(τὸ μῖσος)为毁灭僭政的特殊原因,相当于章五 1304b19—24 对平民政体,章六 1305a37—41 对寡头政体,章七 1307a5—12 对贵族与共和政体,在叙述了一般原因后,另举其各别原因。

③ 见 1302b25—33、1304b20—1306b21。

④ 参看卷四章四 1292a15、章六 1293a30。

君主政体(一长制度)的毁灭就由于这些以及和这些相类似的原因[我们现在可进而讨论保全这一统治型式的方法]。

章十一 概括而论,保全各种君主制度的方法应当求之于同其毁灭原因相反的途径。要是分别而言,就让我们先说君主制;凡采取温和谦恭政策[①]的君王常常能够维持他们的各位。王室的权威较小者,其统治往往较为耐久而少受损害;他自己既因此而不致妄自尊大,处处专制,就多少保持些同他人平等的观念和行为;另一方面,他的臣民对他也因此而妒忌较轻。这就是莫洛修人的王室[②]所以历世不坠的缘故;拉栖第蒙王室的长期存在,也可说是一部分由于两王分权的旧制[③],一部分由于色奥庞波随后在其他许多方面所采取的谦恭政策,其中创立"监察职权"这件事尤为显著。监察制度剥夺了王室所固有的某些权力,但在长久看来,这样恰正巩固了斯巴达君主制[④];据此而论,色奥庞波的谦逊实际上增加了王室的作用。这就是他答复妻子质

① 参看柏拉图:《法律篇》690、691。

② "关于莫洛修人的王室",见普鲁塔克:《毗卢斯传》5;"莫洛修人和他们的王室时常共同宣誓,王室誓必遵守法制,人民誓必拥护王室"。可见这一王室的建立为基于公意而不逾法度。所说久长的情况,现在无法考证。

③ 希腊各邦行两王制者,除斯巴达而外尚有卡杜斯人(Καδουσί αι),见普鲁塔克:《阿尔泰磋克西》(Artax.)24。韦兹:《德意志宪政史》(Waitz, Dontz. Verfassungsgeschichte)I 283、300,说欧洲旧族如阿拉曼尼人、布艮第人、东哥特人、图林根人、法兰克人(Alamani, Burgundians, Ostrogoths, Thuringians, Franks)都曾有二王分权并存的制度。

④ 《希罗多德》i 65,色诺芬:《拉根尼共和国》viii 3 等说斯巴达监察制度创于莱喀古士(公元前第九世纪)。柏拉图:《法律篇》692 A,说创于莱喀古士后某人。亚氏此节指明为色奥庞波王(公元前第八世纪中叶)。

询的要领：史传王妻曾质询色奥庞波遗给其子嗣的权力已经比他所受自父王的权力大大减少，难道不感到惭愧。他说：“我确实无愧于后嗣；我所传授给他们的权力将是历世更久的权力。”

至于保全僭主政体，可以有两个途径，这两个途径是截然相反的。其一为大多数僭主迄今还在奉行的治国传统方法。这种传统僭术据说大部分是由科林斯的伯利安德所创始，但许多实际的措施也可能是从波斯的统治制度中采集的[①]。传统方法中的各项措施，有些我们在前面论述僭主政体及其可以得到保全的途径时已经讲到[②]，例如芟刈邦内杰出之士，剪除勇健飞扬的人物。但这还须禁止会餐、结党、教育以及性质相类似的其他事情——这也就是说，凡是 1313^{b}
一切足使民众聚合而产生互信和足以培养人们志气的活动，全都应加预防。此外，僭主也须禁止文化研究及类似目的的各种会社，总之，他应该用种种手段使每一个人同其他的人都好像陌生人一样——人们如能汇集而相互熟识，就会渐渐相互信任。僭主还要使住在城内的人民时常集合于公共场所，时常汇集在他的宫门之前。这样僭主既可借以窥察人民的言行，也可由此使大家习惯于奴颜婢膝的风尚。凡是这类以及其他与此相似的[③]、通行于波斯和其

① 波斯列王剪戮群雄，广播侦探，搜罗才智之士而豢养他们于宫廷，以巩固其统治的各项措施，参看柏拉图：《法律篇》697C 以下。

② “芟刈杰出之士”为伯利安德的方法，最先见于卷三章十三 $1284^{a}26$—33、本卷章十 $1311^{a}15$—22。

③ 这类专制君王的愚民策略，在亚氏当时所知者大抵以波斯为多。纽曼注释这里所说“其他与此相似的手段”，当指波斯(非希腊民族)等国所行“膜拜”(προσκυνήσεις)和“神鬼附体”(ἐκστάσεις)(假托神言以神化王室，使民敬畏)。

他非希腊(野蛮)民族的手段,都同样具有助长僭主威势的作用。还有一种手段是经常收集人民的言语行动的情报。僭主们往往雇用密探,例如叙拉古就曾设置过所谓“女间谍”[①],而希厄洛常派遣“窃听者”察访一切社会活动场所和公共集会的情况。这样,人们如果对密探有所戒惧,就不敢吐露衷曲,纵谈政事;即或他们仍然有所诽议,就免不了被密探们所侦悉。又一种手段是散播猜疑(不睦)的种子于朋友和朋友之间、平民和贵要人物之间、某些富室和另些富室之间,使他们互不信赖。僭主们还采取最末一种使人民贫穷化的手段,——这既可使人民没有财力置备武装或囤积粮食,也可让他们一天到晚忙碌于生计,不再有从事政治图谋的余暇。埃及的金字塔(陵墓)建筑就可作为这种政策的一例[②];还有一例是居柏塞卢僭主政权对于神庙的异常豪奢的奉献[③];第三个例是庇雪斯特拉托僭主政权的营造奥林匹亚宙斯大庙[④];塞莫斯岛上

① 普鲁塔克:《论干预》(De Curios.)16 和《狄昂传》28,都说叙拉古狄欧尼修僭主政权设有“探事警察”(προσαγωγίδαι),字用阳性语尾,应为男员。苏斯密尔校订“女谍”(αἱ ποταγωγίδες) 字样为“谍探”。依塞普尔维达拉丁译本 181 页,原文当为“探事警察”。格洛忒:《希腊史》卷二 83,说叙拉古僭主雇用“女谍”,事属可能。

② 《希罗多德》ii 124,说埃及以强迫劳役营造诸王陵墓,其旨在使人民困顿而不能别有所为,这同亚氏此节对金字塔所述相符。希腊城邦劳役多数由奴隶担任,无须征发公民;关于诸僭主使人民贫穷化,当指征发财物。

③ 关于科林斯居柏塞卢僭族的神庙献礼,在柏拉图:《斐德罗篇》236B,曾述及有奥林匹亚希拉庙(Heraeum)的宙斯大金像;该金像亦见于《苏伊达辞书》“居柏塞卢的献礼”(Κυψελδων ἀνάθημα)条。

④ 雅典奥林匹亚宙斯大庙,在庇雪斯特拉托主政期间开始营建,历数代未完工(鲍桑尼亚斯:《希腊风土记》ii 178);庇雪斯特拉托想同梅加拉的宙斯大庙竞胜,因此以特别巨大的规模设计这一建筑。

各大建筑中,波利克拉底所增缮的工程[①]可举作第四例。所有兴办这些工程的目的是相同的:其用意就在劳苦人民,使他们常年消磨于役使。赋课也可以有相似的作用和效果。我们可以举叙拉古的捐输作为僭主城邦苛征暴敛的例示,在狄欧尼修前主时,规定在五年以内,照各家资产的全额分年捐输给国库[②]。暴君们往往好战,其目的也正在使其臣民不得休息,而且不得不服从他们的统率。

[猜疑为僭主政体的特征。]君王都由其朋从为之维持和拥护;至于僭主,却别有他的经纶:他知道全邦的人民谁都想推翻他,但只有他的那些朋友才真有推翻他的能力,所以朋友们最不宜信任,对他们是应该特别注意的[③]。因此,极端平民政体所采取的种种策略全都表现在僭主城邦中。两者都盛倡家庭中的女权,鼓励妇女们监督并报告丈夫的言行;两者也因相似的缘由而放纵奴隶[④],希望奴隶能揭发主人的阴私。奴隶和妇女一般总不至于参加反僭主的活动;实际上,奴隶和妇女在僭主政体中也像在平民政体中颇为得意,他们也就乐于僭主的统治,像乐于平民政体一样,

① 依《希罗多德》iii 60,塞莫斯岛上有三大建筑,但未言明这些建筑出于公元前第六世僭主波利克拉底(Πολυκράτηs)。波利克拉底所增缮的大建筑可能是一所宫殿。修意通尼斯:《加力古拉该撒本纪》(Suetonius,Caligula)21,说加力古拉曾拟重修塞莫斯岛上故宫。这一故宫也许就是这里所说波利克拉底的建筑。

② 这里所说的捐输相当于年纳百分之二十的财产税。依《狄奥多洛》ii 5.6,叙拉古和迦太基作战时,狄欧尼修前主的舰队和陆军都极庞大;这时期捐输想必是很重的。

③ 僭主对于朋友从属多猜疑,见伊索格拉底:《论和平》(De Pace)112 等书。色诺芬:《希厄洛》iii 7,记希厄洛,《狄奥多洛》xv 7.3 记狄欧尼修一世,都是猜疑之主。

④ 极端平民政体"对于奴隶的放纵",参看伪色诺芬:《雅典共和国》i 10,柏拉图:《理想国》563B,德谟叙尼:《腓力》III 3。

而民主政体中那些装扮成至高无上的君主的“群众”，其所作所为也恰好类似僭主。所以“佞臣 ”在这两种政体中也都能获得宠幸而成为显贵。平民政体欢迎“群众领袖”（德谟咯葛），这种
1314a 领袖尽可称之为“平民宫廷的佞臣 ”；僭主们喜有卑恭的献媚——这正是宫廷佞臣所擅长的事业。他们既乐于受到奉承，僭主政体便成为若干恶人的朋比体系。具有自由人灵魂的，谁都不会屈身献媚，好人们可以成为朋友，但他们决不肯做佞臣 。[恶人则不但擅长谄谀，]而且他们又是奉旨出去尽干坏事的好工具；正如谚语所说：“铁钉可用以敲出铁钉。”①僭主的习惯就是永不录用具有自尊心和独立自由意志的人们。在他看来，这些品质专属于主上，如果他人也自持其尊严而独立行事，这就触犯了他的尊严和自由；因此僭主都厌恶这些妨碍他的权威的人们。暴君还有宁愿以外邦人为伴侣而不愿交接本国公民的习性，他们乐于邀请外邦人，同他们餐聚并会晤；他们感到外邦人对他们毫无敌意，而公民却抱有对抗的情绪。

这些就是所谓僭术（“僭主的家法”），也就是用作维持僭政的手段；但求有补于自己的政权，僭主是不惜采取任何恶劣手段的。我们可以把上述这些手段及其相应的目的综合为三项要旨。第一，僭主的目的及其所采取的手段在于摧毁其臣民的精神（志气）。他们懂得，任何精神衰弱的人就对谁都不作反抗。第二项要旨是散播并培养人与人之间的不睦和疑忌。人们一旦互相信任而达成

① “铁钉[可用以敲]出铁钉”这句谚语同另一谚语“坏人可用以对付坏人”（κακὸν κακῷ ἰάσθαι）相似，参看赖契和希那得文：《希腊古谚》卷一 253、363、卷二 116。亚氏引用这句谚语稍稍改变了它的本意。

团结,才能起而推翻僭主政权;所以僭主经常同好人们为仇。他们知道好人们对于其统治多所不利——好人既不愿被人看做奴隶而以受制于专制政治为耻辱,而且他们又习于互信,尊重朋友之义,不做诬害告密等卑劣的勾当。第三项要旨为削弱臣民,使人人都无能为力。人们如果明知起事没有成功希望,也就不敢轻易尝试。于是,全邦人们如果全都软弱,那就谁也不会起来与僭主为难了。

这里,我们把僭主们常取的诸手段会撮而分列起来就是这么三个要旨:(一)在臣民间散播并培养不睦和疑忌,(二)使臣民无能为力,以及(三)摧毁臣民的精神[①]。这里已说明了保全僭主政权的两个途径之一。我们还得继续叙述另一途径,这另一途径所有的措施几乎全然相反[②]。我们试回溯一下君主政体所由败坏的诸原因,就可明白这一途径的性质。曾经注意到使君主政体转成僭主政体为毁灭君主政体的原因之一,那么使僭主政体转成君主政体就应该是保全僭主政体的方法了——但这个转变应该保证修正了的僭主仍然保持其个人权力,并且无论其臣民是否同意,仍旧由他统治。倘使连自己的权力也一齐交出,这就等于取消了僭主政体。权力为僭主政体的基础,必须继续固执;至于其他方面,一个

① 25—29行综合而复述上文的三要旨,施奈德、顾莱、贝克尔(1855年重校本),都认为这是后世插入的边注,加〈 〉。《苏校》认为仍属正文,不加括弧。

② 《纽校》iv 448页注,简述这相反的两途为(一)假定僭邦人民全都仇视僭主,因此,统治的方法为使人民无力反抗。(二)在诱使人民把僭主当做全邦的管家或监护人,因此,他们不作推翻僭主政权的设想。

僭主尽可依照王家的气象办事，至少可以装扮得像一位国王。首先[①]，他应该表现出自己关心公库。他不仅爱惜财赋，不把国帑用 1314b 作自己的赏赐，以致引起民众的不满，当民众看到自己辛勤劳苦所得的收益，一经缴给公库，立即被嬖幸所靡费或落入外邦人[②]和艺师技匠[③]之手，这是不会不愤慨抱怨的。又，他必须把自己的收支布告于国内——这种财务公开的政策，有些僭主的确曾经实行[④]。这样的措置，在人民看来，他似乎不像是僭主，多少类似一个管家了。他也不必因此而担忧自己财用匮乏；只要邦国的实权没有旁落，他就不患无财；倘使他必须出国远行，那么，如果有所亏空，反比留有窖藏或库存为有利。通常，当僭主出征，许多公民随从他为士兵而驻守国外，他就顾虑着所委派的留守人员和部队；要是府库空虚，留守人员就无所觊觎了。其次，他在征税和需要其他捐输时，应当使大众明白这些款项都是为了公共事业的正当用途或军事方面的迫切需要而征收的；对于城邦的收益切不可视作私蓄，他对于处理一切公帑，应该使自己表现出监护人或司库员的姿

① 以下数节类似对一幼君的告诫。弗洛伦斯的马基雅弗利（H. Machiavelli，1469—1527）：《君道》一书的现实口吻与此相近。

② 僭主往往厚待外邦客人，例如叙拉古希厄洛一世以赏赐巨大著名当世（阿里安：《杂史》ix 1），对外邦远来的人赠遗尤厚（宾达尔：《璧西亚节颂》iii 71）。僭主所接纳的外邦人中亦往往有真实的诗人和学者（参看《雅典那俄》656d）。

③ “技术家”包括艺术家和工匠，其意当指“奇技淫巧”。希腊各邦僭主除不惜重金以求雕刻、绘画等美艺外，亦常争揽厨师、医师、演员、舞伎以及缝纫、装饰等匠师（参看《希罗多德》iii 131，塞莫斯僭主波利克拉底以巨额年俸同爱琴那和雅典相竞，争聘克洛顿名医事）。有些僭主除奇技淫巧外，也确实重视邦国所需要的工艺，例如狄欧尼修前主以巨赏奖励制甲（《狄奥多洛》xiv 41.4）和造币技师（赫德：《钱币史》154 页）。

④ 叙拉古僭主葛洛（《狄奥多洛》xi 26.5）和芮季俄僭主密居索（Micythus）（《狄奥多洛》xi 66）都曾公开财务。

态。

[在个人行为和修养方面,]一位僭主应该示人以重威而不露严酷;凡人和他接触,仰其容色,当使发生自然敬畏而无恐怖的情绪。令人望而敬畏的风度是不容易做到的[①]。所以,他如果还不能在其他方面修养得有所成就,至少应培育好军事品德[②],让大家对他都有他是知兵善战的印象。他绝对不能在色情方面对人有所伤害;他自己及其从属都当避免伤害其治下任何人(无论其为童男或少女)的贞操的嫌疑,不让民间流传淫秽的蜚语。僭家的妇女对于其他的妇女也当循规蹈矩,无所烦扰;好些僭主政权就因为妇女的放肆而致毁灭的。当今有些僭主连朝宴饮[③],晨起设席,[海陆珍鲜并陈,]日夕未已,继以长夜——他们还自炫其豪奢,以为这正是人间所共羡的快乐和幸福[④]——一个意图长期保存其统治的僭主应该一反这种无节制的欢娱。关于人生行乐的思想,一个僭主

① ἡ αἰδώς 有两种意义:(一)羞耻和(二)敬畏,此处作"敬畏"解。敬畏同"恐怖"或"惧怕"之别,参看《集题》卷十一章五十三 905^{a}5,柏拉图:《法律篇》886A 等。僭主大都习于严酷,例如息勒尼僭主阿尔基雪劳二世(Arcesilaus II)的称号为"严酷者"(ὁ χαλεπος)(普鲁塔克:《女德》25),黑海南岸赫拉克里亚城僭主的始祖克里亚沽(Clearchus),"性情暴躁而严酷"(伊索格拉底:《书翰》,Epist.,vii 2)。惟王者方能保持"重威"(普鲁塔克:《德米羯留传》,Demetrius,2)。

② ΓΠ 抄本、《贝克尔校本》作"政治"品德(πολιτικῆs)。《苏校》和《纽校》从马德维格:《希腊典籍对勘》(Madvig,Adv. Critica ad Scrip. Graec.,1871)I 468 校订,作"军事"品德(πολεμικῆs)。

③ 《雅典那俄》435E,引亚氏:《叙拉古政制》(Συρακοσίων Πολιτεία)(原书今已逸失),说狄欧尼修后主曾连朝宴饮九十日。

④ 塞浦罗斯的撒拉米斯僭主尼古克里(Nicocles)和推罗王斯特拉托(Strato)竞比豪奢,以宴饮放荡为人间快乐和幸福(缪勒编:《希腊历史残篇》卷一 299 存录色奥庞波:《马其顿王腓力史》残篇 126)。

必须克己自持；即使个人的操修不能达到这样的理智，至少应该向世人表现自己绝不纵乐。民众见到沉湎醉乡的糊涂虫总是容易引起鄙薄之意，认为他们是不难加以袭击的；如果遇到清醒而警觉的人，他们就不敢对他藐视而轻举妄动了。

实际上，一个僭主几乎应该完全一反我们前面所说僭主们的各种特性[①]。他应该给他的城市设计而加以装潢和点缀，让大家都以为他真是这个城市公众利益的监护人，并不像一个专制的主宰。对于诸神的祭仪他应该常常显示自己的虔诚；人们认为他既
1315a 对诸神如此恭敬，就不至于亏待人民。而且他们感觉到诸神会保佑向之崇拜的人物，也一定不肯轻易同他作斗了。同时还须注意到自己的虔诚不要被人当做愚昧（迷信）[②]。在任何方面看到有［功绩和］德行的人们，他应该予以尊荣（名位），所授的尊荣要适如其分，让这些人私自估量，要是跟他们同级或同业的公民们执政而论功度德，他们的所得也未必就会更多。凡加恩行赏，授予名位，都应亲自施行；但一切罪罚则应由属官或法庭判决。一切形式的君主统治，［包括僭主政体在内，］都要慎重注意，切勿让谁单独晋升到特别高的名位；倘使必须有所升迁时，应当使若干人同时晋升，这样，他们之间便各思奔竞而互伺其短长了。或者竟然有不能不独予拔擢的人，这就得仔细审察他的性情，不是豪健的一派才可予以重任，要是其人豪健，就难免要作非分的举动。另一方面，如

① 见1313a35—1314a29）。

② 以“神道设教”为罔民之一法，马基雅弗利的宗教观念与此相类似。亚氏自己的神学思想见《形上》卷十二者，为“宇宙万有，一神为之主动”的说法，但他仍然尊重希腊传统的多神习俗和祭仪。

果已决心撤除某人的显职，罢黜应该逐步实行，不宜在旦夕之间骤然削夺他所有的权势[①]。一个僭主应避免任何形式的暴戾行为，对于人们滥施体罚(人身凌辱)[②]以及伤害青年男女贞操这两者，尤其要切戒。逢到珍惜荣誉(好名)的人们，他应该特别谨慎。在珍惜财产(好货)的人们，谁要是损害他们的财产，必然引起他们的盛怒；高尚而好名的人们则在荣誉受到亵渎时，必然憎恨。所以僭主必须避免对于人们的凌辱行为；在不得不有所责罚时，他至少要使大家明白他是施行严父的训教，目的不在加以凌辱。他如果有时同青年男女过从盘桓，应当使人认识到他心存热爱，并无依仗权势，逞其恣肆放荡的意图[③]。对于所有这些事情，一般说来，他只能[给予那些被视为受辱的人们]以更大的荣誉，以补偿他们所遭的伤害(荣誉损失)。

行刺的阴谋对于僭主最为危险，如刺客但求成事，不惜身殉，则更须慎防。因此，对于自感受辱或为了他素所亲好的人们受辱而感不平的人应特别戒备。人们激于愤怒而蓄意一逞，必然奋不顾身，所以赫拉克里托说："如果有人抱有决死之志，热血沸腾，出而报复他的仇恨，那是没有人能够和他对抗的。"[④]

[关于社会方面，]一个僭主应经常记住整个城邦是由两个部分(阶级)——穷人和富室——组成的。他须尽力防止这两部分的

① 参看章八 1308^{b}15。

② 同章十 1311^{b}28—35 和下文 21—22 行相应。

③ 参看 1311^{b}1—20 等节。

④ 第尔士编：《先苏格拉底诸哲残篇》(Diels：Die Fragmente der Vorsokratiker)85。

互相扰害，如果可能，要使每一部分都感到僭主有助于他们并为他们的保障。可是，两者中如有一部分较强，僭主应该先使较强的一部分靠拢到自己这边[1]。他既获得邦内较强部分的拥护，在一旦有急变时，便无须采取解放奴隶或解除公民武装[2]等手段了。他要是原来拥有实力，则两方的任何一方如能加入到他这边，就足以击败任何反对僭主的叛乱。

我们无须一一详述这些政策的细节；这里关于僭政的一般手 1315b 段业已说明。一个僭主，在他人民面前，应表现为大众的管家或本邦的仁王，而不是一个专制的僭主。他应表现自己不重私利而为万民公益的监护人。他应以克己复礼为平生素习，万事不为过分。他应交友于著名人物而同时也要求取平民群众的好感。应用这些方法，他不仅无须压抑其人民的精神意志，那些被统治的群众可以保全较好的品质，他的统治也可成为较高尚而值得受人欣羡的体制；而且他自己也因此不再是被人民所恐怖和憎恨的目标了。还有，他的统治既可因此较为持久；自己的习性也必日趋于善良，即使不容易达到全善，至少可得半善，要是说他已转成半善半恶，那么至少已经不是全恶的了。

① 参看章九 1309b16。

② 僭主常常解放奴隶，利用他们来增添自己的卫士或军队（参看柏拉图：《理想国》567E）。这种实例很多：库迈的阿里斯托德谟（Aristodemus）（哈里卡尼苏的狄欧尼修：《罗马掌故》vii 8），叙拉古的狄欧尼修前主（《狄奥多洛》xiv 58.1），黑海赫拉克里亚的克里亚沽（查士丁尼：《马其顿兴亡史》xvi 5.2），都曾用奴隶扩充武力。色诺芬：《希厄洛》vi 5，说僭主在亟须加强实力以应付战局时，舍奴隶外，别无他途可得士兵。这里所说“公民武装”（重武装部队）作为“反对僭主武装”，以与增加“拥护僭主武装”的解放奴隶手段相对。

章十二[①] 〈可是,[就持久而论]于所有各种政体中没有比寡头和僭主政体更为短命的了。存在得最久的僭主政体为西基雄的奥萨哥拉及其后代,这一僭主政权历百年之久。这一僭族所以能够如此久长是由于他们善自节制,治民温和,施政大体上遵循法度。[在奥萨哥拉族中,]克勒斯叙尼尤以将才(武德)见重于当世;其他列主也都爱护其人民而得到大众的欢心。史传克勒斯叙尼在竞技中屡被裁判为失败者,他却给裁判员加上花冠而称许他的公正;据有些人说西基雄广场中现存的一个坐像就是那个裁判,以证实这一故事[②]。关于雅典僭主,庇雪斯特拉托曾有一个类似的传说,他受到亚留巴古(元老院)的传唤,便恭敬地作为被告而答辩所质讯的案件。

以僭主政体传世的悠久著称者,其次应为科林斯的居柏塞卢族,前后共历七十三年有半:居柏塞卢在位三十年,伯利安德在位四十年又半,戈迪亚斯之子伯萨米底沽在位三年[③]。科林斯僭主政体

---

① 斯宾格尔:《亚里士多德研究》(Spengel, Arist. Studien)卷三 63 页,指出这一节首句以"寡头政体"和僭主政体并列,同上章的专言僭主政体,不相承接。又以"僭主政体"列于"所有各种政体"之中也同前章和本章下文 40 行以僭政为外于[其他]四种[立宪]政体者有异。苏斯密尔又指出这里所述僭主传世情况,未列叙拉古的狄欧尼修僭族和费雷(Pherae)的吕哥弗隆僭族;狄欧尼修族共传五十七、八年,吕哥弗隆自公元前第五世纪末始当僭主,其嗣主终于公元前 352 年,共传五十余年,两族皆较本节所举第三悠久的僭主统治为长,而两者均为亚氏素所熟知的史实。这可见本节多所缺漏。又,寡头政体如在科林斯等邦常常延传颇久,这里同僭主政体并列而混称其历世都短,不尽符史实;下文亦未举出寡头城邦或长或短的实例。《苏校》二版(1745 号注)、《纽校》(iv 477 页),都认为伪撰,加〈 〉。

② 西基雄跟科林斯邻近,同为工商业比较发达的滨海城市。依《希罗多德》vi 126,西基雄僭主始祖安特里亚斯(’Ανδρίας),即本书 $1315^{b}13$ 所说的奥萨哥拉,克勒斯叙尼为奥萨哥拉四世孙。《狄奥多洛》viii 24,说德尔斐神识曾预卜奥萨哥拉族历世百年。布佐耳特:《希腊史》卷一 661.4,考订西基雄这一僭主政权始于公元前 665 年,至公元前 576 年后覆亡。

③ 缪勒编:《希腊历史残篇》卷三 394 所存录《大马士革人尼古拉残篇》59,记这

所以如此悠久的原因跟西基雄的僭主政权相同：居柏塞卢颇得民心，主国三十年，出入不带卫士；伯利安德虽素称专制，但一时将才，没有能同他匹敌的。

第三个传得较久的僭族为雅典的庇雪斯特拉托父子，但他们的统治曾经中断过一些年月。庇雪斯特拉托曾两次被驱逐出国，所以前后三十三年内，在位仅十七年；诸子相承又十八年，实际在僭位共历三十五年①。

其他僭主政体的为期较久者有叙拉古的希厄洛和葛洛。但僭室的寿命究属有限，这一家仅历一十八年②：葛洛为僭主七年，死于在位的第八年；希厄洛继统十年；司拉绪布卢嗣位③十个月而被驱逐。

实际上，僭政一般都是为期短促的。〉

现在我们已说明了诸政体和君主（一长）制度所由毁灭和保全
1316a 的全部或几乎是全部的原因。［最后我们还得说到］④在［柏拉图

个僭主家族的第三代为高尔古斯（Γόργος）之子“居柏塞卢”，其名同此处所言“伯萨米底沽”相异。布佐耳特：《希腊史》卷一 638—639，推算科林斯僭统编年：居伯塞卢，公元前657—前 627 年，伯利安德，公元前 627—前 586 年，伯萨米底沽，公元前 586—前 583 年。

① 《雅典政制》章十七、十九，说庇雪斯特拉托在僭位十九年，诸子在位约十七年，共三十六年，和《希罗多德》v 65 所叙相符。章十七说庇雪斯特拉托从始僭至身死，计三十年，和此节所述相符。章十九记庇氏从开始当僭主后，两度被逐而复辟，至诸子倾覆，共四十九年，依此节，应为三十三加十八，共五十一年。其中差数盖出于嗣位当年这一岁重复计算之故（参看来因博物院院刊［Rhein. Mus.］五十三 383 页以下，寇契纳［Kirchner］文）。

② 依《狄奥多洛》xi 38.7，葛洛在位七年；希厄洛在位十一年八个月（xi 66.4）；司拉绪布卢在位一年（xi 76.5）；三兄弟相继共历十九年八个月。司拉绪布卢覆亡，在公元前 466 年（《苏校》二版 1760 注，《纽校》iv 480 页注）。

③ 参看章十 1312^b10—16 并注。

④ 以下至章末批评柏拉图：《理想国》卷八中关于政治变迁的议论及其天运循环思想，虽行文似乎相接，其内容同上章实不相承。但恰如纽曼等校勘家所说，其文理和所作辨析以及对柏拉图思想的考察都显然为亚氏手笔。本章末句断残或为后世传抄缺漏，或为当初全章原来没有完稿。

的]《理想国》中，苏格拉底曾经对政体的变革有所论述，但他的论旨是有缺憾的。首先，他对于自己提出的第一种理想政体应可发生的变迁并未另作说明。他只泛言世事消长，人间没有永不变迁的体制；而万物都有其生灭的周期；他又进而叙述一般的变迁都可由“数理(数式)”推求其原因，这种数式中的“三分根”(3∶4)，“婚配于五”而成“两个谐合律数”——照他说来，这种律数可在他们转作“立体”时发生[①]。他由数理假定人类的繁殖有时或不合于自然[正常的数式]而产生劣变的品种，这些品种既属卑弱，就不堪教育而终难有所成就[②]。这些假定也许本不确实。世间可能有这样无法造就的人们；

① 万物“演化(生灭)周期”，见柏拉图：《理想国》卷八 546B—C。亚氏批评柏拉图思想常取其片断，而诘难其中偏颇之处，不必悉符原旨。柏拉图原旨在说明政体变迁犹如生物演化，各有自然生灭“周期”，例如动植物寿命或长或短，可凭各该生物机体、胚胎、成长、死亡的内在“循环”，推求其原因(参看《理想国》的孔福特[Cornford]英译本 263 页注)。柏拉图信奉毕达哥拉斯数论宗的学说，往往以世事强合于成数。古人以数理论道，往往类似圆通妙悟；及以实数布算，总见其牵强附会。此节所说“三分根”，亦可译为三角根，即所谓“毕氏原理”，以勾三股四为比例而配以弦五，作正三角形，其间具有$(5)^2=(3)^2+(4)^2$这样的方程式。这三边的三次数(立方数)相加，$(3)^3+(4)^3+(5)^3=216$。这正三角形的面积为$\frac{1}{2}(3\times4)=6$；这面积数的三次连乘$(6)^3$亦为 216。此数为古希腊医学所习知的婴儿妊娠期中，最短而可以成活的日数。柏拉图由此臆想，生物的创生既有定数，其死灭亦当有定数。而由许多生物集聚所成的世界，或许多人类集聚所成的政体，当也可凭更复杂而更广含的数式求其生灭循环的周期。所说两个“谐合律数”，其一即上述的“216”；另一为$3\times4\times5=60$；60 的四次连乘数为 12960000。此数开方得边长为 3600；另一长方形如长短边各为 4800 和 2700，而相乘时亦得 12960000。柏拉图原文于这些数式，语焉不详，后世以为“数谜”，而姑且称它为“婚配数”(nuptial numbers)。近世《亚丹斯(J. Adams)〈理想国〉校注本》卷二 201—209 页、264—312 页以及蔡勒：《柏拉图》(英译本 423 页注 110)都曾力求通解，后起学者亦颇加深研，但迄今犹未能完全了解其实义。

② 依数论宗的神秘观念，人事得其数者健康兴盛，失其数者病弱衰残。所以柏拉图认为在他的理想国中，执政者应管理人民婚姻、生育等事，使一切行动合乎自然演化的吉数、吉期或吉日，俾子女健美，社会繁荣，政体清明。

但由于品种劣变或人才卑弱而循致世事败坏或政体堕落，这毋宁是万物的通理或一切城邦的常情，并非《理想国》这书中的理想国所特有的变革原因。[所以他虽指出了一切变革的总因，却没有阐明各别政体发生变革的各别原因。]又，照他所说“时间的洪流使一切事物全都变改”①，这个成例是否可以解释不同日期创生的事物，在同一时间内作相同的演变？先一周期所生的事物，进入这一周期，是否就和这时所生的事物进入相同的成坏过程呢？

又，我们也可以提出质询，为什么那个最好的理想国应该[照他所说，]变为拉根尼（斯巴达）式的城邦？就常例说，政体的演化，变为相反的体制较易，变为相近的体制较难②。对于其他政体的演化，我们也可作同样的质询，照他所说，斯巴达式（勋阀政体）③的演变必变为寡头政体，寡头（财阀政体）的演变必变为平民政体，平民（贫民）政体的演变必变为僭主（专制）政体④。但相反的程序也并非不可遭逢；例如平民政体就能变革而为寡头政体⑤，而且实

① 柏拉图：《理想国》546A，说一切事物必经生灭成坏，成坏的景象表现于时间过程。亚氏这里断取了“时间”这个词，使它成为事物所由变改的“原因”，于是柏拉图的论旨就不能说明事理或物理了。

② 政体的所谓“相反”，可有多方面的解释，例如章十 1312^b4—8，极端平民政体相反于僭主政体者为统治者的性格相反，君主政体和贵族政体的相反于僭主政体者为建政的宗旨相反。因“相反”和“相近”没有严格的定义，这一“常例”也不作严格的应用。

③ “斯巴达（拉根尼）式”政体本书列于混合性质的贵族或寡头政体中，柏拉图则称它为“功勋政体”（帖谟克拉西）。功勋政体的演变，参看柏拉图：《理想国》550C、555B、562A 各节。

④ 柏拉图：《理想国》544C 等节所说政体演变的程序为：由贤哲（以智慧为本）主政的体系开始，其劣变，初为“功勋政体”（以才能为本），再变则挨次而为“财阀政体”（以财富为本）、“平民政体”（以人数为本）和“专制政体”（以暴力为本）。

⑤ 参看 1316^b10—13，平民和寡头政体可互变。

际上这一政体的变为寡头政体比变为君主政体较易也较多[①]。

又,当他说到僭主政体时,变革好像就此停止了似的;他从没有说明僭主政体是否也有变革,如果也有变革,他也没有说明这些变革的原因或它们究将变为哪种政体。这里,大概是有所迟疑,所以他略而不论。倘使依照他的原来论旨讲述,应该变回为第一种理想政体,俾可复原于连续演化的"循环";可是,这样并不能解决这一疑难。实际上,一个僭主政体可能转变为另一形式的僭主政体,例如西基雄的僭主政体就由弥罗所主的形式转变为克勒斯叙尼所主的形式[②];一个僭主政体也可转变而为寡头政体,例如嘉尔基城的安蒂利昂僭政[③];一个僭主政体也可转变而为平民政体,例如叙拉古葛洛的僭政[④];而且,也可一变而成贵族政体,斯巴达嘉里劳的僭主政体[⑤]就发生了这样的变革,迦太基也曾遭遇过相同的政变[⑥]又,僭主政体尽可继承于寡头政体[未必完全像苏格拉底(柏

① 卷四章十一 $1296^{a}3$,极端平民政体容易变成僭主政体,本卷章八 $1308^{a}20$—24,一般平民政体可能变为僭主政体,章五 $1305^{a}7$,古代平民政体常被强者僭窃为一人统治;这里亚氏在批评柏拉图时说平民政体较难变为君主政体,这和上述各节稍稍变了语调。

② 弥罗(Μύρων)为西基雄僭主,见《希罗多德》vi 126、《鲍桑尼亚斯》ii8.1。《尼古拉残篇》61(缪勒:《希腊历史残篇》卷三 394),说弥罗孙弥罗第三为僭主时,其弟克勒斯叙尼阴谋杀弥罗而夺其僭位。

③ 参看 $1304^{a}29$ 注。

④ 此节说葛洛僭主政体告终(公元前 466—前 465)后,叙拉古就建立了平民政体。依章四 $1304^{a}27$—29,继葛洛僭主政体者应为"共和政体",经五十余年(至公元前 413)后始再变而成"平民政体"。

⑤ 斯巴达嘉里劳(χαριλάος)在卷二章十 $1271^{b}25$ 称"王",异于此节称"僭主"。普鲁塔克:《莱喀古士传》5 说嘉里劳治民温和,为斯巴达贤王。黑海的赫拉克里图:《共和诸城邦志》2.3(缪勒:《希腊历史残篇》卷二 210)说嘉里劳为政苛暴。关于嘉里劳,古代当有两种不同史料,亚氏前后文各取了不同史实。

⑥ 卷二章十,$1272^{b}32$ 说迦太基从未有僭主政体,此节与之相异。$1316^{b}3$—4 说迦太基为平民政体也同卷二章十所说贵族而时有平民或寡头主义偏向的政体相异。

拉图)所说一定由平民政体衍生]。西西里古代寡头政体大多数落入这样的命运:例如在里昂底尼,巴那伊修僭政是推翻了一个寡头统治之后创建的[①],在杰拉,克利安徒也是这样地建立了他的僭主政体,在芮季俄[②],阿那克西劳僭政地来历亦然。其他若干城邦的政治演变也依循这同样的程序。

苏格拉底(柏拉图)臆想[斯巴达式(勋阀)政体的]变为寡头
1316^{b} (财阀)政体只是由于邦内的执政人员变成了贪财营利之徒的缘故[③],他竟没有说到富有资产的人们对于有产者和无产者应该分别待遇的自然要求,并以此为其建制的正义(法意):这是谬误的。事实上,若干寡头城邦禁止营利,并颁行了惩治贪婪的专律[④]。反之,迦太基虽然是平民性质的统治[⑤][并非寡头政体,]却盛行经商牟财——可是这个城邦没有因此而起变革。这也是谬误的:他说一个寡头政体内包含一富一贫的两个城市[⑥]。任何其他城邦的财产并非一概平等或才德并非一概平等的,岂不也同拉根尼式城邦一样,同时存在着两个部分么?[又,]在寡头政体之下如果没有任何 一个穷人比较以前更穷,而穷人日增,成为强大的多数,也就同

纽曼认为本卷著作后于卷二,因相隔日久,落笔因而有歧异。

柏拉图的政治文章尚理智而不重史实,用意在以彼个人理想订正时政的弊病。亚氏在这里以史实纠正他所举例子的谬误,对柏拉图政治思想的要旨并未深论。

① 参看章十 $1310^{b}29$。

② 芮季俄为与西西里隔海的意大利殖民城邦,此处都作为西西里城邦。这三邦的僭政可参看弗里曼:《西西里》(Freeman,"Sicily")卷二 56、104、107 页。

③ 参看柏拉图:《理想国》卷八 550E。

④ 参看卷三章五 $1278^{a}25$。

⑤ "平民性质的统治",施奈德认为这是"贵族性质的统治"之误(参看卷二章十 $1273^{a}22$ 等节);苏斯密尔从施校。参看梅尔察:《迦太基史》卷二 459 页。

⑥ 见柏拉图:《理想国》卷八 551D。

样会变革而成一平民政体[①]。反之,在平民政体中,如果比较富有的部分势力渐盛,竟至超越群众,因此富室起事,群众绌于应付,也将变革而成一寡头政体。

由寡头变为平民政体的,可有若干原因,但苏格拉底(柏拉图)却只举其中的一个原因[②]——即由于放纵奢侈以致负债而贫困——照他这样的推论,实际上要首先假定原来所有的人民或大多数人民应该是富有的了。但事实不然。事实是:只有那些领导人物一旦丧失产业,他们才会变成革命(叛乱)分子;至于其他的人要是有所损耗,未必就发生巨大的事故。而且由此所起的政治变革也并非必然就成了平民政体,它也未尝不可变为其他的某一种政体。又,照他所说,过度的自由使人人任情行事,成为挥霍财物以致倾家荡产的原因[③],[贫困就会激起祸乱,]可是一个城邦要是并没有过度的自由和财产的挥霍,却有好些人不得名位,或遭受凌辱或非法(有违正义)的待遇,也同样可以引起内讧,导致政变。

寡头和平民政体虽然都有许多形式(品种),苏格拉底(柏拉图)在讨论它们的变革时,就好像都只有一个形式(品种)……[④]

---

① 柏拉图:《理想国》552A、555B,说寡头财阀牟利日甚则平民愈穷,终将不胜困苦而起革命。亚氏在这里指为又一谬误;穷人不一定因愈穷而愈易从事革命,但人数如果增多,则可能因势力加强而起政变。

② 柏拉图:《理想国》卷八 555D。

③ 柏拉图:《理想国》,卷八,555C,564。纽注:亚氏这一句的用意在辨明人类生活的放纵奢侈是由于他们的"罪恶本性",同所谓政制上的"过度自由"无关;参看卷二章五 1263^b22。

④ 孔林(Conring)1656 年校本,施奈德、苏斯密尔、纽曼等人的校本都认为下有缺文。

卷(Z)六

章一　我们现在已论述了组成政体的(1)各种议事机构，即全邦最高权力所寄托的机构，(2)各种行政组织，(3)各种法庭(司法组织)，说明了它们各别的数目和性质；我们又论述了每一型式的城邦在缔造它的政体时，在这些机构的各个种类中应该各自采取哪一种性质的组织①。我们也已研究了各种政体所以倾覆并保全的原因以及有关的情况②。[我们现在可以进而考虑如何建立各种政体的问题。]③平民政体和其他诸政体都有若干品种④；我们必须继续研究那些尚未陈明的各个品种的建置事项⑤，关于它们各别所应采取的组织方式以何者为适宜而有利，尤当加以注意。我们也必须考虑到三项(议事、行政、司法)权力机构的各种组织形式，

---

① 见卷四章十四至十六。

② 见卷五。

③ 承接卷四卷五叙述“各政体的变革和保全”之后，本卷论述“如何建立各种比较能够持久的政体”。先在卷四末数章已分别说明了议事、行政、司法三项国务机构的各种组织原型，这里进而叙述，如何依照各邦的政治要求选取各种组织方案，而后合并这三项机构，造成一完备而适当的政体。下文实际讲到的只是平民和寡头两类型各个品种的建置。卷四章二 $1289^{b}20$—22 所列五项论题的第四项是“如何构成以平民和寡头为示例的各种政体”，这个论题曾在卷四章十四至十六交代明白，本卷重新提及这个论题可算是卷四的补充。这种建置的目的在谋避免变革，俾各邦可以长治久安，这样也可说本卷是卷五论述保全方法的延续。本卷 $1317^{b}35$、$1318^{b}7$，都称卷四卷五为“前篇”，那么本卷正该是那两卷的“后篇”。

④ 见卷四章四至六。

⑤ 见下文章四 $1318^{b}6$—$1319^{a}6$。

在合成为一政体时,可能有哪些搭配方式;不同的配合可使各种政体成为互相掺杂的政体,例如贵族政体混进了寡头制度,或共和政体侧重了民主性质①。应该讲述而迄今尚未说明的三机构的配合方式,可以用实例加以说明。这里可以是,议事机构和执政人员的选举制度按照寡头原则来安排,而司法(审判)组织却根据贤良原则;或司法和议事团体依据寡头原则而官吏选任却按照贤良原则来安排。也可能是其他各种方式的搭配,使一种政体混合着不一致的因素,[作出内容相异而同为掺杂性质的]若干混合政体②。 1317a

我们已经说明③哪种平民政体适宜于哪种性质的公民集团;哪种寡头政体符合于哪种性质的社会;以及其他各种政体各各适应于哪种城邦。但给每一城邦确定它所相宜的政体,这还不够;我们还应该简略地揭示建立这些政体以及其他各种政体的正当途径。让我们先讲述平民政体,阐明了平民政体后,大家对于情况与之相反的、通常所说的寡头政体也可不难知道它的梗概了。为了进行这一研究,我们须先了解平民政体的一切素质(属性)及其各种特征。这些素质的不同综合造成平民政体的各种形式;平民政体为什么不止一种形式,以及它们为什么会发生分化,都可由这些综合方法的不同来为之阐明。

平民政体所以分成若干品种,原因有二。其中之一前面已经

① 参看卷四章八 1293b34。

② 亚氏这里慎重提出了三权配合的问题,但随后本卷没有专章详论。亚氏混合政体的要旨在求取三种机构间的权力平衡,俾符合各邦建政原则。巴克尔英译本注,说英吉利十八世纪的宪政思想可同此节作比较研究。

③ 见卷四章十二。

论述①。各邦各有不同的人民：这里的民众可以是些农民，那里可以是些工匠或佣工。不同的人民所组成的平民政体便各不相同；你如果把农民加上工匠，把佣工混入农工，使他们组成平民政体，这样的政体同前面各平民政体不仅在程度上有优劣之分，而且是本质相殊并成为相异的品种②。可是这里已无须再谈这第一个原因，我们现在要叙述第二个原因。依这个原因说，平民政体所以形成不同的品种是因为那些相应于平民特征的各种素质可以有不同的组合方式：平民政体的某一品种，对于这些素质，有所缺漏，另一品种具备较多，又一品种则完全具备各种素质。人们有时需要缔造某种新政体，有时只求对现存形式进行某些改良，他们如能了解所有这些平民素质，一定有益于它的构成。从事创制政体的人往往把一切和该政体的精神有关的各素质兼收并蓄，全都纳入自己的体系。但这是错误的，我们前面在讲述③各政体的倾覆和保全这个论题时已经有所涉及了④。

现在我们开始研究平民政体的诸原则、情操和目的（宗旨）⑤。

① 见卷四章四 $1291^{b}17$—28、章六 $1292^{b}25$—$1293^{a}10$、章十二 $1296^{b}26$—31。参看本卷章四。

② 参看本卷章四 $1319^{a}38$—$^{b}32$。

③ 见卷五章九 $1309^{b}18$—$1310^{a}36$。

④ $1317^{a}30$—35 说普遍研究这些平民素质，35—38 行说民主各素质或有利于保全民主，或不利于平民政体的持久作用，必须深知其利弊，方不至于滥取盲用。

⑤ 这里三个名词，各种译本多作不同解释：τὰ ἀξιώματα，依本义为"要理"，或译"假定"（自明论据）或译"原则"。τὰ ἤθη，"伦理品质"，或译"德性"，或译"情操"。ὧν ἐφίενται"所求的目标"，同于下章 $1317^{b}11$ 和 14 的"宗旨"，兹译"目的"。平民政体这三事就是下行（下章首句）所说平民政体的"法意"（精神）（ὑπόθεσις，许朴色雪）。"许朴色雪"，本义应为"设理"，各译本或解作"意识"或"基础"或"法意"。$1317^{a}19$ 行等所说"平民素质"也相符于"平民政体的精神"。

章二　平民主义政体的精神为“自由”。通常都说每一平民政体莫不以自由为其宗旨(目的),大家认为只有在平民政体中可以享 **1317b**
受自由[①]。自由的要领之一[体现于政治生活]为人人轮番当统治者和被统治者。平民性质的正义不主张按照功勋为准的平等而要求数学(数量)平等[②]。依从数学观念,则平民群众必须具有最高权力;政事裁决于大多数人的意志,大多数人的意志就是正义。所谓“平等”就是说全体公民人人相等;因此,在平民政体中,穷人既属多数而多数决定一切,这样穷人就具有较高于富室的权力。这就是自由的第一个要领,所有的平民主义者一致以此作为他们的政体的宗旨。另外一个要领[体现于个人生活]为“人生应任情而行,各如所愿”。平民主义者说,对照奴隶们的不得按自己的意志生活,惟有这样才可算是自由人[③]的生活。这是平民政体的第二个宗旨。根据这样的宗旨,人人应不受任何人的统治,只是这样的自由事实上不能得到,于是遂有轮番为统治和被统治的政制。轮番制度对于以平等为基础的自由所做的贡献就是这样。

这些精神(法意)就是平等政体所由产生的基础,我们凭这基础进而研究它的各种特征。[在行政方面,]有由全体公民从全体

---

① 参看柏拉图:《理想国》卷八 557、562B。

② 参看卷三章九。

③ 参看卷五 1310a25—31,该节以绝对自由为极端平民政体的特征;此节说是一般平民政体的宗旨。

ὁ ἐλεύθερος(自由人)的本义是一个“成年人”;当一个男儿到达公民年龄,便从他父亲的管理之下解放出来,自己有妻室,并也成为父亲。这时他已有独立的人格,可遂行自己的意志,担负公民的义务,也享有公民的权利,并管理奴隶。这些就是他的自由(ἐλευθερία)。

公民中选举职官的任用制度；又有全体挨次进行统治，也挨次而被统治的安排；又有抽签参加政治机构的规定，至少是那些无需经验和专长的政治机构可凭抽签轮番参加；又对于任官资格完全没有财产定额的限制，或仅订立极低的财产资格；还有这种成例，除了军务以外，一切职司各人都不得连任，如真有连任的必要，也只限于极少数的职司，偶然可以有一两次的例外；最后还有这样的规定，一切职司——至少是尽可能多的职司——的任期应该短暂。[在司法方面，]有公众法庭制度，这些法庭由全体公民或由全体公民中选出的人们组成，有权审判一切案件，至少大多数案件，包括那些最重大的案件，例如审查政务和财务报告、法制事项以及公私契约。[在议事方面，]有最高治权应属于公民大会的制度，一切政事或至少是军国大事必须由公民大会裁决；反之执政人员就该完全没有主权，至少应把他们的权力限制得很少很小。

在各个行政机构中，如果一国没有充分的公款作为支付公民出席全体大会的津贴，则议事会[①]就是平民特征最为显著的机构。倘使城邦府库充裕，公民们一旦可以取得津贴，他们就开始把一切政事包揽到（公民大会）自己的掌握之中了，这在我们前篇专著中[②]已经提及。这种津贴制度是平民政体的又一特征。[按照平民政体的理想，]最好是一切机构——公民大会、法庭、行政机构——全都给予津贴；如果实在不可能，则凡出席法庭审判大会、

① 议事会在平民政体中亦可列入“行政机构”，例如雅典议事会不仅为公民大会准备议案，还处理捐课等其他行政业务。雅典议事会五百人，凭抽签选出，都有出席津贴。

② 见卷四章十五 1299^{b}36—1300^{a}8。

议事会和公民大会的公民，在开会期间，必须给予津贴，执政各机构也必须给予津贴（薪水），至少是那些规定要参加公共食堂会餐[①]的执政人员非给予不可。〈这里，同寡头政体的特征，门望（出身世族）、财富和教育相对照，平民政体的特征适得其反：出身低微、贫穷和鄙俗。〉[②]平民政体的又一特征为废除一切职位的终身 1318a
任期，如果某种职位在前代变革后还遗留着终身任期规定者，就须削减其权力，而且这类终身职位都不得再由选举而应改由抽签法来授任[③]。

这些就是一般平民政体所常见的特征。但在平民各类别和平民政体各形式中，大家所公认的合乎典型的一式[④]，应该[不是以这些特征为重，而]以正义为照顾到全体公民权利的数学平等。在这种政体中，所谓平等的真实意义是穷人不占富室的便宜，治权不完全操于穷人部分（阶级），而在数量上均衡地分配于全体农民。平民主义者要是依从这样的观念，人们当可相信平等和自由的确将实现于他们的政治体系中。

章三　接着的问题是：怎样能实际导致这样的平等？是否把全

① 执政期间，规定在职人员须参加公共食堂“会餐”，使他们常常互相接触。会餐费用由公款支给；执政人员的收入就是这种“伙食津贴”，犹如中国古称公职人员的俸禄为“薪水”。

② 这一句同上下文不相承接，依《苏校》及《纽校》，加〈〉。

③ 废除终身职位当指希腊苦干城邦中，王位和统帅等的权力与定制渐渐被剥除；参看卷三章十四 1285b13—19。

④ 这里所说平民各类别中，应取哪一类人民为典型，辞意不明。照下文措辞，符合于卷四章四 1291b28—38，所述五种平民的第一种，即农民。章四通论农民、牧人、工商三类平民所建立的平民政体诸形式时，亚氏也对农民城邦特别称许。

体公民估定的财产编成两个相等的区分，俾其中的一方为共有五百份大财产的公民，另一方为共有一千份小财产的公民，两个区分应该都持有相等的政治权力？还是应该用另一种计算制度，例如财产总额编成两个区分以后，即由那五百人和一千人两个区分各选出人数相等的代表，这些代表合在一起办理执政人员的选举并组织公众法庭[①]？[这两种制度对于政权的分配都照顾到财产方面。]试问，依据这样的原则所组成的政体是否最适合于平民政体所持的正义？抑或完全依据数量[照人数计算而不论财产多少]原则才真正合乎正义？平民主义者答复说，正义在于大多数人的意志。寡头主义者答复说，正义在于大多数财产所有人的意志，政事的裁决应凭资产的数额。两方的答复都违背正义而失却平等的真谛，如果以少数[富有财产的]人们的意志为正义，则某人的财富要是超过其他富室各家财产的总和，就该要求由他一人单独为政了，扩充这种寡头性质的正义观念，势必导向僭政。反之，如果以大多数人的意志为正义，我们前面曾经说过[②]，这个多数就会施行不义，没收少数富室的财产。

由两方所作关于正义的解释着想，我们现在应该考察“怎样的平等才可取得两方的同意”？两方都主张最高权力应寄托于公民团体中的多数部分。我们接受这个原则(精神)，但不能不有所修正。组成城邦必有两个部分(阶级)——富室和穷人。我们当然可

① 这里两种制度的分别：(一)两个区分所各别选出的人员或职官，在各机构都成为两个对等团体。(二)两个区分的代表合成一个团体后再行选举议事和审判人员以及行政官吏，这样，各机构内当选的人们表面上不再有相对立的区分。

② 见卷三章十 1281^{a}13—16。

以把最高权力归属于两部分(阶级)的共同意志或两者的大多数人的意志。可是这两方对某一政事也许意见相异,都想作出相反的裁决[倘使遭逢这样分歧的情况,又将奈何?]。那么,我们就把最高权力归属于既是人数多又兼财产多的这种多数的意志。我们可举出一个实例来说明:假如富有阶级以十计,贫穷阶级以二十计,现在十中的六和二十中的十五意见相反。这里的情况表明富有阶级中的少数和贫穷阶级中的多数意见相合。于是,两方之一[或是6+5这一方或是15+4这一方]要是其所代表的贫富公民所有的产额胜过对方,就应该获得最后的裁决权力[1]。计算的结果自然可能有时两方恰好相等而成为僵局;这样的僵局,在当今两方势均力敌的公民大会和公众法庭中常常可以遭逢。但这不难凭拈阄或其他相似的办法来解决[2]。 1318b

关于平等和正义这些问题,要在理论上弄明白谁所抱有的见解是正确的,这实在很困难。然而这类困难,比之更加困难的劝人

① 这里应注意一个要点:当初划分贫富两部分时,须先总计全城邦的各家财产,觅得一个分界线,这一界线所划开的贫富两方人数虽不等,两方的财产总额却正相等。这里的表决方式先计人数,再算财产数。这样在裁决任何案件时,人数和财产便都发生投票作用。寡头政体以财产为重,一部分财资不足的人就已经被除外于公职名籍和各个机构。

② 《巴克尔英译本》章末长注:这种等产区划的政权分配方式,今未能考知在希腊各城邦中有无实例。雅典在财务方面有凭人数和财产综合分配税课的制度。公元前377年,雅典举办了一次普遍的家产调查;后来将公民及其财产划成一百个“等产区分”(συμ-μορία);每年城邦所需款项便平均分配于各个等产区分,按时摊缴(参看《剑桥古代史》卷六74页)。

普鲁士在第一次世界大战(1914—1918年)前,全邦选举权作三分:(一)财产最多的富人占5%,(二)中产阶级占15%,(三)其余公民占80%。三部分人数不等,而选举权(选票计算)则因财产相等而相等。这种制度同此节所拟的相符。

遵守正义，那就微不足道了；人们要是其权力足以攫取私利，往往就不惜违反正义。弱者常常渴求平等和正义。强者对于这些便都无所顾虑。

章四[1]　　在平民政体的四个品种中，照我们前篇专著所说明的，应以最先叙述的第一个品种为最好。这也是各品种中最早的一种。但我所以把它列于第一，并非因为它创制在先，而是依人民的级类作为次序的。组成城邦的人民以农民为最优良的级类；也应当是第一级类[2]；如果境内都是以农牧为生的人民，就不难构成一个平民政体。这类人民的财产都不大，终年忙于耕耘，就没有出席公民大会的闲暇。一家衣食并无余裕，所以终岁辛勤，早晚不舍耒耜；他们习于知足，不贪图他人的财物，不作非分之想；总之，他们乐于田亩之间的作息，参政和服务公共事务既没有实际的收获，他们就不想染指。群众都爱好实利而不重名位（荣誉）。对于古代僭主政体的容忍，可为农民知足的证明，寡头政体倘使对于他们的农事不加扰害，对于他们的收益不去侵掠，他们也是继续容忍的。让他们安于耕耘，他们不久就能自脱于穷乏，或者竟然仓廪充盈，达到小康。这些群众即使有时感到政治地位和权力的需要，如果给

① 自章二 1318^{a}3 起至章三末 1318^{b}5 止，《苏校》作旁涉，加〈〉。纽曼认为这一段除第一句可作为上文的结语外，其余与上文不相承接；但可能是亚氏自己在后来增补了这一章的。《巴克尔译本》注认为这一段重论正义和平等，分析平民政体的特征和社会基础，实为章四的楔子，并非旁涉。这一章重涉卷四章四 1291^{b}30—1292^{a}38、章六 1292^{b}2—1293^{a}10 所举平民政体各品种，而内容略异，卷四那两章专言形态，这里论其构制。

② 亚氏的重农观念除卷四的章四章六外，前面已见于卷一的章九至十一。

予他们以选举行政人员和听取并审查这些行政人员的政绩和财务报告的权利就会感到满足了。实际上,有些例子显示群众对于更小的权利也可能感到满足。譬如在曼底涅亚,群众就没有选举行政人员的权利——这些选举由从全体公民中轮番推定的选举团体进行——但,他们仍赋有议事的权利。这样一个政治体系[虽赋予人民的权利是有限的]仍应认为是平民政体,在曼底涅亚所施行的就是这样的一种平民政体[①]。

由于这些情况,在我们前面所涉及的第一种[农业][②]平民政体就适于采取这样的安排,让群众获得通常应有的政治地位,一方面全体公民应该一律享有选举行政人员、听取他们的报告而予以审查以及出席公众法庭这三项权利;在另一方面,重要的职司必须由选举拔擢,而被选任者当限于具备某一财产资格的人们。各种职司,凡所负责任愈重,则财产资格应该相应地订得愈高。或者设立另一类条例,使任何职司都无需财产条件,而实际上却只有具备相应才能的人们才能当选。具有这样的制度的城邦该可以有修明的政治——全邦的职司常常委任给最优良的公民,大众对高尚的才德之士本无嫌忌,也乐于他们以民意为依归的行政——;而高尚人士和贵要阶级在这个体系中,既常常担任

① 吉耳伯特:《希腊政制典实》卷二 126.2,认为亚氏此节所说曼底涅亚的平民政体为公元前 421 年前后的情况。有些人凭这一节举曼底涅亚为古代有代议制的先例,实不确当。曼底涅亚有公民大会,全体公民参加议事。这里所说只是它在任官方面应用了间接选举的方法。

② 依《巴克尔英译本》加[农业]。依《纽校》(iv 511 页注释),认为此处所说"第一种平民政体"当指梭伦所制订的政体,下文所说公民的权利、各机构公职的选任方法等都符合于卷二章十二所述的梭伦"祖制"(参看 $1273^{b}40$—$1274^{a}3$、15—22 等节)。

公职，也就不至于被他人或被比他们低劣的人所统治，他们也尽可引以自慰了①；又由于民众持有审查行政工作的权利，这又保证了执政人员的一切措施必须遵循法度并合乎正义。人间互相依仗而又互为限制，谁都不得任性行事，这在实际上对各人都属
1319a 有利。人类倘若由他任性行事，总是难保不施展他内在的恶性②。事情的有利于任何政体者莫善于责任分明：把政务托付给才德的人，而群众都赋有应具的权力，就尽够限制官吏的任何过错了。

显然，平民政体以这一品种为最优良；理由就在于组成这种政体的[农业]人民具有某些明确的品质。古代盛行的某些法规都力图使人民从事耕作而安于农业——譬如，绝对禁止人家占有逾量的土地，至少是在城区附近或离城市中心若干距离以内，份地都有限额，这种限制就是重农法规的一个例子。在好多城邦中还常常有这样的法规：禁止各家出售其原来配给的份地③；[在埃利斯，]还有一条出于奥克须卢④所手订的禁令，任何人不许以其地产的某一部分作为抵押，进行借贷。[倘使一个城邦起初没有这类法规而土地已经发生转让和兼并，]类似亚菲底人的一种法规可以用来作为补救，这种法规也可使农民安心耕作，谨守田园。亚菲底虽壤

① 希腊人以被低劣的人所统治为深耻，见索福克里：《菲洛克忒底》(Philoctetes)456；柏拉图：《普罗塔戈拉篇》338B等；德谟叙尼：《罗得岛人的自由》15。

② 人类内在的恶性，参看卷三章十六 1287a30；又柏拉图：《蒂迈欧篇》71D。

③ 参看卷二章七 1266b21。

④ 不许把家产的某一部分或全部分地抵押，可使任何穷困的人家长期保有他的每一块田地。埃利斯的创制者奥克须卢注意保护小土地所有者，见朴吕波：《史记》iv 73.8。

地狭小,人口众多,却向来全都务农。这是因为他们田产的册籍不把每家的土地作单一的整块估值。各家田产分成若干块,注明册籍;较穷的人家只要能够保持或获得最小的一块,就尽够保持或获得[公民权利的]财产资格[①]。

[作为平民政体的基础,]次于农业人口者,应以牛羊畜群为生的牧业人口为最优良。牧民的许多情操(性质)都类似农民;而体格尤为健壮;旷野露营的生活习惯使人人都锻炼得特别适于战争。为其他品种的平民政体作基础的它类人民,几乎没有例外地都比农牧为卑下。工匠、商贩和佣工这些市廛群众[②],各操贱业以糊口,他们的种种劳作都无可称尚。聚集而徘徊于市区和商场之间,这类人民不同于农家的散处村落,鸡犬相闻,很少互相往来,也不亟亟于社会政治的集合,而他们就乐于并便于参加公民大会[③]。要是[以农牧业人口为主的]城邦的乡郊离市区辽远[④],也有利于

① 亚菲底在撒隆尼加附近,为巴勒尼(Pallene)地区小城市。巴勒尼土壤肥沃,特别适于栽培葡萄,所以人民多务农。此节指明亚菲底的公民资格只需有“小额”土地,使小农都能享受公民权利,同时也是奖励农业,使穷户不轻弃田园的一种方法。

② 卷四章四 $1291^{b}17$ 以下所举人民职业类别,本章仅述其五,尚有航海、渔业、桡手等没有再加论述。

③ 希腊各邦工匠和商贩常常入市售货,佣工入市待雇,而平民也常常徘徊市集,闲游港埠(参看《色奥庞浦残篇》65 所述拜占庭平民情况,缪勒:《希腊历史残篇》卷一 287)。《狄奥多洛》i 74.7,说埃及人都孜孜作业,累积物资,而希腊民主各城邦的民众则日聚市场,会议政事,荒废本业。《朴吕波》卷二十八 7.3,说许多城邦的公民大会会场就设在市集。德尔斐的公民大会亦称“市场大会”(ἀγοραί),见迪坦贝格:《希腊碑志集》第 313 号。雅典的公民大会在讨论某些问题时也有在市场集合的(参看吉耳伯特:《希腊政制典实》英译本 288 页)。

④ 例如城市建于海滨或海岬者,其耕地和牧场往往在内陆,农牧人口的居住区域便离市较远。依下句解释,亚氏认为开会太多无益政治而有害家业。《普吕克斯》viii 116,说雅典公民大会在举行特殊重要政事的会议时,才召集郊区居民。

建成一种优良的平民政体或共和政体。这样，国内大部分人口就必须定居于郊野的农田之间，市内即使还住有一部分民众，民主性质的政体也可以作这样的规定，凡郊区居民未能入市出席时，就不得举行公民大会。

现在我们已说明了第一种最优良的平民政体应该怎样建立的情形。由这些说明，也显示了其他各品种应该怎样加以建置。它们挨次包揽了比较卑下的阶级(部分)，因此逐级地偏离[于第一种的典型][①]。

1319^{b} 把各类人民一律吸收在内的末一个品种，要是没有适当的法度和习俗为之维系，就不易持久，这不是所有城邦都可施行的。这种政体以及其他各种政体所以毁灭的原因业已大体讲过[②]。民主派的领袖们在建立一种政体时，总是企图尽可能地增多人数以加强平民势力。公民资格不仅授给合法子嗣；对双亲只有父系或母系一方为公民的非自由正裔，也一并让他们入籍；在这种平民政体内，这些人物恰好供应了“平民”的数量[③]。但这只是“平民英雄”们(德谟咯葛)所常常应用的策略。正当的办法不应该如此无限制地增加数量；放宽公民的名籍仅仅在使平民人数能够超过贵要和中等阶级的联合势力，超过这种程度是绝不相宜的。任何较强的平民比例就会扰乱政体的平衡，贵要阶级将因此不安于心而抱憾

① 这一句倘使完全照原文直译，须补足好些简省了的字样方能明白：“[原来]排除在[公民名籍以]外的[各类]民众是逐级而愈卑下的，[包含这些类别的民众的]其他诸政体也就逐级地更为偏离。”

② 卷五章二至七、1311^a22—1313^a16。

③ 参看卷三 1278^a26；又，1275^b35。

这种平民统治——在息勒尼，这种不安情绪竟然激发了内战(骚乱)[1]。人们每每忽视小患，但祸害既然有这样大了，大家必然触目惊心。在建立这种最为极端的平民政体时还有其他一些措施，例如雅典克勒斯叙尼所用以促进平民势力的各种措施，以及息勒尼平民统治创业先辈所采取的各项政策[2]，也是有益的：新兴(后至)的部族和宗社要使它们依傍于先在的旧族而得以共存；各族特殊的教仪(祭祀)要在公开的场院奉行而[逐渐加以废除或合并]减少一邦内[纷杂]的祠坛[3]；总之，应该施行种种方法使全体公民解除狭隘的关系和传统的信仰，尽可能地互相混合。又，僭主们所用的一些策略，对于平民政体[的极端形式]也相适应。我们可举出一些实例，如：对于奴隶们的放纵，对于妇女和儿童的放纵[4]——这种放纵，如果不超越某一阶段，既合于权宜，也事属有利。又，默许大家"任情行事，逞意生活"也是同样有效的策略；许多人会拥护这样的政体；克己复礼为人类所难能，群众大多数喜欢没有纪律为

① 吉耳伯特:《希腊政制典实》卷二 231.1，认为这一次内战即《狄奥多洛》xiv34所记公元前 401 年的骚乱。息勒尼平民当局一时杀死五百富人，其余逃亡富人结队反攻，两方伤亡惨重，其后媾和，尽许富室归还本邦。

② 以下所说关于宗教和教仪两项措施，照原文未能分别孰为克勒斯叙尼、孰为息勒尼先辈的政策，亦不能确切地说两地是否同样采取了两项措施。

③ 吉耳伯特:《希腊政制典实》卷二 230，说公元前 462 年，息勒尼在阿尔基雪劳第四(Arcesilaus IV)死后改建为平民政体时，可能引进新族新宗。雅典克勒斯叙尼改编坊社，引进新族使同旧族相混合事，见《希罗多德》v 69、亚氏《雅典政制》二十一等书。希腊人除若干节日祀奉各邦通行的神外，许多氏族各有秘传的鬼神，其祭祀多设于族内首领的家室或私宗的坛庙。亚氏此节认为各宗私祀有碍全邦公民的混合。但《雅典政制》章二十一，说克勒斯叙尼改编坊社时曾保证各族照旧奉行其私祀，这与此节所说不尽相符。

④ 参看卷五章十一 1313^{b}32—39。

之节制的生活。

章五　凡有志于创制这种(极端民主)形式的政体而为之立法的人们[后来]将会知道自己的职责不仅在于创业,怎样维持所创立的政体使不致衰亡,才是真正的要图。一个城邦,在任何品种的政体之下,总可以存在两天或三天[但必须是能够经受时代考验的制度方才实际上可说是一种政体]。所以,立法家应慎重注意各政体所以保全和倾覆的种种原因[①]——这一论题我们先前已经研究过了——他们应该根据那些要领尽心创制一个足以持久的基础[②]。他们应该对于一切破坏因素及早为之预防;他们

1320^{a} 必须为他们的城邦订定整部习惯(不成文法)或成文法律,垂之后世,在这部法典中,必须特别重视一切为之保全的方法;立法家们,无论其从事创制的是平民政体或寡头政体,都属相似,必须确信:只想包揽并尽可能地加强有利于自己一方面的势力,并非良好的政策,凡能维护其所创政体于久远的,才可说是良好的政策。当代的平民英雄们热衷于取媚平民群众,往往凭借公众

① 卷五的政体分类异于卷四卷六,μοναρχία“一长(君主)政体”两型(王制与僭制),除外于“[立宪]诸政体”。卷四卷六中若干品种的平民和寡头政体,卷五就没有提及。因此有些校勘家心疑卷五是另一单独专篇,是后世编者把它插入五六两卷之内的。但本卷许多章节回顾到卷四卷五的某些章节;这里($1319^{b}37$)一句同章二$1317^{b}34$、章四$1318^{b}7$语相符,显见卷四卷五实应为卷六的“前篇”。参看卷五章十$1310^{b}1$注、本卷章一$1316^{b}36$注。

② “保全[原政体]的各种方法”见卷五。本卷的论题应为“建置”,但这一章亚氏又转回到卷五的论题。卷五所叙保全各法,除一般通用的手段外,对各种政体所专用的手段只讲到了一长(君主)制部分,所以亚氏在本卷论述“建置”平民城邦(其中极端平民形式为当代流行的政体)时,又兼及了他们的“保全”问题。

法庭没收私财以济公用[①]。但真心实意爱护其政体的人们应该纠正这种恶习。他们应该订定一条成例,凡经法庭判决的罚款或被没收的财物完全交给神庙,为祠祭节庆之用,不得转为平民公产或缴入府库。这样,课罚照旧,犯罪的人同样保持警戒,而平民群众既然没有可以作为利己的私图,就不会亟亟于固入人罪了。政治告发宜力求减少;对诬告者应课以巨大的罚金,以防止人们的轻率检举[②]。这类控诉平常都施之于贵要阶级,平民党人就不会被人告发;但这不能算作正直的治道,大家所当遵循的政策应该是让所有公民全都效忠于其政府,爱护其政体,即使不能使人人克尽忠爱,至少不要激怒任何人对政府发生敌忾。

极端平民政体一般地施行于人口繁盛的城邦,这种城邦的公民,要是没有津贴,就难于出席公民大会。如果事先缺乏充分的库藏来支付这种津贴,则负担势必落到贵要阶级身上。于是当局便假手恶劣的法庭实行苛罚或没收私财,并举办财产税等方法,聚敛所需的款项;这些措施在往昔业已引起了许多内讧,由是颠覆了许多平民政体。因此,城邦的库藏并不充裕的,公民大会就不宜时常

① δήμευσις(“充公”)原字干从 δήμο-(“平民”),词义为“[把私财]平民化”,即没收私财以济公用。平民城邦的公众法庭因陪审员以平民(贫民)为多,没收富室财产的法案时常提出。例如雅典法,本来对于犯重罪者始判死刑或放逐终身,或罚作奴隶;没收财产则常常联同这些重罪重刑一并决定。但党人觊觎富室财产时往往任意检出危害城邦、不利民众、亵渎神明等模糊而严重的罪状,鼓动法庭,造成判决。参看赫尔曼(Hermann):《希腊掌故》卷二 125;索尼逊:《雅典共和国的刑法》(Thonissen, Droit Pénal de la Rep. Ath.)121 页。

② 雅典成例:政治控案倘使不能获得陪审群众五分之一的票数,则不仅控案不能成立,原检举人须罚款一千特拉赫马,并剥夺以后的检举权(参看迈耶和旭曼:《雅典司法程序》951 页)。

召集，公众法庭的陪审人数较多的也应尽少开庭[①]。公众法庭召开的日数倘使有所限制，可以得到两方面的利益。第一，富户不必再顾虑出席津贴的巨大支出——这种顾虑，在规定只有穷公民可领津贴，富户不得同样支给的城邦中特别严重；第二，富人们本来不能长久旷废自己的家业，现在法庭开审既为日无多，就不难抽暇参加，这样每一案件就都可获得较好的审判。反之，要是府库充裕，足够支付津贴，不要让平民英雄们以公费取悦于群众。他们习惯于把任何羡余分配给群众，而群众一经受领这种款项，他们跟着就要求更多的分配。用这种施济方式帮助穷人，恰如注水于漏卮[②]。可是，一个真正的民主主义者自当注意到勿使一邦的群众陷入赤贫的困境。贫困导致平民政体的各种缺点。所以，应该有一些措施保证人民维持某种程度的兴旺。这些打算应照顾到所有各个部分(阶级)，包括原来的小康之家或富室在内；正当的办法是，把羡余积储成大宗的款项，然后以逐数济助贫民。理想的逐数必须是足够让每一穷人购置一块耕地；倘使积储还不充分，也该使所济助的款项可能用以从
1320b 事商贩或开始务农。如果这样的济助不能对全邦贫民同时发放，可以依部族或其他区分挨次地分批发放。又，富室仍该贡献其资财于城邦，以供贫民参加某些必不可缺席的公民大会的津贴，为酬答富室的这种贡献，同时就豁免他们各种无补于实际的公益捐款[③]。迦太基政府就因为施行这些性质的政策，一向受到人民的爱护。他们

① 吉耳伯特:《希腊政制典实》英译本403页，说雅典公众法庭除节日和凶日外，时常开庭。

② 赖契和希那得文:《希腊古谚》卷二161:“愚昧的挥霍犹如注水于漏卮。”

③ 参看卷五章八1309a18及注。

经常从平民群众间抽出一些人遣送到附属城市，让他们在那里得以致富[①]。贵族阶级中心存博济、胸襟开朗的人们也可尽力帮助贫民谋生——各人可以分别照顾一组贫民，在这组内的贫民从他那里领取资金来从事某一种行业。就济贫而言，大家可以效法塔兰顿人；那里的富室一般都让贫户利用他们的产业[②]，因此他们都能得到平民的好感[③]。又，塔兰顿人把所有的行政机构分成两类——其一，所有人员都由选举任用，另一类都由拈阄充任——这后一类机构平民就可轮流供职，而那些出于选举的执事仍能保证较好的统治和稳定的秩序。要是把每一行政机构的人员分成两类——一类由选举另一类由拈阄任用——也可得到同样的效果。

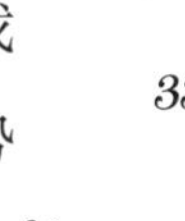

章六　这里我们已说明了平民政体应该怎样建置，由这些说明，我们已不难推想，寡头政体应该怎样建置了。凭两种政体的对反性，我们就可设计同各种平民政体相应的各种寡头结构。第一种，各部分势力适当地平衡了的最好的寡头政体[相应于第一种最好的平民政体]，是密切地接近于所谓“共和政体”的[④]。这一类的寡头政体，应具备一

① 参看卷二章十一 1272^b30—33、1273^b18。

② 参看卷二章五 1263^a21—$^b3$，财产应私有而公用。

③ 参看 1263^a35—37。塔兰顿人财产济助众人的习俗盖出于其斯巴达移民的祖风。1320^a36—$^b11$ 所说救济事业，无论由公共举办或由私人解囊，应使贫民都能因而自立这论旨，在希腊古籍中不易检取实例。《雅典政制》章四十九，曾记有年老多病者日给两奥布尔的专律；这些措施仅仅以救济为主，缺乏积极意义。

④ “由对反性”(ἐκ τῶνἐναντίων)而论政体，最好的寡头政体应对反于最劣的平民政体，但以下跟着举示“最好的寡头政体”和(密切地接近于共和政体的)“最好的平民政体”两品种，实际不是两个完全的“对反”而只是两个“相应”的政体。第一种(最好的)寡头政体和共和政体之别，参看卷四章五 1292^a39、章十三 1297^b2—6。

高一低两种标准的资产册籍。在低级册籍中的公民可以充任低级职司；较重要的官员则限于由高级册籍中的公民选任。另一方面，任何人只要有某一定额的财产就让他入籍而取得政治权利；这样使大多数群众参加到政府方面，其势力就可以超过没有政治权利的人们。凡册籍上添入新公民时须注意到他们应该是群众中较好的部分(阶级)。

寡头政体的次一品种的建置约略相同于第一种，而任官的资格则稍稍提高。依此而逐步加强财产条件，我们最后所得的末一种寡头政体便相应于极端平民政体。这一种寡头政体业已成为狭隘的门阀统治，就密切地相近于僭主政体了；这既是最恶劣的一个品种，就时时有倾覆之虞而需要高度提防了。健壮的体格尽可经历霜露。坚固合式的船舰有良好的舵师和水手为之驾驶，虽遇惊涛骇浪也不至于沉没。至于一个病弱的人或一艘构造不良而又驾驶失人的船便受不了轻微的风险。就政体而言恰好也是这样；最

1321a 恶劣的政体就最不容易防护。平民政体以数量为本——这同凭功能分配权利的体系正好相反；平民政体所赖以保全的因素通常就在于人口众多。寡头政体显然要从与之相反的因素上寻求其维持的方法，这就在于[以品质为本]建树良好的组织。

章七　有如人民(群众)的分成四个主要部分——农民、工匠、商贩和佣工，战斗队伍(武力)也分为四种——骑兵、重装步兵、轻装步兵和海军。凡境内川原适宜于骑兵战斗的城邦，可以建成雄强的寡头政体；住在这种地区的居民需要骑兵为之守御，只有饶于资产的富户才能蓄育马匹以供骑乘。凡境内丘陵适宜于重装步兵队的城邦，倘若组成次一品种的寡头政体也是合乎自然的；披甲持盾的士

兵一般毋宁取之于小康之家，而不收录贫民①。轻装部队和海军[都从平民群众中征召入伍，]实际是平民性质的武力；现代各邦，轻装部队和海军要是人数特别多，如遇内讧，他们常能挫败寡头势力。补救的方法可以依从某些将军所取的编组办法，他们在骑队和重装部队中也配置相当数目的轻装部队。发生内战时，群众所以能战胜富室势力的原因是由于轻装兵利于运动，捷于聚散，他们就依仗其灵活击破了骑队和重装兵的严阵。寡头城邦倘使完全用平民编成轻装部队，就无异为自己预先埋伏了一支敌兵。[所以，兵役的征召和教练制度应该有所变更。]兵役年龄要分成高低两等，在低役龄期间，富室子弟应[同贫民子弟一样]练习轻武器和轻装活动。这样，当他们到达高役龄期间，实际上也就熟悉了轻装战斗②。

寡头政体可以有多种方法使平民群众在公民团体(统治团体)中获得某种地位。曾经涉及的③一个途径是任何人只要有某一定额的财产就让他登入具有任官资格的册籍。忒拜所施行的方法可列举为另一途径的示例，凡本来属于贱业(工匠和商贩)，不操手艺若干年后，就可获得参预公务的权利④。实行于马撒里亚的另一途径，是不管人们当时是否已具备参预公务的资格，就依其才能分别编录于任用的预备名册。

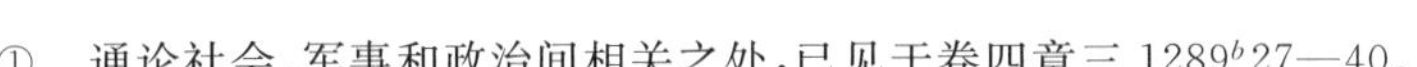

① 通论社会、军事和政治间相关之处，已见于卷四章三 1289^b27—40。

② 骑兵和重装兵因乘骑和甲胄非贫民所能置办，自然全属富室寡头势力。倘若寡头方面一部分子弟参加并熟习轻装兵种，则在发生内战时，寡头阵营用三个兵种的联合力量出战，虽然人数较少，也可能制胜平民武力的仅以灵活取捷而究属单薄的轻装部队。

③ 见上章 1320^b23—27。本章上段以军事编组论各种寡头体制，似属串插。以下论寡头政体的建置同上章相承接。

④ 参看卷三章五 1278^a25。

对必须由十足公民充任的最重要的职官，应使负担某些公益义务（捐输）。这样，平民就自然不抱高官显职的奢望，他们看到煊赫一时的重任原来要支付这么多的代价，也就认为无可妒羡了。这些显官在莅任那一天，还该作丰盛的献祭，在职期间又当奠立一些公共建筑。人民既于此能同享快乐，又见到他们的城市中满布着酬神的点缀和堂皇的坊塔（建筑），自会安心容忍寡头政体的长久统治，而这些贵要人物把自己的钱财作成世代的纪念也应志得意满了。但遍观当今寡头们的作为却并不如此。他们正走着相反的道路；既取盛名，更贪厚利[①]；从尚利观念来下评断，这样的寡头政体只是“渺小的平民政体”而已。

1321b **章八**　关于平民政体和寡头政体应怎样建置的问题，这里已讲得够多了[②]。由此我们自然应该进而考虑行政诸职司的安排、数目、性质以及在各种政体中诸职司各自应有的作用（责任）——这个论题，在先前我们曾经涉及[③]。要是没有某些必不可缺的职司，就不成其为城邦，要是没有某些保证社会安全、协调人民生活的机构，同样也不成其为城邦。[这是建立城邦的规律之一。]另一规律是我们先

---

① 叙拉古的阿瑟那哥拉斯（Athenagoras）（《修昔底德》vi 39. 2）和雅典的司拉绪布卢（色诺芬：《希腊史》ii 4、40）都曾有谴责寡头辈的兼贪名利语。

② 依本卷章一 1317a14—16，除平民和寡头政体外，还应讨论其他政体的最好建置，但照这一句，其他政体的建置就缺而不论了。

③ 这一论题先见于卷四章十五。本章跟前章立论颇不相同。本章所述都根据希腊各城邦的实况，内容较亲切。其中要例如军事和文治职司的分立，对于各机构所支公款设置稽查加以考核，议事会中另设常务人员为之审订或准备议案等大都为当代平民政体和寡头政体通行的制度。所以这一章，承上数章，可说是建立这两种政体（侧重平民政体）的比较详细的规划。

前已经说过的[①]，小邦应设置较少的职司，大邦则应该较多；因此我们也必须考虑到哪些职司可以合并，哪些就该分别存在。

在必不可缺的诸职司中，第一种负责商市管理。这需要有一职官［“市场监理”］随时检查商务契约，维持市场秩序。为了互相供应各人生活所需，卖买成为一切城邦都不可缺少的事业；人类要达到经济自足自给的境地，这是最便捷的方式，而自足自给正是人们所由集合而共同组成一个政治体系的主要目的[②]。

次于第一而与之相关联的另一种必不可缺的职司为监护城区公私财产、维持并修理损坏的建筑和街道、查察田畴、解决民间界务纠纷以及其他类似的业务。负责这一职司的官员，通常都称为“城市监护”[③]；但在人口较繁庶的城邦，这种职司可由数人分任，分别担负一部

① 见卷四章十五 1299^a34 以下。

② 希腊多数城邦市场管理和城区管理分为两种职司，但有时也合并为一个职司。小邦的市场监理是清淡的。大邦如雅典的商务茂盛，人民生活须经工艺产品和农产、国内和国外的繁重贸易为之调剂，商务官员就成为头等重要的职司。依《雅典政制》五十一，所记“市场监理”雅典城和拜里厄斯港各五人，专司商品检查。又有“衡量监督”(metronŏmi)，亦各五人，专司量器检查。又有“食粮(谷物)监护”(sitophylăces)，亦各五人，专管谷物、制粉、面包等卖买的品质和价格。又有“贸易监察”亦各五人，专司进口粮食的分配等事。以上各人均由拈阄，轮番受任。亚氏在本节所举“市场监理”(agoranomi)想必是用以代表这类商务官员的通称。关于自给自足为人类组成政治团体的目的，参看卷一章二 1252^b34。

③ 这里所举“市场监理”和“城市监护”(astynomi)两种职司全不相同。“城市监护”，依 21 行所说，主管市政业务(柏拉图：《法律篇》758E、763C 等所述略同)，依 25 行所言则着重于防卫工作，属于军事或警务。希腊各大城市的防卫责任，照一般史籍，大多属于权力较高的执政官，不属于“城市监护”。依《雅典政制》五十，城市监护官员，雅典和拜里厄斯港各五人，其职司在管理民房建筑式样、下水道、埋葬露尸、检察艺妓等，这些业务同 20—21 行所言相符。该章于城市职司又记有“庙宇维修”官员十人，这里未言明城市监护官有此业务，下文 1322^b20，把这一业务归入神职范围。

分专责，譬如一人维护城墙，另一人管理公共水源，又一人专司港务[①]。

次于第二而与之相关联的第三种必不可缺的职司，所负的责任和前者相似，但所管的地区则为城外的郊区。这一职司的官员有时称为“乡区监护”，有时又别称为“林区监护”[②]。

在这三种各有专责的官员以外，还有第四种职司所管的业务为征收并保存公共财务收益[③]；按照规定分配于各个部门。这一职司的官员称为“经征司”或“司库”。

第五种职司办理民间契约和法庭判决的注册事务；一切诉讼和司法预备程序都得在这里先行登记。在若干城邦中，这一职司，有如城市监护，分成若干部分，但各部门之上仍然设有一人，或若干人合为一个衙署，为之总管。这一职司的官员或称诚信注册司或注册主任，或径称为注册司或其他类似的名称[④]。

① “公共水源管理”(krenôn epimeletés)这一官名见于《雅典政制》四十三；雅典城缺乏淡水，这一职务为全城所重视，故由投票选举，任期一年。“港务管理”(limenophýlax)这一名称见加吕斯托城(Carystus)(迪坦贝格：《希腊碑志集》第 343 号)，亦见战术家埃尼亚斯：《攻城法》第二十九章 12。“护城官”(teixonoioí)这一名称见雅典(埃斯契尼：《反克蒂西亚斯》14)，又见居叙可城(Cyzicus)(吉耳伯特：《希腊政制典实》卷二 333)。

② 参看卷七章十二 1331^{b}15。“乡区监护”(agronŏmi)在郊区管理碉堡道路和公共建筑等，其职司着重于军事防卫工作。“林区监护”(hyloroí)这个官名不多见，也许卡尔基半岛殖民各城邦境内多山林，以造船用木材供应地中海各港，因而那些城邦设有这种山林官员。以上三种职司都在其范围以内具有司法权力，如处罚违章人民以罚金或其他惩戒。

③ “公共财务收益”包括税课、捐输、公费、罚金、公产收益等各种公款收入在内。

④ 照这一节所说的“注册人员”，当属于司法业务，所以下文 1322^{b}34 和各个法庭联同叙述。这种官吏散见于史籍者有米咯诺城(Myconos)的奁赠登记(迪坦贝格：《希腊碑志集》433 号、达勒斯忒等：《希腊司法碑志集》[Dareste, Haussoullier and Reinach, Inscriptions Jurisdiques Grecques]第一集 48 页)，忒诺斯(Tenos)的房地产卖买和奁赠登记(同上第一集 64 页)，启沃岛的债务登记(伪亚氏著作《经济》卷二 1347^{b}35)，耶索(Iasus)的交易数量和价格登记(迪坦贝格：《希腊碑志集》77 号)等。

于是,次于第五种的职司,实为各职司中既是必不可缺又是最为艰难[①]的一种业务。这一(第六)职司专事执行已经判决并 1322a
已登记于册籍中的各种刑罚,他们须替城邦追取应缴的罚金或债款,也须为城邦监守罪犯。因为这些事情深为受罚的人们所憎恶,这就成了可厌的差使;如无重酬,人们便会逃避这类差使,即使勉为其难,他们也未必愿意像法律上所规定那样严厉地执行其任务。可是,每一城邦总少不了这样的职司。人们为求保障自己的权利进行诉讼,如果老是得不到实效,那就徒然了;人们本来无须参加一个不能为人裁断曲直的社会体系,要是虽有裁断而并不执行其判决的社会体系,人们也没有参加的必要。有鉴于这些困难,这种职责就不能完全委托给单独一个机构的人员。各个法庭应各抽出若干人员共同担任执行一切的判决;编造欠缴公款名单而予以追索的事务也要以类似的方法办理[②]。又,各个行政机构也应一律帮助执行业经依法裁断的惩罚。还有,对前任行政人员所课的惩罚尽可把执行的责任留给后任;如果课罚和执行的时日都在同一行政人员的任期以内,那么各机构的课罚可以各由另一机构来执行——例如城市监护们应当执行市场监理们所定的惩罚,而城市监护们所定的惩罚则由另一

① χαλεπωτάτη一词,塞普尔维达、维多利、海因修(Heinsius)等人拉丁译文均作 molestissimus(“最为烦扰”),斯达尔德文翻译 überaus beschwerlich,义同;兰比诺拉丁译文作 difficillimus(“最为艰难”),韦尔屯、周伊特等英文翻译 most difficult,取义相符。

② 本节对于这种编录法庭或行政机构判处罚款的名单并执行追缴的职司,没有说出名称。这在雅典称“经征吏”(πράκτωρ)或“执罚员”(参看赫尔曼:《希腊掌故》卷一 432 页)。

些机构的人员来执行[①]。如果在执行惩罚时,能够减少所引起的憎恨,执行人员就可比较认真地办理。倘使同一机构的人员既决定课罚,又执行这些惩罚,这个机构就会被受罚者加倍地憎恨;倘使一切惩罚都由某一组人专门执行,那么这一组人就必然成为众人的怨府了。若干城邦对于监守囚犯和执行惩罚也由两部分人员分担。例如,在雅典,典狱为“十一人”的专责[②]。由此可知典狱确应分立为一项单独的业务,而后也像为执行惩罚所采取的措施[由各个机构各抽出若干人来共同担任]。有如执行惩罚,典狱也是每一城邦必不可缺的一种职司;然而这种业务,好人既力求回避,不肯担任,而坏人又不可信托——坏人正需要有人加以监守,当然没法教他监守别人。这样,一邦的监狱如果不能委托给某一部分人员,要他们终身从事这种受人憎厌的差使,就应该由不同部分挨次派人担任,如果那些城邦曾对及龄公民们[③]实施[军事和警务的]训练和编组,那么就可以由这些青年中抽取一部分,另一部分由各机构抽取而合组为监狱管理的职司。

这六种职司必须位于前列,它们都是最不可缺少的。挨次而及其他若干职司,也是各城邦所必须具备而其级位则为更高的。

---

① 希腊各邦的行政和司法机构实际上常常由同一机构课罚并征收罚金。例如《雅典政制》章八所说元老院、章四十五所说议事会(布利)便是这样的。色诺芬:《拉根尼共和国》viii 4 所记斯巴达监察院的情况亦然。

② 《苏校》认为这一句所举例实际上同上文不合,加〈〉。雅典的 Ἕνδεκα“十一人”典狱同时执行刑罚,有时偶尔也被差遣征取罚款或没收财产。参看吉耳伯特:《希腊政制典实》英译本 257 页。

③ “及龄公民”或“年轻公民”在雅典为十七岁的男儿。斯巴达人对于农奴施行惩罚所组织的“讨伐队”(κρυπτεία),就以青年为主。雅典或它邦守备监狱者亦多属才受军事训练的预备队伍。

这些职司自然需要丰富的经验和为国效劳的忠忱。这里，我们首先要举出城防和其他军事等职司。无论战时或平时，都得有人负责守卫城门和城垣，召集一邦的公民，施以战斗教练。有些城邦，在军事方面设立多种职司，分任各项业务，另一些城邦仅有少数军事职司，至于小邦就只要一个职司已可统辖一切了。这些职司的官员通称“将军”或“统帅”(指挥)①。倘使邦内有骑兵队、轻装部队、弓箭手队②和海军(舰队)，各各建立为独立的兵种，有时就由 **1322b**
数人分别统率；这些指挥官就分别地称为“海军统帅”(“舰队司令”)③、“骑兵将军”④和“轻兵将军”⑤。从属于这些将领的官员各别称为“舰长”、“骑兵大队长”⑥和“大队长”；从属于他们之下统率较小的各个部分的官员也各有相应的名称。所有这些编组构成一个军事指挥体系。军事机构的主要职司就是这些。

① 统帅(πολέμαχος，“战争主官”)这个名称较为古老，“将军”(στρατηγός)这个名称比较通行。雅典、帕洛斯岛(Paros)、琉卡(Leucas)等邦两名称常同时存在。参看吉耳伯特：《希腊政制典实》卷二 329—330。

② 弓箭手队，寻常同掷石手、掷枪手等一样隶属于“轻装部队”，所以下文只举轻装部队官名，不举弓箭手队官名。ψιλός 原义为“裸体动物”(无毛羽者)，用于兵种名称，把它和“甲胄之士”(ὁπλίτης，重装兵)相对，这些列兵及其乘马皆不披甲胄，故译“轻装部队”。

③ “海军统帅”为斯巴达、阿卡亚、罗得岛、阿琵多斯等邦所用名称。雅典海陆军分设统帅，但两者均称“将军”。

④ 以雅典为例，有骑兵两联队由两骑兵将军统率。每联队各辖十个部族大队。各部族各征编一个大队的兵员和乘骑及甲胄，由一个“大队长”管带。

⑤ 轻兵将军为“战斗阵列的指挥官”。雅典的轻兵将军下辖十个部族大队长；各大队的兵员、马匹、装备均由各部族征召编成。

⑥ λοχαγός 在多数史书中称“百夫长”(centurion)，相当于中国的“连长”。这里承上文程序当为骑兵大队长，如在雅典，亦为“部族大队长”(φυλαρχός)。

一个城邦的好多机构，即使不是全体机构，都须经手巨额的公款。所以，应该设置独立的财务职司，这种职司不问旁的事情，只是专管各机构的收支账目，加以稽核。这一职司的官员各邦名称都不相同，或为“审计”，或为“会计”，或为“稽核”，或为财务纠察①。

在上述各种职司以外，还有一个超乎其他诸职司之上的职司。这一职司执掌着全邦所有各项政务，在许多城邦中，各项政务就由他们[向公民大会]动议，并且也由他们取得决议而交付实施。有些城邦，平民群众直接裁断一切政务，那么这些官员就在实际上成为公民大会的领导(主持机构)；公民们固然握有全邦最高的权力，但必须有人为之召集。这一职司的官员，在有些城邦中，由于他们“预审议案”并主持会议，便称为议事预审官；倘使邦内原来以公民大会为主，则这个职司便属于议事会②。

---

① 以雅典为例，财务稽核工作由“会计”为主，各部族各选出一人，共十人；“审计”为辅，亦共十人。行政人员任期终了则由会计和审计审查其账目，如有舞弊情事，即诉之于公众法庭；定罪后，勒令偿还十倍于所侵吞的金额。参看《雅典政制》第四十八、五十四章。“财务纠察”(Synegori)这名称亦见于《雅典政制》章五十四。

② 依此节说来，好似凡有公民大会的城邦，议事会议员们就作公民大会的主席团，不另设预审会。但议事会实际上人数很多，不能全体一同主持公民大会。以雅典为例，各部族各五十人，十部共五百人，各部族另在五十人中各推定五人，合五十人为参议会(πρυτανεία，普吕坦尼亚)。五十人中由拈阄，按月抽出参议员一人轮番为“首席”(ἐπιστάτης)，另推九人为“上座”(πρόεδροι)。另在五十人中选取一“秘书”(γραμματεύς)，合十一人为“参议会主席团”。公民大会开会就由这十一人团体主持。大会中，十一人坐于前列，得首先发言。公民大会所通过的决议在施行时，举当值的首席姓名及其部族名和秘书联署后公布。他们的餐桌设于参议会大厅，由公费支给。议事会除作公民大会的议案预审工作外，实际上还有其他广泛的职权，详见《雅典政制》二十一、二十二、四十一、四十三、四十五等章。参看章二 1317^{b}32 注。

重要的政治职司大体上就是这样。但这里还须有另外一个部门，专管奉事神明的业务，这些业务需要“祭司”和“庙董”。这类的执事，庙董负有维护和修葺坛庙并管理有关祭祀事项的一切公产。有时，例如在小邦中，所有这部门的业务都属于一个职司①；其他城邦或设置若干职司，除了祭司之外，还有“典祀”②、“坛庙守护”和“祠产经纪”③。和这些职司相近而另行分立的，也可有一个管理全邦公祭的职司，这种祭典[不在各坛庙，]而在城中公龛的神火④前举行，因此，各邦都规定这种祭典不属于祭司的职掌。这一典礼的主祭，有些城邦称为亚尔公(οἱ ἄρχοντας 执政)，另些为巴西琉(οἱ βασιλεῖς，王)⑤，又另些则为普吕坦尼(οἱ πρυτάνεις，参

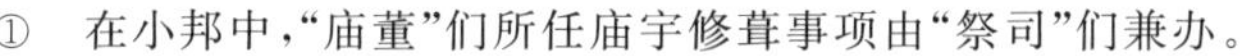

① 在小邦中，“庙董”们所任庙宇修葺事项由“祭司”们兼办。

② “典祀”('Ιεροποιός)这名称见于提洛的阿波罗日神庙(迪坦贝格：《希腊碑志集》367号)、米咯诺城(《碑志》373号)、埃琉西城(Eleusis)(《碑志》13号)。这些城邦的“典祀”为神职，兼管庙产。迪坦贝格：《碑志》334号注13，说明雅典有若干不同业务的“典祀”。《雅典政制》第五十四章，所记典祀共十一人由公民大会拈阄选任。

③ “坛庙守护”这神职。另见于欧里庇得悲剧：《伊菲琪尼亚在陶利斯》(Iphigenia Taur.)1175。“祠产经纪”这个名称见于雅典者有雅典那庙和其他神庙的经纪，共十人(《雅典政制》三十)，见于米利都附近，第弟马阿波罗神庙(Apollo Didymaeus)者有勃朗沽族(Branchidae)世为该庙经纪(迪坦贝格：《希腊碑志集》170号)，见于陶利斯的契尔索尼苏(Cherosonesus Taurica)者称“神务经纪”(同上252号53)，见于斯底里斯(Stiris)和耶吕苏(Ialysus)者(同上第294号、357号)，称“神司经纪”。

④ 希腊人各家供奉“司火女神”(Eστία)于室内的家龛。各邦公龛则设于参议会大厅，希腊以城市为邦国，参议会会所类似今之市政厅，亦类于国会大厦。龛前篝火，有贞女看守，永世不使暂熄。殖民城市的龛火皆由母国取火种，传递到新邦。希腊人以此为民族生命和城邦活力的象征。参议会大厅为公民大会主席团所在，外国使节莅止，也在这里由“执政”接见并款待；有大功于邦国、死难于战争者的烈属等每逢岁时节庆，得在这大厅会餐。

⑤ βασιλεὺς，巴西琉(酋长或王)：古代都兼领祭祀和军政，为主祭，亦为统帅。后来平民政体代之而兴，王制很少流行，但在若干平民或寡头城邦，王权虽已削落，仍保留“巴西琉”为某些祭祀的主祭。参看卷三 1285^b13—18。

议员)[1]。

各邦所有的诸职司可依它们所负的各种责任(作用)加以分类。[第一类为]有关神明(祭祀)、军务、财务收入和支出;[第二类为]有关市场、城区、港埠和乡郊;[第三类为]有关法庭、契约注册、执行惩罚、监守囚犯以及查阅、审计、检察各行政机构的账目;[末一类为]有关政务的议事诸职司[2]。此外,某些城邦,当它繁荣的时代,还特别设置一些从事教化的职司,例如"妇女监护"、"法律(礼俗)监护"[3]、"儿童监护"以及"体育训导"等性质较为闲暇的职司。在这一类中,我们

1323^a 也可以列入经办体育竞赛和戏剧竞赛(狄欧尼修节庆竞赛)以及其他相似的文化活动(观摩演奏)等职司[4]。这些职司,其中如妇女和儿童监护,在平民城邦是完全不需要的:那里的穷人们没有奴隶,就不得不应用他们的妻子和子女做奴仆所任

① 见 1322^b18 注。

② 本章起先所述各职司实以轻重为次序,职轻者在前,愈重者愈后。此节总结各职司,以所管业务分类,便异于原来的次序。兹依《纽校》iv 566 页所作分析,分为四类。祭战列为一类可参看卷三章十四 1285^a5—7、^{b}9。

③ 从上下两名称揣测,这里的"法律监护"(νομοφύλαξ)当为教导成年人遵守礼法的职司,也可译作"礼法训导"。下文 7 行的"法律监护"应该是跟这一职司相异而跟 1298^b29 所举者名实相同。

④ 《雅典政制》章六十每部族拈阄选定"竞技委员"各一人,共十人;经过考试后授任,任期四年,在泛雅典娜节主持音乐、体育、跑马竞赛。又第五十六章:"当值执政"(argon epónymous 或译"题名执政")主持狄欧尼修大节的戏剧竞赛,第五十七章:"王执政"则主持狄欧尼修小节的戏剧竞赛。

的杂事[1][他们就无暇来听受监护们的教导]。

又,领导选举团体选任最高执政机构官员的职司可分三种:[其一为]“法律监护会”,[其二为]“议事预审会”,其三为“议事会”。第一种适宜于贵族政体;第二种适宜于寡头政体;第三种适宜于平民政体。

我们现在对于各种职司几乎都已经作了简明的叙述,但……[2]

① 《纽校》iv 568 说好些史论家认为希腊各邦的平民政体实际上大多数是贵族或寡头政体,因为每一公民都至少有一个奴隶。依此节所述“穷人”无奴隶,平民政体既然以不畜奴隶的穷人占多数,就不能说他们实质上是少数制政体。

“妇女监护”(γυναικονομία)这一职司,实际不仅较大较富的城邦如塞莫斯岛、叙拉古等曾经设置(参看吉耳伯特:《希腊政制典实》卷二 337 以下),财力较差的如刚勃赖恩(Gambreium)也曾经有这种职司(迪坦贝格,《希腊碑志集》470 号)。“儿童监护”(παιδονομία)这种职司,在亚氏死亡后比在他生前,各邦也较普遍。

② 6—9 行说得简略,似为偶尔的札记,尚未成章。10 行开始,只写了一个分句。这一章实际是未完成稿。

卷(H)七

章一　我们在进行下一论题——最好的(理想的)政体——的精确研究前,应该先论定人类最崇高的生活的性质①。人们如果对于这点还不清楚,则对于理想政体的性质也一定不能明了。[两者既在本源上互相关联,]那么,世界只要不反乎常道,我们就可希望最优良的生活应当寓于各邦在现实情况下所可达到的最优良政体中。所以,我们首先要求取全人类在一切情况之下公认为最所乐愿的某些生活方式;并从而考察公共社会团体所乐愿的生活是否就相同于各个私人所乐愿的生活方式。

人类最崇高的生活这个论题,业已详见于院外课程②所授的

① 这句与卷三末句重复,参看前注。卷七卷八的编次问题参看卷四开卷注。研究政治理想应先考察人类生活,参看卷四章十一 1295^{b}1 语,"政体原来就是全城邦公民生活的规范"。

布拉斯(《来因博物院院刊》卷三十九 480 页)(T. Blass, Rheinisches Museum)注意到《政治学》卷八行文较少"希亚托"(hiatus);纽曼检校卷七也较少"希亚托"(母音冲突)。现世所存当时曾经公开流传的亚氏对话亦然。诸家由此揣测这两卷是亚氏预备在当时问世的,故着笔较严整,取材都为当世所共喻,而说理也取较通俗的方式(《纽校》i"绪论"297—298 页)。

② "院外课程"(ἐξωτερικοὶ λόγοι),参看 1278^{b}31 注。培尔奈认为是"非学术性著作",即通俗论文,并说在这里,就 1323^{a}23—^{b}36 一段的行文造句研究,其所撮取者当出于亚氏早年所作一篇伦理对话(参看培尔奈:《亚里士多德对话》[Bernays, Dialoge des A.]69 页)。这一论题及以下的辞旨,亦见于《尼伦》卷一章六、卷十章六。相同的辞旨在下文章十三涉及时,就提示《伦理学》这一著作。此处何以要取材于其通俗讲稿或早年著作而不取材于先已成书的《伦理学》,今已难以确切说明它的原因,参看蔡勒:《希腊哲学》卷二 2.119。

讲稿;我们认为以前所说大体尚属恰当,现在可以简单地重提几句。我们对于最优良的生活所作的分析,的确谁都不以为误。人们能够有所造诣于优良生活者一定具有三项善因:外物诸善,躯体诸善,灵魂(性灵)诸善①。论者一般都公认惟有幸福(至乐)的人生②才完全具备所有这些事物(诸善)。有些人听到蝇声掠过身边就突然惊惧,有些人偶感饥渴便饕餮纵饮,有些人为了两个铜元③而不惜毁伤他平素最相好的朋友,有些人心志愚昧像小儿或迷惑像疯子④:一个人要是没有丝毫勇气、丝毫节制、丝毫正义、丝毫明哲(智慧),世人决不称他为有福(快乐)的人。这些命题一经提出,完全可以获得绝大多数人的立即赞同。但如果进一步考究到人生对上项诸善(事物)各自应有多少而后可说是适如其量,各项善物之间又孰重孰轻,人们对这些命题就会发生不同的意见。有的以为人对于[灵魂]诸善(德性)只需适如其量已经足够,至于财富、资产、权力、名誉以及类此的种种事物则多多益善,没有限度。对于依据这种思想而行动的人们,可作这样的答复:"请注意事实,事实不难帮助你的明悟而了解问题的真相,灵魂诸善的所以能够形成并保持德性,无所赖于外物。反之,外物的效益就必有赖于灵魂诸 1323^{b}
善而始显露。你也可以看到,人们虽于外物的充裕和人性的完美

① 参看柏拉图:《法律篇》卷三 697B、卷五 743E。

② τοῖς μακαρίοις,"幸福的人生"或译"快乐的人生"。人的财物、体格、德性三者都好,其人就快乐而幸福。依《尼伦》卷一章十一 1101^{a}6—8,"快乐"(μακαρίοs)的意义较重于"幸福"(εὐδαίμων)。本章,这两词作同义词应用,参看本卷章九 1328^{b}34—40。

③ 两个铜元为"四分之一"的奥布尔。希腊币制:八铜元合一个奥布尔(略同于旧中国通用的银角)。六奥布尔合一特拉赫马。

④ 这里所举怯懦、无礼、不义、愚昧四例,说明与希腊四德相对的四失或四妄。

两者都可获致幸福，两者结合起来也可获致幸福，然而凡德性不足而务求娱乐于外物的人们，不久便知道过多的外物已经无补于人生，终究不如衣食才能维持生活，而虔修品德（情操）和思想（理解），其为幸福毕竟更加充实。”除了人生的经历可给这些论旨作出证明以外，我们也不难在思想上求得理解。外物诸善，有如一切实用工具，[其为量]一定有所限制[①]。实际上，一切应用的事物[包括外物诸善和躯体诸善]，在这里情况完全相同；任何这类事物过了量都对物主有害，至少也一定无益。[至于灵魂诸善，情况就恰好相反。]灵魂的各种善德都愈多而愈显见其效益——这里我们的确应该不仅称颂每一善德，还须指明它的实用（效益）。我们可举出一个大家所公认的命题：我们如果较量事物之间的优良程度，就能知道每一事物的最好情况（境界）都符合于其所以表现这个最好情况（境界）的本质[②]。那么灵魂之为物，要是在本质上以及它在人生所表达的境界上，比我们的财产或躯体为更可珍贵，最高尚的灵魂也一定比我们最富饶的财产或最健壮的躯体为更可珍贵。又，[我们还要注意，]所有这些外物[财产和健康]之为善，实际都在成就灵魂的善德，因此一切明哲的人正应该为了灵魂而借助于外物，不要为了外物竟然使自己的灵魂处于屈从的地位。

于是，我们大家可以确认各人所得幸福的分量，恰好应该相等于他的善德和明哲以及他所作善行和所显智慧的分量。神的本性

---

① 参看上文卷一 $1256^{b}35$、下文本卷章四 $1326^{a}37—^{b}2$。

② 依《巴克尔英译本》：“甲物最好境界比乙物最好境界符合于甲物的本体比乙物的本体。”διάθεσις，或译“情况”或“境界”，或译“安排”或“趋向”，其释义见《形上》卷五章十九。

正该是这一真理的征信。神是快乐而幸福的;但神之所以为至乐而全福,无所凭于外物诸善,他一切由己,凡所以为乐而邀福的诸善已全备于他的本性中了[①]。这里也可从而阐释幸福(快乐)和幸运之间所应有的分别。人[的成为幸运者]往往由于偶然的机会获得灵魂之外的诸善(财富和健康);可是谁都不能完全依赖偶然的机会而成就其正义和敦厚(节制)[属于灵魂的]诸善[因此而获得幸福][②]。

和以上相似的论辩,可以接着导致另一个原则:[社会(团体)幸福的由来固然应该类似个人幸福的由来,那么]凡能成善而邀福的城邦必然是在道德上最为优良的城邦。人如不作善行(义行)终于不能获得善果(达成善业)[③];人如无善德而欠明哲,终于不能行善(行义);城邦亦然。一个城邦必须有相同于人们所由称为义士、为达者、为哲人的诸品德[④],惟有勇毅、正义和明哲诸善性,才能达成善业[而导致幸福][⑤]。

① 参看《形上》卷十二章七章九、《欧伦》卷七章十二 $1245^{b}18$。

② 参看《尼伦》卷一章九 $1099^{b}7$—20、卷七章十四 $1153^{b}21$ 以下。

③ καλῶς πραττειν 兼有数义,(一)(1)义行,(2)善行;(二)由义行或善行以致善果或成善业。在这一节中用这一词来分别表达了这些意义。全节的本旨仍在阐明幸福(快乐)基于善德(灵魂诸善)。

④ “称义、称达、称哲”,同下文勇、义、哲三善德不符。依下文三善德,这里应相符而为:“勇士、义人和达者”。瓦伦:《论亚里士多德著作》“关于亚里士多德《政治学》一章”(Vahlen, Aristotelische Aüfsatze “ueber ein Capitel aus A’s. Politik”)列举卷一章十三 $1259^{b}39$—$1260^{a}2$、卷三章十二 $1282^{b}36$—$1283^{a}3$、卷四章十一 $1295^{b}6$—9,也有这样不相符的措辞。

⑤ 上节的命题为“各人的幸福基于各人的善德;人有多少善德就得多少幸福”。这一节的命题为“每一城邦,有如各个个人,有多少善德就得多少幸福”。

这些叙述可以作为我们议论的序言。其中有关的辞旨我们不能不在这里预先有所说明，然而这里也无法把所涉及的论点进行详尽的陈述。这是另一门学术的范围。这里，我们只需确立这样一个命题：“人类无论个别而言或合为城邦的集体而言，都应具备善性而又配以那些足以佐成善行善政的必需事物[外物诸善和躯
1324^a 体诸善]，从而立身立国以营善德的生活，这才是最优良的生活。”①这个命题不一定人人全无异议；但我们在这一研究（专篇）中，就不再深入论辩，他们倘使有任何不同的意见，当俟日后另作答复。

章二　这里还留待商量的一个问题是：城邦幸福和个人幸福究属相同还是相异？这个问题可作明确的答复：大家全都认为两者相同②。凡相信个人的幸福（快乐）寄托于财富者，也就相信城邦必需富裕，才有幸福（快乐）。凡认为僭主的生活为高尚（尊荣）于其他众人者也一定以为版图最大人数最多的邦国为最幸福（快乐）

① 这一节和上文 1323^b22、33 等句都着重于各人或各邦的善行。这里慎重说明，善性须有外物（包括财富和躯体）为之“配备”然后能行善事而成善业。例如家有余资则可作施济以见其仁爱；体魄健壮可以忍耐艰苦以显其勇毅。此义亦见于卷十章八章九。但《尼伦》卷一章十，又说高尚之士惟其穷乏而失去外物配备时，更见安详，德性的内美当遭际困难时，才能发其光芒。

② 上章 1323^b30—36，说明城邦的道德同于个人的道德，而且城邦和个人都因善德而获致幸福，则实际上已说明两者的幸福亦应相同。这里用“大家全都认为”的论断方法，将问题作更切实的肯定。这种辩难措辞相似于上章 1323^a40，“注意事实”（或经验）的论断方法。下文的意旨：各家对于幸福（快乐）的观念相异，或以善德为幸福，或以财富为幸福，或以权力为幸福；但各家虽对所以为幸福（快乐）者各不相同，但对于“城邦幸福必须跟个人幸福相同”则完全一致。

的邦国。凡以人们的善德衡量各人的幸福(快乐)者也一定以城邦的善德衡量城邦的幸福(快乐)。

由此引起两个应加考虑的问题。其一为:或者联合其他公民一起参加城邦的各种活动(事业),或者像一个侨居的客人,不与闻一切政治,两者孰为较可取的生活①?其二为:我们可以假定一个城邦的政治活动乐愿全体公民一致参加,也可以假定只需要大多数公民参加,依据这样的假定,这个城邦应以哪一种政体为最好的政体,怎样的安排为最好的安排②?

和第一个疑问不同,第二题有关政治思想和学说,恰正属于我们现在这一专篇③所研究的范围,至于那个有关个人善德的第一个疑问则不是目前的主题[只是从属于主题而作附带的讨论]。关

① 依据上节,城邦幸福既已确定为和个人幸福相一致,则各个个人理应参加城邦的一切活动。此节又作为疑问,提出投身政治或隐居独处,孰为可取?《纽校》(卷一“绪论”305—308页、卷三文义注释320—322页)说此题系对其前辈和当世一些人的避世思想而发(参看下文1324a27、35,1325a18),并指出阿里斯底浦、德谟克利特、阿那克萨哥拉,伊索格拉底等都有“独善其身”的思想。阿里斯底浦(Aristippus)说抛弃政治的烦累生活方能过好私人的恬适生活(色诺芬:《回忆录》ii 1、9)。阿里斯底浦学派称林泉逸居的闲静生活为“晴朗的日子”(狄欧根尼·拉尔修:《学者列传》ii 89)。这种“晴朗的日子”恰好就是亚氏的所谓“幸福”。阿那克萨哥拉(Anaxagoras)以一克拉左美奈人久居雅典为“侨民”,及晚岁被迫离雅典,也不回到故国,卒客死于朗伯萨可,终身未参加城邦政治(《修辞》卷二章二十三1398b15)。德谟克利特(Democritus)辞行政官职而就家居(见西塞罗:《演说家》[Cicero, de Oratore]iii 15.56)。伊索格拉底说明自己终生不任官职的意见于《召抵》145、150节。亚氏重实践,认为善性的见于思想不如善德的见于行事,所以把参加政治作为人人的正当生活;在世不论穷达都应“兼善天下”。

② 这一节的第二疑问实际是跟着第一疑问引出的。安排得最好的政体可使人人乐于参加政治,这样,原来为嫌恶僭主苛政或群众喧哗而厌弃政治的人,就不必再回避世务了。

③ 这一“专篇”即现行这部《政治学》的卷七卷八。

于最优良的政体，有一点是大家明白的：这必须是一个能使人人[无论其为专事沉思或重于实践的人]尽其所能而得以过着幸福生活的政治组织。但大家虽然对于这一点可以一致，对于另一点的意见就颇有分歧。即使是那些公认为最优良的生活应该基于善德的人们，于此也各执一词：以善德为本的生活应取怎样的方式？参加政治活动而实践世务，还是谢绝一切外物和俗事而独行于所谓静修(沉思)的生活——照有些人的论断，惟有玄想才是一个哲学家的事业？这里，我们可以说，在今世以及上代，一切以善德为尚的诚笃的贤者，他们的生活有两种不同的方式——政治生活和哲学生活。要确定真理究竟属于哪一边，不是容易的；然而这正是一个重要关头，无论其为个人[①]或为城邦，必需凭其明哲，抉择一条较优胜的行径，由以达成较高尚的志趋(目的)。有些人认为任何邦国都[应该安于内治，]不能以自己的权力干涉邻邦；他们厌恶专制统治[②]，指斥它为人间最不公正的悖德，而对基于法治的政权也非所乐闻，在他们看来，这种政制虽不能说它违背正义，仍然会妨碍个人的“恬适”(幸福)[③]。另些人的思想与此相反：他们认为世间的实务和邦国的政治正是人生的本分；人如果离世绝俗，就无法实践其善行，[勇毅、节制、正义、明哲]诸善德实际上就包含在社会

① 依上文21行“个人”的生活思想已可不提，这里偶尔又同“城邦”的政治集体生活并举。本章的主题实在是论述城邦较优良的生活并研求与之相符的政体；疑难的要点在于邦国应专心内修(35行)，还是力图扩张($1324^{b}5$行)？

② 政治应重内修，厌恶暴力和专制的思想，见于阿那克萨哥拉的，可参看《尼伦》卷十章九$1139^{a}13$，见于伊索格拉底的，可参看《致[僭主]杰森(Jason)诸子书》11。

③ εὐημερία，“晴朗的日子”，译作“恬适”，参看$1324^{a}16$注。

的公务和城邦的活动中[①]。重视世务和政治生活的诸家中，有些 1324b
人的立论就以此为止境，另些人则更进一步，竟然认为专制和僭政的统治才真是造福人民的政体；而且世上就尽多这样的邦国，以奴役邻邦为自己的宗旨(职志)，强使制度和法律都要符合这种[扩张的]目的[②]。

在大多数城邦中，大部分法律的确不过是些芜杂的条例；但我们也得明白其中并非全无归趋，至少也有一个目标，这个目标就是霸业。譬如在拉栖第蒙(斯巴达)和克里特，他们的教育制度和大部分的法律就是依据从事战争这一目的制订的[③]。相似地，所有强盛而力量足以征伐别国的[非希腊]民族都特别重视武德，斯居泰人、波斯人、色雷基人和克尔得人都是这样[④]。在这些民族(国家)中，有的就颁行鼓励武德的专律；据说迦太基对于士兵，每一次

① 《纽校》III324，相反于阿那克萨哥拉等的内修思想而以人生和政治重在行事者，拟取高尔吉亚为实例(参看柏拉图：《曼诺篇》71E、《大希比阿篇》[Hipp. Maj.]282B和色诺芬：《长征记》ii 6、16 等)。柏拉图：《理想国》600C，所述普罗塔戈拉(Protagoras)和普罗第可(Prodicus)的政治思想也相类似。雅典人政治思想虽好理论，乐于辞辩，而大多崇尚功业，重视实践，可参看《修昔底德》卷二总叙雅典文化及其政治品德的 40 和 41 章。

② 这里，亚氏在尚世务重实践的思想家中，又分为温和和极端两派。在现实政治中，这种反乎内修而力图向外扩张的政治家是很多的。《纽校》III 325，认为这一章提出这个问题以及相应的说明和批评，可能是有感于亚历山大的远征而作(参看亚氏《残篇》六一四 1581b18)。当时和以前，助长这种政治扩张的学者和作家也是很多的(参看下文章十四 1333b5—21)。

③ 参看卷二 1271b2—7、卷七 1333b5—16；柏拉图：《法律篇》，卷一 626A、633；又普鲁塔克：《莱喀古士传》31、《阿偈雪劳传》33。

④ 《希罗多德》ii 167 所举好战民族为斯居泰人、波斯人、色雷基人和吕第亚人；这里举及克尔得人(北方民族)，而不及吕第亚人。

出征就授以一个新的腕环(臂铠)[①]以示光荣。又,在马其顿,曾经设置过一条专律,凡尚未杀过一个敌人的男子,腰间只可束络[不得佩带][②]。斯居泰人的习俗,凡从未杀敌的男子,在某一节日宴庆的传杯仪式中,他就不能参与这种欢饮[③]。伊卑里人也是一个好战的民族,在他们那里流行着一种相似的尚武习俗;死者坟墓的周围,绕以尖石(石柱),标志他生前的战功,这些尖石的数目就等于他生平所杀敌人的数目[④]。

各民族间都流行着这类同样是提倡尚武精神的许多传统规矩,有些出于习俗,有些则定为法制。可是,对于一个清明而能时常反省的人看来,作为一个政治家而竟不顾他人的意愿,专心于制服并统治邻邦的策划,这是很可诧异的。这种统治实际上是不合法的,一个政治家或立法家怎能设想到非法的事情?掌握了权力就不顾正义,这种不问是非(义或不义)的强迫统治总是非法的。更没有其他的技艺或学术可同这种政治家的本领相比拟。医师或

---

① 依纽曼,κρίκων 作"腕环"解,普鲁塔克:《德谟叙尼传》30,所说 τὸν κρίκον 记明"戴于腕上"。

② 此律无可查考。大概腰带上可镶嵌金玉之类以示光荣。《集锦》(Anthologia Palatina)xi 238,说加巴陀阡人(Cappadocians)官长的服饰,腰际有佩带。

③ "传杯"而饮的习俗每见于游牧民族。雅典那俄:《硕学燕语》498,亦有此记载。

④ 柏拉图:《法律篇》637D,所举非希腊民族的好战者为斯居泰人、波斯人、迦太基人、克尔得人、色雷基人和伊卑里人;对希腊族则举斯巴达和克里特人。伊卑里人勇敢善战,亦见于《修昔底德》vi 90、《狄奥多洛》xiv 75.8。

大马士革的尼古拉:《残篇》121;攸克辛海(黑海)东岸,高加索山麓,名为辛地人(Σίνδοι)的一支斯居泰族,在战友死后祭献时,计其人生平杀敌的人数,上献如数的鱼(缪勒《希腊历史残篇》卷三 460)。

ὀβελίσκους 有些译本作"石柱"(华表)解,依纽曼(《校本》III 329 页)和杰克逊(Jackson)解(见于《苏校》四版英文注释)作"尖石"。

舵师都绝对不应该对于病人或水手运用诱骗或强迫手段。然而,很多人在涉及政治时似乎就相信奴隶主对付奴隶的专制为政治家的真本领;人们对于他人(异族异邦的人),往往采取在自己人之间认为不义或不宜的手段而不以为可耻。他们在自己人之间,处理内部事情的权威总要求以正义为依据;逢到自己以外的人们,他们就不谈正义了。这样的行径是荒谬的;世上如果有某些分子具备自由的本性而也有另些天然需要受人统治,那么专制的权力就该限于那本来非自由的部分,决不可把这种权力向任何地方扩张[①]。谁都不会去猎取人类以供餐桌或用作献祭:狩猎应当追逐那些适于所需的东西,而餐桌或献祭所需者应该是可以宰食的野生动物。
设想在与世隔绝的某地,有一个孤处而幸福的城邦[②]。这个城邦 1325^{a}
四境无邻,却流传着优良的礼法,大家过着快乐的岁月。显然它将构成一个优良的政体,可是,这种政体就绝对不会以战争为宗旨而倾心于征服敌国,按照我们原先的假定,对于这个独立城邦,不存在任何敌国。

从以上这些论证,已经显然可以明白,倘使大家认为武功也是一种善德(善业)[③],终究不能把它当做人类超乎一切的主要目的:武功只是用以达到人们主要目的的一些手段。优良的立法家们对于任何城邦或种族或社会所当为之操心的真正目的必须是大家共

① 参看卷一 $1255^{b}6$—15、卷三 $1287^{b}37$;又,《残篇》八一 $1489^{b}27$。参看伊索格拉底:《腓力》(Philippus)154,劝告腓力好好对待希腊各邦而扩张马其顿的权威于非希腊(野蛮)民族。

② 参看柏拉图:《法律篇》704C 关于“幸福岛”的设想。又,参看本卷章十五 $1334^{a}31$ 注。

③ 武功之为善德,其道在勇毅。

同的优良生活以及由此而获致的幸福。[立法家应该坚持这种不可改变的目的，只]在制定法律的时候，对于某些条例自可各尽其变，以适应不同的环境。一个城邦如接壤于若干邻国[①]，为之立法的政治家就得熟虑国情，而使其人民预作相应的操练并安排好各种适当的措施，以分别应付每一邻国可能发生的挑衅。但这里所说的一个最好的理想城邦所应具有的目的这个问题，当到以后另行论述[②]。

章三　　现在我们须研究那些同样崇尚善德为人类最优良生活而在实践方面却又为道不同的两派学者的意见[③]。有些人就厌弃政治，认为独立的自由人生活异于政治家生活，他们常乐于安静，宁愿避世寂处。另一学派则认为最优良的生活寓于政治活动之中；人生一定要有“善行”而后可以获致“幸福”，而一切“无为”的人们就没有“善行”可言。两派的持论各有其所是，也都有些谬误。前一学派认为一个独立的自由人生活胜过做若干奴隶的主人，这是确实的。管理奴隶——对奴隶实行专制——不能称为光荣；在日常的鄙俗事情上发号施令也未必能表显多么高尚的才德。另一方面，他们把一切权威都看作奴隶主的权威，这就不对了。天赋的自由人和原来是奴隶的人们并不相同，自由人之间的统治和对于奴隶

① 参看卷二章六 1265^a20—26、章七 1267^a19—21。

② 本卷章十三、十四。

③ 上章 1324^a13—18 所提两题中的第一题，“人生应以入世或避静为宜？”的疑问，原已在 19—21 行申明其属于个人生活思想问题，可以不论，但这个问题实际上仍然含有政治思想在内，所以本章重加辩难。

的统治也不相同。但这个论题我们在第一篇论文中已讲得够多了[①]。这个学派把“无为”看得过高,竟然认为“无为”(τὸ ἀπραττεῖν)胜于“有为”(τὸ πραττεῖν),这是另一个谬误。实践(“有为”)就是幸福,义人和执礼的人所以能够实现其善德,主要就在于他们的行为。

我们方才这一论点也许被人解释为最高的权威就是一切善行中最高的事物,认为权力愈大,所能实践的行为也必愈多而且愈大[②]。推广这种解释,人们一旦执掌权力,便永远不应该把它让渡给他的邻人了;反之,他还得尽其所能,从邻人那里争取更多的权力。既然人间的至善在于实践(行为),而实践有赖于权力,那么,凡是遇到权力关头,就得当仁不让,谁也不要顾及谁:父不必让其子,子不必管其父,朋友也不必互相关顾。如果说这种解释其中也包含真理,那么,盗贼和暴徒,对他们所作的[罪恶]行为,也未尝不可托辞为怀有某种崇高的目的,所以使用这种手段了。然而,这终 **1325^b**
究不是事实所能容许的;倘使说他们的设想可以通行,这就不免虚伪了。人们如果想有所作为,则他比受他所作为者必须确有某种程度的优胜,例如丈夫的胜于妻子,父亲的胜于子女,主人的胜于奴隶,其所作为,才能获得尊敬。至于那些从事非法行为的人们

① 见卷一的四至七章。

② 《修辞》卷一章十二 1373^{a}25,记僭主杰森的权力思想,说人应不惜以任何恶劣手段建立自己在一国中的最高权力,必须置身于这一无上的地位才能施展最好的怀抱,成就重大的事业。参看普鲁塔克:《修善正道》(Praec. Reip. Gerend.)24、《摄生要诀》(De tueudo Sanitate precepta)22。杰森服膺高尔吉亚的政治思想,另见于鲍桑尼阿斯:《希腊风土记》vi 17.9。高尔吉亚思想的过度推广就发生这种权位观念;此节似乎在隐指杰森。

[就其所犯的罪恶，已足证明其为低劣于受他所损害的弱者]决不能以日后成就什么样重大的善业来平衡以前的罪孽而消除他们留下的污德。[这样，我们已可断定以永远把持统治权力为一切善德中的最高事业这种观念，实在是不合理的。]在一个同样的人们所组成的社会中，根据平等和一致的原则，实行轮番为治[①]的制度，确实合乎正义而值得称颂。至于对同等的人却给予不同等的分配，以及在同样的人们间施行不同样的待遇，那些处置总是不合自然的；凡违反自然的都不足称颂。于是，我们可以作出这样一个结论，世上如果出现这样一位人物[②]，他既然善德优于他人，而且兢兢为善，没有人能够胜过他，只有遭逢这样的人，大家才可永远追随并一致服从他，[不作轮番而]仍然不失其为正义和优美的治道。只有善德是不够的；他还得具备一切足以实践善行的条件和才能[③]。

倘使我们所持“幸福在于善行”的说法没有谬误，则无论就城邦的集体生活而言，或就人们个别的生活而言，必然以“有为”（实践）为最优良的生活。但所说“有为”的生活，并不完全像有些人所设想的，必须牵涉到人间相互的关系。也不能说人的思想只在指向外物，由此引起他对外物的活动时，才说他正在有所思想。思想要是纯粹为了思想而思想，只自限于它本身而不外向于它物，方才是更高级的思想活动。善行是我们所要求的目的；当然我们应该做出这样或那样表现我们意旨的行为。但就以这些外现的活动为

① 参看卷三章十六 1287^a10—20。

② 参看卷三 1284^b32—34、1288^a28。

③ 参看本卷章一 1323^b39—1324^a2。

证,也充分确切地表明思想为人们行为的先导。[思想既然本身也是一种活动(行为),那么,在人们专心内修、完全不干预他人时,也是有为的生活实践。]所以孤处而自愿与世隔绝的城邦也未必无所作为。他们可以在邦内各个部分尽力活动而求其实践;这种城邦所由组成的各个部分之间就存在着许多相互的关系。就各别的人生而论也是如此。倘使否认内在的活动,那么完全自足于己而不务外求的神和宇宙体系①也将是尚不完美的事物了。

因此,显然可见,就各个人而言为最优良的生活方式,即把全邦作为一个集体,对全邦所有的人民而言也一定是最优良的生活方式。

章四　以这些绪论为导引,并回想我们前面已经讲述过的其他各家的[理想]政体②,现在可以开始研究这个论题的其余事项。第一,我们应询问,"构成一个理想城邦该有些什么基础(条件)"?一个完美的城邦必须具有同它的性质相适应的配备③。作为城邦基础的条件,我们应当为之设想若干情况,包括可能实现的和纯属理想的情况④。公民群众和土地(境界)就是所谓各种条件中的重

---

① 亚氏认为只有"一个宇宙",在整个宇宙之外没有其他事物存在(《说天》卷一章八 $276^{a}18$),所以宇宙没有向外的活动。"神"为宇宙的原动者,神心以大自我为思想对象,即思想于思想的纯思想(参看《形上》卷十二章七 $1072^{b}22$、章九 $1074^{b}33$、$1075^{a}11$),所以只有"内在活动",而无"向外活动"。整个宇宙体系详见《形上》卷十二章八。普鲁塔克:《神识非必应说》(De defectu oraculis)24,存录古希腊人有"多宇宙"的说法。

② 见卷二。

③ χορηγία 这里作"配备"解,指物质条件或社会生活基础,参看本卷章一 $1323^{b}40$—$1324^{a}2$ 及注。理想政体应有理想的社会基础,但照章一 $1323^{a}17$—19 所说,凭以构成最好政体的条件该是在现实环境中所可获致的最好物质条件。

④ 参看卷二 $1265^{a}17$。

要事项。一切工艺家，例如织布匠或造船匠必须具备同他们的
1326a 工艺相适应的原料；原料准备得愈好，则凭他们的技术所制成的成品也将愈佳。有如其他的制造家那样，政治家和立法家也得有他们所需要的原料，而且这些原料也应该符合他们的要求。一个城邦所需的主要配备为人民；就人民而言，自然应该考虑到数量，也要考虑到品质。次要的配备则为人民所居住的土地（境界）；这里也同样要考虑到量和质。大多数人认为一个大邦必然较为幸福。也许他们是说得对的，但他们对于一个城邦为大为小的实义未必真正了解。他们以数量为标准，凭人口（居民）的多寡来判断邦国的大小；但国势强弱与其以人数来衡量毋宁以他们的能力为凭。有如人们的各从其业，城邦也得各尽其用；凡显然具有最高能力足以完成其作用的城邦才可算是最伟大的城邦，希朴克拉底所由常以“伟大”见称的正是这样的命意，作为一个医师，不是作为一般的人，他比任何体格较他大的人总是更为“伟大”。即使承认人数也可据以估计国势，然而任何偶然的统计还是不足为凭的。我们知道各邦大都居住着很多的奴隶、客民和外侨①。我们倘使以人口为标准来判断国势，就须把计算的人口限于组成城邦的主要部分各分子。这些分子如果为数特别大，可以作为一个大邦的征象；如果它虽能派遣大批的工匠，却只能编成少数的重装步队，这样

① 古希腊各城邦的客民和外侨多数为工匠，来自埃及和亚洲以及小亚细亚的希腊殖民城邦。凡工商发达的城邦及其港埠，客民尤多。重农的城邦如斯巴达也有客匠。希克斯：《希腊历史碑志》（Hicks, Gr. Hist. Inscrip.）157，记雅典的西顿（Sidon）居留民可以作为例子。

的城邦就不得称为大邦①。因为一个繁庶的城邦不一定就是一个伟大的城邦。

又,经验证明,一个极为繁庶的城邦虽未必不可能、却总是很难使人人都能遵守法律(和礼俗)而维持良好的秩序。凡以政治修明著称于世的城邦无不对人口有所限制。这种事实,我们也可在理论上给予辩明。法律(和礼俗)就是某种秩序;普遍良好的秩序基于普遍遵守法律(和礼俗)的习惯。可是,事物如为数过多,就难以制定秩序。为无定限的事物创制秩序,只有神才可能,神维系着整个宇宙的万物,为数既这样的多,其为积又这样的大,却能使各各依从规律,成就自然的绝美②。这里,我们可以论定最美的城邦,其大小必然有限度,以适合上面所阐释的秩序③。又,[在这一通则之外,]我们还须注意到,有如各别的动物、植物和无生命的工具④那样,城邦的大小也各有它适中的限度⑤。任何事物倘使过小

① 这里承20行文义将“工匠”除外于公民团体而把他们放到奴隶之列,参看卷三章四1277^{a}27—^{b}3。

加梅拉留:《亚里士多德政治学和经济学译文和释义》279页,说此句实指阿偈雪劳的故事:阿偈雪劳引斯巴达同盟联军征伐忒拜时,盟国诸将不满意斯巴达为各邦领袖,阿偈雪劳为联军统帅,而斯巴达军人数甚少。阿偈雪劳于是就营地集合全军,令斯巴达军和各邦部队分坐两边。几而传令,凡原属陶工都起立,依次呼冶匠、木工等手艺殆遍,各邦军几乎全部起立,斯巴达军则无一起立者。阿偈雪劳笑问诸将说:“斯巴达军为数并不少于友邦。”(参看普鲁塔克:《阿偈雪劳传》26。)

② 以“秩序”为“美”,见《形上》卷十三章三1078^{a}36。“美的主要形式为秩序、匀称和明确”,参看《诗学》章七1450^{b}34、《尼伦》卷四章七1123^{b}6。

③ 这里的文义是这样:只有神能为尽多的事物创制秩序;人的能力殊属有限,他虽企求美善,只应自量其能力所及,限定若干人数为一城邦而为之创制并维持其秩序。

④ 参看卷一章八1256^{b}35。

⑤ 参看卷五章九1309^{b}21—35。又,《尼伦》卷九章十1170^{b}29:“十个人不能组成一个城邦,但十万人的聚合也不能算作一个城邦。”

或过大都将丧失天赋的能力而不克尽其功用。这种事物有时由于性能不良[沦落为低劣的事物],有时便全然丧失其本性。以船为例:一艘只有一指距(约八寸)长或竟有两径(约一里)长[1]的船都 1326b 不成其为一艘船;即使一艘船的尺寸不至于那样失常,还是可能嫌它大了些或是嫌它小了些,因而不利于航行。邦国亦然。倘若组成一个城邦的分子太少,这在生活上就无法自给自足,而城邦的目的却在自给自足[2]。一个城邦,如果像一个民族国家那样,人口太多了,虽然在物质需要方面的确可以充分自给,但它既难以构成一个真正的立宪政体,也就终于不能成为一个真正的城邦[3]。为数有那么多的群众,谁能做他们的将领而加以统率?除了具有斯顿笃[4]那样的嗓音,又谁能给他传令?

所以,当城邦初成立时,其人口的底数只要在一个目的为达

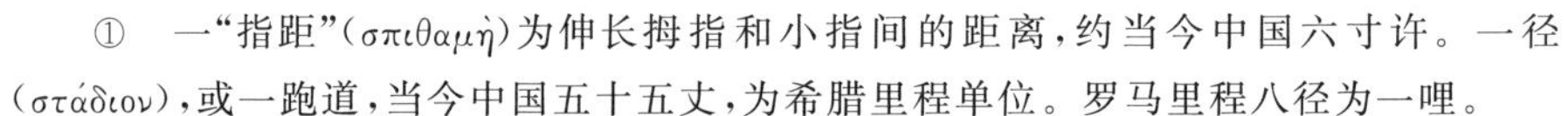

① 一“指距”(σπιθαμὴ)为伸长拇指和小指间的距离,约当今中国六寸许。一径(στάδιον),或一跑道,当今中国五十五丈,为希腊里程单位。罗马里程八径为一哩。

② 见卷一章二 1252^b27—34。

③ “埃斯诺”(ἔθνος)的本义为(一)共同生活于一处的若干人众,即宗族,这些人众都出自同一血统,或(二)由若干宗族合成的民族,或(三)这种民族所具备的政治社会体制。在本书中,这个词常常同“城邦”对举或联举,异乎城邦而无确诂,泛指非希腊民族或其政治社会团体;我们或译“民族”,或译“民族国家”。综合全书各章节以及其词义的见于其他史籍者,可知在一“埃斯诺”中,人民通婚、通商,经济足以自给,树立共同的礼法,信奉共同的神祇(1324^b9),权力归于君主(1285^b31)。境内或为许多村落,或为若干城市和许多村落。他们对于外敌作共同一致的攻防。这种组合是“政治团体”,也是“战斗团体”(参看 1261^a27 注)。但这样的“民族国家”壤地太大,人口太多或太散漫,所以不能构成像城邦那样的公民们休戚相关、一切共同负责的各种“宪政”。参看卷五章十 1310^b1 及注,以“贵族、寡头、平民、共和”四制,不同于“君主政体”(一长制)的说明。

④ 斯顿笃(Στέντωρ),见荷马:《伊利亚特》v 785,为一传令员,声若洪钟,他的音响五十倍于常人。

成优良生活的政治体制中，大家可以通工易事而能自给，便足够了。人口逐渐超越当初的底数，这就成为较大的团体，而仍然是一个城邦；但，上面已经说明，这样的增加不能无限地进行。只要环顾实际，我们就不难规定这种限度。一个城邦的活动一部分出于执政人员，一部分出于被统治的人众。执政人员的职责在于断案决事和发号施令[被统治公民的本分则在选举执政人员]。一个城邦的公民，为了要解决权利的纠纷并按照各人的功能分配行政职司，必须互相熟悉各人的品性[①]。倘各不相知，则职司的分配和案情的裁断两者都不免有所失误。对于这类重大事件，临时随意处理，总会多出纰漏，但人口倘使确属过多，就显然没法作周到的措置。又，在人口过多的城邦中，外侨或客民如果混杂在群众之间，便不易查明，这样，他们就不难冒充公民[②]而混用政治权利。

从这些分析，我们已可清楚地见到一个城邦最适当的人口限度：这该是足以达成自给生活所需要而又是观察所能遍及的最大

① 这里所举司法审判和公职选举两项要政，即认为法官和诉讼当事人、选举人和被选举人必须互相认识这种说法，实际出于小国寡民的古代政治习惯。在近代国家组织中，取义恰好相反。现代司法要求“无私意审判”，就案情断案，法官不需旁及其人无关案情的一般事项，如果对两造私人情况各有所知，也不得因这些知识而干扰他的审判。现代国家人口均以千百万计，选举人对被选举人，但求能粗知其公共生活和公务才能，对于私人生活及其品性实已无暇深求也不需详悉。

② 以雅典为例，由行贿注册或以它故入籍的公民称“冒籍公民”(παρέγγραπτοι)。各坊社都有冒籍公民，海港附近尤多。伯利克里时(公元前445年)曾经清查户籍，检得伪冒者五千人(普鲁塔克：《伯利克里传》36—37)。德谟叙尼讲演词：《欧毗卢》59，曾说冒籍所费为五个特拉赫马。

数额[①]。关于城邦的大小（人口的多寡）问题，这里已讲得够多而可以结束了。

章五 相似的论点也可应用到土地（境界）问题上。就土壤的性质说，当然，人人愿意在自己境界内可能种植一切庄稼（农产），使大家各得所需，样样都不缺乏，保证全邦高度的自给自足。就国境的大小或土地的面积说，应当以足使它的居民能够过闲暇的生活为度，使一切供应虽然宽裕但仍须节制[②]。我们所拟的这种限度是否确当，等到今后在研究财产和致富的一般问题以及财产的执管和利用问题时，另行详述[③]。这是一个颇有争执的问题：人们的生活思想往往趋于两极，或自甘俭朴，或流于豪奢[④]。至于土

① 这里，亚氏以“生活自给所需”人数（上文8—9行）为上限，以“观察所能遍及”人数（15—20行）为下限，教人于两限度内寻求适当的数额。《修昔底德》viii 65—66，记公元前411年，寡头为政时期，雅典在籍公民限为五千，相互间已多不相识，或虽相识而不相信赖。亚氏本文未确言实数，但依所示两限，一邦公民人数不能超过万人；居民都远近相望，里闾相逢，互知其行为、能力、门望、贫富；平时集会可以朝至夕归，战时征召可以朝令夕合（参看$1326^{a}37$注）。这就等于近代国家一个小城市或一乡镇的境界和人口。

② 参看卷二$1265^{a}20$。

③ 这个论题，后来不见另详。本书卷一卷二中所曾涉及的“财产私有而公用”的主张可以看作亚氏关于财产问题的基本宗旨。参看卷二章五$1263^{a}37$注。

④ 生活主“俭”（甘于贫困）的学派是指毕达哥拉斯学派如阿里斯多丰（Aristophon）（见迈恩纳克编：《希腊喜剧残篇汇编》卷三362《阿里斯多丰残篇》），犬儒学派如狄欧根尼（见穆拉赫 Mullach 编：《狄欧根尼残篇》273等）。有些城邦当初的立法家或创制者，如在克里特（本书卷二$1272^{a}22$），如在斯巴达（色诺芬：《拉根尼共和国》），也是主俭派。生活主“丰”者是阿里斯底浦（Aristippus）（狄欧根尼·拉尔修：《学者列传》ii 68、69、84）等。参看缪勒：《希腊历史残篇》II 276《亚里斯托克色诺残篇》所记毕达哥拉斯学派阿巨太（Archytas）和叙拉古狄欧尼修僭室某宫臣关于“丰俭”的对辩。

地的坐落(国境的形势)——虽然某些问题有待于征询军事家的经验[①]——我们可提供这样的建议:一个城邦的地理环境应该是敌军难于进入而居民却容易外出的。关于人口方面所说“观察所能遍及”的条件,对土地方面也一样合适。凡容易望见的境界 **1327a** 也一定有利于防守。中心城市的位置,照我们的理想应有海陆方面的通道。[这里,应当注意到两个要点:]第一个要点是曾经讲到过的,城市为全邦的一个军事中心,四周有警,都能由此派遣赴援的部队。第二,它也应该是一个商业中心,具有运输的便利,使粮食、建筑用木材以及境内所产可供各种工艺的原料全都易于集散[②]。

章六　海上交通对于一个内政良好的城邦究属有利抑或有害,是一个意见极为分歧的问题。有些人[③]坚持说,让出生和成长于外邦礼法中的客民入国,因此增加了邦内的人口,一定不利于自己的良好礼法[④];滨海港埠输出输入的货运繁盛,则商旅云集,人口

① 《苏校》对于这个分句加〈〉。

② 城市的位置参看卷五章三 1303^b7、本卷章十一 $1330^a34—^b18$。斯巴达等内陆饶于农产而城市离海稍远。阿尔咯斯等城市滨海而群山阻隔,同它的内陆不易交通。有些内地城邦如曼底涅亚远离海洋;另一些岛上城邦管领着隔海陆上的郊区。这些地理环境都不合亚氏所云海陆两便的要求。比较相符的是雅典城的位置。

③ 可能是指柏拉图,参看《法律篇》卷四 704D—705B、949E、952D。

④ 柏拉图在《法律篇》内说城邦不宜滨海,用意只在避免外邦礼俗的扰乱本邦礼俗,没有说及人口增加的害处。希腊各邦既主自给自足,也就不免有闭关的意思,斯巴达尤甚。莱喀古士曾订立“排外条例”(xenelasia),限止外人入境,以防本邦公民沾染异俗。

增加势所不免，他们认为这终究有损于内治的安宁[1]。从另一方面看来，如能避免人口的增加，则海洋对于一邦的城市及其全境无疑是有利的，这不仅对国防有益，也可凭以流通物资，使境内获得充分的供应。为了保障安全并便于克敌制胜，一个城邦应该兼筹海防和陆防[2]。就攻击来说，如果具备海陆的便利，兼用海陆两种兵力，即使不能两军同时出击，但忽而由陆地、忽而由海洋进袭，也[比专用一种部队]易于惩创敌人[3]。又，为了获得供应，一个城邦应该慎重注意，凡输入的商货一定为本邦所不生产的物品，而输出的商货一定为本邦生产有余的物品。从事贸易当以本邦的利益而不以他人的利益为主。那些成为国际市集的城邦，其目的都在贪图税收[4]，要是说一个城邦不宜贪图这种利益，就不该让自己成为一个大商场。留心当代各邦的国情，我们常常见到有些境内及其都邑布置着颇为恰当的港埠，这些港埠离开城区不远，却又另外独

① 许多希腊城邦受客民影响，其事态显著而竟至造成祸患：阿格里根顿全盛时，客民人数竟超过本邦公民，形成喧宾夺主之势(《狄奥多洛》xiii84.4)，拜占庭曾为客民所袭破(阿里安：《杂史》iii14)。豪苏里埃：《雅典城市生活》(Haussoullier, Vie Municipale en Attique)189页，说拜里厄斯港埠客民的外邦风俗和教仪曾传布于雅典城内居民。

② 波斯战争中，希腊各邦的终于得以驱除强敌就在兼用海陆两军。叙拉古击败雅典入侵部队也由于两军都能制胜。反之阿格里根顿被迦太基人所围困时，因为没有海军，就没法解围(《狄奥多洛》xiii 85)。这类史实很多。

③ 伯罗奔尼撒战争中，雅典要是没有强大海军出击，陆战终难拒敌。斯巴达在忒拜入侵时因为没有海军出袭忒拜本土，国境便深受蹂躏。这些都是海军利于攻击的显例。

④ 伊索格拉底：《泛雅典娜节讲词》42，说雅典的拜里厄斯为各邦商货聚散中心，大有功于希腊。关于国际贸易中税收事项，可参看色诺芬：《雅典的收入》(De Vect.)iii 20、iv,40；雅典输出输入各征税货价的五十分之一，其总额极巨(参看吉耳伯特：《希腊政制典实》350页)。

立,城港之间则联以墙垣以及其他类似的碉堡,使城区的武力足以捍卫港埠的安全①。凭这样的安排,显然既可获得港埠的便利,又不难以法律防止其附带的任何不良影响,城邦可以订立某种规章,分别外来的商旅,限定谁可以入城、谁不得入城从事交易。

城邦具有相当多的舰队能从事海上作战的无疑是特别有利, **1327b**
这不仅足资自卫,在国际关系方面也很重要,舰队可以威慑强邻,在友邦有警时,则能在陆路以外,另外从海上赴援。这种实力的大小,即舰船的多少,要以国情来衡量,并考虑到立国的抱负而后加以制定。城邦如欲积极周旋于列国之间,企图成为一代的领袖,它的海军就必须达到足够称霸的规模②。由此编集的桡手群众不要增加这个城邦的户口;这类人手当取之于公民团体之外③。[异乎桡手,]水兵则应该从自由公民阶级中征招来作为舰上的主体,担任战斗、管理和指挥等任务,他们就像陆军(步兵)一样为城邦武力的一个部分。但[桡手不是战斗员,]邦内的农奴和农庄雇工要是极为众多,桡手的招募和补充就不会有困难。我们见到现今若干城邦实际上正是施行这样的政策,例如在[滂都海上的]赫拉克里

① 此节所说显然以雅典城和拜里厄斯港为实例。拜里厄斯离城区十五里,联有长垣,由雅典军为之戍守。所以雅典城多得各邦物产供应而很少受到外国礼俗的影响。

② 忒拜的埃帕米农达(Epaminondas)对于海军的优胜颇有先见(参看格洛忒:《希腊史》卷十 416—419 页)。《狄奥多洛》xi 50,说希腊各邦在波斯战争中已认识到,国无舰队而图以陆军称霸者,只能成一“跛霸”。

③ 斯巴达舰队的桡手为农奴和雇工(色诺芬:《希腊史》vii 1.12)。雅典海军的桡手大部分为贫民,而杂有应募的客民和奴隶(伊索格拉底:《论和平》[De Pace]48、79,《修昔底德》i 143.3 等章节)。雅典的贫民桡手是发展雅典平民政体为极端形式的主要群众,见本书卷五章四 1304a24 及注。亚氏不赞成极端平民政体,所以警戒海军不宜从公民中的贫户征召桡手,也不宜对曾经担任桡手的奴隶赋予公民权利。

亚，公民团体为数少于它邦，它却建立了相当大的舰队[①]。

关于土地（境界）、海港、城市、海洋以及海军，这里已讲得够多而可以结束了。

章七　我们已经讨论过一个城邦凭以决定人口（公民）数量的依据和限度[②]，现在要进而研究他们的品质，组成城邦的各个分子应该具有怎样的禀赋。我们如果不以希腊的著名城邦为限而兼及那些分布于全部人类所居住的世界中的非希腊民族，对它们进行广泛的考察，那么对于这种禀赋就能有所认识。寒冷地区的人民一般精神充足，富于热忱[③]，欧罗巴各族尤甚，但大都绌于技巧而缺

---

① 黑海南岸的赫拉克里亚在公元前392—前352年间同北岸的博斯普鲁斯的齐梅里人（Κιμμέριοι βόσποροs，在今苏联的克里米亚）久战，因而建成了强大舰队（参看格拉忒：《希腊史》卷十二623.3）。福修斯：《书录》（《贝克尔编校本》）$226^{b}19$，记赫拉克里亚造舰技术著称于古代（至公元前第三世纪初），扩大舰型至五排桨和六排桨；最大的一舰为“八排桨”。近代造船史研究家怀疑如此累迭的桨手和长桨在古代木船中将无法安排。

② 见本卷章四$1326^{a}10$—$^{b}24$。

③ θύμοs（“修谟斯”）有多种意义：（一）魂魄、生命、呼吸。（二）强烈的感情，（甲）例如“愤怒”，《动物的构造》卷二章四$650^{b}35$，说修谟斯是动物“内热”的产物，奥格尔（W. Ogle）译文作“anger”，这“怒”字，有似中国《庄子》“草木怒生”之怒，作“奋发”解；（乙）“精神”，柏拉图：《理想国》iv 435—442，旭雷（Shorey，P.）1930年译本作“high-spirit”（“勇往精神”）。本书用“修谟斯”这词和“情欲”相对照，又和“理智”相对照，兹译“热忱”和“精神”。

《集题》十四$910^{a}38$，“寒冷气候使其地动物肌肉紧密坚实而‘内热’不易发散，故能耐寒”。《动物的生殖》卷五章三$783^{a}15$：“寒地动物发肤粗硬，骨骼坚强，属土性，不属水性”。《动物的构造》$650^{b}33$：“动物之血浓而多纤维者属土性，为胆汗型，‘精神’强悍，‘热忱’奋发”。又，$650^{b}18$—27：“血液稀薄而清净者多水性，较富理解”。但“水性过多，则流于畏怯”。又，《尼伦》卷三章七，说欧罗巴寒地的克尔得人精神（热忱）健旺，无所畏惧。

少理解[①];他们因此能长久保持其自由而从未培养好治理他人的才德,所以政治方面的功业总是无足称道。亚细亚的人民多擅长机巧,深于理解,但精神卑弱,热忱不足[②];因此,他们常常屈从于人而为臣民,甚至沦为奴隶。惟独希腊各种姓,在地理位置上既处于两大陆之间[③],其秉性也兼有了两者的品质。他们既具热忱,也有理智;精神健旺,所以能永保自由,对于政治也得到高度的发展;倘使各种姓一旦能统一于一个政体之内,他们就能够治理世上所有其他民族了[④]。在希腊和非希腊人之间,这种禀性的区别也可以在希腊各种姓之间见到它的端倪,有些希腊人或偏于热忱或偏于理智,另些却正兼有两种品质。

这些分析说明,一个立法家,对于既赋有理智又赋有精神的那一种人民,不难引导他们达成善业(善德)。某

① “欧罗巴”(’Εὐρώπη):依此节,希腊半岛除外于欧洲大陆。依《物理》卷五章一224^b21,说雅典也是欧罗巴的一部分,则希腊不自外于欧洲。但普朗特尔(Prantl)校订《物理》中认为该行可能出于伪撰。

② ἄθυμα 这个词的意思是热忱不足或精神卑弱。参看希朴克拉底:《空气、水、居处》(De Aere, Aquis, Locis)(库恩,Kühn,编:《希朴克拉底全集》卷一 553 页):亚洲人较欧洲人精神卑弱,性情温和,怯于战斗。

③ 色诺芬:《雅典的收入》i 6,雅典为希腊的中心,亦为世界的中心。《斯特累波》419 页,希腊人以“德尔斐为希腊之脐,亦为人类所居住的全世界之脐”。以人身为喻,脐在中央。

④ 这里,亚氏对全希腊统一为一个政体或联结为一个大邦,未作详明的规划。揣彼所拟,当不出两途:其一,有如马其顿王腓力所主持的“科林斯会盟”(公元前 337 年),各邦公认马其顿为领袖,结成对抗波斯的政治军事同盟,设置“同盟会议”。另一为各个城邦的自由联合,不先确认谁为盟主。纽曼(《校本》III336)认为亚氏的本意当从希腊的素习,倾向于自由联合。但嗣后亚历山大和安第帕得继承腓力所开创的权威,实际上把希腊各邦统一于马其顿势力之下了。

些人①认为卫国之士应有这样的态度：对于相识者须表示友爱，对于不相识者则都以暴戾相待——这是一种[富于]热忱的态度。热
1328a 忱，在我们的灵魂中，正是爱情和友谊所由发生的机能；我们要是被素所友好或朋辈轻侮，则比被陌路的人们所亵渎，在精神上感觉到更为激荡，这可以证明爱憎为精神的现象[而无关于理智]。所以，阿基洛沽在埋怨他的友人时，向自己的精神（灵魂）作低沉的控诉：

“你竟在你自己友好的家中受到了创伤。”②

灵魂的这种机能不仅舒展爱情和友谊，我们所有任何作为的能力，任何自由的情绪，没有不是由此发源的。精神（热忱）这事物总是向外发展而且不可屈服。但，所说人们对于不相识者应该以暴戾相待，殊非良好的教训。人们对于谁都不应该摆出暴戾的态度；实际上，凡胸襟豁达、神志高爽的人，其性情必不致流于残暴——只是，对于罪行和恶人自当另眼相看。至于罪恶，如上面曾经说过，他们如对自己素来熟识的人们犯了罪恶，其引起的反感也将更加强烈。这也是理所当然。人们在遭逢这样的事情时，除了实际的损害以外，还痛感有忘恩负义的隐恨。

“兄弟相争，其为悖戾也更严重”③，

① “某些人”，指柏拉图。《理想国》iv 435—442、《蒂迈欧篇》69—72 等节，柏拉图分灵魂机能为三：理智、精神、欲念。又，《理想国》376，说犬对所识者摇尾以示亲昵，对不相识者则狂吠以示暴戾，说明爱憎出于知识；当国者应该以知识（哲学）教导其“公民—士兵”，使能识别敌友。这里，亚氏说爱憎出于精神机能而不由理智，所以订正柏拉图的语病。下文如说爱深怨烈的精神状态，取义实不异于柏拉图《法律篇》717D。1327b37—1328a17 这一段在全章中虽不全属题外，总嫌迂回太远。

② 见贝尔克编：《阿契洛古残篇》（Archilochus Fragm.）66、67。

③ 依普鲁塔克：《论友爱》（De Fraterno Amore）5，此语出于欧里庇得。参看挪克编：《欧里庇得剧本残篇》975。

这是我们一位诗人的话；另一位诗人也说过，

“爱之过深者，及其生憎，

则为恨也愈深。”[①]

这些就是我们对一个理想城邦的必要基础所得的结论，关于(1)公民团体人数的多少及其所应禀赋的品质和(2)国境的大小及其土壤所应有的性状，都已作了概括的叙述。这些理论上的设想无需像实际的事物那样要求一定程度的精详[所以我们姑从简略]。

章八 有如其他自然组合物，社会体系所赖以存在的必要条件，不同于该体系所由组成的各部分，我们不能把一个城邦或任何成为一个整体的社团所必不可少的各种条件，误认为城邦或这类社团的各个部分[②]。

完成一个整体的所谓社团一定有某些事物对于所有参加社团之内的各分子都是相通的，也是相同的。它们对于这些事物的分配可以在数量上是相等的或是不相等的。这种事物或是一种，也可以是好多种，例如粮食，或土地，或类似的任何其他东西[但其中必有某一种为全体的各分子所相通而相同的][③]。现在就手段和目的而论，虽各种手段正所以达成目的，而为了目的则应用各种手

① 未能考知作者为谁；见挪克编：《“无名氏”(’Αδεσπότοι)残篇》78。

② 组成城邦的各个“部分”为各类或各级公民，参看卷三章一 1274^b39—41 等章节。全体所赖以存在的“必需条件”，就城邦而言为各种业务。好些业务虽属城邦所必需，但担任这些业务的许多人却不属于城邦本体，例如桡手虽为城邦所必需(若无桡手，城邦的舰队就不能存在，城邦若无海军，本身也就不能存在)，却不在公民团体之内(参看本卷章六 1327^b7，又卷三章五 1278^a1—3)。

③ 就会餐团体来说，粮食为众人共同的东西。就土地尚未私有以前的农业社会来说，土地为众人共同之东西(参看卷二章五 1263^b23)。就城邦而言，这一事物为大家“所可达到的最优良生活”(下文，36 行)，也就是以道德为基础的“幸福”(下章 1329^a22)。

段，两者之间虽互相关涉而并无共通的东西。例如应用建筑工具来建筑房屋的工人和建筑物之间的关系就是这样：建筑工人和房屋之间没有什么东西是共通的，建筑工人的技术只是手段而房屋则为目的。由此可知，如果说城邦需用财产，[有如房屋有赖于建筑工具以及运用工具的建筑工人，]财产却并不能算作城邦的一个部分。所谓财产，确实[包括无生命的东西，]也包括若干有生命的东西[例如奴隶]。但[其他两件事也是确实的：]城邦只是同等的人们间的社会组织；又，城邦的目的是人类所可能达到的最优良生活[而奴隶们就完全不参与这个目的]。最优良的善德就是幸福，幸福是善德的实现，也是善德的极致。但这在生活实践之中，并非人人所可获得；有些人达到了充分的幸福，另些人或仅仅参加优良生活的一小部分或竟然完全无分。这样，其后果是明显的。由人
1328b 们不同的德性，产生不同种类的城邦，建立若干相异的政体。由各种不同的途径，用各种不同的手段追求各自的幸福，于是不同的人民便创立不同的生活方式和不同的政治制度①。

现在我们就该列举“城邦所赖以存在的诸职能（条件）”，在列举这些职能时，组成城邦的“诸部分”也就一并加以说明。要开列这种清单，我们应当先考虑一个城邦所必需的事物和业务。依据这些考虑，我们可列举：粮食供应为第一要务。其次为工艺，因为人类的日

① 《巴克尔英译本》300页章末长注，认为1328a37—b2这一节颇为可疑。依上节的论旨，一个城邦内的某些人们，例如只作为有生命的财产看待的奴隶们，或仅仅赖以供应日用必需品的工匠们，只能算是达成城邦生活的一些手段，都不参加城邦本身的“部分”（目的）。下节似应对此义作较详细或较明确的说明。但这一节的结论却说不同的人们各各创立了不同的生活方式和政治制度。这样，各类不同的人们就各各成为他们所建政体的一个“部分”。就本卷的总题为“理想政体”而言，这一节旁涉各种不同政体，亦属离题。

常生活不能没有许多用具。第三为武备：为了镇压叛乱，维持境内秩序，同时为了抵御任何外来的侵略，一邦的诸分子必须各备武装。第四为财产(库藏)，这应有相当丰富的储存，以供平时和战争的需要。第五——就其品德而言，应该放在第一位——为诸神执役的职事，即所谓祭祀。列为第六而实为城邦最重大的要务，是裁决政事、听断私讼的职能[即议事和司法职能]。每一城邦所必不可缺的事物和业务就是这些。城邦不是人们偶然的集合。这个团体，我们曾经说明[①]，必须在生活上达到自给自足，上述这些事物和业务要是丧失了任何一项，那就不能自给自足了。因此，一个城邦就应该具有完备的组织，才能遂行所有这些职能(要务)。那么，邦内应当有若干农民，从事粮食生产；工匠；武装部队；有产阶级(部分)；祭司；一个裁决有利于公众的要务并听断私事的团体[②]。

章九　确定了这些职能以后，还有一点尚待说明。全邦诸分子应该一律参加所有的业务(职能)？——人们同时都从事农作，又从事工艺并及于议事和司法活动也是可能的——抑或上述各种不同的业务应分别由若干人担任？或某些业务应由全体参加而另一些则应分配给不同的各组？于此，每一政体不必作出同样的安排，恰如我们刚才所说[③]，这尽可能有不同的体系：全体人们参加所有

① 见卷二 $1261^{b}12$、卷三 $1275^{b}20$、卷五 $1303^{a}26$ 等节。

② 关于城邦的业务和机能以及与之相符的人民各级类，此节所述理想城邦中的清单，不同于卷四章四所举平民城邦中的类别和次序；和卷四章三所列者亦异。

③ καθάπερ γὰρ εἴπομεν，依纽曼，这是指上文24—28行，所以译“恰如我们刚才所说”。如果依巴克尔，则认为是指卷四章四 $1291^{b}2$—6 一节，可译“有如我们所曾陈说”。

一切业务(职能),或不同的人们各任不同的业务(职能)。政体的所以有别就在于这些相异的安排:在平民政体中,所有的人都参加了一切业务(职能),而寡头政体就采取相反的措置。这里,我们所讲的本题为“最优良的(理想)政体”。理想政体应该是城邦凭以实现最大幸福的政体[①],这种政体,我们前面曾经说明[②],要是没有善行和善业,就不能存在。依据这些原则,组成最优良政体的城邦诸分子便应是绝对正义的人们而不是仅和某些标准相符[③],就自称为正义的人们;这样的城邦就显然不能以从事贱业为生而行动有碍善德的工匠和商贩为公民[④]。忙于田畴的人们也不能作为理想

1329^a 城邦的公民;[因为他们没有闲暇,而]培育善德从事政治活动,却必须有充分的闲暇[⑤]。

另一方面,一个武装部队和一个审议公务并听断私事的团体,

① 见本卷章二 1324^a21—29。

② 见本卷章一 1323^b30—36。

③ “正义”,含有礼法的意思;寡头政体或平民政体各有不同的正义观念,形成不同的礼法。亚氏认为寡头和平民政体的正义标准都低于理想(模范)政体的正义标准。

④ 欲达到理想城邦的最大幸福必须公民都具备四种善德;亚氏的意思是说工商和农业劳动者都不能具备四德,所以理想城邦不宜许他们为公民。柏拉图:《法律篇》卷八 846,说工匠没有闲暇从政修德,卷十一 919,说商贩牟利,多违四德,两都不得入籍于他所拟的次级理想国。

⑤ 从政须有“闲暇”,参看卷二章九 1269^a34、章十一 1273^a32—$^b7$ 等节。

农民所缺少的善德只有“智慧”这一德;其余三德农民未必有逊色。智慧得之于教导和学习,须有闲暇,农民少闲暇,不能免于愚昧。《形上》卷一章一 987^b24,说埃及僧侣阶级特多闲暇,所以擅长几何学。《传道书》(Ecclesiasticus)章二十八 24—25,说文士的富于智慧,都是由于闲暇;如终日执犁,则常常和牲畜相对语,怎能有智慧。“文士”(scribe)为犹太宗法吏,和埃及僧侣阶级相近。《传道书》作于公元前 200 年间,显见有希腊思想的影响(参看博克斯:《希腊化时代的犹太教》[G. H. Box, Judaism in the Gr. Period]162 页);希腊思想则显见有埃及的影响。

两者都关系重大,显然应该是城邦的主要“部分”。现在试问,两者应由各别的人分任?抑应由相同的一些人兼任?这个问题显然可有以下两种看法,可作两种答复,其一有如后说,另一则如前说。两种职能需要两种不同的才龄[①]:议事有赖于成熟的智慧(明哲),战争却需要青壮的体力;这样,两者就应由各别的人分任。从另一方面看来,凡能攻能守、力能胜任战斗的人们,总不能使他们长期自安于从属的地位;因此[武装部队就必须参预议事团体,而]两者应由相同的一些人兼任。我们还须想到执掌着武力的人们也执掌着一个政体的命运。那么,惟一可行的办法就只有把这个理想城邦的军事和议事权力付托给包括两种年龄相同的人们——但两种职能应当挨次地一一付托,不能同时一并地付托。自然挨次给予青壮年以实力,而给予老人以智虑;遵照自然的顺序,把城邦这两种权力分配给年龄高低的两组的人们,最为合宜[②]。这既属合宜,也是理所当然:把职权作这样的分配,恰好符合于凭照各人的功能或勋绩而赋予各种权利的原则。

执掌这些权力的人们也应该是有财产的人们。我们这个城邦中的公民[为了要获得修养善德和从事政务的闲暇,]必须家有财

① ἀκμή(acme,“顶点”),对人生而论,是“壮盛期”;这里亚氏兼作生理和心理分析,所以译为“才龄”。《修辞》卷二章二十二至二十四,依年龄分人生为稚年、中年、老年三期,性情才力因年龄而变迁。中年期内三十至三十五岁为人生体力最强的岁月,适于战争,四十九岁前后为老年期中智力最旺的岁月。中年期兼有青春和迟暮的长处而免于两者的缺憾,是最属有为的时期。本书本卷章十六 1335^{b}32—35 说,人生智力旺于五十岁。柏拉图(《理想国》460E)认为人生“智力和体力的才龄(旺期)”都在三十至三十五岁之间。

② 各个公民在青壮时为士兵,五十岁后议事参政或出庭听讼,则其国兼有强盛的武力和老成练达的政府,所以说合宜(συμφέρει)。合宜又合义为亚氏习用语。

产，这个城邦只有他们（有产阶级）才能成为公民。工匠阶级以及其他不能“制造（生产）”善行（善德）的阶级都不能列入这个城邦的名籍中①。依据理想城邦的原则，显然会导致这样的结论：幸福（快乐）基于善德，在一个城邦的诸分子中，倘使只有一部分具备善德，就不能称为幸福之邦，必须全体公民全都快乐的城邦才能达到真正幸福的境界②。又，考虑到田畴的劳作应该归属于奴隶或非希腊种姓的农奴（贝里俄季）③，我们认为产权确实应该归于公民。

我们上面所列举担任城邦要务的六个类别，其中只有祭司（神职）这一类别（阶级）还待说明。这类职司的规格颇为明显，农工阶级都不得受任神职。照我们方才讲过的计划，公民应分为两组——少壮的军事组和老年的议事组。这种虔敬的职司就应该由高年组中老迈的人们担任，他们年近迟暮，倦于津梁，恰好在这里觅得了安息并寄托其后世的思念。现在，我们对于构成城邦的各个部分及其必需的条件，论述业已周详。农民、工匠和一般佣工都为城邦赖以生存的条件；至于其组成部分则包含武装部队以及议事和听断的团体。这些都是独立的要务，但其间分工的方式是不同的，有些人终

---

① 柏拉图在《理想国》卷四 419—421，规定卫国之士（军人和官员）不应有财产；而农民（卷三 464C）则可各有其田亩（参看本书卷二 1264^{a}32）。这里，亚氏恰好相反，土地应该属于公民，军政人员都是“有产阶级”（εὔποροι）。

② 这一句也是在批评柏拉图。亚氏认为财产有助于人生的善德善行，柏拉图剥夺了卫国之士的财产而以之给予农民，则邦内可得快乐而称幸福者将为农民而非卫国之士（参看本书卷二章五 1263^{a}37—^{b}9）；这样的城邦不是幸福之邦。又，照上文的论辩，如果将工匠等“不能制造善行的人们（阶级）”包括在城邦名籍之中，则一部分军政公民具有善德，另部分工农公民不备善德，也就不能说全邦为一个幸福之邦（参看卷二 1264^{b}17—24）。

③ Γπ 抄本：“或非希腊种姓或贝里俄季”（或野蛮民族或附庸民族）。依苏斯密尔校订删去或字，译为“非希腊种姓的农奴（贝里俄季）”，这与下文章十 1330^{b}28 相符。

身专任一业,有些人因年龄增高而转换其他职司[①]。

章十 邦国应区别为若干阶级(类别)而战斗阶级要同农作阶级划分开来,这种政治理论(思想)并不新奇也不能说是近代的发明。**1329b**
直至今日埃及仍然存在着阶级区别,克里特亦然:据说在埃及,这种习俗创始于色苏斯特里的法制,而在克里特则创始于米诺斯王时代[②]。会餐(公共食堂)制度也早已流行于古代,在克里特,就始见于米诺斯王在位的时期[③];但追溯得更远些,则南意大利又先于克里特。这些地区的史家记载[④],奥诺羯利亚曾有一位名叫"意大

① 叙述至此,章八所举六个"类别"或"阶级":武装部队(战士阶级)、裁断人员(政法阶级)和神职人员(祭司阶级),这三类的分别只在年龄——少壮、高年、老迈——而实际上归并到第四类别的有产阶级。余下农民和工匠(技艺)两阶级就不属于城邦政治团体而只是为城邦经济服务的从属阶级。农民和各业工匠都是终身职业。这样,在亚氏的理想城邦中,有产者三类,凭年龄大小挨次分工于军、政、祭三项职能。"无产者"(ἄποροι)二类,终身从事生产各业。

② 钱德勒(Chandler)认为 1329b3—25"据说在埃及……早得多"出于伪撰。布依逊认为 1329b5—25"会餐制度……早得多"系后人撰增。纽曼认为这一段显然不是亚氏手笔。

③ 这里举出色苏斯特里王和米诺斯王,用以证明两地进入农业社会年代的早晚。米诺斯王参看卷二章十 1271b33 注,其生世约当公元前第十五世纪;两王先后的考订参看下文 1329b24 注。

依《狄奥多洛》i 94.4,色苏斯特里为埃及古史上第三个立法垂制的名王。《迪开亚沽(Decaearchus)残篇》7,(缪勒编:《希腊历史残篇》卷二 235)说,埃及各种工艺都出于世传,冶工之子世为冶工,石匠之子世为石匠,可为色苏斯特里津的一例。伊索格拉底《比塞里斯》(Busiris)15 说,战士和工农不同级的规定出于埃及古王比塞里斯法制;依《狄奥多洛》,这种法制为色苏斯特里所创制。

④ 依下文所述,此节当出于叙拉古史家安底俄古,参看缪勒《希腊历史残篇》卷一 181—182《安底俄古残篇》(Antiochus Fragm.)3—6。这里所举的地区包括卷二章十二 1274a22 所记南意大利爱璧隋费里的洛克里城在内,洛克里本为古立法家渊源所在,此节又说会餐制度也首创于这一地区。

卢”的王，奥诺羯利亚人后来就从这位国王的名字而改称为“意大利人”，而且那个在斯居勒季和拉梅托两海湾间——由海滨一湾走到另一湾，只有半天里程—— 这一线以南，欧罗巴洲伸出的长岬①，也因此而取名为“意大利”了。根据这种记载，意大卢引导奥诺羯利亚这个游牧民族，转变成务农的人户，他创制了若干法律②，另外又建立了世上最早的公共食堂③。那个会餐制度以及他所订的法律的某些部分迄今仍旧流传于他的某些族裔之中。上述这一界线的西北，直至替里尼亚，住居着奥布人，即古代所称渥逊尼人，现在这个旧名仍然沿用于当地④；其东北，向耶比季亚和爱奥尼亚海湾，在所谓西里底斯地区，住居着裔出奥诺羯利亚族的琼尼人⑤。这样，会餐制度是肇端于南意大利的。上述的另一制度，

① 这里所说拉梅托海湾，即今南意大利欧弗米亚海湾（Sinus Eufemia），其海滨古有拉梅底尼城（Lametini），现有一小河仍称拉梅托（Lameto）（参看《希腊和罗马地理辞典》[Dict. of Gr. and Rom. Geography]《拉梅底尼》条）。依《安底俄古残篇》6，这海湾名那璧底诺（Ναπιτιῖνος），两湾之间的土腰长一百六十斯丹第（约六十里）。希腊人以三百二十斯丹第为一日程，故此节称“半日程”。这一海岬实际上是在意大利这一靴形半岛的脚趾部分。

② 这类传说有似中国伏羲神农的故事。普鲁塔克著作中所述西方古代农业社会史迹略异：“埃及古王奥雪里斯（’Οσιρις）教民稼穑，为之立法”（《伊雪斯和奥雪里斯》[De Iside et Osiride]13）。又，“意大利古初人民皆犷野而无理，约诺王（’Ιάνος）导之耕植，为之治理，而后生活有序，四境平安”（《罗马研究》[Quaest. Rom]22）。

③ “会餐”（οισσίτια）一词由“谷物”（σίτος）一词而来，原义为“公谷”即“公仓”制度。同堂合食，始于古初各族由游牧生活转成耕稼定居的时候。

④ 这里当指拉丁地区的康帕尼亚（Campania）和卢加尼亚（Lucania）。亚氏把拉丁地区称为奥布地区（Opica）亦见于《残篇》五六七 1571^a24。依《安底俄古残篇》8（缪勒编：《希腊历史残篇》卷一 183）康帕尼亚为奥布人、即古所称渥逊尼人所居。依《希罗多德》i 167，卢加尼亚称爱里亚（Elea），为奥诺羯利亚人所居，不属于奥布人地区。

⑤ 这里所述与《安底俄古残篇》6 相符，该残篇出于《斯特累波》255 页。

即阶级(品级)制度,则起源于埃及[①]:色苏斯特里的王于埃及,要比米诺斯的王于克里特早得多[②]。[就像这两种制度在不同地区、不同时期各别地为人们所发明而流传那样,]我们尽可相信其他许多制度也大部分是这样的。人类在历史过程中自有许多机会——实际可说是无定数的机会——一再创始各种制度[③]。我们有充分的理由可凭以设想,"需要"本身就是各种迫切的发明的教师[④];而人类社会既因这些发明具备了日常生活的基础,跟着也自然会继续努力创造许多事物来装点生活,使它臻于优雅。这个普遍原则,

① 《希罗多德》ii 164,说埃及人分若干"品级"(γένη)(或译"阶级"或译"族籍");ii 165,说埃及战士不许为工匠(未言明不许为农耕)。《狄奥多洛》i 73 所列埃及各品级为僧侣、诸王、战士、牧人、耕者和工匠。柏拉图:《蒂迈欧篇》24B,曾提及埃及战士和牧人、猎户、耕者有区别。

普鲁塔克:《莱喀古士传》4,说莱喀古士曾游埃及,为斯巴达规定战士和它阶级相分离,是以埃及古制为根据的。伊索格拉底:《比塞里斯》17,也说斯巴达阶级分别和其他制度大都仿自埃及,但本书卷二章十 $1271^{b}22$,说斯巴达法制出于克里特。

② 近代考古家伊凡斯以"米诺斯"王这个传奇名字概括克里特古文化,自公元前 3000 年至 1200 年间十八个世纪,若以克里特古文化兴盛期为米诺斯王生世时代,约当公元前第十五世纪前后。色苏斯特里为埃及王时,依《希罗多德》ii 102 等章节,在特罗亚战争时期(公元前第十二至八世纪间)。依《迪开亚沽残篇》7(缪勒编:《希腊历史残篇》卷二 235),色苏斯特里继奥罗王(Orus)之后,王于埃及,死于希腊第一次奥林匹克竞技大会 2936 年之前。奥林匹克始创于公元前 776 年,则色苏斯特里应为公元前第三十八世纪的埃及法老,早于米诺斯时代二十余世纪。近代埃及史家考订色苏斯特里为埃及第十二朝三王之末王,生世约在公元前 2000—前 1788 年之间。

③ 参看卷二 $1264^{a}1$—5;又《形上》卷十二 $1074^{b}10$;《说天》卷一章三 $270^{b}19$。柏拉图:《法律篇》卷三 676,专就政体的创制而论,先已有相似论调:世上业已有万千城邦历经存亡,在此万千城邦中,当已有多少种类的政体或创或废,或传或不传,或盛或衰,或有所增修或有所简减。

④ 人类的创造或发明能力一定首先见于急需的事物,这个理论最先见于德谟克里特(参看公元前第一世纪伊壁鸠鲁派学者菲洛德谟:《音乐》[Philodemus, de Musica] iv 36,肯姆克[Kempke]编校本 108 页)。参看卷八章五 $1339^{b}30$ 注。

我们认为对于政治制度以及其他各个方面应该一律适用。埃及的历史往往证明了一切政治制度的源远流长。世人都知道埃及人为最古老的民族[①];自远古迄今,他们世世代代保有其法制和政体。[他们的史实足以做我们的借助。]我们应该取鉴于古人业已做过而且表白于后世的一切事物或典章,由此用心探求前贤所尚未想到或施行的各端,庶几可以弥补他们的缺失[②][③]。

上面已经说明,在我们的理想(模范)城邦中,土地应归属于执兵器以卫国境并参加政治的人们(阶级)。耕作者为什么必须有别于这些人们(阶级)也已加以阐释。关于国境的大小以及土壤的性质也已讲过了[④]。现在我们应该进而研究土地的分配,并论定农业要怎样安排以及农民阶级是怎样的性质。[土地分配应注意到问题
1330^a 的两个方面:]一方面,土地不宜像有些作家所主张的那样归于公有,虽然这也该像朋友之间的财物那样,互通有无而济公用[⑤]。另一方面,全体公民必须生计有着而不致欠缺衣食。一般公认为治理

---

① 参看《希罗多德》ii 2、柏拉图:《法律篇》ii 656—657。又,亚氏著作《气象》卷一章十四 352^b19。

② 《纽校》(I"附录"E、III 注释 382—383 页)认为本章上半 1329^a40—$^b35$ 非亚氏原作,可能是初期漫步学派在他自己所用《政治学》抄本上所作注释。作注者认为原文对战士和农民两品级必须划分的理由尚欠充分,故为之补缀,说明这已是旧邦如埃及等行之已久的制度,我们尽可仿行,不必疑虑了。《巴克尔英译本》306 页注,说这一段虽同上下文似不相衔接,说意大利人文地理语,尤属赘疣,但 25—35 行数句的思绪及笔触绝似亚氏。

③ 亚氏认为事物的发明或制度的创建,各民族在各时代各地区时作"复演";两代两处隔绝的民族可各创成同样的事物或制度。近代种族学家则多主"扩散"说;一新事物或新制度只在某一时代由某一民族创始,而后传布于他处,流行于后代。

④ 上章 1329^a34—39 和此节 1329^b36—39 同为上文的总结。如果肯定本章上半为伪撰,这两个结语应删其一;《苏校》主删$^b36$—39 行,《纽校》说应删$^a34$—39 行。

⑤ 参看卷二章五 1263^a26—37。

修明的城邦都以设置公共食堂(会餐制度)为有益,随后我们当另行说明我们所以赞成这个制度的原因[①]。每一公民都应有参与会餐的权利;但穷人既须维持一家的食口,常常没法支付会餐的份钱[所以,有些人就认为公共食堂应该由公款办理]。公众祭祀(宗教仪式)的费用也应该由城邦的收益[或公众的捐献]支给。

经过这些考虑,我们建议,城邦全境应划为两部分,一部分为公产,另一部分为私产,属于各个公民。两部分还须再各各划分为两份。公产以一份供应祭祀(宗教),以另一份供应公共食堂的用度。私产地亩应有一份配置在边疆,一份配置在近郊——每一公民要在两处各受领一块份地,这样,他们无论在远处或在近处,大家都利害相同了。这种措置[②]既可满足平等和正义的要求,又在遭逢边警、遇到敌患时,全邦公民必可因此而作较坚强的团结。要是不作这样的安排,则有些公民[其产业远离边疆者,]便轻忽邻邦的挑衅,另些公民[其产业恰在边疆者,]又往往戒心过重,甚至委曲求全而损及本邦的尊严[③]。所以有些城邦订定专律,在审议本

---

① 设置公共食堂可以作为财产公用的实例,所以此处连带述及,但本书下文和上文并没有专章详论会餐的利益。

② 卷二章五 1265^b22—34 曾批评柏拉图在《法律篇》(v 745)中所拟的这种措施。本书卷七卷八取法于《法律篇》者,尚有其他多种措施,参看巴克尔:《希腊政治理论》(Gr. Political Theory)380—382 页。

③ 边区田庄在战争中受害常常比较酷烈,其实例见于第二次麦西尼亚战争中,拉根尼和麦西尼亚间的边区埃伊拉(Eira)地方(《鲍桑尼亚斯》iv 18.1)。科林斯战争中,科林斯和西基雄间的边地也尽行荒废(公元前 393—前 392 年)(格洛忒:《希腊史》卷九 455 页)。伯罗奔尼撒战争初期雅典盟军方面,亚嘉奈人(Acharnians)因战事多在他们境内进行,被蹂躏特甚,主张迅速出击(公元前 431 年)(《修昔底德》ii 21)可作为边区居民对于战争的情绪和观念不同于远离边区的居民的佐证(参看《康格里夫校本》注)。

邦和邻邦的边务或衅隙时，禁止边区公民参加；他们认为边区公民，由于本身的利害，可能发挥不正确的意见，以影响公众对于（边务）战争问题的决断。

我们根据上述理由而建议的土地分配方式就是这样。至于耕作这些土地的人们（阶级），如果按照理想，由我们自行选择，则以奴隶最为相宜，但奴隶不要专由一个种姓获取[1]，也不可向性情强悍（具有自由精神）的种姓罗致。这样谨慎的选择可以求得劳力的供应而免于暴动（反抗）的危险。倘使不能如愿地获得奴隶，而思取足于次一可用的等级，那么就以非希腊种姓的农奴（贝里俄季）[2]为佳，这里也应注意到，不要使用性情强悍的种姓。耕作的人手，凡用于私家的，完全属于各份产业的主人；凡用于耕作公地的，即归城邦管有。凡服役于农业的奴隶应该怎样待遇，以及对于服劳有功的奴隶们为什么应该给予自由作为报偿，这些问题我们将在后面另行说明[3]。

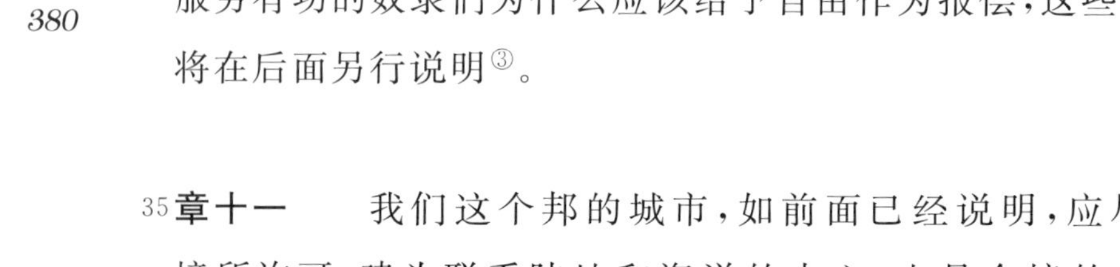

章十一　我们这个邦的城市，如前面已经说明，应尽量按环境所许可，建为联系陆地和海洋的中心，也是全境的中心。就城市本身的内部设计而言，我们的理想应着眼于四个要点。第一，最关紧要的是应该顾及健康（卫生）。城市的阳坡东向者

---

① 参看柏拉图：《法律篇》卷六 777C—D、卷七 806D。

② 贝里俄季为非希腊种姓的农奴，另外如黑海南岸赫拉克里亚城邦内的马里安第族（Μαριανδινοί）农奴也可作为非希腊种姓农奴的实例。农奴为“半奴隶”，异于奴隶，参看卷二 1264^a36、1269^b5 注。

③ 下文未见亚氏重论此题。参看《经济》卷一章五 1344^b15。

常得东风的嘘拂，这最合于健康；其次，如果北有屏蔽，(其坡南向)可以挡住北风，宜于冬季。应加注意的其他两点为城市 **1330b**
要安排好便于政治和军事的活动。就军事活动说，应该使居民易于外出而敌人难以侵入或进行围困。如属可能，也要让市内有溪流和足够的井泉，以供水源，要是情况不能完全一如所愿，则应采取近代建造大蓄水池的办法①，以积储雨水，有了这种容量巨大的蓄水池，则虽然久战被围，全城同四郊隔绝多时，市民也可不致苦渴。如欲保证居民的健康，不仅应慎于候风相地，为他们勘定优于摄生的“居处(位置)”，使获得充分的日照和空气，还须供应良好的饮水。这是一件绝不可轻忽的事情。[地、水、风、火]各元素中，凡应用得最多最繁的一定对我们身体的健康关系最为重大：而“水”和“风(气)”两者恰好就有这样的性质②。因此，凡经慎重规划而建置的城市，如果所有溪流或井泉，或清或浊，不尽相同，就须订立章程，分别饮水

① 许多缺水的古希腊城市，例如亚历山大城(普尔：《埃及城市》[Stuart Poole, Cities of Egypt]181 页)，克尼杜城(《希腊和罗马地理辞典》“克尼杜”条)，推罗的岛区(马斯伯乐：《东方民族古代史》[Maspero, Hist, Ancienne des Peuples de L'orient]192 页)等，多设水池或水槽以积存雨水。达耳马戚亚(Dalmatia)和各岛无溪涧，无水泉，居民终年以所蓄雨水供应用(杰克逊：《达耳马戚亚》[T. G. Jackson, Dalm. , I]241 页)。雅典市区四泉，只一泉可饮；但附郭多清溪，亚里士多德时，雅典已建有水槽，自市外引溪水入市内。塞莫斯岛亦有长距离引水建筑(见《希罗多德》iii 60)。此节亚氏只言水池，不言引水设备，因水槽易被敌军切断之故。古希腊人对公众的饮水及用水十分注意。近代考古家挖掘希腊化时代的一个希腊人城市旧址时，在一条街坊的地段就掘出了并行的十一支金属水管(白雷斯德特：《古代》[Breasted, Ancient Times]第二十一章)。

② 亚氏以人民健康观点为城市选择位置，这是由于他早年所受的医学教育。希朴克拉底：《空气、水和居处(位置)》一短篇素著名于世，此节要旨盖本于希氏。

和用水[不使互相沾污，也不让人们浪费][①]。

关于城市的设防，各种政体不宜作同样的规划。单独一个筑于高地的卫城[只]适合于寡头政体和君主(一长)政体；平原的防御工事适于平民政体；两者对于贵族政体的城邦就都不相宜，这种政体要有若干同它的地形相符的堡垒[②]。私人住房的布置，如果按照希朴达摩的新设计[③]，[拟定方正的街衢后，]让各户鳞次栉比，建造整齐的房屋，自然有益于观瞻而且便利于平时的活动。可是，就战时的保卫而论，我们的要求又恰好相反：古代街巷的参错曲折常使入侵的敌兵无法找到内窜的途径，而闯进城中的陌生人也难以找到他的出路。所以，应该兼取两者的长处：仿照农民栽培葡萄的“[斜畦]密垅”[④]，这样就可能制订出对平时

① 希腊半岛处于亚热带，平均温度17℃，雨量少。某些地区患旱。夏季溪涧多涸。古希腊人开辟农田，须先营水池和灌溉渠道。人人重视饮水；送别友人时常祝“一路平安并得清泉”。两邦缔交定约，辄记明“双方都不得阻断对方的水源”。所以亚氏这一章也特别重视水泉。

② 各种政体的城市设防规划应该各不相同的理由，未见说明。希腊各邦城市，如曼底涅亚和梅加洛浦里都建筑在平原上(布尔西安：《希腊地理》[Bursian, Geog. von Griechenland]卷二209、244)，都是平民城邦。斯巴达(《朴吕波》v22.1)、迦太基(梅尔察：《迦太基史》卷二165)和爱璧隋费里的洛克里城(李维：《罗马史》卷二十九6.14)市区都有高地，各置堡垒。

③ 贺尔姆：《希腊史》(Holm, Griech, Gesch.)卷二324页，说公元前第五世纪以前，有些希腊城市已有直线通衢和直角交互街道。希朴达摩不能作为城市设计的最初专家，但因他给许多著名城市从事设计，所以世人以首功归属于他。

④ 葡萄园栽植葡萄五棵为一簇，如骰子上的“五”(quincunx) X X，其畦垅都斜
X
X X
向。希腊古园艺家认为这种畦式既美观而又利于培育操作。

和战时两方面都相宜的里巷方案。另一种可以施行的办法是在全市中划出一部分区域来进行整齐的设计[留着其余部分用作有利于巷战的规划]。这样,就既顾及了安全,也不至丧失市容的美观①。

关于以垣墙为保卫城市的设施,[颇有争议。]有的人说以好斗称于世上的邦国就无需筑城②。这种议论实际上是业已过了时(陈腐)的话(奇策)——大家既然已经目睹那些以此自鸣的人们受到事实的打击,就更不必高谈了③。倘使交战的两邦大体相似,而敌军只人数稍占优势,那么躲在墙垣内托庇于土石的军队自然不会受人尊敬。如果遭遇这样的情况——这种情况实际上常常可以遭遇——进攻的敌军具有不是少数或少数超人的勇敢所能抵抗的优势,那么,一个城邦要想免于惨败、屈服和毁灭,则最好的军事措置仍然是设备最坚固的垣墙壕堞;当今石炮(重砮)以及攻城的其 1331a

① 《纽校》III396,分析全章句读,1330a39 所说"四个要点",应为:(一)健康;(二)适于政治生活;(三)利于攻防;(四)美观。亚氏原稿未经推敲和修整,所以第四点草率未详,而且未表明这是城市工程设计四点中的一点。a41 行原文为"其余各点",依纽曼解释,译作"其他两点"。

② 普鲁塔克:《拉根尼嘉言汇录》,"阿偈雪劳"30:"有人问阿偈雪劳,斯巴达为什么没有城垣?回答说:斯巴达不依木石以为固,而恃其居民的勇德。"柏拉图:《法律篇》vi 778D—779B,说应该像斯巴达人的恃其勇德,逐敌人于国境之外;与其天天使士兵筑壕设堑,毋宁使他们勤于巡哨,认真警戒。如果认为金城汤池足以藏身其中,高枕而无忧,其人民终将消磨勇气,卒至怯懦无用。

③ 此语盖指斯巴达在忒拜的埃帕米农达引军入侵时(公元前 369 年),大败受辱一事。

雅典在公元前 338—前 326 年间莱喀古士以平民党领袖主政,颇有兴革,亚氏著此书时,莱喀古士正在重建雅典和拜里厄斯港间的长垣。亚氏对于莱喀古士的各种措施多寄以同情,筑城也是其中的一端。

他机械[①]次第创制而且能作高度准确的投射，城防正应是当务之急了。要求一个城市完全不设防这种观念，充其极致，就得把一切高地据点都夷为平地，让敌人随意入侵。其用意恰好类似要求人家不得砌治围墙，以免住户因此而成为懦夫。我们也须懂得，一个城市倘若设有城垣，它可以主动于[攻守的]选择——把有垣当作无垣[它尽可出击]或以此垣为依凭[它也可坚守]——但一个城市倘若全无城垣，那么市内的人众，如逢寇敌，除了立即应战外便别无他途了。要是明白这些分析而确认城垣的有益于防务，则市邑不仅应该筑城，还得经常修建雉堞，力求其宏壮美观而又适于御敌，足以抵挡近代发明的各种攻城机械。蓄意攻伐的人们常常企图创造新法新器，以达到破阵陷邑、获取胜利的目的；凡从事防守的一方，除了采取业已流行的一些设施外，也应殚精竭虑，寻求防御的新法新器。从事攻掠的人们，碰上一个守备完固、无隙可乘的地区，实际上就不想去轻试其锋锐了。

章十二　　我们如果假定公民们应分配到各个会餐组织(公共食堂)而城垣在某些适当的时期又应设置卫所和碉堡，那就自然会想到这样的措置：有些食堂应该安排在各个卫所。这是会餐制度和

---

① 西西里和迦太基战争时，迦太基人用“攻城撞槌”破坏墙垒。西西里狄欧尼修前主创“石炮”(掷石器)以远击撞槌(见《狄奥多洛》xiv 14.50)。其他攻城机械如“云梯”、“游动塔桥”，也见于这次长期战争中。嗣后，马其顿腓力用西西里法多制攻城机械、大有助于克敌制胜(参看德罗伊曾：《希腊战争掌故》[Droysen, Gr. Kriegsalterth.]209、211页)。莱喀古士修整雅典城港长垣时，有鉴于此，不仅改旧有砖堞为石堞，并筑“城壕”以拒“撞槌”等。雅典公元前334—前326年间筑城情况见埃斯契尼：《反克蒂西丰》27、31(参看德罗伊曾：《希腊战争掌故》237页)。

亚里士多德时代，希腊人研究攻防机械甚勤。《朴吕波》X44，曾说到战术家埃尼亚斯(Aeneas)著有《攻城法》(τὰ πολιορκητικά)专书。现在还能从断篇残章中见到埃尼亚斯这一著作的鳞爪。

其他机构相配合的一端[还可以有另一些配合]。执掌要务的行政人员的食堂可以设置在某些便利的适中地区，和公众朝礼的神庙联系在一起——但曾经有法律规定或德尔斐(阿波罗)神识昭示的[①]那些应该独立而隔离世务的祠祀，自属例外。这个地区要处于众目可以远瞩的位置，让遐迩的人们仰瞻其庄严而崇敬这一善德所由寄托的圣地，这样的地区自然要在全城的高坡，据有俯瞰四方的形胜。在这个位置以下，应该留有一片公共广场，其性质和作用犹如帖撒利亚人所命名为“自由”的那一广场。这里除经行政人员所召集的人以外，凡商人、工匠、农夫或其他类此的人们，一概不许入内，这个广场中要是设置老年人游息和健身的场所当然更好。体育锻炼应该像公共食堂那样，以年龄为准，分成若干组而做好各别的安排；如果按照这样的方针建立各处健身房，老年人就可以和官员们一起[在广场]游息，有些行政人员却也应该分别[到各卫所附近的健身房]和青年们一起作体育活动。在有官员临场时，青年们就能比较庄重些，而自由人们常易流于放荡的一些情绪也因此有所戒惧，而慎自收敛[②]。大家从事 1331^b

① 参看柏拉图:《法律篇》v 738B—D、vi 778C、viii 848D—E。柏拉图所拟的城市设计:全市据高地，市场在城中，四周立若干神庙，神庙也是防御要塞。政府机构和法庭设在神庙附近。外围无需城垣。居民房屋应有统一设计，外围各户的房屋彼此相联结，以便在战时成为防御工事。

② 此语指希腊当时青壮年间同性恋爱的陋习，在竞技和游息场中，要是没有警戒，这种陋习便易于滋长；参看卷二 1262^a38 注。

“健身房”(或“体育场”)供人游息和练习竞技，附设有公共浴室。其主要作用在军事教练。亚里士多德时代，雅典健身房多设在城外。忒拜在城内和郊区都有。斯巴达和埃里斯则在城内(色诺芬:《希腊史》v 2.25、30)。柏拉图:《法律篇》804C，主张健身房设在城内。色诺芬:《居鲁士的幼年教育》i 2.4，对于他所虚拟的波斯国，为老人、中年、青年和儿童各别设置体育场。

卖买的市场应该设在和公共广场相远隔的地方[①]，市场须选择适于商业的良好位置，使从海外进口的货物以及由内陆汇聚的商品两都便于贸迁。

城邦的首要人员[②]包括执政和祭司。[我们已讲到了执政们的会餐安排，]关于祭司（神职）们的会餐编组，也像其他人们的各各附属于其所管领的职司，当然以设于祠庙房屋内为相宜。处理契约、诉讼，法庭传唤以及类于这些事项的公务机构，还有那些管理商业广场和城市公共建筑的所谓“商场监理”和“城市监护”们[③]的位置应该都安排在公众聚集的地区附近。这自然以交换生活所需的市场范围内最为适当。按照我们的规划，设在较高地区的公共广场就专供悠闲的游息，而商业广场则成为大家日常生活熙来攘往的活动中心。我们这里所说的一般体制，在郊区也大致可以通行。那里也有各种行政机构——那些官员有时称为“林区监护”，有时称为“乡区监护”——他们也各各与其业别相呼应，各各

① ἀγορὰ，“广场”，ἀγοράζω，“赶赴广场”即“卖买”，所以“广场”亦作“市场”解。雅典的“广场”分两部，南部为政治集会之所，北部为商贩互市之处（参看贺尔姆：《希腊史》卷二 309 页）。帖撒利亚人使官员和公民的集会及游息隔离于商贩。这里的 αγορα 就只是“广场”，不作市场。斯巴达人政治集会和市场也分在两处。下文，1331^{b}11 称市场为“商业广场”（“ὁ περὶ ἀναγκαίαν ἀγοραν”）（和上文 1331^{a}32“自由广场”相对照）依原词义为“必需品广场”。

② 原文 πγῆθos，“公民群众”，依《纽校》，（III，校勘注释 112 页），改为“首要人员” προεστós（或“领导人员”）。

③ 9 行所举城邦职官名称及其职司，见卷六章八 1321^{b}13—16；15 行所举见 1321^{b}27—30。这里，行文似回顾到卷六这一章；这一点为近代校勘家主张保持旧有卷次，不把四、五、六卷移在七、八卷后的一个佐证。

设置卫所和食堂[1]。乡村四郊也得散布若干祠庙,有些供奉诸神,另些祀事城邦的英烈[2]。

但详述这些规划的细节并加以说明,恐怕徒费光阴。关于这些,不难倡作高论,可是要把这些高论付诸实施,这就很不容易了。我们尽可祈愿,然而怎样可偿宿愿,却得等待命运[3]。所以,我们目前对于这些细节不必再多讲了。

章十三　[说明了一个理想城邦的土地和人口等条件后,]我们现在应该讲到政体的本题了;这里,我们该阐释一个城邦由于什么以及怎样才能享有幸福生活并制定优良政体的要点。无论在什么地方,人们要取得幸福,必须注意两事:其一为端正其宗旨,使人生一切行为常常不违背其目的。其二为探究一切行为的准则,凭以

① 依照本章的规划,群神供奉于城内的高坡,城邦政府也设在这里;年龄较高的执政们以及耆耄的祭司们的食桌也设在这里:这是全邦军政的重心。稍低处为公民政治集合的广场,老年人公余修养及游憩也在这里。市场设在交通运输便利的坡下或海滨;次级行政人员的机构及其食堂安排在市场附近,工商和公民们为卖买日用必需品而麇集于此,这是人民生活的中心。亚氏在这章内未言明法庭应设在何处。一般青年则分别编组而生活于城垣各段和四郊的卫所,他们的体育场和食堂均设在卫所。

雅典公民自十八岁至六十岁都列于军籍,遇有战事即分别召集(《雅典政制》五十三)。公元前338年嘉罗涅亚(chaeronea)一役被马其顿腓力所败后,雅典对十八至二十岁青年的军事训练特别勤奋。故亚氏这一章反映着他的时代生活,对卫所和青年军事训练说得较为详明(参看《纽校》III 412,《巴克尔译本》384页"附录"四)。

② 参看柏拉图:《法律篇》717B、738B,城邦应有祠庙以供奉诸神和精灵(诸小神)及英烈;848D,每一乡村都须建置神庙。亚氏这一章说到英烈而不提诸小神,大概他认为宜罢杂祀。阿提卡地区,乡村多坛龛,见李维:《罗马史》三十一 26。《狄奥多洛》xv 53,记希腊人相信所供奉的英雄烈士在城邦有兵祸时,其神灵能上阵助战,杀敌庇民。

③ 上句中"倡为高论"和"付诸实施",下句中祈愿和命运,原文各从脚韵,成为两个句内对仗,译文未能声义并达。

察识人生将何所规随才易于达到目的。目的和手段，两者可以相应，也可以不相应。有时人们抱有正大的宗旨，但实际上终于没有达成初志。有时一切手段全都成功，人们获致所求，然而考究他所要求的事物，却又颇为鄙薄。有时，甚至两者都属失当，例如一位医师，他既可错断身体健康的本质，而对于获致他所希求的健康又作谬误的处方。就一切技艺和学术而言，必须兼明两者——既确立它的目的又精通于达到这个目的的手段(作为)[①]。全人类的目的显然都在于优良生活或幸福(快乐)。有些人的行为足以实现他们的目的。另一些人虽然向往，但终于不能达到目的，或由于天赋薄弱，或由于遭际艰难。[于此]我们应该还能记得，如果要导致优良生活，必须有适当的配备[而各人的家境却随着他的遭际，或裕
1332^a 或窘]；至于这种配备的适量则因各人天赋的厚薄而异，凡才德优美的人，对于身外的需求一定轻微，要是天赋不充，便不能不对财物多所借重。又另些人则一开始就弄错了宗旨；他们虽行为卓越，可以有所造诣，但一切才情都投入了谬误的途径。这里，我们所研讨的初意既在寻取最优良的政体，就显然必须阐明幸福的性质。只有具备了最优良的政体的城邦，才能有最优良的治理；而治理最为优良的城邦，才有获致幸福的最大希望[②]。

在《伦理学》中，我们已经有所说明——我们在那里所持的论

① 《纽校》III422，说此语在批评柏拉图所拟理想国对于幸福的目的既有所不明，而对于追求幸福的方法也有谬误(例如卫国之士不许有家庭和私产)，在目的和手段两方都不合理(参看卷二 1261^{a}11—16、1264^{a}27、^{b}16—25)。

② 亚氏政治思想的重要公式：(一)政体＝人民生活方式；最优良的政体＝最优良的生活方式。(二)优良(善德)＝幸福(快乐)。合并两公式而言，则最优良的政体＝最幸福(快乐)的生活方式。参看卷三章九 1280^{a}31—1281^{a}10、卷七章一至三等章节。

旨是有益(不虚)的——幸福为善行的极致和善德的完全实现,这种实现是出于“本然”而无需任何“假设的”①。我所说有待“假设”,意思是其人其事必须获得相关条件[而后才可成善];所说出于“本然”则必自具备内善,不必外求[而径可成善]。试以正义行为做例子,[如果按照法律的正义]课人罚金,或加以惩戒,诚然是一件善事,但这里必须有罪人恶行作为条件而后执法者才不得不做这件善事——我们宁愿城邦没有罪人,没有恶行,而法官无法施行警戒,无从实现他的正义。[如果按照功赏的正义,]以荣誉和财物给予他人[如是而以己所善与人为善],这样的为善就不同于惩恶的所以为善;凡由己(出于本然)的善行才是至高的善行。以刑罚惩治罪恶,就某一意义[例如给人以痛苦]而言,仍旧只是一件可以采取的坏事②;相反[就惩恶的目的在于消除恶行而言],善施恰是可以开创某些善业而成为善德的基础。[我们也可把这里的论旨另作一些申说:]虽善人都能安于贫病,并善于对待人生其他种种的困乏,然而幸福总是有赖于和这些恰好相反的事物[即衣食、健康和人生所需其他的物质配备]。我们在讨论伦理问题的篇章中③,屡次说明,一个真正善良而快乐的人,其本性的善一定是绝对的善④,当他发扬其内在的善德时,一定能明白昭示其所善具有

① 《尼伦》卷一 1098^{a}16、卷十 1176^{b}4,各有近似语句,措辞稍异,意义相同。参看本书本卷章八 1328^{a}37。

② κακοῦ τινὸς αἵρεσις(“可以采取的坏事”),依《施奈德校本》作 κ··· ἀναίρεσις(“可以施行的坏事”)。《贝校》、《苏校》都从《施校》。

③ 见《尼伦》卷三 1113^{a}22—^{b}1、《欧伦》卷七 1248^{b}26、《道德论》卷二 1207^{b}31。

④ “绝对的善”,同于“本善”,参看《命题》卷三 116^{b}8 和《形上》卷七 1031^{b}7。

绝对的价值（品格）。可是，由于［善良而快乐的人们也不能完全没有身外的善］这样的事实，使人们设想到身外之物为导致幸福的原因。这恰好犹如听到了一曲竖琴的佳奏，人们竟忘记了乐师的妙手，却赞叹那竖琴的弦索。

从以上的分析，可知城邦必须预设某些要素，而后由立法家的本领提供其他事项。我们希望这个理想城邦在各方面都具有足够的配备——外物的丰啬既寄托于命运，在命运成为主宰的范围以内，我们就只能作虔诚的祈愿。至于城邦的善德却是另一回事：这里我们脱离了命运的管辖，进入人类知识和意志的境界［在这个境界内，立法家就可以应用他的本领了］。一个城邦，一定要参预政事的公民具有善德，才能成为善邦。在我们这个城邦中，全体公民对政治人人有责［所以应该个个都是善人］。那么我们就得认真考虑每一公民怎样才能成为善人。所有公民并不个个为善的城邦，也许可能集体地显示为一善邦。可是，如果个个公民都是善人这就必然更为优胜。全体的善德一定内涵各个个别的善德。

人们所由入德成善者出于三端。这三端为［出生所禀的］天赋，［日后养成的］习惯，及［其内在的］理性[①]。就天赋而言，我们这个城邦当然不取其他某些动物品种（禽兽），而专取人类——对人类，我们又愿取其身体和灵魂具有某些品质的族姓。人类的某
1332^b 些自然品质，起初对于社会是不发生作用的。积习变更天赋；人生

① “天赋”、“习惯”、“理性”为人生入德三端，参看《尼伦》卷十 1179^{b}20，又卷一 1099^{b}9。“天赋”，即“本能”，为人和动物诞生时所共同具备；人类则在诞生以后因教育的功夫，养成习惯，发展理性而独具才德（参看本书卷八章三 1138^{b}4，《尼伦》卷十 1179^{b}23），所以继此以下，议论转入“教育”主题。

的某些品质，及其长成，日夕熏染，或习于向善，或惯常从恶。人类以外有生命的物类大多顺应它们的天赋以活动于世界，其中只有少数动物能够在诞世以后稍稍有所习得。人类[除了天赋和习惯外]又有理性的生活；理性实为人类所独有。人类对此三端必须求其相互间的和谐，方才可以乐生遂性。[而理性尤应是三者中的基调。]人们既知理性的重要，所以三者之间要是不相和谐，宁可违背天赋和习惯，而依从理性，把理性作为行为的准则。我们在前面已经论到①，在理想城邦中的公民应有怎样的天赋，方才适合于立法家施展其本领。公民们既都具备那样的素质，其余的种种就完全寄托于立法家所订立的教育方针，公民们可以由习惯的训练，养成一部分才德，另一部分则有赖于[理性方面的]启导②。

章十四　考虑到一切政治组织总是由统治者和被统治者两相合成，我们就要论究两者应该终身有别，还是应该混为一体。教育制度须符合上述问题的抉择而制定不同的措施。我们可以想像，在某种情况下，统治者和被统治者一经区分，应使终身有别。邦内如果在同级中有超群拔类的人们，他们的体格和智虑几乎像诸神和英雄，那么统治阶级自将与他们的臣民判然相异③。但这样的设

---

① 本卷章七。

② 参看《形上》卷九章五 $1047^{b}31$："一切潜能（才能），或如感觉，秉于内涵（天赋）；或如吹笛，得之实习（习惯），或如艺术，得之于研究（理智）。凡由习惯和理智所得的才能必先经操练；非理智潜能之内涵于蕴受者，不假操练而自备。"亚氏这里有关教育的基本理论，和《尼伦》卷二 $1103^{a}14$、《感觉和可感觉物》章一 $437^{a}11$、《动物志》卷九 $608^{a}17$ 等章节大体相符。

③ 参看卷一 $1254^{b}16$、卷三 $1284^{a}3$。

想，世上终不可遇；我们在实际生活中，迄未见到有如斯居拉克斯[①]所说印度诸王及其臣民身心两俱显然有别的情况。因此我们应该选取统治者和被统治者更番迭代的政体；这种体制确是切合时宜，具有多方面的理由。在同类的人们所组成的社会中，大家就应享有平等的权利；凡不合乎正义［违反平等原则］的政体一定难以久长。被统治的人们［既不能获得应有的权利，就］将联合四郊的人们（农奴）共谋革命；而统治集团和这样多的仇敌相比，为数实在太少，就无可与之相竞了。从另一方面看来，统治者和被统治者之间也必然有某些差异。两者原来有所差异而又共享同等的政治权利：这就是立法家们应该解决的疑难。关于这些，我们前面已经说到[②]。

根据自然的安排，我们拟议把全体种属相同的一个公民集团分为两个年龄高低的编组，自然所作青壮和老人的分别恰正符合政体中统治者和被统治者的分别[③]。青年们都不会妄自认为才德胜于前辈而不甘受人治理；他们如果明知自己到达适当年岁就要接替统治的职司，就更加不必怨望了。这样，统治者和被统治者在当时而言，固然是编组不同的人们，但就先后而言，

1233^{a} 两者将是同组的人们。对于他们的教育也是这样：从一个观点看来，两者应当受到相同的教育；从另一个观点看来，就应当相

---

① 加里亚的加吕扬达（Caryanda）人斯居拉克斯曾著《远航记》（Scylax，Periplus），述及印度见闻（《希罗多德》iv 44）。原书久已失传，今本《远航记》实非原作，其中未见亚氏此节所举事例。这里所说“诸王”，似即中国玄奘《大唐西域记》中所记印度四种姓（四阶级）中的“刹帝利”。

② 见章九 1329^{a}2—17。

③ 参看柏拉图：《法律篇》690A，父子、贵贱、长幼、主仆、强弱为统治五序。

异。谚语就是这样说的,“要明白主政的良规,必先学习服从的道理”①。在我们这一专著的前部②曾经说明,统治有两个基本不同的方式:其一以统治者的利益为中心,另一则以被统治者的利益为基础,前者即所谓“专制统治”(τὴν δεσποτικὴν,主奴统治),后者即所谓“自由人统治”(τὴν τῶν ελευθέρων)。[青年们固然应学习自由人统治体制中服从的道理,但他们对某些似乎只宜于主奴统治的规律,也应该熟习遵从。]有些任务[委给自由人和委给奴隶]虽在执行方面好像没有差异,而实际的目的却迥然不同。若干琐屑而一般视为鄙贱的事情,应该让自由青年们学习执行,他们并不会因担任这些贱役而丧失光荣的身分。一切作为本来没有高卑的区分,这完全凭它们的目的(后果)或好或坏,才能显见那些行为或为光荣或为卑辱。

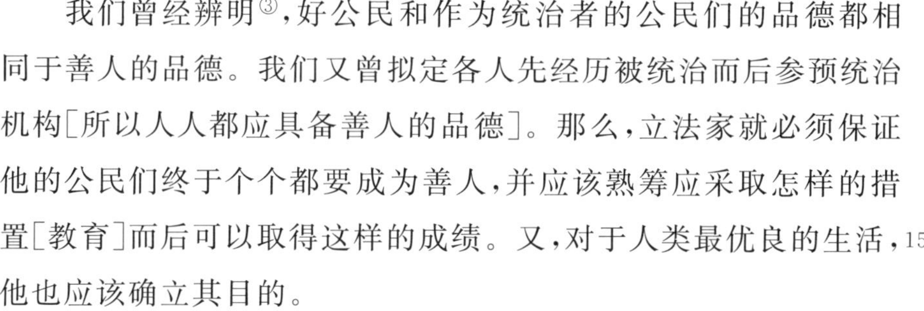

我们曾经辨明③,好公民和作为统治者的公民们的品德都相同于善人的品德。我们又曾拟定各人先经历被统治而后参预统治机构[所以人人都应具备善人的品德]。那么,立法家就必须保证他的公民们终于个个都要成为善人,并应该熟筹应采取怎样的措置[教育]而后可以取得这样的成绩。又,对于人类最优良的生活,他也应该确立其目的。

人的灵魂具有两个不同部分:其一,为内涵理性;另一,内无理

① 参看卷三 1277^{b}9。

② 见卷三章四 1277^{a}26—^{b}30、章六 1278^{b}32—1279^{a}8;但亦见本卷章三 1325^{a}17—31。

③ 见卷三章四章五。

性，而蕴藏着服从理性并为之役使的本能①。我们称某人为“善”时，就认为他的灵魂的两个部分都存在着善德。但人生的目的究应置重点于哪一部分？所有接受我们上述区分的人们，于此都可得到一致的解答。凡较低较劣的事物常常因为有较高较优的事物而得其存在，这在自然世界和人为世界中，全属相同②。就灵魂而言，具有理性的部分是较高较优的部分。[所以，人生的目的理应在这一部分中寻求。]但照我们素所研习的说法，[这一部分]③还得再划为二：因为理性有“实践理性”和“玄想理性”之别④，显然，灵魂中那内涵理性的部分也须作相应的区划。灵魂的各个部分和区划既有尊卑之别，则相应于其各部分和区划所表现的操行也一定有优劣之异。人们凡是足以造诣于这三项(全部)操行[即玄想理性和实践理性所表现的操行以及无理性的本能所表现的操行，]或其中的两项，必须置重点于其中较高较优的一项。我们谁都力求造诣于各人所能实现的最高最优的宗旨

---

① 卷一章十三，灵魂内分别有“理性”和“无理性”两要素，和本卷章十五 1334^{b}17 相符。此节又另作“内涵理性”(即“理性本体”，τὸ λόγονκαθ' αὑτό)和“服从理性的本能”的分别，同《尼伦》卷一章十三 1103^{a}1 相符。

《尼伦》卷一章十三，说政治家的主旨既在促进人类的善德，而人类善德重于灵魂(心理)方面，则政治家应研明灵魂(心理)之学，有如医学家的主旨在医治人们身体的疾病，就得先研明身体(生理)之学(参看耶格尔：《亚里士多德》354—357 页)。

② 自然世界中，植物供动物食用，动物供人类食用，见卷一章六 1256^{b}13—20。“人为世界”指以人手所制的诸事物而言，认为人类先制低级事物，再用低级事物为原料和工具，进而制造高级事物。

③ 《苏校》四版依维多利译本增“这一部分，即内涵理性的部分”。

④ 见《灵魂》卷三章一 433^{a}14。参看《尼伦》卷六章二 1139^{a}3—6。

(目的)①。

全部的人生也有不同的区分——勤劳与闲暇,战争与和平;在人事方面,又有事属必需或仅关实用的作为和达到善业的作为的区分。我们对于人生各个部分及其各项事业的选择,应当依从我们选择灵魂各个部分及其所表现的各种操行时所采取的途径。所以,战争必须只是导致和平的手段②;勤劳只是获得闲暇的手段;凡仅属必需或仅关实用的作为只能是获取善业的手段。政治家在拟订一邦的法制时,必须注意于所有这些要点:[第一,]他必须顾及灵魂的各个部分及其各种操行;而在这个范围以内,务须着重于较高较优的部分,并着重于所企求的目的。[第二,]他又须顾到人类生活的各个部分及其各项事业而为之分别本末和先后。我们这个城邦的公民们当然要有任劳和作战的能力,但他们必须更擅于闲暇与和平的生活③。他们也的确能够完成必需而实用的事业; 1333b
但他们必须更擅长于完成种种善业。这些就是在教育制度上所应树立的宗旨,这些宗旨普遍适用于儿童期,以及成年前后仍然需要

① 亚氏灵魂分析:(一)(1)“不涵理性部分”,(二)“内涵理性部分”,这第二部分又别为二,(2)“实践理性”,(3)“玄想理性”。三者自下而上达,其所表现的品德,亦自低而渐高:由(一)(1)所表现的作为,见其节制(syphrosyne),由(二)(2)见其“周详”(phronesis,明哲),由(二)(3)见其“智慧”(sophos)。众人行为或能遍见三德,自当以智慧为最高,或仅见二德,则智慧高于周详,周详高于节制。

② 战争的目的在于和平,其义先见于柏拉图:《法律篇》628E。

③ (一,甲)“勤劳”和(一,乙)“战争”相联而与(二,甲)“闲暇”相对;闲暇则与勤劳相对而联于与战争相对之(二,乙)“和平”。作为人类生活方式的这两列对论(antithesis)详见于《尼伦》卷十章七 1177^{b}4 以下。人生各事业归结为这四者:“战争”为世上所不能避免,政治对城邦有实益,都当治以“勤劳”,这些符合于灵魂的实践部分所表现的诸德。学术和玄想为最高善业,必须有赖于“闲暇”和“和平”,玄想合于灵魂中理性部分所表现的智慧。

教导的其他各期①。

在我们今日的希腊，以政体优良著称的各邦，和为之制订政治体系的立法家们，却竟然昧于此理。他们显然不以人生较高的宗旨为建立政体的准则，也不把教育方针引向一切善德。相反地，他们崇尚鄙俗的趋向，力图培养那些可见实效和容易获得近利的各种品性。当代某些作家怀抱同样意志，也表现着相似的精神。他们称颂拉栖第蒙的法制，佩服立法家们以战争和克敌制胜为整个政治体系的目的。这种鄙俗的观念不难凭理论加以指斥，而且现在早已被事实所否定了②。许多人都倾心于建立专制霸国，统治各族，借以取得物质的繁荣③。茜勃隆以及传述拉根尼(斯巴达)法制的其他各作家④显然都是这样的胸襟，大家都称誉其立法家的才干，训练拉栖第蒙人使他们能够担当危难，终于树立了霸业。现在拉栖第蒙人已丧失了他们的雄图；我们全都可以看到那里并

① “其他各期”(τὰς ἄλλας ἡλικίας)，依周伊特、纽曼等解作十四至二十一岁的青年期以及二十一岁以上至某岁的成人期。巴克尔解作青年期(十四至二十一岁)中各阶段。人生教育分期，参看下文 1336^b37、1338^b4、1339^a4；亚氏对二十一岁以后成年期间的体育和智德训练未作确切说明。

② 参看章十一 1330^b32—35 及注。

③ “和平或战争？”，“从事国内文教或力图开拓境外？”，为自古迄今立国的主题。亚氏这一章虽显指莱喀古士的旧制和斯巴达的好战，收功利于一时，终不能垂于久长，也可能是对于雅典时人的针砭。直至公元前 336 年，雅典素有和战两派的分野。和平派主张屈从马其顿，削减武备，以公款用于改善人民生活。主战派以德谟叙尼为之表率，则竭力反对马其顿方兴的势力，他们以自由为号召，企图重振雅典的旗鼓，这样就必需提倡尚武精神，教民战斗。

④ 传述斯巴达法制的作家，除茜勃隆外，可能是指《拉根尼共和国》的作者色诺芬(《苏校》二版 911 注)。又，克里底亚(Critias)也有关于斯巴达的著作，埃福罗的《世界史》中亦曾涉及斯巴达，但两家之书今不传(《纽校》II 312 页 1296^a29 行注释)。

不是一个幸福(快乐)的社会,他们的立法家实际上是不足称颂的。这位立法家的功绩的确是稀奇的;这个城邦的人民世世代代谨守他的教谕,始终奉行他的法制,可是他们毕竟遗弃了人类较美善的生活。无论如何,那些倾心于斯巴达法制的人们,对于立法家理应知所抉择的政体类型总是看错了;自由人政体实际上比任何专制统治为较多善德,也就是较为优良的政体。我们还可从另一方面考察,专意训练其邦人以求克敌制胜、役属邻国的立法家,为什么不值得钦佩,这样的城邦为什么不能认为是幸福的:这种[向外扩张的]政策实际孕育着[对于内政的]重大隐患。显然,任何公民,他既然受到以暴力侵凌他国的教导,那么,他如有机会,亦未尝不可以其暴力强取本邦的政权[①]。斯巴达王室鲍桑尼阿斯[②]虽已位极尊荣,仍还轻举妄动,[竟不惜凭借武备,谋建僭主政体。]斯巴达人对于鲍桑尼阿斯王的举动,是加以非难的。[事实上,这恰正是霸道在国内的表现。]

于此,我们已可确切地说,那些颂扬霸道的说法,以及实行霸道的法制[和政策]没有实际好处而违反正理,不应为政治家所崇

① 对邻邦的专制和对本邦的专制,同为专制;征服列族,建立霸国,和钳制人民、依暴力为治的僭政相通:纽曼认为这种议论在亚氏当代甚为锋利,亦极新鲜(《纽校》III 446)。

② 鲍桑尼阿斯在1301^{b}20称"王室",同此节所说名位相同。但此节所谓有谋建专制政体的意图,则和1307^{a}3的鲍桑尼阿斯相同,但该节的称号为"波斯战争中的统帅"。布佐耳特:《希腊史》再版卷一513页注③,说1301^{b}20和此节的鲍桑尼阿斯为和吕桑德相对敌的鲍桑尼阿斯王;波斯战争的统帅鲍桑尼阿斯则是柏赖斯达沽王(πλειστάρ οs)的师保,本来是王子的从兄,有些古籍中往往也误称他为"王"(参看《希罗多德》ix 10、《修昔底德》i 132)。

尚。各个私人和公众社会的善德[①]是相同的；立法家就应该以这些善德灌输于公民的思想中。从事战争的训练不应以奴役不该做奴隶的人们为目的。尚武教育的目的应该是这样：第一，保护自己，免
1334a 得被人所奴役；第二，取得领导的地位，但这种领导绝对不企图树立普遍奴役的体系而只应以维持受领导者的利益为职志；第三，对于自然禀赋原来有奴性的人们，才可凭武力为之主宰[②]。为了实现这些观点，立法家对于他所订立的军事法制，务必以求取闲暇与和平为战争的终极目的；有鉴于列国的史实，我们不能不悁悁于此。许多专以致胜为功业的尚武城邦仅仅能适合战场和战时的生活。一旦得逞其霸图而停止了战斗，他们既无可施其伎俩，便觉情境相违了，处于和平的世代，这些人好像一把尘封的锈剑。这在当初未曾以正当的闲暇生活善导他们的立法家，实际上是不能辞其咎的。

章十五　对个人和对集体而言，人生的终极目的都属相同；最优良的个人的目的也就是最优良的政体的目的。所以这是明显的，个人和城邦都应具备操持闲暇的品德；我们业已反复论证和平为战争的目的，而闲暇又正是勤劳（繁忙）的目的［那么这些品性当然特别重要］。操持闲暇和培养思想的品德［有二类；］有些就操持于

---

① 相对于战争的善德，即闲暇与和平等善德，应指节制、正义和智慧（参看下章 1334a11—16、22—28，又，章三 1325b30—30）。

② 在亚氏理想国中仍旧像柏拉图的理想国那样，所有公民都是战士，这原是希腊各城邦的一般情况，但依上文慎重主张闲暇与和平的生活，可见亚氏认为战争应以防御性者为限。可是，1333b40—1334a3 所列战争三目标中，第二第三项超过这一限度而容许谋取军事领导和维持奴隶制度的战争。然而这些反复贬责斯巴达争霸的议论，对于马其顿当时的扩张总是有所针砭的。

闲暇时和闲暇之中,另些则操持于繁忙时和繁忙之中[①]。如果要获得闲暇,进行修养,这须有若干必需条件,所以[我们也不能不注意到后一类有关繁忙的品德。]一个城邦应该具备节制的品德,而且还须具备勇毅和坚忍的品德。古谚说,“奴隶无闲暇”[②],人们如不能以勇毅面对危难,就会沦为入侵者的奴隶[于是他们就再也不得有闲暇了]。勇毅和坚忍为繁忙活动所需的品德;智慧为闲暇活动所需的品德;节制和正义则在战争与和平时代以及繁忙和闲暇中两皆需要,而尤重于和平与闲暇[③]。在战时,人们常常不期而接受约束,依从正义;等到和平来临,社会趋于繁荣,共享闲暇,大家又往往流于放纵了。至于那些遭遇特别良好而为人人所钦羡的快乐的人们,例如诗人所咏叹的“在幸福群岛上”(ἐν μακάρων νήσοις)[④]的

① 闲暇(悠闲)与繁忙(勤劳)相对,不与“作为”相对。闲暇也是人生的一种作为或活动,这种活动出于灵魂的理性部分,而尤以理性中的玄想部分为主。闲暇的所作所为都“由己”,而繁忙的种种活动则都为他物或为他人所役使。又,闲暇也与“休息”和“娱乐”有别。繁忙的本义包含紧张和辛苦,勤劳之余继以休息和娱乐,正所以松懈先前的紧张,扫除积累的辛苦;一张一弛,仍属于繁忙这范畴。至于操持闲暇应是不被他人他物所役使的由己活动,这见于卷八章三 1338^a9—30 的所谓“培养思想”,才是在闲暇中操持的闲暇,其实例有如倾听高尚的音乐和幽雅的诗词,以及学术研究和哲理玄想,人生就凭这些活动于闲暇之中陶冶性情,进于善德。

② 参看赖契和希那得文合编:《希腊古谚》卷二 765。

③ 这一节先说明战时和平时都应具备四德,而后为之分别轻重:战时尚勇,平时尚智;而礼(节制)义则并重于两时期,但稍稍偏重闲暇与和平。参看《修辞》卷一章九 1366^b5。

④ “幸福群岛”见希西沃图:《作业和时令》169:洪荒四期的半神和人间群雄死后的英灵由宙斯大神为之集合而移居于人迹所不能到达、远处于旋涡深海之中的幸福群岛上。其事见于宾达尔诗,《奥林匹克节颂》(Olypionikai)ii 128 者,作“幸福岛”(μ. νῆσος)。古诗所说“岛”或“群岛”都没有指明它的所在。后来希罗多德说幸福岛即非洲沙漠中的“绿洲”(《波斯战争史》iii 26)。又或指爱琴海中各岛如累斯博、科斯岛或塞莫斯岛。阿里斯多芬:《骑士》1319 和色诺芬:《希腊史》iv 8.1 则说幸福岛在居克拉第群岛(Cyclades)之间。大多数希腊人相信自里比亚西航大西洋中,可觅得这个幸福群岛的所在。

居民，自然须有更高度的正义和节制；他们既生长于安逸丰饶的环境中，闲暇愈多，也就愈需要智慧、节制和正义。我们现在已明白，为什么一个希求幸福和善业的城邦，必须具备这三种品德。世间倘因不能善用人生内外诸善而感到惭愧，则于正值闲暇的时候而不能利用诸善必特别可耻；人们在战争时、在勤劳中，显示了很好的品质，但他们一到和平闲暇的日子，就堕落而降为奴隶的侪辈，这是免不了要受到世人的指摘的。人们如果有志于成德达善，就不应该实施斯巴达的训练方式。拉栖第蒙人对于诸善的观念本来不过是世
1334^{b} 俗之见，以外物的为善当作人生最重要的善物①；但他们认为获致这些善物只要实践一种善德，[即勇毅，]这是与众不同的。既然以外物诸善为高于其他诸善，又以享有外善的利益较普遍操持一切诸善所可得的利益为重要，[他们便独养勇德，作为凭以取得这些利益的手段。实际上，应该培养内外一切善德。]②而且，照我们先前的论证，尤其应该重视内善。于是，我们就须答复这样的问题："应该怎样，并以什么为依据，才可普遍造诣于全部诸善德？"

我们曾经说明③天赋、习惯和理性可为培养人生诸善德的根基；我们已论述了④其中的第一项，说明我们的公民应该具备怎样

---

① 外物的为善有别于内德的为善，参看本卷 $1323^{a}21$—38；斯巴达人重视身外之物，参看卷二 $1271^{a}41$—$^{b}11$。

② 加梅拉留：《亚里士多德政治学和经济学译文和释义》320 页，首先注意到 $1334^{b}4$ 句内有缺漏。纽曼揣测这一缺漏出于"行末字样相似"之故，因而抄漏了一整行，凭上行行末"……一切诸善所可得的利益"字样推想这缺漏一行的行末，可能为"……一切善德"字样，由此补上了[ ]内这一行。

③ 见章十三 $1332^{a}39$—$^{b}2$。

④ 见章七。

的天赋。这里当考虑其他两项,并论究训练习惯和教导理性的孰先孰后。而且这两项训导的方式必须尽可能地互相协调;若两不谐和,则不仅理性无由发扬最优良的宗旨,而经过训练所养成的习惯也将显出相似的缺憾。注意到了这些问题,我们可以明确地说①:第一,人生的经历,有如一切生物的创生程序,其诞生必先有所因,[始于父母的婚配而后有胎婴这个后果,但这一后果]既诞世而为人,则以此作为起因,又当各有其后果(目的):操修理性而运用思想正是人生至高的目的。所以,我们首先应凭理性和思想,调节公民们的生育(婚配)和习惯的训练。其次,人们都区分有灵魂和躯体两者,其灵魂又可分成非理性和理性两个部分;相应地人们都有两种境界(状态)——情欲境界和玄想境界。就创生的程序而言,躯体先于灵魂,灵魂的非理性部分先于理性部分。情欲的一切征象,例如愤怒、爱恶和欲望,人们从开始其生命的历程,便显见于孩提;而辨解和思想的机能则按照常例,必须等待其长成,岁月既增,然后日渐发展:这些可以证见身心发育的程序。于是,我们的结论就应该是:首先要注意儿童的身体,挨次而留心他们的情欲境界,然后才及于他们的灵魂。可是,恰如对于身体的维护,必须以有造于灵魂为目的,训导他们的情欲,也必须以有益于思想为目的。

① 这一节首先举天赋、习惯、理性三端为安排教育制度的依据,答复了上节末行的问题。由此再引出三端孰先孰后和怎样协调的问题。以下,12—17 行说明理性和思想为协调各项教育的准绳,17—28 行再论述下学上达的教育程序。亚氏的教育程序基于人类生理"自然阶梯"(scala natura):(一)婚姻和育儿以健康和天赋为主,重视体格教育;(二)儿童和青年,以情欲和习惯为主,重视行为教育;(三)青年至成人以思辨和理性为主,重视哲学教育;协调三者,庶几人人可以具备诸善德。参看上文章十三 $1332^{a}39—^{b}8$。

章十六　立法家如果希望在这个初创的理想城邦的有婴院内看到大群最为健康的体格，他必须预先注意到婚姻制度，关于婚姻，他应该考虑配偶两方的年龄和他们的品质。拟订婚姻法规时首先想到的，应当是夫妇各自的和共同的生命分期，让他们生育年龄的起讫作成适当的配合，务使双方的生理机能在这个时期足以相匹，不至于男人精力还是旺盛而妇女已不能妊娠，或妇女尚能怀孕而男人已经衰老。年龄不合的配偶常常成为夫妇不睦以致家中吵吵闹闹的原因。其次就得想到子女及其父母之间[①]的年龄差别。一方面，这个差数不宜太大——年龄过高的父亲对于他们的子女就不易做到充分的提携，而子女对于他们的
1335a 父母也未必能克尽孝养之道；可是，另一方面，这个差数又不可太小。子女和父母的年龄相近也有许多不利的地方：子女对于双亲几乎可以看作同辈，这就自然地缺乏尊敬，还有对于家务管理也容易发生争执。立法家应该想到的第三件事情——从方才旁涉的两项转到当初的本题——就是足以符合他的城邦所需要的大群健康儿童的体格。

现在，只要采取一项措施，所有这些要求都可达到。就常例说，生育期，男人终止于七十岁，女人终止于五十岁；两方的婚配就应该规定在与此相符的期间[成婚的夫龄应高于出嫁的妇龄二十岁]。年轻男女成为双亲是不利于子嗣的。整个动物界中凡牝牡早配者，其幼体往往具有很多缺点：身形既较弱小，而且

① 照原文译为“子女及其父母之间”，照下文 1335a32—35 看来，这里实指“父与子之间”。

往往多雌性①。人类的情况也是这样,这可以拿各邦的情况来做证明。凡是习惯于男女早婚的各邦②,居民常常身体矮小③而发育不良。又,年轻的母亲分娩较难,死于产褥者也较多。据有些记载说,特罗埃岑人在祈求神兆时所得的识示[“莫耕闲地”]④,其用意便在警戒他们早婚的陋俗。识语的含义不在庄稼,而在隐喻特罗埃岑人特多夭亡的原因就在少女的早嫁。妇女一经嫁人,便不能约束,所以,如果家庭不过早地遣嫁女儿,自可有助于性欲的节制。男子在他的种子⑤的生长尚未成熟以前,便行媾配,据说也有碍于他的体质的发育。——在生理发育过程中,种子(精液)也有它本身的生长时期,这个时期一般男子都属相近,或所差很小⑥。——因此,妇女的出嫁年龄应规定在十八岁,男子的成婚

① 参看柏拉图:《理想国》459B。又,亚氏:《动物志》卷五 $544^{b}14$、卷七 $582^{a}16$;《动物的生殖》卷四 $766^{b}29$。

② 除特罗埃岑人(Τροιζηνίοι)外,这里还兼及克里特岛人。克里特有早婚的习惯,见《斯特累波》482 页所引埃福罗《世界史》。达勒斯忒等:《希腊司法碑志集》407—408,考证克里特风俗,男儿婚年在十八岁以上,女儿嫁年在十二岁以上。

《纽校》III 464 注释,引匈牙利科学院科洛西(G. Korosi)1889 年报告:《亲年对于子女生命力的影响》(Influence of Parents' Ages on the Vitality of Children)所分析的三万个实例:父年二十五至四十、母年二十至三十的子女强于父年二十四以下、母年二十以下所生的子女。

③ 希腊人对身体矮小者,不但视为孱弱,并以为不美,参看《尼伦》卷四 $1123^{b}6$。

④ P^1 及 P^2 抄本对神识这一行都有边注,照边注原文直译:“切勿耕作休闲的田地”;照亚氏这里的文意,这一神识应当是“莫耕处女地”。

⑤ “种子”,用于动物胚胎学即指“精液”,大多数良好抄本此处均作 σπέρματos,维多利以后诸校本亦同。但有些抄本以及戈脱林校本,此字作“体质”(σώματos),全句应该是“男子如果在体质生长未成熟前便行媾配,就有碍于其体质的发育”。拉丁旧译(威廉本)作“corpore”,与此相符。P^1 抄本在这里有边注:“另一种体质”,作注者大概认为体内的精液这个体质有别于男子本身的体质。

⑥ “很小”两字原在 29 行,依《戈脱林校本》移 27 行。

年龄则应该是三十七岁前后。倘使男女都能谨守这样的规定而按时成为眷属，则两方媾配的开始既同在人生健壮的岁月，他们生殖能力的消失也不致有多大参差。子女的继承于双亲者也恰好相当。照我们的期望，婚后随即繁殖，儿子就可在自己壮盛年龄①接替老父的事业，这时父亲年届七十，已是生机耗竭、不胜迟暮之感了。

现在，我们业已论述了婚姻的适当年龄，应进而考虑生殖的季节（婚嫁的时候②）。如今，大多数人都在冬令选定男女共营家室的良辰③，这种风尚颇为可取。已成眷属的夫妇也应该受教于医师和自然学家，学习生育的知识。医师们自然会把双方所应明了 1335^b 的生理情况一一阐述；自然学家也会以吉利的风向告诉他们——例如自然学家们每以北风比南风为有利于繁殖④。

父母应有怎样的体质才于子女将来的体格最为有益？这个论

① 壮盛年龄即男子在三十至三十五岁间的年龄（《修辞》卷二章十四 1390^b9）。梭伦《残篇》27，订定男子娶妻年龄在 4 或 5×7，即二十八至三十五岁之间；其体力强盛在第 4 个七期，即二十一至二十八岁间，智力强盛在第 8 个七期，即四十九至五十六岁间。柏拉图：《法律篇》721，拟定男子成婚年龄为三十至三十五岁。亚氏此节主张三十七岁前后为男子婚期，较他人所订为迟，女子嫁期十八岁则较他在《动物志》（卷七章一 582^a29）所说，妇女，3×7，即二十一岁为适于生殖者较早。亚氏在这里先订定了男女终止生育的年龄分别在七十和五十岁，然后推算初配年龄，因而或迟或早。

② 动物生殖和人类生殖季节，参看《动物志》卷五章八 542^a18—$^b1$ 等章节。

③ “大多数人”（οἱ πολλοί）可能指阿提卡地区大多数人，也可以是指希腊各邦的大多数人。各民族古代婚期以在冬令者为多。参看中国《诗经》小雅“斯干”篇，咏农家于冬季经营宇舍，养男育女。

④ 《动物志》卷六章十九 574^a1：羊群交配遇北风多产雄羔，南风多产雌羔。《生殖》卷四章二 766^b34，又说一般动物皆然。柏拉图：《法律篇》747D，说风向影响各民族的性格。

题等我们讲到“儿童管理”时，另行详述[①]，这里只要先简举它的概要。竞技选手(运动健将)的体质并不适合于一般公民的日常生活，也未必有利于普通的健康要求[②]和子女的繁殖。柔弱或娇嫩而不胜繁剧的体质亦非所宜。介乎竞技选手和娇弱之辈的体质实际上最为优良。这样，他必须经过相当的锻炼，俾可胜任作业；但这些锻炼不应像竞技选手那样过于剧烈又过于专门；应该是符合于自由人生活全部作业的普遍操练[使各人五官四肢都能得到平衡的发展]。

妇女，也像丈夫们，应有我们方才所说的体质，孕妇要注意自己的身体；进行经常的操练[③]，摄受富于滋养的饮食。立法家可以规定孕妇们每日须到专司育儿的女神坛庙进香一次[④]，养成她们经常运动的习惯。但思想不同于身体，孕妇应避免劳神苦思，保持

① 亚氏以遗传论亲子相肖，见《动物志》卷五 539^{a}26 等，同柏拉图：《法律篇》775B 所说相符。这里，不谈婚配而提到“儿童管理”论题，颇可疑。这一预拟的论题，今未见于本书。

② 竞技锻炼过于剧烈，十分辛苦，虽都能获得一偏的擅长，往往不利于全身的健康；参看挪克编：《欧里庇得剧本残篇》284、柏拉图：《理想国》403E。亚氏《动物志》卷六章二十 575^{a}3，记斯巴达猎犬例：雄犬从猎，追逐狐兔，一生较雌犬为辛苦，故寿命都短于雌犬。卷八章四 1338^{b}11，说竞技锻炼有伤人体美(姿态)，另见《生殖》卷四 768^{b}29—33。

③ 孕妇不宜劳苦而应行适当运动，参看《生殖》卷四章六 775^{a}30；又，柏拉图：《法律篇》vii 788—789。

④ 希腊妇女和孕妇朝礼的神，其一为宙斯大神(Ἄρτεμις，亚尔娣密)和丽多所生之女、日神之妹，即月神，亦为狩猎之神。又一为埃里茜娅(Εἰλήθυια)，神后希拉的诸女，见《伊利亚特》ii 270 等节；希西沃图：《神谱》922，说埃里茜娅司分娩，常助妇女于产褥。又，希腊 4 月 11 日至 13 日，共三日(今历 10 月末)为妇女节，供奉地母(Δημήτηρ)；地母原为司谷女神，在这节日转成“送子女神”(参看《希罗多德》ii 171)。在雅典，又有“三父(τριτοπάτερες)”，亦为妇女所供奉的神祇，见法诺德谟：《残篇》(Phanodemus, Fragm.)4。伯罗奔尼撒各邦的埃里茜娅神庙常常建筑在城门外附郭处。

安静的情绪；因为胎婴在妊娠期间恰好像植物对于土壤那样，显然要从母体吸收其生长所需的物质的[1]。

新生的婴儿应该悉予哺养，抑或有些可以暴弃[2]？这当然可以订立法规，凡属畸形与残废的婴儿禁止哺养[3]。另一方面，在社会风俗不愿意无限制地增殖的各城邦中，又该有相反的法规，禁止各家为减少人口而暴弃婴儿至于死亡。各家繁殖的子嗣应有一定的限数[4]，倘使新娠的胎婴已经超过这个限数，正当的解决方法应在胚胎尚无感觉和生命之前，施行人工流产（堕胎）。堕胎的或不渎神（不悖伦）或为渎神（悖伦）当以感觉和生命之尚未显现或业已存在为判别。

现在我们已论定了男女嫁娶的年龄，跟着还得研究夫妇们为城邦[5]繁育其后代期间的长短。老人的子嗣也好像太年轻的父亲的儿女那样，都在体质和心理上不很健康；晚生的子嗣常常是孱弱的。所以我们应该以人生智力的旺盛年龄为依据而制定大家终止

---

① 亚氏胚胎学以父亲为种子所自出，而由母体以生长所需的物质，供应此种子，详见《生殖》卷一章十七至二十。就胎儿物质营养而言，应述母体生理，这里举心理要求安静，盖取喻于植物生长情况，只有大地安静，植物才能由土壤摄取其所需。

② 希腊各地颇多弃婴，弃婴都露置于城边山谷。亚氏：《残篇》二五八 $1525^{a}37$，说埃及人对所生婴儿悉数哺养，希腊人闻之，殊以为异。希腊弃婴中尤多女婴，古剧本和故事中的女主人有时便是一弃婴，为人检收，抚养长大而成才女。

③ 斯巴达律禁育畸残婴儿，见普鲁塔克：《莱喀古士传》16。拉栖第蒙城边有“弃婴谷”。

④ 见卷二章六 $1265^{b}6$—17。

⑤ “尽其义务”（λειτουργεῖν），依韦尔屯，“繁育儿女”是“为城邦”尽其义务；依斯达尔、苏斯密尔等，从朗比诺（Lambinus）拉丁译本，作为“为自己”尽其义务。柏拉图：《理想国》460E，在理想国中生儿育女，视作公民们为城邦所应履行的义务。本卷，依后代将为城邦的新公民着想，用意也同柏拉图相近。

生育的岁数。有些主张以七数为纪的诗人[①]曾说到人类心理机能发展的顶点约在五十岁前后。那么,人们到了五十四至五十五岁之间,就尽可解除从事繁殖的义务了;自此以后,如果尚未断绝房事,这就只能由于具有个人生理上或其他类似的原因。

在两人既已成婚而称为夫妇的时期,夫或妇不论在任何时候、用任何形式,如果犯奸淫,都属可耻。但奸淫倘使发生于正在繁育子女的时期则应该衡量所犯案情的轻重,分别褫夺他的某些公民 **1336^a**
荣誉和权利[②]。

章十七[③] 儿童既脱离母胎而自行生长,所给的食料对他们的体力(生理)影响很大。关于儿童的营养问题,我们无论从动物界方面看来或鉴于那些力求其子嗣体魄强壮而健斗的野蛮民族所施行的实例,都是明确的,乳类最适宜于儿童身体的发育[④]。如欲免于疾病,应戒儿童饮酒以愈少为愈好[⑤]。及时诱导孩儿作适宜于他们肢体的各种活动是有益的;有些非希腊民族,为了防护其孩儿

---

① 参看 1335^a33 注,指梭伦等诗人。这里所说"智力的旺盛年龄"(即"心理才龄")在五十岁前后,实专指男子,不及妇女。

② 参看柏拉图:《法律篇》vii 841D—E。

③ 本章所述有关儿童生理和教育各端大多散见于柏拉图:《法律篇》卷七中;其论旨有异于柏拉图的只有不禁止小儿高声呼叫、七岁以下儿童应在家庭中培育、文化教育延迟至十四岁开始进行三年(柏拉图:《法律篇》809E,从十岁开始,进行六年)等数项。

④ 章二 1324^b9 曾列举好斗的非希腊民族斯居泰等四族;斯居泰人以游牧为生,多饮乳类。恺撒:《高卢之战》(J. Caesar, Bell. Gall.)iv 1.8,说塞埃维(Suebi)人体力很强,由于乳饮。布苏旭茨:《希腊古代的产业和收益》313 页说希腊人过了哺乳期的儿童多饮山羊乳。

⑤ 《动物志》卷七 588^a3,说酒类有时可引起小儿痉挛。

柔软的肢体受到扭曲或损伤，迄今仍旧应用一些器械①来帮助孩儿们保持其正常姿态。让婴孩尽早训练成耐冷的习惯也是有益的；这种习性既可促进健康也可作为长大后征入军役的先期锻炼。有好些野蛮民族，在儿童诞生后就把他浸入寒溪②，——例如克尔得人——或裹在单薄的襁褓内：这些风俗的用意就在增强他们的体质③。凡在儿童身上可能培养的习惯，都应及早开始，然后渐渐加强这些训练。儿童的体质富于内热④，自然适于耐寒训练。

婴孩期⑤的保育可依照我们上述的要领和其他相似的方针进行。从婴孩期末到五岁止的儿童期内，为避免对他们身心的发育有所妨碍，不可教他们任何功课，或从事任何强迫的劳作。但在这个阶段，应使进行某些活动，使他们的肢体不致呆滞或跛弱；这些活动应该安排成游戏或其他的娱乐方式。儿童游戏要既不流于卑鄙，又不致劳累，也不内涵柔靡的情调。负责这一职司的官员——

① ὄργανα μηχανικά，“器械”（机巧的工具），今未知亚氏所指为何物。纽曼认为是柏拉图：《法律篇》789E所说孩儿应服用至两足岁的“绷带”。巴克尔认为是女儿扎在衣内的“背版”。维多利认为是瓦罗：《拉丁语言》（Varro de Lingue Latina）ix 5所说“护膝”（serperastra）之类。

② 冷水洗儿亦见于加伦：《健康篇》（Galenns, Peri Hygieinon）i 10（库恩编：《加伦全集》卷六51页）。《斯特累波》165页，记伊卑里女人浴其襁褓婴儿于溪水中。朱利安：《书翰》（Julian. Epist.）xvi 383D，说来因河居民浸初生婴儿于河中，以别真伪，凡婚生子自能浮泳，非婚生子入水当沉溺。

③ 斯巴达和克里特的青年训练都力求其能耐酷寒和剧热。此节取法于野蛮民族，使耐寒训练开始于幼儿时期。这些习俗可能原记于亚氏所汇辑的《非希腊民族礼俗汇编》（Νομίμα Βαρβαρικά），今其书失传。

④ 童体性热之说当得之于希朴克拉底：《医学要理》（Aphorismoi）（库恩编：《全集》卷三710页）。

⑤ τὴν πρώτην，［儿童的］“早期”（“婴孩期”），无确诂，约当初生至二或三岁。

通常都称为“教育监导”——应注意并选定在这一年龄的儿童们要倾听的故事或传奇。所有这些[①]都须为他们日后应该努力的事业和任务预先着想;即使是一些游戏也得妥为布置,使他们大部分的活动实际成为自由人各种事业和任务的模仿。有些人企图在他们的礼法中[②]禁止孩儿放声号哭;这是不正确的。孩儿的号哭有如成人的迸气蓄力那样扩张肺部,确实有助于儿童的发育。

教育监导应注意儿童日常生活的管理,尤应注意不要让儿童在奴隶们之间消遣他们的光阴。凡儿童在七足岁以下这个时期[③],训导都在家庭中施行;这个时期容易熏染,任何卑鄙的见闻 1336b
都可能养成不良的恶习。所以,立法家的首要责任应当在全邦杜绝一切秽亵的语言。人如果轻率地口出任何性质的恶言,他就离开恶行不远了。对于儿童,应该特别谨慎,不使听到更不使口出任何恶言。凡不顾一切禁令,仍然发作秽亵的语言和举动,必须予以相应的惩罚。这些犯禁的人,如果是比较年轻的自由人,还没有被容许据有会餐食桌的一席的[④],要给予体罚和其他斥责;要是年龄

---

① 参看柏拉图:《理想国》ii 377、《法律篇》i 643 等。

② 柏拉图:《法律篇》vii 791E_792A,依照斯巴达育儿规范,看护应使婴孩不哭不闹(参看普鲁塔克:《莱喀古士传》16)。依柏拉图本文,此事当指婴孩期,所以苏斯密尔和韦尔屯把此节(34—39 行)移接上文 20 行后有关婴孩期那一节。

③ 柏拉图:《法律篇》794,三岁至六岁儿童专事游戏,不教以功课。斯巴达儿童足七岁而集教于“学校”(“集合处”)(普鲁塔克:《莱喀古士传》16)。雅典儿童是七岁而学书算,受儿童操。波斯儿童足七岁而从骑师习骑术(柏拉图:《亚尔基拜德篇》[Alcib.]i 121E)。

④ 《苏校》二版第 966 注,说希腊青年十七岁以上参加专为青年设置的公共食堂,至二十一岁而后可以参加公民会餐。公民会餐有座位,就餐者各据一席,这里所分两类犯禁的人当即二十一岁以上和二十一岁以下之别。

已大而犹做出类乎奴隶的卑鄙言行，就该课以罚金。

不端正的语言既须禁止，显然，我们也应该杜绝秽亵的图画展览和秽亵的戏剧表演。因此执政人员就得查察全邦的雕塑和图画，不让它们描摹任何秽亵的形象。但在某些祀神的庆祝节日，古传的礼法倘使特许有鄙俗的节目[①]，自当列为这类禁令的例外。在这些节日，我们该注意到，传统的风俗是容许成年男子，为他们自己并为他们的妻子和子女祈福于诸神，而参与这些庆典的。青年们在未得参加会餐席次与前辈传杯共饮以前，立法家应规定他们不得观听俚歌或滑稽戏剧。到了这个年龄，他们业已受到充分的教育，这些表演的不良影响，便不足为害了。

这里我们既涉及了这些问题，就顺便作了些必要的简略说明；随后，等讨论到政府对这些事项究属应否加以管理，以及管理应采取怎样的方针和法规时，我们还得重加考虑，再行论究[②]。悲剧名角色奥多罗[③]从来不许任何其他演员——即使是不足道的演员——先于他登台，他认为“观众（听众）总是爱好他们最初所听到的歌声的”：这句话是含有深刻意义的。我们无论和人或物相接触，实际都显见相同的情况：对最初相接触的人和物常常留下优先的印象。所以，人在幼时，务使他隔离于任何下流的事物，凡能引

---

① 狄欧尼修（酒神）节、地母（农神）节及其女儿柯丽（Κόρη，冥后）节日都盛行酣歌狂舞、有失体态的游艺节目。酒神节中并有代表生殖的雕像举示于祀神的仪仗行列。此节亚氏越出了本章儿童教育的范围而谈及了青年期教育。

② 本书此后未见重行详述。

③ 色奥多罗为亚里士多德前一代的雅典悲剧名角，其歌喉自然动人，一时无双。《修辞》，卷三章二 $1404^{b}22$，说色奥多罗的声调总是适如其所演人物的神情，其他演员则不然。

致邪慝和恶毒性情的各种表演都应加意慎防,勿令耳濡目染。已经安全地度过了开始的五年,儿童就可以在往后的两年,即到七周岁为止,旁观他人正在从事而他们将来也应从事的各种功课和工作。

[于是,我们进入正规的集体教育这个阶段。]这个阶段要分成两个时期——从七岁至发情为第一期(少年期),自发情至二十一岁为第二期(青年期)①。那些对人生历程以七数为纪的古哲大体无误;但[对于教育设施作实际区划时,]我们还该细察自然的情况,做好精审的安排②。教育的目的及其作用有如一般的艺术,原来就在效法自然,并对自然的任何缺漏加以殷勤的补缀而已③。继此以往,我们可考虑以下三个论题:第一,应否给儿童(少年)教育订立若干规程;第二,儿童(少年)教育究竟应该由城邦负责,还是依照现今大多数国家通行的习俗,由私家各自料理;第三,这些教育规程应该有怎样的性质和内容。

① 人类七岁易齿(《动物志》卷二 501^b2),十四岁(男童)发情(同上书卷七章二);二十一岁男子始能生殖(同上书卷七章一 582^a16—33)。亚氏重视这种“七”数分期,以为教育分期的准绳。

② 亚氏认为数学家尽可在世事及万物演变中寻绎其间普遍通用的数理,作为推算的凭据;但自然间万物演变未必绝对遵守这类数学规律:例如同为人类,女儿发情期早于男童的十四岁(希腊习俗以十二周岁为女儿发情开始);同为动物,人在七岁易齿,群兽各有其或迟或早的易齿年龄。所以一切实际工作应该细察各别情况而各别为之措施,不可轻信简易的数理规律(参看《形上》卷十四章六 1093^a12—30)。

③ 参看《物理》卷二章八 199^a15;《尼伦》卷一章四 1097^a5。

卷(Θ)八

章一 　大家当一致同意,少年的教育为立法家最应关心的事业。[这种论断具有两项理由:一,]邦国如果忽视教育,其政制必将毁损。一个城邦应常常教导公民们使能适应本邦的政治体系[及其生活方式]①。同某些目的相符的[全邦公众的政治]性格(情操)原来为当初建立政体的动因,亦即为随后维护这个政体的实力。平民主义的性格创立了平民政体并维护着平民政体;寡头主义的性格创立了寡头政体并维护着寡头政体;政体随人民性格的高下而有异,必须其性格较高而后可以缔造较高的政治制度。[二,]又,人要运用每一种机能或每一种技术,必须先行训练并经过相当的复习,使各各为之适应。那么,他们在作为一个城邦的分子以前,也必须先行训练和适应而后才能从事公民所应实践的善业。

既然一城邦就[所有的公民]全体而言,共同趋向于一个目的,那么,全体公民显然也应该遵循同一教育体系,而规划这种体系当然是公众的职责②。[一,]按照当今的情况,教育作为各家的私

---

① 参看卷五 1310^a12—36。

② 卷七末尾提出教育三题。本章 1337^a11—21 答复了第一题并申述两理由。21—33 答复了第二题并申述两理由。第三题为教育方案的内容(章二 1337^a35 重提此题),以下应作详细的叙述,但本卷此后数章于这一论题实未周详。

事,父亲各自照顾其子女,各授以自己认为有益的教诲,这样在实际上是不适宜的[①]。教育(训练)所要达到的目的既然为全邦所共同,则大家就该采取一致的教育(训练)方案。[二,][②]又,我们不应假想任何公民可私有其本身,我们毋宁认为任何公民都应为城邦所公有[③]。每一公民各成为城邦的一个部分;因此,任何对于个别部分的照顾必须符合于全体所受的照顾。这里,有如其他某些事情,拉栖第蒙人是应该受到表扬的;他们对于儿童(少年)的训练特别具有深心,把教育作为公共的要务,安排了集体的措施。

章二　现在,教育应该订有规程(法制)以及教育应该由城邦办理这两点已经明白论定。我们接着就该考虑这种公办的教育要具有怎样的性质和怎样实施的问题。关于教育的内容,当今各家的意见是有分歧的。或从普通的善德或从最优良的生活方面[④]着想,大家对于儿童(少年)所应学习的题材,都各有不同的观念;教

---

① 参看柏拉图:《法律篇》卷七 804C—D。

② 亚氏回答教育第二题的立论为他常用的(一)"手段服从目的"论和(二)"部分服从全体"论。教育既为达到城邦政治和人类生活目的的手段而每一公民又各为城邦的一个部分,所以各家子女的教育(训练)应该都由城邦公办。

③ 公民必须"以身许国"的主张常常见于实际政治家的言论(例如普鲁塔克:《莱喀古士传》24、25,德谟叙尼:《勋贤金冠议》[de Corona]205,《修昔底德》i 70.6),亦见于政治理论家的著作(例如柏拉图:《法律篇》923A)。柏拉图说:"作为你们的立法者,我对你们的人身和资产皆不视为你们各人所自有:而在过去和未来,都当属于你们的家庭;至于你们的家庭则又当属于全邦。"亚氏:《尼伦》卷五章十一,认为"自杀"使城邦丧失一公民,所以自杀者损害城邦,应受惩处;其义与此节公民不自有其本身语相通。

④ 这里普通的"善德"和"最优良生活"所区别或相对的意义不明;揣其用意似以普通善德为仅属于灵魂的理性部分的"实践"品德,而以最优良生活包含"玄想"品德。参看卷七章十四 1333^a21—30。

育究竟应偏重于理智还是偏重于道德性格（情操），大家也往往含糊其辞。我们试审察一下现世的实况，[那些当师保的人]各行其是，迷离恍惚，无可折中：谁知道[他们]设教的方针是注意人生实用的业务，抑或专心于善德的操修，又或志在促进一切卓越的智

1337b 能[①]。人们对于各类学术各有所崇尚[而对于学术的分类却并无明确的观念]；我们倘使询问究竟哪些功课有益于培养善德，大家就绝不会作出一致的答复。即使同样是尊重善德的人们，对于善德的意义就各有不同的理解；既然如此，则对于培养善德的门径，自然也就互有歧异了。

儿童教育当然包括那些有用而确属必需的课目。但这里无须把一切实用的课目全都收纳[②]。业务应该分为适宜于和不适宜于自由人操作的两类；授给儿童的实用知识就应该以这个分类为依据，勿使形成"工匠（卑陋）的"习性。任何职业，工技或学课，凡可影响一个自由人的身体、灵魂或心理，使之降格而不复适合于善德的操修者，都属"卑陋"；所以那些有害于人们身体的工艺或技术，以及一切受人雇佣、赚取金钱、劳悴并堕坏意志的活计，我们就称

---

① 相似于中国古代以"礼乐射御书算"六艺教儿童，古希腊小学四门功课（1337b25）为：（一）"读写"（包括初级算术），（二）"体操"（以养成将来的士兵为目的，其内容多模拟军事课程），（三）"音乐"，（四）"绘画"。四门中，读写和绘画都属人生"实用业务"；音乐和体操都属"培养善德"的课程，而偏重战斗训练的体操则专修"勇"德。τὰ περιττά，"特异的事物"，这里或解释为高级课程，如几何、天文、辩难、哲学等，或解释为"卓越的智能"，如克里奥芳托（Cleophantus）能于骑术作"惊人表演"（柏拉图：《曼诺篇》93D），伯利克里接受"卓越的知识"于阿那克萨哥拉（普鲁塔克：《苏格拉底的天才》[de Gen. socr.]3），也以"卓越的智能"应用这词。这些卓越的智能或有裨实用，或有益品德。

② 例如"烹饪"亦为有用之学，但自由人不必学习烹饪。参看章五 1339a39。

为"卑陋的"行当[①]。在适合自由人学习的各种课目(学术)中,有些也应该作某种程度的限制;这些课目要是过度的着意用力,以求擅精,也会像上述的工技那样妨碍身心。人或有所实践或有所学习,我们当凭其功用(目的)而论其高卑。人们所行或所学如果是为了自身的需要,或是为了朋友,或是为了助成善德的培养,这不能说是非自由人的作业;但相同的作业,要是依从他人的要求而一再操作,这就未免鄙贱而近乎奴性了[②]。

章三　现行教育规程的各门课目,如上所说[③],一般都包含两种观念。基础课目常常是四门,即读写、体操和音乐,有些人便加上了绘画[④]。读写和绘画,大家都认为在人生许多实务上可以得到

① Βάναυσος 通义为"工匠";古义为"熔炉",因此用以指"炉边的人"即"铁匠"。希腊工匠或为奴隶或为佣人,或来自外邦,于是常俗以工匠作形容词,便成为"卑陋的"。《传道书》(Ecclesiasticus)三十八 28,说"守在砧边,肌体日受炉焰消蚀的铁匠们"总缺少智慧,这些观念实际得之于希腊社会。古希腊人以工匠们日作夜息,长年在"作息"不已的循环之中,从无一朝的闲暇,因而视为"贱民"。又以染工之手入于黄缸则黄,入于青缸则青,以自己身体顺从他的所业,失去自主,所以又视工艺为有碍身心。

② 依这一节的用意,音乐、绘画、文艺等自由人学习的艺术都只应作为各人闲暇的修养和欣赏,不能用以自炫,亦不可依为生计。中国古人薄诸艺为"玩物丧志",或谓"雕虫小技,壮夫不为",其义略同。英国十八世纪犹以诸艺为"绅士"业余所习而轻伶工画匠之专精一艺者。意大利十五六世纪间也有类似的流风;卡斯底里昂(B. Castiglione,1478—1529)所著《宫廷人物》(Il Cortigiano),说艺文侍从之士率以"弘博"见称,对百家无不识其要领,而辄作鄙夷不屑之态,讳言技艺。

③ 参看上章 1337^a 39—42 及注所说实用的业务和善德的操修。

④ 希腊各家说到儿童(少年)教育时往往不提"绘画"这一门功课;例如柏拉图:《普罗塔戈拉篇》325D—326C。说儿童先从文学教师学读写,次从琴师治乐,再从体育导师学习体操,没有说到绘画。又,《法律篇》810A—B,儿童十岁学读写,使通文理;十三岁始学弹琴,使能辨律听声。但柏拉图自己曾习绘画。这一门技艺也颇流行于希腊社会。

效用；用体操则通常都借以培养勇毅的品德。至于音乐训练的目的何在，那就颇为迷惑而多所争执。现在，人们研习音乐，目的大都在于娱乐，但是在从前，音乐所以列为教育的一门是基于比较高尚的意义的。我们曾经屡次申述①，人类天赋具有求取勤劳服务同时又愿获得安闲的优良本性；这里我们当再一次重复确认我们全部生活的目的应是操持闲暇。勤劳和闲暇的确都是必需的；但这也是确实的，闲暇比勤劳为高尚，而人生所以不惜繁忙，其目的正是在获致闲暇。那么，试问，在闲暇的时刻，我们将何所作为？总不宜以游嬉消遣我们的闲暇。如果这样，则"游嬉"将成为人生的目的（宗旨）。这是不可能的。游嬉，在人生中的作用实际上都同勤劳相关联。——人们从事工作，在紧张而又辛苦以后，就需要（弛懈）憩息；游嬉恰正使勤劳的人们获得了憩息。所以在我们的城邦中，游嬉和娱乐应规定在适当的季节和时间举行，作为药剂，用以消除大家的疲劳。游嬉使紧张的（生命）身心得到弛懈之感；
1338a 由此引起轻舒愉悦的情绪，这就导致了憩息。[闲暇却是另一回事：]闲暇自有其内在的愉悦与快乐和人生的幸福境界；这些内在的快乐只有闲暇的人才能体会；如果一生勤劳，他就永远不能领会这样的快乐。人当繁忙时，老在追逐某些尚未完成的事业。但幸福实为人生的止境（终极）；惟有安闲的快乐[出于自得，不靠外求，]

这里没有提到算术，依《苏校》四版注，说算术包括在"读写"课程之内。勃鲁姆纳尔：《古希腊人的家庭生活》（Blümner, Home Life of the Ancient Greeks）英译本111页，说雅典儿童在家庭中习算术，所以学校中不必有此课目。

《普罗塔戈拉篇》，325E，说儿童在"读写"课内诵习古史诗，在琴课中，如果所奏者为旧所诵习的篇章，则歌以和之。这样，读写实际是包括甚广的一门课程。

① 见卷七章十四1334a2—10、章十五1334a11—25。

才是完全没有痛苦的快乐。对于与幸福相谐和的快乐的本质，各人的认识各不相同。人们各以自己的品格(习性)估量快乐的本质，只有善德最大的人，感应最高尚的本源，才能有最高尚的快乐。

于是，显然，这里须有某些课目专以教授和学习操持闲暇的理性活动；凡有关闲暇的课目都出于自主[而切合人生的目的，]这就实际上适合于教学的宗旨，至于那些使人从事勤劳(业务)的实用课目固然事属必需，而被外物所役，只可视为遂生达命的手段。所以，我们的祖先把音乐作为教育的一门，其用意并不是说音乐为生活所必需——音乐绝不是一种必需品。他们也不以此拟于其他可供实用的课目，例如“读写”。读写(书算)可应用到许多方面；赚钱、管家、研究学术以及许多政治业务，无不有赖于这一门功课。绘画也可作为实用课目的实例是练习了这种课目的人们较擅于鉴别各种工艺制品[在购买器物时可作较精明的选择]。音乐对于这些实务既全无效用，也不像体操那样有助于健康并能增进战斗力量——对这两者，音乐的影响是不明显的①。音乐的价值就只在操持闲暇的理性活动②。当初音乐的被列入教育课目，显然由于这个原因：这确实是自由人所以操修于安闲的一种本事。荷马诗

① 普鲁塔克:《莱喀古士传》21、《音乐》(de Musica)26，以及雅典那俄:《硕学燕语》626f。都说音乐能鼓舞勇气，有助于战斗。《硕学燕语》624a，又记色乌弗拉斯托语，说某些疾病，可使患者静听音乐来治疗。普鲁塔克:《音乐》42，竭力称许音乐的实效，记斯巴达正遭逢瘟疫，克里特名乐师萨勒泰(Thaletas)亲自到来演奏，疫疠一时遽息。这里，亚氏偏重音乐的理性活动，所以低估了它的实效。

② 下文章五，说明音乐的教育效用较此节为广，除培养理性外，亦有助于制约情感，训练道德，并佐人娱乐，资以休息。

篇的一叶[①]就见到这样的含义，其首句是：

“侑此欢宴兮会我嘉宾，”

接着在叙述了济济的良朋后，续句是：

“怡我群从兮独爱诗人。”[②]

又，在另一叶中[③]，奥德修也说到，当英贤相聚，欣逢良辰，共同乐生励志的，莫如音乐，

华堂开绮筵，共听诗人吟，
列坐静无喧，清音自雅存。

我们认为上述各节，足以证明父辈对于诸子应该乐意他们受到一种既非必需亦无实用而毋宁是性属自由、本身内含美善的教育。这种教育或限于一门或兼备几门课目；如果有几门则应该是哪些课目，以及这些课目应该怎样研习——所有这些问题都要在以后另述[④]。这里，我们所已达到的结论没有违背昔贤的传统；音乐这样一门[不切实用亦非必需的]课目总是很早已被古人列入教育规程之内了。我们还尽可以这么说，某些为了实用而授予少年的课目，例如读写，也并不完全因为这只是切合实用的缘故；[无关

① 这里所举荷马诗，续句见于现行《奥德赛》xvii 385，稍异；首句，依此节文义，应该是 383 行，但与现行本文句不相同。

② ἀοιδός，如克尔得族（高卢）的 bard，或欧洲中古时代的 minstrel，为“弦吟诗人”，其人游行列邑，弹琴诵诗，颇似中国的曲艺或弹词家。古希腊先有口传的“史诗”，而后有著录的诗文、戏剧台词、讲演论说、历史杂俎以及各种学术著作。“史诗”为希腊远古历史及先人一切知识的总汇，行以韵语，谱于弦诵。“诗人”熟悉了这些篇章后，聘访四方，传播民间，实为西方文化的前导，学艺的渊源。依亚氏这里的用意，弦吟诗人重琴音过于诗句，则可以“乐工”或“琴师”论其才艺。

③ 见《奥德赛》ix 7。

④ 在后未见重论。

实用的]其他许多知识也可凭所习的读写能力,从事进修。相似地,教授绘画的用意也未必完全为了要使人购置器物不致有误,或在各种交易中免得受骗;这毋宁是目的在养成他们对于物体和形 **1338^b** 象的审美观念和鉴别能力。事事必求实用是不合于豁达的胸襟和自由的精神的[①]。

在教育儿童时,我们当然应该先把功夫用在他们的习惯方面,然后再及于理性方面,我们必须首先训练其身体,然后启发其理智。所以,我们开始要让少年就学于体育教师和竞技教师;体育教师将培养他们身体所应有的正常习惯,竞技教师将授以各项角赛的技能[②]。

章四 在那些素以重视少年(儿童)训练著称的诸城邦中,有些专门培养少年们的运动员习性和本领[③],完成这种训练实际上常

① 参看柏拉图:《理想国》vii 525。

② 亚氏要使七岁儿童先就学于体育教师和竞技教师,十四岁后学习"读写"和"乐歌"(参看上文卷七章十七 1336^b39、本卷下章 1339^a4),其教育程序同斯巴达所行者相近。斯巴达儿童自七至十七岁受体育和竞技训练。但对于教育内容,亚氏不采取斯巴达式过度剧烈的锻炼。雅典儿童通常在七至十一岁习读写,十一岁前后学琴于乐师,体育教育于何年开始,今未能确悉(勃鲁姆纳尔:《古希腊人的家庭生活》英译本 111—115 页)。雅典青年十八岁起,登记于"坊社注册处"为"预备公民"(περίπολοι),受军事训练,担负卫戍任务和野外差遣;二十一岁成正式"公民"(参看《雅典政制》42)。依亚氏教育程序,青年二十一岁始服军役。

竞技教师(παιδοτρίβης)教青年(士兵)以战斗技术,应用甲胄,掌握兵器等各门武艺,以及运用掷石器(炮)、攻城槌等方法。就少年(儿童)而言,军事竞技当为弓箭、弹丸等轻巧武艺。

③ 以培养少年为运动员作为体育教育的目的者,是指忒拜人(普鲁塔克:《会语集录》[Symposiaca]ii 5.2)和阿尔咯斯人(阿里斯多丰:《医师》[Aristophon, Iatrós],迈恩纳克编:《希腊喜剧残篇汇编》iii 357)。犬儒家派狄欧根尼也说运动不利于身体的发育和姿态(狄欧根尼·拉尔修:《学者列传》vi 30)。

常对他们身体的发育和姿态多所损害。拉栖第蒙人并不采取这种错误的体育方针;可是,他们对少年进行严酷的锻炼,认为养成勇毅的品德莫善于这样的野蛮(兽性)措施①。但是教导少年们专练这么一种品德,或特别重视这么一种品德,我们已屡次说过②,这也是一个错误;而且即使就专门训练勇德而言,他们的这种方法也是乖谬的。在动物界中,以及在野蛮民族中,我们如果加以细察,就可以显见,凡属最凶猛的往往未必真正勇毅,凡真是勇族和猛兽,其性情毋宁是比较温和(驯顺)或比较近似雄狮的脾气③。世上确有好多野蛮民族习于杀戮,甚至宰食生人,滂都海(黑海)沿岸各族中,阿卡亚部落和亨尼沃契部落就都是那样的凶猛④,另有些内陆的部落也一样,甚至更为残暴——但这些常常以掳掠为事的盗匪部落并无真正的勇德。从史实看来,即以拉根尼(斯巴达)本族而论,在从前他们是惟一勤于严格训练而恪守纪律的城邦,只有在那时期,他们才较他族为强;现在他们对于运动竞赛和战场决斗两都失败了⑤。他们过去的优胜并不在他们训练的方法有什么特长,仅仅因为他们的对手当初对于少年完全没有训练,所以他们得

---

① 《修昔底德》ii 39 载伯利克里:《国殇葬礼致词》,说斯巴达人以严酷训练(纪律)培养公民的勇毅精神;雅典一任自由,而我们的公民临难奔赴,都绝不后人。

② 卷二 1271^{a}41—^{b}10;卷七 1333^{b}5、1334^{a}40。

③ 《动物志》卷九章四十四 629^{b}8,说动物性情有勇怯驯暴之别;狮于饥时凶暴,饱后颇为和顺。又,卷一章一 488^{b}16 ,说狮高傲而勇敢。其他动物以和顺与勇猛兼称者,柏拉图在《智者篇》231A,举及犬,在《理想国》589B,举及狮。

④ 黑海边吃人的野蛮民族亦见于《尼伦》卷七 1146^{b}21 。《斯特累波》496 页,说亨尼沃契人本来为拉根尼人的别支远裔。

⑤ 斯巴达人至公元前第四世纪初,竞技和战斗能力两都不及忒拜的青年和士兵;参看普鲁塔克:《贝洛璧达传》(Pelopidas)7 和狄奥多洛:《史丛》xv 87.1。

独擅于往昔。凶猛总是低了一着,得胜的应该是高尚雄强的心怀,只有真正勇毅的人们才能正视危难而毫不畏缩[①],狼或其他凶猛的野兽绝不会面对威胁而慷慨赴斗。驱策少年从事野蛮的活动,而不给予确属必要的教练,他们就一定趋于鄙陋。只要他们培养成一种仅有的品德,以便将来给政治家的措施或决策服役,史实已经证明,他们随后所能发挥的本领实际上远不及曾经受过多方面训练的青年。我们现在无须称道斯巴达人过去的伟业,应该以当前的情况衡量他们的训练工作。过去,他们没有敌手。如今斯巴达式训练就得和其他教育规程较量短长了。

目前,大家已普遍认识到体育训练的重要,关于实施的方式也都有所领会了。在发情年龄以前的儿童应教以轻便的体操(竞技);凡有碍生理发育的剧烈运动[②]和严格的饮食限制都不适宜。早期的过度锻炼所遗留的恶劣影响是很深刻的。在《奥林匹亚赛会历年优胜选手题名录》中[③],先在儿童竞赛得奖,随后这个同一选手又在成人竞赛时得奖者,总共只有二三例而已[④];理由是明显 1339a

① 参看《尼伦》卷三 1115a29。

② 例如体育竞赛的"重级运动"(βαρύτερα ἆθλα)中,"角斗"和"五项竞赛"当非儿童所宜(《鲍桑尼亚斯》vi 24.1)。泛雅典娜节赛会中,起初曾列有儿童五项竞赛节目,其后删除(勃鲁姆纳尔:《古希腊人的家庭生活》373 页)。

③ 奥林匹克竞赛场中原有题名碑石,这里所说《奥林匹亚赛会[历年]优胜选手题名录》(τοῖς ὀλυμπιονίκοις)当为书卷形式的名单。亚历山大城编年学家所引用的优胜选手题名录始于公元前 776 年。第五世纪末,埃利斯城智者希庇亚(Hippias)首先把这类题名录编成卷册行世,其后亚里士多德曾作续编。参看布佐耳特:《希腊史》卷一 585;蔡勒:《希腊哲学》ii 2.109。

④ 其一例为克洛顿的米洛(Μίλων),米洛在童年赢得儿童级角斗首奖,此后(公元前 532—前 512)二十一年间连得六次首奖,为古希腊著名的运动员。参看贺尔姆:《希腊史》卷一 439。

的:早期教练中的剧烈运动实际上损耗了儿童选手们的体魄。[所以,在发情年龄以前的体育规程只能是一些轻便的操练。]发情后的三年可授以其他功课[例如读写、音乐和绘画];到了十八岁的青年才适宜于从事剧烈运动并接受严格的饮食规则。要求人们同时进行心理活动和体力活动是不合适的。这两类不同的工作对人身自然会产生相异、而且实际上是相反的效果:肢体在工作时,停歇了心理活动,心理在思索时,肢体也就呆滞了。

章五　我们在先前的叙述中[①],业已涉及有关音乐的若干问题;现在我们正好再拾前绪,重加论述;那些叙述可以作为对于这个论题作任何充分说明的楔子。阐释音乐的效力实在并不容易,企图论究为什么应该学习音乐的理由也一样困难。有些人认为音乐的作用,有如睡眠和酣饮,只是娱乐和憩息(弛懈)。睡眠和酣饮本身并不是高尚的事情;但两者无论如何都属可喜,所以欧里庇得说:"遣愁赖有此。"[②]音乐有时同两者并列,正是由于这样的缘由,人们把睡眠、酣饮和音乐——舞蹈[③]也尽可一并列入——看作都是可凭以消释劳累、解脱烦虑的事情。另一可能的看法是认为,有如体育训练可以培养我们的身体那样,音乐可以陶冶我们的性情,俾对于人生的欢愉能够有正确的感应,因此把音乐当作某种培养善德的功课。还有第三种可能的看法是认为音

---

① 见章三 $1337^{b}27$—$1338^{a}30$。

② 这句话见欧里庇得:《狂欢者》(Bacchae)337 行(丁杜尔夫[Dindorf]编校本)。睡眠、饮酒和音乐并列,见上述剧本 377—381 行,亦见 19—21 行。又,荷马:《伊利亚特》xiii 636,亦三事并列。

③ 这里所说音乐和舞蹈,实际是听乐和观舞。参看卢季安:《论舞蹈》(Lucian, de Saltat.)79、81,说舞蹈影响观众的心理和道德。

乐有益于心灵的操修并足以助长理智①。

显然,教育少年的目的不是为了使他们娱乐。学习必须努力,而且免不了疲劳,实在不是娱乐。另一方面,企图使人在幼年时操修心灵,的确也并不适宜。人生的目的固然在于心灵的造诣,但他还只在入世的初期,还谈不到终极。也许可以这样说,儿童们认真学习各门功课[例如音乐,当初虽有所疲劳,]迨日后长成,他们就可资以娱乐。这样,我们又可追问;那么,又何必教儿童自己演奏②?为什么不仿照波斯和米第亚诸王那样,让那些专精音乐的乐工演奏而自己倾听以取娱悦并领受其教益呢?他们既以演奏为业而擅于此技,必然较仅能习知门径的少年为佳。又,倘使竟因演奏而认为必须从小练习音乐,那么凭同样的理由,少年们也该先学习烹饪③——但,这是荒谬的。

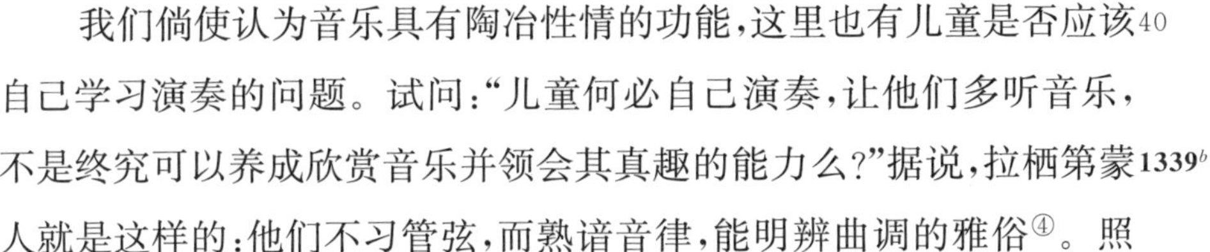

我们倘使认为音乐具有陶冶性情的功能,这里也有儿童是否应该自己学习演奏的问题。试问:“儿童何必自己演奏,让他们多听音乐,
不是终究可以养成欣赏音乐并领会其真趣的能力么?”据说,拉栖第蒙 1339^b
人就是这样的:他们不习管弦,而熟谙音律,能明辨曲调的雅俗④。照

① 此节叙述音乐的三种作用,符合于卷七章四 1333^a26—32 的心理分析:(一)作为娱乐和憩息,其效应在于灵魂的非理性部分,(二)作为操修善德,其效应在于理性部分的实践理性,(三)作为操修理智,其效应在于玄想理性。

② 波斯宫廷设置“乐队”,见色诺芬:《居鲁士的幼年教育》iv 6.11。

③ 菜肴精美为成人的享乐;但希腊人不因此而教其儿童从小学习烹饪,俾长大后能够调羹治馔。反而以为这是奴隶的事务(参看本书卷一章七 1255^b23—27)。

④ 《雅典那俄》628b,说斯巴达人善赏音而不习乐,大概本于此节。普鲁塔克:《莱喀古士传》21,说斯巴达人都习歌咏。本书本卷章六 1341^a33,也讲到斯巴达人有能管乐者。《雅典那俄》184d 记亚氏及门弟子嘉迈里翁(Chamaeleon)言,斯巴达人多能吹箫。在亚氏以后,公元前第三世纪,斯巴达音乐教育比前世纪为普遍。

第三种看法把音乐作为助长我们自由的操修并促进人生幸福的功课，问题仍然相同：我们如果意在闲适，为什么不去顾曲听歌，而要自累于鼓吹？这里，我们正可举示我们有关群神的知识：诗人们[①]所咏的宙斯既不引吭，也不弹琴[他仅仅是静听而已]。我们往往说某人喝醉了或习于诙谐，所以载歌载舞；若不是喝醉，又不在逗人噱笑，这样的活动将被鄙薄为乐工舞伎的能事。

可是，这个问题姑且留到以后再说[②]。让我们先考察音乐究竟应否列为教育的一个课目；更由此而查询：在前面已经分析的三端——教育[即陶冶性情]，或娱乐，或操修心灵——音乐究在哪一端显见其作用？音乐含有三者所共通的要素，那么就尽可说它能为三者各尽其效应。[请以诸要素之一、即怡悦作用为例：]娱乐所以求憩息（弛懈）；憩息既用以解除由于紧张而引起的疲乏，就必须具有怡悦的作用。又，相似地，一般认为培养心灵应兼备怡悦和高尚的要素；幸福的心灵是这两种要素合成的心灵。现在我们大家一致同意，音乐，无论发于管弦或谐以歌喉[③]，总是世间最大的怡悦。我们可引诗人缪色奥[④]的诗为证：

“令人怡悦，莫如歌咏。”

由此我们可以知道，为什么对于社会交际以及闲居遣兴，世人往往

---

① “诗人们”当指荷马等。欧里庇得：《伊昂》905，称日神阿波罗弹琴高歌。但希西沃图：《赫拉克利之盾》(Scut. Herc.) 201，则说阿波罗挥弦，群艺神（缪斯）和歌。参看普雷勒：《希腊神话》(Preller, Griech. Mythologie)卷一 215。

② 参看下文章六。

③ 柏拉图：《法律篇》669D，说琴笛（管弦）必须和以歌喉；歌咏必须合于韵律。亚氏此语与之相异，说乐器可以清奏，人声亦可独唱。

④ 缪色奥，古代诗人，传为色雷基英雄，希腊乐祖奥尔菲俄('Ορφεύς)之子。

以音乐取乐——音乐确能歆动人心,使之欢快。这里,我们可以把音乐的怡悦作用作为一个理由,从而主张儿童应该学习音乐这门功课了。一切没有后患的欢乐[①]不仅有补于人生的终极[即幸福],也可借以为日常的憩息。人生固然不易证受成果,但大家即使不深求终身的幸福,其乐于憩息,抒情自娱,总是日常可有的暂欢;所以,让年幼的人们安静起来,由音乐激发娱乐,使有片刻的弛懈,自是有益的[②]。

的确,人们有时游戏世间,完全以娱乐为他们一生的目的。人生的终极应该有某些怡悦的作用;可是,这种怡悦并非偶尔的欢娱;但他们在追求终身的幸福时却误以寻常的欢娱当作心灵的怡悦[③]。人类寻常的种种活动都但求达到一时的目的,并不计及人生久远的成果[④]。寻常偶尔的欢娱与之相似,且尽今朝的快乐,无须考虑明天的后事,实际上毋宁是在回顾过去,这恰正弛懈了由于先前的勤奋所遗留的疲乏。这就是迷惑了追求幸福的人使他们追逐寻常欢娱的原因。

但音乐对于人们不仅可资怡悦,就解除疲乏而言,也属有

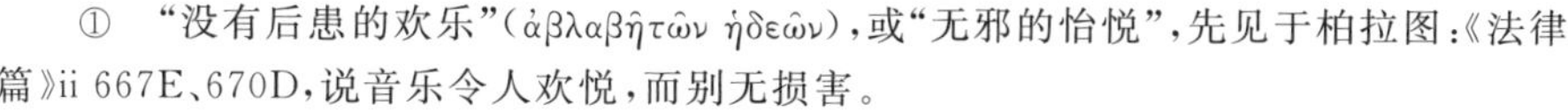

① "没有后患的欢乐"(ἀβλαβῆτῶν ἡδεῶν),或"无邪的怡悦",先见于柏拉图:《法律篇》ii 667E、670D,说音乐令人欢悦,而别无损害。

② 德谟克里特认为音乐非古初世间必需的事物,而为后世社会余裕的创作(见菲洛德谟:《音乐》[Philodemus de Musica] iv 36)。犬儒学派认为音乐研究既非必需,亦属无益(狄欧根尼·拉尔修:《学者列传》vi 73、104)。亚氏此处说音乐虽非"必需",实属"有益"。

③ 柏拉图:《法律篇》658,说音乐可以凭它所以娱人的程度论其高下。小儿喜傀儡戏,少年爱喜剧,壮年愿听悲剧,而老人宁聆史诗弦诵。其为评判宁取决于有德的善人,不取决于偶尔为娱的俗人。

④ 参看《尼伦》卷七 1153^b33。

益[①]。音乐的效用似乎正在这里。可是，我们还得研究，在这些属
1340a 性[即怡悦和解倦效用]上，音乐是否另有比先前所说的更为高尚的本性[②]。无论年龄差别多大，性格差别多远，人们的确都能对音乐自然地感受到怡悦，也许在这种共同的怡悦上，还另外有所感受——也许我们正应考虑到音乐是否对我们的性格和灵魂有所影响的问题。倘使音乐影响情操，则显然可见，其效应亦将及于性格。若干不同的曲调引起人们不同的感受，奥林帕斯[③]的歌曲尤甚：这可证见音乐对于性格的影响。世人咸知奥林帕斯所作歌曲能鼓舞灵魂使它兴起热忱；热忱[④]的兴起足以显见灵魂在情操上受到了影响[⑤]。又，所有的人当他们听到一些仅仅是模拟的声音，其中虽无韵律或曲意，也不能不有所动心而表现同情[⑥]。

音乐既然令人怡悦而善德原在养成快乐的感觉和确当的爱憎，我们可以由此推论：大家所急需学习的功课和培养的心境，莫如对于善性和卓行，造就正确的判断和快乐的感应[⑦]。音乐的节

① 上文分别音乐的作用三端：娱乐、陶冶性情和操修心灵。就娱乐而言，上交混说欢娱和憩息(解倦)。这里分别欢娱为音乐的通常作用，解倦为疲乏之后的特殊作用。

② 属性和本性之别，参看《形上》卷四章四 1007a22—b2、卷五章八章三十。

③ 奥林帕斯，传说为苇吕季的古音乐家。

④ ἐνθουσιασμός 或译“热忱”(enthusiasm)，或译“灵感”(inspiration)。

⑤ “灵魂中相应于性情的部分”同它相应于身体部分及理智部分相对而并比。音乐的感人或谓其影响在于理智部分(柏拉图：《伊昂篇》534B)，亚氏在这里说音乐能鼓动情感使人不知不觉之间手舞足蹈，所以说它的影响在性情部分。《尼伦》卷十章二 1173b 8，又说它的影响在身体(生理)部分。

⑥ 未成曲调或不合韵律的模拟声音也能感动人心，例如悲号使人闻而生哀，喜笑使人闻而轻快，则成调合律的音乐，在令人怡悦和消释劳倦而外必更有影响于人们的性格。

⑦ 参看柏拉图：《理想图》iii 401—2、《法律篇》ii 659C—E。

奏和旋律反映了性格的真相——愤怒与和顺的形象,勇毅与节制的形象以及一切和这些相反的形象,其他种种性格或情操[①]的形象——这些形象在音乐中表现得最为逼真[②]。凭各自的经验,显知这些形象渗入我们的听觉时,实际激荡着我们的灵魂而使它演变。这里,由音乐的形象所培养起来的悲欢的心境实际上符合于由原物所引致的悲欢的心境[③]。例如人如果因谛视某物的雕像而感到欢喜——倘使他所欢喜的确实出于形象[而不是出于雕塑材料的优美或高贵]——那么当他见到原物时也一定欢喜。其他的感官如触觉和味觉,不能造就人物的性格(品德)的形象[④]。视觉所涉的形象也可能表现人物的性格;有些图形实际上是在临摹事物的情态,但图形所能反映的性格是狭小而肤浅的[⑤]。而且我们还须知道一切人们的视觉略同[⑥]。又,凭图形和颜色所形成的视

① “其他性格”(情操或品德)盖指“正义”等;亚氏对儿童音乐教育注重培养“节制”和“正义”两种品德。参看本书 $1334^{a}24$;又,柏拉图:《理想国》iii 399。

② 参看柏拉图:《法律篇》654E、655B、798D;亚氏《尼伦》卷二 $1104^{b}11$ 。

③ 柏拉图:《理想国》iii 395。

④ 参看《集题》卷十九章十七 $919^{b}26$、章二十九 $920^{a}3$,说音乐(声感)能表现视觉、触觉、味觉都不能表现其性格的事物。

⑤ 色诺芬:《回忆录》iii 10,记画家巴尔拉修(Parrhasius)说绘画不能表现“灵魂中相应于性情的部分”,苏格拉底为之说明绘画亦可传神。柏拉图:《理想国》400D—401D,说除音乐之外,绘画、织绣、建筑和其他艺术也能摹拟人物的性格(情操)。亚氏此节特重声感,与之稍异。内脱耳歇伯:《希腊志》(R. L. Nettleship, Hellenica)117 页说亚里士多德估量雕塑家和建筑家对于民族性格所遗留的影响不及诗人和音乐家;综合柏拉图对话有关各章节而推求其要义,柏拉图亦偏重声感。但施密特:《古希腊的伦理》卷一 207,说希腊人心理受视觉的感应特重。

⑥ “一切人们”,包括奴隶、儿童及其他智德不足称道的人们(参看下章 $1341^{a}15$)。这一句的涵义是说图形和颜色所成画像,虽可稍有性格的反映,但为大众所容易了解,无待于高深的鉴赏。

觉印象实际上不是性格的表现，而只是性格的示意。它们描绘了处于某种情感中的人物，由是显示那个物体的情操[①]。但就以视觉方面的各种作品而言，对于鉴别这些微薄的表现或示意，就不宜教儿童观看鲍桑[②]的手笔，而应该引导他们研究波吕葛诺托[③]的图画以及其他善于摹拟情操(道德性格)的画家或雕塑家的成绩。

可是，在乐歌(作曲)方面，情况就不同了，这在基本上原是情操(道德性格)的表现。这是明显的：乐调的本性各异，听乐者聆受不同的乐调被激发不同的感应。有些曲调使人情惨志郁，例如所
1340b 谓吕第亚混合调，就以沉郁著称。另些，流于柔靡的曲调，听者往往因此心舒意缓。另一种曲调能令人神凝气和，这就是杜里调所特有的魅力；至于弗里季调则不同；听者未及终阕，就感到热忱奋发，鼓舞兴起了[④]。这里[关于乐调的辨识和选择]我们尽可遵循那

① 例如雕像或绘画只能塑造或描绘一个面临危难的“勇敢人物”，借以显示“勇敢”的意态；视象不能如音乐那样直接表现勇敢的性格。

② 鲍桑，为阿里斯多芳同时人，见他的剧本《阿卡奈人》(Acharn.)854(布吕恩：《希腊艺术家史》[Brünn, Geschichte der Gr. Künstler]卷二 49)。

③ 公元前第五世纪雅典画家波吕葛诺托，同鲍桑的艺术相异趣，另见《诗学》章二 1448a1：善恶为全人类的分界线；演员以其动作和表情扮演常人，或扮演较常人为善或较为恶的典型人物，适如画家之取其题材：波吕葛诺托的主题都是超常的善人，鲍桑所绘则为邪僻放侈之辈，而狄欧尼修(Διονύσιος)辄取材于常俗之众。《诗学》章六 1450a26，又言及波吕葛诺托和磋克雪杜(Ζεύξιδος)较量艺术高低；亚氏盛称波氏作品富于情操。亚里士多德时雅典画廊保存有波氏“马拉松大战图”，阿拿启神庙('Ανάκειον)等处的壁画亦波氏所作(赫尔曼：《希腊掌故》卷三 41)。普鲁塔克：《季蒙传》4，说波氏为雅典坛庙作画，素不取酬。参看布吕恩同上书卷二 40。

④ ἁρμονία 的意义为“结合”或“谐和”，用来说明世事，可以有多方面的专用意义。在音乐方面，这又有几个不同含义：(一)作为“乐神”，或说是诸艺神之女(欧里庇得：《梅第娅》[Medea]834)，或说是战神和爱神夫妇之女(希西沃图：《神谱》937)；乐神和代表“青春”的神女希白(῞Ηβη)为伴侣，主“洽和”。(二)“乐律”，如毕达哥拉斯的“八度音

些于音乐教育研究有素的人们[①]的先进意见,他们已经详征事实,综合了他们的乐理。

方才所说有关乐调的原理,对于各种韵律(节奏)说来,亦属适宜。有些韵律,性质比较安静;另一些则颇为动荡;动荡的韵律,又有适于俚俗和适于自由人举止之分,也就是鄙贱和高尚之分[②]。由

音程”。(三)“乐调”,如下述各乐调。(四)“曲谱”,可按乐章而歌唱的词曲。参看门罗:《古希腊乐调》(Monro, The Modes of Ancient Gr. Music)56 页。

“吕第亚混合调”(μιξολυδιστί),依普鲁塔克:《论音乐》16,引阿里斯托克色诺语,说此调出于古女诗人萨芙(Sappho)。其声苍凉抑郁,犹中国的“蒿里”、“薤露”,用于哀丧追挽。参看公元前第六至五世纪间抒情诗人普拉底那(Pratinas):《残篇》5(贝尔克编校本)。

“柔靡曲调”(τὰς μαλακωτέρως)指“伊昂调”中的低调和“吕第亚调”。参看普拉底那:《残篇》5(该《残篇》出于《雅典那俄》524F)。本书本卷章七 1342^{b}29,说吕第亚调虽幽徐,相宜于儿童教育,儿童游唱时可导以此调。

“杜里调”(ἡ Δωριστί ἁρμονία),另见于普鲁塔克:《论音乐》16,称此调“雄伟而庄严”。伪亚氏书《集题》卷十九“论音乐”,其中第四十八章“乐调”922^{b}14,说拟杜里调(ὑποδωριστί)“雄壮安定”。普拉底那:《残篇》5,说“爱奥里调”(Αἰολιστί)为伊昂乐高调和低调间的中调。此中调即亚氏书中的“拟杜里调”。希腊古哲以人生欢乐则心胸宽放,悲伤则心胸压抑,乐调悲欢即所以压放心胸。亚氏主张中道,认为世人心胸不宽不紧,习于安和,始能达成智德,所以专取杜里调。

“弗里季调”(ἡ Φριγιστί ἁρ.)为柏拉图所称赏的乐调(《理想国》399A)。亚氏认为此调过于兴奋,或入狂欢,不宜用于教育。

① 对音乐教育素有研究的人们,参看下文章七 1341^{b}27、1342^{a}30,有些是指音乐家,如达蒙(Damon)(见柏拉图:《理想国》400B、424C)等,有些是指哲学家,如柏拉图(《理想国》398D—399A 以及其他篇章已先亚氏论述各种乐调),柏拉图的及门弟子黑海岸边人赫拉克里特(普鲁塔克:《论音乐》3)。伊顿(Eaton)说也可能兼指毕达哥拉斯数论学派。参看《苏校》四版 I 596 页;《纽校》III 544 页。

② 关于韵律(节奏)(ῥυθμος)高卑之分,见《修辞》卷三章八 1408^{b}32:“在各种韵律中咏史韵律(英雄格 ὁ ἡρῷος)庄严而稍欠亲切;扬抑格(ὁ ἴαμβος)亲切如大众日常的平话,抑扬格(ὁ τροχαῖος)则趋于佻薄轻狂,四步句多用此韵律。”又,《诗学》章二十四 1450^{b}34:“咏史诗体取最稳重庄严的格律。至于抑扬体和四步扬抑体则以流利胜,其一表达人生日常情趣,另一则使人兴奋,有闻歌起舞的节拍。”(英雄格作扬抑节奏,为六步体,古诗人用以作“史诗”。继史诗之后,伊昂作家盛行抑扬格三步体,用以作“讽刺诗”。)

以上这些论证，我们阐明了音乐确实有陶冶性情的功能①。它既然具备这样的功能，就显然应该列入教育课目而教授给少年们。而且音乐教育的确适合于少年们的真趣：当年龄幼小时，儿童们都不愿②接受辛酸而引不起快乐的事物，至于音乐则在基本上就内含甜蜜而怡悦的性质③。又④，音乐的曲调和韵律令人怡悦，而且渗透灵魂；所以许多思想家把灵魂结合于乐调：有些人就直说灵魂本是一支乐调，另些人则认为灵魂内含有乐调的质素⑤。

章六　　现在，我们还须答复先前曾经慎重提到的问题⑥：教授音乐应否使儿童确实能够自行歌唱和演奏。曾否实际登场演奏，这对于人们才艺的造诣当然是一个重大的分别。从未登场的人们，虽然也有可能，毕竟很难成为那一门才艺的良好评判（鉴赏）家⑦。

① 1339^{a}14—25 举示音乐三种功能，行文至此，只详述了怡悦解倦和陶冶情性的前两种效用。音乐对于培养理智的功能迄未阐明。

② 学习须出自愿，方易收功，此旨先见于毕达哥拉斯学派（《阿里斯托克色诺残篇》22，缪勒编：《希腊历史残篇》卷二 279）。柏拉图：《理想国》536E 和伊索格拉底：《元老院辩》43，所言相似。

③ 参看《诗学》章六 1449^{b}28、1450^{b}15。

④ 依《苏校》，17—19 这句移上，承接 10 行说明韵律高卑之分。

⑤ 灵魂就是一支乐曲为毕达哥拉斯学派的说法，见《灵魂》卷一章四 407^{b}27。亚氏门弟子中，阿里斯托克色诺和迪凯亚沽（Dicaearchus）从毕说（参看蔡勒：《亚里士多德和早期漫步学派》[A. and Earlier Peripatetics]卷二 436 页）。灵魂内含有乐曲为柏拉图之说，见《斐多篇》93。两说并论可参看《论天》卷一章一 268^{a}4。

⑥ 上章 1339^{a}33—^{b}10。

⑦ “献艺”或“登场演奏”（κοινωνεῖν），异于“业余演奏”（κιθαριζεῖν）；登场者多是专业艺人。希腊习俗轻视卖艺之辈，所以卷三章十一 1282^{a}17，说艺人（作家）未必是最好的评判者而业外人士可以成为优良的鉴赏家。此处与前说相异。参看本卷章五 1339^{a}42—^{b}10。

又，应该使儿童常常有事可做；父母们为了维系儿童的心志和身手，免得他们任意毁损室内的什物，往往给他们玩阿奇太的响器[①]，这种玩具真是一项可喜的创作。孩子们都是整天不会安静的；当他们幼年时，一个响器恰就可以引动他们的注意；等到岁月既增，音乐教育便适于用作少年们的响器了。

考虑到这些情况，显然在音乐教练中，应该让少年们登场演奏。至于在发育期间各段年龄，怎样安排才为合适，怎样安排便属失当，自然不难抉择；还有，世人往往认为研习音乐而竟然实际登场，就未免类似乐工的专业而趋向下流[②]，这也是容易解释的。我们先承认使少年们参加演奏的目的只是在培养他们[对于别人演奏]的评判能力：虽然在早期应使熟习手艺，迨年岁已长，他们既能欣赏音乐，判别雅俗，就不必再行登场。然后对若干方面加以考察，让我们来答复这里所谓弄笛操琴近于玩物丧志、使人鄙俗的谴责：(一)凡希望成为良好公民而具备自由品德的少年，他们在受训时期的参加演奏应该限于怎样的程度[③]？(二)他们所须熟习的应 1341^{a}
该是哪些歌词和韵律[④]？(三)教他们演奏时应该授以哪些乐

① τὴν ᾿Αρχύτου πλαταγήν，“阿奇太的响器”：阿奇太，公元前第五世纪末塔兰顿哲学家，阿里安：《杂史》xii 15，记述他欢喜同儿童游唱。这一玩具可能是阿奇太所制作。但响器这名称，先已见于第五世纪上半叶史家，希拉尼可(Hillanicus)：《残篇》61 和费勒居特：(Pherecydes)《残篇》32(缪勒：《希腊历史残篇》卷一 53、78)。又赖、希合编：《希腊古谚》卷一 213，说创制儿童玩具响器的阿奇太是一个木匠。

② 参看上文 $1339^{b}5$—10 下文 $1341^{b}14$ 。

③ 此题先已在章二 $1337^{b}15$ 有所涉及，其答复见下文 $1341^{a}5$—17 。

④ μέλος(一)本义为歌曲，或歌曲中的一什(strain)。柏拉图：《理想图》398D，说歌曲是“文词、乐调、韵律三者的结合”。(二)在乐器而言为“音乐”(tone)。在乐音而言为数音所组成的“基本音节”和“陪衬音节”。这词在本书中除译歌词外，有时作“节拍”

器[①]——因为乐器也是有高卑之分的？我们如能辨明这些问题，也就可以解除那些谴责。某些种类的乐艺可能是工匠性的薄技[但我们必须先分别各个种类的不同效应，然后才能评论这样的问题]。

我们尽可假定少年音乐教育的安排绝对不能有碍他们成人期的事业，也不可让他们养成匠工的习性；这些习性起初既不利于体育活动，久后也无益于学术研求，到了他们应该受战士（军事）和公民（政治）训练的时候就将显见其为害[②]。音乐课程的进度要遵守这样的规则：[其一，]不要教学生们学习在职业性竞赛中所演奏的那些节目；[其二，]更不要教学生尝试近世竞赛中以怪异相炫耀的种种表演，这类表演竟被引入现行的教育课程，实属失当[③]。遵循这些规则，我们所订的课程固然不该仅仅使少年粗识某些动物[④]

(time)解，有时作“旋律”(melody)解。

这里所举歌词论题的答复见章七 $1341^{b}19$—$1342^{b}34$；但那些韵律的问题，下文未见答复。依上文章五 $1340^{b}7$，亚氏对儿童教育所选取的韵律是那些“性质较安静的韵律”。

① 乐器问题的答复见 $1341^{a}17$—$^{b}8$。

② 参看本卷章二 $1337^{b}8$—11 。

③ “赛会”行于节庆，这里当指赛会中的戏剧和音乐演奏竞赛。亚氏所拟两条规则，其一，“竞赛节目”虽非儿童所宜习，犹为竞赛中艺人和乐工所应演奏；其二，“怪诞和奇异节目”就是职业演员也不应演奏。柏拉图：《法律篇》812D—E，论儿童期三年间的音乐教育不能要求他们练习复杂的韵律和艰深的曲调。又，610A—B，说：当国者（立法家）常常要勉励诗人著作韵律、音调、词藻都属高尚庄严的诗歌，以咏叹勇敢的战士和勤于为善的人们。但当世只有斯巴达和雅典对于戏剧和音乐订有成规，以防杜淫邪。它国既无所诫限，艺人乐工往往炫其新异，表演荒诞的舞蹈、变态的乐曲，使听众放肆失态。

④ 宾达尔：《残篇》220，和柏拉图：《政治家篇》268B，都说到鸟兽亦能听乐。柏拉图：《理想国》620A 说到“鸿雁”为音乐性动物。亚氏：《动物志》卷九章五 $611^{b}27$，鹿喜听歌听笛。普鲁塔克：《会语集录》vii 5.2(702F)，说鹿、马、海豚都爱好音乐。

和几乎所有奴隶以及小儿都能领会的普通乐音为限,却也只需达到对高尚的歌词和韵律能够欣赏的程度为止。

由上述那些论点,我们也可以推断,对乐器应该选取怎样的种类。笛不该引用到儿童音乐教育中;我们还得避免那些需要高度技巧的其他乐器,例如吉柴拉琴等[①]。凡授予学生们的乐器应当是对音乐方面以及其他学术方面能够助长聪明、增进理解的乐器。又,笛声仅能激越精神而不能表现道德的品质;所以这只可吹奏于祭仪之中,借以引发从祀者的宗教感情[②];在教育方面这是不适宜的。反对儿童吹笛的另一理由是当他们使用这种乐器时就不能歌唱或言语。古代虽曾盛行吹笛,但我们的祖辈不久就禁阻少年和自由人们从事此艺[③]。古初,家家富足,饶有闲暇,人们往往要擅长多方面的才艺;波斯战争时期及战事结束以后,大家因为胜利而趾高气扬,于是力求遍及一切新鲜的学术,遂至不加选择,遽将笛管列入了音乐教育的课程。在拉栖第蒙,一位合唱队长在他的队

① αὐλὸs 为吹气发音的管乐器的通称,常译作"笛"(flute),实际上也可以是"箫"(oboe)或"笙簧"(clarionet)或"喇叭"(clarion)。希腊的管乐器多用苇梗、铜以及木材、骨、象牙等制成。

"吉柴拉"(κιθάρα),为拉丁文 cithara 和英文 guitar(琵琶)的本词,和 λύρα("吕拉")及 φόρμιγξ("福敏葛斯")同见于荷马史诗中。欧里庇得:《伊昂》881,说公元前第七世纪名乐师忒尔朋德(Terpander)时,吉柴拉为三角式的七弦琴。其后增至九弦或十一弦。古代各种竖琴制作当不甚相异。柏拉图:《理想国》339D,还说吕拉和吉柴拉都可为少年音乐教育之用。亚里士多德时吉柴拉已大异于古式,所以说不宜选取。

② 祭祀多用管乐及锣钹,见《斯特累波》466、468 页;柏拉图:《克里托篇》(Crito)54D;普鲁塔克:《会语集录》iii 7.2 等。

③ 希腊习俗,于儿童崇尚歌咏。《动物志》卷二章十六 659^{b}30 论人类唇舌独异于其他动物而擅言语;亚氏特以此为重。笛器异于弦乐,须用唇舌,所以不利于言语和歌咏。笛声高亢,亦不宜和歌。

员舞蹈时竟然亲自为他吹奏笛管①；而且在雅典，这曾经成为一时风尚，自由人几乎个个都能操弄这种乐器——试观认真经营而组成了一个乐队的司拉西浦所建立的那个碑志，其中便特地称誉[队内的笛师]埃克芳底特②。嗣后吹笛的技艺日见进步，对于乐声的审听渐精，终久能够明辨乐器的有益或无益于德性，于是大家就不再重视此艺了。好些较古的制作，有如琵克底筝、琶琵多瑟和类此仅以取悦于听众的乐器，以及七角琴、三角琴、撒琵基琴和其他各
1341^b 种专重手法的乐器，也从此为世所轻视③。古代所传关于笛管的

① 通常，希腊乐队中“笛师”(auletēs)由身分较低的乐工担任；这里“领队”(chorêgus)亲自为笛师，故举为特例。

② 埃克芳底特('Εκφαντίδηs)，依《纽校》III 555 页，为雅典早期的喜剧作家，其著作见于迈恩纳克编，《希腊喜剧残篇汇编》；这里依巴克尔英译本解释为队内的笛师。这一节掌故可能出于吕克昂学院所编：《雅典历年节日戏剧竞赛优胜乐师及其剧本目录》(Didascaliai)。

③ “琵克底”(π ηκτίs)或译“四角八弦筝”，初通行于吕第亚，相传为由萨芙引入希腊的乐器(《雅典那俄》635E)，其制同八角十二弦的“麦加第”(μάγαδιs)筝相似，都属外邦乐器，犹中国称“胡琴”。中国秦筝十二弦，汉瑟(箜篌)二十三或二十五弦；古瑟五十或二十五弦；希腊用筝或瑟传至中古亦增至三十或四十弦。

“琶琵多”(Βάρβιτοs)为一种“多弦琴”，亦自亚洲西传至希腊。这种乐器名初见于公元前第六世纪抒情诗人阿那克里翁(Anacreon)诗中(贝尔克编：《残篇》113)。

“撒琵基”(σαμβύκη)出于叙利亚，为三角形四弦琴，原名“撒琵卡”(sabkâ)(《雅典那俄》115D、633F，《斯特累波》471 页)。撒琵卡音响高锐，弹者甚少(中国四弦琴用胡名，称“琵琶”)。

七角琴(ἑπτάγωνα)、三角琴(τρίγωνα)，都是多弦古琴。三角琴另见《集题》卷十九章二十三 919^b13，弦索长短相差甚多。柏拉图：《理想国》iii 399C 说琵克底筝和三角琴多弦多调，非教育所宜。亚氏在这里批评这些古乐器和外邦乐器手法难于娴习而为益于心智者不多，所以只能由专业艺人修习，一般少年和自由公民就无须教练这类才艺。亚氏对乐器盖独重七弦竖琴(吕拉)。希腊古传，吕拉创自日神阿波罗，为乐器正宗，其声弘顺，表现中和性情，不用于哀伤狂欢的演奏。

神话,其中颇见智慧。据说,雅典妮首先创制了一支笛管,随后她又抛弃了①。照这个故事所说,她是因为吹笛时面颊鼓胀,失了她的雅致,所以不要这种乐器。但雅典妮原是主持智慧的女神,我们曾把一切学艺都归属于她;也许她所以掷笛的原因,是在笛声无补于心理操修的原因。

这样,我们就乐器及其所需的技巧而言,实在应该摒弃任何专业的训练方式。所谓职业训练,其本意就在使学徒们可以参加演奏竞赛。在公开演奏中,乐人的操作并不着意在自己身心的修养,而专心取悦于他们面前庸俗的听众②,这些听众实际上追逐着一些鄙薄的欢娱。所以我们认为登场演奏,总是佣工(乐工)的能事,不是自由人的本分③。而且演奏者自身也会在剧场中渐渐趋于俚俗。他们[为取悦听众而]从事乐艺的宗旨原来已经卑下,而听众的俚俗又往往使乐艺降格;于是艺人们为投听众的所好,就不仅淹没了自己的心志,连自己的身体也不得不按照时尚的兴趣而忸怩作态了。

章七 关于各种乐调和韵律(节奏)还有待于我们的研究;是否一切乐调和韵律都可采用抑或应该分别取舍,是否旨在教育的音乐课程可以遵循一般[乐艺的]规则,还是应该另外为之安排,这些

---

① 参看公元前第五世纪抒情诗人梅拉尼庇得(Melanippides):《残篇》2(贝尔克编校)。

② 参看柏拉图:《高尔吉亚篇》501B—502A。

③ 《形上》卷一章二 982^{b}25:自由人为自己的生存而生存,不能把自己的身心取悦他人。《修辞》卷一章九 1367^{a}31,用意略同。

问题都得加以论定。还有一个需要研究的论题是：我们见到歌词和韵律两者合起来成为音乐，那么我们就应该辨明两者在教育上各别的效应，而考察音乐的优胜处在于歌词还是在于韵律[①]。但，对于这些问题，我们相信当代好些音乐家已经有良好的论述，还有些精于音乐教育的思想家并已在乐理方面有所阐明。学者如有志深究，他们可以阅读那些著作，我们在这里只是提纲挈领，有如立法定制者对于万事总是仅仅举其大要而已。

我们依照某些哲学家的分析，把旋律区别为培养品德、鼓励行动和激发热忱的三种基本音节[②]；这些思想家还讲到乐调的性质本于这样的音节分类，每一种乐调各相符合于各别的旋律[③]。另一方面，如前已说到的[④]，我们仍然主张音乐应该兼顾几种利益，不该偏重任何单独的利益。音乐的三种利益为：其一，教育；其二，祓除情感——现在姑先引用“祓除”这一名词，等到我们讲授《诗

① 这一论题，下文未见再详。柏拉图：《法律篇》655A，曾说乐调（和声）使人性情善良，和洽相处，韵律使人举止从容，行动有序。《朴吕波》iv 20.4，说优良的韵律（节奏）有助于军事训练。

② 《诗学》章一 $1447^{a}28$ 举乐章的“音节”（旋律）三类为“品德、行动和情感”。《诗学》章十八 $1455^{b}32$，把悲剧分四种，其中亦有“品德之剧”和“情感之剧”两目。《斯特累波》15 页，说旋律三分之说出于“古哲”。以上各书所说“情感音节”即此处所说“热忱音节”。品德音节和“热忱音节”可参看章五 $1340^{a}11$—30 关于图画和雕刻表现性格和情感的说明。$1340^{a}39$—$^{b}4$ 等节所说杜里调的乐章着重在品德音节；弗里季调则着重在热忱音节（但《集题》卷十九 $922^{b}12$，曾说及“拟弗里季调”合于“行动音节”）。农夫田间的劳歌，桡手划船的呼应，都以行动音节为基调（菲洛德谟：《音乐》iv 8.6）。号角之声鼓励行进及战斗（阿里安：《杂史》ii 44）。斯巴达尚武，其曲谱和诗歌多取行动音节（普鲁塔克：《拉根尼制度》14）。

③ 原文为 μὲρος，“部分”，从吐力脱（Tyrwhitt，1730—1786）等校改为 μὲλος，“音节（旋律）”。

④ 见章五 $1339^{b}11$—20。

学》的时候再行详解[①];——其三,操修心灵,操修心灵又与憩息和消释疲倦相关联[②]。所以各种乐调显然都可采用,但为了各尽其 **1342^{a}**
利,在不同情况中当然应该各择所宜。如果目的在于教育便当选取最优良的培养品德诸乐调[③];如果听取他人的演奏,就可列入行动乐调和热忱乐调这类节目。怜悯、恐惧、热忱这类情感对有些人的心灵感应特别敏锐的,对一般人也必有同感,只是或强或弱,程度不等而已。其中某些人尤其易于激起宗教灵感。我们可以看到这些人每每被祭颂音节所激动,当他们倾听兴奋神魂的歌咏时,就如醉似狂,不能自已[④],几而苏醒,回复安静,好像服了一帖药剂,顿然消除了他的病患[⑤][用相应的乐调]也可以在另一些特别容易感受恐惧和怜悯情绪或其他任何情绪的人们,引致同样的效果;而

① κάθαρσις 或译"引发情感"(release of emotion),或译"祓除情感"(purgation):如引泻之药,可消除腹中积食,宗教音乐可引发情感而祓除心中沉郁,以上两种译法似异而相通。参看 $1341^{a}24$ 及下文 $1342^{a}15$。我们现有的《诗学》未见这词的详解。蔡勒:《希腊哲学》卷二 2.107 说,《诗学》的现存抄本,不仅残缺,并经窜改;许多应有的论题,都已佚失。

② 此节所举音乐三利益,(甲)教育,(乙)祓除情感,(丙)操修心灵,和章五所举三种效用:(一)怡悦,(二)陶情,(三)培养理智有异。(甲)教育同于(二)陶情,即训练品德。(一)怡悦和(三)培养理智并于(丙),两者在章三 $1337^{b}36$—$1338^{a}3$,亦联带叙述。这里增加了有关宗教感情的(乙)目,此目仍同品德或情操相关。

③ "培德诸乐调"是(一)本卷屡经列举的杜里调、(二)拟杜里调(《集题》卷十九 $922^{b}14$)和(三)精于音乐教育者所论述的乐调(本章下文 31 行)。

④ $1342^{a}9$ 行"当……似狂"分句,《苏校》四版 I 640,揣为边注,加括弧。《纽校》III 563—565 页,说"祭颂音节"不尽是"兴奋神魂的音节",这一分句当属正文,不是"祭颂音节"的注释。

⑤ 参看柏拉图《理想国》560D;《斯特累波》418 页;普鲁塔克:《会语集录》vi 7.2。关于诗歌的激发和祓除作用,详见布彻尔:《亚里士多德的诗学和美术理论》(Butcher, A's Theory of Poetry and Fine Arts)。

对其余的人，依各人感应程度的强弱，实际上也一定发生相符的影响：于是，所有的人们全都由音乐激发情感，各各在某种程度上袚除了沉郁而继以普遍的怡悦。所以这些意在消释积悃的祭颂音节实际上给与我们大家以纯正无邪的快乐。

因此，这些乐调和音节在音乐竞赛中可以为一切登场艺人所采取。但听众有两类：一类为自由而夙有教化的人们，另一类为工匠、佣工等普通的俚俗听众。竞赛和观摩演奏不但应该让第一类听众入场，对于第二类听众也应该一律开放，他们正需要借以息劳解倦。这类听众的灵魂因困于劳作而丧失自然，他们就欢喜倾听偏异的乐调和缓急失常而着色过度的音节①。人们凡是趣味相投，便觉兴致洋溢，以为无上欢乐；所以当艺人献技于低级听众之前，就应当允许他们演奏性质较低而合于俚俗的词曲。

就教育而论，则如刚才所说②，选择歌词和乐调应当以培养品德为主。我们曾经说明③，杜里调为培养品德的乐调之一种，但我们也该兼收那些于哲学和音乐教育都有研究的思想家所论述的其他乐调。在《理想国》中④，苏格拉底在杜里调外只选取弗里季调是错误
1342b 的；他在先既反对笛声，后来又存录弗里季调，则他的谬误尤为可

① “偏异的乐调”或“变调”（曾见卷四 1290a24）是急管哀弦，过高过低的乐调，当指吕第亚混合调、吕第亚急调和慢调、伊昂低调等。“着色”音乐，是全音程的变异；“过度着色”是半音阶（chromatic）和四分之一音程（enharmonic）的变异。

② 1342a2。

③ 1340b3。

④ 见柏拉图：《理想国》iii 399。此节批评柏拉图的音乐教育理论同卷五末第十二章 1316a1 以下各节批评柏拉图的政治理论相似，和原卷上下文不相切合。《纽校》（I 519、III 569）揣拟这些文字本为亚氏批评《理想国》的若干片断，《政治学》这书的编订者检到了这些断片，按其内容分别保存在这两卷之末。

异。弗里季调之于其他乐调恰恰犹如笛管之于其他乐器；两者都以凄楚激越、动人情感著称。这可以诗体为证。巴契亚(βακχεία，酒神热狂)以及类此的情感冲动[入于诗篇而谱于乐章者，]只有和以笛管最为谐合，如果用其他乐器，便觉失其自然。就乐调说，也与此相似，弗里季调中的音节最能表达这类热狂心境。第茜朗布(“热狂诗体”)[①]，通常都知道它同弗里季调的音节相适应，可举以作为一个实例。精于乐艺的名家可以引证许多掌故和篇章来说明热狂诗体的性质。在这些掌故中，有如菲洛克色诺就曾拟以杜里调为谱，填制一篇题名《米苏人们》的热狂诗章[②]，他终究没有成功；后来他不得不仍旧沿用弗里季调来编写。一般公认杜里调最为庄重，特别适于表现勇毅的性情。又，我们都认为万事都是过犹不及，我们应该遵循两个极端之间的“中庸之道”。杜里调正是诸调间的中调[③]。所以，在少年们的音乐教育中应用杜里调的音节和歌词[④]最为相宜。

① 狂欢或热狂诗体(διθύραμβος)，词源已失考；或谓原系酒神狄欧尼修的别名，所以后世把它作为他的祝祭诗章的名称。这种诗体初起于杜里族作家。《希罗多德》i 23，说“首创于抒情诗人阿里昂”(Arion，盛年公元前624年)。其后引入雅典，在酒神节歌此乐章，亦为舞曲，遂专用此诗体，谱于弗里季调；既音乐放荡，复和以笛管，载歌载舞以逞时众轻狂之情。柏拉图：《法律篇》700A—B，古时乐章和诗体分类，其一为祭神所作“祈颂歌曲”(hymus)，另一为悲逝吊丧所作“哀伤歌曲”(lamentations)；又一为“清愉歌曲”(paeans)；又一为“狂欢歌曲”(dithrambs)，此诗体专以庆祝酒神的诞生；又一为法式正体，即“弦诵歌曲”(citharoedics)。

② ΓΠ 抄本 τοὺς μύθους(“故事”或“传奇”)，施奈德校作 τοὺς Μισούς(《米苏人们》)，为一诗篇题名。米苏人以孱弱著称于古代；埃斯契卢和索福克里都曾根据戴勒夫(Telephus)所传述的故事编有题名为《米苏人们》(Mysians)的剧本。据此校订则菲洛克色诺又有同此题名的诗篇。近代各本多从施校。

③ 参看章五 1340^a40—$^b4$。

④ 本章 1341^b37—41 举音乐三利益，行文至此，已涉其二，而对第三种利益即操修理智，迄未详细说明(参看章五 1340^b13 注)。

人们如欲有所作为，必须注意两项标的——可能标的和适当标的；人们努力以赴各自的标的，尤应注意这些标的的可能性和适当性确实与本人的情况相符合①。就音乐而言，这些情况随人的年龄而相异。年老气衰便难再唱高音乐调，他就只能低吟较轻柔的词曲。苏格拉底认为轻舒柔靡的软调使人如入醉乡②，不宜用作教育；但饮酒陶醉，其始兴奋，而随后则使人不胜困疲，所以有些音乐家批评他的比拟为不伦，认为苏格拉底立说有误。我们应该想到年华荏苒，人生终必衰老，那时就愿有低柔的乐调和音节了；而且这类乐调和旋律也正须应用于少年时代的音乐教育。对于儿童们，凡内含有益的教训并可培养秩序③的曲调就应该一律教授；而吕第亚调则两者兼胜，尤为相宜。这样，音乐教育显然应该要求符合三项标准——中庸标准、可能标准和适当标准④⑤。

① 13—34 行所说老人唱歌以及“轻舒柔靡的软调”亦可采用于教育两事，同上文 1339^b9、1340^b2、1340^b35—1341^a9 所持论点不符，《苏校》加括弧。

② 见柏拉图：《理想国》iii 398E。

③ “秩序”(κόσμον)，这里或译“美感”。

④ 中庸标准当取杜里调。可能标准是说老人仅能低唱柔调，少年可兼习高音和低音乐调。适当标准则拟吕第亚调有所兼胜，对少年特别适当。

⑤ 本卷和全书在这里终止，显然尚未完稿。就全书而论，我们当希望在叙述公民们的早年教育而后，论及其中晚年的公民生活和私人生活，以及其他已在前面各卷中预拟“另详”的各题。就本卷而论，以教育专题为限，也应该有关于体育和理智各门课程的说明，但本卷至此仅及音乐一门。罗斯著《亚里士多德》(D. Ross, Aristotle)，1956年五版，viii 269 页：《政治学》这书，“不但关于教育的讨论未曾完篇，亚氏理想国的其他好多事情也付之缺如。……是否他的想像力有所不足，或讲稿遗失了一部分，我们现在无可考明；也许他像柏拉图一样，认为具备了良好的教育，城邦所需其他种种就会跟着实现”。

附录一　本书章节摘要

卷一　论家庭

（壹）　章一至二：人类团体绪论

章　一　人类各种团体各有其目的，其组成和治理的方式亦各异。政治团体在于实现善业，具有最高尚的目的。

章　二　由分析和溯源的研究方法，列叙家庭、村坊的依次发展而成为城邦。城邦之为政治团体不仅使人类可得更广泛的经济自给，而且使他们能够进而向往优良的道德生活。人类在本性上为一种政治动物。依目的而论，城邦既先于家庭，先于个人，应当是人生自然意旨的实现。

（贰）　章三至十三：家庭及其组成

章　三　城邦源始于家庭。家庭的组成本于主奴、夫妇、父子三伦。家务管理主要在于治产。

章　四　论奴隶：各家应用来治理家务的工具或有生命或无生命：家庭包括这两类工具。奴隶为有生命的工具，用供役使。

章　五　自然万物常有主从之别，例如魂为身主，身为魂从。凡仅备体力而缺乏理智的人们应当为富于理智者的“自然奴隶”。但世事有时反乎自然常例，主人的身体和理智未必都胜过奴隶。

章　六　“强迫奴隶”（“法定奴隶”）出于人类社会的积习，或以为顺或以为悖，世人没有一致的意见。至于由身心优劣之别而“自然”成立的主奴相从关系，则可以相互为助而两得其利，这是合乎道义的。

章　七　主奴关系异乎自由人间的统治，怎样待遇奴隶并教导他从事杂役，身为主人者不难习知，无须详言。

章　八　论财产和获得财产的各种技术：自然为人类预设生活所需的物品；家主由狩猎、畜牧、农耕等方式各从自然间求得所需，以供应家庭，都是合乎自然的经济生活。各家所需都有限度，所以真实的财富（产业）也应有限度。

章　九　由物物交换的原始贸易产生了作为中介的货币。由货币的流通，社会发展了商业和放债这类致富技术。货币原非生活所需的真正财富；不同于为家庭获得必需品的各种有限产业，经商和放债，无限度地聚敛金钱，不合自然。

章　十　凭治产技术，获得了家庭所需以后，家务管理就在安排这些供应作适当消费，俾全家可得适当生活。遵循营生的目的，家主应以合乎自然的经营、即农牧为重。为财货而求财货，放债取息乃是社会最恶劣的经济活动。

章十一　获得财产各种方式的类别及其实际的研究。垄断获取暴利的若干实例。

章十二　论夫妇和父子，并通论治家要道：以国喻家，夫妇关系类似政治家的治理其自由人民，父子关系类似君王的统治其臣民。

章十三　家务管理重在培养善德，其目的在使全家的人都达成善德。主从的道德标准相异，为主为夫为父同为奴为妻为子女各有其所善。奴隶虽无理智，却异乎力畜而能感应理智，主人也应该以善德教导奴隶；至于自由从属，如妇孺的教育问题当待以后另论（卷七章十六至十七）。

卷二　论理想城邦和优良城邦

（壹）　章一至八：理想城邦

章　一　评柏拉图《理想国》中的政治理想：参加政治团体的人们必有所共通。柏拉图主张废弃家庭和私产，使一切财物和妻子完全归公。

章　二　论妻子公育：柏拉图所持的目的在祛私尚公，力求城邦的划一。但自然万物因分化而得发展；城邦中不同分子各作不同贡献，因而能够彼此趋于自足，过分划一的城邦将无以自给。

章　三　柏拉图用以达成这种统一目的的手段亦属谬误。人类的私心不会因废除了私产制度便跟着消失，公产团体中将发生更多的财物纠纷。至于妻子公育使人人都成为公父和公子，并无真正的亲爱。人各求其所肖，嗣续的愿望出于生物本性，政治法度终究不能毁灭自然本性。

章　四　妻子公育的理想在实施的细节上更可引起种种困难；如果父子兄弟真是不相认识，则人情将薄如淡水，而悖伦的罪行也将无以别于普通的罪行。柏拉图所拟阶级转换等手续都是不切实际的。

章　五　论财产公有：财产的管有和应用两都归公不如私有而共同应用为合宜；财产私管可以得到比较认真的经营，而物资互济可培养人们博施的善心。人间因财物而起的罪行，其根源在人类的恶性；公产既不能消除人类恶性，也不能整齐群众意志，惟有凭教育消除人类恶性，然后城邦可期统一。

章　六　评柏拉图《法律篇》中的政治理想：这里所拟的理想城邦比较接近实际而地域较大。他不再提倡妻子和财物的归公；但仍有所谬误：他所拟的均产条例，忽略了各家财产的定额和人口增殖的限制。他所拟的共和体制，对于城邦各要素没有作适当调整；所拟选举的方式含有寡头偏向。

章　七　评法勒亚的法制：法勒亚法制的要旨在平均地产。均产须限制人口增殖，并先订定每户的适当资产额。要使人民去恶向善，以法制维持其财产定额，毋宁以教育提高其道德标准。法勒亚法制过度重视物质因素。

章　八　评希朴达摩的法制:希朴达摩的法制一切尚“三”,人民分三级,土地分三部,律例分三科。希氏另外还拟有若干新律,如奖励创制等。奖励创制,势将促进变革。过时而失效的律例应当废弃,但礼法都有本源,不宜轻率更张。

(贰)　章九至十二:政治较为修明的现世各城邦

章　九　论斯巴达政体:从事公务的人们(统治阶级)须有闲暇,奴隶制度所以保证公民的闲暇:斯巴达由赫卢太(农奴)从事耕作,所以大家能参加公务,致力征战。斯巴达妇女奢纵,财富集于少数人之手。监察院、长老院、二王制、会餐规定,也各有可疵议之处。斯巴达以尚武为立法宗旨,其后果不良。财政亦陷于困乏。

章　十　论克里特式政体:克里特岛各城邦的政体同斯巴达相似,而较斯巴达为原始。会餐制度优于斯巴达,监察制度则较差。克里特统治集团狭隘而多党派,常常起内讧;惟该岛孤悬大海,自古少外患,因此长时期中能免于大难。

章十一　论迦太基政体:迦太基政体同斯巴达相似而有很多优点。其制基于贵族政体而兼有平民和寡头因素。其缺憾之大者则在过重财富;名位可以贿求,官吏贪污成风，而且多兼职。常常迁移贫民到拓殖地区，使能致富，所以国内颇为平安。

章十二　在前代立法家中，为雅典创制的梭伦可称贤达，他怀有民主抱负，完成一代新政，而能保全旧德，不弃良规。

论述法家渊源。有关若干立法家的札记。

卷三　公民和政体理论

（壹）　章一至五：论公民

章　一　城邦既为公民的集团，我们就应该先了解公民的本质。居住权利和诉讼权利，或公民的后裔，都不足以构成公民身分；政治权利才是公民资格的真正条件。在平民政体中，“凡属公民就终身具有参加议事、司法和行政机构的权利”。就一般政体而言，“凡属公民”在一定时期内可参加司法和议事机构。

章　二　依照常规，双亲都是公民的后裔方才可以成为公民。在一度革命以后，有许多人能够入籍为新公民，这些新公民虽非世族，但照上述定义，他既获得政治权利，就在实际上已是一位公民了。

章　三　有人说因革命政府的这种籍法而成为新公民的人不能算是城邦的真正公民。因此，我们就该辩证城邦的同一性。人们不以城墙认取城邦，也不以其中所住的种族认取城邦。城邦是一个组合物，人们凭它的组合方式承认它为一个组合物，这也应当从它的组合方式、即政治体系来认识城邦的同一性。

章　四　另一个应该辩证的问题是："好公民的品德是否同于善人的品德?"不同政体各有不同宗旨，各各需要与其宗旨相符的好公民。虽在理想城邦中，相异的政治机能也得具有不同的善德，而举世的善人，其善德却属相同。所以好公民不必都是善人。惟有理想城邦而其所拟政制又属轮番为治的体系，其中公民必须兼具统治者和被统治者的品德，人人都要具备四善德：在这里好公民便同于善人。

章　五　艺匠和劳工虽为城邦所必需，他们却并不具备好公民所应有的善德，不应登籍而为公民。但不同的政体往往作不同的登籍法，贵族政体照例不许工匠为公民，寡头政体则富有的工匠可以登籍。至于平民城邦要是户口减少而国家需要兵士，往往放宽登籍法，收纳工匠。

(贰)　章六至八：论政体，并列述其类别

章　六　政体凭(1)其所立的宗旨及(2)其政权的形态而分类。(1)就宗旨而言，凡顾及全邦人民的共同利益而为之图谋优良生活者列为正宗政体；反之，仅图统治阶级的利益者为变态政体。

章　七　(2)就政权的形态而言，正宗政体可依统治者的为一人、为少数人或为多数人而分作君主(王制)、贵族和

共和政体三个类型,变态政体则相应地分作僭主、寡头和平民政体三个类型。

章　八　可是政权分类的实际不仅在执政者的人数,由资产多少而分化的社会阶级才是政权的基础:寡头政体实在是富室的统治而平民政体则为穷人的统治。其人数的为少为多只是阶级区别的属性,不是阶级区别的本质。

(叁)　章九至十三:公民资格和政治权利的分配——寡头和平民政体建置的原则

章　九　各种政体各持有不同的正义观念:平民主义者认为人们出身相等(同为自由人),便应一切权利都相等。寡头主义者认为人们财富不等,便应一切权利都不相等。城邦的目的不仅求人类的生存,而且要实现共同的优良生活,必须是对这种目的有所贡献,依照所贡献的轻重,分配给相应的权利。血统(出身)或财富虽都是城邦生存所需要,总不能单独取其一端来实现全邦的优良生活,要是各各作为正义的惟一依据,实属偏见。

章　十　城邦的最高治权究应寄托于平民群众或少数富室或少数贵族或最优胜的一人或僭主,殊难确定。如果说最高治权不应寄托于任何人或若干人而只应寄托于法律,这也难以作为定论。

章十一　有人说才德有高卑,政事应该付托给少数俊才硕德或惟一卓异的人物，不宜寄托于平常的众人。但群众就各别而论虽多属寻常，就集体而论，判断能力便不弱于专家，其财产也当不减于富室，使群众参与议事和司法机构获益尤多，所以多数之治是可取的。但无论哪一种型式的统治都当遵循法律，凡掌握治权的人们，只应对法律所未及的事项，运用个人的智虑。

章十二　政治道德特重正义。正义依“公平”原则，把等量事物分配于相等的人们。政治权利的分配标准当以对于该团体的实际贡献（功绩）为衡：每一公民尽多少义务就取得多少权利。

章十三　财富、出身、才德和集体多数四者并存于城邦之中，各自按其对于城邦的贡献而争取作为享受政治权利的标准。如果依据平民主义，则理应驱除才德优胜的人们，以维护多数统治，“放逐律”可视为一种适当的政策。如果依据才德标准，则国内有出类拔萃的圣贤，就该奉为君王。

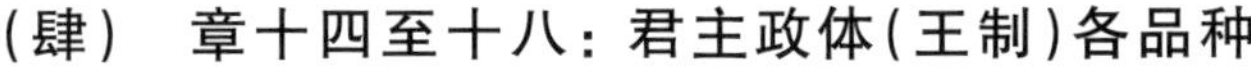

（肆）　章十四至十八：君主政体（王制）各品种

章十四　王制有五种：(1)斯巴达式，(2)野蛮民族的酋王，(3)民选总裁，(4)史诗时代的王制，(5)全权君主。

章十五　深究王制的末一种，这里存在“人治还是法治”的问题。两者各有所胜：人治能随机应付世事的万变而法治可免于人情的偏徇。但一般政体总该遵循法律，就君主而论也应有宪法作为规范，全权君主不是良策。说法律是固定的条文，必不可能概括万机，为政须由人智熟筹法律所未周详的事件；但由一人独断也未必优于由多数人共虑。王制行于古代较简朴的社会，到了今世这已经是不合适的了。

章十六　有人说专精的技艺可成就较高的作品，君王专精治道，可以造福人民。这样的譬喻未必切当；全权君主以一人总理万机，既难免没有失误，而其人执政终身，使一国自由的众人终身处于臣属地位，总非相宜。且世袭的后王往往无能或失德，这就不免于为害全邦。

章十七　如果世上某处竟然出生绝伦的超人，这才可付以君主的全权，让他终身在位。

章十八　进一步当研究如何可以构成一个良好的政体。造就一个善人同构成一个良好政体的方法应属相同；两者的宗旨都在优良生活。

卷四　现实政体的类别

（壹）　章一至二：绪论

章　一　政治学应研究理想政体，兼及现实问题，例如：在现实条件下什么是可以做到的最优良政体；什么是大多数城邦可能施行的最优良政体；怎样保全现实各政体；各政体中较重要的如平民和寡头两类型又有哪些类别。

政治学研究政体也研究法律。

章　二　除君主政体和贵族政体而外，我们当继续论列正宗的共和政体和变态的平民、寡头、僭主四类型，说明其种类并分析怎样的公民团体适宜于怎样的形式，以及各种形式怎样可以构成和怎样而归堕毁，又怎样可以保全。

（贰）　章三至十：平民、寡头和共和政体的各种类

章　三　各政体的类别起因于组成城邦的各部分，例如平民群众和贵要部分的差异。城邦各种政治职司可作若干不同的安排，也就可以有若干不同的政体。有人说各政体只有平民和寡头两类型，其余都是两类型的间体，这个说法虽很概括而实不确当。

章　四　平民政体为多数穷人的统治，寡头政体为少数富有者的统治。动物依各种器官的差异及其组合方式的分析而为之类别，我们也当研究各该城邦的社会组成以及各该政体的统治结构和各项职司的安排而说明两类政体的所有各种形式。由这样的分析，显见平民政体有五种，挨次而至末一种极端平民政体，群众意志凌驾于一切职司和法律之上，这就逾越宪政常规，而类似僭政了。

章　五　相似地，寡头政体也有四种，最恶劣的末一种是“门阀政治”，执政党派既极狭隘，名位竟由世袭，而且权

力超越法律，它也类似僭政。

章　六　依社会情况的某一方面——例如国内公民的从政闲暇——而论，平民政体可另行分析为“农业”性质的一种和其他三种。寡头政体，如果以各种职司所要求的财产资格而论，也可另行分析为四个品种。

章　七　贵族政体的纯种应该是以才德为主的政体；其余三种混有其他要素，都迹近于共和政体。

章　八　共和政体本来是平民和寡头两者的混合。一般人往往以混合政体的倾向于平民主义者为“共和”，而以其倾向于寡头者为“贵族”政体。由是共和与贵族两词往往相混淆。为使两词名实分明，我们以包容自由出身的平民、富室和才德之士三者而重视才德的混合政体为“贵族”，而以仅须兼顾自由出身和财富两要素的混合政体为“共和”。

章　九　混合平民和富室因素以建立共和政体可以有三种不同方式。(1)合并平民和寡头两个体系，(2)两者的折中，(3)在两政体中各取某些性质而加以混合。凡混合而能使人分辨不出其为平民或为寡头者可算是成功的共和，斯巴达混合政体是一个例子。

章　十　在僭主政体三种中，其施行于非希腊民族的君主政体（王制）和施行于希腊古代的民选总裁，这两者曾作为王制的两种，分别说明于前（卷三章十四）。其第三种为僭主政体本式：僭主专断全邦而万事完全以一己私利为依归。

（叁） 章十一至十三：适宜于一般城邦的政体以及各种公民团体所可采择的各种政体

章十一　为政应尚中庸，以中产者为主的共和政体介于贫富之间，可以协调两阶级的争端，较为稳定而适宜于一般城邦。但自古以来，中产者既为数不多，又不奔竞于政治权力，而斯巴达和雅典两大邦却分别鼓励其邻国使各趋平民和寡头两个极端，于是共和之治在希腊就少见到了。

章十二　混合政体须求质量间的平衡。要是国内尚数的平民已强于尚质的富室，则势必树立平民政体，反之则势必树立寡头政体。倘使中产阶级的势力超过贫民和富室、即数和质的联合势力，或者仅仅超过两者之一，就可树立共和政体。平民和寡头政府的立法家如能在其所建质数偏胜、即阶级偏向的政体中，重视中产者的作用，一定有裨于实际。

伪善徒然引致祸害，少数人为治的政体，使人民受到虚文的欺骗而无实权，这是不足取的。

章十三　寡头政体欺骗贫民群众的方法有五。平民政体也有相应的欺骗富室的方法。但欺骗不如诚实，偏胜不如协调。一国公民团体的编组相符于武装部队的编组。欺骗方法总不能使人为国宣劳、献身效命。顺便述及古来军队成分的变迁对于希腊政体发展的影响。

（肆） 章十四至十六：各种政体对议事、行政、审判三机能应该各有与之相适应的机构

章十四　城邦都有议事、行政、审判（司法）三机能。构成议事机能的方式，(1)全体公民合议一切事情，(2)部分公民合议一切事情，(3)全体公民合议部分事情而部分公民合议另一些事情，相应地成为，（一）平民，（二）寡头和贵族，（三）共和方式。在实施时，三方式又可以各有若干不同安排以适应各类型政体的各个品种。

章十五　就行政机构而言，各职司的种类为数或多或少，权限或轻或重，任期或长或短，授任方式或为选举或为拈阄，各有若干不同方式，各种政体应当各自选择与其建国宗旨相符合的安排。

章十六　审判机构，即法庭，依案件性质和审判程序而为区别，分列八类。组织法庭有三种重要方式，各种政体也各有与之最相符合的安排。

卷五　政变和革命

（壹） 章一至四：变革的一般原因

章　一　一般城邦都以一偏的正义与平等观念作为建政原则；邦内持有相异观念的各部分（党派）就企图推翻这种政权，这是引起政变和革命的一般原因。政变

有时把旧政体完全颠覆，有时只作某些局部改革。

平民主义者以（自由身分）数量论平等，寡头主义者以（财产）数额论平等，各有所偏，都不能免于内讧，但平民政体常常较寡头政体为稳定。

章　二　从三方面分别叙述变革的一般原因：（1）一般的心理状态，（2）革命者的企图，以及（3）事变发生的动机。

章　三　分析触发革命的动机为两类，叙述十一种事例。

章　四　事变常常由于微小的疏忽，而贻巨大的后患，私人的琐事往往牵动了大局。在一邦以内，（1）或某些职司权力过重，或某些部分过度兴旺，或（2）贫富两都强盛，旗鼓相当而无中产阶级为之缓冲，终必爆发政变或革命。革命活动多采用暴力和欺诈。

（贰）　章五至十二：各种政体发生变革的各别原因及其相应的救治方法

章　五　平民政体常常因群众领袖所持侵害富室的政策而引起变革，或激成富室的反动，或群众领袖乘机而自立为僭主。

政治活动家每每竞求扩大群众权力以取媚平民，于是平民政体由温和的旧类型，转变而为近代的极端类型了。

章　六　寡头政体的变革常常起因于政府虐待群众，或统治集团的内部倾轧。有时社会财富增殖，具有任官资格的人数日增，统治集团的组成既已变更，跟着也就发生政体的变更。

章　七　在贵族政体中，如果统治集团的门户过于狭隘，常常引致内讧和变革。

贵族和共和政体本来都是混合政体，要是所混合的丧失平衡，都将导致内讧。

贵族政体常因小节而酿成大祸；共和政体也常常积渐而归败坏。

一切政体都可能被外寇所倾覆，或因外患而引起内变。

章　八　平民、寡头、贵族、共和政体所由维持和保全的方法：整饬法纪，防微杜渐；讲求忠信，协和全邦；时常警惕寇敌，团结人民；慎重名位，赏罚有节，注意邦内不逞之徒，伺察社会，勿让某一部分过度兴旺。还应该禁绝官吏的贪污。

平民政体应顾全富室，寡头政体应济助贫户。

章　九　继续叙述保全各政体的方法：执政人员当忠忱而有才德，并守法不苟。任何政体都应当求得大多数公民的拥护，才能稳定。一切措施都不可趋于极端，惟有中庸之道始能持久。教育人民使其生活思想和日常行为符合于宪法要旨；世人对于公民教育往往疏忽，极端平民政体尤其轻率，鼓励“随心所欲”的自由。

章　十　君主（一长）政体（王制和僭政）的变革和保全：凌辱、恐惧、鄙薄、野心都可激起人们推翻君主。僭政的倾覆或因遭受敌邦攻击,或由本国的内乱。僭主专务私利,甚于寡头和平民政体的劣种,往往被民众所仇恨、所厌弃。王制和贵族政体相似,目的在领导社会发展,监护各部分的利益,所以为时较为长久。但现今盛倡平等,王制很少能够保存;近代所见的君主政体都是以武力篡夺国柄的僭政。

章十一　保全王室有赖于谦恭温和。保全僭主有两种政策,其一采取和极端平民政体相类似的高压政策,以严刑摧残人民的意志,以重课耗竭他们的余资,并散布不和的种子使人民互相猜疑。另一种政策为伪装王制,勉自克制,粉饰为仁政,由此稍延其命运。

章十二　但专制总是无法持久的,古来僭主都命运短暂。评述柏拉图《理想国》中若干有关变革的论说。

卷六　建立较为稳定的平民和寡头政体的方法

(壹)　章一至五:建立平民政体的方法

章　一　平民政体的各品种由(1)性质不同的各种人民及(2)各种民主机能和职司的不同组合分别构成。

章　二　平民政体以自由为宗旨。对于政事应轮番参加,对生活要求"随心所欲"。行政、司法和议事三机能的安排,就须各各符合这种自由宗旨。议事和审判职权公开于全体公民、选任多用抽签、开会须给予津贴和官吏任期必然短促等，都是平民政体机构的特征。

章 三 平民主义以最高权力寄托于人数，寡头主义则寄托于财富。依这些原则所建立的最高权力倘使凌驾法律之上，都可能行施不义。良好的机构应该包含两个原则，使执掌最高治权的团体，既多于人数，又富于资财。

章 四 由性质不同的四种人民所建成的平民政体，(1)以农业式为最佳；在这种平民政体中，资产较多和较少各阶级的利益可保持平衡。这种政体自当采取促进农业发展的政策。(2)其次为牧业式；(3)又次为工商式；(4)最后还有全体式的极端平民制度，承认任何男子均得入籍为公民并受任为职官。

章 五 创制匪易，守成更难。就平民政体而言，如果要长治久安应取温和的中庸之道，毋需以没收财产和加重捐课的政策驱除富室；开会津贴亦宜有适当限度。另一方面又当注意贫困的人民由富室和公众共同给予济助，使之各遂生计。

(贰) 章六至八：建立寡头政体的方法

章 六 最好的一种寡头政体相应于农业式平民政体，任官的财产资格不高。挨次至末一种寡头政体，财产资格订得特别高，相应于极端平民政体的完全依仗人数，这就单独着重财富，其为治必难稳定。

章 七 军事组织对于寡头机构影响特别重大。骑兵利于寡头政体；反之，轻装步兵和海军利于平民政体。寡头政体如能广开门户，使群众也有参政的机会，可以较为稳定。

凡出任显官高位应当各有所贡献于社会；如果渎职营利，必致倾覆。

章　八　一般政体都应慎重建立各种职司。

列叙一切城邦所应设置的重要职司，以及某些城邦所应特设的职司。

卷七　政治理想和教育原则

（壹）　章一至三：政治理想：至善和幸福生活

章　一　世有三善，身外诸善，身体诸善，灵魂诸善。幸福生活重在灵魂诸善：城邦和个人相同，应各修四德（智、勇、礼、义）庶几可得真正的快乐。配备身外诸善（衣食所需）和身体诸善，而能勤修灵魂诸善，达成善业，这就是最优良的生活。

章　二　以善业为最优良的生活，无论城邦和个人，究应以内修为重，还是以外行为重？就城邦而言，或尚武功，用其权威于国外，或重内政，专修文治。斯巴达等邦素以勇德著闻；但假借武力，干人自由，奴役邻邦，终非正义的举动。

章　三　就个人而言，贤哲之士或主张入世从政，以求有为，或主张隐避自适，以乐无为。就一般解释，人非猛兽鸷鸟，应该乐于群居而参加社会政治的活动；而沉思默想的静修功夫，有如城邦的专重文治，仍然是人生的一种积极活动。

（贰） 章四至十二：理想城邦的轮廓

章　四　人口：一国人口太少则不足自给，太多则难于维持秩序。城邦重在实际的编成，一个繁庶城邦未必就是一个伟大城邦。理想城邦的适中人口限度乃是观察所能周遍而又足以达成优良生活的自给的数额。

章　五　疆域：国境不可太小也不求太大，也当以观察所能周遍又足保证公民们宽裕而不失节制的闲暇生活为度。

择地建置应当注意山川形势，利于防御；城市的位置，在经济和军事上，都适合于成为四乡的聚散中心。

章　六　国多海港，其弊在于商旅杂处，异族习俗不同，往往污染本邦的礼法。然海上交通既大有利于物资供应，在军事上更便于攻防；谋国者需要建立适当的海军，并管理国际商业，勿使作损己利人的贸易。

章　七　民族赋性：考察人类所居住的世界中各民族的禀性，北方各族精神健旺而缺乏理解，亚洲各族多擅长机巧而精神卑弱。惟有希腊各种姓兼备两者的品质，理想城邦所求的公民品质正是希腊族的优良禀性。

章　八　社会结构：理想城邦，（甲）须有某些“条件”作为经济配备,(乙)须有若干组成"部分",凭以建立军政体系,综合这些"条件"和"部分",应有六种业务:(甲)(一)农业、(二)工艺、(乙)(三)防卫、(四)田产管理、(五)祭祀和(六)议事及审判的政治业务。

章　九　从事农业和工艺者终身勤劳,无暇从政,所以应当由非公民来担负粮食和日用必需品的生产业务。防卫、祭祀和政务当然是公民的业务,这三种业务或由几组人分任,或全都兼任;最适当的安排是由青壮公民担任战斗,中年转任议事和审判,老迈则司神职。田产管理应当成为每一公民的分内业务(不应像柏拉图的理想国那样剥夺公民的份地)。

章　十　依据不同业务作成阶级区别的社会体制先见于埃及和克里特。克里特和意大利都早已有会餐制度。许多制度在历史上常常早已经过不同民族,在不同时期,一再创制,一再亡失。

全国的土地分配应以一部分为公田,供给会餐和祭祀之用,其余分归私有,使每一公民各得近城和边远地区两份田亩。所有公私的农田都由奴隶或农奴从事耕作。

章十一　邦内中央城市的规划,(1)首重居民的健康,应当研究其位置,使轩敞当风,空气新鲜,而有充足的水源。(2)挨次而论及防御工程、设计碉堡城垣。(3)又次而考虑政治活动的便利,布置庙宇、廨舍、商市、住宅。(4)一切建筑也应讲求美观。

章十二　市内公共食堂应设于庙宇之内，庙宇则建筑在市内高地上，其下设“自由广场”。更下则为市集；民事法庭等机构可设置于商场附近。乡区亦应有若干庙宇；乡区公共食堂应设于民兵卫所。

（叁）　章十三至十五：公民教育的一般原则

章十三　依伦理学的解释，幸福为善行的极致和善德的完全实现。欲达到这样的目的，一个城邦和其中的公民们须有适当的健康身体、财富以及一般生活配备，这些配备都受之于自然。在具有这些自然条件的城邦中，立法家运用其才能，引导公民纳入于行善的良轨。人们所由成德达善者，出于三端，禀赋、习惯、理性。禀赋已见于章七；习惯和理性必经培养而得发展，所以立法家应当特别重视教育。

章十四　有人说由于被统治者和统治者所需的品德不同，应该分设两种教育制度（例如柏拉图在《理想国》中所拟者，就是专门施行于统治阶级的教育制度）。在我们这个理想城邦中同等的自由公民青壮时为受指挥的士兵和受统治的公民，迨其既壮且老遂执掌司法，主领祭职，就应该兼受统率和服从两方面的训练。前面已阐明（卷三卷四）在轮番为治的理想城邦中好公民的道德符合于善人的道德；这里的公民教育也就应该等同于善人的教育，而使之包含众德。

(1)人类灵魂分为本能和理性的主从两部分，理性部分又分为实践和玄想两个区划。(2)人类生活分为勤劳和闲暇,以及相应的战争与和平两个方面。城邦如斯巴达的教化偏重于灵魂的从属部分和生活的从属方面,专务实践和战争。教育的正道应遍及灵魂的各个部分和生活的各个方面而以理性为主,谋求闲暇与和平。

章十五　操持闲暇需有智慧和节制,斯巴达人独养勇德,所以不适于和平时代。

习惯训练和理性教育应孰先孰后?发展理性固然为教育的最高要求,如果依人类生理和心理的自然顺序,自当先重体育,培养灵魂所寓的身体,使之既健且美;其次则训练灵魂的本能部分,使人人都具有良好的习惯。

(肆)　章十六至十七:教育的初期

章十六　为保证国内有健康的婴儿,立法家应制定男女的婚嫁年龄,适当锻炼并卫护夫妇的体格。根据优生和限制人口的立场也应考虑到暴弃畸婴和堕胎节育一类问题。

章十七　(一)(1)育婴当注意食料,保护其肢体的发育,并使习于寒暖的气候变化。(2)五岁以前的儿童使为游戏而聆听故事:早年的感染特别难于改变,必须正其视听,勿令接近下流的伙伴,勿使听到谰言恶语,勿使看见秽亵的图像。(3)自五岁至七岁可让他们旁观少年们的作业。

(二)七岁以后,当分别(4)少年(七至十四岁)和(5)青年(十五至二十一岁)两个期间,细察生理的发展精审地安排教育的规程。教育究应由城邦办理还是听任私家各自负责。

卷八 青年训练

(壹) 章一至三:儿童教育和青年训练的一般规划

章 一 全邦公民应受同样的教育。城邦应建立统一的教育制度,制定各种施行的规程。

章 二 教育课目或重实用,或重品德,或重知识。少年自然应该学习有关实用的技能,但勿使入于艺人的精擅而染上匠工的鄙俚。

章 三 论儿童教育四课目:读写(书算)和绘画两门都为人生实用之学,体操则所以养成勇德。对于音乐教育的宗旨,世人颇不明晰,一般都以音乐为可资娱乐、解除劳倦,实际上音乐的高尚作用应在操持闲暇。绘画亦然,儿童既熟习摹形调色,不仅构图造像可供实用,久之他也渐能审美。其他课目也在知识的传授和身体的活动中,寓有培养善德的教导。

(贰) 章四:体操

章 四 教育初期,先施体操。但竞技练习不可过分。斯巴达式教育过度锻炼少年，俾自幼养成坚忍不拔的勇德，实际上有损其身心的发育。童年当使练习轻柔体操，十四岁后读书三年；待他长大，始行锻炼。

（叁） 章五至七：音乐教育的宗旨和方法

章　五　音乐令人愉悦，由此娱乐作用进而陶冶性情，操修心灵。如果以娱乐为尚，则尽可听乐而无须自习弹奏。音乐教育固然应当以陶冶性情和操修心灵为宗旨。图画以线形和颜色表现事物的情态，音乐以节奏和旋律反映人们的性格，其他艺术亦类此，而音乐最为逼真，其为悲喜都切中人心，而影响少年的情操尤为深远。

章　六　音乐教育有三题：课程的制订，乐调和韵律的选择，乐器的选择。就课程而言，当以养成欣赏能力为已足，毋需力求擅长。就乐器而言，宜习弦奏，不重笛管。

章　七　乐调和韵律可分作三类：(1)培养品德，(2)鼓励行动，(3)激发热忱。其为效用亦分为三点：(1)教育，(2)祓除情感，(3)操修心灵。对于不同的场合、不同的人们要求不同的效果，当各各选取不同的乐调和韵律。少年教育应培养品德，宜取中和庄敬的杜里调。弗里季调凄怆激越，使听者狂热，终非正音。吕第亚调轻柔，对儿童和老年是有益的。

附录二　关于本书的题名

亚里士多德卒后，亚历山大的霸业正在发生演变，在雅典的吕克昂学院不很安静[①]。他的继任主持人色乌弗拉斯托把亚氏和他自己的书稿交与门弟子纳留（Neleus）携归小亚细亚的瑟柏雪斯（Scepsis）；这个部分的书稿就这样封藏于一地窖中达二百余年[②]。两家已流行于当时的卷章则多被购集到小亚细亚贝伽蒙（Pergamon）和非洲亚历山大城的图书馆中。瑟柏雪斯的书稿在公元前第一世纪还归雅典，旋即被搜集到罗马。吕克昂学院第十一代继任人罗得岛人安德洛尼可（Andronicus Rhod.）在罗马整理了亚氏和色氏的著作，并订有两家全集的目录。这个目录今已不可复见。公元前第三世纪中叶，亚历山大城图书馆馆长加里马沽（Callimachus）已经编有《文献总目》（πίναξ παντοδαπῶν συγγραμμάτων）一百

① 亚氏卒后，安第帕得（Antipater）继亡；公元前317—前307年间，雅典在马其顿总督，法勒罗人迪米特里的治下。迪米特里和色乌弗拉斯托友好；吕克昂学院生徒甚盛。公元前307年，安蒂咯诺（Antigonus）的儿子迪米特里（Demetrius I）驱逐了法勒罗人迪米特里（Demetrius Phalereus）。雅典制订了新律，规定学者未得公民大会许可，不准讲学授徒，遂逐走色氏。公元前306年，恢复雅典学术自由的传统，废除禁令，召回了色氏。但吕克昂学院从此不复讲习社会政治科学（实用之学）而专重自然哲学（理论之学）的研究了。

② 亚氏著作曾经湮没而又行世的经过，参看斯特累波：《地理》（Strabo，Geography）608—609页；雅典那俄：《硕学燕语》（Athenaius，Deipn.）214D；普鲁塔克：《萨拉传》（Plutarch，“Sulla”）26。

二十卷，列述希腊各作家的生平及其遗书。嗣后目录学极为兴盛。其徒斯密尔那人赫尔米帕（Hermippus Smyrnaeus）曾著《学者“（βίοι）列传”》，叙述各作家生平，比其师旧作有所增广，仍旧各各附以著作目录。今师徒两家的书亦已佚失。现世所存公元后第三世纪狄欧季尼·拉尔修（Diogenes Laertius）《学者列传》，大概是根据赫尔米帕旧著编成的①。

狄欧季尼：《亚里士多德传》所附《亚里士多德著作目录》第75号有“院内精密课程《政治学》八卷，编著有如色乌弗拉斯托的[《政治学》]”。法国经典学家梅纳治（Menage，1613—1692）评诠狄氏《列传》（卷五50）附刊了所得“无名氏”编《亚氏书目》，其中第70号为“院内精密课程《政治学》”（πολιτικῆs ἀκροάσεως ῆ）②。另有公元前漫步学派哲学家托勒密（Ptolemaeus Philosophus）所编《亚氏书目》，今仅存阿拉伯文译本，其中第32号为《宪政纲要并列述各种政体》③。所云“院内精密课程”，表明这部著作曾向自己的生徒宣读过，但它是一种并未公开教授的讲稿。本书卷四章二 1289^a26 和章八 1293^b29，亚氏自称这一著作是《关于政体研究的专篇》。依卷三章一 1274^b32 则可以比较详细地题为《各种政制，

① 参看乌西奈：《色乌弗拉斯托残篇集录》（Usener，Analecta Theophrastea）13页以下。

② 海兹：《亚氏佚书》（Heitz，Die verlorenen Schriften des Aristoteles）17页，说此《无名氏书目》虽异于《狄氏书目》，其内容当出于同一较早祖本，例如《赫尔米帕书目》。参看蔡勒：《希腊哲学》（Zeller，Die Philosophie der Griechen）卷三54页。

③ 以上三书目都保存于柏林研究院：《亚氏全集》卷五中。阿拉伯文《托勒密书目》已由斯坦因施那得（Steinschneider）翻译为拉丁文，其第32号书名为 liber de regimine civitatum et nominatur politikun。

其实义和属性》(τὴν μέθοδον περὶ πολιτείας)。这篇著作在《伦理学》中提及时，就称《政治学各卷》(τὰ πολιτικά)，公元后第三世纪初的亚氏学诠疏家、亚茀洛第人亚历山大(Alex. Aphrod)，所举τοῖs πολιτικοῖs和这个书名相符合。中古第十一世纪末的亚氏学诠疏家以弗所人迈克尔(Michael Ephesius)，以及第十二世纪荷马史诗诠疏家尤斯塔修(Eustathius)，都称《政体研究》(ταῖs πολιτείαs)，这和本书作者所自称的书名也相符合。现在我们照《伦理学》和诠疏家亚历山大所举，把汉文译本的书名称为《政治学》，如果有人愿意采取《政体研究》这样的书名，同样也是适当的。

狄氏《列传》所传书目中所谓“有如色乌茀拉斯托(ώs ἡ Θεοφράστου)的[《政治学》]”字样是一句含糊的短语，也许原来是书目上的边注，作注者的意思或是说其书编类和色氏的著作相类似，或是说其内容或体裁相类似。狄氏书《色乌茀拉斯托传》所附著作目录也有“《政治学》”六卷，今未见此书。或疑那些湮没于地窖中的陈编再见于世时，混淆了两家的笔札。但与安德洛尼可同时代的西塞罗(Cicero)已说到两家所拟“最优良的共和国制度”(de optimo statu reipublica)相异，当时大概还并存两家的作品。我们现在这本《政治学》涉及伦理和生物的思想都同亚氏的伦理和生物的著作相符，而不合于色氏的现存著作[①]。色氏出生迟于亚氏十二或十五年，死亡则后于亚氏三十四年。今书中所举当代史实都符合于亚氏生平，而不符合于色氏的晚岁。全书的文体也显然出于亚氏一人之手。这个边注不足重视。

① 参看《政治学》纽曼校注本卷二《论亚里士多德政治学》xxxiii—xxxv。

附　录　三

索引一　专名

1. 地名(兼及部落名)

① 本书正文所用页次卷一至四为 1250 至 1300，卷五至八为 1301 至 1342，都是四位数；索引所用页次数则简化为一位或二位，略去了正文页次数的前二位或三位。

2. 人名(兼及神名)

"Αρης　Ares　阿雷　（战神）69^b28。

'Αριοβαρζάνης　Ariobarzanes　阿里欧巴查尼斯　12^a16。

'Αριστογείτων　Aristogeiton　阿里斯托盖顿　11^a38。

'Αριστοφάνης　Aristophanes　阿里斯多芳　62^b11。

'Αμοδίος　Harmodius　哈谟第俄　11^a37。

'Αρραβαιος　Arrhabaeus　阿拉培俄　（林克斯泰族之王）11^b12。

'Αρταπάνης　Artapanes　阿尔太巴尼　11^b38。

'Αστυάγης　Astyages　阿斯第耶季　（波斯王）12^a12。

'Αρχελάος　Archelaus　阿契劳斯　（马其顿王）11^b8，30。

'Αρχίας　Archias　阿基亚斯　6^b1。

'Αρχίλοχος　Archilochus　阿基洛沽　28^a3。

'Αρχύτας　Archytas　阿奇太　40^b26。

'Ατταλος　Attalus　阿太卢　（马其顿王腓力的宠臣）11^b3。

'Αὐτοφραδάτης　Autophradates　奥托茀拉达底　（吕第亚的波斯总督）67^a32。

'Αφροδίτη　Aphrodite　阿芙洛第忒　（美神即爱神）69^b29。

Βακχιαδων，τῶν　Bacchiadae　巴估氏　（科林斯贵族）74^a33。

Βασιλιδῶν，τῶν　Basilidae　巴西琉氏　（埃吕司勒贵族）5^b19。

Γέλωνος　Gelo　葛洛　（叙拉古僭主）2^b32，12^b10，15^b34，16^a33。

Γοργίας　Gorgias　高尔吉亚　（里昂底尼人）60^a28，75^b26。

Γορδίας　Gordias　戈迪亚斯　（科林斯僭主）15^b26。

Δαίδαλος　Daedalus　达达罗斯　53^b35。

Δαρείος　Darius　大流士　（波斯王）11^b38。

Δαφναίος　Daphnaeus　达夫那俄　（叙拉古将军）5^a26。

Δεκάμνιχος　Decamnichus　德堪尼沽　11^b30。

Δέξανδρος　Dexander　德克珊德　4^a9。

Δέρδας　Derdas　德尔达　（爱吕米亚人）11^b4。

Διαγόρας　Diagoras　第亚哥拉　（爱勒特里亚人）6^a36。

Διοκλής　Diocles　狄奥克里　（奥林匹克赛会优胜者）74^a32—$^b2$。

Δίων　Dion　狄昂　12^a4，34^b16。

Διονύσιος，τὸ προτέρος　Dionysius senior　狄欧尼修前主　59^a23—33，89^b39，5^a26，6^a1，7^a39，10^b30，13^b27。

Διονύσιος τὸ ὑστέρος　Dionysius junior　狄欧尼修后主　12^a4，35，$^b9$—17。

Διοφαντός　Diophantus　狄奥芳托　67^b18。

Δράκοντος　Draco　德拉科　74^b15。

'Ελένη　Helena　海伦娜　（剧本中女英雄）55^a36。

索引二　题旨

3. 政制

$98^{b}13$，$20^{a}22$—$^{b}16$；保全平民政体的方法 $96^{b}34$，$97^{a}35$—$^{b}8$，$98^{b}13$，$7^{b}26$—$9^{a}32$，$19^{b}12$，33—$20^{b}17$。

在希腊各邦中，雅典为民主领袖 $96^{a}32$，$7^{b}22$。斯巴达政体中，监察院代表民主因素 $65^{b}39$，$70^{b}17$，$72^{a}31$，$94^{b}31$。

δυναστεία　dynasteia, family oligarchy　门阀政体　门阀政体为最狭隘的寡头政体 $72^{b}2$，10，$92^{b}9$，$93^{a}32$，$98^{a}33$，$2^{b}18$，$3^{a}13$，$8^{a}18$，$7^{b}19$，$20^{b}31$。

'εκατὸν καὶ τετάρων, τῶν　"104"　"一百〇四人"院　迦太基监察机构 $72^{b}35$，$73^{a}15$。

'εκκλησία　ecclesia, the assembly　公民大会　克里特、斯巴达、迦太基的公民大会 $72^{a}10$，$73^{a}6$—13；平民政体中的公民大会 $98^{a}10$—34，$17^{b}17$—38，$20^{a}22$；极端平民政体中，公民大会操持一切政治权力 $93^{a}1$，$98^{a}28$，$5^{a}29$，$6^{b}11$，$10^{a}25$，$13^{b}32$—$14^{a}1$，$17^{b}17$，$19^{b}1$；寡头政体中的公民大会 $98^{a}34$—$^{b}11$。

公民大会会员 $82^{a}35$；给予"出席津贴"非良法 $67^{a}41$，$93^{a}5$，$17^{b}31$；减少开会次数可减轻津贴费用 $20^{a}17$—34。

'Εφορεῖα　ephoralty　监察制度　斯巴达的色奥庞波建置监察制度以平衡王室权力 $13^{a}26$—33；同克里特的"哥斯谟"相类似 $72^{a}6$，28，40；同迦太基的"104"人院相类似 $72^{b}34$。

ἱερατεία　priesthood　祭司，祠职　祭司（庙祝）亦为城邦所需的职司 $22^{b}18$—29，$28^{b}11$，22；非政务官员 $99^{a}17$；应由在政事上业已逾龄的年长者担任宗教职务 $29^{a}7$；应参加公共食堂 $31^{b}5$。

Κυρίον, τὸ　sovereignty, the supreme authority　城邦治权，最高权力 $75^{a}28$，$78^{b}10$—$79^{b}10$，$81^{a}11$—$84^{b}34$，$94^{a}11$，$98^{a}4$，$99^{a}1$，$16^{b}31$，$18^{a}11$—$^{b}5$，$29^{a}2$—34，$32^{b}35$。

λακωνηκή, ἡ　the Laconic government　斯巴达式政体　$16^{a}21$，$^{b}7$。斯巴达式"勋阀"政体参看 $7^{a}23$ 注。

μοναρχία　monarchy　君主政体　"一人统治" $85^{b}33$—$88^{a}32$（参看"王制"和"僭政"）

μόρια, τρία　the three elements　三要素　（一）议事、（二）行政、（三）审断三机能（要素）为构成一切政体的基础 $97^{b}37$，$0^{b}13$。

（一）τὸ βουλευόμενον　the deliberative elem.　议事机能、立法职权　议事为公民基本权能 $75^{a}26$—$^{b}21$，$76^{a}3$，$83^{b}42$；城邦中议事职能 $97^{b}35$—$99^{a}2$。

"议事人员"和"战斗人员"同样为城邦（"公民武士的政治团体"）的重要阶级 $82^{a}34$；议事人员别于行政人员 $66^{a}8$—22。

（二）τὸ περὶτὰς ἀρχάς　the executive element,　行政机能，行政职权 $98^{a}1$，$99^{a}3$—$0^{b}12$，$21^{b}4$—$23^{a}10$；古代官权（行政职权）较今为重 $5^{a}15$。

行政机构：各种政体中所有的各种机构 $99^{b}30$—$0^{a}8$，$22^{b}12$，$23^{a}6$；列述一城邦必要的各种职司 $21^{b}4$—$23^{a}10$；在贵族政体政府中的行政人员的性质和职权

《法律篇》两题。

合乎大多数现世人类的最优良城邦 88^{b}33，95^{a}25；合乎现实条件的理想城邦，88^{b}24，96^{b}10(参看 65^{b}29)。"绝对优良的城邦"须有绝对优良的公民，根据最优良的生活标准来组成 84^{a}1，93^{b}3；一切现实政体均可视为这一理想政体的劣变 93^{b}25；现实政体和理想政体应作比较研究 60^{b}27。

πολιτεία　polity，republic (respublica)　"波里德亚"，共和政体　古代称共和政体为平民政体 97^{b}24；共和为正宗政体之一，现世各邦行共和政体者较少 79^{a}37，93^{a}40；同贵族、寡头、平民政体的区别 93^{a}35—94^{a}29，98^{a}35—^{b}11，7^{a}5—23，17^{a}2(参看 73^{a}2—30)，以重装步兵为主体 65^{b}28，79^{b}2，88^{a}12，97^{b}23；哪种人民宜于共和 88^{a}12；地广人众的大邦适于共和 19^{a}32；共和政体较贵族为稳定 7^{a}16；发生革命的原因 3^{a}1—6，6^{b}6—16，7^{a}5—33；怎样加以保全 8^{a}35—^{b}10。

共和政体轮番为治 52^{a}14，59^{b}4，61^{a}30—^{b}5，73^{b}12，77^{a}25，^{b}8，79^{a}8，88^{a}12，32^{b}12—41；兼用选举和拈阄两法以授任官职 0^{a}34—^{b}1；少数掌握否决权而以可决权授之群众 98^{b}38；构成共和政体各方式 94^{a}30—^{b}41。

πολίτευμα　civic body　公民团体　78^{b}11，79^{a}25，83^{b}31，93^{a}24，3^{b}26，6^{a}15，21^{a}27，^{b}26。

προβούλη　probuli，the supreme council　议事预审会　预审会代表寡头因素 98^{b}29，99^{b}31—38，22^{b}16，23^{a}8。

τυραννίς，ἡ　tyranny (tyrannis)　僭政　僭政为专求僭君一家利益的一人统治 79^{b}6，16，95^{a}17，11^{a}2；接近平民政体 92^{a}17，11^{a}8，12^{a}4，37，13^{b}38；僭政不成其为政体(宪政)93^{b}29，95^{a}3；为王制的变态 79^{b}5，87^{b}39，89^{a}39，92^{a}18，^{b}8，95^{a}18；兼有平民和寡头的各种弊害 11^{a}10，12^{b}4，37；不合自然和正义，也不适宜于人间 87^{b}39，为自由人所不能忍受 95^{a}22。古代官强民弱，所以多僭政 5^{a}7—15，10^{b}14—20；极端平民和极端寡头政体往往变为僭政 96^{a}2，8^{a}21；在西西里，屡次由寡头政体转成僭政 16^{a}34。

僭政命运常常短促 12^{b}21，15^{b}11；僭政发生变革的各种原因 10^{a}39—13^{a}16；保全的方法 13^{a}17—15^{b}10；僭政可转成平民和寡头政体，或一个僭族灭而另一僭族代兴 16^{a}29。

τύραννος，ὁ　the tyrant (tyrannus)　僭主　僭主无恶不作，为自由人之敌 85^{a}27，95^{a}22，14^{a}5，13；清除敌手 84^{a}26—^{b}3，11^{a}20，13^{a}40；僭主纵情欢乐，异于贤王的爱重名誉 11^{a}4，14^{b}29；以雇佣武装为侍卫，或解放奴隶以加强自己的武力 85^{a}24，11^{a}7，15^{a}37；僭主宫廷多佞臣 92^{a}21，13^{b}39；广用侦探 13^{b}11；离间人民，使不相团结 13^{b}16；以战争和重课摧残人民的精神 13^{b}1，18，14^{a}5；15；僭主不信朋友 13^{b}30；放纵妇女和奴隶 13^{b}33，19^{b}28；宁愿交好恶人和客民，不愿接近善人和本邦公民 14^{a}1、10。谨防行刺 15^{a}27。

僭主也施行伪善，以求自保 14^{a}31—15^{b}10；利用贫富两方较强的一派 15^{a}31。

τύραννοι，οἱ　the tyrants　各僭主　希腊各僭主常常被斯巴达人摧毁 12^{b}7；西西里各僭主多被叙拉古人摧毁 12^b8；西基雄、科林斯、雅典、叙拉古等邦各僭主 15^b11—39。

4. 政治

Αἵρεσις　election　选举，选任　选举权和选举人 81^b30—82^a23；选举权以财产还是以人格（人身）为凭，18^a11—$^b5$；选举方式：票选和拈阄（抽签）94^b7；选举人和被选举人资格或同或异，或资格相异，少数候选人便能竞求多数选举人的选票 5^b28—33；选任职官各方式 70^b28，71^a9，0^a8—$^b12$；平民政体的职官选任 74^a11—22。补缺互选 73^a14，92^b1；98^b3，27。

αἱρετοί, οἱ　representatives　"当选人"，代表　曼底涅亚曾经施行代议制，在全体公民中分区推选代表人员 18^b23。

'απογρᾶφή　register (of citizens)　公民册籍　出身和财产登记为出席公民大会和公审法庭的依据 97^a24；雅典"按籍"征兵 3^a9。

'απραττεῖν, τὸ　inactivity　"无为"　"无为"不如"有为" 75^a30，$^b13$，25^a31。

"θεὸν, ἐν ἀνθρώποις"　"god-man"　"超人"　若逢才德并茂的卓绝人物，有如"人世的神明"者，大家只应奉他为城邦的最高权力 83^b21，84^a3—$^b34$，88^a15—29，1^a39，25^b10。

ἄρχειν, τὸ (δουλεύειν)　domination　统治，役属　政治家的本旨不在役属他人 24^a5—25^b32，33^a30—34^a10。

ἄρχειν, τὸ　command　指挥，领导　熟习"服从"而后能进行"指挥" 77^b9，29^a2—17，33^a2。

ἀρχὴ, ἡ　rule　统治，治理　基本相异的各种统治 52^a7，53^b18，54^b2，55^b16，59^a37—$^b17$，60^a9，78^b30—40，25^a27，33^a3；人民的品质愈高，则该邦所行使的统治亦必愈好 54^b25，15^b4；"自由人之治"优于"奴隶（专制）之治"33^b27。

'αρχή, ἀορίστος　the "indefinite" office　无定职司　全体公民一例参加的无定职司 75^a26—$^b21$，76^a4。

'αρχη [ὁρίστος]　the office　[有定]职司　官职为邦国的名器 81^a31；小国官多兼职，大国都为专职 73^b12，99^a34—$^b7$，21^b8；官职有主次轻重 9^a27，20^b11；任官标准 81^a11—84^b34；人们何以热衷于官职 99^a13—18。

平民政体中，职官任期不超过六个月 8^a15，一人终身难得两度任职 75^a23，17^b23；寡头政体用政治机巧使贫民不得任官 97^a14—34。

ἄρχοντες, οἱ　magistrates　行政人员，官吏　"行政人员"释义 99^a14—30；行政人员应谨守法律 82^b3，87^a25，$^b15$—31，92^a32；应禁止营私舞弊 2^b5，8^b31，21^a31；应参加公共食堂 17^b38，31^a25；平民政体特多官吏 73^b12；执政官员应有远见，预防内讧 8^a27；官员擅权为引起内讧之一因 2^b15，4^a17—38。

贵族政体以才德为选官标准 73^a18，26，99^b24；寡头政体以财产定额为准 66^a12，73^a25，99^b25；职官皆出于武士 68^a21；任官各种方式 0^a9—$^b5$，20^b11；平

民政体以拈阄法选官 66^{a}8，74^{a}5，17^{b}20，18^{a}2；寡头政体选官可降低资格，并部分应用拈阄法以容纳平民势力 20^{b}7—16，21^{a}26—^{b}1。

ἄρχοντες，οἱ　　the rulers　　统治者　　统治者应具备完善的品德 60^{a}17，77^{b}9，25，29^{a}13，33^{a}2；统治应为某些人的终身职务，还是由大家轮番充任统治者？61^{a}38，64^{b}6—15，32^{b}14—29；统治阶级常常丧失自制，不能希望它施行仁政 97^{b}9；青壮期应该是“从属（受治者）”，老成期可当“统治者”29^{a}6，32^{b}35。

ἀρχομένοι，οἱ　　the ruled，subjects　　被统治者，臣民　　77^{b}25，29^{a}6；人类天赋有被统治者和统治者之别 52^{a}30，54^{a}21—^{b}16。参看“统治者”、“轮番为治”条。

ἄρχων καὶ ἀρχόμενων κατὰ πέρος　　alternation in office　　轮番为治　　城邦政治（宪政）的表征为人民轮做统治者和被统治者 52^{a}14，59^{b}4，61^{a}32—^{b}5，77^{a}25，^{b}7—20，79^{a}8—13，81^{a}10—18，88^{a}12，17^{b}2，19，32^{b}12—41。

βαρβάροι，οἱ　　the barbarians　　野蛮民族，“外邦人”　　希腊人视野蛮民族为天然奴隶 55^{a}28；野蛮民族大都进行物物交换 57^{a}24；对妇女和奴隶不作严格分别 52^{b}5；（非希腊族）各外邦多实行王制 52^{b}19，85^{a}16。

βιαιον，τὸ（κράτος）　　might，force（violence）　　武力，强权　　权力当同品德相济 55^{a}13；革命活动大都兼用“暴力”4^{b}6—18；“强权”和“正义”53^{b}22，55^{a}7—22，18^{b}1，24^{b}28；武力和文治对论，立国须有勇德，但不可专尚武力 26^{b}26—27^{b}18。

βούλησις　　the will（public）　　意志　　“公众意志”为政治组织的基本，各种政体都凭公意而得创建并维持 70^{b}22，72^{a}33，94^{b}38，96^{b}15，9^{b}14，24^{b}25。

γνησιότης　　birth，legitimate　　子嗣　　民主城邦在人口稀少时兼收不纯正子嗣为公民，人口增多时限于父母俱属公民的子嗣 78^{a}23—33，19^{b}5—10。

δεσποτεία（'αρχὴ δεσποτική）　　despotic rule　　专制统治　　主奴式“专制统治”和自由人间“平等统治”77^{a}32—^{b}15，78^{b}31—79^{a}14；人们或乐于或厌弃专制统治 24^{a}36，^{b}2；专制统治无可称道 25^{a}22，34^{a}1。

δημαγωγός　　demagogue　　“群众领袖”，平民英雄　　为极端平民政体的创作者 74^{a}5—15，92^{a}4—37，10^{a}2，13^{b}39，19^{b}6—19；常常倡议没收富室财产以供奉群众 2^{b}21，4^{b}20—5^{a}7；在古代，群众领袖常常转为僭主 5^{a}7—32，10^{b}14，23；寡头政体中之平民英雄 5^{b}22。

δῆμοι，οἱ　　demes　　坊社　　政治军事基层组织，75^{b}39 注，0^{a}25。

διαιτητής　　arbitrator　　仲裁，公断人　　陪审员不是仲裁 68^{b}6；中产阶级可为贫富两方的仲裁 97^{a}5；野心军人在内讧中，凭仲裁地位僭取国政 6^{a}28。

δίκαιον　　justice　　正义　　见“伦理”名词。

δικασταὶ　　dicasts　　陪审员　　见“政体”名词。

δικαστήριον　　the law-court　　公众法庭　　见“政体”名词。

ἔθνος　　nation　　民族，部落（民族国家）　　民族国家为一共同战斗的军事团体，政治经济的结合较城邦为薄弱 26^{b}4；野蛮民族（部落）的土地和农作制度 63^{a}6；非希腊各民族 61^{a}28，76^{a}29，84^{a}38，85^{b}30，10^{b}35，27^{b}22，38^{b}17。

ἐίρήνη, ἡ　peace　和平　“战争”的真正目的是为了“和平”33ª35，34ª2—16；太平日久则人多放逸 34ª26(参看军事名词“战争”)。

ἐλευθερία　liberty, freedom　自由　天赋自由为人们要求政治权利的基础 83ª16；自由身分的估计 83ª33—ᵇ8；希腊人认为野蛮民族无天赋自由 52ᵇ6，55ª28。

世人把政治自由作为平民政体的标志 80ª5，91ᵇ30—38，94ª11，1ª28，8ª11，10ª25—36，17ª40—ᵇ17，18ª5，19ᵇ30；自由不可流于放纵 10ª31；积劳有功的奴隶应给予政治自由 30ª32(参看“社会”名词“自由人”条)。

ἐλευθέρος　the freeman　自由人　见“社会”名词。

ἐπανδρθώσις　reformation　改良　法制的改良同新创一样困难 89ª3。

ἐριθεία　election intrigue　选举舞弊　为引起政变的一个原因 2ᵇ4，3ª14。

ἔσχατα, τὰ　extremes　极端　见“伦理”名词。

ἔσχατιή　frontiers　边疆　假设一个无邻国、无边患的孤立城邦 25ª1；调和城市和边区居民对于边界纠纷的观念 30ª10—23。

ἑταιρεία　hetareia; clubs　“海太利”，政治会社，党派　迦太基的会餐组织 72ᵇ34。阿琵多斯的会社 5ᵇ32，6ª31；僭主禁止结党 13ª41。

εὐγένεια　good birth, nobility　贵族，门望　“门望”被解释为血统优良 83ª37，1ᵇ3，或财德世泽 94ª21；优种和富贵之别，世人常易混淆 93ᵇ39，94ª17，2ª1，6ᵇ24；野蛮民族中的贵人，未必是优种 55ª32；门望为城邦任官标准 81ª6，83ª33—ᵇ8，93ᵇ37。

εὔθυναι, αἱ　examination of accounts　[政绩或财务]审查，考绩　71ª8，74ª15，81ª39—82ᵇ13；全体公民对行政人员进行审查为平民政体的特征 98ª9—28，17ᵇ27，18ᵇ21—38；贵族政体的考绩 86ᵇ6。“政绩审查法庭”0ᵇ19。

εὑρισκὸν, τὸ　invention　创制，发明　许多制度，古人先前曾创始或已施行 64ª3，68ª7，29ᵇ25；战术发明 97ᵇ20；攻城武器的发明 31ª1。

ἡγεμονία (τὸ πολλῶν δεσπόζεῖν)　hegemony (empire)　霸业　霸业无益于人民幸福 24ᵇ1—25ᵇ14，33ᵇ5—34ª10；斯巴达以武功图霸业 38ᵇ9—38。海上霸权 27ᵇ5；克里特米诺斯王时代的海上霸权 71ᵇ34；雅典的海上霸权 74ª12，4ª23。

ἡλιαία　heliaea　“海里埃亚”　(爱庇丹诺的公务会议或公民大会)1ᵇ23。

θέσις τῶυ πόλεμων　city-planning　城市设计　希朴达摩初创城市工程规划 67ᵇ22；亚氏所拟城市设计四要点 30ª35—31ª18；城市建筑的防御设计 30ᵇ17—31ª18。

ἰσότης (τὸ ἴσον)　equality　平等　平等和正义 80ª7—81ª10，82ᵇ14—83ª22，ᵇ40，90ª9，25ᵇ8，32ᵇ27；平民政体以自由和平等为旗帜 91ᵇ30，1ª28，8ª11，10ª30，17ᵇ3，18ª5；不平等之感为煽动内讧的缘由 1ª28—ᵇ13，2ª22—34，ᵇ10；强者对于弱者否定平等原则 18ᵇ1。

4ᵃ13；爱勒特里亚 6ᵃ35；埃吕司勒 5ᵇ18；赫赖亚 3ᵃ15；赫拉克里亚 4ᵇ31，5ᵇ5，36，6ᵃ37；赫斯希亚 3ᵇ33；伊斯特罗 5ᵇ5；拉栖第蒙（见“地名”索引）；拉里撒 5ᵇ29，6ᵃ29；里昂底尼 16ᵃ36；洛克里 7ᵃ38；马撒里亚 5ᵇ4；梅加拉 0ᵃ17，2ᵇ31，4ᵇ35，5ᵃ24；米利都 5ᵃ17；纳克索斯 5ᵃ41；乌利俄 3ᵃ18；芮季俄 16ᵃ38；罗得岛 2ᵇ23，32，4ᵇ27；西基雄 16ᵃ30；息巴里斯 3ᵃ29；叙拉古 2ᵇ32，3ᵃ38，ᵇ20，5ᵃ26，6ᵃ1，16ᵃ33；塔兰顿 3ᵃ3；忒拜 2ᵇ29，6ᵃ38；琐里伊 3ᵃ31，7ᵃ27，ᵇ6。

μετοίκοι，οἱ(ξένοι)　metics, alien residents　侨民，居留民　75ᵃ7，11，26ᵃ19；平民政体常常放宽客民入籍条件 78ᵃ26；叙拉古许外侨入籍 3ᵃ38；雅典克勒斯叙尼把居留民编入本邦部族 75ᵇ37。

μίαν，τὸ　unity　统一，划一　城邦当求整齐统一，但不可过度划一 61ᵃ10—ᵇ15，63ᵇ29—64ᵃ8。

μικρὸν，τὸ　small occassions　小节　小节疏忽可酿大患，为政当谨小慎微 3ᵃ20，ᵇ17，7ᵃ40，ᵇ32，39。

μισθοφρεῖν　the system of payment　津贴制度　公民开会津贴为平民政体的特征 17ᵇ35；始创于雅典的伯利克里 74ᵃ8；津贴制度的弊害 67ᵇ1，93ᵃ5，17ᵇ31；补救之法 20ᵃ17。

νομοθεσία　legislation　创制，立法　立法创制应置重于中产阶级 96ᵇ34；应对议事、行政、司法三机能作妥善组织，使适应于该邦建政宗旨 97ᵇ37；一切法规宜求中和 65ᵃ17，25ᵇ38；立法当重教育 32ᵇ15，33ᵃ14，34ᵇ16，29，37ᵃ11—21；不宜作霸图 24ᵃ5—25ᵃ15。

νομοθέτης　legislator　创制者，立法家　奥诺马克里托为世上最古的立法家 74ᵃ25；优良立法家多出于中产阶级 96ᵃ18。

立法者须详研所在国的情况 65ᵃ18；应注意邻邦 67ᵃ19—37，25ᵃ12；应给公民谋取闲暇和和平 69ᵃ34，73ᵃ32，ᵇ7，28ᵇ33，29ᵃ18；应凭远虑为城邦尽其计谋，以减少命运的播弄而防止来日的隐忧 73ᵇ21，32ᵃ28—35；应注意公共利益 83ᵇ40；应详悉各种政体及其兴废之由 89ᵃ7，9ᵇ35，19ᵇ37；应既能为一城邦创制新法亦能为它改良陈规 89ᵃ5。

ὄκισις　colonization　拓殖，移民　早期拓殖者建置寡头政体 90ᵇ11；殖民城市中先后参加拓殖各族往往因失调而起内讧 3ᵃ28—ᵇ3，斯巴达的私生子们拓殖塔兰顿 6ᵇ32；迦太基政府常遣送其公民至殖民地 73ᵇ18，20ᵇ4。

ὀλίγοι，οἱ　“the few”　少数　78ᵇ12，79ᵃ35，ᵇ24。

ὀλιγουρία　neligence　松懈，怠忽　为引起变革的原因之一 2ᵇ4，3ᵃ17。

ὅμοιοι，οἱ　equals (in rank)　同等人士　同等的人们可成立民主性质的团体 8ᵃ7—16；法制只能约束常人（同等人士），若逢豪杰，就不能以平等原则加以约束，人们只能奉为君王或予以芟刈 84ᵃ3—ᵇ34。

ὅρκος　the oath　宣誓　古王之宣誓仪式 85ᵇ12；誓言 10ᵃ7。

πατριληκτια　heredity of monarchy　王位世袭　王制有“世袭”和“公举”两式

32^{b}27，必须修德 80^{b}5，32^{a}31；须重视教育 60^{b}15，66^{b}30，10^{a}12，37^{a}11—32。

πολίτης　citizen　公民，"波里德"　见"政体"名词。

πολιτείας，γραφόνται περὶ　writers on politics　政治学各作家　88^{b}41，33^{b}12—21。

πολιτική(ἐπιστήμη)　political science　政治学　"政治家的学术"异于"君主的或家主的学术"52^{a}15，58^{a}22；政治学为最重要的学术，其宗旨在求城邦的善德和善业 82^{b}14—16；政治学各主题 88^{b}21—89^{a}25。

πολιτικός，ὁ　the statesman　政治家　政治家的权威及其治理异于家长，奴隶主或君主的权威和治理 52^{a}7，53^{b}18，55^{b}16；政治家应重视生产（供应）技术 56^{b}37，58^{a}19；也该懂得赚钱技术 59^{a}33；须有远虑，明察祸患于方萌之际 3^{b}26，8^{a}33，9^{b}35；当不厌琐细 3^{a}20，^{b}17，7^{a}40，^{b}32；政治家不仅应有治事能力，还该具备道德品质 9^{a}33—^{b}14。

πολιτικὸς ζώη　the political life　政治生活　政治生活（从政）和玄想生活（隐避）对论 24^{a}5—25^{a}15，32^{b}12—34^{a}10；不应认为参加公务足以妨碍个人安适 10^{a}34，25^{a}19—33。

προαιρέσις　the will (personal)　意愿　"个人意愿"52^{a}31，80^{a}34，12^{b}2，32^{a}33；凭统治者的私意断事，不如依法裁决为稳当 70^{b}29，72^{a}38，^{b}5，86^{a}17，87^{a}20—32。

σοφίσματα　political devices　政治机巧　寡头和平民政府都运用其政治机巧以欺骗民众，但无实效 97^{a}14—^{b}8，7^{b}40。

στάσις (στασιάζειν)　faction sedition，quarrel　内讧，交哄，骚乱，纠纷，争执

克里特多内讧 72^{b}11—22；希腊各邦间内讧之患 96^{a}22—36；内讧为寡头统治所由颠覆的原因之一 6^{a}6；平民政体较少内讧 96^{a}13，2^{a}8，7^{a}16。

平民领袖同富室的交哄常常危害城邦 10^{a}4；贵族阶级间纠纷为导发政变的原因之一 3^{a}19—37，8^{a}31；婚姻纠纷亦可为政变的原因 3^{b}37—4^{a}17；使两王倾轧为斯巴达的国策 71^{a}25。

同行的旅伴常多争执 63^{a}17；平均财产可减少争执 67^{a}37。

στρατηγὸς　the general　将军　古代将军常常成为"平民英雄"5^{a}7—28，往往跋扈 12^{a}11。

σύμβολα，τὰ　covenants，treaties　"合同"，条约　商务条约 80^{a}38；互相保护侨民条约 75^{a}10。

συμβολαία，τὰ　contracts　财务契约　政体变革后常常废弃财务旧契约 76^{a}8。

σωτηρία　stability，preservation　安定，保全（防止变革）　城邦必得各部分（阶级）公民的一致拥护方能长治久安 70^{b}21，94^{b}38，96^{b}15，8^{a}5，9^{b}16，20^{b}26。

一般政体的保全方法 7^{b}26—10^{a}38；各别而论，王室借以保全的方法 13^{a}18—33；僭政 13^{a}34—15^{b}10；平民政体 19^{b}33—20^{b}17，21^{a}1；寡头政体 21^{a}3—^{b}1。

"τετρακόσιοι"　"the 400"　"四百人"专政　（公元前 411 年，雅典寡头派政

府）4^b12，5^b27。

τινή honour 荣誉，名位 名位不平为内乱和政变的原因之一 67^a1、39，2^a24、$^b10$，3^b3，4^a17—38，16^b21；补救之法 8^b10，15^a4—14；公民必使参与城邦的名位 78^a35—$^b8$（参看 81^a28）；常人重争利，不重名位 97^b6，8^b34，18^b16。

许多城邦都凭军功授勋（名位）24^b9—22。"剥夺名位"2^a32。

τόπος（γεωγραφία） geographical features 地理形势 米诺斯王海上皇国的"地理"71^b32—40；克里特因孤悬大海而少外患 72^b13—23；理想城邦的地理要求 26^b26—27^a39。

τόπος（χώρα，ἡ） territory 国境 65^a20，91^a19，3^b8，25^b39，26^a26。

"τριάκοντα" "the thirty" "三十"寡头 （雅典，公元前 404—前 403 年间暴政）5^b25。

ὕβρις insolence，insult 恣肆，凌辱 由当权者的恣肆所施的凌辱为引起骚乱和政变的原因之一 2^b15，11^a26—38，$^b23$—35，15^a—14。

φύλαξ citizen-guardian "卫国之士" 柏拉图：《理想国》中的卫国之士 62^b1，27，64^a10，27^b39。

φύσις nature 自然 见"哲学"名词。

ψηφίσματα，τὰ decrees，edicts 命令 "命令"有似"诏敕"92^a20；"命令代替法律"92^a6、35。

ψῆφον φέρειν vote，（casting of the pebble） 选举"投票（卵石）" 98^b32、36；用投票法选举职官 66^a9，0^a9—$^b5$。

5. 法律

'Αδικία crime 犯罪 犯罪原因 63^b22，66^b38—67^a17、39，71^a16。

βλάβη assault 伤害罪 62^a27，$^b31$，67^b38。

δήμευσις confiscation "充公" "没收财产"，即"充公"81^a14—26，4^b20—5^a7，11^a27，20^a4—22。

δίκαι，αἱ suits 诉讼 财物诉讼 63^b19，64^a28；希朴达摩分刑事诉讼为三类 67^b38；贵族政体和寡头政体处理各种讼案各有不同机构和程序 73^a19，75^b8—17；民间契约纠纷诉讼 75^b9，0^b23。

έπιορκία perjury 伪誓 伪誓罪 68^a7，$^b17$；伪证罪 63^b21，74^b5。

έπιχείρησις assasination 行刺 15^a25。

κληρονομία inheritance 遗产 遗产应禁止出售 66^b18；斯巴达流行"遗赠"的风气 70^a19；"凭遗嘱（私意）"处分财产不合于"凭亲属继承"的习俗，法律应予禁止 9^a23；曾有因争夺遗产而引致政变的事情 3^b33。

κόλασμα，τό punishment 刑罚 22^a5，32^a12。

κτήσεις，ἴσας τὰς equalization of the property "均产法" 法勒亚等立法家制

庭"0^b24。

6. 军事

'Ακοντισταί light armed soldiers 轻装兵 轻装步兵,包括弓箭手和狙击兵为平民武力 4^a28。

ἀκροπόλις acropolis 卫城 "山顶堡垒" 30^b19。

γυμναστική gymnastics 体育训练 即军事技术训练,见"教育"名词。

ἐρυματος, τὸ fortification 防御工事 城市和海港应该设防 27^a35, 30^b17—32;防御方法和设施逐渐改进 31^a16。

ἱππᾶσία horsemanship 骑术 王室子弟都习骑术 77^a18。

κρατυμένα, τὰ κατὰ πόλεμον captives of war 战俘 战俘应否被没为奴隶? 55^a3—$^b4$;这种"强迫(法定)奴隶"不合自然,异于"自然奴隶"55^a6, 23。

μάχημον, τὸ military force 武备,军队 67^a20。

μαχῆται, οἱ soldiers, warriors 士兵,战士 士兵、农民、工匠都为城邦所必需 91^a6—33, 26^a21, 28^b7, 29^a37;牧民可练成强兵 19^a22;战士应立为一独立阶级(如在埃及)29^a38—$^b5$;希朴达摩所拟政制中的士兵地位 67^b32, 68^a17—$^b4$。不同兵种适宜于不同政体 21^a5—26。

士兵当使熟谙战斗技术 31^a14;柏拉图认为应该教士兵左右手并用 74^b12;青壮时当兵,年老后为政,符合人生身心的发展 29^a2—39, 32^b35。

希腊各邦兼备海军和陆军:(甲)(一)步兵:(1)重装步兵(甲士):共和政体中的公民以重装步兵为限 65^a10, $^b28$, 79^b2, 88^a12, 97^b22;重要执政人员都选自重武装部队 68^a21, 97^b12;重武装部队日趋重要 97^b16—28;雅典在公民籍内征召重装兵 3^a9;寡头城邦的武力以重装步兵和骑兵组成 21^a12—19;在内战中平民轻装部队常能击破寡头重装部队 21^a19。

(2)轻装步兵:捷于聚散,优于内战 21^a19;平民政体大多仗轻装步兵制胜 21^a13;寡头政体的富室青年应练习为轻装步兵 21^a24。弓箭手队 22^b1。

(甲)(二)骑兵:寡头城邦在古代都重视骑兵 89^b36, 97^b17, 6^a35, 21^a8。

(乙)海军:海军所需"战斗兵"应由公民编成,"桡手"则可募集农奴和雇工充当 27^b1—15;模范城邦应有足够的"舰队"27^a40—$^b15$。

μισθοφόροι, οἱ mercenaries 雇佣兵 叙拉古的雇佣兵登籍为公民 3^a38;僭主以佣兵为侍卫 85^a26, 11^a7。

ὁπλιτική hoplitics (tactics) 战术 古代不知战术(阵法)97^b20。

πολεμική military science, the art of war 军事学,战争技术 猎取禽兽和猎取(掳掠)自然奴隶为战争技术(兵法)的导源,亦为军事学的一个部分 55^b37, 56^b23, 33^b38;战术的发明 97^b20;攻防方法两皆与时俱进 31^a16。

πολέμος war 战争 战争的目的在于和平 33^a35, 34^a2—16;战争培养服从勤

勉的品德 70^a5，34^a25；好战为"僭术"之一 13^b28；拉栖第蒙和克里特政制都以战争为宗旨 $71^a41—^b10$，24^b5，33^b12，34^a40。

πόλεμον τοῦ ἱεροῦ　the Sacred War　神务战争　福基斯之战 4^a12。

π.，τῶν λακωνικὸν　the Peloponnesian War　伯罗奔尼撒战争　在伯罗奔尼撒战争中，雅典贵族伤亡惨重 3^a10；奥诺费太之战 2^b29；雅典攻破米提利尼 4^a4；曼底涅亚之战 4^a26；远征西西里之役 4^a27。

π.，τὸνπρὸς λυδούς　the Lydian War　吕第亚战争　90^b17。

π.，τὸν Μεσσηνιακὸν　the Messanian War　麦西尼亚战争　6^b38。

π.，τῶν Μηδικῶν　the Persian War　波斯战争　3^a5，$^b33$，7^a4；波斯战争对于雅典的影响 74^a13，4^a21，41^a30；萨拉米斯之役 4^a21。

στρατηγία　generalship　将才，统帅　将才自古稀有 9^b5；先习服从，后行指挥 77^b10。

στρατηγὸς　the general　将军　$5^a7—28$，12^a11。

συμμαχία　military alliance　军事联盟　以数量取胜 61^a24，29；军事联盟异于城邦之为政治团体 $80^a34—^b10$。

τάξις　taxis，battle array　战斗序列，军队编组　联队 77^b12；部族大队长 22^b5；中队 77^b12；骑兵中队长 22^b5。

τειχὸς　wall　城墙　城墙有利于保卫，非无用之物（评柏拉图主张）30^b32；攻城器械 31^a1。

φύλακες，οἱ　guards　侍卫武力　君王以公民为侍卫，僭主以雇佣军为侍卫 85^a24，11^a7；狄欧尼修向公民大会要求设置侍卫部队 86^b39。

φυλακτηρίον　guardhouse　卫所　郊区和边境的卫所 31^a20。

7. 官制（公职）

'Αγορανομὸs　warden of the agora　市场管理　99^b12，0^b11，22^a14，$^b32$，31^b9。

ἀγρονὸμος　warden of the country　乡区监护　21^b30，22^b33，31^b15。

αἰσυμνήτης　the aesymnetes　艾修尼德　（民选总裁）见"政制"名词。

ἀποδεκτήρ　receiver of public revenues　经征司　（或税务司）21^b33。

ἄρχων　archon　执政　见"政制"名词。

ἀστυνόμος　city warden　城市监护　21^b23，22^a13，$^b33$，31^b10。

γέροντης　elder，senate　长老，参议　71^a9，72^a6。

γυνοικονόμος　guardian of the women　妇女监护　99^a22，0^a4，22^b39。

γυμνασιαρχός　director of gymnastic exercises　体育训导　22^b37。

δημιουργός　demiurgi　第缪俄古　拉里萨民政官 75^b29。

ἕνεκα　"the eleven"　"十一人"　雅典法警 22^a20。

ἐξετασται, οἱ　examiners (of the fisc)　检察　财务稽核 22^b11，36。

ἐπιμελειαί　superintendents　经办人　“体育竞赛”经办人 23^a1；狄欧尼修节戏剧竞赛经办人 23^a1。

ἐπιμελιταί τῶν κρηνῶν　fountain officers　水源管理　21^b26。

ἐπιστάται, οἱ　recorders, chief　注册司　21^b39。

εὐθύνοι, οἱ　scrutineers　审计　22^b11，36。

ἐφόρη　ephori　埃伏尔，监察　斯巴达监察官代表平民因素 65^b39，70^b13—26，72^a31，94^b31；权力很大 70^b13，71^a6，75^b10，13^a27；选举手续颇为幼稚 70^b27；监察官生活放纵 70^b6—35，72^a41。

ἱερεῖς　priests　祭司，庙祝　99^a17，22^b18—29，28^b11，22。

ἱεροποιός　superintendent of sacrifices　典祀　（神职）22^b24。

κόσμοι, οἱ　the cosmi　“哥斯谟”　克里特监察官 72^a6。

λιμενοφύλαξ　harbour-officer　港务管理　21^b27，27^a32。

λογιστοὶ, οἱ　accountants　会计　22^b11，36。

μνήμονες, οἱ　recorders　注册员　民事司法官吏 21^b34，39。

ναοφύλαξ　guardian of the shrines　坛庙守护　22^b24。

ναυάρχος　admiral　海军统帅　71^a37。

νομοφύλαξ　guardian of the laws　法律监护　87^a21，98^b29，23^a7；法律训导，22^b39。

παιδο-νόμοι, οἱ　directors of education　教育监导　36^a30、39。
　　guardians of children　儿童监护　99^a22，$^b19$，0^a4，22^b39。

πολιτοφύλαξ　police magistrate　警备官　68^a22，5^b29。

πρεσβευταί οἱ　ambassadors　外交使节　71^a24，99^a19。

προξένος　proxenus　侨民领事　4^a10。

πρύτανις　prytanis　普吕坦尼　米利都主政官 5^a17；雅典参议会主席 22^b29。

σιτομέτρης　corn-measurer　粮食管理　或“谷物会计” 99^a23。

στρατηγὸς　the general　将军　见“军事”名词。

σύμβουλοι, οἱ　councillors　合议官　琐里伊合议院合议官 7^b14。

συνηγόροι, οἱ　controllers　财务纠察　22^b12。

ταμίας　treasurer　司库　21^b33；司库重品德不重才能 9^b7。

ταμία τῶν ἵερων χρημάτων　temple comptroller　坛庙经纪　22^b25。

τριηάρχος　trierach　船舶长老　4^b29。

ὑλωρός　forest-inspector　林区监护　21^b30，31^b15。

8. 社会

Ἀγορά　market-place, “agora”　广场，市集，“阿戈拉”　“商贩市场” 31^b1；“自

由人广场”31ᵇ31。

ἀγοραῖοι，οἱ(καὶ βαναύσοτ) traders，marketing-class 商贩(包括工匠)，市廛群众(贱业) “操贱业者”缺乏文化 19ᵃ26，28ᵇ40，不宜列于公民名籍 28ᵇ39；忒拜规定市廛群众(工商业者)脱离市场十年以后，可得入籍 78ᵃ25，21ᵃ28。

ἀνδρεῖα andreia，common meal “安得赖亚”，公众食堂 斯巴达古代会餐制度，从克里特名称为“安得赖亚” 72ᵃ3。

ἄνθρωπος man 人 见“伦理”名词。

ἀνθρωποφαγα̕ ，τὰ the cannibals 吃人民族 黑海东岸悍族 38ᵇ19。

ἀπελεύθεροι，οἱ freedmen “自由人” 解脱了奴籍的自由人 78ᵃ2。

ἀποθέσις exposure 暴弃(畸婴) 35ᵇ19。

ἀπόροι，οἱ the poor 穷人 世上到处有穷人 79ᵇ37；憎恨并妒羡富室的财物 91ᵇ9，95ᵇ25—30；希腊各邦贫富两方的情况 95ᵇ5—25；倘使城邦予以资给，贫民也愿任战斗 97ᵇ11；在良好的平民政体中，贫民和富户地位相等 18ᵃ6；极端平民政体以府库供养贫民 20ᵃ29；贫民人数增加为引致变革的原因之一 2ᵇ33—3ᵃ10。

ἀποφòρα rent in kind 实物地租 农奴(佃农)所缴农产赋课 64ᵃ34，72ᵃ18。

ἄρρεν καὶτὸ θῆλυ，τὸ the male and female 男女(夫妇) 男女结合为成立家庭的基础 52ᵃ27—ᵇ14，53ᵇ5，59ᵃ37—ᵇ11。

γένος descent，race 宗姓，种族 希腊各种族 76ᵃ36，80ᵇ32，88ᵃ16，27ᵇ25；希腊殖民城邦的宗姓斗争 3ᵃ26—ᵇ2。

希腊和非希腊的“好战各种族”53ᵇ2，69ᵇ30，24ᵇ10—21。

γεωργοί，οἱ farmers 农民，农夫 农民有时亦作猎人 56ᵇ5；农民可以构成最优良的平民政体 92ᵇ25，96ᵇ28，18ᵇ9，19ᵃ6—19。在柏拉图的《理想国》中人们宁愿为农民而不作卫国之士 62ᵃ40；农夫不宜为公民 29ᵃ25，30ᵃ25；在亚氏模范城邦中农夫禁入“自由广场”31ᵃ34；城邦海军可征募农夫为桡手 27ᵇ11。

γνωρίμοι，οἱ notables 著名人物 著名人物(或高尚人士)以门望、才德、财富三者之高下分成若干流品 90ᵃ2，91ᵇ28，93ᵇ15；贵族阶级(寡头派)间的内讧为引起政变的一因 2ᵃ10，3ᵇ19，5ᵇ22，8ᵃ31；寡头富室应行博施以济助贫民 97ᵇ7，20ᵃ32—ᵇ17；贵族可自成一个民主团体 8ᵃ16。

γυναῖκες，αἱ women 妇女 每一城邦半数为妇女，女德有关城邦的治乱兴衰，应训练妇女使合于城邦的政制 60ᵇ15，69ᵇ15；妇女不能跟男子从事相同的作业 64ᵇ4；妇女具有某种程度的审议机能，奴隶则全无 60ᵃ12；利比亚(非洲)某处以妇女为公妻 62ᵃ20；好战民族多耽爱妇女 69ᵇ24；斯巴达妇女奢纵 69ᵇ12—70ᵃ15；僭室常常败于女祸 14ᵇ27；平民政体和僭政都放纵妇女 13ᵇ33，19ᵇ28。

δεσπότης the master 家主，奴隶主 家主和奴隶利害一致 55ᵇ9，78ᵇ32，33ᵃ3；家主应教导奴隶 60ᵇ3；“管教奴隶的学术”53ᵇ18，55ᵇ20—39，60ᵇ4；治奴和治民的比较 52ᵃ2，53ᵇ18，77ᵃ33，33ᵃ2。

δουλεία slavery 奴役，奴隶制度 奴役是否合乎自然 54ᵃ17—55ᵇ15；自然奴

63ᵃ12。

ἔργον, τὸ　work function　工作,事业,功能,效用　事物因效用而显示其本性 53ᵃ19—23;要完成各项工作(事业)需各有其专门工具 53ᵇ27, 28ᵃ31;城邦所需各种行业凭其功能而定其轻重高下 26ᵃ10—25。

ἐργασία　occupation　职业　取得生活资料的各种活动 56ᵃ40, 67ᵃ10, 90ᵇ37—91ᵃ7。本书涉及的若干职业附列于下:

ἰατρικὴ　medicine　医疗　57ᵇ25, 58ᵃ10, 27, 68ᵇ34, 88ᵇ19。(另见"医师"条)。

μεταλλευτική　metallurgy　矿冶　58ᵇ30。

ναυπηγία　ship-building　造船　88ᵇ19, 25ᵇ40。

οἰκοδομία　house-building　建筑　建筑工 91ᵃ13, 28ᵃ32;建筑师 82ᵃ21。

ὀλμοποιοί, οἱ　mortar makers　灰泥匠　75ᵇ28。

ὀψοποιικὴ　cookery　烹饪　55ᵇ26;厨师 82ᵃ23。

σκῦτο-τόμος　cobbler　鞋匠　(皮匠) 61ᵃ36, 73ᵇ12, 80ᵇ20。

τέκτονες, οἱ　carpenters　木匠　61ᵃ35, 80ᵇ20, 82ᵃ23。

ὑλοτομία　timber-cutting　伐木,林业　58ᵇ31。

ὑφάντης　weaver　织工　58ᵃ26, 91ᵃ13, 25ᵇ40。

χαλκέα　smith　铜铁匠　(或冶工) 91ᵃ14。

ἑστίλ κοινά　public hearth　公灶,神火　22ᵇ28。

εὐγενεία　nobility, noble birth　贵族,门望,优种　"贵族"释为血统优良和财德世泽 83ᵃ37, 94ᵃ21, 1ᵇ3;凭以要求政治特权 81ᵃ6, 83ᵃ33—ᵇ8, 93ᵇ37;才德和门望较财富为稀有 2ᵃ1;野蛮民族中的优种贵族,希腊人不认为优良 55ᵃ32。

εὔποροι, οἱ　the rich　富人,资产阶级　富室为构成城邦各职能、各部分(阶级)之一 28ᵇ10, 22;各邦都富人少,穷人多 66ᵃ38, 79ᵇ37;贵族政体往往偏重富室,因此流变为寡头统治 97ᵃ9, 7ᵃ19;贫富两方常常相仇 95ᵇ21, 10ᵃ4;富人免于饥寒,不致犯罪 93ᵇ38;参加公务,妨碍治产 93ᵃ7 (参看 55ᵇ35);富室放肆较穷人为易于覆亡 97ᵇ11;常常自幼失教,流于奢侈 95ᵇ17, 10ᵃ22;富室应济贫 97ᵇ7, 20ᵃ35;应重公益 21ᵃ35。平民城邦应保全富室,不使负担不必要的捐输 9ᵃ14、18, 20ᵃ6, ᵇ4。

εὐτυχία　prosperity　兴盛　兴盛豪华常为人生的隐患 8ᵇ14, 12ᵇ24, 34ᵃ28。

ἐχθροί, οἱ　enemies　仇敌　仇敌,行走不同路 95ᵇ24;如果遭遇共同的危险,虽仇敌亦可合作 4ᵇ23。

ζευγῖται　zeugitae　双牛级　梭伦所订公民四级的第三级 74ᵃ20。

θεαταί, οἱ　the spectators　观众　观众两类:有文化的自由人和鄙俗的工匠 42ᵃ18;鄙俗的观众使演员降格 41ᵇ14。

θητικόν, τὸ　thetes, the　佣工级　梭伦籍法的末级公民 74ᵃ21。

ἰατρὸς　physician　医师　医师三类 82ᵃ3;惟医师能识医师 81ᵇ38—82ᵃ7;医师

有时对诊断和处方两误 $31^{b}36$；医师有病不自诊，请别的医师为之处方 $87^{a}41$；对病人无所爱憎 $24^{b}29$；应习知本业的手段和目的 $31^{b}34$；新婚夫妇应向医师受教生理知识 $35^{a}39$。

ἱερὰ　temples　坛庙　市内坛庙应建于卫城 $31^{a}24$；乡郊的坛庙分布 $31^{b}17$。

ἱππεῖς　knights　骑士级　梭伦籍法的第三级公民 $74^{a}20$；爱勒特里亚的骑士 $6^{a}35$。

καπιλική　retail trade　贩卖，零售　贩卖源出于物物交换 $57^{a}41$—$^{b}23$；以贩卖赚钱，不合自然 $57^{a}17$，$^{b}19$。

κλῆρος (χώρα)　lot (of the land)　份地　份地是否由地主自耕？$63^{a}8$，$64^{a}14$，$68^{a}34$—$^{b}4$，$28^{b}24$—$29^{a}2$，$30^{a}23$—31；斯巴达律禁止份地卖买，但国内以其他方式进行兼并 $70^{a}16$—19(参看 $9^{a}23$)；亚菲底禁止兼并的重农法规 $19^{a}6$—20；希朴达摩的土地分配 $67^{b}33$—37，$68^{a}40$；亚氏模范城邦中的土地分配 $29^{b}40$—$30^{a}33$（参看 $65^{b}24$）。

κληρονομία　inheritance　遗产制度　见“法律”名词。

κοινωνία　community, society　社会，团体　$52^{a}1$—6；城邦为政治性团体，是人类的最高级社会 $52^{a}5$，$80^{b}29$—$81^{a}8$；社会团体有益于人类，创制社会制度的先贤宜受崇敬 $53^{a}30$。

κοινωνία πλατώνος　the platonic community　柏拉图理想公社　评述柏拉图《理想国》中所拟公社制度 $61^{a}1$—$64^{b}25$。(一) 妇孺公育：卫国之士的妇孺归公育 $61^{a}4$，$74^{b}9$；其他阶级的妇孺是否公育没有说明 $64^{a}11$—$^{b}4$；亚氏认为这种办法的弊害很多：(1) 城邦未必因此更为一致 $61^{b}16$；(2) 子女公育不能得到良好培养 $61^{b}32$；(3) 儿童及其亲生父母虽经掩蔽，终可识别 $62^{a}14$，所谓阶级转换不切实际 $62^{b}24$；(4) 没有父子夫妇的社会一定多犯罪，乱伦和伤害双亲这类重辜无法区别于一般的奸淫和伤害 $62^{a}25$—40，$^{b}29$；(5) 亲属感情将归淡薄 $62^{a}40$—$^{b}24$；(6) 家庭将被废弃 $64^{b}1$。

(二) 财产公有：$62^{b}37$—$64^{b}25$；财产公有不符合于人类天性 $63^{a}15$。

κολακεία　flattery　谄谀　谄事富室 $63^{b}20$；谄事僭主 $92^{a}21$，$13^{b}39$；谄事群众 $74^{b}6$，$92^{a}20$，$13^{b}39$。

κώμη, ἡ　the village　村坊，村落　若干家庭的聚落为村，$52^{b}16$；城邦为若干村坊的结集 $52^{b}27$。

μέρη τῆς πόλεως, τὰ　the parts of the city-state　组成城邦各“部分”　(各“部分”或为职业和阶级区别，或为职能区别) 不同城邦各有不同的社会组织，亚氏分城邦组成为六个部分(农民，工匠，战士，资产公民，祭司，官吏) $28^{a}21$—$^{b}23$；在他的模范城邦中所拟各部分的安排 $28^{b}24$—$29^{a}34$。

μέσοι, οἱ　the middle class　中流人物，中产阶级　中产阶级的品德 $95^{a}25$—$97^{a}13$；古代中产者较少，$97^{b}26$；中产阶级为主的城邦最为优良 $95^{b}25$—$96^{a}21$，$^{b}34$，$8^{b}30$。

μεταφέρειν　transference　[阶级]转换　62^a25(见“柏拉图理想公社”)。

ναυτικὸν, τὸ　the mariners　海上作业人员　91^b20—25。舵师 76^b22, 79^a4, 82^a10; 水手:船舶喻城邦,水手喻公民,76^b20—35; 桨工(桡手)76^b22。

ἁλιευτικόν, τὸ　fishermen　渔民　塔兰顿和拜占庭多渔民 91^b23。

εμπορικὸν, τὸ　merchant-seamen　估客　爱琴那和启沃岛多外海估客 91^b24。

ναμτιλίαι, τὸ　seamen　海员　赫拉克里亚多海员 91^b22, 27^b14。

προθμευτικόν, τὸ　ferrymen　航渡水手　得内杜斯岛上多航渡水手 91^b24。

νεώτερον, τὸ　the youth　青年　“青年”和“老年”并举,论被统治和统治 32^b36—33^a11; 少壮时为战斗员,年老时为审议员(政法人员),耆耄则任神职 29^a6—17、30—33。

νομίμα　custom　风俗,习俗　习俗遵循成例 55^a22, 24^b22。

ξενος　strangers　客民,外侨　外来侨民扰乱本邦习俗 27^a17。

οἰκήσεως, ἡ　residence　居住　“居住”不能作为公民的资格(所有居民不全是公民)75^a7, 76^a19, 80^b13—35(参看 60^b40)。

οἰκία, ἡ　the family, the domestic society　家庭　社会源于家庭 52^b16(参看 57^a21); 家庭以父亲为主人,父子、夫妇、主奴三伦于此成为自然结合 52^a24—$^b26$, 55^b19, 59^a37—$^b17$, 60^b13, 3^b1—14; 城邦由家庭组成而较家庭为更能自给自足 60^b13, 61^b12, 69^b14。

παιδές　children　子女,儿童　亲子相肖 62^a15; 双亲和子女 53^b3; 儿童为未成年的公民 75^a14, 78^a4; 儿童虽具有审辨机能,但未成熟,应由亲属管教 52^b20, 55^b19, 59^b10、28—60^a33, 34^b24 (参看“教育”名词“儿童教育”条)。

阵亡战士的子女应由公款抚养 68^a8。

παρθενίαι　partheniae　巴尔赛尼　斯巴达人的私生子 6^b29。

πατὴρ καὶ τεκνα　father and children　父子关系　56^b10, 59^a37—$^b17$(参看“伦理”名词)。

Πενεσταί　Penestae　卑奈斯太　帖撒利亚农奴 64^a35, 69^a37。

Περίοικοι　Perioeci　贝里俄季,边区居民　克里特的贝里俄季类于斯巴达的赫卢太(农奴)72^a1, $^b18$; 每年缴纳实物地租于公库 72^a18; 照米诺斯王的传统规矩管理贝里俄季,较斯巴达农奴为平安 69^b3, 71^b30, 72^b18。在阿尔咯斯的贝里俄季得入籍为公民 3^a8。城邦可募农奴为舰队的桡手 27^b11。

πεντακοσιομέδιμνοι, οἱ　pentacosiomedimni　五百斛级　雅典梭伦籍法财产四级的第一级公民 74^a19。

σύζευξις　marriage　婚姻　34^b29—36^a2; 婚姻季节 35^a38; 婚姻纠纷为引起政变的原因之一 3^b37—4^a17, 6^a31。

σύνθετος　collective　集体,整体　群众集体胜于个人 81^a39—82^b13,

9. 经济

ἀν-ιπεπονθός，τὸ ἴσον τὸ　compensation，the principle of "autarkeia"　通工等偿原则　61^{a}30—^{b}9，90^{a}7。

αὐτάρκεια　self-sufficiency　自给自足　城邦当求自给自足 52^{b}27，26^{b}27，28^{b}16；过度整齐划一的城邦，不能自给自足 61^{b}10。

βοήθεια　almsgiving　施济　以赒济方式帮助民众无实益，应该资助他们从事生产 20^{a}24—^{b}11。

γεωργία，γεωργική　Agriculture，husbandry　农业，农作　人类大多务农 56^{a}38；由游牧转成定居务农的史实 29^{b}14；古代立法多重农 19^{a}6—19。

农作为致富各术中合乎自然的方式 56^{a}17，58^{a}37，^{b}17；农艺书籍 58^{b}39。

θηρευτική　hunting　狩猎　战争导源于狩猎，狩猎为战术的分支 55^{b}38，56^{b}23，24^{b}39；狩猎的种类，捕禽、逐兽、捕鱼 56^{a}35。

κτῆμα（οὐσία）　possession，property　所有物，财产　维持生活所用的工具为各人的所有物 53^{b}31；有助于日常活动（人生行为）的工具亦为各人的所有物 54^{a}2；所有物的管属和运用可有三种制度，通论其利弊 63^{a}2—^{b}14，64^{a}12—^{b}5；亚氏主张"产业私有，财物公用"63^{a}3，21—^{b}14。

财产为家务管理的一个部分 53^{b}23，56^{a}3；城邦应有资产条件，但财产不是城邦的一个部分 28^{a}34；家产应充裕而以足够维持朴素生活为限度 65^{a}29，26^{b}30；斯巴达人资产厚薄悬殊 70^{a}15，^{b}6，6^b 36，7^{a}35，16^{b}8；财产不均为引起革命的重要原因 66^{a}37—^{b}21；动产（奴隶、牛羊、金钱等）和不动产（土地）并举，应两任自由聚散或两施管理 67^{a}10—14；人间由私产引致的许多罪孽，其根源不在财产制度而在人类本来有恶性 63^{b}15—26。

κτήματα　live stock，cattle　家畜，牛羊　畜牧经验为致富一术，应该学习 58^{b}12—20。

κτητική　acquisition of property，acq. of wealth.　获得财产方法，致富技术

致富治产技术有三类：（一）自然方式，以获取生活必需品的供应为目的，如农、牧、渔、猎 57^{b}19，58^{b}20；战争亦为获得财产的一法 55^{b}37，56^{b}23，34^{a}2；治产属于家务管理 53^{b}23，56^{b}26—57^{a}41，58^{a}19—38，^{b}12—20；求取供应的致富方法都有限度 56^{b}31，57^{b}30—58^{a}18。

（二）非自然方式（赚钱技术）：超过生活需要的交换（贸易）57^{a}6—19，58^{a}40，^{b}21，漫无限度 57^{b}23—40；商贩 57^{a}17，58^{a}39，^{b}20—25；利贷 58^{b}2、25；佣工 58^{b}25—27。

（三）中间方式：矿冶和采林 58^{b}27—33。

κτήσεις τῶν πολιτῶν，ἴσας τὰς　equalization of the property of citizens 平均公民财产 66^{a}39—^{b}27，67^{a}18—37，74^{b}4；法勒亚所拟均产法 66^{a}39—^{b}4，67^{b}10—19，74^{b}9；均产可减少盗窃小罪，不能消除人类罪恶根性 66^{b}28—67^{a}17、39。实行均产须先限定人口 65^{a}37，37^{b}16。

λειτουργίαι　liturgies，public services　捐输，公益，社会义务　对于公共事业的

义务捐输 9ᵃ18，20ᵇ4，21ᵃ31。

ληστρικὸs，τὸ　piracy　海盗，劫掠　56ᵇ1。

λυπωδυτεῖν　stealing　偷窃　防窃 67ᵃ1，9。

μελιττουργία　beekeeping　养蜂　同养鱼养禽并列于农牧作业 58ᵇ20。

μεταβλητική　exchange（barter，trade）　交易　（一）自然交易（物物"交换"）57ᵃ6—30，58ᵃ32—40；（二）人为交易（贩卖）56ᵇ40—57ᵃ19，41—ᵇ23，58ᵃ40；（三）人工交易，（雇佣）为交易的第三类 58ᵇ25。

μονοπωλία　monopoly　垄断，专利　垄断赚钱的故事 59ᵃ3—33。

νομάδεs　nomads，herdsmen　游牧部族，牧人　牧人最散逸 56ᵃ31；有时兼行狩猎和劫掠 56ᵇ4；为优良士兵 19ᵃ22；其品德仅次于农民，适于构成平民政体 18ᵇ11，19ᵃ19。

νομίσμα　money，currency.　金钱，货币　货币原始及其作用 57ᵃ20，ᵇ34；货币为习俗虚拟的共通信用，非真正财富 57ᵇ10；放债取息不合自然，非货币的正用 58ᵇ3—8、25。

ὀρολοστατική　usury　钱贷，放债　放债"取息"为最不自然的赚钱方法 58ᵇ7、25。

οἰκονομία　"oeconomics"，household management　家务管理，家政，经济　家务三要素（三纲），主奴、夫妇、亲嗣（父子）53ᵇ1—14，59ᵃ37（三纲分别见"伦理"名词）；家政和致富（治产）53ᵇ12、23，56ᵃ3—14，56ᵇ26—57ᵃ41，ᵇ17—58ᵃ38，ᵇ9—21；夫妇在家务上事功相异 77ᵇ24；家务管理在为从属者谋利益（供应）78ᵇ32—40；异乎专制统治 52ᵃ7；修善较治产为重 59ᵇ2。

ὀργάνον　instrument　工具　工具或用于制造（生产工具）或用于行为（事务工具）54ᵃ1—17；这两类工具或有生命或无生命 53ᵇ27；奴隶为有生命工具 53ᵇ30，54ᵃ16；专用工具 52ᵇ1；技术工具各有限度 56ᵇ34。

πενία，ἡ　poverty　贫穷　贫穷滋长盗窃小罪，世间重辜都别有原因 66ᵇ38；贫穷为平民政体的特征 17ᵇ4；社会困乏为引致革命的原因之一 65ᵇ12（16ᵇ14，意义相异）。

πλοῦτοs，ὁ　riches，wealth　富饶　"富"和"贫"，两者每为一城邦内的敌对因素 91ᵇ9，1ᵇ39，8ᵇ28；人情多重财富，胜过名誉 97ᵇ6，8ᵇ34，18ᵇ16；财富有多种 56ᵃ16，89ᵇ33；生活必需品为真实的财富，各有限度 56ᵇ31，57ᵇ30；钱币常被混充财富，人们因而从事无限度的积累 57ᵃ1—58ᵃ18；人生对于财富应有节制 65ᵃ32，26ᵇ30。

πρόσοδοι　revenues　财赋，税收　城邦须有财赋收益 92ᵇ38，93ᵃ3，28ᵇ10；各种公款收支都应公布 9ᵃ10；极端平民政体常常滥课赋税 20ᵃ21。

τιμήματα，τὰ　property qualifications，assessment rolls　资产定额，财产册籍　城邦各种公职都须具备财产资格 82ᵃ29，91ᵇ39，92ᵇ39，ᵇ29，93ᵃ14，18ᵇ30；在寡头政体中宜有一高一低两种财产册籍 20ᵇ22；财富增殖，产籍变更为引起政变的一

因 3^a12，23，6^b6—16，7^a27；可举行定期的重估家资，改订册籍，以为补救 8^a35—$^b6$。

τροφή　food　食料　自然供应全人类的食料 56^a19—$^b26$，58^a35；足食为建邦的必备条件 28^b5。

γάλα　milk　乳　乳类为婴儿最优良食料 36^a7；天赋母乳为幼兽的食料 56^b14，58^a36。

οἶνος　wine　酒　儿童不宜饮酒 36^a8；许可饮酒的年龄 36^b22。

τρυφή　luxury　奢侈　斯巴达妇女奢侈 69^b21；寡头城邦中富室多奢侈 95^b17，0^a7，10^a22。

χορηγία　choregia　装备　(物质生活条件)见"伦理"名词。

χρημασις　wealth　资产，财富　资产为寡头政体的主要表征 73^a25，79^b39，90^b1，91^b11，11^a10，17^b39；凭资产为要求政治权利的依据 80^a22—38，83^a16，23—$^b8$；资产的积累常常出于贵胄世泽，饶于资产者常常优于文化 93^b39，94^a17，6^b24。

χρήματα，τὰ κοινὰ　finance　财务　政治家重理财 59^a33；斯巴达财务混乱 71^b10；关于财务管理的一些建议 8^b31—9^a14，19^b33—20^b17。

χρηματιστική　the art of getting wealth　致富技术　致富的自然方式和不自然方式 53^b12，56^a1—57^a41，58^a19—$^b21$。

χρῆσις χρησιμότης　usefulness，utility　实用，功效　希腊立法家多尚实用，重急功近利 33^b9；高尚之士不专求实用 38^b2；实用非教育的惟一目的 37^b5，38^a38。

10. 伦理

τ'αγαθὰ　the goods　善事，善物　人类所求的三类善物：(一)外物各善，(二)身体各善，(三)灵魂各善 23^a21—38；外善不如内善 71^b7，23^a34—$^b21$，34^b3；人生幸福不在身外各善 23^b21，32^b25。

ἀγαθόν，τὸ　goodness，the good　善　绝对和相对之善 32^a7—27；动物界中惟人类有善恶之辨 53^a15；人种优劣或自由人和奴隶的分界应以品德善恶为别 55^a39。

ἄδικον　injustice　不义　惟人类有"义"和"不义"之辨 53^a15。

ἀκολασία (ἄνεσις)　licentiousness　放纵，淫佚　斯巴达妇女放荡 69^b12—70^a15；平民政体常常放纵妇女和奴隶 13^b33，19^b28；不能以放纵("随心所欲")为"自由"10^a31。参看"政治"名词"自由"条。

ἀνάπαυσις　anapausis，relaxation　休息，松懈　解除疲倦必须休息 37^b38，39^a16，$^b15$；自由人适于以听乐为休息 38^a13—37。

ἀνδρία　courage，fortitude　勇毅　(希腊四德之一)同其他三德并举 23^a31；男女的勇德相异 60^a22—31，77^b20—25；勇毅合于仁爱，不可以暴戾为勇敢

27b38—28a16，38b17；设置城堞以助防卫，未必削弱人民勇气 30b32—31a14；勇者得权势而益奋励 12a19。

ἄνθρωπος　man　人　人是一种政治动物，有乐于群居的天性 53a2—39，78b17—36；人人都有要求嗣续的心愿 52a28；人类在原始期是愚钝的 69a4；人类独能言语 53a9；独有善恶和义德之辨 53a15；独有理智 32b4；应由理智支配天赋的习惯 32a38—b11；天赋有恶性 63b22，67b5，19a1；好名不如好利 97b6，8b34，18b16；人欲无底止 58a1—14，66b29，67a41；动植物都为人类而生存 56a20；如果没有道义和法律加以约束，人类可能成为最凶恶的动物 53a31。

男人和女人的品德有差别 59b25，60a20—31，77b20。

ἀρετή　virtue good virtue　品质，才德，善德，道德　“德”无通义 60a25；才德为贵族政体的特征 73a26，93a35—b21，7a9；品德和强力相联结 55a13；齐家应重德轻财 59b20；男女异德，60a20—31，77b20；主人应培养奴隶的品德 60b3；世人常常轻视德操 23a36；不能依幸运造就品德 32a31，当凭天赋、习惯和理智三端以培养善德 32a38—b11，34b6—28；善德出于灵魂的理性部分 33a18。

善德在养成快乐的感情和对于爱憎的鉴察 40a15；有善德者才有真乐，24a12，25a16，28a37，b35，32a7；善德重于内修还是重于外现?24a5—25b32；四德并举论外物不足以缮性，人生唯有德者才有幸福 23a25—b29。

公民道德和个人道德 76b16—77a13，93b3，9a36；通论公民的四德 77b16—27；绝对善人的品德 76b16，77a13，32a22，好公民的品德 78a40，88a32—b2，33a11；理想城邦中最优良公民的品德 76b35，84a1，93b3。

城邦以善德为目的而致力于善业 80b5，81a4，83a24，32a31；城邦道德和个人道德相同 23b33；城邦不应专修勇德，只求战胜 71a41，24b5，33b12，34a40；四德并举论操持和平和战争 34a11—39。城邦各要职所应具备的品德 9a33—b14；统治者和被统治者品德相异 59b21—60a9，77a13—b30；统治者重在明哲周详（智虑），被统治者重在识别事理，择善信从（勤勉）77b25。城邦应当重视妇孺的品德 60b16，69b12，70a5。

ἄρχειν καὶ ἄρξομαι　to rule and to be ruled　指挥和服从　要做“领导”，先习“服从”，“从属”于人 77a29，b8，29a14，33a2。

ἀσχήμα, τὰ　obscenities　秽亵　城邦应禁止秽亵言行 36b3—19。某些节庆不禁秽亵表现 36b16。

γαμικόν, τὸ　the maritial relation　夫妇关系　家庭三伦（三纲）之一 52a27，53b6，59a37—b17，77a7（参看“社会”名词“婚姻”条）。

δεσπότης καὶ δοῦλος　the master-slave relation　主奴关系　家庭三伦之一 53b6，59a37。

διαγωγή　diagogue, cultivation of mind　理性培养，心灵陶冶　培养理性兼重闲暇和勤劳，和平和战争之际 34a11—28；为人生高尚目的 34b16，39a30；儿童不需教以培养心灵 39a30；音乐有益于陶冶心灵 39a35，41b40。

δίκαιον, δικαιοσύνη　justice, righteousness　[政治]正义,道德正义　正义(公正)为社会性和政治性品德 53^a37, 83^a20、38;有时解释为相互的"善意", 55^a17;男女的义德相异, 59^b28, 60^a20;同其他三德并举论统治者和被统治者的义德相异 59^b21—60^a20, 77^b16—30;正义和强权对论 55^a7—22, 18^b1, 24^b28。

正义不会有害于城邦 81^a19;以武力征服他人,不合正义 24^a35—25^a15;常俗的正义观念,人们要求政治权利的根据(或凭自由身分,或凭门望,或凭财富,或凭才德,或凭功绩)各有所偏 78^a17, 80^a7—34, 81^a8, 83^a34, $^b30$, 90^a1, $^b13$, 96^a18, 0^a14, 1^a25—36, 17^b3、39, 18^a1、11—28, 24^b33。

ἔθη　mores, character　性格,情操　不同性格的公民建立不同的政体 37^a14—21;儿童教育应重理智,还是重情操? 37^a38;道德教育在正视听,所以应鉴别图画和音乐所表现的性格 40^a18—$^b7$。

ἐλευθερία　liberty　自由　见"政治"名词。

ἐλευθεριότης　liberality　宽弘,博济　宽裕当约以朴素而成节制 65^a33, 26^b31;在一切归公的社会中,不复有宽弘慷慨的品德 63^b11。

ἔσχατα, τά　the extremes　极端　极端各趋向常引起祸患 96^a22—$^b2$, $^b34$—97^a13, 20^a2—17。

εὐδαιμονία μακάριον　happiness, felicity　快乐,幸福　人生幸福不赖于外物各善 23^b21, 32^a25;人人各臻幸福而后能成幸福之邦 55^b9, 64^b17, 29^a23;德盛者常快乐 23^b21, 28^a37, $^b35$, 29^a22, 32^a7;神性至乐 23^b21, 25^b28;人生幸福同于城邦幸福 24^a5—25^b32;城邦幸福不在于地广人多或服属他人 24^b32—25^a7, 26^a8—$^b7$;和平、闲暇并操修善德才能得真正幸福 25^a16—34, 37^b33—38^a13, 39^b11—42。

ζῆν, τὸ　the life　人生,生活　人类生活和动物生活相异 56^a19—$^b7$, 18^b9, 19^a20;生产所以维持人生(生存),人生的目的则主要在于修善,生产事业当从属于修养功夫 54^a7;人生的怡悦(生存的乐趣) 78^b29;人生宜隐避,还是应当入世? 24^a25—25^b32。

诗人以"七"数分别人生在世的年纪 35^b32, 36^b40;才龄(盛年),见"生理心理"名词;

斯巴达人生活简朴 65^b40;公民生活和职官生活应符合政体 70^b31, 8^b20;

幸福(优良)生活:人类重视"物质生活",因而轻忽了(道德)"优良生活" 57^b40;城邦的目的在为全邦人民谋得优良生活 52^b30, 80^a31—81^a4, 91^a17, 23^a14, 25^a7, 26^b7, 28^a35。

ζώη θεωρητικὸς　the life of contemplation　玄想生活　玄想境界和情欲境界 34^b17—28;玄想(隐避)生活和世务(实践)生活对论 24^a5—25^a15, 32^b12—34^a10。

ἡδονή　pleasure　快乐,怡悦　有生之乐 78^b29;快乐的观念人各不同 38^a7;快乐和幸福 23^b1;人生莫不在欢乐 58^a3, 67^a5;情欲和名利的暂时欢乐引人入于烦

变各种动机之一 66^{b}38，67^{a}39，7^{a}2，10^{b}18。

φιλία，ἡ　friendship，love　友谊，情爱　（一）友爱和平等 87^{b}33；人类相友爱而社会得以团结 62^{b}7，95^{b}24；朋友有通财之谊 63^{a}29—37；20^{b}9，30^{a}1；僭主不愿公民互相友好而团结 13^{a}41。

（二）人各爱重其所有物，在一切归公的社会中，人人皆一无所有，情爱将归淡薄 62^{b}3—24。

φρόνησις　phronesis，prudence（moral wisdom）　明哲端谨，智虑　四德之一 53^{a}35，23^{b}35，29^{a}8；明哲端谨为政治家的主要品德 77^{a}15，^{b}25；明哲的人役物而不役于物 23^{b}19；同其他三德并举 77^{b}16—29，23^{a}32。

χεῖρον καὶ τὸ βελτίον，τὸ　the inferior and the superior　劣和优　劣者从属于优者 33^{a}21（参看"主奴关系"）。

χορηγία　choregia　装备　人生的物质供应 55^{a}15，24^{a}2，32^{a}17—32。

11. 生理心理

Αἴσθησις　sensation　感觉，官感　40^{a}28—38。

ἀκμή　acme　盛年，才龄　29^{a}7，35^{a}33，^{b}31。

ἀκουή，ἡ　hearing　听觉　对于修养操行，听觉较其他感官为重要 40^{a}28—^{b}19。

ἔθος，τὸ　habit　习惯，习性　同天赋和理智并举为进德修善的三根基 32^{a}38—^{b}11，34^{b}6；教育应先施于习性 38^{b}40；政法有赖于人民的习性 69^{a}20，92^{b}13。

ἐνθουσιασμός　enthusiasm，inspiration　热忱，灵感　40^{a}10；音乐引发热忱（灵感）40^{b}4，42^{a}4。

ἐπιθυμία　desire，appetitive principle（of the soul）　情欲，欲望，[灵魂的]情欲部分　灵魂的"情欲部分"，即"无理智部分"同"有理智部分"对举，54^{b}5，77^{a}7，87^{a}30，34^{b}20—27。

人欲无餍 58^{a}1，63^{b}22，66^{b}29，67^{a}5，^{b}3，87^{a}30；孩提亦显见有他的欲望 34^{b}22。

ἔρως　eros love　情爱　好战民族多重爱情（好色）69^{b}27；情爱每激生憎恨 28^{a}1。爱情纠纷为引起内乱的原因之一 3^{b}21。

ἡλικία　age　年龄　诗人们对人之一生以"七"纪年 35^{b}33，36^{b}40；不同年龄宜于不同乐调 42^{b}20，34；军事和政治的不同职务应依年龄高低为分配 29^{a}2—34，32^{b}34—41。

婚姻年龄 34^{b}29—35^{a}35；男儿成年后参加会餐等事 36^{b}23—13；老年身心俱衰 70^{b}40。

θύμος　thumus，animosity，spirit，anger　热忱，精忱，怒气　87^{a}32，27^{b}37—28^{a}17；希腊民族兼具热忱（精神）和理解 27^{b}20—36；热忱（怒气）见于婴

儿，属于“无理智部分”34^{b}22。

λόγον，τὸ　reason，rational principle　理性，[灵魂的]理智部分　灵魂中具有“有理性”和“无理性”两个要素，后者从属于前者 54^{b}5，60^{a}4，16，33^{a}18，34^{b}14；理智部分又分为“玄想”和“实践”两部分 33^{a}24。

理智为人生培养善德的三根基之一 32^{a}38—^{b}11，34^{b}6；禽兽无理智，奴隶只有微薄的理智 54^{b}22，59^{b}28，32^{b}3；情欲常常淹没理智 12^{b}28，15^{a}29；中间阶级较富理性，如果养尊处优或穷愁困顿都有伤理性 95^{b}5。

λόγος，ὁ　speech，language　言语　天赋人类以言语机能，人类凭以相结合而组成社会 53^{a}9—18。

μίσος　hatred　憎恨　憎恨时未必失却理智，愤怒时则常常失去理智 12^{b}32；爱亦生憎 28^{a}1—16；憎恨为推翻僭政的动机之一 12^{b}19—27。

νοῦs，ὁ　the mind，reason　心，理性　（“心”和“身”并举）智育和体育不同时进行教练 39^{a}7；老年人“身”和“心”俱衰 70^{b}40。

ὁρασιs　sight　视觉　40^{a}30。

ὀργηs　anger　忿怒　12^{b}28，15^{a}29；对于负义的朋友，忿怒特别厉害 28^{a}10。

παθητικὸν，τὸ　passion　感情　法律无感情因素，人心则不能免于感情，所以凭法律断狱胜于个人智虑 86^{a}8—26；群众，同个人相衡，情况亦然 86^{a}33。

προαιρέσιs，ἡ　the will，moral choice　[个人]意愿　52^{a}31，80^{a}34，12^{b}2，32^{a}33；凭统治者和私意断事决策，不如依法裁决为稳当 70^{b}29，72^{a}38，^{b}5，86^{a}17，87^a—32。

σώματοs　the body　身体　身体从属于灵魂 54^{a}34—^{b}16，23^{b}13；身体先于灵魂，教育应先身体而后智德 34^{b}20，38^{b}5，39^{a}7；身心利害一致 55^{b}9；人体美较灵魂美为显而易见 54^{b}38；自由人体格不必都优于奴隶体格 54^{b}32；公民应有的体格 35^{b}3—11，38^{b}6—39^{a}10。

ὑγίεια　health　卫生，健康　择地建城首重居民健康，应注重摄生各条件 30^{a}38—^{b}17。

φίλαυτον　self-love　自爱　63^{a}41；超过限度的“自爱”则为“自私”63^{b}3。

φόβοs　fear　恐惧，恐怖　恐怖为引起变乱的动机之一 2^{b}2、21，11^{a}15；共同的恐惧（患难）有助于城邦公众的团结 8^{a}26；并可使仇敌合作 4^{b}23。

φύσιs　nature　自然　见“哲学”名词。

φύδιs　natural endowment　天赋　天赋为德育（修善）三根基之一 32^{a}40—^{b}14，34^{b}6；世界各族的天赋和习性 27^{b}18—38；教育可补天赋之不足 37^{a}1。

ψυχή　anima，soul　灵魂（生命）　魂为身主 54^{a}31—^{b}9，91^{a}24；在发生的程序上后于身体 34^{b}20；魂和身利害一致 58^{b}9；灵魂的内美较身体的外貌为不易显见 54^{b}38；灵魂含有旋律和节奏 40^{b}18。

灵魂（心理）各个部分：理智和无理智部分，“理智部分”符合于“人心”，“无理智部分”符合于“欲念”54^{b}5，60^{a}4，77^{a}6，33^{a}16，34^{b}17（参看“理智部分”条）。

12. 教育

'Αθλητή athelete 竞技选手，运动员 竞技选手的体质不适宜于公民生活 35^b5，38^b9—39^a10。

ἄσκησις training 训练 战斗训练(尚武教育) 33^b38。

γράμματα reading (and writing) 读写 希腊儿童教育四课程之一 37^b23，38^a15。

γραμμένα，τὰ the works of art 艺术作品 集成众美 81^b12；匀称为本 84^b7；不应有伤风败俗的主题 36^b15，35。

γραφεύς painters 画家 画家集众美以成图像 81^b12；匀称为画艺的原则 84^b8；应表现道德高尚的主题 40^a35。

γραφικὴ drawing 绘画 儿童教育四课程之一 37^b25，38^a17。

γυμναστικὴ gymnastics 体育，竞技教练 儿童教育四课程之一 37^b23；体育教练自古迄今屡有改进 68^b35；体育包括多种技术 88^b15；拉栖第蒙人过度致力于体育(军事教练)38^b9—38。

各种竞技课目：克里特禁止奴隶从事各项体育锻炼 64^a21；寡头政体不鼓励贫民参加各种竞技练习 97^a29；亚氏对于体育课程的拟议 31^a35，儿童竞技应取较轻柔的课目 38^b4。健身房，体育场 31^a37。

διαγωγή cultivation of mind 理性操修 39^a30，35，41^b40(见"生理心理"名词)。

ἔθος，τὸ the habit 习惯 同天赋和理智并举为德育三根基，参看"生理心理"名词。

ἐμπειρία experience 经验 64^a1，29^b33。

ἐπιμέλεια τὴν πρώτην nursery 婴儿保育 36^a3—20。

'Ολυμπία，τὰ the Olympic games 奥林匹克竞技 奥林匹克节运动竞赛各项目的过度锻炼有伤体格 39^a1。

ὄρχησις dancing 跳舞 39^a21。

παιδιά，ἡ the plays of children 游嬉 儿童游嬉可学习成人的职业活动 36^a32。

παιδεία rearing and training of the children，education in general，culture 儿童教养，教育，文化 (一)儿童教育和公民教育应符合于其政制所依据的精神和宗旨 60^b15，10^a12—36，37^a11—32；模范城邦中儿童应如何培养和教育 36^a3—37^a7，39^a7，40^a35，$^b29$；儿童教育四课程 37^a33—38^b8；体育课程 38^b9—39^a10，音乐和绘画课程 37^b25，40^b20—41^a17，教育对于儿童，犹如阿奇太的响器(参看"社会"名词"儿童"条)。

(二)教育(文化)和"鄙俗"对举 17^b39；教育有补于俗习 32^b10，37^a1；城邦应有划一的教育制度 37^a21(参看 66^b30，94^b21)；教育为立法家的专业，是城邦的要

务 37^a11，83^a24；惟教育能使一邦公民归于团结 63^b35。教育分期 36^a3—37^a7，38^b38—39^a10；教育宗旨及其课程应偏重人生业务，还是善德操修（重技艺还是尚道德）？37^b23—38^b8，39^a11—40^b19；教育宗旨有时谬误 66^b30—38，33^b5，37^a24，38^b32；斯巴达和克里特教育专重战争训练，独修勇德 24^b9，教育应求多方面的平衡发展，武德偏胜，在斯巴达已久而见到不良后果 94^b21，37^a31，38^b9—39。

僭主厌恶教育 13^b1；各族王储的教育 77^a17；富室子弟多失教 95^b16—25；平民城邦和僭邦都放纵儿童，统治者须有异于被统治者的教育 77^a16（参看 32^b42）。

ῥητορική　rhetoric　修辞，演讲　5^a12。

συμμετρία　symenetry　匀称　84^b7，2^b33，8^b10，9^b21，26^a35。

τέκναι，κί　the arts　学艺，技术　艺术取法自然而弥补自然的缺漏 37^a1；各门技术，其手段都有限度，其造诣则无止境 56^b31，57^b23，31^b26；艺术由谁鉴定，专家还是群众？81^b38 —82^a23，40^b23—39。

技术有主从之分 56^a10，58^a19—38；技术须有工具 53^b23—54^a17；自由人不学卑陋的行档（生产技术），亦不以艺事自炫 58^b9—59^a36，37^b11—21。

假借技术研究来说明政治研究各论题 88^b10—37；治国齐家的技术类似医学、体育等有益于受术的人们 78^b37—79^a13；以笛艺为喻，凭才能为准，厘定并分配名位 82^b30—38^a14。

φύσις　natural endowment　天赋　见“心理”名词。

13. 音乐和诗歌

Αγῶναι Διονυσικοί　Dionysiac Contests　酒神节赛会　狄欧尼修节戏剧竞赛 23^a1。

ἁρμονία　harmony，modes in music　乐律，乐调　54^a33，76^b8；各种乐调各有不同的德性感应，音乐教育应注意选择乐调 40^a40—$^b19$，41^b19—42^b34；相符于音节，乐调亦可分为培德、行动、热忱三种 41^b34。

重要乐调：杜里调和弗里季调 90^a20；杜里调雄伟庄严，令人神凝气和 76^b9，90^a22，40^b4，42^a29—$^b17$，为一种培德乐调 42^a30。弗里季调使听者兴奋，入于狂欢 76^b9，90^a22，40^b4，42^b1；柏拉图选取弗里季调实为错误 42^a32—$^b17$。吕第亚调低柔，为柏拉图所不取 42^b23；软调实际也宜于儿童音乐练习 42^b32。吕第亚混合调沉郁凄楚，引动哀感 40^b1。

κάθαρσις　catharsis，purgation　清除，净化感情　音乐“引发”宗教感情而致其“清除”作用 41^a24，$^b38$—42^a15。

μέλος，τό　melody，song　音节，旋律，歌词，曲谱　40^a10、18，41^a2、17；统论三种基本音节：培德、行动、热忱 41^b20—42^a17。

μίμησις　imitation　摹拟，表现　音乐摹拟（表现）人生的感情和人类的性格 39^b42—40^b13。

μουσική　music　音乐　乐理中有主导［和辅助］原则 54^a33；和声（交响）和单

调 63^{b}35；音乐由旋律和节奏组成 40^{a}19，41^{a}1，^{b}19。

音乐令人怡悦 39^{b}4、20，40^{b}16，42^{a}15，令人兴奋，亦能使人安静 40^{a}10，^{b}4，41^{a}23，42^{a}4—16；清除作用 41^{b}38—42^{a}18；对于性格的影响 39^{a}41，^{b}42—40^{b}25，41^{a}4，^{b}32—42^{a}28；促使人在闲暇中陶冶性情，培养理智 37^{b}23—38^{b}8，39^{b}4—15，41^{b}40；音乐为有益的教育课目 37^{b}23—38^{b}8，39^{a}11—40^{b}19，41^{b}38；音乐教育之标准 42^{b}16—23。

音乐作业余练习 41^{a}9，^{b}8，42^{a}18；惟有乐工乐师能识乐艺高低 40^{b}35；群众对于音乐的欣赏 81^{b}7。

ὀργανά, τὰ　musical instruments　乐器　适宜于教育用的乐器 40^{b}20—41^{b}17；自由人所宜演奏的乐器 41^{a}17—^{b}8[为七弦竖琴]。

(一) 管乐器，笛，箫：雅典妮制笛的故事 41^{b}2—8；笛不宜于自由人演奏 41^{a}18，42^{b}1；波斯战争以后，雅典和斯巴达盛行管乐 41^{a}28—36；以笛艺喻为政 77^{b}29，82^{b}31—83^{a}3；

(二) 弦乐器：吉柴拉琴(琵琶)41^{a}20；琶琵多瑟[古多弦琴]，七角琴，三角琴 41^{a}41；琵克底(吕第亚筝)41^{a}40；撒琵基琴 41^{b}1。

ποίησις　poetry　诗体　以各种诗体比论各种乐调和旋律 42^{b}3—16；群众对于诗人的作品能比各个个人作更适当的评判 81^{b}7。狂热诗体 42^{b}7。

ποιηταὶ　poets　诗人　34^{a}31，35^{b}32，36^{b}40，39^{b}6，42^{b}7。

ῥυθμὸν　rhythm, time　韵律，节奏　63^{b}36，40^{a}18，^{b}10，41^{a}1，^{b}19。

χορηγός　choregos　合唱队长　99^{a}19，41^{a}33。

14. 哲学

Ἐπιστήμη　science, knowledge　学术，知识　各门学术，在各自范围内，力求成就各自的善业 82^{b}14；各门学术都因变革陈法，增益新知而得以进步 68^{b}25—40；一切学术都重分析，学术家当不遗微末 52^{a}18，79^{b}12。

διαίρεσις　analysis　分析　“分析”为亚氏习用的求知方法 52^{a}18，56^{a}2。

ὅλου, τὸ　the whole　完全，整体　“全体”分为“部分”52^{a}17，56^{a}2；全体先于亦优于“部分”53^{a}18—29，88^{a}26；部分从属于全体 54^{a}9；全体和部分利害一致 55^{b}9，37^{a}39；部分的品德相关于全体的品德 60^{b}14；全体的快乐有待于其各个部分的快乐 64^{b}17，29^{a}23；“诸小相聚，其积亦小”为一诡辩词 7^{b}36。

πέρας　limit　限度，范围　各门学艺都须先划定范围 56^{b}34，57^{b}27，84^{b}7，26^{a}37；城邦的人口和疆域限度 65^{a}13，39，66^{b}8，70^{b}4，25^{b}33—27^{a}10，35^{b}22；财富限度 56^{b}31，57^{b}30，65^{a}28—38，66^{b}5—31。

ποιὸν　quality　质　96^{b}17；城邦中的质量 79^{b}11—80^{a}6，1^{b}29—2^{a}8。

πόσον　quantity　量　96^{b}17；同上。

παροιμία　proverbs　谚语　55^{b}29，63^{a}30，3^{b}29，14^{a}5，34^{a}20。

πρότερος καὶ ὕστερος　prior and posterior　先和后　全体先于部分 53ᵃ20；城邦先于家庭和个人 53ᵃ18；正宗政体先于变态政体 75ᵇ1；在发生程序上身体先于灵魂，灵魂中无理性因素先于理性因素 34ᵇ20。

σοφιστικός λόγος　sophism　诡辩　61ᵇ27，7ᵇ36。

σύνθετων　the compounds　组合物　"组合物"和"非组合物"52ᵃ20，53ᵇ5，54ᵃ28。

τέλος，τό τὸ οὗ ἕνεκα　the end，the aim　目的，终极宗旨，极因　目的和手段 57ᵇ25，28ᵃ30，31ᵇ29；万物本性各有其目的 52ᵇ32；始因和后果 34ᵇ14；人生的终极内含有心灵的怡悦 39ᵇ32。

τέχνη，ἡ　the art　学艺，技术　见"教育"名词。

τύχη　by chance，fortune　机遇，偶然　幸运　（一）机遇 6ᵇ6；人可偶然发财而不能倖致善德 23ᵇ28。（二）幸运：世事或由人定或随幸运，立法者和世人当各尽人事 73ᵇ21，23ᵇ26，31ᵇ21，32ᵃ29。

φιλοσόφια　philosophy　哲学　哲学生活异于政治生活 24ᵃ29；承平富足而后哲学方盛 34ᵃ22—34。

φιλόσοφοι，οἱ　philosophers　哲学家　哲学家研究事物应阐明真相，无所遗漏 79ᵇ12；也可研究实际（生产）问题 58ᵇ10；哲学家虽志不在金钱，也不难致富 59ᵃ17。哲学家对于奴隶问题的意见不一致 55ᵃ11；对于婚姻问题的意见 35ᵃ39；论述音乐的各哲学家 40ᵇ5，41ᵇ27—36，42ᵃ31，ᵇ8、23。

φύσις，ἡ　the nature　自然　自然所为无虚废 53ᵃ9，56ᵇ20，63ᵃ41；自然赋予万物以适当的形性 52ᵇ3；自然各创造物有时未完成 54ᵇ27，55ᵇ3；自然为群生预供食料 56ᵇ7—22，58ᵃ35；身从魂、幼从长、女从男、奴从主、野蛮民族从自由民族都属基于自然 52ᵃ30，54ᵃ14—55ᵃ3，ᵇ3，59ᵃ37—ᵇ17、33，61ᵃ39，87ᵃ10—20，29ᵃ13。

15. 神务（教仪）

Διονύσια，τὰ　feast of Bocchus　酒神节　狄欧尼修节庆 23ᵃ1。

θεοὺς，τὰ π ρὸς τοὺς　matters of religion　宗教事务　祭祀（宗教）为城邦各种要务之一 28ᵇ11；祠祭各职司（神职人员）22ᵇ18—31，28ᵇ4、22，29ᵃ27；祭祀费用应由公款支给 30ᵃ8；祀典常由王室主管 85ᵃ6；僭室重视祭祀以粉饰虔诚 14ᵇ38。

θειον，τὸ　the Deity　神，神道　希腊群神 52ᵇ24，59ᵇ12；宇宙体系的"主神"23ᵇ21，25ᵇ28，26ᵃ32；专司育儿的女神 35ᵇ15；不厌秽亵的神祇（酒神狄欧尼修）36ᵇ16。希腊群神的雕像较一般人体为美 54ᵇ35。

θυσία　religious cult　教仪　80ᵇ37。

μῦθος　myth，fabula　神话　神话内包含古人的智慧 69ᵇ28，84ᵃ24。

Ὀλυμπία，τὰ　the Olympic games　奥林匹克赛会　74ᵃ32，39ᵃ1。

χρησμὸς　oracle　神谶，神兆　35^a19。

16. 生物和自然

ζώα, τὰ　the animals　动物　动物（兽类）不能言语 53^a9—18；从属于人类 54^b10，56^b16—22；其活动都出于本能和习惯而无理智 54^b23，32^b1—5；动物各式生活：群居和散处 53^a8、26，56^a20—29；动物都亲子相肖（遗传）62^a17—24；早期交配所生幼动物多体小而发育不良 35^a12；动物各以不同方式为子嗣供应食料 56^b10。家畜（牛羊）58^b14。

动物不能组成城邦 80^a32；城邦（政府）各个职能类似动物各个部分（器官）90^b25—37。

ζωοτοκα, τὰ　viviparous animals　胎生动物　同“卵生动物”和“蛆生动物”并举 56^b12—13。

ἵππος　horse　马，乘骑　（家畜）58^b14；在古代惟有富室畜养马匹（乘骑）89^b35，97^b18，21^a13。

θάλαττα　sea　海洋　海洋对于城邦的利害 27^a11—$^b15$。

λέων　lion　狮　84^a15（寓言），38^b19。

λύκος　wolf　狼　凶猛而不勇 38^b30。

πνεύματος　air, wind　气，风　同“水”并举，立国建邑须先勘察风水 30^a35—$^b16$；风向 90^a13；东风使人健康 30^a39；北风利于繁殖 39^b1。

ὕδωρ　water　水　甘泉和清气最有益于健康 30^b14，两者为营建城市的首要事物 30^a35—$^b16$。

φύσις, ἡ　the nature　自然　见“哲学”名词。

φυτόν, τό　the plant　植物　植物为动物而生 56^b15；植物亦有雌雄之别 52^a29。

χειμῶνος　winter　冬季　为最适宜的结婚季节 35^a38。

χωρας, τὸ εἶδος τῆς　geographical feature　地形，地理　城邦的地理情况 3^b7，26^b26—27^a10，$^b29$，30^a34—$^b21$。

ψῦχος　cold, coolness　寒冷　[气候冷暖有关居民的性格和精神]寒冷地区的民族富于热忱 27^b23；儿童应使习于耐寒 36^a12—21。

17. 典故

Ἀργώ, ὁ　the Argo　阿尔咯　远航至戈尔戛斯（Colchis）的神话船名 84^a24。

γηγενεῖς, οἱ　the earth-born　“土生居民”　“原始人类” 69^a5。

Δελφικὴ μάχαιρα　delphian knife　德尔斐小刀　52^b2。

Δικαία (ἵππος)　“the honest”　“贞妻”　法尔萨罗牝马 62^a24。

θεωρικὸν theoricon 观剧津贴 67^b1—4 注。
κυκλῶπος cyclopos 圆眼巨人[族] 52^b22。
νῆσοι μακάρων the Islands of the Blest “幸福群岛” 34^a31。
ὀβελισκο-λύχνια spit-lampholder “炙钎—灯柱” 99^b10。
περίοδος μεταβάλλειν the cycle of change “演化(生灭)周期” 16^a1—^{b}27。
ποδανιπτῆρος foot-pan 洗脚盆 埃及阿马雪斯王的金脚盆 59^b8。
πλαταγή, ἡ the rattle 响器 阿奇太的儿童玩具 40^b26。
Συρακούσιος, ὁ a Syracusian 一位叙拉古人 “奴隶教师” 55^b24。
τριπόδος tripod “三脚”座 赫法伊斯托所铸的三脚宝座 53^b35。
φθορᾶς, ἐκ cataclysm “灾劫” “灾劫的遗黎”为人类的始祖 69^a5。
πυραμίδες, αἱ the pyramids 金字塔 埃及“锥形陵墓” 13^b21。

附录四　书目

(Ⅰ)《政治学》现存抄本

Vat. Palimpsestus　　梵蒂冈图书馆藏“擦旧翻新羊皮纸抄本”(παλίμψηστος),残存第三卷五章、第四卷四至五章若干节,共十二页。考定为第十世纪抄本,誊写错误较多。

M^3　　“米兰善本”,米兰安勃罗修教会图书馆,(the Ambrosian Lib.)藏,善本书目(ordinis superiois)B 105 号,为第十五世纪下半叶抄本。

P^1　　“巴黎一号抄本”,巴黎法国藏书楼(Bibliothèque Nationale)书目 2023 号,为第十五、十六世纪间缮校名家“铜笔手迪米特里厄斯”(Demetrius Chalcondylos)手笔。布施:《亚里士多德政治学校订序论》(Busse, de Praesidiis A's Pol. Emendanti)11 页说,这个抄本错误最少,唯一能保存底本的原样。这个抄本正文上有两种校勘笔迹,其一墨色和原抄缮者相同,另一较淡。π^1 组中,以 M^8 和 P^1 两抄本为最重要。

Γ　　“古译家”(Vetus Interpres)所用抄本的假拟本。迷尔培克人威廉(Guiliame)用来作为翻译拉丁文的底本,可能是十二、十三世纪间的一个抄本。这个原抄本今不传,凭现存拉丁译文所揣拟的希腊文作为 Γ 本。

P^2　　“巴黎二号抄本”,法国藏书楼,科伊斯林藏本(Ms Coislin)161号。系第十四世纪抄本,得自希腊亚索山(Ἄθως)山寺。正文有三种校勘笔迹,一和原抄相同，另一较深，又一较淡(《贝克尔校印本》中称为 I^b 抄本)。这是 π^2 组中的重要抄本。以下 P^3 至 C^4 均属 π^2 组。

P^3 “巴黎三号”，法国藏书楼 2026 号，第十四世纪初抄本：为现存完整本中最古抄本。校勘笔迹墨色和正文原抄相同。

P^4 “巴黎四号”，法国藏书楼抄本 2025 号。

P^5 “巴黎五号”，法国藏书楼抄本 1858 号。

P^6 “巴黎六号”，法国藏书楼抄本 1857 号。

V^b “梵蒂冈帕拉亭本”(Vat. Palatinus)160 号。

X^b “梵蒂冈本”(Vaticanus)342 号。

M^b “马季安抄本”，威尼斯马氏抄本(Marcianus Venetus)213 号。

Q “马季安抄本”，威尼斯马氏抄本 200 号。

Q^b “劳伦丁抄本”(Laurentianus)81，5 号。

R^b “劳伦丁抄本”81，6 号。

S^b “劳伦丁抄本”81，21 号。

T^b “乌尔屏抄本”(Urbinas)46 号。

L^b “莱比锡抄本”，保罗堂藏本(Bibliothecae Paulinae)1335 号。

C^4 “加斯底里昂抄本”，弗洛伦斯劳伦丁图书馆(The Laurentian Library)新增珍本四号(Florentinus Castiglioneusis iv)。

O^1 “牛津一号本”，牛津基督学院藏书(Corpus Christi College)112 号。为第十五世纪抄本，所用底本同 P^4 所用者相近。正文上有两种校订笔迹，其一当出于原抄手。

W^b “契利斯丁王室抄本”(Christinae Regineusis)125 号。

H “汉弥尔顿抄本”(Hamiltonianus)，柏林汉氏藏本，为第十五世纪抄本。

Harl. “哈罗抄本”，不列颠博物院藏哈罗抄本 6874 号，仅存第一卷和第四第五卷残页。

C[c] “加梅拉留应用本”，这是加氏用以对校的一个抄本，今已逸失。

(II) 拉丁古译本

迷尔培克人威廉，今称“古译家”。威廉在第十三世纪译成《亚里士多德全集》的拉丁文本行世；现所存希腊文《政治学》完整抄本，均在该译本之后，故一般校刊者常常应用其译文来校勘。这个全集内的《政治学》译文现在还有不少抄本。

a 古译，a 抄本，法国兵工厂藏书楼(Bibliothèque de l'Arsenal)所藏“拉丁学艺书目”19 号。苏斯密尔校订本所用威廉古译以这个抄本为主，兼及 b c g h k l m n s 等抄本。

o 古译，牛津抄本，巴里奥尔学院(Balliol College)藏书 112 号，是第十四世纪下半叶所缮录，和 c 抄本相近。

y 古译，y 抄本，波德莱图书馆“拉丁经典书目”(Bodleian Canon. Class. Lat.)174 号，为第十四世纪下半叶的一个意大利抄本，除原抄手外，有另一校勘者的笔迹。

z 古译，z 抄本，切耳特讷姆腓力图书馆(Phillipus Library, Cheltenham)藏抄本 891 号，为 1393 年在达耳马戚亚(Dalmatia)所缮录。

(III) 亚里士多德全集校印本

Aldiua 阿尔杜校印本，1498 年在威尼斯印行，为希腊文《亚里士多德全集》的最初印本(Operum Aristotelerum editio princeps)。亚尔杜(Aldus)所应用的底本为属于 π^2 的一个抄本。

Basileusis 巴塞尔校印本。继威尼斯印本而后瑞士巴塞尔在第十六世纪也印行了《亚里士多德全集》；其

	再版本始引用拉丁译本来校勘，第三版在 1550 年行世。
Camotius	卡谟斯增订本，阿尔杜本《亚里士多德全集》经卡谟斯(Camus)重校，并为之增订，1552 年在威尼斯印行第四版。
Sylburg	薛尔堡编校本，1587 年，在法兰克福(Frankfurt)印行。
Cassaubonus	卡撒庞编校本，1590 年在里昂印行。
Bekker	贝克尔校印本。普鲁士研究院贝克尔(I. Bekker)广用希文抄本，通勘全书，编成《亚里士多德全集》(Aristotelis Opera)，四开本五册；第一、二册希腊原文；第三册拉丁早期译本；第四册为布兰迪斯辑诠疏；第五册为鲍尼兹辑《〈亚里士多德全集〉索引》(Index Aristotelicus)。全书于 1831—1970 年间在柏林印行。
Didot	第杜校印本。第白纳尔(Dübner)巴色马克尔(Bussemaker)和海兹(Heitz)合校，1848—1974 年间在巴黎印行。

(IV) 亚里士多德《政治学》校印本和翻译本

Aretinus	亚勒丁诺拉丁译本。阿雷淑(Arezzo)人列昂那杜·布腊尼(Leonardo Bruni, 1369—1444)所译亚里士多德的《政治学》完成于 1438 年。现在有牛津新学院藏 238 号抄本、巴里奥尔学院藏 242 号抄本和"波德莱拉丁经典书目"195 号抄本。
Sepulveda	塞普尔维达拉丁译本，1548 年在巴黎印行。
Bernado, Segni	伯纳杜意大利译本，1549 年印行。
Victorius	维多利校印本。维多利所作亚氏《政治学》(de Republica)校本，初版于 1552 年在弗洛伦斯印行；再版增有"评述"，在 1576 年印行。

Morel 莫雷耳校本,1556 年在巴黎印行。

Lambinus 朗比诺拉丁译本,1567 年在巴黎印行。

Camerarius 加梅拉留拉丁译本,《亚里士多德政治学译文和释义》(Politicorum et Oeconomicorum Aristoteles Interpretiones et explicationes),1581 年在法兰克福印行。

Zwinger 茨文葛尔校本,1582 年在瑞士巴塞尔印行。

Montecatino 蒙特加丁诺:《亚里士多德政治学卷一至三拉丁译文和诠疏》,1594 年。

Ramus 拉谟斯希文校本和拉丁译文,1601 年在法兰克福印行。

Heinsius, D. 海因修校本,1621 年在荷兰来屯(Leyden)印行。

Conring 康林校本,1656 年在赫尔姆斯塔特(Helmstadt)印行。

Ellis, W. 艾利斯英文译本《政体论》(A Treatise on Government),1776 年在伦敦印行,1893 年有路博克(Lubbock)"名著百种"印本;1912 年有"人人丛书"(Everyman's Lib.)印本。

Schlosser, T. G. 施洛色尔德文译本《亚里士多德政治学和经济学》(Pol. und Oecon.),全书三册,1798 年在律贝克和莱比锡(Lubeck und Leipzig)印行。周伊特称他所作诠释明达正直。

Carve 卡维德文译本(二册),1799、1802 年在莱比锡印行。

Schneider, T. G. 施奈德校本《亚里士多德政治学》(Aristotelis Politica)二册,1809 年在法兰克福印行。施奈德校订顾重拉丁古译。

Corae 顾莱校本,1821 年在巴黎印行。

Thurot 图洛特法文译本《亚里士多德伦理学和政治

学》，1823 年在巴黎印行。

Göttling　戈脱林校本《亚里士多德政体论》（Aristotelis de Politica），1824 年在耶那（Jena）印行。戈脱林应用 M^s 和 P^1 抄本做了校勘。

St. Hilaire，B.　圣提莱尔希文校本和法文翻译《亚里士多德的政治学》（Politique d'Aristote），1837 年在巴黎印行。

Stahr，A.　斯达尔希文校本和德文翻译《亚里士多德〈政治学〉》，1839 年在莱比锡印行。C. 斯达尔校订译文，1860 年在斯图加特印行。斯达尔译本以精审见称。

Lindau　林道德文译本，1843 年在德尔斯（Dels）印行。

Bernay　培尔奈德文译本《亚里士多德〈政治学〉卷一至三》。

Bekker[2]　贝克尔《亚里士多德〈政治学〉》重校本。贝克尔起初对《亚里士多德全集》卷八《国体论》（de Republica），应用巴黎诸抄本、劳伦丁诸抄本、马季安诸抄本等做了通篇校订，后来又用更多的抄本和拉丁译本重行校勘，在 1855 年单独印行八开本的《〈政治学〉校本》。

Susmihl，F.　苏斯密尔希文校本和德文翻译。苏氏分析了当代所可获得的各个政治学抄本，类别之为 π^1 和 π^2 两组，作了通篇对校，用力之勤，超过先辈。初版于 1872 年在莱比锡印行。再版本扩充了文义注释，在 1879 年印行。一二两版校勘偏重 π^1 组和 Γ 抄本。三版校勘兼顾 π^1 和 π^2 两组抄本，1882 年作为戴白纳尔丛书（Bibliotheca Teubneriana）印行。1894 年又印行苏氏和希克斯（R. D. Hicks）合作的校注本（卷一至三、卷七卷八）。

Kirchmann，G. H. von　基尔赫曼德文译本《亚里士多德〈政治学〉》

(Arist. Politik),1880 年在莱比锡印行(“哲学名著丛书”,Philosophische Bibliothek)。

Welldon　　韦尔屯英文译本,纽曼称它为精慎的译本。

Jowett, B.　　周伊特英文译本《亚里士多德〈政治学〉》(The Politics of A.)两册,1885 年在牛津印行,有戴维斯(H. W. C. Davis)所作的卷章分析和索引。

Newman, W. L.　　纽曼校注本(四册),1887—1902 年在牛津印行。纽曼的校订、诠疏和注释都比前人要广泛。现有 1950 年影印本。

Rackham, H.　　腊克姆希英对照本,“路白经典丛书”(The Loeb. Classical Lib),1932 年在伦敦和纽约印行。

Barker, E.　　巴克尔英译本,有导言、章节分析、注释和附录,1946 年在牛津印行;1948 年重校再版。今有 1952 年印本。

(V) 关于亚氏《政治学》的中古诠疏和近代专著

Albertus, Magnus　　《阿尔培脱(1193? —1280)全集》有巴黎 1651 年 21 卷本和 1890 年 36 卷本,其中卷一至六和卷二十一为亚氏著作的诠疏。

Aquinas, St. Thomas　　托马斯·阿奎那(1225? —1274):《诠疏》(Commentarii T. Aquinatis),1595 年在威尼斯印行。阿奎那的《诠疏》评述亚氏著作,长篇及于《物理学》、《形而上学》、《伦理学》、《政治学》,中篇及于《论灵魂》等,短篇及于《论感觉》、《论记忆》等。

Giphanius　　季芳尼(季孙,Gissen):《亚里士多德政治著作诠疏》(Commentarii in Politicum opus Aristotelis),1608 年在法兰克福印行。

Piccart　　皮卡尔:《亚里士多德政治著作诠疏》,1615 年在莱比锡印行。

Spengel, L.　　斯宾格尔:《关于亚里士多德的〈政治学〉》

(Ueber die Politik des A.)(《明亨科学院哲学集刊》卷五,1841年)。

Bojessen　　布依逊:《亚里士多德政治论著疏释》(Bedrag til Fortolkningen om Aristoteles Boger om staten),1844年在哥本哈根印行。

Nickes　　尼克斯:《关于亚里士多德的政治学著作》(de A. Politicorum libris),1851年在波恩印行。

Rassow　　拉梭:《亚里士多德著作评校》(Observationes Criticae in Aristotelem),1858年在柏林印行。《亚里士多德〈政治学〉若干疑难的疏释》(Bemerkungen üeber einige stellen der P. des A.),1864年在魏马(Weimar)印行。

Thurot　　图洛特:《亚里士多德研究》(Études sur Aristote),1860年在巴黎印行。书中749页以下为"《政治学》各卷评校"。

Schutz　　许茨:《亚里士多德〈政治学〉首卷所树立的国家基础》(de Fundamentis republicae, quae primo Politicorum libro ab A. positasunt),1860年在波茨坦(Potsdam)印行。

Oncken　　翁肯:《亚里士多德政治讲稿》(Staat lehre des A.),1870、1875年在莱比锡印行(全书两册)。

Bonitz　　鲍尼兹:《亚里士多德研究》,(Aristotelische studien),1863年在维也纳印行,其中卷二涉及《政治学》。

Hampke　　汉普启:《亚里士多德〈政治学〉卷一疏释》(Bemerkungen üeber des erste Büch der Pol. des A.),1863年在卢克(Luck)印行。

Buchsenschutz　　布苏旭茨:《亚里士多德〈政治学〉卷一8—11章》,1867年印行。

Madvig　　马德维格:《希腊典籍对照校勘》(Adversaria

	critica ad scriptores Graecos)，1871 年在哥本哈根印行，其中卷八 461 页以下涉及亚氏的《政治学》。
Vahlen	瓦伦:《论亚里士多德著作》(Aristotelische Aufsatze)，1872 年在维也纳印行，其中卷二涉及《政治学》。
Jackson	杰克逊:《亚里士多德〈政治学〉卷一章三》，《语文学季刊》卷七，1887 年。
Postgate	卜斯盖脱:《亚里士多德〈政治学〉札记》(Notes on the Politics of A.)，1877 年在剑桥印行。
Arnim，H. von	阿尔尼姆:《亚里士多德〈政治学〉的编成》(Zur Entstehungsgeschichte der A. Politik)，1924 年在维也纳印行。

(VI) 本书译文注释引及之亚氏书目

		简写	
Analytica priora	分析前编	Anal. pr.	分前
Analytica posteriora	分析后编	Anal. post.	分后
de Anima	论灵魂	de An.	灵魂
de Caelo	论天	de Cael.	论天
de Generatione Animalium	论动物的生殖	G. A.	生殖
de Partibus Animalium	论动物的构成	P. A.	构成
Ethica Eudemia	欧德米亚伦理学	E. E.	欧伦
Ethica Nicomachea	尼可玛可伦理学	E. N.	尼伦
Historia Animalium	动物志	H. A.	动物
Magna Moralia	道德论	M. M.	道德
Metaphysica	形而上学	Met.	形上
Meteorologica	气象学	Meteor.	气象
Mundo，de (Pseudo-A.)	论世界(伪亚氏书)	de Mund.	世界
Oeconomica (Pseudo-A.)	经济学(伪)	Oecon.	经济

政治学

Physica	物理学	Phys.	物理
Physiognomica	相术	Physiogn.	相术
De Poetica	诗学	Poet.	诗学
Problemata (Pseudo-A.)	问题集(伪)	Probl.	问题
Rhetorica	修辞学	Rhet.	修辞
Topica	命题	Top.	命题

图书在版编目(CIP)数据

政治学/(古希腊)亚里士多德著;吴寿彭译.—北京:商务印书馆,2017
(汉译世界学术名著丛书:120年纪念版:珍藏本)
ISBN 978-7-100-14533-6

Ⅰ.①政… Ⅱ.①亚… ②吴… Ⅲ.①政治学—古希腊 Ⅳ.①D0②B502.233

中国版本图书馆CIP数据核字(2017)第152388号

汉译世界学术名著丛书
(120年纪念版·珍藏本)
政 治 学
〔古希腊〕亚里士多德 著
吴寿彭 译

商 务 印 书 馆 出 版
(北京王府井大街36号 邮政编码100710)
商 务 印 书 馆 发 行
北京市十月印刷有限公司印刷
ISBN 978-7-100-14533-6

2017年12月第1版 开本710×1000 1/16
2017年12月北京第1次印刷 印张34
定价:160.00元